U0941141

济南年鉴

JINAN YEARBOOK

2016

济南市人民政府主办

济南市史志办公室编

济南出版社出版

图书在版编目（CIP）数据

济南年鉴. 2016 / 济南市史志办公室编. —济南：济南出版社，2016.8

ISBN 978-7-5488-2243-1

Ⅰ. ①济… Ⅱ. ①济… Ⅲ. ①济南—2016—年鉴 Ⅳ. ①Z525.21

中国版本图书馆 CIP 数据核字（2016）第 196554 号

责任编辑 朱向泓 朱 琦 范玉峰

封面设计 宋 悌 赵萌萌

出 版 济南出版社（济南市二环南路 1 号）

网 址 http://www.jnpub.com

印 刷 济南黄氏印务有限公司

发 行 济南出版社

版 次 2016 年 8 月第 1 版

印 次 2016 年 8 月第 1 次印刷

开 本 889×1194 毫米 1/16

印 张 33.25

字 数 950 千字

印 数 1-2000 册

定 价 268.00 元

编辑说明

一、《济南年鉴》是济南市人民政府主办的信息密集的综合性资料工具书，自1989年起每年编辑出版一册。旨在较全面、系统、翔实地反映济南市政治、经济、文化、社会诸方面的基本面貌和社会主义现代化建设中出现的新进展、新情况、新问题，为各行各业提供咨询服务，为各级领导提供决策依据，为续修地方志储备资料，同时也为国内外各方人士了解、研究济南起媒介作用。

二、《济南年鉴》采用分类编辑法。主体内容划分为栏目、分目、条目3个层次。栏目为大的单元，其下按类别，同时照顾到现行的管理体制设置分目。每个分目下列若干条目。条目为年鉴内容的基本单位，其标题用黑体字外加【　】表示。为方便读者检索，在正文后设置综合性主题索引。

三、《济南年鉴（2016）》系创刊以来的第二十八册。正文设25个栏目：（1）特载；（2）大事记；（3）济南概貌；（4）政党·政协·人民团体；（5）政权·政务；（6）法治；（7）军事；（8）经济综合与管理；（9）经济开发园区；（10）工业·信息产业；（11）农业；（12）商贸·旅游；（13）财税·金融；（14）交通·邮电；（15）城乡建设·环境保护；（16）教育；（17）科学；（18）文化；（19）卫生·体育；（20）社会生活；（21）区县；（22）人物；（23）政策法规选编；（24）统计资料；（25）附录。卷首安排反映济南风光、各行各业发展成就和活动的彩色照片。

四、本册年鉴主要记述2015年度济南市行政区域内的事情，资料截止日期为2015年12月31日。为完整地反映某项事物的全貌，对2016年元旦至本册年鉴书稿发排前出现的结果，亦作了适当记述；对在本年鉴首次得以记载的行业、事业或工作，其历史情况也作了简要回溯。

五、本年鉴使用的“济南市”“全市”和“济南地区”概念，范围为历下、市中、槐荫、天桥、历城、长清6区和章丘、平阴、济阳、商河4县（市）。“市区”概念，范围系指济南市所辖的上述6区。

六、本年鉴的条目由济南市直各部门、各县（市）区和有关的中央、省驻济单位负责撰写，均经过各自单位领导人的审阅。有关的综合性统计数据，与市统计部门公布的数据进行了校核。为示负责，作者署名于条目或分目之后的括号内，各单位的审稿人员列名单于卷首。

七、本年鉴的“统计资料”栏目，由济南市统计局供稿。2015年统计公报数据为统计快报数或初步核算数，正式数据以出版的《济南统计年鉴（2016）》为准。

八、《济南年鉴（2016）》是集体协作的结晶，有关单位和个人为本年鉴的编辑出版给予了大力支持、付出了辛勤劳动，在此一并表示感谢。

九、由于水平所限，本册年鉴的纰漏与不足在所难免，恳请广大读者批评指正，以使《济南年鉴》的质量不断提高。

2016年8月

《济南年鉴（2016）》

主　　编　巩宪群

副 主 编　韩振国　翟旭东　綦延辉　杜加臣
朱佩峰　郭建群

编辑部主任　王　炜

编辑部副主任　张　阳

责任编辑　（按姓氏笔画为序）
王　炜　王　洋　张　阳　姚　娟
宣　涛　胡映雪

编　　辑　（按姓氏笔画为序）
丁爱军　刁文菁　王　炜　王　洋
王　群　王海峰　代戈红　孙　广
别玉金　宋高峰　张　阳　张超强
李国宇　陈　蕾　庞新华　宣　涛
夏　兵　高江娜　景国富　董殿勋
路玉增

彩页设计　孙　广

封面设计　宋　悌　赵萌萌

地图编绘　济南市规划局

撰稿单位审稿人员

（按姓氏笔画为序）

丁　宁　丁保国　万秀水　于继东　于晓奎　于培金　马裕涛

马国胜　马黎明　方　辉　王　平　王　军　王　钟　王　璞

王化峰　王永华　王永金　王立旭　王全民　王利民　王封军

王树新　王语长　王晓林　王新民　孔　放　仪红军　印　东

叶　霖　司　平　司桥顺　刘　卫　刘　勤　刘　溪　刘延国

刘成海　刘学东　刘殿坤　闫险峰　华　巍　华文俊　吕永琳

孙君涛　汲佩德　米文芃　吴志东　吴孟强　张广宇　张广勇

张元玺　张传堂　张传喜　张宏伟　张志群　张秀川　张淋生

张新来　张德萍　李　庆　李　勇　李　峰　李　涛　李兴家

李守海　李光忠　李延正　李学忠　李洪伟　李慎生　杜世勇

杜加臣　杜绪德　杨　勇　杨庆绪　杨志利　杨新华　杨学胜

沙其兴　苏　泽　谷博军　辛全龙　迟　蕾　苏　泽　邱　锐

陈宁宁　陈启璋　陈居忠　陈淑平　周卫东　周增禄　孟学峰

林　军　郑应德　侯秉山　姚广斌　姜　涛　段明心　皇甫庆森

赵玉海　赵金民　赵光臣　赵善海　倪志纯　唐富强　徐　峰

徐龙义　秦玉朝　秦国芬　郭世金　郭冬梅　郭忠青　郭英福

高　峰　崔　健　崔宝卫　崔泽花　崔春荣　戚克春　曹永明

曹成群　程继孝　董怀敏　董宝珂　蒋　慧　蒋晓光　谢　堃

谢建青　韩吉迎　窦庆福　谭　勇　鞠正江　魏玉良

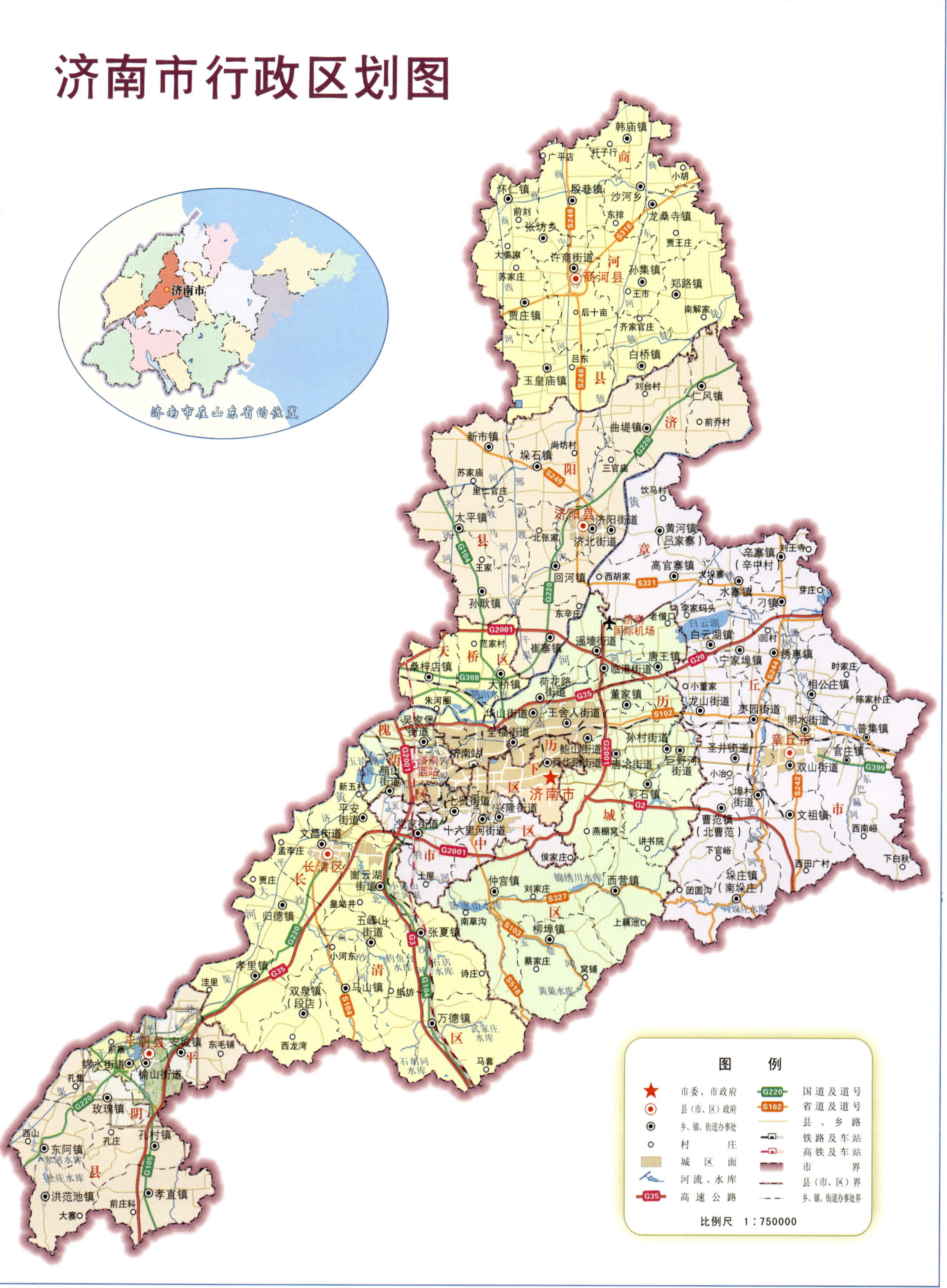

济南市规划局提供

济南市勘察测绘研究院编制

2016年1月4日，省委书记姜异康（右二）调研济南第二制药厂棚户区改造工作，察看棚户区现状，入户了解情况。（汤序民　摄）

2015年7月13日，省委副书记、省长郭树清（前左二）到济南调研小微企业运行情况。（夏　鹏　摄）

2015年4月1日，省委常委、市委书记王文涛（中）在历下区燕山社区与居民交谈。
（陈长礼　摄）

2016年2月14日，省委常委、市委书记王文涛（中）到济南市政务服务中心调研。
（陈长礼　摄）

2016年6月12日，市人大常委会主任徐长玉（前右二）与部分全国、省、市人大代表到济南重工股份公司调研。

（市人大办公厅　供稿）

2015年6月30日，市政协主席殷鲁谦（右三）到天桥区调研全市政协基层组织建设工作情况。（市政协办公厅　供稿）

2015年6月26日，市委副书记雷杰（左三）出席农村产权制度改革工作现场会。（市农业局　供稿）

惠民生促和谐 增创市民新福祉

2015 年 5 月 25 日，省委常委、市委书记王文涛（前右二）到济南阳光大姐服务有限责任公司调研。（陈长礼 摄）

2015 年，济南市全面完成为民办 18 件实事。一般公共预算民生支出比重达 75.1%，提高 0.7 个百分点。城乡居民人均可支配收入分别达 39876 元和 14317 元，增长 8%和 9.2%。新增城镇就业 20.73 万人，农业富余劳动力转移就业 5.6 万人。连续 11 年提高企业退休人员养老金，月人均达 2633 元，居民养老保险基础养老金实现“五连涨”，城市低保和农村低保标准分别提高到每人每月 550 元和 300 元，发放残疾人生活救助金 1.2 亿元。做好国有困难企业帮扶解困工作，累计发放资金 14.94 亿元、惠及职工 3.67 万人。开工建设中小学 46 所，新建改建扩建幼儿园 90 处，实现义务教育阶段“零择校”。新开工建设保障性安居工程 51168 套，竣工 8935 套。

老百姓不出社区一站办理民政业务

（市民政局 供稿）

2015 年 7 月 26 日，山东省首档大型电视问政直播节目《政务监督面对面》推出，直面民生热点问题。（济南广播电视台 供稿）

2016 年 3 月 28 日，济南养老服务中心正式启用。

（市民政局 供稿）

棚改项目官扎营片区新貌

（济南旧城开发投资集团 供稿）

打造“四个中心”

2015 年 7 月 3 日，中国共产党济南市第十届委员会第八次全体会议举行。 （市档案局　供稿）

中国共产党济南市第十届委员会第八次全体会议，于 2015 年 7 月 3 日举行。市委十届八次全体会议全面贯彻落实党的十八大和十八届三中、四中全会精神，深入学习贯彻习近平总书记系列重要讲话精神，深入研究当前和今后一个时期事关济南发展的重大问题，明确提出了打造全国重要的区域性经济中心、金融中心、物流中心、科技创新中心，建设与山东经济文化强省相适应的现代泉城，努力在落实“四个全面”战略布局中走在全省乃至全国前列的目标。

2015 年 5 月 18 日，省委常委、市委书记王文涛（左二）到山钢股份济南分公司调研。（陈长礼　摄）

汉峪金谷金融商务区 （孙　广　摄）

济南市着力打造区域性物流中心 （济南综保区　供稿）

建设现代泉城

2015年3月31日，省委常委、市委书记王文涛（左二）在综合保税区察看山东华芯富创电子科技有限公司OGS触控屏项目。（陈长礼 摄）

2015年1月9日，浪潮“高端容错计算机系统关键技术与应用”获国家科技进步一等奖。（市科技局 供稿）

济南市大力推动中央商务区建设（市规划局 供稿）

现代泉城（赵聿兴 摄）

实施精准扶贫　改善群众生活

济南市委、市政府认真贯彻落实中央、山东省扶贫开发工作会议精神，坚持以算账为核心，践行“N+扶贫”模式，出台了《关于坚决打赢脱贫攻坚战的若干政策措施》。通过建立“五位一体”的多元扶贫队伍，深入做好精准识别，加大扶贫资金投入，着力推进产业扶贫，积极推动就业脱贫，深化保障兜底脱贫，推动改善条件脱贫等措施，全市精准扶贫、精准脱贫工程稳步推进。

2015年4月16日，省委常委、市委书记王文涛（前左）到商河县许商街道毛王店村张建良家中走访。（陈长礼　摄）

平阴县西凤村通过发展光伏产业实现精准扶贫（市扶贫办　供稿）

建设农村幸福院、敬老院，确保农村贫困群众老有所养。（市扶贫办　供稿）

以“龙头企业＋合作社＋基地＋农户”的模式发展中药种植，带动贫困户增收。（市扶贫办　供稿）

大事记

济南概貌

政党·政协·人民团体

法 治

军 事

经济综合与管理

经济开发园区

工业·信息产业

农 业

商贸·旅游

财税·金融

交通·邮电

城乡建设·环境保护

教　育

科　学

文 化

社会生活

区 县

人 物

政策法规选编

统计资料

附　录

CONTENTS

Special Excerpts

Chronicles of Events

General Introduction

Party · Political Consultative Conference · Mass Organization

Regime · Government

Rule of Law

Military Affairs

Miscellaneous Economy and Economy Management

Economic Development Zones

Industry · Information Industry

Agriculture

Commerce · Tourism

Revenue · Tax · Finance

Transporttion · Posts and Telecommunications

Urban and Rural Construction · Environment Protection

Education

Science

Culture

Sanitation · Sports

Social Life

Districts and Counties

Figures

Selected Policies and Regulations

Statistics

Appendix

中国共产党济南市第十届委员会第八次全体会议公报

（2015年7月3日中国共产党济南市第十届委员会第八次全体会议通过）

中国共产党济南市第十届委员会第八次全体会议，于2015年7月3日举行。

出席这次会议的有，市委委员49人，市委候补委员11人。市纪委常委和有关方面负责同志列席会议。

会议由市委常委会主持。省委常委、市委书记王文涛受市委常委会委托作了工作报告。

全委会充分肯定了今年以来市委常委会的工作。一致认为，面对错综复杂的国内外形势和我市遇到的各种不利因素，市委常委会坚决贯彻落实中央和省委的重大决策部署，团结带领全市各级党组织和广大党员干部群众，凝心聚力抓发展，持续深入抓改革，坚定不移抓法治，驰而不息抓作风，全面推进经济建设、政治建设、文化建设、社会建设、生态文明建设和党的建设，全市各项工作取得了新的成绩。

全委会认真分析了当前我市发展面临的形势，强调要跳出济南看济南，从全省、全国和世界三个维度来比较分析，进一步看差距、找问题、查不足，切实增强忧患意识、危机意识和责任意识，对照经济文化强省省会的地位和大市标准，开阔视野，高点定位，务实奋进，全力拼搏，努力实现跨越式发展。

全委会研究确定了当前和今后一个时期济南发展的总体思路，即全面贯彻党的十八大和十八届三中、四中全会精神，深入学习贯彻习近平总书记系列重要讲话精神，主动适应和引领经济发展新常态，立足新起点，再创新优势，积极打造全国重要的区域性经济中心、金融中心、物流中心、科技创新中心，建设与山东经济文化强省相适应的现代泉城，努力在落实“四个全面”战略布局中走在全省乃至全国前列。“打造区域性经济中心”，就是要做大经济总量、做强经济实力，全面推动工业经济、服务业经济、县域经济、外向型经济、民营经济、总部经济等蓬勃发展，主要经济指标增幅全面超过全省平均水平，不断提高在区域经济中的首位度；“打造区域性金融中心”，就是要依托省会金融资源优势，全方位打造金融管理中心、金融机构中心、资金结算中心、金融交易中心、金融后台服务中心，努力成为立足山东、辐射周边省份、在全国有较大影响的黄河中下游地区金融中心；“打造区域性物流中心”，就是要发挥济南区位交通优势，依托重要交通节点，大力规划发展现代物流业，打造以网络化、信息化、规模化为主要特征的全省综合性物流中心、区域性物流中心及全国重要的物流节点；“打造区域性科技创新中心”，就是要用好高校院所、科技人才等创新要素，加快科技研发和成果转化，推动全社会研发投入、高新技术产业占比等指标位居全省前列，成为国内重要的科技成果策源地和高新技术产业高地。“建设与山东经济文化强省相适应的现代泉城”，就是要对照经济文化强省省会的地位和大市标准，提升城市现代化水平，擦亮泉城特色品牌，努力将济南建设成为具有深厚历史文化底蕴、浓厚时代气息、独特泉水韵味、享誉中外的现代泉城。

全委会强调，实现“打造四个中心，建设现代泉城”的定位与目标，不能虚化泛化空对空，必须深化细化实对实。要尽快建立健全可量化、可考核的多层级指标体系，确定各项特征指标、细分指标以及阶段性指标，明确各项工作的努力方向。要通过实施开放战略、融合战略、聚焦战略“三大战略”，坚持项目导向、招商引资、环境营造“三大途径”，激发改革推动、创新驱动、投资拉动“三大动力”，强化思想保障、组织保障、队伍保障“三大保障”，确保“打造四个中心，建设现代泉城”扎实推进、取得实效。

全委会指出，“打造四个中心，建设现代泉城”是一项系统工程，涵盖经济社会发展的方方面面，必须突出重点、以点带面，创新举措、扎实推进。一是坚持增量带动，千方百计稳定经济增长。牢牢把握发展第一要务不动摇，加大招商引资力度，狠抓重大项目建设，补齐经济发展短板，落实稳定增长政策，以更加有力的措施，促进经济平稳健康发展。二是坚持融合聚焦，加快产业转型升级步伐。积极推进产业融合，着力实施聚焦发展，加快载体平台建设，激发创新创业活力，为“打造四个中心，建设现代泉城”提供强大的产业支撑。三是坚持精明增长，加强城市规划建设管理。始终坚持规划引领，加快推进城市建设，打造生态宜居环境，努力使城市沿着紧凑、高效、可持续的方向发展。四是坚持统筹推进，抓好全面深化改革和依法治市。坚持以改革激发动力，始终坚持问题导向，突出抓好简政放权，大力营造鼓励改革、宽容失败的氛围；坚持以法治强化保障，依法规范政府行政行为，不断提升法治能力，打造公平正义的法治环境。五是坚持以人为本，高度重视保障改善民生。统筹发展社会事业，扎实办好民生实事，关心关注困难群体，推动发展成果更多更公平地惠及全市人民。

全委会强调，“打造四个中心，建设现代泉城”，关键在党、关键在人。要认真贯彻全面从严治党要求，严格落实“两个责任”，以开展“三严三实”专题教育为契机，全面提升党的建设科学化水平，引导广大党员干部凝心聚力、做好工作。要深入开展专题教育，贯彻从严要求，注重以上率下，周密部署安排，不断把专题教育引向深入。要持续不断解放思想，破除“老大”观念、保守观念、自满观念、本位观念，强化省会意识、创新意识、忧患意识、大局意识，引导党员干部进一步破除思想束缚，提升思想境界。要加强干部队伍建设，坚持在重点工作一线锻炼干部，树立“实在、实干、实绩”的用人导向，建立“四看一听”选人用人机制，严肃整治选人用人不正之风。要大力弘扬优良作风，各级干部要自觉践行负责担当、真抓实干、争创一流、干净干事的作风，以优良作风推动各项工作落到实处、取得实效。

全委会要求，要扎实做好当前各项工作，努力完成全年和“十二五”各项目标任务。要统筹做好“十三五”规划编制工作，以“四个全面”战略布局为统领，加强对重大问题的分析研究，科学谋划论证“十三五”时期目标任务。

全委会号召，全市各级党组织和广大党员干部要紧密团结在以习近平同志为总书记的党中央周围，在省委、省政府的坚强领导下，解放思想、振奋精神，务实奋进、拼搏进取，不断推动“打造四个中心，建设现代泉城”取得新进展，为经济文化强省建设作出应有的贡献。

中国共产党济南市第十届委员会第九次全体会议公报

（2015年12月12日中国共产党济南市第十届委员会第九次全体会议通过）

中国共产党济南市第十届委员会第九次全体会议，于2015年12月11日至12日举行。

出席这次会议的有，市委委员47人，市委候补委员10人。市纪委常委和有关方面负责同志列席会议。市第十次党代会代表中部分基层同志和专家学者列席会议。

会议由市委常委会主持。省委常委、市委书记王文涛作了重要讲话。

全委会深入学习贯彻党的十八届五中全会和省委十届十三次全体会议精神，听取和讨论了王文涛受市委常委会委托作的工作报告，审议通过了《中共济南市委关于制定济南市国民经济和社会发展第十三个五年规划的建议》。王文涛就《建议（讨论稿）》向全委会作了说明。

全委会一致认为，党的十八届五中全会是在全面建成小康社会进入决胜阶段召开的一次十分重要的会议。五中全会通过的《中共中央关于制定国民经济和社会发展第十三个五年规划的建议》和习近平总书记的重要讲话，系统描绘了我国经济社会发展的宏伟蓝图，是动员全党全国各族人民夺取全面建成小康社会伟大胜利的纲领性文件。省委十届十三次全体会议进一步明确了我省在全面建成小康社会进程中走在前列的奋斗目标，对践行五大发展理念、更好引领山东发展作出了全面部署。全市各级党组织和广大党员干部，要把学习贯彻党的十八届五中全会和省委十届十三次全体会议精神作为重大政治任务，着力在领会精髓、把握主线上下功夫，切实把思想和行动统一到中央和省委的决策部署上来。

全委会充分肯定了今年以来市委常委会的工作。一致认为，面对错综复杂的国内外形势和我市遇到的各种不利因素，市委常委会深入贯彻落实党的十八大、十八届三中、四中、五中全会和习近平总书记系列重要讲话精神，坚持以“四个全面”战略布局为统领，紧紧围绕“打造四个中心，建设现代泉城”的中心任务，团结带领全市各级党组织和广大党员干部群众，扎实做好稳增长、调结构、促改革、惠民生、保稳定等各项工作，全面推进经济建设、政治建设、文化建设、社会建设、生态文明建设和党的建设，全市各项工作取得了新的成绩。全委会高度评价了“十二五”时期我市发展取得的重大成就，认为全市上下在中央和省委的坚强领导下，牢牢把握科学发展主题，积极应对各种困难挑战，胜利完成了“十二五”规划确定的主要目标任务，为“十三五”时期的发展提供了良好条件。

全委会深入分析了“十三五”时期我市发展的形势环境，认为既面临难得重大机遇，也面临诸多风险挑战。全市上下必须增强机遇意识、忧患意识、责任意识，准确把握宏观形势的发展变化，高度关注机遇挑战的相互转化，坚持省会标准和问题导向，扎扎实实地做好各项工作，推动全市综合实力和竞争力再上新台阶。

全委会提出了“十三五”时期我市发展的指导思想：高举中国特色社会主义伟大旗帜，全面贯彻党的十八大和十八届三中、四中、五中全会精神，以马克思列宁主义、毛泽东思想、邓小平理论、“三个代表”重要思想、科学发展观为指导，深入贯彻习近平总书记系列重要讲话精神，按照中央“四个全面”战略布局和省委决策部署，紧紧围绕“打造四个中心，建设现代泉城”的中心任务，坚持发展是第一要务，以创新、协调、绿色、开放、共享发展理念为引领，以提高发展质量和效益为中心，统筹推进经济建设、政治建设、文化建设、社会建设、生态文明建设和党的建设，确保在全面建成小康社会进程中走在全省前列，奋力开创省会现代化建设新局面。

全委会强调，“打造四个中心，建设现代泉城”，实现在全面建成小康社会进程中走在全省前列奋斗目标，必须遵循以下原则：坚持高点定位，坚持转型升级，坚持统筹融合，坚持改革开放，坚持共建共享，坚持党的领导。

全委会提出了“十三五”时期我市发展“六个更加”的目标任务：经济更加发展，经济保持中高速增长，主要经济指标增速高于全省平均水平，提前实现地区生产总值和城乡居民收入比2010年翻一番，产业迈向中高端水平，具有省会特色的高端高质高效产业体系基本形成。城乡更加繁荣，户籍人口城镇化率明显提高，黄河带动战略及北跨发展取得重大进展。生态更加良好，建成全国生态文明先行示范区，山泉湖河城的城市特色更加鲜明。生活更加幸福，脱贫攻坚任务顺利完成，基本公共服务均等化水平稳步提高。社会更加文明，建成全国文明城市。制度更加完善，社会治理体系和治理能力现代化水平全面提升。

全委会强调，党的十八届五中全会提出的创新、协调、绿色、开放、共享的发展理念，是我国发展理论的又一次重大创新，对于“十三五”时期经济社会发展具有重要指导作用。我们必须牢固树立新的发展理念，用新理念谋划新思路新举措，用新理念拓展新格局新境界，用新理念催生新产业新业态，用新理念激发新动能新活力，用新理念凝聚新共识新力量，切实把五大发展理念贯穿于经济社会发展各方面和工作全过程，努力实现更高质量、更有效率、更加公平、更可持续的发展。

全委会提出，要贯彻创新发展理念，着力提高发展质量和效益。深入实施创新驱动发展战略，加快打造全国重要的区域性经济中心、金融中心、物流中心、科技创新中心。实施聚焦发展战略，举全市之力打造中央商务区。大力发展信息经济，实施“互联网+”行动计划，促进大数据发展应用，打造“济南智造”品牌。构建产业新体系，打造服务经济发展高地，建设先进制造业基地，加快发展现代农业。构建发展新体制，加大结构性改革力度，推动形成有利于创新发展的体制机制和政策环境。增强发展动力，实现消费和投资良性互动，消费升级和产业升级协同推进。

全委会提出，要贯彻协调发展理念，构建均衡融合发展新格局。优化城市空间布局，加快形成中心、次中心、卫星城梯次分布、互相衔接的协调发展格局。积极推进携河发展，加快解决跨河交通问题，将黄河两岸融入城市规划建设。突出南部生态保护，划定生态保护红线，加快建立统一有序的南部山区管理模式。促进城乡一体化发展，协同推进新型城镇化、县域经济和新农村建设。健全基础设施体系，积极构建现代综合交通体系，加快城市轨道交通等重点工程建设进度，大力实施治堵攻坚工程，采取有力措施改善交通拥堵状况。巩固来之不易的创卫成果，健全完善城市管理长效机制，不断提高城市管理的精细化、规范化、制度化水平。推动两个文明协调发展，深入开展创建文明城市工作，着力提升城市软实力。加快军民深度融合发展。

全委会提出，要贯彻绿色发展理念，建设生态文明示范区。加快主体功能区建设，努力形成人口、经济、资源环境均衡协调的结构布局。强力推进污染治理，加强省会城市群经济圈大气污染防治联防联控，坚决打好污染治理攻坚战和持久战。充分彰显泉城特色，加强历史文化名城保护，做好“显山露水”文章。加强生态保护和修复，增强生态产品供给能力。推进生产生活绿色化，促进资源集约高效利用。健全生态文明制度，加快完善环境监管、生态保护机制。

全委会提出，要贯彻开放发展理念，提升开放型经济水平。大力推进城市国际化战略，积极探索对接融入国家“一带一路”战略的有效途径，在全面开放中增创发展的动力和空间。打造多元开放格局，积极创建全国跨境电子商务综合试验区，加快中日韩产业合作先行示范区、临空经济示范区建设。坚持引资引技引智有机结合，提高“引进来”质量。加快“走出去”步伐，形成一批具有国际知名度和影响力的跨国公司。扩大区域交流合作，全力融入环渤海经济圈，加强与长三角地区、中原经济区和山东半岛的衔接，加强与省会城市群经济圈其他城市的互动合作。

全委会提出，要贯彻共享发展理念，不断增进人民福祉。全面落实精准扶贫、精准脱贫基本方略，确保提前实现现行市定标准贫困人口全部脱贫。坚持教育优先发展战略，推进教育现代化。实施更加积极的就业政策，促进大众创业、万众创新。建设健康济南，深化医药卫生体制改革，创建国家食品安全城市。完善社会保障体系，实施全民参保计划。实施城乡居民收入提升工程，缩小城乡、区域、行业收入差距。促进人口均衡发展，全面落实一对夫妇可生育两个孩子政策，大力发展老龄事业和养老产业。加强和创新社会治理，建设平安济南，推进社会治理精细化，构建全民共建共享的社会治理格局。

全委会提出，发展是党执政兴国的第一要务，必须切实加强党的领导，为实现“十三五”规划提供坚强保证。完善党领导经济社会发展工作体制机制，发挥各级党委（党组）领导核心作用。坚定不移推进改革，强化问题导向，使各项改革更加精准地对接发展所需、基层所盼、民心所向。加强法治济南建设，营造公平正义的法治环境。强化思想、组织和队伍保障，持续不断解放思想，加强党的各级组织建设，加快推进领导干部能上能下。大力实施人才强市战略，打造区域人才高地。充分发扬民主，贯彻党的群众路线，团结动员各方面力量共同奋斗。

全委会强调，“打造四个中心，建设现代泉城”，是我市在全面建成小康社会进程中走在全省前列的具体化、本地化。要始终保持战略定力，瞄准目标定位，坚定必胜信心，着力实施“四个中心”建设三年行动计划，着力扭住招商引资、项目建设、旧改棚改包括征地拆迁三项重点工作，着力补齐经济发展、城市发展、社会发展三个短板，确保“四个中心”建设一年有势头、两年有看头、三年有突破。要更加注重领导能力建设，着力提高干部的专业能力和专业素养。要更加注重干部队伍建设，牢固树立“实在实干实绩”用人导向，深化和完善“四看一听”选人用人机制。要更加注重政治生态建设，严格落实党风廉政建设“两个责任”，严明党的政治纪律和政治规矩，努力实现干部清正、政府清廉、政治清明。

全委会强调，确保“十三五”时期各项工作任务落到实处、取得实效，关键要进一步弘扬敢于担当的作风，大力倡导为敢于担当者而担当的精神。各级领导机关和领导干部要胸怀大局、勇于负责，自觉为冲锋陷阵者担当，为敢于亮剑者担当，为勇于改革者担当，为无私忘我者担当。市委、市政府将坚定不移地做敢于担当者的坚强后盾，进一步健全完善容错机制、考评机制、保护机制，充分调动各级干部干事创业、履责担当的积极性。

全委会号召，全市广大党员干部群众要更加紧密地团结在以习近平同志为总书记的党中央周围，高举中国特色社会主义伟大旗帜，解放思想、万众一心，奋发进取、勇于担当，为切实完成“十三五”规划各项目标任务，夺取全面建成小康社会决胜阶段伟大胜利，开创“打造四个中心，建设现代泉城”新局面而努力奋斗！

2016年济南市政府工作报告

——2016年1月17日在济南市第十五届人民代表大会第五次会议上

各位代表：

现在，我代表市人民政府向大会报告工作，请予审议，并请各位政协委员提出意见。

一、2015年及“十二五”工作回顾

2015年是“十二五”规划收官之年，也是我们主动适应新常态、引领新发展的重要一年。一年来，市政府认真贯彻落实党中央国务院、省委省政府和市委各项决策部署，围绕“打造四个中心，建设现代泉城”中心任务，全面执行市十五届人大四次会议决议，统筹推进稳增长、促改革、调结构、惠民生、防风险各项工作，全市经济社会发展取得新的成就。预计实现生产总值6200亿元，增长8%；一般公共预算收入614.3亿元，增长13.1%；固定资产投资3500亿元，增长14.2%；主要指标增幅均达到或超过全省平均水平。经过全市勠力攻坚，我们成功创建了国家卫生城市和国家森林城市，成为海绵城市首批国家试点城市和国家生态文明先行示范区。全市经济运行总体平稳、稳中有进，社会发展文明向上、持续向好。一年来，主要做了以下工作。

*一是激活力、强实体，实现经济新增长。*面对前所未有的经济下行压力，我们把稳定经济增长作为政府工作首要任务，精准施策，聚焦发力，及时推出“稳增长50条”“财政28条”、县域经济差别化扶持政策等一系列措施办法，着力解决审批、建设、融资、征地拆迁、创新创业等环节制约性难题。集中力量推进项目建设、招商引资和棚改旧改工作，实施项目建设提升计划，建立领导包挂项目推进机制，开展重点项目建设督查评议活动，启动了齐鲁制药产业园、传化泉胜公路港、百步亭等一批高端高质产业项目，推进220个市级重点项目投资1110亿元。多措并举破解融资难题，加大融资担保、增量贷款财政补贴力度，争取地方政府债券206.9亿元、国家开发银行棚改贷款预授信300亿元，在全省率先推出17个PPP项目，引导社会资本投入基础设施、重点产业、社会事业等领域。出台新一轮国有土地上棚户区改造意见，扩大货币化安置，加快房地产去库存，商品房销售面积增长37.7%。全力扩大消费需求，建设投运了方特东方神画、济南野生动物世界等一批拉动旅游、吸引消费的服务业载体项目，加快发展健康、养老、信息、文化、教育等消费服务，完成社会消费品零售总额3407.5亿元，增长10.4%。实施扶持外贸稳定增长一揽子政策措施，为企业解决通关、退税等70多项难题，出口增幅高于全国、全省平均水平，境外实际投资5.6亿美元、增长160%，对外承包工程营业额23.4亿美元、增长34.7%。

*二是抓调整、促转型，催生产业新引擎。*坚定不移推进产业深度调整和创新驱动，成立重大产业发展协调推进领导小组，出台实施电子商务、旅游业、服务业、生物医药、电子信息等支持措施，着力培育新产业新动力，经济质量和效益有了新提升。服务业比重达到56.5%，提高0.7个百分点；服务业税收占全部税收的60.8%，提高1.26个百分点；高新技术产业产值比重达到42.58%，居全省首位；信息软件、生物医药、高端装备等产业投资均增长28%以上。一批新兴产业项目投产达效，成为新的增长点。继齐鲁制药之后，力诺成为我市第二家过百亿民营企业。云计算产业集群获得省重大专项立项，引进培育无人机、工业机器人、智能电网、创意设计、数字传媒等领域一批新兴企业。建筑产业化应用面积达到790万平方米。创新谷、药谷、新材料产业园等载体建设加快推进。全市各类科技孵化器、生产力促进中心达到50余家，孵化面积100万平方米、在孵企业1400余家，扶持打造21家“泉城众创空间”。实施一批重大科技专项，浪潮“高端容错计算机系统关键技术与应用”、宏济堂“人工麝香研制及其产业化”荣获国家科技进步一等奖，二机床大型先进智能冲压设备实验室成为国家

重点实验室，圣泉集团被评为国家技术创新示范企业，九阳豆浆机获得中国发明专利金奖，成立山东工业技术研究院。新业态新模式迅速成长，电子商务交易额达到2180亿元，增长35%；互联网金融、股权投资、融资租赁等现代金融业态实现新的发展。新增上市公司3家、新三板挂牌企业47家，山东金融资产交易中心交易量突破100亿元。

三是补短板、促统筹，推动城乡新发展。推进旧城更新和新区开发，加快中央商务区、华山、雪山、北湖、南北康、西客站、东客站等重点片区拆迁建设，完成4.6万户棚户区改造任务。清雅居公租房项目荣获国家鲁班奖。编制完成历史文化名城保护以及城市色彩、地下空间、绿化等20多个专项规划。重点实施一批水电气暖、信息网络等公共服务设施建设，新增集中供热面积1052万平方米，改造水气热危旧管网271公里，全市商务楼宇光纤接入和公共热点区域无线网络接入实现全覆盖。加快交通路网建设，轨道交通R1线全面开工，二环南路快速路西段建成通车，完成34条市区道路建设改造任务，济南长途汽车西站正式启用，开通市区至长清、济阳等9条公交线和济莱、济齐城际快客。纬十二路、泺文路等人防工程顺利推进。加强生态环境建设，实施大气污染防治“十大行动”，突出燃煤、尾气、扬尘、工业生产综合治理，加快工业余热利用，扎实开展海绵城市创建工作，实施玉符河综合治理、地表水转换地下水、五库连通、渗漏带修复等工程，山体生态修复暨山体公园建设项目获得中国人居环境范例奖。趵突泉群保持12年持续喷涌。我市被评为国家防震减灾示范城市。

农业现代化稳步推进，粮食实现“十三连丰”。现代农业园区和粮食生产功能区加快建设，规模以上农业龙头企业、农民合作社、家庭农场分别达到536家、5608家和1276家。电商下乡、乡村生态游、观光农业成为拉动乡村经济新业态。完成一批水库除险加固工程，建成“五小水利”569处。万德、刁镇、孔村等17个国家重点镇、省市级示范镇承载集聚力增强。一批开发区扩围培育新产业，成为县域发展新载体。深入推进美丽乡村示范村创建和乡村连片治理，开展“千村五化提升”行动，建设农村公路506.5公里。建成省级以上生态镇59个、省级生态村53个、市级文明生态村3300个。实施农村扶贫开发项目427个，惠及465个村6万贫困人口。解决了22.62万农村居民和7.55万学校师生饮水安全问题。

四是促改革、扩开放，培育竞争新优势。发布施行行政权力清单、责任清单，深化行政审批“两集中两到位”改革，全面实施“三证合一、一照一码”登记制度，完成政府部门行政审批中介服务脱钩任务。创新招商引资体制机制，组建投资促进局。启动高新区、新材料产业园体制机制创新试点。市县不动产统一登记职责和机构整合完成。探索实施公务员聘任制和事业单位分业分类招聘办法。全部公开市县两级财政预算、部门预算及“三公”经费预算，市本级“三公”经费预算下降8.99%，收回结余沉淀资金16.13亿元全部用于社会民生。推进产业引导资金股权改革，设立济南财金投资发展基金，首期募集100亿元。将2015年国有资本经营收益10%调入一般公共预算。理顺城市供水体制，实现制水供水企业合并。实行居民用水、用气阶梯价格制度。农村土地确权登记颁证基本完成，农村综合产权流转交易体系建设全面启动。顺利实施机关事业单位养老保险、医疗保险改革。我们还按照市委十届八次全会部署要求，坚持问题导向，解放思想，长短结合，启动了对影响济南发展若干重大问题的研究，一些改革措施已经付诸实施。

开放型经济稳步发展。开展一系列境内外招商洽谈活动，引进宜家、麦德龙等国际知名企业落户我市。利用外资15.8亿美元，增长10%。跨境电商平台上线测试，进口商品保税展示交易中心正式运营，完成济南机场“三个一”通关试点。成功举办第四届韩博会。中日韩产业合作济南先行示范区建设启动，综保区、明水开发区与韩国光阳湾圈经济自由区签订合作协议，中韩尖端产业融合园进入策划实施阶段。济莱协作区交通、旅游、医疗协作取得积极进展。

五是惠民生、促和谐，增创市民新福祉。全面完成为民办18件实事。一般公共预算民生支出比重达到75.1%，提高0.7个百分点。城乡居民人均可支配收入分别达到39876元和14317元，增长8%和9.2%。居民消费价格涨幅为1.9%。大力扶持创新创业，新增城镇就业20.73万人，农业富余劳动力转移就业5.6万人，阳光大姐等平台就业促进作用增强。各项社保基金征缴总收入创历史新高，连续11年提高企业退休人员养老金，月人均达到2633元，居民养老保险基础养老金实现“五连涨”，城市低保和农村低保标准分别提高到每人每月550元和300元，发放残疾人生活救助金1.2亿元。做好国有困难企业帮扶解困工作，累计发放资金14.94亿元、惠及职工3.67万人。加快校舍建设改造，开工建设中小学46所，新建改建扩建幼儿园90处，实现了义务教育阶段“零择校”。完成县级公立医疗机构改革，获评全国基层中医药工作先进单位。“单独两孩”政策平稳实施。文化惠民活动深入开展。中国非物质文化遗产博览会永久落户济南，各类博物馆、纪念馆突破180座。圆满承办第二十二届国际历史科学大会。开展纪念中国人民抗日战争暨世界反法西斯战争胜利70周年系列活动。新开工建设保障性安居工程51168套，竣工8935套。推进社会治理创新，开展“三区三圈”治理，形成立体化社会治安防控体系。开展国家食品安全城市创建试点工作，食药监管、安全生产形势稳定向好。

一年来，我们自觉接受人大依法监督、政协民主监督和社会监督，认真办理人大代表议案、建议和政协建议案、提案，支持民主党派、工商联和无党派人士参政议政。开展法治城市创建，深入实施“六五”普法和法制宣传教育，加快公共法律服务体系建设。加强依法行政和法治政府建设，建立政府法律顾问队伍，推行行政单位负责人应诉制度。践行“三严三实”，开展“直面问题践行承诺”活动，狠抓群众意见建议和中央、省委巡视组反馈意见整改落实，加大对不作为乱作为问责力度，电视问政、“啄木鸟在行动”等活动受到社会好评。市政务服务中心建成运营，实现多平台集中便民服务。严格落实党风廉政建设责任制，推进政府系统惩治和预防腐败体系建设，反腐倡廉取得新成效。侨台、民宗、慈善、老龄、妇女儿童、红十字、档案、史志、气象、文物保护、双拥共建以及援藏援疆等工作都取得新的进步。

各位代表！

2015年各项工作任务全面完成，标志着我市“十二五”规划圆满告竣。过去的五年，面对复杂严峻的经济形势和紧迫繁重的改革发展任务，我们发扬顽强拼搏的精神，集中力量解决了一批前所未有的难事，办好了一批群众欢迎的实事，办成了一批具有深远意义的大事，省会改革开放和现代化建设取得新的重大成就。

——过去的五年，是综合实力显著增强、产业结构深度调整、发展质量持续提升的五年。2015年，全市生产总值是2010年1.6倍，年均增长9.3%，人均1.4万美元；一般公共预算收入是2010年2.3倍；固定资产投资五年累计13322亿元，是“十一五”时期1.8倍；金融机构本外币存贷款余额分别突破1.5万亿元和1.1万亿元，是2010年2倍和1.6倍；服务业比重、高新技术产业产值比重分别提高3.9个和5个百分点。提前完成节能减排指标任务。一批承载高端产业、集聚人才技术、极具倍增潜力的增长板块正在崛起，初步构筑起服务经济优势主导、新产业新业态加速发展的省会现代产业体系。

——过去的五年，是城市空间不断拓展、服务功能日臻完善、城乡面貌明显改观的五年。全市建成区面积500平方公里，户籍城镇化率62%。建成一批城乡供水、供电、燃气、供热、排水、排污设施。城市快速交通路网初步形成。小城镇、农村新型社区建设扎实推进。森林覆盖率、建成区绿化覆盖率分别提高到35.2%和40.2%。泉城特色与水系生态水平不断提升。南部山区生态保护与北部跨河发展正蓄势进入新阶段。城市更新和功能拓展继续深化，以一城三区为核心、以经十路东西延展为轴线、片区园区联动、城乡统筹发展的新格局已经形成。

——过去的五年，是改革开放持续深化、体制环境不断优化、发展活力继续增强的五年。全面深化改革迈出坚实步伐，有序推进了行政审批、财税金融、国资国企、农业农村和社会治理等重点领域改革，审批收费事项大幅精简，市场准入门槛降低，营商环境明显改善，创新创业蔚然成风。全市各类市场主体达到47.8万家。综保区、明水开发区升级国家队，济南海关升格为总署直属海关，增强了开放发展承载力。新增6个友好城市和18个友好合作城市，国际友城布局全面优化，对外交流合作成效明显。省会城市群经济圈一体化进程加快。

——过去的五年，是生活质量稳步提升、社会保障不断加强、社会事业全面进步的五年。五年来，全市从一般公共预算收入中安排1914亿元用于改善民生和发展社会事业，是“十一五”时期2.5倍。城乡居民收入比2010年分别增长65.3%和80.6%。新增城镇就业和农业富余劳动力转移就业122.2万人。建设保障性安居工程14.3万套。城乡低保标准分别提高37.5%和100%，养老、医疗等社会保障水平大幅提高。初步构建起覆盖城乡的公共服务体系，各项社会事业有了很大发展。成功举办第十届中国艺术节、第三届非物质文化遗产博览会等重大活动，泉城历史文化品牌日益彰显，群众性文化生活丰富多彩。社会治理不断加强，安全生产形势平稳，治安防控能力增强，社会大局和谐稳定。

各位代表！

五年来的巨大发展和进步，是我们全面贯彻落实党和国家路线方针政策的结果，是省委、省政府和市委坚强领导的结果，是人大、政协监督支持的结果，是全市共同努力的结果。在此，我代表市人民政府，向全市各族人民、各界人士、驻济部队、武警官兵和中央、省驻济单位，向港澳台同胞、海外侨胞和国际友人，表示诚挚感谢和崇高敬意！

我们也清醒地认识到，我市发展中还存在不少困难和问题，政府工作还有许多不足。经济增长内生动力不够强，投资增长乏力，创新能力不足；传统产业转型、新兴产业发展不够快，企业生产经营困难增多；县域经济薄弱、区域发展不平衡的问题仍旧突出；实现基本公共服务均等化面临不少瓶颈制约，群众对民生工作还有不少不满意的地方；雾霾频发、交通拥堵尚未得到根本缓解；重点领域改革难度较大，社会对改善营商环境仍有较高期待；有些政府工作人员担当力不强，不作为、乱作为和消极腐败现象依然存在。我们一定正视问题、标本兼治，不以事艰而退避，不以任重而不为，采取有力措施，认真改进和解决。

二、“十三五”时期的主要目标和任务

根据《中共济南市委关于制定济南市国民经济和社会发展第十三个五年规划的建议》，我们编制了《济南市国民经济和社会发展第十三个五年规划纲要(草案)》，提交大会审议。

“十三五”时期是全面建成小康社会的决胜阶段。我国已进入新常态攻坚发展的新时期，新型工业化、信息化、城镇化、农业现代化、绿色化“五化”协同发展，经济长期向好的基本面没有改变。从我市看，全市发展已经迈上了新的起点，我们既面临改革创新、转型升级、开放发展所蕴蓄的重大契机，也面临稳定增长、补齐短板、均衡发展、改善生态的紧迫任务。总体上看，“十三五”时期我市仍处于可以大有作为的重要战略机遇期。

我们要全面贯彻党的十八大和十八届三中、四中、五中全会精神，深入贯彻习近平总书记系列重要讲话精神，按照中央“四个全面”战略布局和省委、省政府决策部署，紧紧围绕“打造四个中心，建设现代泉城”中心任务，坚持发展是第一要务，以创新、协调、绿色、开放、共享发展新理念为引领，以提高发展质量和效益为中心，统筹推进经济建设、政治建设、文化建设、社会建设和生态文明建设，确保在全面建成小康社会进程中走在全省前列，奋力开创省会现代化建设新局面。

——坚持创新聚焦，全力打造“四个中心”。今后五年经济发展主要预期目标是：生产总值年均增长8%，一般公共预算收入年均增长9%，固定资产投资年均增长13%，服务业比重提高到60%。我们要打造全国重要的区域性经济中心，加快产业更新和动力转换，积极对接“中国制造2025”战略，实施“互联网+”重大产业工程，加快培育高端高质高效现代产业体系，经济影响力、区域带动力和环境吸引力大幅提升。我们要打造全国重要的区域性金融中心，举全市之力建设中央商务区，建设区域性金融管理中心、金融机构中心、资金结算中心、金融交易中心、金融后台服务中心以及金融机构集聚发展高地，金融服务实体经济能力大幅提升。我们要打造全国重要的区域性物流中心，创建综合运输服务示范城市，建设一批网络化、规模化、信息化的物流园区、物流基地和骨干企业，构建开放高效生态智慧的现代物流体系，2020年实现社会物流总额3.5万亿元。我们要打造全国重要的区域性科技创新中心，推动大众创业万众创新，新技术、新产业、新业态蓬勃发展，高新技术产

业产值比重达到46%以上，初步建成国内重要的科技成果策源地和京沪之间科技创新新高地，率先建成创新型城市。

——坚持协调融合，加快建设现代泉城。牢固树立精明增长理念，突出产城融合和城乡联动，推动城市建设转型升级。着力优化发展布局，推进城市更新，拓展发展空间，建设形成中心、次中心、卫星城以及重点镇、一般镇梯次分布、互相衔接、功能完善的城乡一体化发展布局。规划建设携黄河两岸融合发展的城市新区。加强南部山区生态保护，确保南部山区森林覆盖率达到并稳定在70%以上。协同推进新型城镇化和新农村建设、现代农业和县域经济发展，户籍人口城镇化率提高到67%，县域经济比重提高到45%。统筹推进交通、能源、通信、水利、安全保障、地下空间等基础设施建设，城市综合承载力和可持续发展能力显著增强。

——坚持绿色低碳，展现生态泉城新形象。围绕建设国家生态文明先行示范区，完善生态文明法规体系，健全生态补偿机制，强化环境监管执法，着力解决环境污染突出问题，推动低碳循环发展，加快建设资源节约型、环境友好型社会。完善优化开发、重点开发、限制开发和禁止开发的主体功能区规划。坚持节约优先，发展循环经济，促进资源集约高效利用，到2020年全市能源消费总量控制在4800万吨标准煤以内，划定永久基本农田，守住耕地红线。坚决打好治霾攻坚战，努力破解交通拥堵难题，全面提升省会宜居宜业宜游水平。坚持科学保泉，弘扬泉水品牌，统筹推进水生态文明市和海绵城市建设，加强历史文化名城保护，打造百里黄河生态画廊，完成126座山体绿化，建设天蓝、地绿、水清、泉涌的生态泉城。

——坚持改革开放，不断增创发展动力和空间。全面深化以经济体制改革为重点的各项改革，构建多元开放格局，激活发展内生动力。深化行政管理体制改革，进一步转变政府职能，建设法治政府、创新政府、廉洁政府和服务型政府。深化国资国企改革。大力发展民营经济。完善土地、资本、人才等要素建设，加快形成开放有序的现代市场体系。借鉴上海自贸区创新制度，打造法治化、国际化、便利化营商环境。优化市场布局和贸易结构，加快发展服务贸易和服务外包，推动外贸转型升级。将招商引资作为经济工作生命线，确保现代服务业、战略性新兴产业引资比重每年提高1~2个百分点。健全“走出去”服务保障体系，鼓励我市企业积极开展跨国并购和投资，推动优势产能对接融入国家“一带一路”建设。在科技创新、基础设施、产业协作、污染治理等领域与周边城市加强合作，加快省会城市群经济圈建设步伐。

——坚持共建共享，全面改善人民群众生活。完善制度安排、强化政策兜底、统筹社会资源，扎实做好各项民生工作，实现全市人民共同迈入全面小康社会。实施精准扶贫精准脱贫工程，确保2018年全市现行标准下农村贫困人口全部脱贫。推动义务教育均衡发展，全面普及高中阶段教育，构建现代职业教育体系，不断提高教育质量。坚持就业优先战略，完善以创业带动就业的扶持政策，统筹推进各类群体创业就业。建设健康济南。完善养老服务机制，实施全民参保计划，形成覆盖全民、整合城乡、协调均衡的社会保障体系。到2020年城乡居民人均可支配收入分别提高到58600元和21500元以上。全面提升公共文化服务，着力打造文化泉城。促进人口均衡发展，加强和创新社会治理，确保社会和谐稳定。

总之，经过未来五年努力，全市经济更加发展，城乡更加繁荣，环境更加美好，人民更加幸福，制度更加完善，社会更加文明，打造全国重要的区域性经济中心、金融中心、物流中心、科技创新中心和建设享誉中外的现代泉城取得重大进展，提前完成泉城市民共同期盼的全面小康社会宏伟目标。

三、2016年的工作

今年是“十三五”规划开局之年，也是本届政府收官之年，更是“打造四个中心，建设现代泉城”破题起势之年。做好今年工作意义重大。按照中共济南市委十届八次、九次全会部署和“十三五”规划纲要要求，今年经济社会发展主要预期目标是：生产总值增长8%左右，一般公共预算收入增长9%左右，固定资产投资增长13%左右，社会消费品零售总额增长11%左右。农业、服务业、规模以上工业增加值分别增长4%、8.5%和8%左右，高新技术产业产值比重提高1个百分点。进出口增长保持稳定，实际到账外资增长6%左右。城乡居民人均可支配收入分别增长8%

和8.5%左右，居民消费价格涨幅控制在3%左右，城镇登记失业率控制在4%以内。全面完成省政府下达的年度节能减排约束性指标。

当前，国内外经济形势依旧错综复杂，经济下行压力持续增大，稳增长、促改革、调结构、惠民生、防风险任务艰巨。在今年政府工作中，必须牢固树立和贯彻落实创新、协调、绿色、开放、共享发展理念，坚持稳中求进工作总基调，着力推进供给侧结构性改革，全面贯彻去产能、去库存、去杠杆、降成本、补短板的要求，把握稳增长和调结构的平衡，做好产业更新和动力转换两篇大文章，集中优势力量，聚焦关键问题，千方百计增加有效投资，不断创造新需求新动力，全面推进“打造四个中心，建设现代泉城”各项工作，确保在关键环节取得突破性进展，确保实现经济稳定增长，努力以结结实实的业绩开创“十三五”良好开局。

（一）全力推进“四个中心”建设，加快动力转换产业更新。全面实施“三年行动纲要”，聚力攻坚，落地抓实，确保“四个中心”建设一年有势头、两年有看头、三年有突破。

全力推进区域性经济中心建设。以智能制造、“互联网+”为引领，突出优势产业、龙头企业和重点项目，融合发展先进制造业和现代服务业，力争用三年时间新增规模以上工业企业300家、服务业企业200家以上，打造“济南设计”“济南智造”“济南服务”品牌。坚持领导包挂重点产业，实施一链一策、优势带动，研究推出分业扶持政策措施，对重点产业和龙头企业采取特惠制，招商推进一批重大产业项目，厚培壮大交通装备、电子信息、机械装备等千亿级产业集群，培育发展新一代信息技术、生物医药及高性能医疗器械、节能与新能源汽车、新材料、新能源、建筑产业化等新兴优势产业。把发展智能制造和“互联网+”作为济南工业弯道超越的引擎和重大机遇，推出《中国制造2025》济南实施方案，出台智能制造产业五年发展规划，建设东部、西部两大智能制造研发服务平台，实施“机器换人”示范工程，推进高档数控机床和机器人产业化与应用。扶持发展互联网经济，开展产业创新、公共服务等17项专项行动，实施互联网与工业融合创新示范工程，开展大数据增值性、公益性开发和创新应用。实施一批技改创新项目，推进钢铁、化工、建材、纺织、食品等产业绿色改造，促动传统产业转移升级。以研发设计、检验检测、成果转化服务为重点，打造一批生产性服务业和高技术服务业集聚区，加快生产制造向“生产+服务”转型。深化实施“五个一批”梯度培育工程，加强12个国家火炬特色产业基地建设，促进中小微企业和特色产业做大做强。实施质量强市、名牌战略和标准化战略，加强知识产权创造、运用和保护。

全力推进区域性金融中心建设。举全市之力建设中央商务区，一同推进规划、拆迁、建设、招商各项工作，围绕新总部经济、“金融+”和现代商务服务业，抓好核心区、起步区引爆项目、超高层项目落地开工，策划十大金融招商项目，打造高端业态和总部经济集聚区。做大做强本地法人金融机构，支持齐鲁银行、济南农商行综合混业发展，鼓励泰山、安顾等保险机构发展壮大，扶持山东省城市商业银行合作联盟加快发展。加快山东金融资产交易中心、全景网山东路演中心等平台发展，支持更多企业上市挂牌融资。培育互联网金融、股权众筹、私募基金、融资租赁、金融中介服务等新兴金融业态，吸引上市公司或大型企业在济设立研发总部、租赁公司、财务公司，促进山东新金融中心、汉峪金谷错位联动发展。筹建金融投资控股集团。引导金融机构加大对市域实体经济信贷投放，加快发展农村金融等普惠金融，鼓励保险资金参与我市基础设施建设、棚户区改造。规范各类融资行为，有效防控金融风险。

全力推进区域性物流中心建设。规划建设桑梓店物流中心、董家公铁货运中心、空港国际物流中心三大枢纽及崔寨、大桥路两大综合园区，加快大舜医药物流、新材料仓储交易中心、丰树仓储物流园等21个重点物流项目建设，改造提升零点物流港、盖世物流园，支持佳怡等第三方物流和韩都衣舍等新兴物流企业发展壮大。加快省会城市群经济圈一体化信息平台及保税区跨境电商信息平台建设，推进冷链、农产品交易等一批物流信息平台建设，大力发展城市配送、农村物流、快递物流、医药物流等特色物流。启动“济新欧”国际货运班列前期工作，争创国家级多式联运示范工程。全力推进区域性科创中心建设。完善高新区体制机制，拓展发展空间，高标准建设智能装备城、生命科学城、齐鲁智慧谷、齐鲁创新谷“两城两谷”，积极争创国家自主创新示范区，打造辐射周边的创新引领新高地。进一步完善全市科技创新管理体制机制。实施企业能力提升工程，加大对领军企业、“小巨人”“金种子”企业扶持力度，落实高新技术企业税收优惠、研发费用加计扣除等激励政策，开展规模以上工业企业研发投入“清零”行动。推进国家信息通信国际创新园、国家重大新药创制平台、浪潮高性能计算中心、山东量子技术研究院等重大源头创新平台建设，力争在重大创新领域创建国家实验室。推动大型仪器共享平台建设，开工建设山东工业技术研究院基地，筹建山东复旦研究院济南成果转化中心，加快济南—德国科技创业中心建设，组建一批产业技术创新战略联盟。设立股权投资母基金和天使投资、制造业上台阶、新三板提升等子基金，建设一批科技金融特色银行。打造泉城科创交易大平台。新增众创空间28家，允许众创空间“席位注册”、“一址多照”。强化“齐鲁人才特区”建设，更多引进“5150”等高层次人才，完善海外人才来济创新创业服务保障机制，实施推动科技人员服务企业与推动科技人员自主创业“双推”工程。大力营造尊重企业家和创业者的良好社会氛围。

（二）狠抓三项重点工作，着力扩增量稳增长。项目建设、招商引资和棚改旧改是“四个中心”建设的关键环节。全市各级各部门必须按照三项重点工作责任书，埋头苦干，狠抓落实，着力稳增长蓄后劲打基础。

全力以赴抓好项目建设。继续实施项目建设提升计划，突出重大基础设施、新兴产业、科技创新、金融物流、棚改旧改、生态环境、社会民生等重点领域，推进落实总投资3310亿元150个市级重点项目，年计划投资768亿元，其中新开工项目76个、年计划投资309亿元。继续抓好华山、北湖、雪山、南北康等22个重点片区开发建设。加快落实首批PPP项目，围绕交通、环保、医疗等领域继续推出一批新项目，完善扶持机制和优惠政策，力争三年内政府和社会资本合作项目总投资达到1000亿元。实行重点项目“预备库—储备库—建设库”三库联建，制定实施政府投资项目三年滚动投资计划，完善重大项目动态调整机制，确保三年内重点项目总投资达到1万亿元。实施重点项目推进十大机制，倒排工期、挂图作战，推动项目建设提速提效。积极争取国家和省在项目规划布局、要素保障、专项建设债券发行等方面更大倾斜，深入开展银企对接活动，做好授信协议的跟进落实。

多措并举抓好招商引资。开展“投资促进年”活动，创新引资引技引智机制，统筹推进全市招商引资工作。一是突出重点产业招商，围绕我市主导产业和优势新兴产业，以重汽、浪潮、二机床等重点企业为龙头，策划引进配套企业和项目，促进产业延伸集聚、做大做强。二是突出重点板块招商，各发展主体按照全市产业统一布局，以园区、片区、楼宇为载体，抓好中央商务区、汉峪金谷、创新谷、中新智慧城等重点片区招商，引进一批高端产业，培植一批亿元楼宇，打造一批增长高地。三是突出重点企业招商，瞄准世界500强、国内500强、民营500强，引进大项目好项目特别是引爆型项目落地发展，加快中弘旅游、万达鲁秀、中广核产业协作等一批项目进度。四是突出重点区域招商，把握国内外产业和要素流动新趋势，策划德国工业4.0和美国工业互联网领域专题招商，开展赴美国、德国、韩国、新加坡、香港、台湾以及北京、上海、珠三角等境内外重点区域招商推介活动，组织中德中小企业高峰论坛和中美财富论坛。探索“互联网+招商”、市场化招商新模式，建立招商项目库、产业专家库、信息数据“云后台”，强化跟踪服务，增强招商引资工作实效。

加快推进棚改旧改。注重连线成片、集中突破，推行政府购买棚改服务新模式，新开工五里牌坊、泺口、海晏门、刘智远、大庙屯、二药厂片区等58个棚户区改造项目，完成国家和省下达的45204户安置房开工任务。科学制定征地拆迁计划，加快推进东客站、济青高铁高速、轨道交通沿线、二环快速路等重点片区征地拆迁工作。严格落实区级主体责任，打好政策组合拳，建立健全服务安置居民信息平台，搭建房企与安置居民间供求桥梁，强化政策宣讲和法律服务，扎实细致做好群众工作，为城市发展、改善民生拓展空间。

扩大新消费新需求。支持电子商务新业态发展，加快建设国家电子商务示范城市和信息惠民示范城市，提升山大路、智汇蓝海等5个专业电商园区，推动菜鸟物流、淘宝网“特色济南馆”项目落地。制定鼓励新能源汽车发展、消费的政策措施，支持信息、绿色新消费。大力发展健康养老、教育培训、家政服务等生活性服务业，保护中华老字号。推进泉城国际旅游标志区和环城游憩带建设，力争千佛山风景名胜区成为国家级风景名胜区和5A级旅游景区，加快山东设计创意产业园、鹊山龙湖、兴隆泛旅游综合体、小清河源头湿地等文化旅游项目建设，培育百年商埠、印象济南、百花洲、火车站北广场等特色商业街区。办好第十七届中国美食节。

（三）补齐短板、优化提升，推动城乡区域协调发展。坚持把“三农”工作作为重中之重，同时更加重视做好城市工作，促进以人为核心的新型城镇化，加快城乡协同融合发展。

优化市域发展布局。加快城市更新发展，开展城市中心、次中心和卫星城规划研究，促进城市带状格局向组团式格局转变。编制中心城区53个片区控制性详规，完成历史文化名城保护规划、历史街区保护规划报批。高标准策划黄河堤防深度开发利用，启动济南新区申报工作，加快黄河公铁大桥、长清黄河大桥建设，解决济南牌照车辆过黄河收费问题，推进北跨发展取得重要进展。

稳步推进新型城镇化。出台实施《济南市新型城镇化规划》。统筹推进户籍制度改革和以满足新市民需求为出发点的住房制度改革，探索实施积分落户制度，有序推进农业转移人口市民化。加大棚改旧改货币化补偿安置力度，发展住房租赁市场，改善住房供给结构，多措并举加快房地产去库存。抓好章丘国家级新型城镇化综合试点工作。实施省级示范镇提升行动，拓展镇村经济业态，稳妥推进农村社区建设，打造一批各具特色的强镇、名村。推动美丽乡村建设形态内涵双提升，注重保留农村特色、田园风光、乡土气息，完成130个示范村创建任务。通过强化产业支撑和公共服务，加快就地城镇化步伐。

加快城乡基础设施互联互通。推进石济客专、济青高铁、济东高速、济青高速扩容、青兰高速等项目建设，启动济泰高速、济乐高速南延、绕城大东环线建设前期工作，开工东客站客运枢纽工程，做好省会城市群经济圈城际轨道交通规划策划。实施370公里农村公路建设改造，完成972公里县乡公路安全风险路段整治。加快城市综合管廊建设，实施一批水电气热等配套设施建设工程，重点推进东区、旅游路、南康水厂建设，实施二次供水设施改造，解决270多个城中村和400多个企事业单位供水问题，巩固提升农村饮水安全工程；推进工业余热利用和腊山热源厂建设，新增集中供热面积600万平方米；加快济南高压天然气外环管网工程以及东部天然气应急调峰储配供应基地、104国道天然气应急调峰储配中心建设。加强城乡信息基础设施建设，实施200项智慧泉城建设工程，实现城乡光纤宽带全覆盖，加快“无线济南”建设。

打好治堵攻坚战。加快轨道交通R1线建设，开工R2、R3线一期，尽快启动轨道交通环线前期工作，完成轨道交通二期建设规划报批。加快构建高快一体快速路网，启动工业北路快速路建设，确保二环快速路、顺河高架南延2017年底全部建成通车。加快凤凰路南北段、旅游路东西段等一批主次干道建设改造，打通一批断头路。加快公交都市建设，开工龙洞、省立医院东院、高新区实训基地、唐冶公交换乘枢纽，新开通和优化调整公交线路20条以上，建设二环路无轨电车环形走廊，提高公交出行分担率。完善交通管理，启动公共自行车租赁系统建设，加强公共停车场建设管理。

统筹县域经济和农业农村发展。全面落实县域差别化扶持政策，以产业为纽带强化区县对接帮扶，完善市域内企业项目迁移财税利益分享机制，加速城区产业转移县域，促动园区创新转型，加快培育新机制、新空间、新项目、新动力，做大县域主导产业。大力发展现代农业，落实藏粮于地、藏粮于技战略，推进粮食高产示范区创建，实施农业科技创新与推广能力建设工程。抓好“一区六园”以及海吉星农产品物流园等现代农业综合体建设，扶持种苗花卉、中草药、茶叶、食用菌等特色农业发展。深入推进农产品质量安全五大体系建设。融合发展休闲农业与乡村旅游，重点打造4条现代农业精品示范线路和齐鲁风情8号线、五彩乡村等6条美丽乡村旅游线路。继续抓好温泉旅游以及阿胶、玫瑰等县域特色产业发展。实施新型农业经营主体培育“630”工程，重点打造6大类180个新型农业经营主体。实施“互联网+农业”行动计划，打造农产品电商平台和营销网络，培育一批特色电商镇、电商村。

精准务实推进脱贫攻坚。把脱贫攻坚作为第一民生工程，按照底线思维和兜底要求落实好低保、教育、医保、危旧房改造等相关政策。以产业扶贫为主攻方向，实施特困村扶贫解困示范工程，实行市级领导帮挂重点乡镇、县级领导帮挂重点村、第一书记全覆盖、一户一策一干部等措施，通过精准帮扶促进贫困地区民生改善。发挥财政投入主导作用，引导社会力量参与扶贫开发。实施金融扶贫、光伏扶贫等项目，探索利用专项扶贫资金购买社会服务。全年完成200个村5万人以上脱贫任务。

(四) 加强生态文明建设，营造优美宜居的城乡环境。巩固国家卫生城市创建成果，采取更加科学有效的措施，强化环境治理，筑牢生态屏障，不断提高城乡宜居性和可持续性。

狠抓雾霾源头治理。深入推进大气污染防治“十大行动”，实施燃煤、工业、扬尘、尾气等污染协同治理，限期治理钢铁、水泥、石化等高污染行业，加快推进济钢、蓝星、庚辰等企业搬迁改造，完成东部老工业区38家企业搬迁改造和关停腾退。推进锡盟—山东特高压、榆横—潍坊特高压等“外电入鲁”项目建设，出台低谷电价等系列支持政策。加速煤改气、煤改电，实施锅炉淘汰、燃煤超低排放改造和煤炭散烧整治，全部淘汰改造建成区134台35吨/小时以下锅炉，市域内加油站全面供应国V车用汽柴油。完成既有建筑节能改造140万平方米。加强建筑垃圾和秸秆资源化利用，开展油烟污染和燃煤质量专项整治。强化区域联防联控，修订大气污染防治条例，实施环境网格化管理和24小时巡查监督行动，依法打击各类环境违法行为。

打造泉城特色水环境。编制名泉保护专项规划，开展白泉泉群景观恢复、9处泉域重点渗漏带保护、城区自备井全面关停、72名泉视频监测等专项行动，续建一批泉水直饮点，启动名泉博物馆规划建设，加快泉水申遗，推出一批水文化产业项目，办好第四届泉水节。推进以城市水系、园林绿地、道路交通、建筑小区为重点的43个海绵城市建设项目。开展建成区黑臭水体治理，启动腊山污水处理厂和一批分散式污水处理站建设，加快玉符河、巨野河、锦绣川、锦阳川等河道整治，推进小清河源头综合治理。加快白云湖、玫瑰湖、小清河3处国家湿地公园和14处省、市级湿地公园建设。实施东湖水库输水工程，对147座小水库小塘坝除险加固。全面完成水生态文明试点市创建任务。

强化生态基础建设。深化国家级生态城市和生态园林城市创建，开展城市绿荫行动，改造提升一批城市绿地和老旧公园，抓好裸露土地绿化。实施铁路沿线综合整治。加快野生动物世界二期和跑马岭生态休闲度假区建设，完成中心城区防灾避险公园建设和英雄山风景区整治。划定山体保护红线，完成26座城区山体绿化提升和山体公园建设，实施万灵山、西蒋峪等矿山地质地貌景观恢复工程。巩固提升国家森林城市创建成果，新造林5万亩、育苗2万亩，启动郊野公园建设，森林覆盖率稳定在35%以上。加大生态县和生态镇、村创建力度，建成2个国家级生态县（市）。

加强南部山区生态保护。完善管理体制，组建专门管理机构，实行以生态保护为主导的绩效评价考核机制，健全生态补偿机制。划定山体、河流水系、泉水重点渗漏带及泉水直接补给区四条生态控制线，统筹生态保护、产业发展、旅游、镇村建设等专项规划。做好水源涵养、生态修复、环境综治等工作，强化道路交通、污水处理和垃圾清运等基础设施建设。实施生态富民工程，高标准规划建设一批旅游、养老、休闲产业和农家乐项目，促进南部山区绿色发展、有序发展。

(五) 实施改革开放新举措，持续增强发展动力和活力。坚持以改革解难题、以开放促发展，营造良好的体制环境。

加快重点改革攻坚落地。深入推进简政放权，加快政务服务大厅功能升级，动态调整市级行政审批事项目录、权力清单、责任清单，推行行政审批业务手册、服务指南“两个规范”，公开公共服务事项目录，坚决砍掉各类无谓的证明和繁琐的手续。建设事中事后监管信息化平台。开展综合行政执法体制改革，进一步减少层次、整合队伍、提高效率。推进财税改革，做好政府债务存量置换工作，深化政府事权和支出责任划分改革，搭建综合涉税信息管理应用平台，健全财金控股集团和产业发展集团市场化运作机制，加强财政预算绩效管理。推动开发区改革创新，实施《关于进一步推动省级以上开发区改革发展的指导意见》和《开发区发展三年行动计划》，做好新材料产业园和商河经济开发区改革试点工作。分类分层推进国企改革，因企制宜发展混合所有制。全面完成市政公用企业改革改制，推进公共产品供给价格改革。帮助企业降低制度性交易成本、企业税费、社会保险费、财务成本、电力价格、物流成本。完善促进民营经济发展的意见，推进中小企业信用担保体系建设，实现民营经济比重提高1个百分点。创新城市基础设施资金保障机制，通过发行城市基础设施建设企业债券、金融租赁及PPP模式，拓宽融资渠道。改革完善不动产统一登记制度。推进生产经营类事业单位转企改制取得实质进展。

推动全方位开放发展。实施济南城市国际化战略，积极争取国家第一批构建开放型经济新体制试点城市。落实济南市对接“一带一路”行动方案，开拓新兴市场，推动我市企业“走出去”。实施科技对外开放工程，主动融入与东盟、南亚、非洲、拉美等国家的科技伙伴计划，深化国内外科技合作。推进济南新材料产业园与德国新材料产业集群、中小企业创新园区产业合作，加快中日韩尖端产业融合园、中新智慧城等项目建设。规划建设临空经济示范区，积极开通洲际航线。发挥国际离岸服务外包优势，着力发展信息技术服务、工业工程设计等领域服务外包。积极申请加入中国（山东）自由贸易试验区，依托综保区、空港功能区，发展飞机融资租赁、航空物流等产业，强化山东一达通、秦工国贸等跨境电商综合服务平台作用，提升中小外贸企业对外贸易便利化，大力发展B2B和B2C业务，扩大网上进出口。办好第五届中国（济南）韩国商品博览会暨首届中日韩精品展，策划开展“济南制造”东盟推介会和友城行经贸活动。开工建设国际学校和国际医院。

（六）坚持共享发展理念，办好社会事业和民生实事。不断强化民生保障，确保各项社会政策能够托底。今年重点办好15件民生实事。

促进就业推动创业。重点抓好大学毕业生、就业困难人员、产业转型和化解过剩产能产生的再就业人员、城郊被征地农民等群体就业。逐步解决“蜗居”大学生就业创业和居住落户难题。完善“创业培训+创业预孵化+初创孵化+创业园区”模式，加强社会组织服务（孵化）平台建设。确保城镇新增就业10万人，农业富余劳动力转移就业5万人。

提升社会保障水平。做好企业退休人员基础养老金调整工作，提高城乡居民医疗保险财政补助标准。实施职工大病医疗保险和长期护理保险制度。做好低保户、五保户、零就业家庭、因病致贫家庭等特殊困难群众的生活救助工作。完善困难残疾人生活补贴和重度残疾人护理补贴制度。编制养老服务设施专项规划，支持社会力量兴办养老机构，推动医疗卫生与养老服务融合发展。推进机关事业单位养老保险制度改革。鼓励符合公租房申请条件的家庭通过市场承租住房，提高补贴标准。

深入推进教育均衡和教育公平。实施第二期学前教育三年行动计划。巩固“零择校”成果，完善普通高中招生政策，新建、改扩建49所中小学校，逐步解决大班额问题。完善集团化发展、委托管理、政府购买服务等多元办学机制，加大贫困家庭学生资助力度，保障农民工随迁子女平等入学。实施“技能兴济”工程，加大对中职院校和技工院校建设扶持力度。

提升医疗卫生服务水平。持续推进健康城市建设。深化医药卫生体制改革，全面推行城市公立医院综合改革。着力落实社会办医政策，推动医疗资源向基层、农村流动，提高基层医疗卫生服务能力。做好市中医东院区新建和市传染病医院迁建工程。实施“智慧健康”工程。稳妥落实“全面两孩”政策。

深入推进文化惠民。持续开展创建文明城市工作，大力培育和践行社会主义核心价值观。加强公共文化服务体系建设，组织文化惠民交流演出季，开展“齐鲁农家沁书香”活动。实施城子崖、大辛庄、齐长城遗址公园建设和“乡村记忆”工程。承办好第四届中国非物质文化遗产博览会。推进济南市博物馆新馆规划建设。实施“文化+”行动计划，推动文化创意和设计服务与旅游、商贸、教育、制造业、农业融合发展。广泛开展全民健身运动，大力发展体育产业。

加强和创新社会治理。健全新型社会组织体系。加强城市精细化、标准化、法治化管理，实施60个老旧小区综合整治，严格规范物业管理服务，构建优美和谐社区。扎实推进平安济南、法治济南建设，开展“法治六进”活动，搞好普法宣传教育，完善人民调解、行政调解、司法调解联动体系，构建以信息化为支撑的社会治安立体防控体系。完善社会征信系统，强化重点领域诚信建设。推行安全生产网格化管理，做好重点行业、重点区域监管和专项治理。积极创建国家食品安全城市，推进“食安济南”建设。进一步发挥12345等市民服务热线为民服务的作用。配合国防和军队建设改革，做好相关承接协调工作，积极稳妥安置军队转业人员。建设市人防指挥中心。继续做好民宗、仲裁、侨务、老龄、妇女儿童等工作。

各位代表，做好今年工作，任务非常艰巨，使命非常光荣。全市各级政府工作人员要自觉践行“三严三实”，坚持“实在实干实绩”工作导向，敢于责任担当，勇于干事创业，努力把全市改革发展稳定各项工作落地抓实。要按照建设法治政府的要求，提高依法办事和服务发展的能力，注重科学性和可操作性，运用法治思维、专业能力、市场办法来谋划全局、制定政策和推动工作。要发扬钉钉子精神，锲而不舍打基础谋长远，全力以赴破难题解矛盾，确保关键环节和重要工作实现突破进展。要坚持廉政勤政，摒弃为官不为，持之以恒落实中央八项规定精神，严格落实党风廉政建设责任制。进一步加强对财政资金分配使用、国有资产监管、政府采购、公共工程建设等重点领域和关键环节规范管理，严控政府债务，及时收回基金结余和沉淀资金，把更多财力用于保障和改善民生。强化审计、监察、督查等部门监督作用，自觉接受群众监督和舆论监督，自觉接受市人大及其常委会法律监督、工作监督和市政协民主监督，努力办好人大议案、建议和政协建议案、提案。

各位代表，承载着700多万泉城市民的梦想和期盼，我们踏上了“十三五”发展的新征程。让我们紧密团结在以习近平同志为总书记的党中央周围，在省委省政府和市委坚强领导下，解放思想，锐意进取，凝心聚力，真抓实干，认真做好“打造四个中心，建设现代泉城”各项工作，为率先实现全面建成小康社会宏伟目标而努力奋斗。

责任校对　张　阳

1月

5日　市大气污染防治工作指挥部第一次工作会议召开，贯彻落实济南市大气污染防治“十大行动”动员大会精神，调度各专项行动进展情况。

6日　全市经济工作会议召开，贯彻落实中央和全省经济工作会议精神，总结2014年经济工作，部署安排2015年经济发展各项任务。

△　《济南日报》报道，新华网与工业和信息化部电子科学技术情报研究所编写出版的《中国国际智慧城市发展蓝皮书（2014）》日前正式发布，济南排名第六。

7日　全市安全生产大会召开，贯彻落实全国、全省安全生产电视电话会议和全市经济工作会议精神，研究部署2015年安全生产工作。

8日　济南市国家食品安全城市创建工作会议召开，国家食品安全城市创建工作全面启动。

△　济南农村商业银行股份有限公司创立大会暨第一次股东大会在济召开。

△　副省长于晓明带领省直有关部门负责人到济检查油气管道占压整治工作。

9日　2014年度国家科学技术奖励榜单公布。浪潮天梭K1高端容错计算机项目获国家科技进步奖一等奖，在济南历史上属首次。

△　经国务院批准，国家发展改革委下达《关于印发济南市城市轨道交通近期建设规划（2015~2019年）的通知》（发改基础〔2015〕42号），正式批准济南市轨道交通近期建设规划。该规划为“两纵一横”呈“H”形构架，南北向“两纵”分别为长清至济南西站段（R1线）、龙洞至新东站段（R3线），东西向“一横”为济南西站至郭店段（R2线），线路总长80.6公里，总投资约437亿元。

△　市政府第六十六次常务会议召开。会议研究通过《济南市旧城更新专项规划》，听取《〈济南市授予荣誉市民称号规定〉实施办法》修订情况的汇报，研究《关于进一步加强行政调解工作的意见》。

10日　济南第一高楼——高300米的绿地中心正式交付使用。

13日　济南市名泉保护工作调度会召开。

△　济南市残疾人创业孵化基地正式揭牌。

14日　济南市首家社区法律顾问工作站在天桥区工人新村北村街道办事处毕家洼西社区挂牌成立。

16日　市委常委会议召开，传达学习习近平总书记在十八届中央纪委第五次全体会议上的重要讲话及中央纪委全会精神，研究贯彻意见。

19日　最高人民法院表彰全国优秀法院和全国优秀法官、办案标兵，济阳县人民法院被授予“全国优秀法院”称号。

19~20日　省人口责任目标考核组到济就2014年度济南市《人口和计划生育目标管理责任书》执行情况进行党政综合考核，并召开会议对考核情况进行反馈。

20日　山东省农村工作会议召开，章丘市获全省生态文明乡村建设工作先进县（市、区）称号。

21日　省委党的群众路线教育实践活动领导小组办公室专项整治调研督查组到济南调研督查整治奢华浪费建设和清理整改办公用房情况。

△　副省长赵润田带领省直有关部门负责人到济督导检查安全生产工作。

△ 济南市第十五届人民代表大会常务委员会第十八次会议举行，表决通过济南市人民代表大会常务委员会关于延期召开济南市第十五届人民代表大会第四次会议的决定。

△ 济南市发展和改革工作会议召开，贯彻落实全国、全省发展改革工作会议和全市经济工作会议精神，总结2014年全市发展改革工作，安排部署任务。

22日 全省质量工作会议召开，贯彻落实首届中国质量（北京）大会精神，表彰第五届省长质量奖获奖组织和个人。浪潮集团有限公司、济南圣泉集团股份有限公司和章丘市大葱产业协会获省长质量奖提名奖。

△ 农业部副部长陈晓华率调研组一行到济调研农产品质量安全工作，并察看土地确权登记颁证和土地流转情况。

△ 市政府主要领导主持召开为民办实事工作专题会议，并现场察看2014年度为民办实事完成情况。

23日 农业部印发《关于认定第三批国家现代农业示范区的通知》，认定章丘市为国家级现代农业示范区，是济南首个“国字号”现代农业示范区。

30日 由中华全国总工会副主席、书记处书记陈荣书率领的“送温暖”慰问团，到济走访慰问部分困难企业、困难劳模和职工。

△ 济南首届合唱节颁奖典礼在山东省会大剧院音乐厅举行。

2月

2日 济南市党外人士情况通报会召开，向党外人士通报了2014年全市党风廉政建设和反腐败工作的情况。

4日 省人大常委会副主任、党组副书记柏继民一行走访慰问驻济的省人大代表马洪亮。

5日 市政府常务会议召开，研究创建国家森林城市和推进城区山体绿化工作，部署加强农产品质量安全工作，研究《关于进一步加强农产品质量安全工作的意见》。

6日 十届市委第八十八次常委会议召开，听取关于《政府工作报告》起草情况的汇报，审议并原则同意《政府工作报告》。

△ 中国信息安全认证中心和省质监局、省经信委联合举办信息安全认证体系建设研讨会，同时中国信息安全认证中心山东分中心在济成立。

△ 由中国电视艺术家协会和济南广播电视台联合举办的“第二十七届中国电视金鹰奖获奖电视纪录片精品展播”活动开播仪式在济南电视台举行。

7日 由济南市残联和山东师范大学共同建立的济南市残疾人特殊技能培训基地正式成立。

9日 市委农村工作领导小组（扩大）会议召开，研究讨论市委、市政府《关于加大改革创新力度加快农业现代化建设的实施意见（讨论稿）》。

△ 互联网金融领军企业夸客金融正式落户济南。

10日 中共济南市纪委十届六次全体会议召开。全会传达学习十八届中央纪委五次全会和省纪委十届六次全会精神，总结2014年全市党风廉政建设和反腐败工作，部署2015年工作任务。审议通过《落实从严治党要求，强化监督执纪问责，坚定不移推进党风廉政建设和反腐败工作》的工作报告。

11日 市领导到济南军区、济南军区空军、省军区和武警山东省总队等驻济部队领率机关进行走访慰问。

△ 全市宣传部长会议召开，学习贯彻全国宣传部长会议和全省宣传文化工作会议精神，安排部署2015年任务。

12日 全市文化工作会议召开，文化部初步同意中国非遗博览会将永久落户济南。

13日 副省长夏耕到济检查春运交通和安全工作。

△ 山东省暨济南市民族宗教界迎春茶话会举行。

△ 市政府第五次全体（扩大）会议召开，讨论并原则通过《政府工作报告（征求意见稿）》，对做好当前工作进行部署。

△ 济南市春节慰问老干部暨情况通报会召开，向老干部通报2014年全市经济社会发展情况和2015年主要工作安排。

△ 中共济南市委党外人士迎春座谈会召开。

15日 2015年济南市卫生计生工作暨中医药工作会议召开，是市卫计委组建以来举行的第一次全市工作会议。

16日 省委书记姜异康到济南看望慰问坚持节日值班的一线职

工，向全省广大干部群众致以新春祝福。

△ 省委常委、政法委书记、省人大常委会副主任才利民，副省长于晓明到济南督导检查春节、全国两会期间的安保工作，看望慰问一线执勤的公安民警、武警和消防官兵。

25日 市委常委扩大会议召开，传达学习省部级主要领导干部学习贯彻十八届四中全会精神、全面推进依法治国专题研讨班精神，研究贯彻落实意见。

26日 济南市外贸工作电视电话会议召开。2014年济南进出口总额创历史最高水平，达105亿美元，同比增长9.7%。

27日 十届市委第九十一次常委会议召开，听取关于中央、全省农村工作会议精神及济南市贯彻意见的汇报，审议《中共济南市委济南市人民政府关于加大改革创新力度加快农业现代化建设的实施意见》《中共济南市委常委会2015年工作要点》。

△ 中共济南市委、济南市人民政府公布《关于加大改革创新力度加快农业现代化建设的实施意见》。

△ 省政府第三次廉政工作会议暨省政府全体会议召开，济南市设立分会场收听收看会议实况，市政府第四次廉政工作会议暨市政府全体会议随后召开。

28日 全市农村工作会议召开，深入学习贯彻中央和全省农村工作会议精神，分析当前形势，安排部署2015年农业农村发展工作任务。

3月

1日 是日起，济南市月最低工资上涨100元。

2日 中国高新科技企业投融资巡回路演济南站活动在高新区举行。来自济南高新区生物医药、计算机等行业的9家优秀科技企业通过"现场路演+网上直播"方式进行路演展示。

3日 全市深入推进政府权力清单制度暨机构编制工作会议召开，部署全市深入推进政府权力清单制度和2015年机构编制工作。

△ 济南市"学雷锋，争做济南好人"表彰大会召开，表彰2014年度在"我推荐、我评议身边好人"活动中荣登"好人榜"的各级身边好人。

△ 省委第三巡视组对济南市历城区、长清区、商河县开展为期2个月的专项巡视工作。

5日 全市检察长会议召开，并与各县（市）区检察院、高新区检察院、城郊检察院检察长签订党风廉政责任书。

△ 山东省暨济南市寻找2015"最美家庭""建设法治中国·巾帼在行动""学雷锋·百万巾帼志愿者在行动"启动仪式举行。

6日 全市各界妇女纪念"三八"国际妇女节105周年表彰报告会召开。

△ 全市经济和信息化工作会议召开，2014年规模以上工业投资首次突破1000亿元。

7日 山东省暨济南市青少年大型植树活动在槐荫区青少年绿化基地拉开序幕，活动现场为"济南市五四青年林"纪念碑揭幕。

11日 全市国土资源工作会议召开，对济南市不动产登记职责整合工作提出明确要求，争取年底前完成不动产登记职责整合任务。为增加市场透明度，2015年全面推行土地网上交易。

12日 副市级以上领导干部与市绿化委员会成员单位、市直各部门主要领导以及济南警备区官兵等200多人到济南高新区翰育山体公园参加义务植树活动。

△ 济南市第二十九次社科优秀成果奖获奖成果和作者受到表彰。评出优秀成果80项，其中一等奖4项、二等奖26项、三等奖50项。

13日 全市人力资源和社会保障工作会议召开，部署重点推进10项改革，办好10件民生实事。

△ 全市城市园林绿化暨名泉保护工作会议召开。2015年全市计划新增城市绿地280公顷，续建或新建16处山体公园。

△ 由大陆机电、积成电子、山东省标准化研究院等30家企业、高校及科研院所共同发起的国内首个智能微电网产业标准联盟在济南高新区成立。

△ 济南市第一个街道级社会服务组织——市中区六里山街道社会组织服务中心投入运营，引进6家社会组织为居民提供公共教育、劳动就业等多个类别的服务。

16日 济南住房公积金管理中心印发《济南市农民工缴存使用住房公积金暂行办法的通知》。

17日 市委党校、市行政学院、市社会主义学院举行2015年春季开学典礼。

△ 《济南日报》报道，在全国中学生生物学竞赛选拔中，历城二中孙楚以笔试第一、总成绩第二的优异成绩入选新一届国际生物奥赛国家队。

18日 市委召开常委扩大会议，传达学习全国两会精神，研究贯彻落实意见。

△ 山东省第一家快餐协会济南快餐协会在济成立。

19日 中共中央书记处书记、全国政协副主席杜青林到济调研宗教工作，姜异康和省政协主席刘伟陪同调研。

△ 济南市向11位国务院特殊津贴专家和4位山东省有突出贡献的专家颁发证书。全市累计已有160人享受国务院颁发的政府特殊津贴，31人获山东省有突出贡献中青年专家称号。

20日 省委副书记、省长郭树清到济南阳光大姐服务有限责任公司调研，并主持召开家政服务业转型升级座谈会。省委常委、常务副省长孙伟参加活动。

△ 全市村（社区）“两委”换届选举工作领导小组扩大会议召开，对进一步巩固换届成果和做好有关后续工作进行安排部署。

21日 山东省、济南军区暨济南市开展全民义务植树活动。姜异康、郭树清，济南军区司令员赵宗岐、政委杜恒岩，刘伟，省委副书记王军民等与干部群众、驻济部队官兵共300多人到济南市历城区陈孟圈村黄河南岸植树。

△ 济南社会主义核心价值观培育践行基地授牌仪式举行，确定章丘市官庄镇吴家村等20个基层单位为首批培育践行基地。

22~23日 “2015年全国粮油产销企业（春季）订货会暨全国粮油经销商联谊会”在济南市山东机械设备展览中心召开。参展企业达300余家，展览面积达12000平方米。来自全国的粮油采购商2万余人参会，意向成交额达上亿元。

26日 全市政务新媒体建设工作座谈会召开，分析新形势下政务新媒体建设的重要性、紧迫性，总结推广济南市运用新媒体服务民生的经验做法。

27日 济南市召开全市领导干部会议，中央批准王文涛任山东省委委员、常委和济南市委书记，免去其江西省委常委、委员职务。姜异康出席会议并讲话，王文涛、徐长玉、殷鲁谦等出席会议。

△ 海绵城市竞争性评审在北京举行，济南市在22个城市中取得第二名的佳绩，并进入2015年海绵城市建设试点。

28日 中国科协党组书记、常务副主席、书记处第一书记尚勇到济南市就提升全民科学素质、实施创新驱动助力工程等工作进行调研。王文涛会见尚勇一行。

△ 济南市首家社会组织联合会在天桥区工人新村北村街道办事处成立。

30日 王文涛走访看望市人大常委会、市政府、市政协班子成员。王文涛强调，市四套班子要同唱一台戏，共筑“济南梦”，团结带领全市广大党员干部群众，不断把省会改革开放和现代化建设推向前进。

31日 王文涛等市领导到济南军区、济南军区空军、省军区和武警山东总队等驻济部队领率机关进行走访。

△ 济南市招商引资促进委员会工作会议召开。2014年共引进市外投资851亿元，同比增长13.1%。

△ 济南市地下管线基础信息普查及综合管理信息系统建设启动工作会议召开，4月启动普查工作。

△ 市政府正式公布市级行政权力清单，清单列出52个部门（单位）的3729项行政权力事项。

4月

1日 市委召开常委会议，传达学习省委学习习近平总书记在省部级主要领导干部专题研讨班上的重要讲话研讨班精神，研究贯彻意见。王文涛主持会议并讲话，徐长玉、殷鲁谦和市委常委出席会议。

△ 王文涛到历下区调研，察看泉城路中心商业区和世茂国际广场、中润世纪中心、海尔绿城中央广场、黄金时代广场等项目。

△ 济南市2015年银企合作推进会暨签约仪式举行。共有28家银行机构对接企业项目206个，达成综合授信意向1209亿元。

2日 济南茶叶批发市场集团有限公司揭牌仪式在第一茶市茶叶博物馆举行。

3日 市委落实党风廉政建设责任制大会召开，贯彻落实中央和省委关于党风廉政建设和反腐败工作的决策部署，进一步落实党风廉政建设责任制各项任务。王文涛出席会议并讲话，与部分单位代表签订《2015年党风廉政建设责任书》。

△ 王文涛到章丘市调研，先

后察看重汽集团、绣源河综合治理工程、文博中心项目等。

7日 王文涛先后到长清区和槐荫区调研。在长清区，察看创新谷加速器项目现场、中国石油集团济柴动力总厂、长清区政务服务大厅；在槐荫区，察看北大槐树棚改暨保利中心项目现场、省会文化艺术中心大剧院等。

△ 全国妇联副主席崔郁率调研组到济调研济南阳光大姐服务有限责任公司。

△ 高新区覆盖生产、流通、消费全领域的智能化综合监管“智慧平台”上线运行，是全国首个正式运行的综合市场监管移动平台。

8日 中共济南市委举行民主协商会，向市级各民主党派、工商联负责人和无党派代表人士通报市十五届人大四次会议、市政协十三届四次会议的议程安排和市委拟向市人代会推荐的有关人选情况，听取意见和建议。王文涛主持会议并讲话。

9~10日 国务委员王勇在济南调研国有企业经济运行工作，到济南二机床集团有限公司、中国重汽章丘工业园、山东电工电气济南产业基地、浪潮集团、济南长途汽车总站等调研，并主持召开部分省市有关负责人座谈会，了解国有企业生产经营情况，听取意见建议。省委书记姜异康陪同调研，省委副书记、省长郭树清参加座谈会并致辞。国务院机关党组成员阎京华，国资委副主任张喜武，山东省及济南市领导雷建国、王文涛、于晓明、蒿峰、苏树伟、杨峰等分别陪同调研。

9~11日 由全国人大常委会委员、财经委主任委员李盛霖带队的全国人大财经委员会调研组到济专题调研经济运行情况。

9~13日 中国人民政治协商会议第十三届济南市委员会第四次会议举行。

10~14日 济南市第十五届人民代表大会第四次会议举行。

14日 原国务委员、外交部部长唐家璇在济南考察城市建设有关情况。副市长张海波陪同考察。

15日 王文涛主持召开经济发展专题调研座谈会。

△ 王文涛到天桥区调研，先后察看北湖片区项目规划建设情况、新奇世界国际度假区·济南鹊山项目、鑫茂齐鲁科技城国家级孵化器项目，察看已竣工的公租房建设项目现场。

16日 王文涛到商河县和济阳县调研。在商河县，察看山东齐鲁化纺有限公司纺织化纤工业园、许商街道毛王店村美丽乡村建设情况、现代牧业（商河）有限公司；在济阳县，看望在垛石镇敬老院安度晚年的老人，察看仁风镇富硒西瓜特色品牌基地、济南金麒麟刹车系统有限公司、旺旺集团山东总厂和济南统一企业。

17日 王文涛主持召开城市建设管理专题调研座谈会。

△ 王文涛到市中区调研，先后查看华润兴隆泛旅游综合体项目、育秀小学、鲁能领秀城社区菜市场、绿地普利中心、济南老商埠区等。

18日 王文涛到历城区调研，先后察看历城区彩石镇创新农村村务管理新机制、博世汽车转向系统（济南）有限公司、华山片区项目施工现场。

△ 王文涛主持召开社会事业和社会治理专题调研座谈会。

19日 海关总署党组书记、署长于广洲到济调研。夏耕等参加活动，王文涛会见于广洲一行。

20日 王文涛主持召开干部队伍建设和作风建设专题调研座谈会。

△ 王文涛到平阴县调研，参观了山东福胶集团阿胶产品生产线、玛钢流体产业园、龙冈梦幻星空项目等。

△ 全国政协副主席、全国工商联主席王钦敏率调研组来济就“民营企业走出去”问题进行专题综合调研。省政协副主席、省工商联主席王乃静，市政协主席殷鲁谦陪同调研。

△ 省政协副主席王新陆率省政协调研组到济南市，就重视和推动电商经济发展问题进行专题调研。

21日 国家旅游局局长李金早到济调研旅游业发展及旅游设施建设情况。王文涛、副省长季缃绮等分别陪同调研。

△ 王文涛主持召开投融资平台运营工作专题调研座谈会。

△ 王文涛主持召开生态文明建设和环境保护专题调研座谈会。

△ 国家标准委副主任崔钢，到济南市12345市民服务热线调研指导服务标准化工作。

22日 市委召开常委会议，传达学习省委常委会议精神，研究贯彻意见。王文涛主持会议并讲话，徐长玉、殷鲁谦等和市委常委出席会议。

23日　王文涛先后会见中国电信山东分公司总经理姜弘民、交通银行山东省分行行长王锋和国家开发银行山东省分行行长周荣卫。

△　王文涛会见到访的莱芜市委书记、市人大常委会主任王良和市委副书记、市长王磊一行。

24日　中共中央政治局委员、中央统战部部长孙春兰来济南调研，考察浪潮集团云计算中心，深入社会组织创新园调研社会组织统战工作。中央统战部副部长冉万祥，省及市领导姜异康、王文涛、杨峰、雷天太陪同调研。

△　王文涛到山东大学走访，与山东大学党委书记李守信、校长张荣等就进一步深化校地合作进行座谈交流。

△　王文涛走访中央电视台山东记者站、新华社山东分社和人民日报社山东分社等中央驻鲁的新闻媒体。

26日　“开创杯”2014“影响济南”年度经济人物评选揭晓，共评选出11名年度经济人物、11名年度创新人物和11名年度创业精英。

△　“第三届（2013~2014）影响济南年度文化事件、文化人物、群众文化活动评选”颁奖典礼举行。

△　清雅居公租房启动交房入住工作，首批100户申请家庭办理入住手续并对承租房屋进行验收。

27日　市委、市政府召开庆祝“五一”国际劳动节暨五一劳动奖状（章）工人先锋号命名表彰大会，表彰先进集体和先进个人。王文涛出席会议并讲话，徐长玉、殷鲁谦等出席会议。

△　王文涛会见绿地集团董事长、总裁张玉良一行。

△　市政府与绿地集团签署济南轨道交通及城市综合开发建设合作框架协议。

28日　市委召开常委会议，传达中央“三严三实”专题教育工作座谈会精神，研究济南市贯彻意见。王文涛主持会议并讲话，徐长玉、殷鲁谦等和市委常委出席会议。

△　市委常委班子召开主题为“严格党内生活、严守党的纪律、深化作风建设”的民主生活会，深入查摆问题，认真剖析原因，进一步明确努力方向和改进措施。王文涛主持会议，代表市委常委班子做对照检查并做总结讲话，市委常委出席。省委巡回督导组组长李显升出席并做点评。

△　市十五届人大常委会第二十次会议举行，听取市政府关于2013年度济南市市级预算执行和其他财政收支审计查出问题整改情况的报告。徐长玉主持会议。

△　市政协召开双月协商座谈会，围绕“推进城市绿化提升”议题协商座谈。殷鲁谦主持会议并讲话。

29日　王文涛到济南供电公司、泉城广场、经十纬一路口、济南长途汽车总站、市公安局交警支队指挥中心，调研节日安全保障工作，代表市委、市政府向坚守一线工作岗位的广大干部职工致以节日的祝贺。

△　济南非物质文化遗产博览园暨“济南方特·东方神画”开园仪式举行。

30日　省委举办“三严三实”专题教育党课。姜异康为全省各级领导干部讲专题党课。王文涛在主会场参加党课。徐长玉、殷鲁谦等在济南分会场参加党课。

△　香港特区政府驻鲁联络处在济正式成立。

△　《济南日报》报道，近日，科技部确定全国首批25家科技服务业区域试点，济南国家高新技术产业开发区榜上有名。

5月

1日　济南市人民政府发布《关于进一步加快文化产业发展的实施意见》。

△　济南市对居民用水实施阶梯水价制度。

4日　王文涛到齐鲁制药有限公司、九阳股份有限公司、济南二机床集团有限公司等企业调研。

△　中央农办调研组到济调研粮食收购、仓储、销售、加工和进出口等方面情况，实地考察济南民天公司、济南第三粮库。

△　济南青年爱乐合唱团成立暨第二届公益青联项目发布仪式在省会大剧院举行。

5日　王文涛主持召开企业家座谈会，调研企业、行业在经济下行压力加大背景下面临的挑战和机遇，以及应对挑战谋求发展的思路举措和意见建议。

△　王文涛到沃尔沃建筑设备技术（中国）有限公司、浪潮产业园、费斯托气动济南有限公司、山东韩都衣舍电商集团有限公司调研。

△　市委理论学习中心组举行集体学习专题辅导报告会，中国方正出版社副社长曹轩宁做题为《关

于编辑出版〈习近平关于党风廉政建设和反腐败斗争论述摘编〉的体会与思考》的专题辅导报告。

△ 农工党全国副省级城市第九次工作联席会议在济召开。

6日 市委举办“三严三实”专题教育党课，正式启动全市县处级以上领导干部“三严三实”专题教育。王文涛为全市各级领导干部讲专题党课。徐长玉、殷鲁谦等出席。

△ 王文涛主持召开城市总体规划专题汇报会。

△ 王文涛会见吉利集团董事长李书福一行。

△ 全市质量工作座谈会召开，济南市宝世达国际控股集团有限公司和济南泉中鑫建材有限公司董事长刘强获“2014年度济南市市长质量奖”。

7日 王文涛主持召开综合交通体系规划专题汇报会议。

△ 王军民到济南高新区、槐荫区、长清区，就转变农业发展方式、发展现代农业、搞好农村环境综合整治等进行调研。

8日 市政府发布《关于印发济南市2015年国民经济和社会发展计划的通知》。

△ 天桥区北跨重点项目集中投产、开工、签约仪式举行。

9日 王文涛主持召开轨道交通规划建设专题汇报会议。

11日 王文涛主持召开雾霾治理工作专题汇报会议。

△ 王文涛会见中国建筑股份有限公司副总裁马泽平一行。

12日 王文涛到南部山区调研生态保护工作。先后调研卧虎山水库、锦绣川水库、药乡林场、柳埠林场、红叶谷生态文化旅游区等。

13日 王文涛主持召开名泉保护工作及五库连通工程专题汇报会议。

△ 济南市文明旅游联盟成立暨文明旅游进社区活动启动仪式在泉城路红尚坊举行，全市20家单位组建济南市文明旅游联盟。

14日 王文涛主持召开旧城更新及城中村改造工作专题汇报会议。

△ 中国关工委常务副主任兼秘书长杨志海率调研组到济调研关心下一代工作。

△ 全国妇联在北京举行全国“最美家庭”揭晓仪式，济南市王克华家庭当选全国“最美家庭”。

15日 王文涛主持召开济南市中央商务区规划专题汇报会议。

18日 王文涛先后到山钢股份济南分公司、中石化济南分公司、济南轻骑摩托车有限公司，就工业企业运行情况进行调研。

△ 市政府出台《关于规范社会资金参与土地熟化工作的意见》，有效期为5年。

△ 县（市）区委书记抓基层党建工作述职评议会议召开。王文涛主持会议。

19日 创建国家卫生城市工作座谈会召开。

△ 全国人大常委会副委员长艾力更·依明巴海率水污染防治法执法检查组一行到济检查指导水污染防治工作。先后到腊山河生态河道、光大水务（济南）有限公司四厂、中国石化济南分公司，察看污水处理设施。全国人大环资委副主任委员王鸿举，全国人大常委会委员、全国人大环资委副主任委员黄献中，全国人大环资委委员李清印、杨庚宇等参加检查。省人大常委会副主任贾万志，徐长玉等陪同检查。

△ 王文涛先后会见山东省电力公司总经理蒋斌，华润置地有限公司高级副总裁兼山东大区总经理张大为，中国工商银行山东省分行党委书记、行长戴春林，修正药业集团股份有限公司董事长修涞贵，天津银行党委书记、董事长袁福华。

△ 市政府发布《关于2014年度济南市科学技术奖励的决定》。

20日 市委召开常委会议，听取关于县域经济差别化扶持政策执行情况汇报，研究有关扶持政策接续意见。

△ 全国政协副主席卢展工率全国政协社会和法制委员会调研组，就“十三五”期间就业政策有关问题到济调研，考察阳光大姐服务有限责任公司。全国政协社会和法制委员会主任孟学农，省政协副主席栗甲，殷鲁谦陪同调研。

△ 市委理论学习中心组举行2015年第二次集体学习专题辅导报告会，邀请《求是》杂志社社长李捷做专题报告。

△ 王文涛会见以色列驻华大使马腾、希伯来大学校长亚瑟一行。

△ 副省长王书坚到济调研交通基础设施建设工作，察看济南交通服务热线、交通信息指挥调度中心、二环南路东延项目现场等。

21日 王文涛会见大众报业集团党委书记、董事长、总编辑傅绍万一行。

△ 王文涛会见中国中铁股份

有限公司总裁戴和根一行。

22日 市委、市政府召开全市海绵城市建设推进动员大会，济南市海绵城市建设全面启动。

△ 市政府发布《关于济南市第一批政府和社会资本合作（PPP）项目的通告》。

△ 殷鲁谦调研济南市民营经济发展情况。

25日 全市科学技术奖励大会召开，表彰为济南市科技事业进步和经济社会发展做出突出贡献的科技工作者。

△ 王文涛会见香港贸易发展局总裁方舜文一行。

△ 王文涛先后到济南阳光大姐服务有限责任公司、山东中烟有限责任公司济南卷烟厂、济南正庄农业科技有限公司调研。

26日 徐长玉调研南部山区保护和发展情况。

26日至6月4日 市政府主要领导率领有关市直部门负责人赴阿联酋、捷克和英国进行友好访问和经贸洽谈。

27日 市政府举行2015年度“泉城友谊奖”颁奖仪式，授予济南市疾病预防控制中心劳伦斯·罗德瓦尔德等10名外国专家“泉城友谊奖”。

27~28日 徐长玉到天桥区和历下区进行调研。

28日 王文涛会见山东财经大学党委书记刘兴云、校长卓志一行。

△ 王文涛到济南国际会展中心参观考察“转型升级·香港博览”活动现场。

29日 省人大常委会副主任才利民到济专题调研地方立法工作。徐长玉陪同调研并座谈。

6月

2日 市委召开常委会议，传达学习中央统战工作会议精神，研究济南市贯彻意见。王文涛主持会议并讲话，徐长玉、殷鲁谦等和市委常委出席会议。

△ 王文涛会见山东广播电视台台长韩国强一行。

△ 王文涛会见鑫茂集团董事局主席杜克荣一行。

3日 郭树清到济南市公安局交通警察支队，就道路交通安全问题进行调研并召开道路交通安全工作座谈会。王文涛、王书坚参加活动。

△ 湖北省政协主席杨松率驻湖北省全国政协委员考察团一行，到济考察循环经济发展情况。殷鲁谦等陪同考察。

5日 2015第四届中国（济南）韩国商品博览会在济开幕。

6~8日 国家卫生计生委副主任、国家中医药管理局局长王国强率调研组到济专题调研。王文涛主持召开济南市爱国卫生和创建国家卫生城市工作汇报会。

8日 王文涛主持召开招商引资工作专题汇报会议。

9日 全市扶贫开发领导小组工作会议召开，研究讨论济南市《关于全面深入推进农村精准扶贫开发工作的实施意见》。

△ 《济南日报》报道，历城区香玲核桃专业合作社获国家农民合作社示范社称号，是济南市唯一一家上榜的林业类别合作社。

10~12日 济南市“解放思想大讨论”务虚会召开，围绕协调推进“四个全面”战略布局、践行“三严三实”，联系思想工作实际，深入查摆制约省会经济社会发展的瓶颈问题、群众反映强烈的突出问题、影响党员干部干事创业的关键问题，深刻分析济南市在经济建设、政治建设、文化建设、社会建设、生态建设和党的建设方面存在的差距和不足，明确工作目标和努力方向。王文涛主持会议并讲话。

12日 王文涛会见由市委书记陈俊卿率领的上饶市党政代表团一行。

13日 由江西上饶市政府、江西省旅游发展委员会共同举办的“江西风景独好”上饶旅游特卖会在泉城广场启动。王文涛、陈俊卿参加启动仪式。

△ 山东首个3D科技创新产业联盟在济成立。该联盟由赛伯乐投资集团、山东大学、山大华天软件有限公司、国家信息通信国际创新园等近40家企业、高校及科研院所共同发起。

△ “2015年驻济高校首届大学生创客市集”在领秀城贵和购物中心举行，驻济高校艺术类专业的百余个青年创客团队参加活动。

15日 全市创建国家卫生城市整改推进工作会议召开。

16日 王文涛先后会见新华社山东分社社长徐金鹏、山东航空股份有限公司董事长马崇贤和中国兵器装备集团公司副总经理邓智尤。

△ 省政协副主席孙继业带领调研组到济就“发挥山东优势，为海外华人传承儒家文化提供更多支持”进行专题调研。

17日　市委常委会议召开，审议通过市委十届八次全体会议建议方案、《关于制定济南市国民经济和社会发展第十三个五年规划的建议》起草小组及工作班子建议名单。

△　创建国家卫生城市工作新闻媒体恳谈会召开。王文涛与中央驻济新闻媒体、省属及市属新闻媒体负责人交流济南市创卫工作进展情况。

18日　济南中央商务区建设工作领导小组第一次会议召开，济南中央商务区建设工作正式启动。济南中央商务区建设工作领导小组第一组长王文涛出席会议并讲话。

△　中央农村工作领导小组副组长袁纯清带领调研组，到济就培育农业新型经营主体以及构建新型农业经营体系等工作进行调研。

△　王文涛会见中弘控股股份有限公司总裁崔威一行。

△　济南市第五届全民健身运动会开幕式在长清区体育馆举行

23日　王文涛到国家电网山东省电力公司调研。

△　夏耕到济南综合保税区调研跨境电子商务工作，了解济南综合保税区建设运行情况。

24日　济南财金投资控股集团与复星集团成立济南财金投资发展基金合作框架协议签约仪式举行。王文涛、夏耕分别参加活动。

△　2015年中国文化遗产日山东主场系列活动在济南唐冶新区山东省文物保护科研修复工场举行。季缃绮、国家文物局副局长顾玉才出席活动。

25日　市十五届人大常委会第二十二次会议举行。会议听取审议市政府关于全市贯彻实施全民健身发展战略、加快群众体育事业发展情况的报告、市政府关于济南市普法教育和依法治市工作情况的报告、市政府关于济南市国有资产监督管理情况的报告等。徐长玉主持会议。

26日　全市农村产权制度改革工作现场会在章丘召开，全市农村土地确权登记颁证任务基本完成。

29日　齐鲁银行在新三板挂牌，是全国首家在新三板挂牌的城市商业银行。

△　济南市召开创建国家卫生城市专题会议，王文涛出席会议并讲话。

△　济南市首家光伏农业科技大棚发电项目在章丘黉塘岭村现代循环农业示范园开工。

30日　济青高速铁路总部项目签约入驻济南高新区。

7月

1日　王文涛调研基层创卫工作，指出要始终坚持创卫为民，建立完善长效机制，切实把创卫成果长期保持下去，不断提升济南健康城市建设水平。

△　市委召开常委会议，听取关于《王文涛同志在市委十届八次全体会议上的讲话》起草情况汇报。

2日　省双拥模范城（县）考评组到济检查考评济南市省级双拥模范城（县）创建工作，召开济南市双拥工作专题汇报会。王文涛出席会议并致辞。

△　王文涛会见德国安顾保险国际股份公司董事会成员兼德华安顾人寿保险有限公司副董事长思勇明一行。

3日　中国共产党济南市第十届委员会第八次全体会议举行。王文涛作工作报告。

△　王文涛会见南昌市委副书记、市长郭安一行。

5日　首届中国留学人员创业园·海创大赛暨中国（济南）药谷创新创业大赛在济南高新区正式启动。中国留学人员创业园联盟济南工作站同时揭牌。

7日　住房和城乡建设部在济召开公租房分配入住现场会和棚改工作座谈会，总结济南市推进公租房分配入住工作的创新做法和经验。住房和城乡建设部副部长王宁出席会议并讲话，夏耕出席会议并致辞。

8日　由最高人民检察院组织的中央新闻媒体采访团一行，到济南市人民检察院实地采访司法规范化建设情况。

10日　王文涛陪同国家开发银行党委副书记、监事长刘梅生一行，察看城投集团雪山项目现场，就济南棚户区改造项目进行调研。

△　山东工业技术研究院共建协议签署仪式在山东大学举行。王文涛、李守信、张荣出席签约仪式。王文涛和李守信共同为山东工业技术研究院揭牌。

△　济南市人民政府发布《关于印发〈济南市稳定增长促进发展的若干政策措施〉的通知》。

10~12日　“2015国际电子商务服务产业博览会”在济南舜耕国际会展中心举办，国内外200多家电商企业参会。

11日　王文涛到包挂的天桥区

调研，先后查看桑梓店镇小寨村、济南传化泉胜公路港项目现场、国家胶体材料工程技术研究中心、齐鲁鑫茂科技城。

12日 王文涛会见江西抚州市委书记肖毅和市委副书记、市长张鸿星一行。

13日 郭树清在济就推进转型升级、加快北跨发展进行调研。

△ 王文涛到中国人民银行济南分行、山东省银监局、山东省证监局、山东省保监局等中央驻济金融监管机构走访。

14日 王文涛会见济南军区副政委兼军区空军政委白文奇一行。

△ 王文涛到章丘市调研乡村扶贫解困工作，先后到全市100个特困村中的章丘市垛庄镇西里虎村、东车厢村和十八盘村调研扶贫解困工作。

14~15日 市委理论学习中心组开展专题学习研讨，围绕“严以修身，加强党性修养，坚定理想信念，把牢思想和行动‘总开关’”这一专题进行讨论交流。王文涛参加学习研讨并做总结发言。

15日 王文涛会见省烟草专卖局局长吴洪田一行。

16日 轨道交通R1线正式开工建设，济南迈入轨道交通加快建设时期。

△ 王文涛主持召开金融工作座谈会。

17日 全省创新驱动助力工程济南创新谷示范区启动暨创新谷科技协同创新联盟成立仪式在济举行。现场举行全省创新驱动助力工程示范区揭牌启动仪式、创新谷科技协同创新暨产学研融合发展联盟成立揭牌仪式。

18日 济南穆斯林群众开斋节庆典活动在济南清真南大寺举行。省委常委、统战部部长吴翠云，副省长王随莲，市人大常委会、市政协等省市领导出席活动，并先后到清真女寺、清真北大寺慰问伊斯兰教教职人员和穆斯林群众。

20日 市政务服务机构组建工作会议召开，济南市新的政务服务工作机构正式组建成立。

21日 王文涛调研城区山体绿化和泉域重点强渗漏带保护工作。徐长玉参加活动。

22日 市委召开常委会议，就抓好山东省对济南市2014年度科学发展综合考核评价意见整改落实、济南市2014年度科学发展综合考核结果和2015年考核评价工作安排、2015年全市重点项目建设督查评议活动、深入推进农村精准扶贫开发等问题，听取有关部门汇报，研究实施意见。王文涛主持会议并讲话，徐长玉、殷鲁谦等和市委常委出席会议。

△ 全国政协常委、提案委员会副主任、九三学社中央副主席赖明率领调研组到济南，就“土地规模经营与农业现代化”和“粮食安全”课题进行调研。王随莲陪同调研。

△ 济宁市党政考察团考察济南市在城市建设、转型发展、招商引资、生态建设等方面的经验做法。王文涛会见考察团一行。

23日 王文涛会见英国驻华大使吴百纳一行。

△ 市领导到济南军区、济南军区空军、省军区和武警山东总队等驻济部队领率机关走访慰问。

24日 王文涛会见德国费斯托集团监事会副主席乌尔里奇·伯特霍尔德·史岛一行。

△ 殷鲁谦到历城区，就贯彻落实市委十届八次全体会议精神，大力发展民营经济进行调研。

26日 公安部党委委员、纪委书记、督察长邓卫平一行到济南市公安机关，就加强公安纪检、督查工作调研指导。

△ 2015山东国际财富论坛在济举办。省委常委、宣传部部长孙守刚出席论坛并致辞。

27日 由市委宣传部、市妇联、市文联共同打造的话剧《阳光大姐》在济南铁路文化宫举行首演。全国妇联副主席、书记处书记崔郁，省委常委、组织部部长高晓兵，省妇联主席邢善萍等观看演出。

28日 第七期全国妇联巾帼家政经理人培训班在济举行开班式，崔郁出席开班式并讲话。

29日 中央组织部原部务委员、全国党建研究会副会长、中国志愿服务联合会副会长傅思和率中国志愿服务联合会调研组一行6人，到济南调研基层志愿服务工作开展情况。

△ 市委常委扩大会议召开，学习贯彻省委十届十二次全体会议精神，进一步分析全市上半年经济社会发展形势，对下半年工作特别是稳增长调结构各项工作进行再安排、再部署。王文涛主持会议并讲话，徐长玉、殷鲁谦和市委常委出席会议。

30日 王文涛会见麦肯锡公司副董事吕文博一行。

31日　济南海关与中国邮政速递物流股份有限公司山东省分公司在济签署合作谅解备忘录。夏耕参加活动。

△　山东省首个移动互联产业联盟——创新谷移动互联产业联盟成立大会在济举行。

8月

1日　王文涛先后到山东省齐鲁干细胞工程有限公司、山东鲁能智能技术有限公司、力诺集团进行调研。

△　省委常委、省军区政委吕民松，季缃绮，省军区司令员荣森之到市中区人民医院征兵体检站，检查征兵工作准备情况。

2日　因遭遇恐怖袭击英勇牺牲的我驻索马里大使馆警卫人员、武警山东总队临沂支队上士张楠烈士遗体告别仪式在济南市粟山殡仪馆举行。

3日　吴翠云率调研组调研济南市统战工作。先后到市中区社会组织创新园、九阳股份有限公司和槐荫区振兴街街道办事处，看望慰问有关党外代表人士和基层统战干部，并就有关工作提出要求。

△　济南市首批8家众创空间正式启动运营。

3~4日　省人大常委会副主任宋远方率省人大常委会执法检查组，对济南市贯彻实施《旅游法》和《山东省旅游条例》情况进行检查。徐长玉等参加活动。

4日　市委理论学习中心组2015年第三次集体学习专题辅导报告会举行。国务院参事室特约研究员、国家统计局原总经济师姚景源作题为《2015中国经济解析》的报告。徐长玉、殷鲁谦出席报告会。

5日　市委、市政府召开全市推进美丽乡村建设暨农村精准扶贫开发工作会议。

△　公安部党委副书记、常务副部长杨焕宁一行到济视察工作，到济南市公安局，察看济南市反恐应急指挥中心，观看大数据、云计算支撑打赢反恐维稳信息战、合成战演示汇报。省领导张江汀参加了活动。

7日　第三届济南市城市规划委员会第四次会议召开，专题研究审议济南市中心城及6个片区控制性详细规划方案。

△　市政府主要领导会见加拿大驻华大使赵朴一行。

11日　由中铁隧道集团承建的济青高速铁路先期工程邹平段青阳隧道破土动工。青阳隧道地处章丘市和邹平县交界处，全长10.1公里，是济青高铁控制工程，也是山东省最长的隧道。

12日　国家人力资源和社会保障部副部长游钧一行，到济调研城乡居民医疗保险工作、机关事业单位养老保险改革工作有关情况。

△　王文涛会见到济考察访问的新加坡贸工部政务部长兼新加坡—山东经济贸易理事会联合主席张思乐一行。

△　王文涛会见平安养老保险股份有限公司董事长杜永茂一行。

△　王文涛会见浦发银行南昌分行行长葛宇飞和济南分行行长孔建。

13日　市委召开常委会议，研究部署第二十二届国际历史科学大会济南市筹备工作和济南市开展新一轮全国文明城市创建工作。王文涛主持会议并讲话，殷鲁谦和市委常委出席会议。

△　济南市工业污染防治工作专题会议召开。王文涛讲话强调，要进一步增强责任感和紧迫感，采取强有力的措施，推动全市环境空气质量明显改善。

△　济南市人民政府令公布，废止《济南市暂住人口管理办法》（市政府令第135号）和《济南市道路交通安全责任规定》（市政府令第229号）。

14日　以秦慧珠为团长的台北市基层里长参访团一行25人到济参访交流。

17日　由市委办公厅、市委组织部、市委宣传部等主办，中共山东省党史陈列馆承办的“铭记历史、烛照未来——济南抗战历史图片展”，在龙奥大厦南大厅举行。王文涛、徐长玉、殷鲁谦和市委常委参观图片展。

△　王文涛会见石济客专公司董事长、总经理兼北京铁路局副局长张英龙一行。

△　济南市召开“优化发展环境，打造四个中心”座谈会，特别邀请省政府有关部门领导、著名专家学者和优秀企业家代表，就济南市经济发展中存在的问题和改进措施建言献策。

18日　王文涛会见新华网董事长田舒斌一行。

△　市政协召开“落实十大行动、改善大气环境”专题协商会。殷鲁谦出席会议并讲话。

△　在安徽黄山召开的全国旅

游工作会议上，济南城市厕所开放联盟被国家旅游局评为“中国旅游业改革发展创新奖”，是山东唯一获此荣誉的城市。

19日　全市“三严三实”专题教育工作座谈会召开，对下一步更加深入扎实推进专题教育做出安排部署。

△　“生命拯救·爱涌泉城”济南市8·5献血救治群体交流互动活动在龙奥大厦举行。

20日　济南综合保税区发展中心、上海赛伯乐深蓝投资管理有限公司、上海深蓝亿康电子商务有限公司三方签署战略合作协议，全面布局跨境电子商务全产业链，打造跨境贸易生态圈。

20~21日　部分驻菏泽市省人大代表到济南市，就加强非物质文化遗产保护利用情况开展专题调研，并到市中级人民法院视察。

21日　国家电网公司董事长、党组书记刘振亚到济调研。王文涛、副省长张务锋参加调研活动。

△　徐长玉到历城区，就南部山区保护研究推进工作进行调研。

22日　全国县域经济专业研究机构社会智库中郡研究所发布《2015县域经济发展报告》，第十五届全国县域经济与县域基本竞争力百强县揭晓，章丘市成为济南唯一上榜县级市，位居第46位。

23~29日　由国际历史学会主办，中国史学会和山东大学承办的第二十二届国际历史科学大会在济举行，意大利历史学家安德烈·吉亚迪纳当选为新一任国际历史学会主席，法国历史学家凯瑟琳·霍尔当选为新一任国际历史学会秘书长。国家主席习近平发来贺信，中共中央政治局委员、国务院副总理刘延东在开幕式上宣读习近平的贺信并致辞。国际历史学会主席玛丽亚塔·希耶塔拉致辞，中国社科院院长王伟光，姜异康、郭树清出席开幕式。本届大会是国际历史科学大会首次在亚洲国家举办，来自90个国家和地区的2600余名代表出席会议。

24日　济南市政府与山东省科技厅、山东复旦研究院签署《关于加快推进济南科技创新中心建设合作协议》和《关于建设山东复旦研究院济南成果转化中心的合作备忘录》。

△　省政协副主席焉荣竹带领调研组一行，就督办省政协十一届三次会议重点提案《关于加强和规范住宅小区物业管理的建议》，到济开展专题调研。

25日　市委理论学习中心组开展第二专题学习研讨，学习贯彻习近平总书记近期对开展“三严三实”专题教育做出的重要指示，围绕“严以律己”这个专题，聚焦严守党的政治纪律和政治规矩这个主题进行讨论交流。王文涛参加学习研讨并做总结发言，徐长玉、殷鲁谦和市委常委参加学习研讨。

△　市委召开常委会议，研究部署统一战线和民族工作、司法体制改革和立体化社会治安防控工作以及济南市2015年考核评价工作。王文涛主持会议并讲话，徐长玉、殷鲁谦和市委常委出席会议。

△　省委副书记龚正到济调研经济社会发展情况。

26日　济南中央商务区战略定位与功能业态策划专题会议召开。王文涛主持会议并讲话。

27日　济南中央商务区规划研究专题会议召开。麦肯锡公司汇报济南中央商务区战略定位与功能业态策划研究中期方案。王文涛指出，高标准打造济南中央商务区首先要进行高水平的顶层设计，做好中央商务区的战略定位与功能业态策划。

△　《济南日报》报道，经财政部、住房和城乡建设部审核遴选，济南市成功入选全国公共建筑节能改造重点城市。

28日　济南市文化产业发展引导基金成立大会举行，济南文创股权投资基金和济南泉盛文化发展股权引导基金与济南市签订合作协议，成为济南市第一批文化产业发展引导基金。

△　济南市人民代表大会常务委员会发布《关于济南市与意大利奇维塔韦基亚市缔结友好城市关系的决议》。

31日　“铭记历史、珍爱和平——济南市纪念中国人民抗日战争暨世界反法西斯战争胜利70周年书画艺术展”在龙奥大厦展出。

31日至9月1日　王文涛、徐长玉、殷鲁谦等深入社区、农村亲切看望慰问抗战老战士、老同志，代表全市人民向为抗战胜利做出贡献的老战士、老同志致以崇高敬意。

9月

1日　全市纪检监察干部警示教育大会召开。

2日　市委召开常委会议，传达学习全省基层党建工作会议精神，研究济南市贯彻意见。王文涛主持会议并讲话，徐长玉、殷鲁谦等和市委常委出席会议。

△ 济南市正式组建“国际泉水文化景观城市联盟”。

△ 由市政府外事办公室和市政府新闻办公室主办的“儒通世界”2015济南文化体验活动在龙奥大厦国际会议厅开幕。

2~3日 美国南加州山东同乡会会长田平春一行7人到济访问。

4日 济南市召开纪念中国人民抗日战争暨世界反法西斯战争胜利70周年座谈会。王文涛出席会议并讲话，徐长玉、殷鲁谦出席会议。

5日 联合国秘书长潘基文一行到济南，参观天下第一泉风景区趵突泉景区。中国常驻联合国代表刘结一、外交部国际司司长李军华陪同参观。

△ 天下第一泉趵突泉水位28.28米，趵突泉复涌整12年。

6日 市委党校、市行政学院、市社会主义学院举行2015年秋季开学典礼。王文涛出席并讲话。

7日 王文涛赴德州市考察。

7~8日 台湾圣益营造有限公司董事长李秉洋、新光燃料有限公司董事长郑燕堂等一行7人到济考察太阳能发电产业。

8日 王文涛会见北京银行党委书记、董事长闫冰竹一行。

△ 王文涛赴莱芜市考察。

△ 全市见义勇为优秀分子表彰仪式在济南市公交总公司举行。分别授予公交驾驶员董丹、张宇“济南市见义勇为优秀分子”和“济南市公共交通系统见义勇为积极分子”称号并颁发奖金。

8~9日 由省委宣传部、省委讲师团举办的全省“中国梦·我们的价值观”百姓宣讲比赛在济举办。济南市选派5名选手，获3个一等奖、1个二等奖、1个三等奖。

9日 全国人大常委会副委员长王胜俊率领执法检查组到济南就老年人权益保障法实施情况开展执法检查。

△ 中国科协2015海外智力为国服务行动计划联席会议在济南召开。

10日 郭树清先后到济南西藏中学、山东建筑大学，走访慰问教职员工，调研教育事业发展情况，代表省委、省政府向全省教育工作者致以节日问候。

△ 王文涛到市中区吴家小学走访慰问教师，代表市委、市政府向全市广大教师和教育工作者致以节日问候。

14日 市政府与绿地集团《济南中央商务区超高层项目战略合作协议》签约仪式举行。王文涛会见绿地集团董事长、总裁张玉良。

△ 烟台市人大常委会党组书记、第一副主任李淑芹率队到济学习考察，就人大立法、监督有关工作座谈。徐长玉主持座谈会。

15日 王文涛会见经济日报社社长徐如俊一行。

△ 济南市“十三五”时期经济社会发展座谈会召开。王文涛出席会议并讲话。

16日 市委理论学习中心组2015年第四次集体学习专题辅导报告会举行。中国人民大学哲学院教授、博士生导师郭湛做了题为《马克思主义哲学与当代中国发展》的报告。

△ 省暨济南市欢送新兵入伍仪式在济举行。省委常委、省军区政委吕民松，季缃绮出席活动。

17日 王文涛会见宜家（中国）投资有限公司置业总监乔恩一行。

19日 山东省内首家专业汽车金融公司——山东豪沃汽车金融有

2015年9月5日，联合国秘书长潘基文及夫人游览趵突泉景区。 （陈希军 摄）

限公司在济成立。

20~27日　王文涛率团赴法国、德国进行友好访问和经贸洽谈。其间，举办6场招商推介、产业对接及签约活动，签署9个项目及友城合作协议。

22日　第二十九次全国大城市机构编制工作研讨会在济南召开。中央编办副主任何建中出席会议并讲话。

25日　市人民代表大会常务委员会发布《关于公开征集2016年度立法计划建议项目的公告》。

26日　济南重工隧道建设装备有限公司、济南轨道交通集团有限公司、中铁工程装备集团有限公司举行战略合作协议签约，三方将在济南隧道建设装备产业全面进行战略合作。

28日　省政协副主席栗甲率调研组到济就民商事仲裁工作进行专题调研。

28~30日　2015年中美科技合作执行秘书会在济举行。美国国务院副助理国务卿乔纳森·马格里斯率美国驻华使馆、国家标准与技术研究院、国家科学基金会等部门代表参加会议，中国科技部、外交部、工信部、卫计委、国土部、交通运输部、中科院等共50余人参加会议。

29日　市政府与中国广核集团有限公司《清洁能源战略合作框架协议》《燃煤锅炉能源替代项目合作协议》签约仪式举行。

△　全市学习贯彻《习近平关于党风廉政建设和反腐败斗争论述摘编》演讲比赛在市广播电视台演播大厅举行。

29日至10月5日　首届中国（济南）花卉园艺博览会在济南国际鲜花港举办，国内外1000余家从事花卉园艺生产及销售企业参展，共接待游客15.6万人次，签订商品销售订单1.2亿元。

30日　山东省、济南军区暨济南市在英雄山革命烈士纪念塔广场举行公祭烈士活动。姜异康、郭树清、赵宗岐、杜恒岩出席活动，刘伟主持。全国政协文史和学习委员会副主任陈光林，龚正出席。

△　市委召开常委会议，听取关于省委政协工作会议精神及济南市贯彻意见的汇报，审议通过《济南市纪律检查体制改革实施方案》。王文涛主持会议并讲话，徐长玉、殷鲁谦等和市委常委出席会议。

△　王文涛到市中公安分局四里村派出所和济南水务集团“智慧水务”供水调度中心，看望坚持节日生产值班的干部职工。

10月

9日　济南二机床集团公司与一汽—大众华东基地8100吨高速智能冲压线项目签约仪式在青岛举行。

△　印尼迈大食品（山东）有限公司项目奠基仪式在济阳举行，是印尼迈大集团在中国内地投资建设的第一家工厂。

10日　王文涛会见菜鸟网络科技有限公司副总裁姜胤浩一行。

△　中弘广场110千伏移动变电站送电成功，山东首座移动110千伏变电站在济正式投运。

11日　国家标准委主任田世宏一行5人，到济南市12345市民服务热线调研服务标准化工作。

11~13日　以“互联网+”为主题的第八届中国（济南）国际信息技术博览会在济南国际会展中心举行。

12日　国家烟草专卖局局长凌成兴到济调研。王文涛、副省长张务锋参加活动。

13日　人社部副部长孔昌生一行到济调研人力资源和社会保障工作进展情况。

△　第五届全国道德模范座谈会和授奖仪式在北京人民大会堂举行。济南市民房泽秋获全国助人为乐模范称号，济南市公交总公司驾驶员张波获全国道德模范提名奖。

13~14日　中共中央政治局委员、国家副主席李源潮在济调研党的群团工作及少先队工作。李源潮先后到济南药谷、中国重汽集团、浪潮集团、济南阳光大姐服务公司，调研了解青年创新创业和企业团组织工作情况。

14日　台北市工商妇女联谊会及复华社区发展协会参访团一行64人到济参访。

15日　王文涛会见中国海外集团有限公司副董事长、总经理、董事局主席兼执行总裁郝建民一行。

△　王文涛会见来济考察的白朗县党政代表团一行。

△　王文涛到浪潮集团调研并召开座谈会。

△　中华见义勇为基金会在山东大厦召开“中华见义勇为楷模群体”称号命名大会，授予济南市公交总公司董丹、张宇“中华见义勇为楷模群体”称号。中华见义勇为基金会常务副理事长李顺桃，省委常委、政法委书记张江汀出席会议

并讲话。

16日 环保部部长陈吉宁率调研组到济调研。王文涛、副省长王书坚等分别参加活动。

19日 由中共中央对外联络部、俄罗斯公正俄罗斯党国际部主办的第六届中俄中小企业合作圆桌会议在济召开。中联部副部长周力，王文涛出席会议并致辞。

△ 中央政法委副秘书长王其江一行到济调研政法工作。

△ 山东最大的公路港物流项目——济南传化泉胜公路港项目开工签约仪式在济南新材料产业园举行。

20日 市委召开常委扩大会议，听取市政府党组关于前三季度经济社会发展形势汇报，研究部署下一步经济工作。

△ 西藏自治区日喀则市政协代表团到济就政协在履行政治协商、民主监督、参政议政方面的做法进行学习考察。王文涛会见日喀则市政协主席普布一行。殷鲁谦参加会见。

21日 王文涛会见万达商业地产股份有限公司副总裁刘海波一行。

△ 夏耕率省直有关部门负责人到济督查外贸工作。

△ 山东企业“走出去”发展研讨峰会暨济南国际仲裁院揭牌成立仪式在南郊宾馆举行，夏耕出席仪式并致辞。

22日 台湾海峡交流基金会董事长林中森率海基会关怀台商参访团一行到济走访台企台商。

22~25日 中国（山东）首届文房四宝博览会在英雄山文化市场举办。本届博览会以“书香济南，墨韵泉城”为主题，约8万人次前来参观，现场交易额7000余万元。

23日 台湾乡镇市民代表会联合总会秘书长刘冠雄率参访团到济访问交流。

24~25日 由Segmentfault主办，国家信息通信国际创新园、黑马会、源代码分享与交易平台Codeforge联合主办的山东首届黑客马拉松编程大赛在济南齐鲁软件园举行。

30日 省委第五巡视组专项巡视济南市天桥区工作动员会召开。

31日 市委召开常委扩大会议，传达学习党的十八届五中全会精神，对全市学习宣传贯彻工作做出安排部署。

△ 王文涛、徐长玉、殷鲁谦等市领导到华山片区项目建设现场察看拆迁工作。

11月

4日 2015年全市重点项目建设督查评议活动总结评议会议召开。王文涛主持并讲话，徐长玉、殷鲁谦出席会议。

5日 市委召开常委会议，研究加强禁毒、市委十届九次全体会议筹备、加强统一战线、济南财金集团改革改制等有关工作。

△ 全国党建研究会2015年度重点课题成果交流研讨会在济南举行。

6日 王文涛会见瑞中友好协会会长托马斯·瓦格纳一行。

△ 德州市委书记、市人大常委会主任陈勇率德州市党政代表团到济考察。王文涛等参加活动。

7日 中央宣讲团党的十八届五中全会精神报告会举行。中央宣讲团成员、省委副书记、省长郭树清做报告。王文涛出席主会场会议，徐长玉、殷鲁谦等和市委常委出席济南分会场会议。

9日 省政协副主席雷建国带领部分省政协委员、团省委有关负责人及有关专家学者，就大学生创业意识引导和创业实践主题到济进行专题调研。殷鲁谦陪同调研。

10日 全国政协常委、副秘书长、九三学社中央常务副主席邵鸿带领“自闭症患者特殊教育与社会环境”课题组一行，到济南市明天儿童康复中心进行调研。

11日 市委民族工作会议暨市政府第七次全市民族团结进步表彰大会召开。王文涛出席会议并讲话，殷鲁谦出席会议。

△ 王文涛会见浦发银行党委副书记、行长刘信义一行。

13日 市委党的建设领导小组会议召开。市委党的建设领导小组组长王文涛主持会议并讲话，市委党的建设领导小组成员出席会议。

15日 市委召开常委扩大会议，研究济南市近期大气污染防治工作。

16日 王文涛主持召开各县（市）区、高新区党（工）委书记座谈会，听取各县（市）区、高新区2016年工作安排情况的汇报，征求对市委、市政府工作的意见和建议。

△ 济南政务服务中心行政审批服务大厅新址正式投入试运行。新大厅有44个包含行政审批职能的部门和单位进驻，涉及审批事项494个，企业法人和办事群众可实

现一站式审批。

17日　全国政协副主席陈元率全国政协考察团，到济考察军民融合深度发展情况。殷鲁谦陪同考察。

18日　市委召开全市基层党建工作会议，学习贯彻党的十八届五中全会精神，深入贯彻落实全面从严治党的战略部署，贯彻落实习近平总书记系列重要讲话精神，研究部署全市基层党建工作。王文涛出席会议并讲话。

△　王文涛会见平安银行行长邵平一行。

19日　济南市“四个中心”建设工作推进会议召开。王文涛主持会议并讲话。

△　王文涛会见复旦大学校长许宁生一行。

20日　以“工业4.0”牵手“中国制造2025”为主题的中国智能制造国际高峰论坛暨中国智能产业创新创业大会在济举办。王文涛出席会议并致辞。

△　市委组织部、市委老干部局等部门联合举办的“泉韵枫华——老干部泉城乐”系列文体活动专场汇报演出在龙奥大厦举行。

21日　济南中央商务区城市设计专家咨询论证会召开，来自国内外的规划大师、知名专家现场评看中央商务区城市设计。

22日　省会城市群大气污染联防联控会议在山东大厦召开，郭树清作出重要批示。王文涛主持会议，副省长张务锋出席会议并讲话。

23日　水利部黄河水利委员会主任岳中明一行到济调研。先后察看黄河天桥泺口险工和黄河槐荫杨庄险工，听取济南市境内黄河概况和黄河工作情况汇报。

23~27日　济南市党外人士进修班在复旦大学管理学院举办。

24日　济南市被全国绿化委员会、国家林业局授予“国家森林城市”称号。

26日　王文涛会见上海建工集团股份有限公司党委书记、董事长徐征一行。

27日　市委召开常委扩大会议，传达学习省委十届十三次全体会议精神，研究贯彻意见。王文涛主持会议并讲话，殷鲁谦和市委常委出席会议。

△　王文涛会见菜鸟网络科技有限公司副总裁姜胤浩一行。

△　民政部副部长邹铭率调研组到济调研养老服务工作。

28日　2015“十艺济南”系列文化评选展示活动集中展演暨颁奖典礼在省会大剧院歌剧厅举行。

30日　市委全面深化改革领导小组召开第六次会议，审议通过《县（市）区纪委书记、副书记提名考察办法（试行）》《市纪委派驻纪检组组长、副组长提名考察办法（试行）》《市管企业纪委书记、副书记提名考察办法（试行）》，听取《南部山区保护、规划及生态补偿体制机制研究》和《优化政策环境、加快民营经济发展研究》情况汇报。

△　市委召开常委会议，研究市委十届九次全体会议筹备工作和全市“十三五”规划建议起草工作。王文涛主持会议并讲话，殷鲁谦和市委常委出席会议。

△　王文涛会见申万宏源集团公司党委书记、董事长储晓明和上海森信建设工程有限公司董事长王文其一行。

12月

2日　十八届五中全会精神专题报告会在龙奥大厦举办，国务院发展研究中心资源与环境政策研究所副所长、著名经济学家李佐军做《十八届五中全会精神解读》专题报告。

△　王文涛会见美国芝加哥商业交易所首席执行官傅品德·吉尔一行。

3日　王文涛到天桥区调研，先后到山东天诺光电股份有限公司、桑梓店镇、济南元首集团有限公司调研，并看望企业劳模、困难职工。

△　王文涛到商河县调研扶贫开发工作，先后到孙集镇小郭家村、沙河乡张铁匠村走访生活困难党员及低保户。

4日　市委理论学习中心组举行专题辅导报告会，学习《中国共产党廉洁自律准则》和《中国共产党纪律处分条例》。监察部副部长王令浚应邀做辅导报告。报告会前，王文涛会见王令浚。殷鲁谦等出席报告会。

△　济南市第五届道德模范表彰会在龙奥大厦召开。截至是日，全市有3人获全国道德模范称号，55人荣登“中国好人榜”；27人获全省道德模范称号，140人荣登“山东好人榜”；350人当选全市道德模范，234人荣登“济南好人榜”。

6日　王文涛现场察看二环南路快速路通车情况。

7日　市委召开常委扩大会议，

研究当日中央电视台曝光的济南市有关企业污染排放问题，部署整改工作。王文涛主持会议并讲话，殷鲁谦和市委常委参加会议；部分副市级领导干部，各县（市）区党委、济南高新区党工委负责人，市直有关部门负责人列席会议。

8日　玉符河卧虎山水库调水工程全线通水。王文涛调研保泉和五库连通工程。

△　殷鲁谦察看高新区齐鲁制药新厂项目工地、历城区龙山希思庄园房地产开发项目工地、历下区济南金域蓝山小区项目施工现场。

△　市委政法委召开政法委员会扩大会议，就贯彻落实市委常委扩大会议精神、依法查办环境领域违法犯罪做出部署。

△　2015山东海外华侨华人友好社团大会在济召开。

9日　市委召开常委会议，听取关于“十三五”规划《建议》及其说明、《王文涛同志在市委十届九次全体会议上的讲话》起草情况汇报。王文涛主持会议并讲话，殷鲁谦和市委常委出席会议。

11日　郭树清在济南市平阴县、长清区调研脱贫攻坚和黄河滩区建设工作。郭树清强调，要深入贯彻落实中央扶贫开发工作会议精神，坚持精准扶贫、精准脱贫，狠抓工作落实，确保如期完成脱贫攻坚任务。赵润田等参加活动。

△　市大气污染防治工作指挥部召开新闻发布会，宣布启动大气污染防治24小时巡查监督工作。

11~12日　中国共产党济南市第十届委员会第九次全体会议举行。全委会深入学习贯彻党的十八届五中全会和省委十届十三次全体会议精神，听取和讨论王文涛受市委常委会委托作的工作报告，审议通过《中共济南市委关于制定济南市国民经济和社会发展第十三个五年规划的建议》。

13日　由白俄罗斯国家科学院研究所、山东省科学院能源研究所、山东华凌电缆有限公司技术中心合作成立的高性能高分子材料技术转移转化中心合作签约仪式在济举行。

14日　山东省人民政府及济南市人民政府与大连万达集团战略合作框架协议签约仪式在山东大厦举行。郭树清、王文涛、夏耕和大连万达集团董事长王健林出席签约仪式。

14~23日　市政府主要领导率领济南市代表团先后赴泰国、马来西亚和新加坡进行友好访问和经贸洽谈。

15日　才利民率省人大常委会立法调研组到济南市，就《山东省地方金融条例（草案修改稿）》召开座谈会征求意见建议。

△　济南市农民工网上服务（维权）平台在银丰财富广场工地举行上线仪式，标志着济南市农民工综合服务进入“互联网+”时代。

16日　济南市与中国广核集团合作项目签字仪式暨项目洽谈会在济举行。

18日　济南市纪委“党风政风行风监督热线”揭牌仪式在市政务服务中心举行。

19日　全市大气污染防治紧急会议召开。

20日　共青团济南市委驻上海工作委员会暨上海市济南青年联合会成立大会在上海召开，标志着济南市第一家驻外团组织和青联组织正式成立。

23日　由中华见义勇为基金会主办的第十二届“昆仑奖”全国十大见义勇为英雄司机评选颁奖活动在人民大会堂举行。济南公交47路车驾驶员张波跻身全国十大见义勇为英雄司机之列。

24日　市委召开常委会议，研究中央及全省扶贫开发工作会议精神贯彻、市十五届人大五次会议和市政协十三届五次会议筹备、《市委常委班子对照检查材料》起草等工作。王文涛主持会议并讲话，殷鲁谦和市委常委出席会议。

25日　全市扶贫开发工作会议召开。王文涛出席会议并讲话，殷鲁谦和市委常委参加会议。

28日　由市委政法委主办、市公安局承办的“打击防范电信诈骗非法集资犯罪集中宣传活动”启动仪式在舜耕国际会展中心举行。

30日　济南市不动产登记中心正式挂牌成立，并颁发首批不动产权证，标志着全市不动产登记工作全面展开。

（刘世萍　宋福萍）

责任编校　王　炜

济南概貌

地理·历史

【地理概况】 1.位置面积。济南位于山东省的中部，地理位置介于北纬36°01′~37°32′，东经116°11′~117°44′，南依泰山，北跨黄河，地处鲁中南低山丘陵与鲁西北冲积平原的交接带上，地势南高北低。地形可分为三带：北部临黄带，中部山前平原带，南部丘陵山区带。济南是中国东部沿海经济大省——山东省的省会，全省政治、经济、文化、科技、教育和金融中心，重要的交通枢纽。四周与德州、滨州、淄博、莱芜、泰安、聊城等市相邻。总面积7998平方公里，市区面积3303平方公里。

2.自然条件。①地质。北部为济阳坳陷、淄博—茌平坳陷，南部为鲁中隆起。地层南老北新，南部以古生界灰岩为主，北部以新生界黄土及砂砾沉积岩为主。岩层呈向北倾斜的单斜构造，三组断裂切成块状，奠定了济南的构造基础。②地形。地势南高北低，依次为低山丘陵、山前倾斜平原和黄河冲积平原。③气候。济南属于暖温带大陆性季风气候区，四季分明，日照充分，年平均气温13.6℃，1月最冷，平均气温-1.9℃；7月气温最高，平均气温27.0℃。年平均降水量614.0毫米。④水文。济南市河流分属黄河、小清河、海河三大水系。湖泊有大明湖、白云湖等。山区北麓有众多泉群出露，仅市区就有趵突泉、黑虎泉、五龙潭、珍珠泉四大泉群。

3.自然资源。①土地资源。全市土地资源总面积7998平方公里。全市有棕壤、褐土、潮土、沙姜黑土、水稻土、风砂土6种土类，其中以棕壤、褐土两大土类为主。②矿产资源。主要有煤、石油、天然气、铁、地热和建筑材料等。③当地水资源15.9亿立方米，可利用量14.7亿立方米。④生物资源。有植物149科，1175种和变种。陆栖野生动物211种。 （年鉴编辑部）

【年度气候概况】 全年气温正常、降水正常、日照偏少。年内出现干旱、大风、大雾、暴雨洪涝、高温、道路结冰、寒潮、雷电、霜冻、霾、阴雨寡照等灾害天气，造成影响的是大风、冰雹、暴雨洪涝、干旱、阴雨寡照和道路结冰。综合分析全年的气候年景为平年。（以下数据均来自济南、章丘国家基本气象站和商河、长清、平阴、济阳国家气象观测站。）

1.气温。1~12月，全市平均气温为14.3℃，较常年高0.5℃，较上年同期低0.5℃。最冷月出现在1月，月平均气温为1.1℃；最热月出现在7月，月平均气温为27.5℃。年极端最低气温为-12.3℃，出现在1月1日（商河）；年极端最高气温为40.2℃，出现在7月13日（长清）。全年≥0℃的积温为5313.7℃，较常年多97.8℃，较上年少173.4℃。冬季各地出现寒冷日数（-14.9℃≤日最低气温≤-10.0℃）在1（市区、长清、平阴）~7天（商河）之间；各地均未出现严寒日数（日最低气温≤-15.0℃）。夏季各地出现炎热日数（35.0℃≤日最高气温≤39.9℃）在5（商河）~13天（济阳）之间；仅长清、商河分别出现2天、1天酷暑日数（日最高气温≥40.0℃）。

2.降水。1~12月，全市平均降水量为602.1毫米，较常年少20.3毫米，少3%；较上年同期多160.8毫米。年内降水时空分布极不均匀，各县（市）区年降水量在451.1（济阳）~713.8（市区）毫米之间，市区、章丘、商河分别较常年偏多3%、2%、8%，长清、平阴、济阳分别较常年偏少10%、11%、23%；年内降水偏少，仅1月、4月、8月、11月较常年偏多。日最大降水量149.0毫米，出现在7月31日（平阴）；一小时最大降水量95.8毫米，出现在7月31日（平阴）。

3.日照时数。1~12月，全市平均日照时数为2233.4小时，较常年少180.1小时，较上年多46.4小时。各站年日照时数均较常年偏少，其中，商河较常年偏少346.3小时。

4.霜与无霜期。终霜最早出现在2月19日，最晚出现在3月10日，全市平均出现在3月5日，较上年早9天。初霜最早出现在10月27日，最晚出现在12月3日，全市平均出现在11月11日，较上年晚8天。无霜期最长为286天，最短为202天，全市平均为240天，较上年少5天。

5.气候异常情况。年内气温、降水量、日照时数多时段、多县（市）区出现极值改写，为济南市或该县（市）区自有气象记录以来历史同期极大或极小值。1月中旬平均气温，长清、市区均为历史同期最高；4月上旬平均气温，商河、平阴、市区、济南均为历史同期最低；4月上旬降水量，商河、章丘、长清、济阳、市区、济南均为历史同期最高；4月下旬平均气温，章丘、长清、济阳、济南均为历史同期最高；6月下旬日照时数，章区、平阴、济南均为历史同期最少；7月上旬降水量，长清、市区、济南均为历史同期最少；8月中旬降水量，济阳为历史同期最少；11月极端最低气温，市区为历史同期最低；11月日照时数，全部为历史同期最少；11月连续阴、雨（雪）日数（天），全部为历史同期最多。

（付　晋　苏　铁　毛晓平）

【主要气候事件及其影响】 1.大雾、霾。全年雾霾天气频繁出现，冬、春、秋较为严重，监测点位的空气质量指数多次达到严重污染级别，对空气质量、交通运输和人体健康产生一定影响。

2.冰雹（风雹）。4月28日，受高空冷涡影响，出现冰雹现象，造成市中、济阳果树受灾。8月22日，受高空冷涡横槽影响，出现强对流天气，最大风速25.2米/秒，伴有冰雹，造成长清、商河受灾严重。8月26~27日，受低涡天气系统影响，

济南市2015年各月平均气温

单位：摄氏度

项目＼时间	1月	2月	3月	4月	5月	6月	7月	8月	9月	10月	11月	12月	年
气温	1.1	2.8	9.8	14.4	20.9	25.7	27.5	25.4	21.4	15.8	5.7	1.7	14.3
距平	0.8	1.1	2.2	−0.9	0.0	−0.1	0.4	−0.2	0.2	0.7	−1.4	1.2	0.5

济南市2015年各月平均降水量

单位：毫米

项目＼时间	1月	2月	3月	4月	5月	6月	7月	8月	9月	10月	11月	12月	年
降水量	5.7	6.9	2.7	71.2	41.2	48.0	118.3	193.2	30.2	7.3	77.5	0.1	602.1
距平	1.1	−1.3	−10.4	43.1	−16.0	−32.1	−56.8	43.8	−24.6	−24.2	62.8	−5.7	−20.3

济南市2015年各月平均日照时数

单位：小时

项目＼时间	1月	2月	3月	4月	5月	6月	7月	8月	9月	10月	11月	12月	年
日照	155.4	163.8	240.4	220.8	261.8	220.8	198.4	209.7	178.3	194.4	53.4	136.4	2233.4
距平	−10.4	0.4	35.8	−19.0	1.3	−17.2	−4.6	1.0	−22.3	−3.6	−118.6	−22.9	−108.1

商河出现大风、冰雹强对流天气，造成商河北部乡镇大片农田玉米倒伏，林木折毁。

3.暴雨洪涝。7月30~31日，受副高边缘切变线影响，出现局部大暴雨，平阴县受灾。农作物积水倒伏，房屋积水、损毁、倒塌，蔬菜大棚积水、倒塌。8月2~4日，全市持续降雨，市中、长清、章丘、商河灾情严重，出现农作物受损，房屋倒塌等问题。

4.干旱。6月至7月中旬降水持续偏少，部分地块出现轻旱，对农作物生长有一定影响。7月30~31日出现大范围降水过程，旱情解除。9~10月降水持续偏少，气温偏高，土壤墒情不断下降，造成部分无水浇条件的地块冬小麦播种困难。

5.阴雨寡照。11月出现19个降水日，阴、雨（雪）天气25天，均为建站以来历史同期最多值。日照时数为53.4小时，为建站以来历史同期最少值。持续阴雨寡照，导致温室大棚设施蔬菜生长缓慢、抗病性下降，对黄瓜、番茄等茄果类蔬菜和芹菜等叶菜类蔬菜的产量和品质产生不利影响。

（付　晋　苏　轶　毛晓平）

【济南市十大天气气候事件】 1.8月主城区出现“7·18”以来最强暴雨。8月3日19~21时，主城区遭遇“7·18”以来最强暴雨，平均降水量73毫米，最大降水量89.7毫米，10分钟最大降水量24.5毫米。城区大部分道路严重积水，制锦市小区和少年路积水最深超过1米，三孔桥立交积水3米，北坦立交积水3.5米，交警实行临时交通管制43处。

2.11月极端天气频现。11月全市平均降水量77.5毫米，较常年偏多427%，为1951年建站以来历史同期第3位多值。市区出现19个降水日，阴、雨（雪）日数25天，均为建站以来历史同期最多值。日照时数为53.4小时，为建站以来历史同期最少值。11月26日全市最低气温在-11.8~-10.1℃之间，为历史同期所罕见，市区为建站以来历史同期最低值。

3.入秋以后雾霾天气频现。针对雾霾天气，市气象台发布雾霾预警信号22期，23日20时20分首次发布霾红色预警信号。市重污染天气应急指挥部办公室启动重污染天气Ⅲ级响应19天，重污染天气Ⅱ级响应9天。

4.全年降水偏少。受厄尔尼诺影响，年降水偏少，全市年平均降水量587.8毫米，较常年少60.1毫米，偏少9.3%。其中，2~3月、5~7月、9~10月、12月降水量较常年偏少，尤其是7月降水量较常年偏少近六成。

5.主城区出现4次冰雹。春夏季节，全市强对流天气较常年明显偏多、偏强。主城区4月28日、7月14日、8月3日、8月22日出现4次冰雹天气，为历史所罕见。

6.出现大雪、中雪。11月24日全市大部分地区降大雪，平均降雪量5.9毫米，25日全市大部分地区降中雪，平均降雪量2.2毫米。降雪过程降雪量大、持续时间长、气温低，出现积雪和道路结冰，市政府提前部署安排应对措施，降低降雪带来的不利影响。

7.4月多种天气轮番出现。雨、雪、雷电、大雾、冰雹、大风等天气轮番出现。4月1~2日出现“久旱转雨”转折性天气，全市普降大雨并伴有雷暴，最高气温由26.8℃降至6.6℃。6日受较强冷空气影响，最低气温降至0.4℃，随后气温开始持续升高，11日最高气温22.5℃，11日夜间到13日出现雨雪、雷电、大风降温天气，13日最低气温降至1.3℃，最高气温7.1℃，14日最高气温回升到21.8℃，15日最高气温继续攀升到27.8℃。4月1~27日出现3次北大风和8次南大风，北风最大风力7级（15.4米/秒），南风最大风力8级（17.5米/秒）。4月28日全市再次普降中到大雨并伴有冰雹。4月雾霾天气频现，出现大雾4天，霾17天。

8.龙卷风袭击南部山区。8月3日济南遭遇强对流天气袭击，历城区柳埠镇和长清区万德镇、双泉镇出现龙卷风，造成庄稼倒伏，果树被拦腰折断，直径超过60厘米的大杨树被连根拔起。

9.入伏首日最高气温40℃。7月13日入伏第一天，济南出现罕见高温。其中，市区39.9℃、平阴39.4℃、长清40.2℃、章丘39.4℃、济阳39.6℃、商河40.0℃，均为2003年以来历史同期最高值。

10.年平均气温高，1~3月偏高明显。2015年全市年平均气温14.4℃，较常年偏高0.6℃。1~3月偏高明显，较常年偏高2.0℃，1月和3月，分别较常年偏高2.5℃和2.2℃。

（市气象台）

【历史概况】 济南是国务院公布的历史文化名城。因地处古四渎之一“济水”（故道为今黄河所据）之南而得名。据考古发掘资料，远在

9000年前的新石器时代早期，已有先民在此繁衍生息。距今4000~4500年前以磨光黑陶为特征的“龙山文化”，系因1928年首次发现于济南东郊龙山镇而被命名。夏代，龙山镇城子崖一带建有较大规模的城市。商周时代，济南为古谭国（东方方国，都城在今城子崖、平陵城一带）地。春秋战国时代，济南属齐国，称“泺”“鞍”“历下”等邑，为齐国西南边陲重镇。秦代，地属济北郡（郡治博阳，即今泰安）。

西汉始置济南郡，郡治东平陵（今济南市章丘平陵城）。汉文帝十六年（前164年），设济南国，首府东平陵。前154年，废济南国，复置济南郡。汉武帝时，济南郡辖东平陵、历城等14县，属青州刺史部。东汉建武十七年（41年），济南郡复称济南国，辖14县，后改辖10县。

魏晋南北朝时期，朝代屡屡更替，济南先后为魏、西晋、后赵、前燕、前秦、后燕、南燕、东晋、刘宋、北魏、东魏、北齐、北周辖境，置郡置国，变化频繁。其间，济南郡治于西晋永嘉末年（313年前）从平陵（即东平陵）迁至历城。从此，今济南市区成为历代郡国、州府的行政中心。刘宋元嘉九年（432年）在济南郡侨置冀州，济南为州、郡两级治所。北魏皇兴三年（469年），改侨冀州为齐州，辖济南郡、东魏郡、太原郡等6郡35县。

隋开皇三年（583年）撤郡并县，齐州仍治济南，辖历城等10县。大业三年（607年）齐州改称齐郡。唐朝建立后，复称齐州，辖历城、章丘、长清等6县。唐中叶天宝年间，齐州曾一度改称临淄郡、济南郡。五代时期，仍称齐州，先后为梁、唐、晋、汉、周的辖境。

北宋，齐州先后属京东路和京东东路。政和六年（1116年），齐州升为济南府，辖历城、章丘、长清等5县。建炎二年（1128年）后，被金朝所据，仍为济南府，辖7县，属山东东路。其间，曾一度为原济南知府刘豫建立的伪齐辖境。元初，改为济南路，直隶于中央中书省。至元二年（1265年），辖棣州、滨州2州及历城、章丘、济阳、商河等11县。金元时期，济南先后为金山东东西路提刑司、元山东东西道肃政廉访司治所，是山东地区的监察中心。

明初，复称济南府，辖泰安、德州、武定、滨州4州及历城、章丘、长清、济阳、商河等26县。洪武九年（1376年），山东最高行政机关“承宣布政使司”由青州迁至济南，济南成为山东省会，全省政治、军事、经济、文化中心，全国重要的中心城市之一。清初，沿明朝建置。雍正二年（1724年）、十二年（1734年）调整区划，济南府改辖德州和历城、章丘、长清、济阳等1州15县。

民国初年，撤销济南府，置岱北道，辖27县。1914年岱北道改称济南道，辖县未变。1925年改辖历城、章丘、长清、济阳等10县。1929年7月，析历城县城厢及其四郊，正式设立济南市。时济南市面积175平方公里，人口40余万。1948年9月，中国人民解放军华东野战军解放济南，设立济南特别市。1949年5月复称济南市。

中华人民共和国建立后，经历了漫长的原始、奴隶、封建社会的济南，开始进入社会主义新时代。1958年，历城县划归济南市。其后，章丘、长清县于1978年，平阴县于1985年，济阳、商河县于1990年陆续划归济南市管辖。1994年2月，济南市被正式确定为副省级城市，现辖6区4县（市）。

济南历史悠长，人才辈出。属今济南市籍的历史名人主要有：中国传统医学的杰出代表、战国时代神医“扁鹊”（本名秦越人），中国古代阴阳五行学说的创始人、战国思想家邹衍，口授今文《尚书》28篇于世的汉代学者伏生，请缨出使南越、为祖国统一事业做出贡献的汉代外交家终军，隋末农民大起义的起义军领袖杜伏威、辅公祏，唐朝开国功臣、一代名相房玄龄和名将秦琼，中国古代三大求法高僧之一唐人义净（俗名张文明），宋代中华词坛“婉约派”代表李清照、“豪放派”代表辛弃疾，金元散曲家张养浩、杜仁杰，宋、辽、金三部正史的总裁官张起岩，明代文坛前“七子”之一边贡、后“七子”之一李攀龙，明《宝剑记》等剧的作者、戏曲家李开先，明万历年间文学为一时之冠的内阁大学士于慎行，清经学家张尔岐，清《四库全书》主要编纂人、藏书家周永年，古文献学家、清《玉函山房辑佚书》的纂辑人马国翰，近代民族实业家、“祥”字号商业的代表人物孟洛川等。（朱佩峰）

【行政区划】 2015年，济南市辖历下区、市中区、槐荫区、天桥区、历城区、长清区、章丘市、平阴县、济阳县、商河县，设6区、1市、3县，95个街道、4个乡镇（2个乡、46个镇）。

历下区辖14个街道，分别是：大明湖街道、千佛山街道、燕山街道、泉城路街道、趵突泉街道、东关街道、解放路街道、建筑新村街道、文化东路街道、甸柳新村街道、姚家街道、智远街道、龙洞街道、舜华路街道。

市中区辖17个街道，分别是：泺源街道、杆石桥街道、魏家庄街道、大观园街道、四里村街道、六里山街道、七里山街道、二七新村街道、舜玉路街道、舜耕街道、王官庄街道、七贤街道、白马山街道、十六里河街道、兴隆街道、党家街道、陡沟街道。

槐荫区辖16个街道，分别是：西市场街道、五里沟街道、道德街街道、营市街街道、青年公园街道、中大槐树街道、振兴街街道、南辛庄街道、段店北路街道、匡山街道、张庄路街道、美里湖街道、兴福街道、玉清湖街道、腊山街道、吴家堡街道。

天桥区辖13个街道、2个镇，分别是：无影山街道、堤口路街道、宝华街街道、工人新村南村街道、工人新村北村街道、官扎营街道、北坦街道、天桥东街街道、制锦市街道、纬北路街道、北园街道、泺口街道、药山街道，大桥镇、桑梓店镇。

历城区辖15个街道、6个镇，分别是：洪家楼街道、山大路街道、东风街道、全福街道、孙村街道、巨野河街道、华山街道、荷花路街道、王舍人街道、鲍山街道、郭店街道、唐冶街道、港沟街道、遥墙街道、临港街道，唐王镇、董家镇、仲宫镇、彩石镇、柳埠镇、西营镇。

长清区辖4个街道、6个镇，分别是：文昌街道、平安街道、崮云湖街道、五峰山街道，归德镇、张夏镇、孝里镇、马山镇、万德镇、双泉镇。

章丘市辖11个街道、9个镇，分别是：明水街道、双山街道、龙山街道、枣园街道、埠村街道、圣井街道、绣惠街道、相公庄街道、文祖街道、普集街道、官庄街道，水寨镇、刁镇、垛庄镇、高官寨镇、白云湖镇、宁家埠镇、曹范镇、辛寨镇、黄河镇。

平阴县辖2个街道、6个镇，分别是：榆山街道、锦水街道，洪范池镇、东阿镇、孔村镇、孝直镇、玫瑰镇、安城镇。

济阳县辖2个街道、8个镇，分别是：济阳街道、济北街道，回河镇、曲堤镇、仁风镇、垛石镇、孙耿镇、太平镇、崔寨镇、新市镇。

商河县辖1个街道、9个镇、2个乡，分别是：许商街道，玉皇庙镇、龙桑寺镇、贾庄镇、殷巷镇、郑路镇、怀仁镇、白桥镇、孙集镇、韩庙镇，张坊乡、沙河乡。

（樊　煜）

【人口】 年末，全市常住人口713.2万人，比上年末增长9.07‰。城市化率67.96%。（市统计局）

【民族】 济南市共有56个民族：汉族、回族、蒙古族、藏族、苗族、维吾尔族、彝族、壮族、布依族、白族、朝鲜族、侗族、哈尼族、哈萨克族、满族、土家族、瑶族、达斡尔族、东乡族、高山族、景颇族、柯尔克孜族、拉祜族、纳西族、畲族、傣族、黎族、傈僳族、仫佬族、羌族、水族、土族、佤族、阿昌族、布朗族、毛南族、普米族、撒拉族、塔吉克族、锡伯族、仡佬族、保安族、德昂族、俄罗斯族、鄂温克族、京族、怒族、乌孜别克族、裕固族、独龙族、鄂伦春族、赫哲族、基诺族、珞巴族、门巴族、塔塔尔族。汉族人口占大多数，其他民族人数较少。

（市统计局）

2015年，全市各级各部门创新发展理念路径，扎实做好稳增长、促改革、调结构、惠民生、防风险各项工作，推动全市经济社会发展在新常态下取得新的突出成绩。全年实现地区生产总值6100.2亿元，同比增长8.1%，其中，第一产业305.4亿元，增长4.1%；第二产业2307亿元，增长7.4%；第三产业3487.8亿元，增长8.9%。人均生产总值85919元，增长7%，按年平均汇率折算为13795美元，增长5.6%。

1.经济运行总体平稳。坚持项目导向，健全有效接续、全程服务的项目推进机制，220个市级重点项目完成投资1110亿元，占全年计划的101.3%。把招商引资作为经济工作生命线，引进市外投资950亿元，同比增长11.6%，实际到账外资15.8亿美元，增长10%。在项目建设和招商引资推动下，完成固定资产投资3498.4亿元，增长14.2%。发挥消费对经济增长的基础作用，完成社会消费品零售总额3410.3亿元，增长10.5%。落实稳定外贸各项政策，完成进出口总值91.1亿美元，下降13.1%，其中，出口下降1%。通过多措并举稳增长，全市生产总值增长8.1%，仍处在合理较快增长区间。

2.动力转换成效明显。强化服务业关键支撑作用，大力发展金融、物流、信息、文化旅游等现代服务业，服务业增加值占生产总值比重达57.2%，同比提高1.4个百分点。以科技创新促进工业转型升级，规模以上工业增加值增长7.5%，高新技术产业产值占规模以上工业总产值比重提高1个百分点，创业孵化基地和创业园区达108家，宏济堂制药集团“人工麝香研制及其产业化项目”获国家科技进步一等奖，九阳豆浆机荣获中国发明专利金奖，圣泉集团被评为国家技术创新示范企业。推进农业现代化，粮食生产连续13年丰收，菜篮子供应保持稳定，市级农业龙头企业达437家，农民专业合作社5647家，家庭农场1276家。加速新模式、新业态向产业领域的渗透融合，总部企业发展到73家，电子商务交易额达2180亿元。在结构调整带动下，完成一般公共预算收入614.3亿元，增长13.1%。

3.空间布局加快调整。推进新型城镇化，中心城区和三县一市建成区面积达496.7平方公里，城市化率达68%。推进城市空间拓展和能级提升，济南新区规划策划全面启动，中央商务区完成拆迁面积60万平方米，高端项目引进同步展开，西客站、华山、北湖、雪山、南北康等片区开发进展顺利，一批产城融合功能板块加快形成。支持县域经济跨越提升，出台新一轮县域差别化扶持政策，区县结对帮扶取得进展。促进省会城市群经济圈建设，推动成立经济圈科技创新联盟，济莱协作区莱芜研发基地挂牌，济莱两市公交实现“一卡通”。强化基础设施网络建设，济青高铁、济青高速扩容、城市轨道交通R1线等工程开工建设，二环南路快速路西段建成通车，新开通公交线路24条，集中供热面积达14499万平方米，农村基本普及自来水，被评为国家防震减灾示范城市。

4.改革开放深入推进。加快转变政府职能，成立市级招商引资和棚改旧改专门机构，公布实施权力清单、责任清单和行政审批事项目录，出台稳定增长促进发展的50条政策措施。创新财政资金使用方式，设立济南财金投资发展基金，组建产业发展投资集团。支持市场群体发展壮大，44家困难国企帮扶解困进展顺利，职工受惠近15亿元，共落实企业减免税200亿元，各类市场主体达47.8万户，首批17个政府和社会资本合作项目稳步推进。推动金融改革创新，上市企业达31家，新三板挂牌企业数量居全省首位。土地承包经营权确权登记颁证工作基本完成，土地流转面积占耕地面积比重达20%以上。阿里巴巴一达通外贸服务平台落户济南市，综合保税区、明水经济开发区与韩国光阳湾圈经济自由区签订合作协议，中韩服务贸易（唐冶）创业创新园建设启动。

5.生态建设力度加大。创建成为国家森林城市和国家卫生城市，申报第二批全国生态文明先行示范区。深入实施大气污染防治“十大行动”，升级改造渣土车1541辆，淘汰燃煤锅炉62台，完成黄标车淘汰任务，累计搬迁改造和关停腾退东部老工业区工业企业24家，空气质量在全国主要城市中的排名稳步前移。推进海绵城市建设和水生态文明市创建，玉符河卧虎山水库调水工程建成，五库连通工程主体完工，泉群连续12年保持喷涌，泉水直饮点建成40处，省控重点河流主要污染物达到水质改善目标要求。完成市区山体绿化26座，山体修复暨山体公园建设项目获中国人居环境范例奖，全市森林覆盖率达35.2%，建成区绿化覆盖率达40.2%，累计建成省级及以上生态乡镇59个。南部山区生态红线划定工作扎实推进，柳埠镇建设改造稳步实施，门牙片区农家乐改造完成。

6.人民福祉保障有力。继续加大民生投入力度，一般公共预算用于民生和社会重点事业支出比重达75.1%。城乡居民人均可支配收入分别达39889元和14232元，分别增长8%和8.5%，居民消费价格上涨

1.9%。新增城镇就业20.7万人、农村劳动力转移就业5.6万人，援助就业困难人员2.3万人，均超额完成全年计划，城镇登记失业率2.04%，低于控制目标1.96个百分点。社会保障参保人数和基金收入均创历史新高，企业退休人员养老待遇连续11年提高，社会养老床位新增6494张。全国健康城市创建工作稳步开展，数字化门诊建成112家，居民电子健康档案建档率达93%。新建成中小学15所，义务教育阶段实现“零择校”。完成棚户区改造4.6万户，竣工保障性安居工程8935套，2582户农民告别危房。实施扶贫项目427个，惠及贫困人口6万人。新一轮全国文明城市创建工作启动，第二十二届国际历史科学大会和第三届泉水节举办，第二轮史志编修工作取得阶段性成果。加强和改进社会治理，社会保持和谐稳定，全国首个农民工网上服务平台上线启用，社会组织建设经验在全省推广。完成年初确定的18件民生实事。

（李忆杉）

3月19日，中共中央书记处书记、全国政协副主席杜青林来济调研宗教工作，参观考察市基督教两会，听取有关情况汇报。在槐荫区德裕路的裕忠里教堂，听取开展创建“和谐教堂”活动情况介绍，对教堂带领信教公民爱国守法、参与社会服务方面所做的工作表示赞赏。省委书记姜异康、省政协主席刘伟、国家宗教事务局局长王作安等参加活动。

4月9~10日，国务委员王勇在济调研国有企业经济运行工作。到济南二机床集团有限公司、中国重汽章丘工业园、山东电工电气济南产业基地、浪潮集团、济南长途汽车总站等调研，并主持召开部分省、市有关负责人座谈会，了解国有企业生产经营情况，听取意见建议。姜异康陪同调研，省委副书记、省长郭树清参加座谈会并致辞。国务院机关党组成员阎京华，国资委副主任张喜武，省及市领导雷建国、王文涛、于晓明、蒿峰、苏树伟、杨峰等分别陪同调研。

4月14日，原国务委员、外交部部长唐家璇在济考察城市建设有关情况。副市长张海波陪同考察。

4月20日，全国政协副主席、全国工商联主席王钦敏率调研组来济就“民营企业走出去”问题进行专题综合调研。省政协副主席、省工商联主席王乃静，市政协主席殷鲁谦陪同调研。调研组一行到山东天岳晶体材料有限公司、山东世纪金榜书业有限公司参观考察。市政协秘书长任建新参加活动。

4月24日，中共中央政治局委员、中央统战部部长孙春兰来济调研，考察浪潮集团云计算中心，深入社会组织创新园调研社会组织统战工作。中央统战部副部长冉万祥，省及市领导姜异康、王文涛、杨峰、雷天太陪同调研。

5月19日，全国人大常委会副委员长艾力更·依明巴海率水污染防治法执法检查组一行来济检查指导水污染防治工作。检查组察看腊山河生态河道治理情况、光大水务（济南）有限公司四厂污水处理现场和中国石化济南分公司污水处理设施。全国人大环资委副主任委员王鸿举，全国人大常委会委员、全国人大环资委副主任委员黄献中，全国人大环资委委员李清印、杨庚宇等参加检查。省人大常委会副主任贾万志、市人大常委会主任徐长玉、副市长王新文和市人大常委会秘书长刘西安陪同检查。

5月20日，全国政协副主席卢展工带领全国政协社会和法制委员会调研组，就“十三五”期间就业政策有关问题来济调研。卢展工一行来到阳光大姐服务有限公司，参观家政服务接待大厅和人员培训室，询问济南市家政服务业情况，并与家政服务员交谈。全国政协社会和法制委员会主任孟学农，副主任顾伯平、王新宪、甄砚，委员杨金永、郭允冲、李滨生参加调研。省政协副主席栗甲，殷鲁谦，任建新陪同调研。

9月9日，全国人大常委会副委员长王胜俊率执法检查组，来济就老年人权益保障法实施情况开展执法检查。全国人大常委会委员、内务司法委员会副主任委员王胜明，全国人大常委会委员、内务司法委员会委员莫文秀参加执法检查。省人大常委会副主任于建成，徐长玉陪同检查。检查组到领秀城的幸福世家日间照料中心，参观多功能厅、健康检测室、健康理疗室等，并与老人及工作人员交谈。副市长齐建中，刘西安参加活动。

10月13~14日，中共中央政

治局委员、国家副主席李源潮在济调研党的群团和少先队工作，与少先队工作者和少先队员代表座谈。视察了舜文中学、市青少年宫、济南药谷、中国重汽集团、浪潮集团和济南阳光大姐服务公司。团中央书记处书记、全国少工委主任罗梅，省及市领导龚正、王文涛、季缃绮、王以才、杨峰参加有关活动。

11 月 17 日，全国政协副主席陈元率全国政协考察团，来济考察军民融合深度发展情况，到浪潮集团和中国重汽集团济南特种车有限公司进行考察。省政协副主席许立全，殷鲁谦陪同考察。

（靳玉波）

中共济南市委及所属工作部门

中国共产党济南市第十届委员会

书　记　王文涛
副书记　杨鲁豫　雷　杰（女）
常　委　王文涛　杨鲁豫
　　雷　杰（女）　王以才
　　孙晓刚　苏树伟　谭延伟
　　陈　勇* 慕建民　杨　峰
　　王兴树　李占国　雷天太
　　李　刚
委　员（按姓氏笔画为序）
　　于界平　王　平　王　壮
　　王文涛　王以才　王兴树
　　王宏志　王京文　王勤光
　　王新文　田　庄　田庆盈*
　　毕筱奇　朱云生　朱红方
　　刘天东　刘新云* 齐建中
　　江　林　孙　斌　孙竹兮
　　孙晓刚　孙积港　苏树伟
　　李　刚　李　勇　李占国
　　李华贤　李胜利　李洪海
　　李宽端　李继民　杨　峰
　　杨鲁豫　时文进　吴承丙
　　张　利（女）　张洪武
　　张海波　张福俭　陈　勇*
　　陈东生　国承彦（女）
　　赵玉海　姜　涛
　　祖爱民（女）　徐长玉
　　殷鲁谦　郭鲁生　凌安中
　　董建武　覃俊文
　　雷　杰（女）　雷天太
　　慕建民　谭延伟
候补委员（按选举得票多少为序）
　　王嘉振　史同伟　刘程华
　　李会宝　宋永祥
　　赵　毅（女）　贾玉良
　　靳　磊　刘　勤（女）
　　陈　荣（女）
　　陈小莉（女）
秘书长　杨　峰
副秘书长　陈　荣（女）　岳绍红
　　芦　苇（女）　张景欣
　　朱守华　李光忠
　　郭志强

市委办公厅

主　任　陈　荣（女）（兼）
副主任　李本海　隗乐军　禚建基
　　戚淑斌

市委保密委员会办公室（市国家保密局）

主　任（局　长）　于晓奎
副主任（副局长）　王皋翔
　　王　敏（女）

市委督查室

主　任　丁　力
副主任　周卫东　李　锋

市委、市政府信访局

局　长　李光忠（兼）
副局长　杨明安　王世华　王世民
　　真炳恕　安玉成　杨学斌

市委农村工作办公室

主　任　时文进
副主任　王申宁　鞠正江　黄延仁

市档案局（馆）

党组书记、局(馆)长　王玉玲(女)
副局（馆）长　裴　良
　　祁莉红（女）
　　崔曰仑　韩吉迎
副馆长　李　伟

舜耕山庄

党委书记　何元清
总经理　郑　军（聘）
副总经理　黑伟钰（回族）（聘）
　　李令红（女）（聘）
　　张东升（聘）
　　牛志轶（聘）

市委政策研究室

主　任　岳绍红（兼）
副主任　王立旭　石　玮　林博斌
　　高振刚

市委改革办

主　任　杨　峰（兼）

注：①组织机构名单由各相关单位提供，统计时间截至 2015 年末。* 示 2015 年内离职。
②2016 年 4 月 30 日，市委副书记、市长杨鲁豫涉嫌严重违纪，接受组织调查。
③2016 年 6 月 7 日，市政协副秘书长、机关党组成员田庄涉嫌严重违纪接受组织调查。经调查决定给予田庄开除党籍、开除公职处分，收缴其违纪所得，将其涉嫌犯罪问题、线索及所涉款物移送司法机关依法处理。

兼职副主任　李华贤（兼）
岳绍红（兼）
王宏志（兼）
专职副主任　郭东法　丁林桥

市委组织部

部　长　陈　勇* 李　刚
常务副部长　王　平
副部长　蒋晓光　王拥华（女）
姜　杰　张　强　李旭东

党员干部现代远程教育中心

主　任　姜　杰（兼）
副主任　张维国　温洪军

市委老干部局

局　长　王拥华（女）（兼）
副局长　谷博军　隋志勇　张自健

市委宣传部

部　长　谭延伟
常务副部长　凌安中
副部长　彭寿谦　郅　良（女）
周鸿雁　张子礼

△网络办

主　任　赫文奎

△外宣办

主　任　周　明

精神文明建设办公室

主　任　彭寿谦（兼）
副主任　展宝贞　苏庆勋
曹　湧（女）

市委统一战线工作部

部　长　雷天太
常务副部长　万秀水
副部长　齐振虎　王亚托　张　鹏

市委政法委员会

书　记　李占国
常务副书记　徐春华
副　书　记　赵　杰　姚怀祥
辛全龙
政治部主任　王　宏

社会管理综合治理委员会办公室

主　任　赵　杰（兼）
副主任　秦伟明

法学会

会　长　姚怀祥（兼）
常务副会长兼秘书长　孙德龙

市机构编制委员会办公室

主　任　董建武
副主任　张立学　许建勇　付道磊

△事业单位登记管理局

局　长　李秀美（女）

△市政府行政审批制度改革办公室

主　任　李　民

市委市直机关工作委员会

书　记　孙积港* 姜　涛
副书记　高宝继　黄　波（女）
徐建平　韩　青（女）
刘　义

市委台湾工作办公室（市政府台湾事务办公室）

主　任　李兆兵
副主任　罗国金　李　玉　张鲁明

市委巡视一组

组　长　丛培军
副组长　李　勇

市委巡视二组

组　长　扈书乘
副组长　刘西波

济南高新技术产业开发区工作委员会

书　记　马玉星* 徐　群

市委党校

校　　长　王文涛
党委书记　孙积港
常务副校长　纪宝华* 孙积港
党委副书记　孔　放
副　校　长　刘晓钟　解　慧（女）

市行政学院

院　长　纪宝华* 孙积港
副院长　刘晓钟　解　慧（女）
黄贵利

市社会主义学院

院　长　纪宝华* 孙积港
副院长　刘晓钟　解　慧（女）
张　勇

市委党史研究室

主　任　刘　浩
副主任　齐玉鹏　高　新　李作顺

济南老年人大学

校　长　贾相春
副校长　李晓钟　徐　宁

济南日报报业集团

党委书记、董事长　孙元文
党委副书记、总编辑、副董事长
肖国防
党委副书记　张　楠
副总编辑　刘　勇　尹　波
李光明　马　凯
李国强　单宝珠
樊祥钦
济南日报社社长　孙元文（兼）
济南日报社副社长　牛继兴
总　经　理　郑　凯

明水经济技术开发区工作委员会

书　记　江　林

市非公有制经济组织党工委

书　记　齐振虎（兼）
副书记　杨玉海（兼）
刘延国（兼）

市社会组织党工委

书　记　赵玉海（兼）
副书记　张少林（女）（兼）

（市委组织部）

注：△示副局级单位，下同。

济南市局以上机关事业单位党委（党组）

人大常委会党组
书　记　徐长玉
副书记　邹世平　时文进
人民政府党组
书　记　杨鲁豫
副书记　孙晓刚　苏树伟　张宗祥*
政协济南市委员会党组
书　记　殷鲁谦
副书记　冯光文
中级人民法院党组
书　记　李　勇
人民检察院党组
书　记　郭鲁生*张振忠
副书记　谭　勇
总工会党组
书　记　王以才
副书记　张福俭
共青团济南市委党组
书　记　赵　毅（女）
妇女联合会党组
书　记　刘　勤（女）
科学技术协会党组
书　记　雷卫国
文学艺术界联合会党组
书　记　刘　溪
副书记　张　柯
归国华侨联合会党组
书　记　吴玉明
社会科学界联合会党组
书　记　王　军*
残疾人联合会党组
书　记　孙君涛
工商业联合会党组
书　记　齐振虎
红十字会党组
书　记　朱兴利
人大常委会机关党组
书　记　刘西安
副书记　毕明明
市政府办公厅党组
书　记　李华贤
副书记　张传堂
发展和改革委员会党组
书　记　王宏志
副书记　许继春
物价局党组
书　记　孔　杰
经济和信息化委员会党委
书　记　李会宝
副书记　张广勇
教育局党委
书　记　陈东生
副书记　王春光
济南职业学院党委
书　记　王小平
副书记　申培轩*
济南工程职业技术学院党委
书　记　张慧青（女）
副书记　许传海*
济南幼儿师范高等专科学校党委
书　记　高　斌
副书记　黄祖杰　吴士明
科学技术局党组
书　记　徐　群*吕建涛
副书记　马素刚
公安局党委
书　记　刘新云*吴德生
副书记　王　健
民政局党委
书　记　赵玉海
老龄工作委员会办公室党组
书　记　韦　平
司法局党委
书　记　谢圣仁
副书记　刘永浩
济南监狱党委
书　记　刘敦臣
副书记　卜海晶
财政局党委
书　记　张　利（女）*
　　　　尹清忠
副书记　王　勇
人力资源和社会保障局党委
书　记　蒋晓光
副书记　郑志友
技师学院党委
书　记　窦进科
副书记　杜喜亮　温希忠
国土资源局党组
书　记　韩晓光
副书记　刘兴文
规划局党委
书　记　贾玉良
副书记　姜连忠
城乡建设委员会党委
书　记　田　庄*蒋向波
副书记　杜绪德
城市管理局（城市管理行政执法局、城市管理行政执法总队）党委
书　记　田德昌
副书记　吕灿华
环境保护局党组
书　记　高立文
交通运输局党委
书　记　蒋向波*刘程华
水利局党组
书　记　张曰良
农业局党组
书　记　李季孝
副书记　于兆刚

畜牧兽医局党组
书　记　高辅卿
副书记　方明甲
林业局党组
书　记　顾建军
商务局党委
书　记　史同伟
副书记　李明军
文化广电新闻出版局（文化市场综合行政执法局）党委
书　记　刘程华* 孙法星
副书记　李守海
卫生和计划生育委员会党委
书　记　贾堂宏
副书记　高　萍（女）* 高连东
中心医院党委
书　记　马效恩
副书记　郭农建
济南护理职业学院党委
书　记　侯　林*
副书记　马其江* 李海鹰*
食品药品监督管理局（市食品安全委员会办公室）党委
书　记　靳　磊
副书记　孙法星* 刘桂祯
　　　　刘吉利
体育局党委
书　记　初　伟
审计局党组
书　记　孙竹兮
副书记　唐　军
统计局党组
书　记　尹清忠* 倪志纯
副书记　商　伟* 郭金豹*
安全生产监督局党组
书　记　傅志清
副书记　李　涛
民族宗教事务局党组
书　记　米俊伟（回族）

旅游局党委
书　记　王铁志
副书记　接素梅（女）
粮食局党委
书　记　侯秉山
市政府外事办公室党组
书　记　李　敏（女）*
副书记　刘艳秋（女）
市政府国有资产监督管理委员会党委
书　记　王嘉振
副书记　汲佩德
市政府研究室党组
书　记　李经发
市政府侨务办公室党组
书　记　陈小莉（女）
副书记　苏　峰（女）
市政府法制办公室党组
书　记　王新民
人民防空办公室党组
书　记　魏　军
副书记　朱传振
市政府金融工作办公室党组（2015年12月撤销）
书　记　唐　忠
市政府金融工作办公室（市地方金融监督管理局）党组（2015年12月成立）
书　记　王　毅
住房保障和房产管理局党委
书　记　刘胜凯
副书记　丁　宁
工商行政管理局党委
书　记　贾　杰
副书记　杨玉军
质量技术监督局党委
书　记　于界平
副书记　丁正罡
投资促进局党组
书　记　宋卫东

济南量子技术研究院党组
书　记　马玉星*
政务服务中心管理办公室党组
书　记　李心宏
市级机关事务管理局党组
书　记　朱传东
市政公用事业局党委
书　记　王继东
城市园林绿化局党委
书　记　韩永军
副书记　杨德海
地震局党组
书　记　杜贻合
市政府资金结算中心党组
书　记　张永华（女）
副书记　张淋生
城市建设投融资管理中心党委
书　记　王　欣
旧城改造投融资管理中心党委
副书记　杨庆绪
西区投融资管理中心党委
书　记　（缺）
小清河开发建设投融资管理中心党委
书　记　宋卫东*
副书记　史向中*
济南住房公积金管理中心党组
书　记　董宝珂
供销合作社党委
书　记　马　平
副书记　张国松
中国国际贸易促进委员会济南市分会（中国国际商会济南商会）党组
书　记　李玉明
副书记　张　静（女）
济南仲裁委员会办公室党组
书　记　王道忠
史志办公室党组
书　记　翟旭东

济南社会科学院党组
书　记　马军远
副书记　张华松
济南广播电视台党委
书　记　张　锋
副书记　马维嘉
济南城市建设投资集团有限公司党委
书　记　王　欣
副书记　聂　军
济南旧城开发投资集团有限公司党委
书　记　杨庆绪
副书记　李全升
济南西城投资开发集团有限公司党委
书　记　张　伟
副书记　李培杰
济南滨河新区建设投资集团有限公司党委
书　记　宋卫东*
副书记　史向中*
政协机关党组
书　记　任建新
副书记　李　涛
济南大学党委
书　记　范跃进*程　新
副书记　程　新*张士强
　　　　朱德强
市国税局党组
书　记　胡立升*杜　锋
副书记　商　鹏
市地税局党委
书　记　张志明
副书记　张吉茂
气象局党组
书　记　任　健*阎丽凤（女）
副书记　吕淑琳（女）
济南出入境检验检疫局党组
书　记　邵立洪
济南黄河河务局党组
书　记　许建中
副书记　崔宝卫
国家统计局济南调查队党组
书　记　商　伟
邮政管理局党组
书　记　胡世光
人民银行济南分行营业管理部党委
书　记　陈好孟
副书记　岳隆杰*张海青

（市委组织部）

中共济南市纪律检查委员会及所属工作部门

中共济南市纪律检查委员会
书　记　慕建民
副书记　覃俊文　孙　博　吴兴金
常　委　慕建民　覃俊文　孙　博
　　　　吴兴金　范立山　李晓磊
　　　　苏　涛　魏莉萍（女）
　　　　赵庆文
秘书长　李晓磊
委　员（按姓氏笔画为序）
　　　　王　诚　王成波　王旭光*
　　　　王其广　牛力强　毛华铭
　　　　丛培军　刘建章　刘海峰
　　　　齐怀栋　孙　博　苏　涛
　　　　李俊英（女）　李晓磊
　　　　吴兴金　张　彦　张　锋
　　　　张广勇　张伟力　张志明
　　　　张贵芳（女）　张俊芳
　　　　张德萍（女，回族）
　　　　陈　敏　苗金祥　范立山
　　　　郅　良（女）　郑玉岭
　　　　赵庆文　高立文　高宝继
　　　　郭忠青　扈书乘　董国瑞
　　　　董宝珂　蒋向波　蒋晓光
　　　　韩明东　覃俊文　傅志清
　　　　满　斌　慕建民　谭　勇
　　　　樊　瑞（回族）　魏志胜
　　　　魏莉萍（女）
济南市监察局
局　长　覃俊文
副局长　范立山　苏　涛　赵庆文
　　　　刘作宗

市纪委、市监察局工作部门

办公厅
主　任　吴　海
组织部
部　长　刘玉志
宣传部
部　长　张亦农
研究室
主　任　刘兆华
政策法规室
主　任　李　庆
党风政风监督室
主　任　程新民
信访室（市国家行政机关工作人员违法违纪举报中心）
主　任（缺）
案件监督管理室
主　任　曹文才
第一纪检监察室
主　任　阴法义
第二纪检监察室
主　任　李敬德
第三纪检监察室
主　任　王　蒙
第四纪检监察室
主　任（缺）
第五纪检监察室
主　任　赵寿娟（女）
第六纪检监察室
主　任　刘金光
第七纪检监察室
主　任　杨　斌
案件审理室
主　任　李树平

纪检监察干部监督室

主　任　贾　砚

市委巡视工作办公室

主　任　马国胜

市纪委、市监察局归口派驻机构

第一纪检组、监察室

组　长、主　任　李振国

副组长、副主任　刘大海　张　伟　刘加星

第二纪检组、监察室

组　长、主　任　王志刚

副组长、副主任　张崇伟　王卫东　王金岭　李　兵

第三纪检组、监察室

组　长、主　任　王　琳

副组长、副主任　邱鲁军　沙卫平　闫来智　李　强

第四纪检组、监察室

组　长、主　任　李大江

副组长、副主任　刘岐山　李　忠　董立银　曲学良

第五纪检组、监察室

组　长、主　任　傅金峰

副组长、副主任　朱爱华（女）　王　勇　王　旭　梁宗义

市纪委个别派驻机构

市直机关纪工委

书　记　胡桂芝（女）

市纪委驻市法院纪检组

组　长　刘继珍（女）

市纪委驻市检察院纪检组

组　长　（缺）

市政府办公厅纪检组

组　长　赵　新

市发改委纪检组

组　长　鞠小虹（女）

市经信委纪委

书　记　涂永祥

市教育局纪委

书　记　陈　敏

市公安局纪委

书　记　王　涛

市民政局纪委

书　记　郑玉岭

市司法局纪委

书　记　李海燕

市财政局纪委

书　记　董国瑞

市人力资源和社会保障局纪委

书　记　刘友祯

市国土资源局纪检组

组　长　张贵芳（女）

市规划局纪委

书　记　芦　青

市城乡建设委员会纪委

书　记　杨照军

市城市管理局（市城市管理行政执法局）纪委

书　记　李俊英（女）

市交通运输局纪委

书　记　尹希芳

市水利局纪检组

组　长　张洪跃

市农业局纪检组

组　长　张振礼

市文广新局纪委

书　记　郭尚兰（女）

市卫计委纪委

书　记　郭忠青

市食品药品监督管理局纪委

书　记　高　峰

市体育局纪委

书　记　于晓辰

市国资委纪委

书　记　宋修海

市市政公用事业局纪委

书　记　冯勋业

市城市园林绿化局纪委

书　记　李炳锋

济南广播电视台纪委

书　记　王瑞云

市工商局纪委

书　记　刘永刚

市质量技术监督局纪委

书　记　张元胜

济南高新区管委会纪工委

书　记　苗金祥

（市纪委）

济南市第十五届人民代表大会常务委员会、专门委员会及所属工作部门

市人大常委会

主　任　徐长玉

副主任　邹世平　时文进　段青英（女）　孟祥桓*　宋玉国　许　强

秘书长　刘西安

副秘书长　毕明明　刘　民　王永金　许玉慧

委　员（按姓氏笔画为序）

于炳生　王　平　王永金　王传秋　王建华*　王晓春（女）　田　洁（女）　冯　宏（女）　冯　雷　毕明明　朱守华　伊啸扬　华　巍　刘书笙　刘　民　刘　浩　刘海萍（女）　刘　勤（女）　李全福（回族）　李　巍（女）　余毅民*　宋志健　张忠泉*　张海昕（女）　张　鹏*　陈好孟　卓长立（女）

赵　毅（女）　秦　旭
高淑贞（女）　鹿中华
雷卫国　蔡　东　臧　浩

法制委员会

主任委员　孟祥桓（兼）*
邹世平（兼）
副主任委员　伊啸扬
冯　宏（女）

教育科学文化卫生委员会

主任委员　宋玉国（兼）
副主任委员　王建华* 刘书笙

内务司法委员会

主任委员　许　强（兼）
副主任委员　张海昕（女）

民族侨务外事委员会

主任委员　段青英（女）（兼）
副主任委员　秦　旭

城乡建设环境保护委员会

主任委员　孟祥桓（兼）*
时文进（兼）
副主任委员　张忠泉* 张　鹏*
鹿中华

财政经济委员会

主任委员　邹世平（兼）
副主任委员　余毅民* 于炳生

农村经济委员会

主任委员　宋玉国（兼）
副主任委员　宋志健

代表资格审查委员会

主任委员　刘西安（兼）
副主任委员　王　平
李　巍（女）

办公厅

主　任　毕明明（兼）
副主任　孙贵民　李　雷　段迎军

研究室

主　任　刘　民（兼）
副主任　赵静海　袁　磊

人事代表工作室

主　任　李　巍（女）
副主任　吕洪涛

法制工作室

主　任　冯　宏（女）
副主任　张　瑞　赵之祥

教育科学文化卫生工作室

主　任　刘书笙
副主任　诸葛利　王金宗*

内务司法工作室

主　任　张海昕（女）
副主任　唐淑英（女）
金丽霞（女）

民族侨务外事工作室

主　任　秦　旭
副主任　常　宁

城乡建设环境保护工作室

主　任　鹿中华
副主任　冷少华

财政经济工作室

主　任　于炳生
副主任　滕　静（女）　彭子钢

农村经济工作室

主　任　宋志健
副主任　王金宗

（市人大常委会办公厅）

济南市人民政府及各工作部门、市属副局级以上机关事业单位

济南市人民政府

市　长　杨鲁豫
副市长　孙晓刚　苏树伟　齐建中
巩宪群（女）　李宽端
王新文　张海波
秘书长　李华贤
副秘书长　张传堂　耿建新
张鲁军　林书宏
张德萍（女，回族）
孙义洪　张海灵
陈　勇*

市政府办公厅

主　任　张传堂（兼）
副主任　赵居安　韩振国　谭　伟
张　兵*

应急管理办公室（市政府总值班室）

主　任　王宇清（女）*
副主任　蒋友和* 刘佃东

督查室

主　任　邸永光
副主任　张玲华（女）　田　兵

△市政府口岸办公室

主　任　蒋友和

△接待办公室

主　任　李肖力

△打击走私办公室

主　任　赵云华

驻北京办事处

主　任　王宏伟*
副主任　孔建国* 王　庆

△驻上海办事处

主　任　高如同

△驻广州办事处

主　任　孙凤鸣

△驻青岛（烟台）办事处

主　任　许立强

△信息中心

主　任　刘春贵

发展和改革委员会

主　任　王宏志
副主任　郑金松　唐晓群　倪志纯
姬　锋　李　勇　张　军*
张　兵
总经济师　杨永斌

市区域发展战略推进办公室（2015年6月成立）

主　任　王宏志（兼）
常务副主任　倪志纯

副主任　夏彤军

△重大项目办公室（重大建设项目稽查办公室）

主　任　李　磊

△发展规划研究室

主　任　谢　堃

△市服务业办公室

主　任　张　琛

物价局

局　长　孔　杰

副局长　李　智　刘永生　唐富强

工商行政管理局

局　长　贾　杰

副局长　王建森　杨先杰　邱　锐
　　　　李建国　姜　淼　马怀明

总经济师　孙建忠

总会计师　闫一大

△企业注册局

局　长　王圣水

△公平交易局

局　长　何玉明

质量技术监督局

局　长　于界平

副局长　王万春　邢兆辉　苑圣毅
　　　　孙邦勇

总工程师　杨福涛

△市质量技术监督局稽查局

局　长　黄凯东

经济和信息化委员会

主　任　李会宝

副主任　赵炳跃　丁　毅　黄　杰
　　　　姜　华　王明波（回族）
　　　　李迺锋

总工程师　郭衍友

△离退休干部局

局　长　朱新民

△煤炭工业局

局　长　李迺锋（兼）

△经济运行局

局　长　傅建民

△无线电管理办公室

主　任　李　雪（女）

△市节能监察支队

支队长　戚桂林

△中小企业发展办公室

主　任　李荣贵

△市政府节约能源办公室

主　任　尹衍忠

教育局

局　长　陈东生

副局长　朋　星　任泽焕　赵辉强
　　　　王品木　孟凡海

△济南市人民政府教育督导室

主任督学　王学东　宋　豫

科学技术局

局　长　徐　群*　吕建涛

副局长　马素刚　刘德志　陈启璋
　　　　闫循民

总工程师　于海波

市创新型城市建设推进委员会办公室

主　任　徐　群（兼）*
　　　　吕建涛（兼）

副主任　贾文海

△知识产权局

局　长　李海波

△济南创新谷管理中心

主　任　高鹏霄

地震局

局　长　杜贻合

副局长　从京彬　张　勇　郭世金

总工程师　徐　波

公安局

局　长　刘新云*　吴德生

政治委员　王　健

副政治委员　张伟力

副局长　何志惠　程绍春　韩　磊
　　　　梁恺军　王宗岩　张　军

△政治部

主　任　陈　刚

△指挥部

主　任　窦庆福

△经侦支队

支队长　于国庆

政　委　张海涛

△治安支队

支队长　张仁骏

政　委　李保建

△监所管理支队

支队长　张　卫

政　委　隋国华（女）

△刑警支队

支队长　王　辉

政　委　张　健

△交警支队

支队长　王宗岩（兼）

政　委　曹凤阳

△特警支队

支队长　吕红艺

政　委　（缺）

△巡警支队

支队长　宋新生

政　委　刘宜武

△高新分局

局　长　张新华

政　委　刘庆勇

△警察培训学院

院　长　侯雷英（女）

政　委　从建华

△历下区分局

局　长　贾延昭

政　委　初吉兵

△市中区分局

局　长　赵　新

政　委　王建平

△槐荫区分局

局　长　伊世金

政　委　肖　军

△天桥区分局

局　长　陈　晨

政　委　刘宜璞

△历城区分局

局　长　云廷华

政　委　张福新

△长清区分局

局　长　刘　刚

政　委　王纯阁

民政局

局　长　赵玉海

副局长　潘传利　杜红波

苏　楠（女）

拥军优属拥政爱民领导小组办公室

主　任　赵玉海（兼）

副主任　成文元

△民间组织管理局

局　长　张少林（女）

市老龄工作委员会办公室

主　任　韦　平

副主任　张良华　戚克春

司法局

局　长　谢圣仁

副局长　刘永浩　王翠香（女）

周　瑛　皇甫庆森

政治部主任　陈其军

市普法教育依法治市领导小组办公室

主　任　谢圣仁（兼）

副主任　（缺）

济南监狱

监狱长　刘敦臣

政　委　刘永浩（兼）

副政委　卜海晶

副监狱长　霍永利　牟英俊

赵新明　时胜利

纪委书记　王筱雁（女）

△济南第二监狱

监狱长　张子羽

政　委　张传征

△市泉城公证处

主　任　刘景学

财政局

局　长　张　利（女）

副局长　王　勇　刘大坤*　林　军

王玉柱　周之勇

总会计师　李学友

总经济师　丁国春

市政府投融资管理办公室

主　任　王　毅*　刘大坤

△市非税收入管理局

局　长　车夕奇

△市财政国库支付局

局　长　李　磊

△市农业综合开发办公室

主　任　陈思斌*

人力资源和社会保障局

局　长　蒋晓光

副局长　郑志友　黄厚安　姚德武

王均平（女）*　徐卫民

于培金　王振群

劳动就业办公室

主　任　黄厚安（兼）

社会保险事业局

局　长　郑志友（兼）

技师学院

院　长　杜喜亮

△公务员局

局　长　高文波

△外国专家局

局　长　张　宾

△人才服务局

局　长　（缺）

△劳动保障监察支队

支队长　宋传勇

△劳动人事争议仲裁院

院　长　（缺）

国土资源局

局　长　韩晓光

副局长　刘兴文　许瑞波

付　英（女）　刘　霞（女）

总规划师　许宗生

△土地储备交易中心

主　任　马振海

△征地办公室

主　任　宫承义

△国土资源执法监察支队

支队长　李　军

△土地综合整治服务中心

负责人　许宗生（兼）

△济南市不动产登记中心

负责人　杨景雪（女）

规划局（城市规划委员会办公室）

局　长　贾玉良

副局长　金德岭（回族）　吕　杰*

王秀波　刘　卫　王　科

总规划师　牛长春

△市城乡规划编制研究中心

主　任　（缺）

△市规划局高新技术开发区分局

局　长　窦家利

市城乡建设委

主　任　田　庄*　蒋向波

副主任　季　良　辛培勤　武兆军

盖　敏（女）　曲永伦

总工程师　马全安

总经济师　闫卓然

△济南机场建设办公室

主　任　卢保树

市政公用事业局

局　长　王继东

副局长　孙文国　修春海　张宝文

沙其兴　刘庆祝

总工程师　姜春华

△供热管理办公室

主　任　刘伟亮

城市园林绿化局
局　长　韩永军
副局长　刘建东　潘大波　刘　洪
　　　　崔家新　仇裕岭
市名泉保护委员会办公室
主　任　韩永军（兼）
副主任　杨　波
△济南天下第一泉风景区管理中心
主　任　吕　杰
住房保障和房产管理局
局　长　刘胜凯
副局长　姜秀杰（女）　李胜伟
　　　　宋道勇　马　琳　张恒志
城市管理局
局　长　田德昌
副局长　胥嘉印　文东河　黄爱民
　　　　秦国芬（女）
市城市管理行政执法局
局　长　田德昌（兼）
政　委　吕灿华
副局长　王照亮　王　伟　尼志坚
　　　　苏伯林
△市城市管理行政执法局直属支队
支队长　张德山
△济南市数字化城市管理中心
主　任　曹　明（女）
环境保护局
局　长　高立文
副局长　庞　涛　侯翠荣（女）
　　　　翟立哲　秦立华
总工程师　杜世勇
△济南市环境监察支队
支队长　谢　强
△济南市环保局高新区分局
局　长　王俊峰
交通运输局
局　长　蒋向波*刘程华
副局长　孙志刚　罗卫东　姚福林
　　　　杨　勇　胡世光
△交通战备办公室
主　任　杨　勇（兼）*
　　　　于建芳（女）
△公路管理局
局　长　孙志刚
△运输管理办公室
主　任　毛贤强
水利局
局　长　张曰良
副局长　李诚让*李广华　李百全
总工程师　巩振茂
南水北调工程建设管理局
局　长　张体伦
副局长　赵承忠　王学军
农业局
局　长　李季孝
副局长　于兆刚　李建生　刘善义
　　　　王奉光　周增禄
总农艺师　王奉光（兼）
总经济师　赵玉堂
△扶贫办开发办公室（农业资源区划办公室）
主　任　（缺）
△ 市农业科学研究院
院　长　（缺）
林业局
局　长　李景全
副局长　郑兆亮　张清春　商光彦
　　　　张传喜　曲国庆
总工程师　王良庆
△森林公安局
局　长　亓新华
商务局
局　长　史同伟
副局长　李明军
　　　　舒　婕（女，满族）
　　　　蒋东风　梁旭斌
　　　　张　娟（女）　王喜东*
总经济师　张承喜
△离退休干部局
局　长　胡吉忠
△国际商务促进中心
主　任　韩会江
文化广电新闻出版局
局　长　刘程华*孙法星
副局长　崔大庸　鲍立军　刘兆元
　　　　孙　亮　庄　岩　郭象峥
　　　　于　茸（女）
△市文物局
局　长　于　茸（女）（兼）
市文化市场综合行政执法局
局　长　李守海
副局长　罗明军　靳　磊
　　　　吕建新（女）
广播电视台
台　长　张　锋
总编辑　马维加
副台长　曹　进　许　莉（女）
　　　　马　利（女）　温　健
卫生和计划生育委员会
主　任　贾堂宏
副主任　高连东　杨玉华（女）
　　　　张振民　马丽霞（女）
　　　　侯廷成　刘青先　徐配印
中医药管理局
局　长　贾堂宏（兼）
副局长　米宽庆
△医务工会
主　席　张晶卉（女）
△深化医药卫生体制改革领导小组办公室
主　任　张佩渠
△爱国卫生运动委员会办公室
主　任　齐先文
食品药品监督管理局（市食品安全委员会办公室）
局　长(主　任)　孙法星*靳　磊
副局长(副主任)　刘桂祯　衣光军*

赵金民　王道祥
李学忠　刘金宏

体育局
局　长　初　伟
副局长　李国纲　刘雅涵（女）
刘　新　吴志东

△济南市奥林匹克体育中心
主　任　杜在东

审计局
局　长　孙竹兮
副局长　唐　军　吕思修　刘继强
丁小玲（女，回族）
张传堂　于　洋
总审计师　仪红军

△经济责任审计办公室
主　任　张振江

统计局
局　长　尹清忠
副局长　苑子健*崔瑞宁（女）
吕历源
总统计师　蔡精辉（女）

△统计执法监察支队
支队长　刘东涛

社会经济调查局
局　长　郭金豹*苑子健
副局长　王广俊

国家统计局济南调查队
队　长　商　伟
副队长　王广俊　张丽娟（女）

安全生产监督管理局（安全生产应急救援指挥中心）
局　长　傅志清
副局长　李　涛　周晓冬　李成革
常英俊　张　磊

△安全生产监察支队
支队长　赵福森

民族宗教事务局
局　长　米俊伟（回族）
副局长　彭林堂（回族）　任立新

旅游局
局　长　王铁志
副局长　接素梅（女）　窦　虎
方连庆　魏晓林

粮食局
局　长　侯秉山
副局长　张爱军（女）　贾立春
葛殿起　张铁石

国有资产监督管理委员会
主　任　王嘉振
副主任　孙世会　杨厚友　董　黎
齐春明　王志军

△企业离退休干部局
局　长　宋广英

法制办公室
主　任　王新民
副主任　李泰吉　石丽华（女）
李在生

市政府金融办公室
主　任　唐　忠*王　毅
副主任　范钦键*郦　弘
李洪伟　李文峰*

市政府外事办公室
主　任　李　敏（女）*
副主任　张广宇　田　迎（女）
张士平　李兴春

市政府研究室
主　任　李经发
副主任　陈福竹　高　岐　相振谨
白　涛

侨务办公室
主　任　陈小莉（女）
副主任　苏　峰（女）　刘学东
赵子龙

人民防空办公室（民防局）
主　任　魏　军
副主任　朱传振　张鲁玉　刘建伟
总工程师　戈　山

济南高新技术产业开发区管理委员会
主　任　徐　群
副主任　马玉星*吕建涛*张端武
崔志强　黄元俭　张金龙

国家信息通信国际创新园管委会
主　任　马玉星*
副主任　吕建涛*谭　光

济南住房公积金管理中心
主　任　董宝珂
副主任　徐评云　张培礼
总会计师　张培礼*徐朝晖

畜牧兽医局
局　长　高辅卿
副局长　孙世平　韩剑侠　付良玉
司桥顺
总畜牧师　崔统一
总兽医师　袁传溪

史志办公室
主　任　翟旭东
副主任　綦延辉　杜加臣

中国国际贸易促进委员会济南市分会（中国国际商会济南商会）
会　长　李玉明
副会长　张　静（女）　王　钟
张　伟（女）

供销合作社
理事会主任　马　平
监事会主任　张国松
理事会副主任　冷俊义
何惠玲（女）
刘筱筠（女）
监事会副主任　刘景涛
石宁红（女）

政府资金结算中心
主　任　张永华（女）
副主任　张淋生　苗兴臣　潘荣庆
王　鲁

市政务服务中心管理办公室
主　任　李心宏

副主任　段明心　刘龙宝

市政务服务中心

主　任　赵国钧

副主任　安纪文　牛连平

市级机关事务管理局

局　长　朱传东

副局长　徐建强　王　伟
　　宋爱军（女）　徐　毅
　　董怀敏　李书新

△行政事业资产管理办公室

主　任　孟庆顺

市社会科学院

院　长　马军远

副院长　张华松　王国庆　马黎明

济南旧城开发投资集团有限公司

董事长　杨庆绪

总经理　李全升

副总经理　高　烈　秦光强
　　张　伦　殷光伟
　　李　咏

总会计师　侯端云（女）

总工程师　殷光伟*姜建生

济南西城投资开发集团有限公司

董事长　张　伟

总经理　李培杰

副总经理　吴建光　张海平
　　史海成　徐文东

总工程师　吕　华（女）

总会计师　孔令伟

济南城市建设投资集团有限公司

董事长　王　欣

总经理　聂　军

副总经理　董文湖　武　伟
　　马　莹（女）

总会计师　马　莹（女）（兼）

总工程师　赵铁灵

济南滨河新区建设投资集团有限公司

董事长　宋卫东*

总经理　史向中*

副总经理　安玉坤　黄　蓓（女）
　　高　冰　许为民
　　林　华　白　冰

总工程师　黄　蓓（女）（兼）

总会计师　范天云

中心医院

院　长　马效恩

副院长　宋林杰　姜　勇
　　苏国海　胡　洋（女）
　　汪运山

纪委书记　刘　伟

济南护理职业学院

院　长　马其江

副院长　朱荣清　刘传富
　　尹守峰

纪委书记　杨东华

仲裁委员会办公室

主　任　王道忠

副主任　魏玉良　刘昌国

济南职业学院

院　长　申培轩*

副院长　石万鹏　冯笑军　马保山
　　李海平　尹元华（女）

济南工程职业技术学院

院　长　许传海*杨长军

副院长　张培方　李爱芹（女）
　　徐运国

济南幼儿师范高等专科学校

校　长　黄祖杰

副校长　魏风传　丁家德　马　健

（各相关单位）

垂直管理机关

市国税局

局　长　胡立升*杜　锋

副局长　商　鹏　王嘉岳（女）
　　刘清鑫　王洪龙　杨文斌

总审计师　杨新华

△市国税局高新技术开发区分局

局　长　孙家平

市地税局

局　长　张志明

副局长　张吉茂　王建刚*
　　王利民　王先进
　　孔　静（女）

总会计师　张　强

△稽查局

局　长　刘　荣*张丙良

△直属征收局

局　长　刘增军*刘　荣

△高新技术产业开发区分局

局　长　牟　新*刘增军

气象局

局　长　任　健*阎丽凤（女）

副局长　吕淑琳（女）　周　军*
　　杨志利

济南出入境检验检疫局

局　长　邵立洪

副局长　王福文　卢晓中　谢建青

黄河河务局

局　长　许建中

副局长　崔宝卫　王春迎
　　张需东　赵建勇

总工程师　李　明*

（各相关单位）

济南市中级人民法院

院　长　李　勇

副院长　仲维威　刘延杰　孙永一
　　白　龙（回族）　李岩峰*

政治部主任　谢红兵

执行局局长　孙兆远

（市中级人民法院）

济南市人民检察院

检 察 长　郭鲁生* 张振忠
副检察长　谭　勇　范　芸（女）
　　杨增胜* 王保新
　　宋新龙　张　生
（市人民检察院）

政协第十三届济南市委员会及工作部门

主　席　殷鲁谦
副主席　冯光文　崔大庸
　　金德岭（回族）　赵家军
　　张　辉　李好臣
　　徐明梅（女）　刘梦海
秘书长　任建新
常务委员（按姓氏笔画为序）
　　丁　毅　于　剑　马玉星*
　　马黎明　王　玉　王　琳
　　王友进　王东晨
　　王束玫（女）　王伯之
　　王拥华（女）　王建森
　　王钢城　王翠香（女）
　　申大忠　白秋生
　　印　东（女）
　　邢丽萍（女）　邢建亚*
　　朱铭泉　刘　枫* 刘　燕
　　刘　霞（女）
　　刘沂珍（女）
　　刘育红（女）　刘春华
　　刘程华　衣光军　安利国
　　许　群　牟国营　孙　博
　　孙竹兮　孙金厂　孙建军
　　远　宏　李　建（回族）
　　李　涛　李中赋　李吉乾*
　　李光明* 李胜军　李景全
　　李肇元　杨　捷（女）
　　杨素群（女）　杨殿明
　　吴玉明　吴建军
　　佘静雯（女）　初　伟
　　张　波　张　锋　张文亮
　　张成如　张红星*
　　张苏华（女）*　张怀成
　　张家起　张殿岭
　　陈　荣（女）　陈东生
　　陈宁宁（女）　邵立洪
　　苑书福　林海铭　欧润光
　　周长风* 赵玉海　段　林
　　侯秀峰　侯建国　姜小真*
　　袁大川　晋争鸣　贾堂宏
　　徐天祥　徐思民　高中军
　　唐一林　凌安中
　　桑海莉（女）　黄　明*
　　黄淑玲（女）　崔安远
　　隋建明　彭林堂（回族）
　　葛志明　董海涛* 蒋　君
　　韩圣喜* 傅志清　谢建明
　　樊　琦（女）
副秘书长　李　涛　田　庄
　　李慎生　司志坤
　　聂爱华（女）
　　邢乐成　王　玉

办公厅

主　任　李　涛（兼）
副主任　李学进　翟宏国　丁　伟
　　高　琳　李志宏

研究室

主　任　李慎生（兼）
副主任　乔　谦

提案委员会

主　任　刘英峰
副主任（按姓氏笔画为序）
　　孙元文　杜绪德　张树振
　　陈宁宁（女）　陈曙光
　　赵文孝　高肖玉（女）
　　傅志清

经济科技委员会

主　任　韩明东
副主任（按姓氏笔画为序）
　　于界平　马黎明　王　琳
　　王嘉振　刘　燕　孙竹兮
　　张玉峰　张永华（女）
　　赵玉海　胡晓蒙　侯秀峰

人口资源环境委员会

主　任　孔　炘
副主任（按姓氏笔画为序）
　　马玉星* 孙　远
　　刘　岩（女）　许建中
　　张庆河　李中赋　李景全
　　杜贻合　韩晓光

社会文教委员会（社会法制委员会）

主　任　张　岩（女）
副主任（按姓氏笔画为序）
　　王旭光* 王孟杰　刘程华
　　张苏华（女）　陈东生
　　贾　杰　彭林堂（回族）

港澳台侨和外事委员会

主　任　张爱国
副主任（按姓氏笔画为序）
　　于　剑　马秀海
　　李　敏（女）*　李玉明
　　吴玉明　周玉萍（女）
　　谢建明

文史资料委员会

主　任　宿　霞（女）
副主任（按姓氏笔画为序）
　　许延廷　李　铭　李胜军
　　周长风　凌安中　韩圣喜
（市政协办公厅）

民　主　党　派

中国国民党革命委员会济南市第七届委员会

主任委员　王伯之

副主任委员 聂爱华（女）
丁 毅 臧 浩
王东晨
唐玉秋（女）
秘 书 长 杨金山* 王化峰

中国民主同盟济南市第十二届委员会

主任委员 崔大庸
副主任委员 安利国 华 魏
张怀成 印 东(女)
王钢城 张殿岭

中国民主建国会济南市第十二届委员会

主任委员 王建森
副主任委员 邢乐成 刘 燕
王传秋 王翠香(女)
杨 捷(女) 王 琳
秘 书 长 丁保国

中国民主促进会济南市第九届委员会

主任委员 金德岭（回族）
副主任委员 朋 星 邓相超
刘海萍(女) 徐 琳
孙建军
秘 书 长 叶 霖(女)

中国农工民主党济南市第十届委员会

主任委员 段青英（女）
副主任委员 王 玉 李肇元
段 林 时华勤(女)
秘 书 长 华文俊（女）

中国致公党济南市第五届委员会

主任委员 赵家军
副主任委员 樊兆民 毕玉平
刘作宗 袁淑玲(女)
张元玺
秘 书 长 张元玺（兼）

九三学社济南市第十届委员会

主任委员 刘梦海
副主任委员 李景全 田 洁(女)
牟国营 陈宁宁(女)
侯建国

（各民主党派）

人 民 团 体

济南市总工会第十六届委员会

主 席 王以才
常务副主席 张福俭
副 主 席 徐其东 于 虹(女)
李兴家 蒲玉全
经费审查委员会主任 丁希录

共青团济南市第十六届委员会

书 记 赵 毅（女）
副书记 孟 帅 王友进
徐冬梅（女） 徐龙义

济南市妇女联合会第十三届执委会

主 席 刘 勤（女）
副主席 刘育红（女）
王 萍（女）
柏爱学（女）

济南市工商业联合会第十三届执委会

主 席 唐一林
常务副主席 齐振虎
副 主 席 郝继新*
靖淑兰(女) 刘延国
王道国 凌沛学
黄淑玲(女) 李胜军
于 剑
于晓玉（女，回族）
张 波 马述杰
许 健 谢建明
张成如 盖守岭
高靖平 张 泉
荣兰祥* 李 滨
杨殿明 孔令磊
谢硕文
秘 书 长 刘 华

济南总商会

会 长 唐一林
副会长 齐振虎 郝继新*
靖淑兰（女） 刘延国
王道国 邢介平 于宏昌
王瑞友 荆书典 黄益治
夏三忠 翟世兰 程克红
周荣来 万富永 陈宁一*
裴忠毅 秦光霞（女）
尚兴军 申作伟
孙 倩（女）
李 燕（女）
陈 静（女） 耿光平
潘韶斌 牛余刚 张静文
刘永新 梁志银 李茂年
赵 强 杨中辰 李长征
林 擘 王新敏 王安忠
郑 伟
秘书长 刘 华

济南市科学技术协会第八届委员会

主 席 刘梦海
副主席 雷卫国 李中赋 韩 平
曹永明 胡 辉（女）

济南市社会科学界联合会第四届委员会

主 席 谭延伟
副主席 王 军* 陈居忠 郭 涛

济南市文学艺术界联合会第五届委员会

主 席 张 柯
副主席 刘 溪 王振范
邓宝金（女）

济南市归国华侨联合会第八届委员会

主 席 吴玉明
副主席 米文芃（女，回族）
张永华（女） 刘作宗
杜 斌 董一鸣

济南市台湾同胞联谊会第六届理事会

名誉会长 高锦松
会 长 吴远潮
副 会 长 李培源 聂爱华（女）

袁大川　张　玲（女）

秘 书 长　陈建文

济南市残疾人联合会第六届执行理事会

理 事 长　孙君涛

副理事长　张恒臣　刘曰泉

程立杰　沈永强

济南市红十字会

会　　长　巩宪群（女）（兼）

常务副会长　袁淑玲（女）

副 会 长　朱兴利　孙宝占

刘　鹏

秘 书 长　刘成海

计划生育协会

会　　长　巩宪群（女）（兼）

常务副会长　郑应德

副 会 长　潘　玲（女）　张传建

（各人民团体）

济南警备区

司 令 员　张闽玉（大校）

政　　委　王兴树（大校）

副司令员　巩道谱（大校）*

崔振林（大校）

副 政 委　李铁军（大校）

韦昌进（大校）

参 谋 长　崔春荣（大校）

政治部主任　葛　振（大校）*

陈俚清（大校）

后勤部部长　秦彦余（上校）

（济南警备区）

武警济南市支队

支 队 长　臧金友（大校）

第一政治委员　刘新云*

吴德生（兼）

政治委员　郭英福（大校）

副支队长　徐海波（上校）*

王洪升（上校）

毛　磊（上校）

陈俊峰（上校）

陈晓军（上校）

副政治委员　孙　达（上校）

刘建军（上校）*

参 谋 长　陈　武（上校）*

赵　伟（上校）

政治部主任　孙建新（上校）

后勤部部长　刘　鹏（中校）

（武警济南市支队）

责任编校　胡映雪　张　阳

政党·政协·人民团体

中共济南市委员会

【中共济南市委员会】 年末，中共济南市委员会有委员53人、候补委员11人；常委会由13人组成，设书记1人、副书记2人。辖各级党委（党组）1250个、党总支1729个、党支部21493个。共有党员462078名。其中，预备党员4975名，占1.1%；女党员118525名，占25.6%；少数民族党员6367名，占1.4%。1921年7月至1949年9月入党的2709名，占0.6%；1949年10月至1966年4月入党的27685名，占6.0%；1966年5月至1976年10月入党的57717名，占12.5%；1976年11月至2002年10月入党的218249名，占47.2%；2002年11月以后入党的155718名，占33.7%。35岁以下的91698名，占19.8%；36岁至55岁的181545名，占39.3%；56岁以上的188835名，占40.9%。大专以上文化程度的210521名，占45.5%；高中（中专）文化程度的120612名，占26.2%；初中以下文化程度的130945名，占28.3%。公有经济单位在岗职工党员153178名，占33.1%；非公有经济单位在岗职工党员37763名，占8.1%；农牧渔民123624名，占26.8%；离退休人员110831名，占24%；其他人员36682名，占8%。

（相　亮）

【中共济南市委十届八次全体会议】 7月3日举行。出席会议的有市委委员49人、市委候补委员11人。市纪委常委和有关方面负责同志列席会议。会议由市委常委会主持。省委常委、市委书记王文涛受市委常委会委托作工作报告。（“中共济南市委十届八次全体会议公报”见“特载”栏目）

（靳玉波）

【中共济南市委十届九次全体会议】 12月11~12日举行。出席会议的有市委委员47人、市委候补委员10人。市纪委常委和有关方面负责同志列席会议。市第十次党代会代表中部分基层同志和专家学者列席会议。会议由市委常委会主持。省委常委、市委书记王文涛作重要讲话。（“中共济南市委十届九次全体会议公报”见“特载”栏目）

（靳玉波）

【督查工作】 围绕“打造四个中心，建设现代泉城”的目标任务，坚持突出重点、开拓创新，推动党委重大决策部署在新形势新任务新条件下的有效落实。全年共开展专项督查62项，形成各类督查报告100余期。①构建市委办公厅“大督查”工作格局。按照市委主要领导的指示要求，研究制定《关于创新督查机制狠抓工作落实的实施办法》，设立重点督查项目库，建立市委办公厅“大督查”机制，成立了18个专项督查组，分别由市委各秘书长、市委办公厅领导班子成员以及市委督查室副主任、督查专员带队，对重大决策、旧改棚改、重点项目、招商引资、固定资产投资、市委主要领导交办督查事项六大类工作进行重点督查。每月中旬，由市委秘书长召集各专项督查组例会，汇报交流进度情况，安排部署下步工作。组建“大督查”指挥调度室，抽调市委组织部、市委市直机关工委、市发改委、市规划局等部门的人员集中办公，每半月调度汇总各专项督查组包挂工作进展情况向市委主要领导报告。②做好全市重点项目建设督查评议活动有关工作。在去南昌考察学习的基础上，结合全市工作实际，起草《2015年全市重点项目建设督查评议活动评价打分工作方案》，设计印制《2015年全市重点项目建设督查评议表》，制定《全市重点项目建设督查评议工作实施流程》及《打分说明》。与市统计局协同组建分数统计组，设计完善评议打分软件系统，组织多次演练。督查评议活动结束后，采取暗访形式，对全市督查评议的重点项目后续推进情况，进行“回头看”专项检查。③改进完善责任分解立项制度。根据市委领导要求，对上级重要会议、重要文件和本级党委会议决议、工作报告、工作部署及时分解立项，细化任务、明确责任、提出要求，建立综合台账管理制度，构建责任落实动态管理体系，对未按时完成进度的单位，督促限期进行整改。年初，将市委常委会2015年工作要点分解为16个方面132项具体任务，作为抓好决策落实的总抓手，每半年调度工作进展情况，适时进行专项督查，推动各项工作开展，为市领导全面掌握工作落实情况提供参考。市委督查室还对济南经济工作会议主要任务、《中共济南市委关于深入学习贯彻党的十八届四中全会精神全面推进依法治市的意见》重要举措等进行分解，形成分工方案印发，并依据分工方案开展督查。④抓好对阶段性重点工作的专项督查。根据工作需要，发挥督查部门的牵头抓总作用，与相关职能部门加强协调配合，切实组织或承办好各项督查活动，推动中央和省委、市委决策部署落实。先后配合中央和省里完成中办二次回访调研及所提意见建议落实、中央和全省经济工作会议精神、省委“一个定位、三个提升”督查调研、深化国企改革专项督查、创新驱动发展专项督查、安全生产情况周报等活动，组织或参与大气污染防治、落实党风廉政建设主体责任、《中国共产党统一战线工作条例（试行）》落实等重点工作、重点事项的专项督查，推动问题解决和工作进展。

坚持快速准确、合拍共振，按照“批必查、查必清、清必办、办必果”的工作原则，抓好领导批示交办事项的督办落实。全年共办理各级领导批示交办事项260件，形成办理情况反馈67期，市领导在办理情况反馈上批示30件次；督促协调办理市人大代表建议23件、政协委员提案及政协建议案79件。①提高办理时效。健全完善批件办理AB角制度和24小时收办制度，强化值班制度，坚持工作日、节假日全天候办件，即接即转。对领导批示交办事项实行动态管理，对接件、转办、督办、反馈等各办理环节实时登记，确保“事事有结果、件件有回音”。对涉及社会稳定及百姓切身利益的事项，打破常规办理时限，随时调度落实情况，第一时间形成反馈报告。②加大督查力度。每月选定2~3个热点难点问题开展督查，先后20余次围绕领导关注的热点难点问题深入一线开展督查，不断反馈后续推进情况，督查效果明显。③加强回访复核。对一些重点事项和涉及群众切身利益的民生问题开展“回头看”“再督查”。对凡是需要上报中央、省领导的反馈报告和关于民生问题的领导批示件，都逐一进行实地核查，全面了解掌握市级层面上相关工作开展情况，确保上级指示精神在基层得到有效落实。每年第四季度，开展专项查办工作“回头看”活动，对当年所开展的督查事项进行全面梳理，选取部分重点督查事项开展专项督查，做到已经落实的查效果、正在落实的查进度、没有落实的查原因、有令不行的查责任。

（张启龙）

【组织工作】 市委组织部牢牢把握全面从严治党这个主线，按照市委十届八次、九次全会部署要求，突出抓好“三严三实”专题教育，强化选好管好干部、夯实基层组织、人才服务发展、从严治部律己四个保障，推动全市党的建设和组织工作迈上新台阶。

1.开展“三严三实”专题教育。研究制定全市“三严三实”专题教育实施方案，先后召开 4 次专题教育座谈会，对各项工作做出具体安排。省委常委、市委书记王文涛带头为全市领导干部讲专题党课。市委召开“解放思想大讨论”务虚会，梳理形成 17 个重点课题，由市级领导干部牵头负责开展调研，并全部形成课题报告。市委常委班子带头认真开展 3 次集中学习研讨。各级党委（党组）班子突出“三严三实”主题，坚持高标准、严要求，充分借鉴运用党的群众路线教育实践活动的有效做法，召开高质量民主生活会。各级累计查摆“不严不实”问题 2570 项，整改完成 1780 项，其他问题都落实了整改措施和时限。

2.抓好干部选拔任用。制定印发《关于坚持“实在实干实绩”导向，从严从实做好干部选拔任用工作的意见》《关于进一步加强和改

2015年5月6日，全市"三严三实"专题教育工作启动。（陈长礼 摄）

进优秀年轻干部培养选拔工作的实施意见》等文件，鲜明提出树立"实在实干实绩"用人导向，建立完善以"四看一听"为主体构架的选人用人机制，注重从项目建设、旧改棚改（征地拆迁）、招商引资、信访维稳一线，培养锻炼和选用干部。启动实施优秀年轻干部"千人选拔计划"。对全市干部队伍建设和作风建设情况进行专项研判，形成专题报告。组织开展市管后备干部专题调研。修订《济南市选派到基层挂职干部管理办法》，从市直部门选派首批188名缺少基层工作经历的年轻干部到基层单位挂职锻炼。举办各类培训班73期，培训干部9600余人次。年底启动五中全会精神轮训班，分6期对1622名市管干部轮训一遍。研究制定《济南市重点工作专项考核实施办法》，将项目建设、招商引资、旧改棚改作为专项考核内容，并把县（市）区重点项目建设督查评议活动纳入年度考核，推动全市重大决策部署落实到位。

3.加强干部日常管理监督。消化超配非领导干部296人，对4人进行"带病提拔"倒查，排查处级以上"裸官"11人，规范清理违规在企业兼职和出资办企业公职人员2210人次。组织全市副处级以上干部填写报告2014年度个人有关事项，对近200名市管干部、1300余名处级干部进行抽查，对抽查核实结果严格认定处理，依法依规暂缓提拔7人、移送纪检检察机关3人。对1536本市管干部档案进行初审和复审，累计审核信息项目2.1万余个，排查风险点1.9万余项，维护各类信息项目15万余条，登记反馈缺少材料10700余份。加强干部选拔任用事前审核，全年审核45批次，否决6个单位10名干部的任用事项。全年受理举报和信访事项227件，全部按规定进行调查处理。推进领导干部能上能下，结合市管班子和干部调整，对12名不适宜担任现职市管干部做了组织处理。

4.抓好基层党组织建设。召开全市基层党建工作会议，制定出台市委《关于深入推进基层服务型党组织建设的实施意见》《关于加强新形势下发展党员和党员管理工作的实施意见》，推动基层党建工作科学化、规范化发展。指导开展县乡党委书记抓基层党建述职评议考核工作，召开2015年度县（市）区委书记抓基层党建述职评议会议。抓好村（社区）"两委"换届和干部轮训，对换届情况进行综合分析研判，将矛盾问题比较突出的村（社区）纳入新一轮软弱涣散整顿台账，有针对性地采取措施加以整治。集中对新一届村（社区）"两委"主要负责人进行分专题压茬轮训，共办班21期、培训6300余人，指导县（市）区轮训村（社区）干部2.4万余人。全面推行农村基层服务型党组织建设（支部"1+3"）经验做法。对50个发展村集体经济龙头项目进行扶持。新增集体收入3万元以上村522个、5万元以上村386个。深化拓展第一书记工作，加大选派力度，实现对917个省定、市定贫困村和458个软弱涣散村脱贫帮扶全覆盖。推进村、社区协商民主。在每个县（市）区确定一个乡镇（街道）开展试点工作，探索形成"五步议事"等制度办法，营造民事民议民决的氛围。

5.统筹推进各类人才队伍建设。开展全市"十三五"人才发展规划编制工作；研究制定济莱协作区人才改革试验区建设试点方案，省人才工作领导小组正式批复实施。引进58名创新创业人才（团队），创业人才企业注册资金总额达1.85亿元；引进产业急需创业人才53名。牵头评选新一批济南拔尖人才、青年带头人、优秀创新团队、首席技师和乡村之星，启动首批“泉城和谐使者”选拔工作。济南市有3人入选国家“千人计划”、25人入选泰山学者和泰山产业领军人才。出台加强党委联系专家工作的实施意见，在各县（市）区建立服务“分窗口”，畅通引进高层次人才绿色服务通道。推进专家下基层活动，新建院士专家服务基层工作站32家。济南市、高新区和二机床集团被评为“全省人才工作先进单位”。（马　文）

【党的十八届四中、五中全会精神学习培训工作】 根据省委和市委要求，市委组织部认真抓好党的十八届四中、五中全会精神学习培训工作。利用新一届村（社区）两委换届之机，从2014年12月到2015年3月分22期，对全市6000多名新任村、居两委负责人围绕学习贯彻十八届四中全会精神，全部轮训一遍，参训率100%。3~5月，以“学习贯彻四中全会精神，推进依法行政，建设法治济南”为主题，与北京大学联合举办6期全市乡镇（街道）党政主要负责人培训班，培训全市143个乡镇和街道办事处党政主要负责人286人。2015年12月至2016年1月，以学习贯彻十八届五中全会精神为主题，在市委党校连续举办6期市管领导干部培训班，培训市管领导干部1540余人，市委主要领导出席每期轮训班的开班式并做辅导报告。发挥党校主阵地作用，不断强化理论武装。把党的十八届四中、五中全会精神列为各级党校主体班次教学内容，专门设计相关培训专题，有针对性地进行重点培训，全年共举办各类培训班次11期，培训各级各类干部近600人次。围绕学习贯彻十八届四中、五中全会精神，结合济南市中心工作，2015年举办了金融改革创新与投融资管理、新型城镇化与经济转型、中小企业发展、招商引资与园区管理4个国内培训专题班和德国“公务员行为规范与管理体系”、英国“低碳经济和大气污染防治”2个境外专题培训班，培训各类专业干部240余人。（杨大强）

【“三严三实”专题教育】 按照中央和省委部署要求，市委把在县处级以上领导干部中深入开展“三严三实”专题教育，作为重要政治任务来抓。①党委（党组）书记带头讲“三严三实”专题教育党课。5月6日，以省委常委、市委书记王文涛带头讲专题教育党课的形式，启动专题教育工作。各级党委（党组）普遍以领导干部讲党课开局起步，真正把“三严三实”植根于思想深处，转化为党员干部的行为自觉。②开展“解放思想大讨论”。市委确定把开展“解放思想大讨论”，作为专题教育的自选动作和学习研讨的重要内容，引导县处级以上领导干部解放思想、提升境界，自觉践行“三严三实”要求。市委和各级党委（党组）召开“解放思想大讨论”务虚会，围绕践行“三严三实”要求，联系工作实际，分析查找差距和不足。③开展“三严三实”专题学习研讨。各级党委（党组）理论中心组紧扣主题，坚持个人自学和集中研讨相结合，组织开展了3次集中学习研讨。各级领导干部坚持把学好习近平总书记系列重要讲话精神作为学习研讨的重点内容，采取专家辅导、领导干部领学等多种形式，抓好分专题学习。为加强督促指导，市委组织部安排专人列席各县（市）区党委理论中心组集中学习研讨。④查找和解决“不严不实”问题。市委和各级党委（党组）领导班子，对照省委组织部梳理的不担当不作为问题具体表现，查摆自身不担当不作为问题。各县（市）区、市直部门（单位）领导班子结合各自发展定位、发展重点和工作职能，查摆分析存在的不担当不作为问题，形成问题清单。针对查摆出的问题，开展专项整治，着力推动整改。抓住干部队伍建设关键，开展“不担当、不作为”问题专项整治工作。按照中央、省委就深化县级“三严三实”专题教育，着力解决基层干部不作为乱作为等损害群众利益问题的部署要求，各县（市）区开展专项整治。截至12月末，各级累计梳理“不严不实”问题2570项，其中不担当不作为问题1200多项，整改完成1780项。⑤开好专题民主生活会。市委把开好专题民主生活会作为重中之重，传达贯彻中央、省委部署要求，加强专题民主生活会指导。为加强对下级党委（党组）专题民主生活会的指导，对市委常委和市纪委、市委组织部领导班子成员，参加指导下级领导班子民主生活会，做出统一安排。按照省委要求，市委组织部对县（市）区、市直部门（单位）党委（党组）班子专题民主生活会方案和书记发言提纲进行审核把关。⑥做到开展专题教育与推动当前工作两手抓两促进。围绕落实省委建设经济文化强省的总体部署和济南市“打造四个中心，建设现代泉城”的新一轮发展目标，市委坚持把“三严三实”专题教育融入领导干部作风建设经常性工作之中。市委常委会对全市“解放思想大讨论”务虚会上提出的17项重点问题和市委十届八次全会提出的76项工作任务，进行细化分解，明确领导责任分工。建立党委系统“大督查”机制，设立重点督查项目库，确保全市城市建设、经济发展目标任务落到实处。各县（市）区抓住开展专题教育的机遇，开展“项目建设年”、“管理规范年”“服务提升年”活动，努力在壮大区域经济、提升社会管理、保障改善民生等方面取得新突破。（张　易）

【完善“四看一听”选任机制】 坚持党委主导、群众公认，严格遵循干部成长和干部工作规律，按照“看实绩，看公论，看关键时刻表现和组织部门平时了解掌握的一贯表现情况，看巡视督导和纪检监察等部门掌握的情况，充分听取单位党委（党组）及其主要领导和分管领导的意见”的方式，建立健全以“四看一听”为主体构架的选人用人机制，不断提升选人用人科学化水平。结合“三严三实”专题教育，研究制定干部工作“2+X”系列文件，印发市委《关于坚持“实在实干实绩”导向，从严从实做好干部选拔任用工作的意见》《关于进一步加强和改进优秀年轻干部培养选拔工作的实施意见》，起草《市管干部选拔任用工作规程》《推进干部能上能下实施细则》《关于建立领导班子和领导干部综合考察评价机制的意见》等系列配套文件。在市管领导班子日常调整中，认真抓好上述文件贯彻落实，聚焦“实在实干实绩”选拔任用干部，大力选拔使用政治坚定、忠诚老实、言行一致、表里如一、襟怀坦白、公道正派的干部；大力选拔使用有能力、作风实、能干事，特别是求真务实、真抓实干、敢闯敢试、负责担当的干部；大力选拔使用认真履职尽责、推动和服务科学发展，创造出经得起实践、人民和历史检验的一流工作业绩的干部，让想干事、能干事、干成事的人有机会、有舞台、有地位，营造敢于负责担当、争相干事创业的浓厚氛围，形成风清气正的政治生态。全年全市共调整市管领导干部136名。（王玉跃）

市委组织部机关开展“三严三实”专题教育，以支部为单位组织学习研讨。

（市委组织部　供稿）

【选派市直部门缺少基层工作经历干部到基层单位挂职锻炼】 为贯彻落实《党政领导干部选拔任用工作条例》，补充市直部门处级以下、特别是科级以下干部的基层工作经历，计划用5年左右的时间，分3批安排不具备2年以上基层工作经历的处以下干部到县（市）区和企事业单位挂职锻炼。9月下旬，起草印发《关于从市直部门选派缺少基层工作经历的干部到基层挂职的通知》。市直部门根据本单位实际，研究提出初步挂职意见。第一批参与挂职的单位61个，选派挂职干部188人。其中，由市委组织部协调安排的32人，到县（市）区对口部门挂职的88人，到所属企事业单位挂职的68人。12月9日，召开全市挂职工作会议，安排第一批挂职干部到基层挂职。第一批挂职干部已于年底前到挂职单位报到并开展工作。（赵德洲）

【组织开展县（市）区后备干部专题调研】 根据中组部和省委组织部有关要求，从11月中旬开始，由市委组织部副部长带队，派出5个调研组对10个县（市）区市管后备干部初步人选进行专题调研，并对领导班子和领导干部进行日常考察。专题调研通过采取深入细致的谈心谈话和调查了解，有针对性的集体面谈和全面深入的综合分析研判，切实摸清掌握了县（市）区领导班子和领导干部的情况，研究提出了市管后备干部建议人选名单。（徐　鹏）

【3家企业纳入市级管理企业范围】 1月4日，市政府同意山东金融资产交易中心纳入市级管理企业范围（济政字〔2015〕1号）；10月30日，市政府同意济南产业发展投资集团有限公司纳入市级企业管理范围（济政字〔2015〕50号）；12月25日，市政府同意济南财金投资控股集团有限公司纳入市级企业管理范围（济政字〔2015〕60号）。（徐新亮）

【加强省会企业家队伍建设】 5月26~28日，以“创新驱动、转型升级”为主题，在市委党校举办全市中小骨干企业董事长、总经理观摩学习班，组织全市机械制造、建筑、电子、食品、汽车、金融等行业的42名企业家参加观摩学习。围绕“打造四个中心，建设现代泉城”，11月9~13日在北京大学举办“济南市企业家提升核心竞争力集训班”，组织全市10多个行业的44名市属国有企业和骨干民营企业、高新技术企业的董事长、总经理参加集训学习。（徐新亮）

【严格落实领导干部个人有关事项报告制度】 按照省委组织部部署，组织全市副处级以上干部填报2014年度个人有关事项，完成全部市管干部、1万多名处级干部个人有关事项信息录入工作。按10%的比例，利用电脑随机抽取1500多名市管干部和处级干部的个人有关事项信息，进行核查。严格落实“凡提必核”，对拟提拔重用的考察对象、有巡视反映和信访举报反映的干部进行重点抽查，全年共重点抽查核实445人。严格比对抽查核实结果，对本人填报与查核结果不一致的，综合分析领导干部本人填报情况、补报解释说明情况、组织部门调查取证情况，科学区分漏报和瞒报，凡不如实填报，且瞒报达到规定数额的，一律不得提拔重用，并依据有关规定严格认定处理。全年暂缓提拔7人，并有2名市管干部和1名处级干部因对房产等个人事项隐瞒不报，连同其他问题线索一同移送纪检检察机关。加强相关制度规范建设，严格领导干部个人有关事项信息查核程序和日常保密管理。（刘　曼）

【开展选人用人专项整治】 根据中组部、省委组织部和市委的要求，继续集中开展超配干部消化、清理企业兼职、“裸官”治理等一系列专项整治，切实解决重选轻管问题，让干部实实在在感受到监管就在身边。注重疏堵结合，根据编制部门职数设置政策调整和省委组织部新的审核意见，对部门设置的专职党委副书记、工会主席等问题进行整改，共消化183人。加大“裸官”治理力度，在全市范围内进行多轮次摸底排查，对每名“裸官”情况进行认真分析，需要调整岗位的做到应调尽调。全年新排查处级以上“裸官”11人，对需要调整岗位的2名市管干部进行岗位调整，1名企业领导人员辞去公职。开展“带病提拔”干部倒查工作。为倒逼各方面切实履行抓班子、带队伍、管干部责任，净化选人用人环境，主要从4个方面开展倒查，即一查选拔任用是否符合《干部任用条例》及有关规定，二查相关责任主体和责任人员是否存在失职渎职的行为，三查是否存在跑官要官、买官卖官、拉票贿选、档案造假等问题，四查是否按规定对涉及相关人选的举报反映进行了查核处理。全年共对4人进行“带病提拔”倒查，没有发现违反相关程序规定。开展清理企业兼职。按照省委组织部的统一部署，对全市违规在企业兼职和出资办企业公职人员进行集中规范清理，做到逐人调查核实，逐一摸准情况，区别不同情形做出处理。截至年末，已规范清理2210人次，正履行相关手续1008人次，占须清理规范的95%；因机构改革、国有企业经营需要等暂时难以清理216人次，向省委组

织部做了专题报告。（郭世田）

【组织开展全市干部人事档案专项审核】 按照中组部、省委组织部部署，市委组织部组织开展全市干部人事档案专项审核工作。市委领导高度重视，召开常委会对专项审核工作进行研究部署，并成立由市纪委、市委组织部、市人社局等组成的全市干部人事档案专项审核工作领导小组。为保证工作质量，市委组织部精心谋划，周密组织，认真开展专项审核工作，集中开展了市管干部档案专项审核工作，认真排查干部档案涂改造假，“三龄二历一身份”认定不准确等问题。全年共完成市管干部人事档案初审1505本，复审1505本，累计审核信息项目3.1万余个，排查干部档案工作风险点6.9万余项，累计维护各类信息项目15万余条。全年全市完成干部人事档案（不包括市管干部）初审43166本，复审21455本，累计审核信息项目64.6万余个，排查干部档案工作风险点194.2万余项，累计维护各类信息项目43.2万余条。（王一）

【加强和改进发展党员工作】 全年全市发展党员4771人。其中，工人党员1038人，占21.8%；专业技术人员党员734人，占15.4%；农牧渔民党员1133人，占23.7%；女性党员1891人，占39.6%；35岁及以下党员2998人，占62.8%；大专及以上学历党员2819人，占62.4%；少数民族党员64人，占1.3%。中央修订《发展党员工作细则》后，市委组织部印制《细则》读本2.5万册，引导基层党务工作者把《细则》学深、学透，提升发展党员规范化水平。以市委办公厅文件印发《关于加强新形势下发展党员和党员管理工作的实施意见》,确定“有控有保、有减有增”工作原则，在发展党员计划的具体分配上，着眼于优化党员队伍结构，统筹安排发展党员计划指标，适当控制各级机关发展党员比例，发展计划向青年工人、农民、知识分子等重点群体和基层一线倾斜，党员队伍年龄、性别、民族、行业等分布更趋合理。指导各行业领域党委坚持把政治标准放在首位，依托基层党校、远程教育平台针对入党积极分子开展集中培训，实行入党积极分子动态管理，及时调整不合格人员。指导基层党委按照新修订《发展党员细则》政策规定，细化入党培养、考察、表决、备案审批、责任追究等制度规范。市、县（市）区党委健全组织员工作机构，指导基层党支部按照标准要求认真做好发展党员和党员教育管理工作。（张易）

【抓好村（社区）“两委”换届和干部轮训】 加强对村（社区）“两委”换届选举工作的具体指导，严肃换届纪律，严格程序标准，确保换届扎实有序推进。4725个村党组织、4718个村委会（占比99.98%、99.83%）和城市社区“两委”全部完成换届，换届质量较上届有显著提高。围绕巩固村(社区)“两委”换届成果，先后召开换届工作领导小组会议和换届情况调度分析会议，总结经验、研究问题，把重点村、难点村纳入全市新一轮软弱涣散村台账，集中整顿转化，为基层组织建设奠定良好基础。围绕提高新一届村（社区）“两委”带头人履职能力，突出“干什么、怎么干”主题，集中近半年的时间，分7个专题、21个批次对全市6300余名村（社区）“两委”主要负责人进行集中轮训，同时指导县（市）区培训村（社区）干部2.4万余人。（张永康）

【深化拓展第一书记工作】 召开全市“千村（社区）提升”工程总结大会，全面总结2012年以来选派第一书记到贫困村抓党建、促脱贫的成果经验，就推进乡村扶贫解困工作再动员、再部署。落实中央《关于做好选派机关优秀干部到村任第一书记工作的通知》要求，对917个省定、市定贫困村和458个软弱涣散村全部选派第一书记，实现对建档立卡贫困村和党组织软弱涣散村的全覆盖。围绕发挥第一书记驻村帮扶的作用，进一步加大工作指导和协调推进力度，完善《第一书记管理考核办法》，组织开展第一书记年度考核，推动第一书记抓党建、促脱贫任务落到实处。按照省选派办有关要求，部署开展第一书记帮包村特困户温暖过冬工作，全市1035名第一书记筹措资金323万余元，走访慰问特困户7160余户。（张永康）

【推进村、社区协商民主】 坚持把基层协商民主工作列为2015年全市重点课题之一，抽调精干力量组织开展为期3个月的专题调研活动，进一步摸准现状、发现问题、明确对策。召开全市村、社区协商民主试点工作会议，对全市城乡社区协商民主试点工作进行安排部署，在各县（市）区分别确定1个乡镇（街道）先行先试。制定出台《关于推进村、社区协商民主工作的实施方案（试行）》，编印《村、社区协商民主案例选编》，指导相关试点单位加强协商实践，完善工作机制，注重发挥基层党组织在议题设置、过程把控中的引领和领导作用，初步形成"五步议事"等一批制度办法，营造了"民事民意民决"的浓厚氛围。（张永康）

【组织召开全市基层党建工作会议】 11月18日，市委召开全市基层党建工作会议，贯彻落实全国农村党建工作会议和全省基层党建工作会议精神，研究部署全市基层党建工作，着力推动全市基层党建工作全面进步全面过硬。省委常委、市委书记王文涛出席会议并讲话，市委副书记雷杰主持会议。会议印发了推进基层服务型党组织建设、加强新形势下发展党员和党员管理、推进城市街道社区区域化党建工作3个实施意见。会上，历下区姚家街道党工委、章丘市白云湖镇党委、天桥区工人新村南村街道西社区联合党委、长清区万德镇马套村党支部先后进行大会发言。

（张永康）

【推进各类人才工程】 坚持聚焦创新驱动和产业转型，努力提高重点人才工程项目质量和效益。①引进新一批海内外高层次创新创业人才。新引进53名高层次人才和5个团队，创新创业方向集中在新信息、新医药、新材料、新能源等全市重点发展的战略性新兴产业领域。紧扣全市重点产业发展需要，新引进千层次创业人才53名、创新人才288名。②加强本土高层次人才团队的遴选培育。命名表彰第十一批济南专业技术拔尖人才157人、第六批济南市青年学术技术带头人80人和第三批优秀创新团队10个。加大高层次人才举荐力度，"济南市云计算核心装备创新团队"领军人物王恩东当选中国工程院院士，3人入选国家"千人计划"，25人获山东省泰山学者、泰山产业领军人才称号。③统筹推进各类实用人才队伍建设。实施"泉城新蓝领"培训工程，全年新确定金蓝领培训基地10个，新评选第六批市首席技师51人，新增高技能人才25967人。实施现代农业人才开发工程，全市各级完成农村实用人才专业、技能、创业等培训7000人次，建立6处农村实用人才培训基地和农村实用人才示范实训基地，新评选第七批济南市优秀农村实用人才（乡村之星）80人。实施社会工作人才发展工程，继续加强社工专业化教育培训，鼓励支持民办社工机构发展，出台"泉城和谐使者"选拔管理办法，7人被评为2014年度"中国最美社工"，419人通过职业资格水平考试。实施"济南名士"打造工程，新评选泉城文化英才10人、泉城文化之星20人，出台"基层文化能人"评选工作指导意见，加强对基层一线文化人才的鼓励扶持。推进省会企业经营者素质能力培养3年提升计划、党外人才"同心提升工程"、侨星计划等，各类人才队伍建设不断加强。（许盈盈）

【改进完善科学发展综合考核体系】 充分发挥考核"指挥棒"作用，引导和激励全市上下主动适应和引领经济发展新常态，推动"打造四个中心，建设现代泉城"建设。科学发展综合考核。考核指标体系既与省考核指标体系最大限度全面对接，推动济南市在省考核中争先进位，又结合济南市实际，针对县域经济薄弱、实体经济薄弱、发展后劲不足的现状，围绕"打造四个中心，建设现代泉城"目标任务设置，并根据各县（市）区发展定位的不同，实行差异化考核。在表彰奖励方面增设市直部门（单位）支持服务保障县（市）区、济南高新区发展突出贡献奖。重点工作专项考核。按照《济南市重点工作专项考核实施办法（试行）》进行，市考评办牵头组织实施，招商引资考核由市投资促进局具体负责，项目建设考核由市发改委具体负责，棚改旧改（征地拆迁）考核由市城乡建设委、市规划局具体负责，各项考核分别设置考核等次。建立整改台账。根据省对济南市2014年度科学发展考核结果的反馈，会同相关责任部门研究制定整改措施，经市委常委会研究后，认真抓好督查整改。规范市级考核事项。根据省委办公厅、省政府办公厅《关于规范省级考核事项的意见》要求，对市级考核事项进行全面清理规范，经清理规范，保留19项，制定并印发《关于规范市

级考核事项的意见》。（高　嵩）

【推动远程教育转型发展】 从严从实抓好全市远程教育建管学用，着力加强基层党员教育，推动远程教育转型发展。推进共产党员微信易信订阅使用工作，开拓党员教育新平台、新阵地。组织开展基层“两委”成员学历教育调研，探索服务基层党建工作新途径。开展城市社区干部学历教育调研，对全市城市社区“两委”班子成员年龄和文化程度等情况进行调查摸底，实地了解社区干部学历教育需求、形式和内容等情况，为开展基层“两委”成员学历教育、实施素质提升工程打下基础。与市教育局和市电大协调联络，围绕开展学历教育工作进行座谈交流，研究制订初步工作方案。探索利用公益广告的形式，扩大远程教育覆盖面和影响力。

（周晓楠）

【宣传和推广基层党建典型的创新经验和先进事迹】 全年共策划和制作播出《时代风采》党建电视栏目 24 期，时长 480 分钟，宣传各类先进基层党组织和优秀共产党员典型 46 个；全年开发制作和征集整合各类党员教育电视片、新闻片 151 部，精选上报中央和省党员干部远程教育平台 31 部，15 部被全国远程办采用播出，山东卫视《齐鲁先锋》党建电视栏目全年播出济南市供片 18 部（集），用片数量创历史新高；组织拍摄采访的济南市千村（社区）提升工程和“第一书记”扶贫帮困工作新闻片，分别在山东卫视《新闻联播》和《济南新闻》进行重点宣传报道；济南市选送的微电影《过节》在中组部举办的第十一届全国党员教育电视片观摩交流活动中获一等奖和十佳编导奖。在浙江传媒学院举办全市党员教育电视制片培训班，来自市县两级远程教育中心、电视台等单位的 33 名制片骨干参加了集中培训。

（李星辰）

【加强机关制度化和规范化建设】 围绕推进市委组织部机关工作科学规范、高效运转，进一步健全完善各项规章制度和工作规则，确保每一项工作都有章可循、有据可依，不断提高内部管理的制度化、规范化水平。重新修订了《中共济南市委组织部工作规则（试行）》，共 9 章 41 条，经部长办公会议研究通过，进一步明确了重大事项决策、会议组织实施、公文审批、请示报告、督查督办等工作规范和工作流程。配套出台了部长办公会会议记录和纪要管理、部机关档案资料管理、财务管理、部机关日常考核与年度考核等制度和实施办法，实现了各项规章制度的无缝隙、全覆盖。（王长劲）

【体制机制改革】 1.完成权力清单和责任清单编制工作。经与市法制办等部门共同努力，于3月底编制完成并公布市县两级行政权力清单。《济南市市级行政权力清单》共纳入52个市直部门（单位）行政权力事项3780项，比部门上报数减少4096项。7月底，公布市县两级政府部门责任清单。其中，《市级政府部门（单位）责任清单》共纳入50个部门（单位），明确主要职责388项，具体责任事项1854项，追责情形7381项，公共服务事项116项；明确市直部门职责边界91项，编写体现职责边界具体事例120个。市政府办公厅印发《关于转发鲁政办发〔2015〕23号文件加强行政审批事中事后监管的通知》，市级政府部门（单位）建立事中事后监管制度584项。完成承接省下放管理层级的行政权力101项，根据全省通用目录调整规范行政审批事项，清理中介服务收费项目和非行政许可审批事项等工作。配合做好编制行政审批事项业务手册和服务指南工作，强化行政权力的动态管理和高效规范运行。清理后，市直部门行政审批中介服务收费保留42项，历史性地取消了非行政许可审批事项这一类别。

2.深化行政体制与机构改革。组织完成新一轮政府机构改革各项规定任务，市县两级卫计委整合运行，工商质监体制改革顺利完成，优化调整市县政府机构设置。在全市机构编制总量内，围绕全市中心任务和民生建设重点领域推进体制机制创新。健全完善市县统一的招商引资管理体制。按照“专业机构、专业队伍、力量集中、上下统一、权力下放”的思路，在市、县（市）区和开发区三个层面设立专门的投资促进机构。整合发展改革部门、商务部门职责，科学界定投资促进机构职能，构架全方位、多角度、深层次的投资促进职责体系。优化调整市、区两级城市更新机构设置。整合市规划局、市城乡建设委的相关职责及内设机构，明确全市棚户区改造、城中村改造等职责交由市房管局承担，加挂城市更新局牌子。市内4区房管局加挂城市更新局牌子，划入相应职责，其余县（市）区及高新区的城市更新职责交由住建部门承担。实现政务服务一体化管理。完成对政府采购、建设工程交易、土地交易等公共资源交易及行政审批、市民服务热线相关机构、职责和人员编制的整合。整合全市不动产统一登记职责和机构。全面整合土地登记、房屋登记、林地登记等不动产登记职责，由国土资源主管部门统一负责。整合组建市不动产登记中心作为经办机构，明确相关部门职责分工。改善和保障重点领域。指导各县（市）区健全油气管道监管体制和机构，设置生态环境保护派驻执法机构26个，在省级以上开发区全部设立安全生产监管机构。组织完成职业学校核编工作，批复新建中小学14所。调整优化区域经济合作、禁毒、法制、非物质文化遗产保护和传承等机构设置。指导开展济南新材料产业园区改革、章丘市刁镇行政管理体制改革、商河县乡镇综合执法等试点工作。

3.推进事业单位分类改革。完成市和县（市）区两级事业单位分类工作，并按程序行文批复。全市事业单位纳入分类范围3940个，明确划分类别3732个，按政策规定暂缓分类208个，财政实际供养人员与分类前相比大致平衡。市委办公厅、市政府办公厅印发《济南市事业单位绩效考核办法（试行）》等6个改革配套文件和《分类推进事业单位改革重点任务分工》，市事业单位改革领导小组召开扩大会议，对17项重点改革任务进行部署。在试点基础上，市县两级在2428个事业单位中全面开展绩效考核。取消事业单位年检，改为年度报告公示制度，完成市级445家、县（市）区1641家事业单位的2014年度报告公示。事业单位法人治理结构试点单位扩大到36个，推进完善理事会、监事会和制定章程等工作。联合教育等部门制定中小学教师县管校聘、交流轮岗等方面的文件，中小学去行政化、校长职级制改革等试点工作取得新进展。结合2016年度财政预算工作，在全省率先明确事业单位的经费形式与分类结果挂钩。完成事业单位法人注销登记15个，解决了部分遗留问题，基本实现注销工作的规范化、常态化。撤并事业单位105个。对老城区60余个街道办事处所属事业单位进行综合改革，核减事业单位46个（其中处级机构26个），推动街办由“重经济发展”向“重公共服务”转变。

（郭　琨）

【机构编制管理】 1.强化机构编制日常管理。实行严格的编制使用审核、入减编审批制度，由组织、编办、人社3家联合编制下达补充人员计划2609名，并采取定期对账、联合专项检查等方式进行监督。市编委印发《关于规范市直部分领导职数的通知》《关于规范县（市）区部分领导职数的通知》，配合组织部门抓好落实。印发《关于进一步加强济南市机构编制实名制信息维护相关工作的通知》，建立健全信息维护责任制度和人员队伍，按季度定期网上公示，联合组织、财政、人社部门对县（市）区实名制落实情况进行专项检查。与相关部门沟通协商，共同推进实名制信息系统升级建设，实现部门间信息共享，达到上级编办对实名制数据在线月报的要求。

2.加强机构编制电子政务建设。做好2014年度机构编制统计数据及各类报表的报送和统计资料汇编编印工作。推进中文域名注册管理和网站挂标工作，全市机关事业单位注册率超过90%。

3.监督检查与考核评估。做好科学发展考核、机构编制工作绩效管理评价工作，组织开展机构编制基础知识答卷活动，有针对性地开展专项检查，提升机构编制管理的约束力。开展机构编制审计，会同审计部门完成对14个部门（单位）主要负责人机构编制执行情况的审计工作，主要做法在中央编办、省编办工作会议上做了交流。

（郭　琨）

【机构编制部门自身建设】 市机构编制委员会办公室继续保持省级文明单位称号。就编制责任清单等重点工作举办专题培训9期，累计培训市县编办及相关部门工作人员600余人次。围绕重点工作完成调研课题16个。加强信息宣传，全年在各级媒体刊发稿件500余篇次，在中国机构编制网信息报送量和采用量均居全国副省级城市第三名，在全省系统内总体排名进入前三。承办第二十九次全国大城市机构编制工作研讨会。（郭　琨）

【老干部工作】 1.加强老干部思想政治和组织建设。召开春节慰问老干部暨情况通报会、离退休干部学习“四个全面”战略布局专题报告会，举办离退休干部党支部培训班等；发放《法治热点面对面》等学习资料2600余册，编辑《情况通报》21期。召开第二批党建助理员工作推进会、党建助理员工作观摩推进会等，健全完善助理员工作制度，累计向301个基层党支部派遣助理员257名；协调成立市离退休干部党工委，指导7个县（市）区完成党工委成立工作；组织各离退休干部党支部召开“忆往昔、看今朝、知足感党恩”专题组织生活会。部署开展“展示阳光心态、体验美好生活、畅谈发展变化”主题教育活动，开设“泉城老干部大讲堂”和“家庭电视老年大学”，组建老干部网宣队伍，开展“泉城老干部在行动”志愿活动，累计举办文体活动数百项、文艺演出51项、书画展87场次。

2.提升老干部服务保障水平。按照上级有关文件要求，协调财政、人社等部门为离休干部增加离休费，提高抗战时期离休干部医疗待遇，发放抗战时期离休干部一次性慰问金。在春节、七一等节日，组织开展走访慰问活动；申请专项帮扶资金，救助特困离休干部及遗属。继续组织开展市级老同志康复休养、为离休干部安装“贴心一键通”服务器等活动，建立干休所住所老同志健康通报机制和“365”贴心服务机制，加快老干部社区网格化管理服务体系建设。

3.搭建老干部学习活动和发挥作用载体平台。制定《关于加快推进区域性开放式老干部活动室建设指导意见》，评选出13个区域性开放式老干部活动室（中心），命名表彰19个示范老干部活动室（中心）。采取与市委组织部、市文广新局等部门联办方式，将“泉城乐”系列活动内容扩展到4大类125项，参与老同志达3.5万人次，辐射周边群众近10万人次。召开发挥老干部社团作用座谈会，制定《关于重点联系指导十个老干部社团组织工作的通知》《关于进一步发挥好老干部社团组织作用的意见（征求意见稿）》等文件，在全市范围内推广“支部+社团”党组织等典型经验，老干部网宣队伍发展到348人，正式注册“五老”成员8万余人，涌现出“枫叶大篷车老干部志愿团”“百姓城管老年志愿团”等一批老干部志愿服务品牌。

4.做好关心下一代工作。在青少年中开展“爱学习、爱劳动、爱祖国”主题教育活动，为中小学生免费赠送青少年社会主义核心价值观读物《家住济南府》和《印象·泉城》。市关工委在济南战役纪念馆、解放阁等场所建立济南市青少年教育基地，截至年末，全市各级关工委建立党史国史教育基地30余处，组织青少年参观学习10万余人次。在全市范围内开展深化“关爱明天，普法先行——百案释法进校园”创建等活动，举办以“与法同行、护航成长”为主题的青少年法制教育绘画、手抄报比赛。启动争创百名“学法守法用法模范青少年”和百家“学法守法用法模范校园”活动。市关工委联合市教育局开展农村中小学“营养厨房”工程建设，为6个县（市）区20处农村学校配赠冰箱、冰柜20套。2015年，市关工委第五次获全国关心下一代工作先进集体称号，王志臣、隗振勤、张广来、刘宪、韦沛5人被评为全国关心下一代工作先进工作者。

5.提高和扩大老干部工作社会影响。采取现场观摩、会议交流的形式，举办老干部工作观摩交流研讨班。借助《泉城老干部》杂志、市委老干部局网站、《工作信息》和《情况通报》等平台宣传推广老干部工作，在中央和省、市媒体刊发稿件150余篇，其中在国家级媒体刊发30余篇。协调配合山东电视台、济南电视台、济南日报等媒体对全市纪念抗战70周年活动进行宣传报道，集中采访宣传抗战老同志30多名。组织开展“我的抗战”征文活动，征集各类文稿80余篇，编印《铭记历史·缅怀先烈——济南市老干部“我的抗战”征文选编》。

6.市干休所、市老干部活动中心工作。市干休所以“亲情化服务”为主题，走访慰问住所老领导、老同志近百余人次，组织召开第二届全所住户代表座谈会。举办“独立丰碑”系列文艺演出、住所老领导革命事迹展、健康教育讲座等系列活动，市干休所门诊部为住所老领导、老同志上门巡诊206人次、查体115人次。市老干部活动中心举办老干部泉城乐——市老干部活动中心门球俱乐部2015年迎春门球赛、济南市离退休干部象棋邀请赛、庆祝“老人节”全市离退休干部康乐运动会等，承办“和平之歌——济南市离退休干部纪念中国人民抗日战争暨世界反法西斯战争胜利70周年文艺演出”“泉韵枫华”专场汇报演出；协助市老干部书画研究会利用重大节日，举办济南市纪念中国人民抗日战争暨世界反法西斯战争胜利70周年老干部主题书画展等活动，开展送书画作品下乡、童叟笔会等活动。2015年，市老干部活动中心获第六届全省老干部艺术节文艺团体一等奖。

（庄绪涛　刘利祥）

【巡视工作】 1.开展对11个单位的巡视工作。按照市委统一部署，市委第一、第二巡视组先后完成对市教育局、卫计委等5个市直部门和济南幼儿师范高等专科学校、济南二机床集团公司等6个企事业单位，共5个批次11个单位的巡视。巡视期间个别谈话3230人次，走访基层单位106个，列席参加重要会议和活动27次，接待群众来信来访118人（件）次，发现问题374个，反馈意见建议261条。向市纪委移交问题线索20个，向市委组织部移交干部问题3个，巡视监督的震慑、遏制和治本作用进一步显现。

2.做好对7个单位的巡视“回头看”工作。对2013年巡视的市人社局等7个单位落实市委巡视反馈意见的情况集中开展“回头看”，对巡视意见建议整改落实情况、遇到的新情况新问题以及有关的意见建议等进行了解。回头看期间共谈话155人次，新发现问题43个。从回头看情况看，各单位重视整改工作，认真制订方案，细化措施，落实责任，对巡视反馈的问题进行积极整改，取得良好效果。

3.改革创新，巡视工作深入转变。年初，制定《关于进一步改进巡视工作几个问题的意见》，对巡视组进驻公示、巡视反馈和巡视整改等环节作进一步调整和完善。取消民主测评，改用更具针对性的问卷调查；减少一般性实地查看内容；改进谈话方式，提升谈话质量，更多地采取“一对一”方式谈话；把握重点人员，深入挖掘有价值信息；畅通巡视组联系渠道，更广泛地接触群众和一线干部职工；围绕需要深入了解的问题，“下沉一级”了解情况。加大巡视各个阶段的公开力度，进一步扩大公开范围，巡视工作的透明度和群众参与度得到较大提升。制订专项巡视工作方案，盯住重点人、重点事和重点问题，探索开展对市管高校和市属企业的专项巡视，增强巡视的机动性和震慑力，为完成巡视全覆盖目标任务奠定基础。

4.督导整改，巡视成果有效运用。在重视发现问题的同时，加大对被巡视单位整改工作的督查督导力度。取消原来对班子所有成员“一对一”反馈环节，改为对党委（党组）书记和领导班子“双反馈”“双整改”“双报告”。大幅压缩整改时限，取消制订报送整改方案环节，整改报告的报送时间由原来的1年左右压缩到2个月内，切实增强整改工作的针对性和时效性。在内容方面，对反馈的重点问题列出清单，重点督办，对被巡视单位的整改措施和落实效果进行审查。加大公开力度，要求反馈内容和整改情况向党内、社会全面公开，主动接受群众的监督和评判。（宋义国）

【宣传思想工作】 全市宣传思想文化战线以学习宣传贯彻党的十八大及十八届三中、四中、五中全会精神和习近平总书记系列重要讲话精神为主线，开展理论宣传普及工作，营造健康向上的舆论氛围，培育践行社会主义核心价值观，全面启动新一轮文明城市创建工作，持续推进文艺创作和文化改革发展，全市宣传思想文化工作保持积极健康向上的良好态势。

1.理论武装工作持续深化。深入学习贯彻党的十八大及十八届三中、四中、五中全会精神和习近平总书记系列重要讲话精神，深化中国特色社会主义和中国梦宣传教育，党委中心组学习向纵深发展。开展“中国梦·我们的价值观”宣讲等活动，举办报告会400余场，受众15万余人次。完成2014年度社科规划课题结项和2015年度选题立项工作，社科理论研究水平得到不断提升。

2.舆论引导工作积极主动。精心组织中央和省市重要会议、“三严三实”专题教育、“解放思想大讨论”等主题宣传；做好“十二五”成就、中央商务区规划建设、“多城联创”、大气污染防治、“啄木鸟在行动”等重点工作的宣传；开展网上系列宣传活动，妥善引导处置敏感热点问题，营造省会现代化建设的良好舆论氛围。

3.社会主义核心价值观建设扎实有效。开展纪念中国人民抗日战争暨世界反法西斯战争胜利70周年宣传教育活动，举办济南抗战历史图片展、文艺展演等群众性主题教育活动，在全市形成强大声势。成功举办“2015济南培育和践行社会主义核心价值观高层论坛”，开展“济南人的价值观”研讨，不断深化“图说我们的价值观”刊播，巩固提升“四德工程”建设。

4.城乡精神文明建设水平巩固提高。开展市区文明程度指数测评，建立文明单位承担社会责任报告制度，加强农村精神文明建设，深化“三关爱”志愿服务活动，推进未成年人思想道德建设，济南市被评为第四届全省未成年人思想道德建设工作先进城市，房泽秋、张波分获第五届全国道德模范和提名。

5.文化事业、文化产业繁荣发展。推进“深入生活、扎根人民”主题实践活动，开展感动基层文艺工作者评选，成立济南艺术创作研究人才网络暨济南艺术创作交流平台，创作推出一批优秀文艺作品。深化文化惠民工程，举办2015“十艺济南”系列文化评选展示等群众性文化活动。制定加快构建现代公共文化服务体系、国有文化资产管理、文化产业发展、“文化+”相关产业融合发展的意见，成功举办现代泉城文化产业融合发展博览会，中国非遗博览会永久落户济南，济南市再次被评为文化强省建设先进市。

6.对外宣传工作强势推进。拍摄制作《天下泉城2015》宣传片，“济南范儿”评选活动催生城市新的文化软实力，组织“把美丽济南寄出去”等系列外宣活动，举办市委、市政府新闻发布会17场、专题发布会10多场，“微博济南”全年发布微博4万多条，进一步提升了泉城对外影响力。

7.宣传文化阵地拓展壮大。贯彻落实中央、省委、市委关于意识形态工作的各项部署要求，制订细则明确各级党委（党组）的主体责任，举办“弘扬中华优秀传统文化与意识形态建设”研讨会，制定传统媒体和新兴媒体融合发展实施意见，加快推进媒体融合发展，一批有影响的新媒体崭露头角。加强宣传文化阵地建设管理，建立完善重要舆情预警报告制度，依法依规强化网上内容管理，开展“扫黄打非·2015”等专项行动，文化市场经营秩序保持平稳有序良好态势。

2015年4月18日，2015“书香泉城”全民阅读节启动仪式在市图书馆新馆举办。

（市委宣传部　供稿）

8.干部队伍建设不断加强。召开全市加强基层宣传思想文化工作会议，制定评估指标体系，开展“三严三实”专题教育，高质量举办各类业务培训班，持续推进基层“六大员”和文化人才建设，队伍素质能力、思想作风不断提高，基层基础工作进一步夯实。

（张振华）

【党的十八届五中全会精神学习宣讲活动】 制定印发《关于认真学习宣传贯彻党的十八届五中全会精神的通知》，对全市学习宣传活动进行安排部署。成立济南市党的十八届五中全会精神宣讲团，编印《济南市学习贯彻党的十八届五中全会精神宣讲提纲》，组织宣讲团成员深入各县（市）区开展面对面集中宣讲。 （王平平）

【市委理论学习中心组集体学习】 制定《2015年全市党委（党组）中心组理论学习安排意见》和《市委中心组集体学习工作方案》，编印《理论学习参考》。全年共举办市委中心组集体学习专题辅导报告会6场。制定《市委理论学习中心组“三严三实”专题学习研讨方案》，做好市委理论学习中心组“三严三实”专题教育学习研讨工作。

（殷宏鹏）

【学习贯彻习近平总书记系列重要讲话精神】 发挥党委（党组）中心组龙头作用，将习近平总书记系列重要讲话精神作为各级中心组学习的重要内容，邀请中央有关部门领导及专家作专题辅导报告，加深党员干部对系列重要讲话精神的理解。与市纪委联合印发《关于深入学习贯彻〈习近平关于党风廉政建设和反腐败斗争论述摘编〉的实施意见》，组织全市党员干部学习《论述摘编》。组织各类宣讲团面向党员干部和基层群众集中宣讲讲话精神。利用全市基层单位“六大员”队伍，通过理论宣讲稿发放、远程教育网络、理论说唱演出等途径宣传宣讲讲话精神，推动讲话精神向基层干部群众延伸拓展。

（王平平）

【社会主义核心价值观研究宣传普及工作】 举办2015济南“培育和践行社会主义核心价值观高层论坛”，围绕“培育和践行社会主义核心价值观”主题进行探讨和交流。社会主义核心价值观网上线，利用新媒体宣传弘扬核心价值观。建立首批济南社会主义核心价值观培育践行基地。开展“济南人的价值观”研讨活动，总结提炼出“崇正气、尚文化、存宽厚、求开拓、守规矩”“若水、崇文，忠孝、敢当，求精、求新”“崇文尚武、尊师重道、宽厚豁达、诚信担当”“大德大气大智慧、大义大节大抱负”4组核心词。开展社会主义核心价值观调研，了解掌握市民对社会主义核心价值观的总体认知和自觉践行情况。

（王平平）

【社科规划和研究阐释工作】 完成“济南新型城镇化研究”“济南泉文化研究”2项重大课题成果的结项工作。做好《2014年度济南市哲学社会科学规划项目优秀成果集》编辑出版工作。建立《社科成果专报》报送平台，编印3期《社科成果专报》。根据市委“打造四个中心，建设现代泉城”中心任务，围绕济南市打造区域科技创新中心、物流中心和现代泉城建设等课题，组织开展理论研究。

（吕　文）

【组织“多城联创”等重点工作和先进典型集中宣传】 围绕全市工作大局和工作亮点，组织省市新闻媒体对创建国家卫生城市、国家森林城市、水生态文明市等“多城联创”及创建全国文明城市、大气污染防治十大行动等中心工作进行及时全面的宣传报道，对章丘精准扶贫、济南公交节能减排等先进典型进行集中采访报道。

（钱海潮）

【组织第二十二届国际历史科学大会的宣传报道】 组织新闻媒体全方位、多角度地宣传第二十二届国际历史科学大会的历史渊源、重大意义、会议主题、活动盛况和会议成果，为大会的成功举办营造良好舆论氛围。以大会在济南市召开为契机，全面展示济南市政治、经济、社会发展成就，进一步提升济南市的美誉度和对外影响力。

（钱海潮）

【纪念抗日战争暨世界反法西斯战争胜利70周年】 9月4日，举行济南市纪念抗日战争暨世界反法西斯战争胜利70周年座谈会。举办“铭记历史、烛照未来——济南抗战历史图片展”，组织走访慰问抗战老战士、老同志，开展群众性系列主题宣传教育和文化纪念活动。以“勿忘国耻·开创未来”为主题，引导新闻媒体发挥各自优势，形成强大合力，利用专版、专栏、专题等多种形式，宣传中国人民抗日战争胜利的重大历史意义，宣传中国共产党在抗战中的中流砥柱作用，凝聚起全市人民勿忘历史、珍爱和平的广泛共识，营造热烈浓厚的纪念庆祝抗战胜利70周年社会氛围。

（江　海　钱海潮）

【四德工程建设】 开展四德工程建设示范县（市）区创建活动，历下区、市中区、槐荫区、天桥区被评为2014~2015年度全省四德工程建设示范县（市）区。组织各级善行

2015年6月16日，济南文化产业战略合作签约仪式在山东大学中心校区举办。

（市委宣传部　供稿）

2015年9月9日，济南市选手在山东省宣传干部培训中心参加山东省百姓宣讲比赛颁奖仪式。（市委宣传部 供稿）

义举四德榜“榜上有名”先模人物评选宣传工作，评选表彰40名市级“榜上有名”先模人物，刘云香、高丕英、房玉栋3人被评为省级“榜上有名”先模人物。

（江 海）

【典型宣传工作】 济南市公交总公司被中宣部办公厅、国家发改委办公厅命名为全国节俭养德先进单位。历城区农民刘延宝被省委宣传部确定为全省首批“齐鲁最美人物”先进典型；济南市公交总公司第一公司3路公交车队驾驶员张健，被省委宣传部评为首批“齐鲁节约之星”；济南市公交总公司驾驶员秦静，被省总工会、省委宣传部评为“齐鲁最美职工”。济南市房管局“转变职能、创新惠民”工作经验被确定为全市重大先进典型，市属主要新闻媒体进行了重点宣传报道，并举行了济南房管“转变职能、创新惠民”先进事迹报告会。

（江 海）

【组织拍摄《匠心独运》——百位泉城文化人物专题片】 该片拍摄对象为近年来在全市文化事业、文化产业和群众文化活动等方面做出较大贡献、产生较大社会影响的文化人物，涵盖文学创作、美术、舞台艺术类、电视艺术、考古、手工艺、文化经营、收藏等领域。专题片力求通过影像展现文化人物丰富的精神世界及对济南文化事业发展所做的贡献，计划拍摄100集，每集1位人物，时长10~15分钟，2015年已拍摄完成18位文化人物。

（苏 婷）

【文艺精品创作生产】 召开济南市第十届精神文明建设文艺精品工程表彰座谈会，京剧《项羽》等8部作品获特别奖，歌舞剧《大舜》等24部作品获优秀作品奖。16部（件）文艺作品获第八届“泰山文艺奖”，短篇小说《大马士革剃刀》获第六届《小说选刊》短篇小说奖，中国画《大运河·我的家》入选国家艺术基金2014年度资助项目，广播剧《游子归》、报告文学《陈罗东开》入选全省重点扶持项目。开展新一轮文艺作品创作生产规划，组织第六届“泉荷奖”济南市新剧目评比展演活动，成立“济南艺术创作研究人才网络暨济南艺术创作交流平台”，开启艺术创作研究新模式。

（苏 婷）

【实施文化惠民工程】 组织举办“相约大剧院·欢乐满泉城”济南市第二届文化艺术惠民展演活动，推出25项、29场艺术性与观赏性俱佳的活动。开展“公益演出走基层”活动，举办公益惠民演出306场。扶持基层文艺团体，改善基层文艺团体演出条件。开展公益电影进学校、进军营、进工地、进福利院、进敬老院“五进活动”，全市累计放映600余场次，观众20余万人次。新增城市电影院线2条、数字影院8家，电影票房2.96亿元，比上年同比增长40%。

（苏 婷）

【推进公共文化服务体系建设】 法人治理结构试点工作全面启动，成立“三馆理事会”（市图书馆、美术馆、群众艺术馆），召开首届理事第一次会议。召开全市公共文化服务体系建设工作会，建立公共文化服务体系建设协调机制，首批50个村（社区）综合文化服务中心建设全面启动。起草《济南市加快构建现代文化服务体系实施意见》，明确济南市2016~2020年的目标任务。扶持特困村文化大院建设，制定以奖代补政策，全市100个特困村每个村补助2万元资金、3万元设备，已全部拨付配备到位。40个基层群众文化活动示范点，40个规范化公共电子阅览室建设完成。

（苏 婷）

【推进文化体制改革】 推进文化体制机制创新，推动国有文化资产监管体制改革。探索构建管人管事管资产管导向的协调一致的领导体制和工作格局，建立以市委宣传部为主、市财政局作为出资人的国有文化资产监管体系，确立对市报业集团、广播电台、出版公司、演艺集团“四管一体”的工作机制，审议通过了成立国有文化资产理事会的方案。 （田 玮）

【推进文化产业发展】 制定出台《关于进一步加快文化产业发展的实施意见》和《“文化+”相关产业融合发展的意见》，完成《济南市“十三五”文化产业发展规划（征求意见稿）》制定工作。健全完善全市文化产业投融资平台，注册成立2只文化产业投资基金。构建产学研合作平台，与7所驻济高校签订文化产业产学研战略合作协议。强化培训教育服务平台，举办文化企业家大讲堂，组织企业家参加文化产业专题研修班。做强文化产业交易平台，明确上海文交所（山东）文化交易中心运营方向。搭建文化产业推介招商平台，开设济南文化产业网，利用第十一届中国文博会、第十二届中国—东盟博览会文化展等，加大文化企业宣传推介力度。全市从事文化及相关产业的单位达20857家，其中规模以上文化企业285家、省级重点文化企业15家，4家文化企业已挂牌上市。文化产业园区达50余个，其中国家级示范产业园区（基地）3个、省级文化产业示范园区1个、省级重点产业园区（基地）14个。举办首届济南现代泉城文化产业发展融合博览会，济南市再次被评为文化强省建设先进市。 （田 玮）

【新闻发布和对外宣传工作】 全年召开市委、市政府新闻发布会17场、专题新闻发布会10余场，3家新闻媒体现场直播，5家网络媒体在网站开通济南新闻发布平台。通过多种形式做好对外宣传，服务第二十二届国际历史科学大会。举办济南市第三届泉水节，与市外办、台办等部门联合举办“儒通世界”2015济南文化体验、第六届“和谐中华——海峡两岸经典文化推广会演”等活动。 （苏 里）

【开展“把美丽济南寄出去”活动】 全年共寄递明信片逾90万张，参与人数近50万人，收集美丽济南寄语2万余条，得到海内外40多家媒体的持续关注和报道。在第二十二届国际历史科学大会会场举办“把美丽济南寄出去”专题展览，在宽厚里开设城市驿站——“把美丽济南寄出去”主题店，提升了济南的对外影响力。 （苏 里）

【在全省率先出台加强基层宣传思想文化工作评估体系】 制定《济南市加强基层宣传思想文化工作评估指标体系（试行）》，共设置加强基层宣传思想文化队伍建设等6项一级指标、24项二级指标、64项三级指标，还增加了群众满意度测评。自2015年起，按照体系指标要求，对各县（市）区、高新区年度宣传思想文化工作进行评估。

（高源贵）

【文化人才培养】 制定《关于开展“基层文化能人”评选工作的指导意见》，面向长期扎根基层一线，热心参与基层文化建设并产生良好影响的民间文化人才开展评选。基层文化能人、泉城文化之星、泉城文化英才三级人才培养机制初步形成。全年有23人被评为第三批“齐鲁文化之星”，10人被评为第二批“泉城文化英才”，20人被评为第二批“泉城文化之星”。 （高源贵）

【加强对政务新媒体建设工作的指导】 组织召开全市政务新媒体建设工作座谈会，推广济南公安的经验做法，对加强政务新媒体建设做出安排部署。举办全市政务新媒体建设工作培训班，提升政务新媒体建设整体水平。济南公安微信公众账号被国家互联网信息办公室表彰为“政务微信优秀公众账号”，成为全省唯一获奖单位。在“2015年副省级城市政务双微排行榜”中，济南市中级人民法院、济南市检察院在政法系统行业排名均列第一位。

（李 淼）

【精神文明建设工作】 全市精神文明建设工作以培育和践行社会主义核心价值观为根本，坚持为民原则、坚持问题导向、坚持常态长效，着力加强思想道德建设，不断深化群众性精神文明创建活动，突出志愿服务、诚信建设、文明旅游等重点工作，推进各级各类文明创建工作科学化、制度化、常态化、规范化，全面加强未成年人思想道德建设，努力提升农村精神文明建设水平。

1.推进文明城市创建工作。全面启动新一轮全国文明城市创建工作，出台三年行动计划及年度实施方案。4月初，启动贯穿全年的“文明，就在身边”主题宣传报道活动。8月下旬，依据《全国文明城市测评体系（2015~2017）》，梳理形成11项创城重点工作，制定印发《济南市〈全国文明城市测评体系（2015~2017）〉目标责任分解》。建立督导巡查机制，对督导检查中发现的问题，明确整改要求、标准时限，切实解决突出问题。12月10日，召开全市创建全国文明城市工作推进会。编发《济南市创建全国文明城市实地测评指导手册》。围绕城市建设管理中环境脏乱差、秩序混乱等易反复、难根治的“顽疾”，开展督导检查，进一步查漏补缺，抓好创城氛围营造、公共环境优化、公共秩序规范等工作。

2.开展群众性精神文明创建活动。开展道德模范、“我推荐、我评议身边好人”评选表彰工作。济南市推荐的房泽秋被授予全国道德模范称号，张波获全国道德模范提名奖；有10人获全省道德模范或提名奖；60人获全市道德模范称号，先后评选表彰8批80名济南市“身边好人”。推出“K52路公交智斗歹徒”“8·5献血救治”等英雄群体。创办开播“好人在身边”栏目，制作典型人物宣传片。办好用好济南文明网、文明济南微博和微信。济南文明网发布并上报各类文明创建信息600余条，撰写原创评论文章100余篇，发布微博、微信1300余条，策划“戏说山东”“泉民公益”等10余个网络文明传播活动。组织“我们的节日”主题活动。在春节、元宵、清明、端午等传统节日，组织各级各有关部门开展节日民俗、经典诵读、志愿服务和文体活动。全面落实省级以上文明单位和新申报市级文明单位实行社会责任报告制度，对全市各文明单位履行社会责任情况进行检查。12月，分期分批对全市各级文明单位进行复查，向省文明委推荐新增省级文明单位53个，评选表彰市级文明单位134个。截至年末，全市有省级文明单位542个、市级文明单位1161个。研究制定《关于开展“创文明行业，树文明新风”活动的实施意见》《济南市文明行业管理办法》《济南文明行业考核办法》。

3.推进志愿服务、诚信建设、文明旅游等重点工作。进一步建立健全志愿服务制度体系，制定全市志愿者招募、注册、培训、管理和服务项目对接等制度，完善全市志愿服务信息平台和管理信息系统。年末，全市志愿者达55万余人。召开“全市志愿服务站（岗）建设现场会”，指导协调市直有关部门、各县（市）区在重要公共场所、重点街道社区等区域设立187个服务站、652个志愿服务岗。以打造诚信济南为目标，从广泛宣传、加强教育、组织推动方面入手，营造诚实、自律、守信的社会氛围；开展诚信创建活动，培育践行诚信规范，制定《济南市“构建诚信、惩戒失信”合作备忘录》，建立红黑榜发布制度，营造褒扬诚信、惩戒失信的社会舆论氛围。建立全市提升公民旅游文明素质联席会议制度，成立全市文明旅游联盟，制定《关于深化提升公民旅游文明素质的实施意见》。

4.未成年人思想道德建设。在第四届全省未成年人思想道德建设工作先进城市、先进县（市）区和第三届先进单位、先进工作者评选活动中，济南市被评为第四届全省未成年人思想道德建设工作先进城市，历下区等4个县（市）区被评为第四届全省未成年人思想道德建设工作先进县（市）区，济南市妇女儿童活动中心等8个单位被评为第三届全省未成年人思想道德建设工作先进单位，付宪伟等12人被评为第三届全省未成年人思想道德建设工作先进工作者。在重要时间节点，组织全市未成年人开展“我的中国梦”主题教育实践活动。开展爱国主义教育，组织未成年人开展网上向国旗敬礼并签名、寄语。推进乡村学校少年宫建设，6所乡村学校获中央彩票公益金支持，46所乡村学校获省级彩票公益金支持，继续从市彩票公益金中拿出100万对20个市级乡村学校进行扶持。建好管好用好校外未成年人心理健康辅导站，全市6区建立了高标准辅导站，利用电话、网络、授课、咨询等方式开展心理健康辅导。做好校园周边环境整治及网吧管理工作，多次进行拉网式排查，坚决取缔“黑网吧”，营造有利于未成年人健康成长的社会文化环境。

5.农村精神文明建设。组织开展省级“百镇千村”建设示范工程项目申报工作，推荐省级文化特色示范镇4个、乡村文明家园示范村15个；推进第二批市级“百镇千村”示范工程项目建设，确定文化特色示范镇2个、乡村文明家园示范村16个。组织开展市级文明生态村检查验收，对600个文明生态村达标村进行表彰奖励。牵头协调市文化局、体育局、妇联等部门，制定村庄美化标准和推进方案，组成督导组对村庄美化情况进行督导调研，推动乡村文明行动和村庄美化工作落到实处。开展道德模范、星级文明户等评选表彰活动，组织举办“新农村新生活新女性”培训活动，不断提升农民文明素养和农村文明程度。（迟蕾　刘玲）

【获全国文明城市年度测评省会（首府）城市第一名】 2015年是第五届全国文明城市创建的起始年。11月下旬至12月上旬，中央文明办组织国家统计局和中央文明委部分成员单位对全国123个地级以上提名城市（区）进行文明城市年度测评，济南市以91.25分的成绩在参评的省会（首府）城市中位列第一名。在同时进行的全国未成年人思想道德建设工作测评中，济南市在参评的省会（首府）城市中获第二名，取得文明城市创建和未成年人思想道德建设工作双丰收。

（迟蕾　刘玲）

【组织开展第五届道德模范评选表彰工作】 5月12日，市委宣传部、市文明办、市总工会、团市委、市妇联联合印发《关于评选表彰第五届全市道德模范的通知》（济文明办〔2015〕14号）。各县（市）区、市直各部门推荐全市道德模范候选人187人，有60人被授予全市道德模范称号。市评选活动办公室积极向中央和省推荐济南市候选人，房泽秋被授予全国道德模范称号，张波获全国道德模范提名奖。在第五届全省道德模范评选活动中，全市有4人被授予全省道德模范称号，6人获全省道德模范提名奖。12月4日，济南市第五届道德模范表彰会召开，表彰全市第五届全国、全省、全市道德模范及提名奖获得者。

（阮怀勤　叶金金）

【K52路公交车智斗歹徒英雄群体】 7月12日17时许，济南公交总公司六分公司一队K52路公交车执行营运任务时，突遇歹徒劫持车辆。危急时刻，公交车驾驶员董丹经过与歹徒斗智斗勇，成功疏散乘客，在济南市公安局公共交通分局民警李风军配合下，与及时赶到的另一辆K52路公交车驾驶员张宇一起将歹徒制服，成功化解了一起恶性事件，保护了乘客的安全。为表彰先进，弘扬正气，8月3日上午，市文明委在龙奥大厦召开K52路公交车智斗歹徒英雄群体先进事迹报告会。会上，董丹、李风军、张宇分别做报告，并被授予“济南市道德模范”称号。

（阮怀勤　叶金金）

【生命拯救、爱涌泉城——济南市8·5献血救治群体】 8月5日，600余名泉城市民为抢救素不相识的产妇“跑步献血”的先进事迹引起社会各界的强烈反响。省委常委、市委书记王文涛为8·5献血救治群体“点赞”，称其为“全国文明城市创建过程中，广大市民展现文明素质的生动典范”。中宣部新闻局也给予高度评价，在《新闻阅评》中指出：“一则600市民为抢救产妇‘跑步献血’的新闻，传遍济南全市，涉及山东内外，向社会传递了强大的正能量。”市文明委将这一群体作为全市精神文明建设的重大典型，于8月19日在济南市龙奥大厦举办了“生命拯救、爱涌泉城——济南市8·5献血救治群体”交流互动活动。（参见“卫生·体育”栏目“卫生事业综述”分目【8·5献血救治事件】条）

（阮怀勤　叶金金）

【开展“我推荐、我评议身边好人”活动】 按照中央文明办和省文明办要求，3月份在全市启动身边好人评选活动。通过基层推荐、网络投票、组委会成员评审等环节，全年评选8期共80名“济南好人”。积极参与推荐中央文明办组织的“我推荐、我评议身边好人”和省文明办组织的“山东好人之星”活动，全年全市有9人荣登“中国好人榜”，44人荣登“山东好人榜”，5人当选“山东好人之星”，1人当选“中国好人365”封面人物。

（阮怀勤　叶金金）

【“互联网+文明创建”精彩纷呈】 利用新媒体“短、平、快”的传播优势，推动互联网与传统领域精神文明建设形式与内涵的有机结合。2015年，市文明办坚持以活动促创建，用活动聚民心，每月至少开展一个网络文明创建活动，先后组织网友参与一封微家书、感动我的城市细节、传统文化之我见、老物件里的抗战故事等网络活动20余次。首次提出并策划发起“泉民公益”

网络爱心公益活动，采用线上征集、线下捐赠的模式，将网上的正能量延续到线下，活动共吸引网民26万余人次参与线上讨论。组织3批30余名网络文明传播志愿者，走进长清、平阴、费县等地生活困难群众，为山区留守儿童、孤寡老人送去温暖和爱心，通过网络文明传播志愿者在微博、微信转发和留言，让更多的济南市民了解、参与到活动中来。（迟　蕾　杨旎雅图）

【开展文明旅游进社区活动】 5月13日上午，市文明办、旅游局、园林局等20家全市提升公民旅游素质联席会议成员单位，共同举办济南市文明旅游联盟成立暨文明旅游进社区活动启动仪式，推进济南市文明旅游工作走向深入。全市各县（市）区旅游局、旅行社、星级饭店、旅游景区等172家单位，共同组建了济南市文明旅游联盟。市文明办、旅游局推动济南市文明旅游联盟单位持续开展文明旅游宣传引导。举办“泉城文明使者”评选活动，评选并授予86名导游、领队和游客“泉城文明使者”称号；开展百余场文明旅游进社区、进广场、进景区活动，让文明乘车、文明用餐、文明观演、爱护文物、热心助人等文明行为意识渗透到每位市民和游客的心里，使文明旅游成为每一位市民和游客的自觉行动。

（范华阳　陈　苏）

【“乡村文明行动”深入开展】 围绕全省实施“乡村文明行动”部署要求，从村容村貌、村风民俗、乡村道德、生活方式、平安村庄、文化惠民“六大建设”着手，推动全市“乡村文明行动”向纵深拓展。推进“百镇千村”建设示范工程项目，向省里推荐省级文化特色示范镇4个、乡村文明家园示范村15个；推进第二批市级“百镇千村”示范工程项目建设，经组织申报、检查验收，确定文化特色示范镇2个、乡村文明家园示范村16个。组织开展第二届宣传乡村文明行动好新闻作品和“文明乡村、美丽家园”微纪录片评选活动，第二届宣传乡村文明行动好新闻作品共推荐优秀作品41件、优秀栏目（专题）3个、公益广告3件，“文明乡村、美丽家园”微纪录片评选活动共推荐优秀作品2件。（范立振　朱　宁）

【首届济南市“国学小名士”经典诵读电视大赛】 为弘扬中华民族传统文化，引导广大中小学生诵读经典，传承美德，11月市文明办联合市教育局等6部门印发《关于组织开展济南市“国学小名士”经典诵读电视大赛的通知》（济文明办〔2015〕32号），由济南电视台少儿频道承办组织开展济南市首届“国学小名士”经典诵读电视大赛。经过初赛、复赛、决赛多轮选拔，评选出济南市经典诵读电视大赛“十佳选手”，并有5位选手分获“博文小名士”“睿思小名士”“笃学小名士”“尚德小名士”“行知小名士”称号，5名优秀选手代表济南市参加全省经典诵读电视大赛。山东省实验中学学生吴亚霖在全省经典诵读电视大赛总决赛中获总冠军，济南市获“优秀组织奖”“优秀国学节目一等奖”。

（阮怀勤　叶金金）

【统战工作】 1.统一战线团结奋斗的共同思想政治基础更加巩固。①加强统一战线政治引领。以学习贯彻习近平总书记系列重要讲话和党的十八大及十八届三中、四中、五中全会精神作为统一战线干部培训的重要内容，市委统战部中心组、统战部机关干部分别举办10余次专题学习研讨活动，并邀请中央社会主义学院副院长张峰为全市统一战线干部和代表人士作专题辅导报告。②支持民主党派开展坚持和发展中国特色社会主义学习实践活动。组织市级各民主党派参加中央统战部和省委统战部坚持和发展中国特色社会主义学习实践活动经验交流暨中期推动电视电话会议。组织市级各民主党派通过培训班、辅导报告会、读书会等形式着重学习中共十八届五次全会精神和市委十届八次、九次全会精神。组织市级各民主党派结合抗战胜利70周年开展纪念活动，举办济南市统一战线纪念抗日战争胜利70周年专题报告会。③指导非公有制企业党组织开展群众路线教育实践活动。制定印发《关于以守法诚信为重点深入开展理想信念教育实践活动的实施意见》，开展“四信”教育实践活动，增强全市非公有制经济人士发展信心。④推进非公有制经济组织党建工作。制定出台《关于进一步扩大非公企业党建工作联系点的方案》，新增加18家企业的党组织作为市非公党工委的直接联系点。截至年末，全市共有非公有制经济组织党组织4005个、党员37763人。

2.统一战线服务大局的成效更加显著。①加强对参政议政指导。

连续第十五年组织市级各民主党派与市政府研究室开展联合调研，调研报告作为市政协十三届五次会议的大会发言材料。组织济南市党外知识分子联谊会、济南留学人员联谊会成员与无党派人士围绕“济南市中小微企业融资难”开展联合调研。组织开展“促进本土民营企业创新发展”和“推动中介组织、行业协会商会规范发展”等专题调研活动，有2项调研成果获全市党委政研系统优秀调研成果评选一等奖。全年全市统一战线广大成员共提出意见建议638条。②服务实体经济发展。配合有关部门和单位，推进济南市与全联执委企业签约项目尽快落地开工、投产达效，72个签约项目中已有29个落地，占40.3%。联合市有关政府部门和多家会员企业在《济南时报》联合发布《诚信经营倡议书》，引导非公企业守法诚信经营。举办10余次银企合作洽谈会，与多家银行和异地商会签署战略合作协议。成立以市委政法委、统战部等相关部门领导组成的“市政法工作服务促进非公有制经济发展联席会议”和非公有制经济法律服务中心。2015年，全市有12名非公经济人士当选山东省优秀社会主义事业建设者，12名非公企业家当选“影响济南”年度经济人物，2名工商联会员企业家被评为“全国劳动模范”，5名工商联会员企业家获“济南市五一劳动奖章”，3家企业入选“中国民营企业500强”。市工商联被评为“全省工商联系统标兵单位”。③组织统一战线广大成员开展社会公益活动。全年市级各民主党派开展医疗义诊、法律咨询等各类“同心实践”活动183次，捐款捐物折合人民币135万余元。市工商联组织80余家民营企业参加“2015山东民营企业人才招聘会”，为高校毕业生提供就业岗位2300余个。组织济南市党外知识分子联谊会、济南留学人员联谊会的专家成立党外专家服务团，开展“百名专家联百企”“党外专家技术服务行”及“爱心敬老”等活动，为经济社会发展献计出力。引导非公有制企业和驻济异地商会开展“光彩事业”活动，全年共救助贫困大学生5000余名，开展扶贫济困活动捐款捐物7000余万元。④维护民族团结宗教和顺的良好局面。协助市委召开市委民族工作会议暨市政府第七次全市民族团结进步表彰大会，制定出台《市委市政府关于加强和改进新形势下民族工作的实施意见》。中共中央书记处书记、全国政协副主席杜青林来济调研宗教工作，对济南市工作给予充分肯定。

2015年8月26日，济南市统一战线纪念抗战胜利70周年专题报告会在龙奥大厦举办。（市委统战部　供稿）

3.发挥统一战线在社会主义协商民主中的重要作用。协助市委搞好与民主党派及无党派人士的政治协商。协助市委起草印发《关于加强社会主义协商民主建设的实施意见》（政党协商部分）和年度协商计划。协助市委或受市委委托先后组织召开各类党外人士情况通报会、座谈会和参观活动8次，就重大事项及时向各民主党派、工商联和无党派人士通报有关情况、听取意见建议。支持民主党派加强自身建设。做好民主党派领导班子后备干部推荐工作，形成民主党派领导班子后备干部队伍名单。印发《关于协助民主党派做好基层组织换届工作的通知》，召开民主党派基层组织换届工作座谈会，形成《民主党派基层组织换届工作座谈会纪要》，举办民主党派基层组织换届培训班，协助各民主党派做好基层组织换届的有关工作。截至年末，除个别区的个别党派基层组织外，绝大多数基层组织换届已顺利结束。济南市支持民主党派加强自身建设的相关做法得到中央政治局委员、中央统战部部长孙春兰的批示和肯定。

4.党外代表人士队伍建设迈上新台阶。①抓好人才储备。会同组织部门开展市管党外后备干部推荐考察工作，建立统一的党外后备干部名单。开展“十三五”党外人才队伍建设课题研究，按照“近、中、远”期目标，分别更新完善6支队伍三级人才库。②加强党外人士的教育培训。实施“同心培训工程”，把党外代表人士教育培训纳入全市干部教育培训总体规划，市财政设立“同心培训”专项经费。召开全市统一战线教育培训工作会议，制定印发《2015年全市统一战线教育培训计划》，全年在市社会主义学院、复旦大学举办6期党外代表人士培训班，累计培训党外代表人士350人次。③强化党外干部的实践锻炼。实施“同心提升工程”，加强省、市、县三级党外代表人士实践锻炼基地建设，对全市实践锻炼基地建设情况进行中期调研，与市委组织部组成考察组对第二批8名挂职党外干部进行全面考察，继续选派第三批7名党外干部到实践锻炼基地挂职锻炼。④推进党外人士的选拔使用。做好市政协常委、委员调整工作，完成省政协委员增补提名人选推荐工作。截至年末，市级40个政府工作部门中有12个部门配备了党外领导干部13名，其中1名担任部门正职；其他市管部门（单位）党外领导干部配备10名，其中2名担任单位正职；市法院、检察院均配备了党外领导干部；10个县（市）区230个政府工作部门中有69个部门配备党外干部75名；143个乡镇（街道）领导班子中配备党外干部21名；有4个县（市）区在超过三分之一的政府工作部门中配备了党外干部。⑤加强党外干部的管理监督。对重点联系的200名党外代表人士，启动个人重大事项报告、述职述廉、谈话诫勉等监督机制，参照监督党政领导干部的要求对党外干部进行考察监督。

5.推进港澳台地区和海外社会组织统战工作。①海外统战工作打开新局面。济南市海外联谊会瑞士、奥地利2个海外联络站成功揭牌，全市海外联络站总数达19个。配合省委统战部完成台胞青年千人夏令营在济相关活动，指导市台联在中华文化学院举办济南市台胞台属培训班。②社会组织统战工作取得重大进展。济南社会组织联合会正式成立。指导市中区深化社会组织统战工作试点，拓展社会组织统战工作范围。中央政治局委员、中央统战部部长孙春兰，中央统战部副部长陈喜庆，省委常委、统战部部长吴翠云分别考察济南市社会组织统战试点工作并给予高度评价。③党外知识分子工作卓有成效。完善党外知识分子联谊会、留学人员联谊会工作制度，建立济南海归人才招聘网，组织参加全国“百城同台”海归人才招聘会，为620名海归人才提供就业岗位。协助高新区成功申报留学报国济南基地并顺利通过欧美同学会·中国留学人员联谊会的验收，为济南引进高层次人才搭建了平台。

6.统战部门自身建设得到进一步加强。①加强党风廉政建设。把党风廉政建设工作纳入全市统战工作总体思路中，开展“三严三实”专题教育活动，研究制定《市委统战部关于落实全市党风廉政建设和反腐败工作任务目标分解意见》。②加强统战干部队伍建设。全市10个县（市）区委统战部长全部实现由党委常委担任或兼任，2个县（市）区委统战部长担任政协副主席，配齐配强统战部长的政策要求得到较好落实。在部机关、民主党派机关分别开设“机关业务大讲堂”活动，并先后选派部机关和民主党派、工商联机关干部86人次参加各级党校、行政学院、社会主义学院的各类教育培训。选派1名部机关年轻干部和3名民主党派机关干部到乡镇（街道）挂职锻炼。修订完善《部机关处室管理考核办法》《机关工作人员平时考核实施意见（试行）》，每季度召开一次部务会，对干部进行述职考核。③做好统战理论调研、宣传和信息工作。在全市统战系统继续开展统战理论调研宣传“四新工程”，全年全市统战系统共有200余篇调研报告和宣传稿件被各级媒体采用。编发《济南统战》4期、《济南统战信息》55期。2015年，市委统战部获全国统战信息工作二等奖、全省统战信息工作一等奖、全省统战理论调研宣传“四新工程”先进单位称号、全市党委系统信息工作先进单位奖。（孙洪成）

【杜青林来济调研宗教工作】 见“社会生活”栏目“民族宗教”分目【杜青林来济调研宗教工作】条

【市委统战工作会议】 于11月11日召开。会议主要任务是贯彻落实中央和省委统战工作会议精神，按照《中国共产党统一战线工作条例(试行)》和《山东省推进〈中国共产党统一战线工作条例（试行)〉实施工作方案》的要求，印发《济南市贯彻落实〈中国共产党统一战线工作条例（试行)〉工作方案》，对进一步加强和改进新形势下的统战工作做出安排部署。会议要求全市各级各部门要深刻认识做好新形势下统战工作的极端重要性和现实紧迫性，进一步增强统战意识、树立统战思维、熟悉统战政策、掌握方式方法，切实把思想和行动统一到中央和省委、市委的决策部署上来，真正把政策要求落实到具体工作中去，不断提高做好新形势下统战工作的本领和成效。 （孙洪成）

【市委民族工作会议暨市政府第七次全市民族团结进步表彰大会】 见“社会生活”栏目“民族宗教”分目【市委民族工作会议暨市政府第七次全市民族团结进步表彰大会】条

【济南社会组织联合会成立】 12月25日，济南社会组织联合会召开一届一次理事会议，选举产生一届理事会领导班子，山东省政协社会法制委员会副主任、山东文楷律师事务所主任温江鸿当选为第一届济南社会组织联合会会长。社会组织联合会的成立，为全市各级社会组织搭建了一个发展、交流、协助、进步的崭新平台，助推全市社会组织工作创新发展。 （刘瑞玲）

2015年11月11日，市委统战工作会议召开。 （市委统战部 供稿）

【政策研究工作】 全年完成各类文稿571篇约316万字，其中市委领导讲话125篇、市委文件47件、其他综合文稿317篇；编发《决策参考》20期、《济南改革》52期、《济南政研》16期、《政研工作简报》37期；编印《济南通讯》12期约120万字；在中央和省级报刊发表文章13篇；在全省党委政研系统优秀调研成果评选中有4篇文章获一等奖、3篇文章获二等奖。市委政研室（改革办）获2014年度全市科学发展综合考核争先进位奖第一名和全市党风政风行风民主评议二类参评单位第四名。

1.重要文稿起草。①市委领导讲话。先后起草完成市委主要领导在市委十届八次全会和九次全会、市委常委（扩大）会、全市领导干部会、“解放思想大讨论”务虚会、“三严三实”专题教育党课，全市统战、民族、外事、扶贫解困等工作以及重要调研活动会议上的讲话；市政府主要领导在市纪委全会、市委常委会、党外人士迎春座谈会上的讲话等。②市委重要文件。主要有市委常委会年度工作要点、关于加强社会主义协商民主建设的实施意见、关于加强党政机关国内公务接待管理的办法、关于深入学习贯彻党的十八届五中全会精神通知、全面深化改革领导小组年度工作要点、全面深化改革重要举措实施规划、全面深化改革工作运行规程、关于落实党风廉政建设责任制工作报告、关于贯彻省委常委会议精神情况的报告等重要文件，以及中央和省委领导来济视察时的工作汇报等一系列重要综合文稿。③其他综合文稿。主要有《自觉践行“三严三实”要求，争做忠诚干净担当的领导干部》《着力构建大统战格局，不断开创统战事业新局面》《敢于为担当者而担当》等市委主要领导署名文章，以及市委重大活动新闻稿件的审修把关等。

2.开展调查研究。围绕事关济南未来发展的全局性、战略性、前瞻性重大问题，完成年初确定的打击和防范涉众型经济犯罪研究、济南市“十三五”规划重点问题研究、加强和规范建设领域中介服务行为研究、加快推进全市小型水利工程产权制度改革研究4个重点课题，其中《济南市“十三五”规划重点问题研究》为全市“十三五”规划建设制定和规划纲要编制提供了重要决策依据，《关于清理规范工程建设领域中介服务的对策建议》获得市领导批示，安排相关部门推进工作落实。按照市委关于构建“大督查”格局抓落实的统一部署，市委政研室（改革办）负责区域性经济中心、金融中心、物流中心、科技创新中心“四个中心”建设和对接中国制造2025工作专项督查工作。从8月中旬开始，定期调度情况，开展督查调研，2次召开“四个中心”建设工作推进会，协调督促市发改委、经信委、科技局、金融办等牵头部门对《“四个中心”建设方案》进行多次深化细化和修订完善。《济南市建设“四个中心”实施方案》提报省委书记姜异康审定，“四个中心”建设在全市经济工作会议上进行全面动员部署。围绕市委决策部署和工作中心，及时跟进调研，省委常委、市委书记王文涛对《关于济南市落实“中国制造”推动重点领域突破发展的调研报告》做出批示；市委常委、纪委书记慕建民对《推进作风效能建设的有益探索》《以制度创新提升监督实效——关于我市开展派驻巡查上下联动工作的调查》做出批示；市委常委、宣传部长谭延伟对《用先进典型凝聚崇德向善改革发展正能量》做出批示，并被人民日报内参等刊用；《以加快土地流转促进农民增收致富》在《中国新农村建设》第96期发表。加强对上级决策及外地经验的收集整理和综合研判，撰写了《杭州厦门长沙等地深化行政审批制度改革加快推进政府职能转变》《沈阳市大力实施社区党组织“提档升级”工程》《福建省实施“闽七条”购房新政稳定住房消费支持刚性住房需求》《浙江省诸暨市推行“房票”安置制度促进商品住宅去库存成效明显》《杭州市大力发展公共自行车，积极倡导绿色健康出行方式》等调研报告。

3.加强协调督导。编发《济南市全面深化改革重要举措实施规划（2014~2020年）》《中共济南市委全面深化改革领导小组2015年工作要点》《济南市2015年改革任务台账》《2015年重点改革事项》等。制定济南市全面深化改革工作运行规程、全面深化改革信息报送管理办法、全面深化改革调度通报办法、市委改革办2015年度县（市）区和高新区科学发展综合考核工作实施方案、2015年度市直机关全面深化改革综合考核工作方案、提请市委全面深化改革领导小组会议审议的改革方案报审办法（试行）、济南市全面深化改革督察工作实施办法（试行）等文件。筹备市委全面深化改革领导小组会议，加强统筹协调，做到各专项领域重要改革文件、重大决策部署、重点改革事项提报领导小组会议审议。市委全面深化改革领导小组全年召开5次会议，学习贯彻中央和省委全面深化改革领导小组会议精神，分别听取“四个中心”建设工作及市委“解放思想大讨论”务虚会确定的南部山区保护、“北跨”发展战略与规划建设、推动智能制造产业发展等14个重大课题研究情况汇报。及时调度全市承担的24项国家级、25项省级改革试点情况，推动试点工作顺利进展，及时总结试点工作经验。

4.提高市委党刊影响力。全年出版《济南通讯》12期约120万字，组约各类专题23个，刊发稿件201篇，精选刊发图片323幅。定期向中央和省委政研室报送刊物，并与各省（自治区）直辖市、副省级城市、省会（首府）城市、省内外其他市（地）党刊编辑部门或党委政研部门进行交流，对于宣传济南、扩大济南的知名度和影响力产生了积极作用。在中央政策研究室和《学习与研究》杂志社联合举办的2015年度学刊用刊调研评比活动中，市委政研室（改革办）获中央政研室《学习与研究》“学刊用刊调研先进集体”称号。

5.发挥智库作用。根据市委第二届决策研究专家智库年度工作《方案》，围绕市委和市政府关注的全局性、战略性重大问题，策划一批前瞻性、专业性较强的课题，主要有济南市“十三五”经济社会发展战略研究、城市基础设施建设管理中的跨部门协同与流程优化研究、法治济南建设的重点难点问题研究、围绕都市打造济南市现代农业研究、省会“北跨”战略跟踪研究等，委托市委智库专家进行定向研究，提高决策研究水平。定期组织智库专家参加市委重要会议，参与重大决策咨询论证和实施评估，为市委确定的重点课题调研提供理论指导。结合市委、市政府工作重点，不定期举办特定范围的座谈会、研讨会，邀请相关智库专家参加讨论，提出有关意见建议。继续办好《政研讲坛》，根据形势发展和服务市委决策的需要，面向全市党委政研系统和市直各部门、各单位调研工作者，组织智库专家就事关省会建设发展全局的重大问题举办讲座和专题辅导。智库专家全年参与市内各类学习辅导、咨询论证、座谈讨论等活动近130场次。

（马　磊　张国强）

【信访工作】 全年群众进京非正常上访同比下降60.3%，到省集体访批次、人次同比下降12.9%、20.9%，来市集体访批次同比持平、人次同比下降25.4%，受理网上投诉同比上升8.7%，受理群众来信同比下降20.1%，各个重点敏感时期实现“五个不发生”，整体信访形势平稳有序、持续向好。

1.全面落实信访工作主体责任。规范和完善市级领导干部接访工作机制，推行定点接访、重点约访、专题接访、带案下访和领导包案“四访一包”制度，强化首接负责制和跟踪督办，在督办化解上提速增效。年内，市级领导公开接访13次、包案37件、会商案件50余次，90%以上的案件得以成功化解。市信访局发挥信访部门统筹抓总作用，确保整体工作规范、有序推进。全市各级各部门尤其是主要负责人，普遍把信访工作列入主要工作议程，定期听取汇报，亲自研究处理突出问题，信访主体责任得到落实。

2.推动群众诉求解决。抓住“推动群众合理诉求解决”这一核心，持之以恒狠抓落实。在初信初访办理上着力，严格控制信访增量。按照“简单问题现场答复，专业问题分流处理，复杂问题部门会商，突发问题迅速处置”的原则，做好来信来访接待处理工作，初信初访办理一次性办理率长期保持在90%以上。在重信重访化解上着力，逐步消减积案存量。充分发挥信访部门的统筹作用，积极协调、指导责任单位，依法按政策办事，设身处地为群众着想，综合运用教育、协商、调解、听证、救助等办法，集中解决了一批有合理诉求或群众确有实际困难的信访事项，教育转化了一批坚持过高无理要求的缠访人员，化解了一批跨地区、跨部门、跨行业的棘手问题，上级交办的260余件重点案件均得到妥善处理。在弥补“工作短板”上着力，解决少数单位“拖后腿”的问题。从进京、到省、来市上访量三个层面，对各级各部门信访数据进行动态监控，对全市排名前10位的乡镇（街道）实施重点管理，有针对性地落实帮促措施，帮其尽快扭转工作被动局面。年内，举办信访听证会13场，召开督导或协调会议150余次，组织一线实地督导110余次，推动了整体工作。

3.提升信访工作整体效能。针对基层信访工作存在的基础业务粗放、程序执行不严、标准把握不细、要求落实不到位等问题，组织开展“信访基础业务百日整治”活动，查摆信访事项受理办理中的各类不规范行为，纠正程序性和实体性两方面不规范问题，全面根除各类积弊。按照全面规划、整体规范、突出重点、稳步推进的原则，以规范信访程序、维护信访秩序、夯实信访基础、提高信访效能为目标，从组织建设、工作制度、工作程序等各个方面下功夫、抓规范，推动各级信访机构职能定位更加清晰，体制机制更加健全，业务管理更加科学，整体效能有了新的提升。抓住《信访条例》颁布十周年、《山东省信访条例》出台契机，组织各级各部门，通过电视、报纸、电台、户外电子广告牌，以及村办广播、公开栏、黑板报等载体，开展宣传活动，引导群众正确选择诉求渠道，依法逐级理性信访。采取专题讲座、集中培训、以会代训等形式，对各级信访干部开展业务培训，推动群众信访行为和信访工作行为的“双规范”。

4.主动适应信访工作新常态。推行“逐级筛查、推送化解”机制，畅通工作上行通道。制定出台《信访突出问题逐级筛查推送化解制度》，各级各部门对难以解决的疑难复杂事项，随时申请提级办理；情况重大的，直接提报党委、政府领导包案或牵头落实，有效防止了信访事项“循环空转”导致群众不满问题。深化“就地会商、跟进沟通”机制，进一步压实主办责任。对重要来访，信访部门第一时间联系各责任单位接谈、会商，现场告知初步工作意见、办理时限，并保持热线沟通。落实“信访信息化管理”机制，打造“网上信访”主渠道。投资建成联通市、县、乡三级及670余家部门单位的信访网络平台，保障信访事项的全时在线投诉、查询、跟踪、督查和评价，减少业务流转时间，信访事项办理提速增效。创新“1+5”模式的信访评查机制，开辟矛盾化解新途径。组织人大代表、政协委员、专业律师、媒体记者、包片民警五方面力量，群策群力“为信访群众找理、为责任单位找路”，形成矛盾化解合力。

5.确保重点敏感时期信访稳定。与公安部门紧密协作，实施“公安干警现场劝离、信访部门外围分流”的敏感时期值班新机制，抓牢超前部署、全面排查、强化值班和巡回督导“四道关口”。超前制定并印发工作预案，专题组织会议全面动员、统一部署，全市各级各部门责任层层压实，措施层层细化，夯实组织保障。统一组织开展拉网式、滚动式排查，把各类隐患全部纳入视线，坚决杜绝拖出事端，做到问题底数清、情况明。抽调精干力量现场值班，严格落实24小时值班和每日“零报告”制度，畅通信息渠道、充实应急力量，确保第一时间处置好重要信息和突发问题。每逢敏感时期，组织安排督查力量，赴各地开展明察暗访，督促和指导基层抓好工作落实，及时协调和处理难点问题，确保重点敏感时期信访秩序，为全市大局持续稳定做出了积极贡献。

（赵潇　王政）

【保密工作】 认真贯彻落实中央和省委、市委保密委员会工作要点及工作部署，做好保密管理、宣传教育、技术防范和队伍建设等工作。在全省保密系统先进集体和先进个人表彰中，历下区国家保密局被评为全省保密系统先进集体，市保密技术中心高级工程师尉维记二等功，章丘市国家保密局刘卫华记三等功。

1.强化保密工作的组织领导。1月16日，召开市委常委会议，传达学习栗战书在中保委全体会议上的讲话精神。3月4日，召开市委保密委全体成员会议，传达中保委和全国保密工作会议精神，审议通过市委保密委2015年工作要点，对全市保密工作做出部署。完成市委保密委员会组成人员调整工作

2.强化保密行政管理。按照省国家保密局要求，9~10月，组织2个区县和6个市级机关单位开展涉密人员保密管理试点工作。10~12月，组织全市党政机关和涉密单位开展保密工作自查自评活动；自11月中旬起，在自查基础上，组成2个检查组，对10个县（市）区和10家重点市直机关单位自查自评工作开展情况进行专项督导。为抓好《国家秘密定密管理暂行规定》的学习贯彻，对市四套班子和两院定密工作开展情况进行调度和指导。全市定密责任人确定备案工作基本结束，定密授权工作进展顺利。组织开展全市军工保密资格认证和国家秘密载体印制资质审查管理工作，做好行政权力清单和责任清单梳理及编制工作，加强重点领域和保密资质管理，开展国家统一考试保密管理监督检查工作。完成12家单位申报武器装备科研生产单位材料审查工作和3家单位申报国家秘密载体印制资质审核工作。

3.推进保密宣传教育。完成“六五”保密法制宣传教育规划自查自评工作。5月下旬至6月30日，在全市组织开展保密知识答题活动，发放试卷、答题卡31432份。通过中保办、国家保密局年度窃密泄密案件查处情况通报等开展警示教育。举办全市保密干部培训班，邀请省保密技术中心主任李军专题讲授《党政领导干部保密工作责任制规定》《党政机关和涉密单位网络保密管理规定》，150余人参加培训。市保密部门到市委党校调研，就如何进一步加强党校保密教育进行座谈交流。应邀派员为20余个地区、单位的机关干部讲授保密教育课，1200余人接受保密教育。向上级保密部门、市委办公厅、市史志办报送稿件46篇，刊稿25篇。按照上级保密部门要求，做好全国、全省保密教育示范基地推荐工作，济南战役纪念馆、济南警察博物馆被省委保密办评为第一批省级保密教育示范基地。

4.保密技管技防工作。召开全市涉密网络测评审批工作部署动员会议和全市保密局长会议，对涉密网络测评审批工作提出具体要求。4月，举办涉密网络安全保密管理人员培训班，90余人参加培训。对全市140个政府信息公开门户网站及互联网网站进行保密技术检查，共检查2万余条信息，累计195个小时。在全市组织开展涉密网络保密

检查，组织电子政务专网保密管理专项检查。继续做好保密技术防护专用系统配备工作，强化保密管理措施。印发《关于做好计算机终端保密检查和计算机保密核查取证装备配备工作的通知》，督促保密科技装备计划落实。（朱小俐）

【党校工作】 1.学习贯彻中央和省委、市委重大决策部署精神。将学习贯彻习近平总书记重要讲话及中央和省委、市委重大决策部署作为重要政治任务，围绕习近平总书记系列重要讲话和党的十八届三中、四中、五中全会及全国党校工作会议、市委十届八次和九次全委会精神等内容，党委中心组开展集体学习30余次。结合党校职能作用，做好讲话和会议精神进课堂、进科研等工作。按照市委要求，举办学习贯彻党的十八届五中全会专题培训班，轮训市管干部1600余人。加强主体班主业主课教育，确保党的创新理论成果及时进课堂。结合济南市情，开展理论研究，形成一批相关理论成果和调研报告。组织专家通过媒体进行理论宣讲，组织教师赴机关、企业、社区送党课，服务全市党员干部群众学习贯彻中央路线方针政策。

2.教学培训。举办各级各类班次127期，培训14000余人次；其中计划内班次47期，培训近7000人次。开展“提升教学水平”大讨论，分析制约教学工作发展的突出问题，制定改进意见，出台教学制度，推动教学改革。开设新专题50余个，教学内容更加贴近时代主题和学员实际；改进教学方法，按照教学形式为教学内容服务的原则进行改革创新。经济学教研部互学互评现场教学项目在全国社会主义学院优秀教学成果评选中获教学形式创新奖，是济南社会主义学院首次获此奖项。将党性培养贯穿党校教学全过程，通过现场教学、实践锻炼、开展组织生活等多种方式加强学员党性修养。在主体班次开设党性教育专题课，其中《党性修养的时代内涵与实践路径》被评为“全国党校系统第一届党性教育精品课”。根据培训形势新特点，制定计划外委托班次工作新规定，进一步规范委托班次相关工作流程。

3.科研工作。修订校内科研制度，发挥制度导向作用，特别是关于科研经费使用、科研工作量考核、科研成果推荐的相关规定，为全校科研工作开展提供支撑和保障。取得各类科研成果242项，是年度计划目标的2倍；其中发表论文161篇，省部级以上150篇。立项课题43项（省部级课题15项），包括全国行政学院科研合作基金课题3项、全国社会主义学院系统年度科研项目1项、民政部课题1项、省社科课题9项、“调研山东(2015)”大型社会调查活动课题1项。科研成果获奖36项，在济南市第二十九次社科优秀成果评奖中获奖26项、在全省党校系统社科评奖中获奖6项，并获山东行政学院十佳科研咨询成果奖等。

4.决策咨询服务。结合党的十八届四中、五中全会精神，围绕市委、市政府中心工作，确定调研课题。合理调配调研时间，把平时调研与集中调研结合起来，增强调研效果。年初，组织教师在授课任务相对较轻的阶段开展集中调研活动，180余人次参加，形成调研报告13篇，计20余万字。全年共编印和撰写《领导参阅》、呈阅件19期(篇)，其中12项研究报告得到省、市领导的肯定性批示，进入决策。省委常委、市委书记王文涛对市委党校报送的7个市情研究报告做出

2015年9月6日，市委党校、市行政学院、市社会主义学院举行2015年秋季开学典礼。
（市委党校 供稿）

2015年9月中下旬，市委党校主体班学员分批前往沂蒙山群众路线教育基地开展党性锻炼。（市委党校 供稿）

重要批示，要求市委办公厅将报告转相关部门参阅，同时要求市直各部门也可以就当前一些问题联合市委党校研究力量共同调研分析。

5.队伍建设。首次举办全校党员干部素质能力提升培训班、全市干部教育骨干师资专题培训班，组织全体教职工分批次外出学习锻炼。首次组织17名骨干教师到美国休斯敦大学进行公共管理教学能力提升培训。选派71人次外出参加培训和学术交流，选派3位教师赴基层挂职锻炼，组织23名新进人员进行岗前培训。完成5名博士、1名硕士、2名参公人员的招聘，选调2名优秀基层干部，对4名处级干部进行选拔调整。全年有1人被评为全省优秀理论教育工作者，2人入选山东省理论人才“百人工程”，1人被评为济南市专业技术拔尖人才，4人被评为济南市青年学术技术带头人。（孙晓满）

【党史工作】 1.党史资政工作。结合学习党的十八大和十八届三中、四中、五中全会精神，纪念抗战胜利70周年、党的七大召开70周年等重大活动，撰写相关宣传和资政文章并在《济南通讯》《济南日报》上发表。出版《中共济南组织史资料（2001~2013）》，继续修改完善《中共济南历史（1949~1978）》。市委党史研究室和市中共党史学会刊物《济南党史研究》完成改版，并更名为《济南党史》，年内编辑出版4辑并出版1辑“纪念抗日战争胜利70周年”特刊。与市委组织部联合编辑济南市“三严三实”专题教育学习参阅资料——《习近平关于“三严三实”重要论述摘编》《老一辈革命家典型事例选编》，提供给市管以上领导干部学习，共印发2200套。

2.党史宣传教育。按照市委“纪念中国人民抗日战争胜利暨世界反法西斯战争胜利70周年”工作部署，市委党史研究室编辑出版《济南抗战全景实录》丛书并向全市赠阅；举办“铭记历史、烛照未来——纪念抗战胜利70周年图片展”“纪念抗战胜利70周年书画艺术作品展”“铭记历史、珍视和平——济南惨案图片展”并分别出版发行了图鉴画册。展览分别在龙奥大厦、济南市博物馆展出，并在山东大学、山东师范大学、济南武警部队、济南一中等单位和社区进行巡展。与舜网联合拍摄13集历史纪录片——《亲历·济南抗战》，于8月14日开始陆续在舜网、腾讯“纪念抗战胜利专栏”中播出。在舜网、腾讯网开辟的专题网页——“不能忘却的纪念”，累计访问量达600余万人次。配合山东电视台拍摄“家乡的红色记忆”专题片。与市教育局联合在济南一中举行“济南市党史国史进校园活动暨赠书仪式”。参加省委党史研究室部署的“齐鲁红色文化讲坛”有关专题录制和宣讲任务。利用党史网站、官方微博宣传党的历史。

3.党史工作培训。经市委批准于4月13~17日、11月24~27日在市委党校举办2次全市党史工作培训班。培训班对全市党史系统干部，部分市直机关、企事业单位负责人和从事党史工作的中层干部，济南市中共党史学会常务理事、理事等进行政治业务培训，共培训300余人。在11月24日召开的《济南市改革开放实录》征编工作会议上，市委常委、组织部部长李刚出席并讲话，对济南市改革开放实录征编工作做出部署。

4.革命遗址保护和党史资料征集工作。申请专项资金120万元，对党史陈列馆进行升级改造和重新布展，对全面修缮百年革命旧址——省委机关旧址的方案进行论证。以开创和发展中国特色社会主义时间段历史研究为重点，加强党史资料征集研究，开展改革开放实录专题资料征集工作，完成《济南市改革开放实录》第二辑编辑。

5.党史学会工作。开展纪念抗日战争胜利70周年暨中共七大召开70周年主题征文活动。开展山东红色廉政文化征文活动，收集上报市纪委论文12篇。组织会员单位参与《济南市改革开放实录》编写等工作。（廉胜杰）

2015年8月17日，“铭记历史、烛照未来——济南抗战历史图片展”在龙奥大厦举办。（市委党史研究室 供稿）

【市委市直机关工委工作】 市直机关工委和机关各级党组织，围绕“打造四个中心，建设现代泉城”的中心任务，突出机关作风建设，推进机关党建重点工作，完成了各项工作任务。

1.机关作风建设。开展“深化作风建设、治理庸懒散奢、整治为官不为”主题活动，督促指导机关各级党组织围绕宗旨意识、工作作风、精神状态、担当精神、服务意识、业务能力、创新意识、工作落实、工作效率、纪律意识10个方面，查找问题，提出整改措施1000余条；开展“摒弃为官不为、强化责任担当”大讨论活动、学习《党章》专题活动、重温入党誓词活动等，共计200余场次。加强机关作风纪律督查，组织明察暗访3次，对违反机关作风纪律的机关工作人员所在单位进行定向反馈，推动机关作风纪律监督常态化。推进阳光政务，督促指导各部门单位围绕岗位职责制定“权力清单”和“责任清单”，明确服务职责，推行开门办公、挂牌上岗、离岗去向指示牌等制度，及时推出新的便民服务举措。

2.服务基层、服务社会。指导109个部门单位，围绕服务基层、服务群众、服务发展，公开承诺事项365项，分2批在《济南日报》和市委门户网站进行公示，接受社会监督；组成7个巡视督导组，对各单位承诺事项完成情况进行2轮督促检查，确保承诺事项全部按照时间进度高质量完成。各部门单位组织开展“一线服务月”、现场办公活动200余次，组织党员干部进企业、进乡村、进社区、进重点工程建设工地，集中解决一批基层单位、重点工程（重点项目）建设过程中遇到的突出问题。推进党员干部联系困难家庭工作，各部门单位动员党员干部采取日常与集中救助、资金支持、技术指导等方式进行联系帮扶，捐助款物500余万元，解决了部分困难家庭生产生活中遇到的实际问题。

3.理论武装工作。机关各级党组织以学习贯彻习近平总书记系列重要讲话和党的十八大及十八届三中、四中、五中全会精神，学习贯彻市委十届八次、九次全会精神为重点，组织开展集中学习、专家授课、学习讲堂等不同形式的学习教育活动500余场次，发放辅导教材1.5万余册。组织机关党务干部和党员代表600余人次参加市委中心组学习辅导报告会。印发《关于进一步加强市直部门理论中心组学习的通知》，发放学习资料1755套，通报学习情况3次。开展法制宣传教育，对工委普法口43个单位进行“六五”普法依法治理检查验收，组织开展“学宪法、学党章”知识竞赛。开展机关党建研究，组织指导基层党组织围绕机关党建服务全面深化改革、全面从严治党等重大课题调研，组织撰写论文151篇。

4.基层党组织建设。试点开展机关党组织书记抓党建述职评议考核工作，对13个部门单位机关党建工作进行现场述职评议，促进了从严治党要求的落实。抓好《条例》贯彻落实，调整充实机关党组织书记、副书记18人，新建机关党组织3个，理顺党组织隶属关系2个。对基层党组织贯彻落实《条例》和党员队伍建设有关工作情况进行督促检查，推动机关党建工作责任制、人员编制、经费保障等重点问题的解决。加强对党务干部工作指导，对新任职机关党组织专职副书记全面进行任前谈话，举办党务纪检群团干部培训班。做好党员发展教育管理服务工作，对发展党员预审环节和备案登记进一步调整，全年发展新党员105名，培训入党积极分子260人。结合“三严三实”专题教育，开展市直机关党员佩戴党徽活动，号召党员在工作期间亮明身份，增强党员的党性意识。组织3000余名党员干部参加省纪念中国人民抗日战争暨世界反法西斯战争胜利70周年大会、档案精品图片展和济南抗战历史图片展。

5.党风廉政建设和反腐败工作。制定《2015年市直机关党风廉政建设和反腐败工作要点》，明确党风廉政建设16项具体内容。健全工作报告制度，加强对联系单位报告任务落实情况的监督，对联系单位落实中央八项规定精神和纠治“四风”、落实党风廉政建设责任、廉政风险防控等方面的情况开展集中督查，与部门（单位）负责人谈话40余人次，征求意见建议8条。强化监督执纪问责，对部分重点单位负责人单独进行谈话提醒，对涉嫌违反中央八项规定精神的17起线索进行核查，对核实的6起问题进行了严肃处理。对部分联系单位开展巡查工作，受理信访举报11起，处理违纪案件5起，其中开除党籍2人、留党察看3人。推进廉政教育，对260余名入党积极分子进行廉政专题教育；组织举办全市学习贯彻《习近平关于党风廉政建设和反腐败斗争论述摘编》演讲成果巡回宣讲（市直机关）报告会；组织联系单位人事、财务、基建和纪检监察等重点岗位200余名党员干部开展警示教育。推进廉政文化建设，建立市直机关党风廉政建设光盘资料库，指导联系部门申报市级廉政文化示范点，创建示范点1个。进一步明确党纪处分简要处理和报备程序，规范廉政鉴定，为拟受表彰的集体、个人和拟提拔任用干部出具廉政鉴定28份。

2015年7月1日，市直机关新党员参加入党宣誓仪式。 （市直机关工委　供稿）

6.精神文明创建。贯彻落实中央《关于培育和践行社会主义核心价值观的意见》，推进社会主义核心价值观建设进机关活动，利用理论宣传、新闻宣传、理论大众化示范点等形式，开展社会主义核心价值观宣传教育。指导各单位围绕中心工作，开展“讲文明树新风”、创建卫生城市、学雷锋志愿服务等文明创建活动。做好文明单位的管理服务，指导13个部门申报省级文明单位、2个部门申报市级文明单位，参与完成省级文明单位复查和新申报单位检查工作。组织开展“中国梦·我们的价值观”和“文明就在身边”主题宣传活动，指导16个单位，用形式多样的体裁作品，讲述身边先进典型践行社会主义核心价值观的感人故事，推动机关精神文明建设。

7.群团工作。推进基层群团组织建设，督促指导19个基层工会、共青团、妇女组织按期换届。开展群众性争创活动，开展“最美家庭”“最美巾帼劳动者”“青年文明号”等群众性创建活动，各基层群团组织建功立业竞赛、技术比武（技能竞赛）、助残等活动200余场次，94个先进集体或个人受到全国、省、市级表彰，“机关青年动车组”项目入选团中央首届机关事业单位“团建优品汇”。举办市直机关游泳比赛、女性艺术修养知识讲座等文体活动。做好帮扶救助慰问工作，集中对396名困难党员、职工进行救助，发放救助金近60万元；做好日常救助工作，为27名困难职工发放救助金5.9万元，为30名特困职工办理《特困职工证》。深化女职工关爱行动，组织女职工两腺免费筛查体检和妇科查体3090人次。做好市直机关慈善工作站工作，组织开展“慈心一日捐”活动，募集捐款310余万元。

（曲振腾）

【中共济南市纪律检查委员会】 截至年末，中共济南市纪律检查委员会共有委员45人，其中常委9人。合署办公的中共济南市纪律检查委员会、济南市监察局内设18个室(厅)、1个离退休干部工作处、2个事业单位（廉政教育中心、信息中心），有5个归口派驻机构、30个个别派驻机构；机关在编人员99人，事业单位在编人员14人（廉政教育中心10人、信息中心4人），派驻机构在编人员98人。

【市纪委全体会议】 2月10日，中共济南市纪委召开十届六次全体会议。市纪委常委会主持会议。全会传达学习十八届中央纪委五次全会和省纪委十届六次全会精神，总结2014年全市党风廉政建设和反腐败工作，部署2015年工作任务。审议通过慕建民代表市纪委常委会所做的《落实从严治党要求，强化监督执纪问责，坚定不移推进党风廉政建设和反腐败工作》的工作报告。

全会强调，2015年全市党风廉政建设和反腐败工作，要深入贯彻党的十八大和十八届三中、四中全会精神，认真学习习近平总书记系列重要讲话精神，按照中央纪委和省纪委全会部署，保持坚强政治定力，落实从严治党要求，强化监督执纪问责，严明政治纪律和政治规矩、加强纪律建设，深化纪律检查体制改革，落实“两个责任”，持之以恒落实中央八项规定精神、持续纠治“四风”，强化纪律审查，打造过硬队伍，坚定不移推进党风廉政建设和反腐败工作。

出席会议的市纪委委员42人，列席144人。市委常委，市人大、市政府、市政协及市法院、市检察院领导出席会议。各县（市）区党委、政府领导班子成员和市直部门负责人参加会议。

【压实“两个责任”】 市委落实从严治党主体责任。市委常委会先后13次研究部署党风廉政建设和反腐败工作，协调解决重大问题。执行主体责任落实情况定期检查和分析通报制度，市委常委、党员副市长带队检查落实党风廉政建设责任制工作。组织召开落实党风廉政建设责任制大会，印发《关于2015年全市党风廉政建设和反腐败工作任务分工意见》，将65项重点工作分解落实到30个牵头单位和45个协办单位，与县（市）区及102个市直部门（单位）签订责任书；把落实党风廉政建设责任制作为县（市）区党政领导班子成员向同级纪委全委会述廉的重要内容，推动专题述廉向街道（乡镇）延伸，督促各级党组织落实主体责任。

市纪委常委会把握职责定位和基本要求，履行监督责任。市纪委常委分4组到10个县（市）区、42个街镇，调研督导“两个责任”落实情况。制定纪律检查体制改革实施方案，抓住关键环节加快“三转”，探索“监督什么、谁来监督、怎么监督、监督到什么程度”；制定县（市）区纪委和市管企业纪委书记、副书记和市纪委派驻纪检组组长、副组长提名考察办法，县（市）区纪委常委、监察局副职任免职办理工作程序。严格责任追究，倒逼责任落实，73人因履行主体责任不力被问责，12人因履行监督责任不到位被追究。

【严明纪律规矩】 加强专项纪律检查。把检查党的路线、方针、政策和决议执行情况作为重要任务，以党规党纪规范党员干部行为，保证政令畅通。围绕贯彻落实中共济南市委十届八次全会精神，出台7项纪律保障措施。加强对二环路建设工程征收拆迁、大气污染防治、安全生产等决策部署执行情况的再监督再检查，通过约谈诫勉、纪律处分等方式问责40人。

持续纠治“四风”。市、县（市）区两级联动，对旅游景点、宾馆饭店、商场周边进行明察暗访，对发现的380件问题线索及时进行核查。全年共查处违反中央八项规定精神问题179起232人，其中给予党纪政纪处分41人、组织处理191人。查处发生在群众身边的不正之风和腐败问题446起。先后4次对13起违反中央八项规定精神典型问题、12起发生在群众身边的“四风”和腐败问题点名道姓通报曝光。把党风政风行风民主评议作为听取社情民意、加强作风建设的平台，强化监督执纪问责，助推作风建设常态长效。

强化遵规守纪宣传教育。与市委组织部、市委宣传部组织开展学习宣传《习近平关于党风廉政建设和反腐败斗争论述摘编》“五个一”活动。开展理想信念、党的宗旨、从政道德等教育，抓好《廉洁自律准则》和《党纪处分条例》的学习贯彻。成立市纪委党风廉政教育宣讲团，为52个单位8300余人（次）授课。组织7.6万余名党员干部接受党规党纪和警示教育。

【加大执纪审查力度】 转变执纪审查理念，由“盯违法”向“盯违纪”转变，由查少数向管多数转变，由“深挖查透”向“快查快结”转变。重点查处十八大后不收敛不收手，问题严重、群众反映强烈，现在重要岗位可能还要提拔使用的党员领导干部。改进执纪审查方式，制定《关于反映市管领导干部问题线索管理办法》，对2000年至2015年收到的问题线索进行清理排查，建立统一台账。把握“四种形态”新要求，转变执纪方式，探索尝试“走读式谈话”。提高执纪审查水平，组织400名纪检监察干部围绕典型案件进行业务交流，指导县（市）区纪委建成9个规范化谈话室。对2014年以来审结的案件处分决定执行情况进行专项检查。规范涉案款物管理，督促各县（市）区对5大类70个问题落实整改。全年全市各级纪检监察机关共受理信访举报4700件（次），处置问题线索1263件，立案868件，结案817件，处分834人，移送司法机关95人。市纪委自办案件45件，移送司法机关22人。

【创新监督方式方法】 开展巡视监督。市委巡视机构学习贯彻新修订的《巡视工作条例》，深化对巡视定位的认识。扩大巡视覆盖面，开展对市属高校和市管企业的专项巡视。创新巡视方法，紧扣“六大纪律”和“四个着力”，拓展信息收集渠道；有针对性地制订谈话提纲，用好“一对一”谈话方式；实行被巡视单位党委（党组）及主要负责人“双报告”“双整改”和签字背书；督促被巡视单位及时公开巡视反馈意见和整改落实情况，接受党员干部和社会监督。

开展派驻巡查。发挥纪委双重领导体制的作用，突出上下联动，构建横向全覆盖、纵向全链接的监督体系。注重突出重点，创新方式方法，坚持上年度党风廉政建设考核成绩靠后的部门（单位）必巡，平时信访举报较多的必巡，管人、管财、管物容易发生问题的必巡，运用“听、谈、查、访、评”，多层面、多角度发现和掌握情况，把握巡查工作的主动权。

【强化自身建设】 巩固深化“三转”成果，强化对清理议事协调机构、规范纪委书记（纪检组长）分工等要求落实情况的督促检查；按照省纪委要求，调研县（市）区纪委内设机构设置、职责定位和人员配备等情况，为加快推进县（市）区纪委“三转”摸清底数。遴选12人充实到委局内设机构，选派7名干部到县（市）区纪委挂职锻炼。举办派驻机构业务、依纪依法规范办案等4个专题报告会，举办为期5天150人参加的落实监督责任培训班，组织参加纪检监察业务培训322人（次）。开展“三严三实”专题教育，结合“解放思想大讨论”活动，市纪委常委带头讲党课，带头剖析整改，解决不严不实问题，推进机关作风转变。发挥干部监督机构作用，对涉及纪检监察干部的信访举报问题及时调查处理，全年受理问题线索52起，立案6件，给予党纪处分5人，政纪处分3人。

（王　波）

【中国人民政治协商会议第十三届济南市委员会】 市政协十三届委员会于2012年2月换届产生，由30个界别组成。截至2015年末，有委员579名，其中常委92名。下设办公厅、研究室和提案、经济科技、人口资源环境、社会文教（社会法制）、港澳台侨和外事、文史资料6个专门委员会。2015年6月6日，市编委批复设立委员活动工作室。

【政协第十三届济南市委员会第四次会议】 4月9~13日在济召开。应出席委员565名，实到委员539名。会议听取并审议批准殷鲁谦代表十三届市政协常委会所作的工作报告和赵家军代表十三届市政协常委会所作的提案工作报告。与会委员列席市第十五届人民代表大会第四次会议，听取并讨论政府工作报告和其他有关报告，听取并讨论市中级人民法院和市人民检察院工作报告。大会共收到提案710件，立案698件，其中委员提案628件、市级各民主党派和工商联提案64件、界别和界别小组提案6件。大会共收到大会发言51篇，其中口头发言15篇。委员们通过提案、小组讨论、大会发言等形式，重点围绕适应和引领经济发展新常态、城市规划建设管理、生态文明建设、社会建设和改善民生、文化强市建设等问题开展协商议政，并就“十三五”规划、民营经济发展、“大众创业、万众创新”、法治济南建设、基层医疗卫生机构综合改革、促进农业和农村发展、做好民族宗教工作、加快航空城建设等方面，提出许多有见解、有价值的意见建议。会议还审议通过市政协十三届四次会议各项决议及关于市政协十三届四次会议提案审查情况的报告。

【常务委员会会议】 第十七次会议　4月3日召开。会议审议通过政协第十三届济南市委员会常务委员会工作报告（草案）、提案工作报告（草案）并推举报告人，通过政协第十三届济南市委员会常务委员会2015年工作要点、市政协各专门委员会2014年工作总结，通过市政协十三届四次会议日程、议程（草案）及秘书长、副秘书长、各组召集人名单。会议还听取市委统战部负责人关于十三届市政协常委、委员调整事项的说明。

第十八次会议　4月12日召开。会议听取大会秘书处关于市政协十三届四次会议分组讨论情况的综合汇报，审议政协第十三届济南市委员会第四次会议关于常务委员会工作报告各项决议（草案），审议关于市政协十三届四次会议提案审查情况的报告（草案）。

第十九次会议　7月8日召开。会议传达学习贯彻市委十届八次全体会议精神，审议通过十三届市政协常委调整事项。

第二十次会议　7月30日召开。会议传达学习全国地方政协工作经验交流会精神，并围绕“全面推进法治济南建设”主题，举行了大会发言。

第二十一次会议　9月25日召开。会议传达学习省委政协工作会议精神，听取市委常委、副市长苏树伟做关于济南市“十三五”规划编制情况的报告，围绕“科学编制我市‘十三五’规划”主题举行大会发言和分组讨论，会议还审议通过有关人事事项。

第二十二次会议　12月31日召开。会议听取市委统战部关于十三届市政协常委、委员调整事项的说明，审议通过市政协常委会工作报告（草案），审议通过市政协常委会提案工作报告（草案）并推举报告人，审议通过关于召开政协第十三届济南市委员会第五次会议的决定。会议还审议通过市政协十三届五次会议议程（草案）、日程等有关事项，审议通过市政协各专门委员会2015年工作总结和十三届市政协常委、委员调整事项。市委办公厅、市政府办公厅书面报告了市政协十三届四次会议提案办理工作情况，市中级人民法院和市人民检察院书面报告了2015年工作情况。

【协商民主工作】 按照十八届三中全会《决定》提出的要求，参照全国政协和省政协的做法，市政协党组制订了2015年协商工作计划，将全年的重点协商活动概括为“1225”计划，即1次全委会、2次专题议政性常委会、2次专题协商会、5次双月协商座谈会，并报市委常委会通过后向全市印发。市政协先后就关系全市长远发展和人民群众切身利益方面的30余个议题，开展专题协商、对口协商、界别协商、提案办理协商和立法前协商等，科学编制“十三五”规划、加快民营经济发展、推进产业转型升级等一批协商成果，得到重视和采纳。

“加快产业转型升级”专题协商会　6月5日召开。9位政协委员、专家在会上进行交流发言，为加快全市产业转型升级建言献策。市政协主席殷鲁谦出席会议，市委常委、副市长苏树伟听取发言并讲话。委员、专家们的发言涵盖宏观经济政策引导、科技创新驱动、发展战略性新兴产业、加速成果转化等内容。市直有关部门负责人与委员、专家们进行了现场交流。副主席崔大庸、金德岭、张辉、李好臣、徐明梅、刘梦海，秘书长任建新，7个市直部门主要负责人，部分市政协常委、委员参加会议。

“落实十大行动、改善大气环境”专题协商会 8月18日召开。市大气污染防治工作指挥部办公室汇报全市大气污染防治“十大行动”工作推进情况。8位政协委员、专家围绕“十大行动”，结合自己的工作领域，提出意见建议。市政协主席殷鲁谦出席会议并讲话，副市长王新文到会听取发言。副主席冯光文、崔大庸、金德岭、张辉、李好臣、徐明梅，秘书长任建新出席会议。9个市直部门负责人及部分市政协常委、委员参加会议。

“推进城市绿化提升”双月协商座谈会 4月28日召开。9位政协委员、专家，分别围绕提升绿化特色、建设海绵城市、划定城市绿线、推动“青山进城”等问题座谈交流，发表意见建议。市园林绿化局负责人介绍全市园林绿化工作情况。市政协主席殷鲁谦主持会议并讲话。副主席金德岭、徐明梅，秘书长任建新出席会议。市国土资源局、规划局、城乡建设委、水利局、林业局、园林绿化局、市政公用事业局负责人到会听取意见。

“弘扬齐鲁优秀历史文化”双月协商座谈会 6月29日召开。8位市政协委员和专家学者，分别围绕“加强对齐鲁精神文化与济南人群体性格研究”“齐鲁文化荟萃之地应是济南作为山东省会的重要特征”“济南东部历史文化资源的整合和利用”“利用数字化技术保护和传承泉城文化遗产”等问题提出意见建议。市政协主席殷鲁谦主持会议并讲话。副主席张辉、秘书长任建新参加会议。

“积极融入‘一带一路’战略，大力提升济南城市外向度”双月协商座谈会 8月27日召开。市外办、发改委负责人介绍相关情况。8位市政协委员和专家，围绕“积极融入‘一带一路’战略”提出意见建议。市政协主席殷鲁谦主持会议并讲话，副主席冯光文出席座谈会。

2015年7月17日，市政协医疗卫生界委员到基层义诊。 （市政协 供稿）

“促进我市体育产业发展”双月协商座谈会 10月30日召开。市体育局负责人介绍全市体育产业发展情况。9位市政协委员和专家学者，分别围绕“整合资源优势科学规划布局体育产业”“探索符合济南实际的体育产业发展路径”“大力发展体育产业铸造济南健身生活圈”“大力发展电子竞技，构建具有‘互联网+’特色的体育产业体系”等问题提出意见建议。市政协主席殷鲁谦主持会议并讲话。副主席李好臣参加会议。市发改委、科技局、财政局、人社局、规划局、体育局、旅游局、工商局、地税局和市级有关民主党派主要负责人到会听取意见。

“推进我市电子商务示范城市建设”双月协商座谈会 12月10日召开。市发改委负责人介绍全市电子商务示范城市建设有关情况。7位市政协委员和专家结合各自工作实际，围绕济南市电子商务发展，电子商务在政策法规、平台载体及有关配套政策方面存在的一些问题发表意见、提出建议。市政协主席殷鲁谦主持会议并讲话。副主席冯光文、秘书长任建新出席会议。市发改委、商务局、经信委、科技局负责人及部分委员、专家学者参加会议。

【重要活动】 举办“协商民主大格局中的人民政协”专题报告会 7月29日召开。报告会学习贯彻习近平总书记关于人民政协工作的重要论述和《中共中央关于加强社会主义协商民主建设的意见》及中共中央办公厅转发的《关于加强人民政协协商民主建设的实施意见》精神。全国政协办公厅研究室原副主任、中国人民政协理论研究会常务理事原冬平作题为《协商民主大格局中的人民政协》辅导报告。市政协主席殷鲁谦参加报告会，副主席冯光文主持。副主席崔大庸、金德岭、赵家军、张辉、李好臣、徐明梅、刘梦海，秘书长任建新及全体政协委员、市级各民主党派和工商联机关干部、市政协机关干部、县（市）区政协机关干部500余人参加报告会。

市委政协工作会议　11月13日召开。会议学习贯彻党的十八届五中全会精神，贯彻落实习近平总书记系列重要讲话精神，准确把握中央和省委关于政协工作的新部署、新要求，总结交流近年来全市各级做好政协工作的经验，就加强和改进党的政协工作、推进人民政协事业发展做出安排部署。省委常委、市委书记王文涛出席会议并讲话。市政协主席殷鲁谦、市委副书记雷杰和市委常委出席会议。市人大、市政府、市政协、市法院、市检察院的领导，各县（市）区区委书记、政协主席、统战部部长和部分街道（乡镇）负责人，市直有关部门、单位主要负责人，市政协机关和市各民主党派、工商联负责人参加会议。

开展“千村（社区）提升”工程帮扶工作　自2012年5月开始，按照市委“千村（社区）提升”工程总体部署，市政协机关对口帮扶济阳县回河镇张庙村。市政协党组高度重视帮扶工作，机关党组主要领导及成员亲临一线指导工作，先后8次组织委员、专家和机关干部到帮扶村开展调研、走访慰问，指导村“两委”加强基层党组织建设，研究制定村集体经济发展规划，多方协调筹集帮扶资金，并切实帮助村民解决生产生活中遇到的实际困难。经过全体机关干部3年的共同努力，共协调投入帮扶资金190万元，增加了村集体收入，改善和提高了村民生活水平，帮扶工作取得显著成效。

市政协机关开展“走近委员”活动　先后组织机关干部职工到刘建忠、李忠新、王迪生、彭林堂、远宏、陆建林、徐国卫等政协委员所在单位和项目建设现场参观考察、座谈交流，熟悉委员工作，开拓干部思路，拉近了委员和机关干部之间的距离，增进了感情，增强了为委员服务的自觉性和针对性，进一步提升了委员的履职成效。

【调研视察活动】　市政协按照“把握主题、务实创新、履职为民、服务大局”的总体思路，以打造为民政协、责任政协、务实政协为目标，围绕“打造四个中心，建设现代泉城”和市委、市政府中心工作，履行政治协商、民主监督、参政议政职能。先后围绕推动传统产业转型升级、加快发展民营经济、推进城市绿化提升、防治大气污染、法治济南建设等课题开展调研视察20余次，形成建议案和调研报告10余份。

关于全面推进法治济南建设的建议案，常委会组成人员认为，全市法治建设有序推进，积累了一些好的经验和做法，取得了一定成效。但是，在公共法律服务、法治政府建设、全民守法等方面还存在许多亟待解决的问题。委员们建议：完善公共法律服务体系，着力实现法治惠民；深入推进依法行政，加快建设法治政府；构建法治宣传教育新格局，不断增强全民法治意识；探索实践基层协商民主，提升社会依法治理水平；依法化解矛盾纠

2015年9月9日，市政协委员赴高新区察看园区污水处理情况。　（市政协　供稿）

纷，维护群众合法权益；大力发展法律服务业，不断优化法律服务。

关于“落实十大行动，改善大气环境”的建议案，常委会组成人员认为，市委、市政府出台《关于实施“十大行动”进一步加强大气污染防治的意见》以来，各相关部门制定实施了大气污染防治行动方案，定目标、建机制、强监管，初步形成全市大气污染防治工作的良好格局，“十大行动”不断取得进展。但济南市大气环境质量仍未得到根本改观，形势依然十分严峻。委员们建议：加快编制大气污染物排放清单，建立健全区域联动治理机制，进一步推进产业结构优化升级，加快新能源的替代利用进度，进一步强化机动车污染治理，进一步加大扬尘治理力度，加强城市绿化提升工作。

关于优化政策环境加快民营经济发展的建议。为落实市委解放思想大讨论务虚会会议精神，根据市委安排，市政协主席殷鲁谦负责“优化政策环境，加快民营经济发展”课题的调研。该建议着重聚焦优化环境条件、做大产业企业、构建人才支撑、强化责任落实4个方面。提出17条建议：营造支持民营经济加快发展的浓厚氛围，建立全市民营经济发展信息平台，加强民营企业信用担保体系建设，建立济南民间借贷服务中心，建立市场公平竞争机制，建立民营经济发展环境评价体系，加快主导产业及产业集群的培植，着力培育一批百亿民营企业，发展混合所有制经济，助推民营企业开拓市场，加大招商引资力度，引进人才、留住人才，建立多层次人才培养、培训体系，实行领导挂钩联系民营企业制度，强化专业领导机构职责，依法保护企业合法权益，开展政策落实专项检查。

关于济南市小清河污染情况的调研报告。小清河是济南市唯一一条集防洪排涝、农田灌溉、水陆联运、水产养殖、环境保护和战备应急等多功能于一体的重要河道。由于截污治污不彻底等原因，小清河水质出现污染问题。主要原因：一些支流河道未经过治理或治理不彻底，治理过的部分支流河道仍存在雨污混流现象，全市污水处理能力不足，河底积淤严重，河道维护管理机制有待进一步科学化、规范化、制度化。建议：注重规划，统筹城市建设与小清河水污染治理；加强支流河道治理，全面提升治理质量；加大力度，推进雨污分流改造工程；完善设施，提高污水处理能力；明确责任，建立健全小清河维护管理机制。

关于推进济南市加快产业结构转型升级的报告。建议：以“中国制造2025”国家战略实施为契机，加快研究制定济南市产业零对接对策。加强规划引领，加快产业转型升级步伐，建立充满生机活力的现代产业体系。以“互联网+”等新兴业态快速拓展为推手，强化政策支持，增强产业活力，提升产业转型升级的速度和水平。以人才队伍建设为核心，强化服务保障，为产业转型升级扬帆远航提供强有力支撑。

【民主监督工作】 对2014年度社情民意信息工作进行表彰，共评选出20篇优秀社情民意信息、11个先进单位和18名先进个人。筹备组织3次社情民意信息专题座谈会，邀请信息员31人次参加，围绕“农产品网上交易”“内地民族学校办学”“山体公园建设”等建言献策。推行社情民意信息工作情况季度通报制度，完善社情民意收集、办理、反馈程序。向上级政协和市委、市政府整理报送社情民意信息150余条，其中全国政协采用8条、省政协采用80余条，关于修订《国务院关于职工探亲待遇的规定》、引入第三方参与安全生产大检查等信息被转送至国家有关部委，关于“十三五”期间加快推动济南市绿色金融发展的建议、建设明府城陈列馆的建议等得到市领导批示，被市直有关部门采纳落实。

市政协十三届四次会议以来，共推荐65名政治素质好、业务能力强、有责任心的市政协委员担任监督员、听证员，参与各类社会监督、督查工作。先后推荐8名市政协委员参加信访事项评查工作座谈会，2名市政协委员参加全市对阶梯气价意见听证会；推荐16名市政协委员参加市中级人民法院关于假释、减刑人员庭审的监督工作，4名市政协委员参加全市公务员面试的监督工作；先后推荐18名委员参与9件信访积案的评查工作，有效地解决了涉及房屋、职工安置等方面的问题。7名市政协委员担任司法局执法监督员。委员们通过参与各类社会监督工作，实现为民建良言、献良策，为政府汇民意、集民智，为政协添光彩、做贡献的作用。

【办理委员提案】 市政协十三届四次会议以来，共征集提案786件，经审查，立案771件。加强提案线索征集工作。开展向社会公开征集提案线索和向市直部门征集提案选题活动，征集各类线索和选题500余条，汇总整理168条提案参考题目；利用“济南市12345政协提案线索直通车”平台，先后组织中共、妇联、民建、工商联等界别组的委员就城市管理、教育、妇女儿童权益保护等专题，现场接听市民电话，丰富提案素材。严格审查程序。加大审查力度，首次实行提案预审，预审提案近300件，提高提案审查的准确性。做好提案办理工作。向市委办公厅、市政府办公厅报送《关于商请协助做好重点提案督办工作的函》和11期《重要提案摘报》。引导和配合各承办单位开展面复协商活动，召开提案办理协商面复会30余次。继续运用网络形式组织开展提案工作双向评议，共有93个承办单位和212名提案者参加，促进提案质量和办理质量共同提高。开展提案办理“回头看”工作，有46件提案通过“回头看”活动由B类（正在研究解决）转为A类（已解决）。

【对外联谊】 发挥好港澳委员、特邀顾问对外联系广泛的优势，引介荷兰莱姆法斯特斯投资公司、俄罗斯莫斯科西纳公司等海内外知名企业来济考察投资。走访港澳委员企业、在济台资企业和侨资企业，推动多个国家和地区友好人士来济交流洽谈，促进合作共赢。先后组团出访新西兰、澳大利亚、南非、波兰、意大利等国家参加地方合作论坛、经贸文化交流等外事活动。年内，接待纳米比亚温得和克市政府代表团、阿联酋客商、荷兰基金高管等国际友人及港澳台地区的交流团组200余人次。进一步加强港澳台侨联谊，协助香港济南联谊总会完成换届，接待台湾乡镇市民代表会联合总会参访团等友好团体。坚持“五侨”联席会议制度，参加济南市涉侨法援在线服务中心“侨e法援”开通仪式等活动。

【文史资料征编】 征集、编辑出版《济南文史》杂志4期、特刊1期，计70余万字，图片200余幅。与济南市考古研究所合作，编辑出版《济南文史》济南抗战遗址特刊，通过图文展示的方式真实再现济南抗战史；策划、编辑、出版纪念中国人民抗日战争暨世界反法西斯战争胜利70周年专刊，发表新征集抗战史料30余篇，再现济南人民的抗战事迹；编辑出版《济南非遗传人撷英》，全面启动《济南历史文化辞典》编纂工作。为纪念中国人民抗日战争暨世界反法西斯战争胜利70周年，与市委党史研究室、市博物馆联合举办“铭记历史、珍视和平”——济南惨案历史图片展，全面展示“五三惨案”发生的前因后果、产生的重大影响。

【重要文件】 《政协济南市委员会2015年协商工作计划》（2015年4月3日中共济南市委办公厅、济南市人民政府办公厅印发） 2015年市政协协商工作计划的指导思想是：全面贯彻落实党的十八大和十八届三中、四中全会精神，深入贯彻落实习近平总书记在庆祝人民政协成立65周年大会上的重要讲话精神，紧扣“四个全面”战略布局，围绕市委、市政府2015年总体工作部署，以推动全市经济社会发展和改善民生为重点，进一步明确协商内容，规范协商程序，改进协商方法，提高协商成效，推进全市协商民主广泛多层制度化发展，为“加快科学发展，建设美丽泉城”贡献力量。

《政协年度协商工作计划制定办法（试行）》（2015年5月12日中共济南市委办公厅、济南市人民政府办公厅印发） 为充分发挥人民政协作为协商民主重要渠道和专门协商机构的作用，推进政治协商、民主监督、参政议政制度建设，不断提高政协协商民主制度化、规范化、程序化水平，根据《中共中央关于加强社会主义协商民主建设的意见》有关要求和省委办公厅、省政府办公厅印发的《政协年度协商工作计划制定办法（试行）》（鲁厅字〔2015〕4号）文件精神，结合济南市实际，制定本办法。《办法》从政协年度协商工作计划的内容、制定原则、形式及协商议题的内容、提出等方面做出规定。

《关于加强人民政协协商民主建设的实施意见》（2015年11月12日中共济南市委办公厅、济南市人民政府办公厅印发） 为深入贯彻落实中央和省委关于加强协商民主建设的有关文件精神，结合济南实际，就加强全市人民政协协商民主建设提出实施意见。《意见》从六个方面作出规定：一是加强人民政协协商民主建设的重要意义、总体要求和基本原则；二是政协协商的主要内容、协商议题和年度协商工作计划；三是政协协商的主要形式；四是政协协商活动的组织、成果转化和协商成效评估；五是完善政协履职制度，不断提高政协协商能力；六是切实加强党对人民政协协商民主建设的领导。

（张　婧）

【中国国民党革命委员会济南市委员会】 全年发展党员17名，平均年龄38岁，其中博士研究生1人、硕士研究生4人、副高职称4人、市管干部2人，实现组织发展的新突破。2015年，民革市委被民革中央评为“全国思想宣传理论工作先进单位”。

思想与组织建设。民革市委按照“学习实践活动年”的工作主题，开展坚持和发展中国特色社会主义学习实践活动，深入学习领会习近平总书记系列重要讲话精神和中共十八大及十八届三中、四中、五中全会精神，认真学习中央统战工作会议和中共济南市委十届八次、九次全体会议精神，印发《关于开展“学习实践活动年”征文活动的通知》。以抗战胜利70周年为契机，民革市委和各基层组织开展走访慰问抗战老兵、参观抗战纪念馆等活动。基层组织换届是2015年的重点工作，民革市委高度重视，研究制定《民革济南市委2015年基层组织换届工作实施方案》，召开基层组织换届工作会议，认真贯彻党管干部、属地化管理原则，紧紧依靠各级中共党组织。换届前，就基层组织候选人情况，充分征询和听取各区委统战部和单位中共党组织的意见，为换届工作提供保障；利用换届契机，整合人才资源，优化组织布局。加强对基层换届的指导，为总支和支部提供相关规范性文件和程序样板，确保换届会议严谨有序。

参政议政。在市政协十三届四次会议上，民革市委提交集体提案9篇，其中大会发言《拓展济台合作领域，助推我市生物医药产业发展》先后得到省委常委、市委书记王文涛两次批示，该提案被评为2015年度市政协优秀提案。市级政协委员提交提案42篇，各区总支及政协委员提交提案37篇。6月，民革民盟界别市政协委员前往高新区济南药谷，就济南市生物医药产业发展情况进行调研。8月3日，就济台生物医药产业合作问题，市委会邀请高新区负责人一同赴民革中央汇报座谈。全年累计上报中央、省、市社情民意信息270余篇。其中，上报中央《零讯》27篇、省级71篇，取得全省民革17地市排名第二和市级民主党派、工商联排名第一的成绩。

社会服务。探索社会服务新形式，民革市委于年初成立“同心法律服务团”，团队成员由从事法律和社会工作的17名民革党员组成，为公益性志愿团队。4月18日，法律服务团联合济南经济广播电台在赤霞广场举办“法律同心行、服务在身边”活动，为100多名市民提供免费法律咨询服务。推进“博爱·牵手”活动。“六一”前夕，市委会与市中心医院支部联合举办“共耀星空·鼓舞童年”公益活动，呼吁社会关爱孤独症儿童；民革党员孔祥仁情系山东革命老区，出资20万元资助老区建设发展；市中区总支关爱贫困家庭，组织党员捐款资助贫困家庭大学生完成学业；天桥区总支连续多年慰问环卫工人；山师附中支部坚持义教助学活动，并向贫困儿童捐赠图书。（刘　妍）

【中国民主同盟济南市委员会】 截至年末，全市共有盟员1284人。全年共发展新盟员51人，平均年龄为37.6岁。

思想与组织建设。把深入学习贯彻习近平总书记系列重要讲话和党的十八大及十八届三中、四中、五中全会精神作为贯穿全年的重大政治任务，不断巩固多党合作的共同思想政治基础。市民盟各级领导班子及广大盟员通过参加培训研讨，实现集中学习教育的全覆盖。截至年末，全市民盟基层组织换届工作全部完成，新建6个支部、撤销4个支部。新进基层领导班子成员64人，平均年龄40.23岁，大学及以上学历61人，中级及以上职称49人。民盟济南市委首次设立新盟员临时总支，完善盟务特派员、盟务顾问制度，帮助新盟员更快积累盟务工作经验。输送年轻骨干成员到省、市、区三级社院培训百余人次，对在职骨干盟员分期分批展开培训工作，基层组织负责人业务轮训6批计70余人次。

参政议政。民盟市委领导班子成员通过参与全市党外人士情况通报会、协商座谈会等活动履行协商职能，就全市党风廉政建设、《中国共产党统一战线工作条例（试行）》的贯彻落实、济南市“十三五”规划的制定等协商建言。在市政协十三届四次会议上，市民盟提交大会发言1篇、交流材料2篇、集体提案3篇，其中《我市中等职业教育亟待解决的问题与建议》提案，被评为市政协优秀提案。民盟市委发挥政协界别组活动优势，组织民盟界别政协委员调研济南药谷和济南市海绵城市建设情况。为更好发挥盟内代表性人士的作用，民盟市委聘请22名在各领域学有专长的盟员作为参政议政重点联系人士，全年征集提案素材100余篇。全年上报社情民意信息40余篇，有10余篇分别上报市政协、市委统战部和民盟山东省委等，其中《建议引入第三方参与安全生产大检查》被省政协采用。

社会服务。民盟历下、市中、槐荫、历城基层委员会相继挂牌成立“同心社区服务站”。民盟历下区基层委员会联合历下医院到社区开展专项体检及医疗咨询服务，民盟天桥区基层委员会组织盟员到社区开展扶贫济困“爱心基金”捐助活动，槐荫区基层委员会举办青少年科普知识进社区活动等。农村教育“烛光行动”继续推进。六一节前夕，民盟市委带领民盟济南职业学院总支、槐荫区机关二支部为长清区贾庄村幼儿园捐赠学习用品；民盟长清区支部为孝里镇东障小学捐赠价值10.72万元教学设施，并建立关爱留守儿童学校。民盟市委继续关注支持民盟爱心服务基地——济南布谷鸟特需儿童之家的建设。（李志强）

【中国民主建国会济南市委员会】

全年发展新会员58人，其中具有研究生学历的5人、具有中高级职称的13人，会员涵盖政府机关、企业、经济等多个领域。通过总支换届和市直支部调整，截至年末，市委会有7个总支、23个市直属支部，支部规模更趋合理，组织机构更趋完善。积极申报省级文明单位，民建济南市委会机关被评为2015年度“省级文明单位”。

思想与组织建设。通过举办座谈会、报告会等形式，组织会员认真学习贯彻习近平总书记系列重要讲话和中共十八届三中、四中、五中全会精神，学习《中国共产党统一战线工作条例（试行）》和全省、全市统战工作会议精神。在《济南民建》期刊开设“学习贯彻中央统战工作会议精神”专栏，及时报道学习动态。举办“坚持和发展中国特色社会主义学习实践活动”培训班，组织各总支、支部负责人、骨干会员等50余人赴重庆参观学习。举办新会员培训班，邀请会内外专家做专题辅导报告。推荐人员参加民建中央举办的基层组织负责人培训班、市委统战部举办的民主党派骨干成员进修班等。做好基层组织换届工作，制定《民建济南市委2015年基层组织换届工作方案》，完成市中、历下、槐荫、历城、天桥5区总支和市直总支的换届工作，新成立高新区总支。撤销原市直机关、机械、轻工、商贸、经济、金融6个行业性支部，在其基础上成立13个新的直属支部。

参政议政。民建济南市委会班子成员参加市委、市人大、市政府、市政协组织的协商会、座谈会及各类考察调研活动，围绕关系全市经济社会发展的重要课题，提出意见建议10余件。在中共济南市委十届八次全会召开后，主委会围绕“打造四个中心，建设现代泉城”开展调研，在市政协常委会等会议上提出多项建议，其中《关于打造济南区域金融中心的建议》《关于打造济南区域物流中心的建议》等意见建议得到市领导重视和肯定，部分建议进入党政决策。在市政协十三届四次会议和市人大十五届四次会议召开期间，市委会提交集体提案12件，政协委员提交个人或联名提案43件，人大代表提交建议10余条。《关于巩固创卫成果建立长效机制的建议》提案被确定为市政协主席督办提案。全年收集社情民意信息57篇，向省政协、民建省委、市政协等部门报送91条（次）。会员阮师漫撰写的《实施牛羊定点屠宰控制布鲁氏杆菌病流行》的建议被中央统战部《零讯》采用，《关于税收征收管理法草案的修订建议》等8篇建议被省政协采用，《关于延迟机动车驾驶人体检年审年龄的建议》等2篇建议被民建省委采用。《依法履职、尽职尽责，为全面推进依法治国工作献计出力》等2篇文章获民建中央理论研究优秀成果二等奖。全年出版《济南民建》4期，编辑印发《民建工作信息》11期，各类媒体采用市委会稿件254篇（幅）。民建济南市委会分别被民建中央、民建省委评为参政议政工作先进集体，被评为民建全省新闻宣传工作先进单位。

社会服务。举办“天使四叶草”走进章丘辛锐中学公益活动，对困难家庭学生进行爱心帮扶，捐款近3万元。人资环委员会与市委统战部联合开展“天使四叶草”下乡送温暖活动，走访慰问28户困难群众，捐助2万元现金及生活用品。历下区总支到济南市儿童福利院民建爱心基地开展公益活动，捐赠价值1.5万元的学习、生活用品。市中区总支开展扶贫助学、捐资救助和慈善一日捐等社会公益活动，捐款捐物19.4万元；天桥区总支以爱心结对一帮一、帮扶困难家庭等形式，捐款捐物近50万元；槐荫区总支开展社会公益活动，捐款捐物累计30余万元；历城区总支以捐建教学设施、向区政协爱心联合会捐款、爱心结对子等方式捐款捐物70余万元；市直总支开展关爱患病儿童公益活动，捐款近3万元。会员企业全年安置就业800余人（次），会员开办的学校和机构培训5000余人（次）。（宋华珂）

【中国民主促进会济南市委员会】

截至年末，民进济南市委员会共有基层组织57个，其中总支6个、基层支部51个。有会员878人，其中中高级以上职称727人，占82.8%。会员界别情况为：教育、文化、出版主界别669人，占76.2%；科技、医卫、政府部门及其他209人，占23.8%。全年发展会员42人，平均年龄38岁；其中，中高级以上职称职务35人，教育文化界26人、其他界别16人。在2015年民进中央、省委会、市委会开展的评选先进活动中，济南一中支部被民进中央评为“全国先进基层组织”，徐琳、严工2位会员被评为“全国先进个人”；市直机关支部被省委会评为“全省先进基层组织”，王洪新等26人被评为“全省先进个人”；15个支部和125名会员被评为市先进基层组织和先进个人。

思想与组织建设。认真学习贯彻习近平总书记系列重要讲话和中共十八届三中、四中、五中全会精神。结合民进成立70周年举办书画展、座谈会、小型会史展等活动，深化优良传统的教育与传承，进一步筑牢共同思想基础。以抗日战争暨世界反法西斯战争胜利70周年为契机，开展爱国主义教育。组织会员参加全市统一战线纪念抗日战争胜利70周年主题报告会，联合主办“浩歌长啸”历代爱国诗词名篇书画艺术邀请展，参加市政协举办的纪念抗战胜利70周年书画展等活动。按照《基层组织换届工作实施方案》要求，民进市委会先后2次召开主委办公会，专题研究，同时加强与各区委统战部、基层组织所在单位中共党组织的沟通，听取意见建议。7月下旬，专门召开基层组织换届工作会议，对换届工作进行动员和部署。截至年末，基层组织换届工作已完成。新成立章丘总支，新建支部3个，对原济南师范和幼儿师范支部进行合并。制定并印发《关于市委常委、委员、基层组织领导班子履职考核制度（试行）》。在全市基层组织开展评选先进支部和先进会员活动，推动基层组织建设再上新水平。通过举办培训班，推荐参加省、市党外代表人士培训班等方式，提升后备干部队伍的政治素养和理论水平。

参政议政。市委会主要领导多次参加中共济南市委、市政府、市政协举行的党外人士座谈会、情况通报会、专题议政会，围绕“科学编制‘十三五’规划”、市政府工作报告等提出意见建议。在市政协专题议政性常委会上做《让文化成为提升我市城市首位度强大引擎》的大会发言。各级特约人员认真履行职责，参加各级党委、人大、政府、政协组织的调研、提案督办、行风政风评议等活动，发挥民主监督作用。在年初各级两会上，共提交建议、提案157件，其中集体提案10件。《关于建立关爱农村留守儿童工作机制》的集体提案，被列为市政协十三届四次会议重点督办提案之一。注重发挥各专委会、基层组织和广大会员的作用和优势，不断完善“集智聚力”的参政议政工作机制。召开参政议政工作会议，围绕全市经济社会发展大局，围绕群众关心的热点、难点问题进行讨论，提出有关教育、医疗、城市规划、环境卫生等方面的近20个调研题目。向有关部门上报反映社情民意信息62件。其中《关于教师绩效工资分配的几点建议》《历山路铁路桥下道路两侧墙面损毁严重存在重大安全隐患，直接影响“创卫”工作》均被市政协单篇采用。

社会服务。“作家、音乐家进校园”活动先后走进稼轩小学和明湖小学。经济法律委员会的扶贫济困、科技医卫委员会的科技支农、教育委员会的教育公益讲座、文化出版委员会的文化进校园、妇委会的关注留守儿童，天桥总支的“关注弱势群体——春风行动”、市中总支的“绿荫·泉”关爱残疾儿童活动、历下总支的医疗下乡、槐荫总支的法律援助、历城总支的文化下乡、章丘总支的“关爱特教师生”等活动都体现了各自优势。2015年，市委会被民进中央授予“民进全国社会服务工作先进集体”称号，并在省委会社会服务工作会议上做典型发言。年初，全市会员响应民进中央“书香彩虹”捐书行动，向贵州省毕节市金沙县捐赠图书5600余册，价值8万余元；经济法律委员会和企业支部会员先后向堤口路街道“暖心工程”和长清区龙湾小学捐赠物品近3万元；一中支部为农村学校联系调拨学生用餐座椅180套，价值7万余元。

（王洪伟）

【中国农工民主党济南市委员会】截至年末，全市共有农工党员850人。民盟济南市委机关被评为“山东省文明单位”，市委会被农工党中央评为“先进集体”，高新区总支、历下区综合支部、市直三支部被农工党中央评为“先进基层组织”。农工党员孙蓉当选“泰山学者”、逄曙光被评为“山东省有突出贡献中青年专家”、兰宗晓获第四届“影响山东十大经济女性”称号。

思想与组织建设。认真学习贯彻习近平总书记系列重要讲话和中共十八大及十八届三中、四中、五中全会精神。举办参政议政、社情民意信息专题培训班和基层组织负责人培训班等，学习贯彻中央、省委、市委统战工作会议精神和《中国共产党统一战线工作条例（试行）》。选派骨干党员和机关干部参加中共山东省委理论学习中心组辅导报告会、农工党山东省委参政议政培训班等。市委会与省委会联合举办纪念农工党建党85周年暨抗战胜利70周年活动。5个区总支、35个支部全部完成换届工作。年内，成立天桥区综合支部、市中区综合支部、历下区总支所属医院联合支部。11月，派员参加市委统战部在上海复旦大学举办的党外代表人士培训班，机关干部及部分基层骨干参加农工党山东省委在重庆市委党校举办的全省机关干部培训班。12月16日，市委会举办2015年度新党员培训班。

参政议政。农工党济南市委会主要领导参加中共山东省委、济南市委召开的民主协商会、座谈会、情况通报会等，就重大决策、重要人事安排等发表意见建议。领导班子成员积极参加农工党中央、省委会和中共山东省委、济南市委、市委统战部组织的座谈会、协商会。在市政协十三届四次会议上，市委会提交《关于我市基层医疗卫生机构综合改革的建议》等9件集体提案，副主委王玉作《关于我市基层医疗卫生机构综合改革的建议》的大会发言。4月4~7日，市委会承办以“治理水污染、保护水生态”为主题的农工党全国副省级城市第九次工作联席会。组织市民进、农工党政协委员界别组委员调研全市食品安全生产情况、民办基础教育发展情况。下半年，农工党市委会集中调研并形成《以“创客”培育为重点，着力打造创新创业之城》《关于济南市利用省会经济圈优势加快发展的建议》等11份调研报告。在市级以上报刊、网站刊登宣传文章、信息90余篇（条）次。农工党济南市委被市委统战部评为全市统战理论调研宣传“四新工程”先进单位。

社会服务。3月7日，农工党济南市委会“泉城义工志愿服务队”、历下综合支部等参加“青春绿色行动、共建美丽泉城”千人植树活动。3月20日，市中医医院支部主任马建华组织支部专家联合济南市老龄委走进幸福家园老年公寓义诊。3月27~29日，号召济南市全体农工党员捐出36270元特殊党费支持农工党“一干”会址维修与布展工作。7月27日，天桥区疾控中心与农工党济南市天桥区总支部、天桥区综合支部在大桥镇靳家举办主题为“抗击肝炎、预防现行”“疫苗接种好、铸就健康路”宣传活动。11月11日，市委会、市中区总支在市中区魏家庄街道办事处馆驿街社区联合举办第二十七届中国“国际科学与和平周”义诊服务法律咨询活动。

（邢介叁）

【中国致公党济南市委员会】截至年末，致公党济南市委会辖总支部6个、支部14个，有致公党员434名。全年新发展致公党员31名。市委会获致公党山东省委党派工作创新成果奖2项。历城区支部、长清区支部被致公党山东省委评为组织建设工作先进集体，49名致公党员被致公党山东省委评为优秀党员。

思想与组织建设。组织全市致公党员认真学习中共十八大和十八届三中、四中、五中全会及中共济南市委十届八次、九次全会精神。以纪念中国致公党成立90周年和抗日战争胜利70周年为契机，开展坚持和发展中国特色社会主义学习实践活动。领导班子成员参加各级各类培训班、进修班和集中轮训班7人次，选送5名党员参加市民主党派代表人士进修班和党外处科级干部进修班，举办组织工作推进会、骨干党员培训班和新党员培训班各1期，110余人次参加培训。出版《济南致公简讯》4期、《济南致公》2期。致公党中央网站、《济南日报》、济南统战信息等选用信息报道50余篇。历下区支部被致公党山东省委评为宣传思想工作先进集体。开展“创建先进基层组织、争当优秀致公党员”活动。15个基层组织完成换届和届中调整任务。新成立济南高新区总支部和济南高新区一支部、二支部。新设立法律工作委员会，专委会达7个。

参政议政。市委会领导参加济南市召开的党外人士座谈会、情况通报会和民主协商会10余次，就政府工作报告、中共济南市委关于制定十三五规划的建议等重大事项，提出意见和建议。受聘担任特邀监察员、监督员、审计员的致公党员，认真参加执法检查监督、行风政风评议等活动。市委会向市政协十三届四次会议提交大会口头发言1件、书面发言2件、集体提案6件。大会发言《推进环境污染第三方治理，转变环境治理和管理方式》受到省委常委、市委书记王文涛的重视和批示，市委会提案《大力推行环境污染第三方治理新模式的建议》被确定为市政协重点提案。致公党员中的各级人大代表、政协委员在各级两会上提交提案、建议60余件。征集报送社情民意信息20余件，《建议十三五规划建立和完善公众可感知的生态环境指标》被选为致公党中央常委会口头发言。市委会获致公党中央参政议政优秀成果2项，获致公党山东省委参政议政优秀成果1项，被市政协评为反映社情民意信息工作先进单位。天桥区支部被致公党山东省委评为参政议政工作先进集体。

社会服务。市委会为平阴县玫瑰学校捐赠价值近2万元的学习和文体用品。与市“五侨”部门联合开通济南市涉侨法援在线服务中心——“侨e法援”。市委会倡导并由致公党员韩吉书发起成立济南致信公益发展中心。企业家工作委员会联合生活日报、济南鑫禾生物科技有限公司、济南米诺雅商贸有限公司和山东宜快宜慢便利连锁有限公司，为章丘市垛庄镇官营小学捐建“同心·致福书屋”1所，捐赠图书3600余册和价值1万余元的文体、生活用品。市委会协办首届中国留学人员创业园·海创大赛。天桥区支部组织慰问槐荫区城管局的保洁员，并邀请专家举办心理知识讲座。省立医院支部6名致公党员赴贵州省毕节市七星关区人民医院开展为期一周的“致福送诊”活动，诊治病人102人次，培训医务人员150余人次。市中区支部2次组织致公党员到社区和老年公寓慰问老人。历城区总支组织致公党员为东邢村社区100余名老年人进行义诊，免费发放价值1万余元的药品。袁武杰向中国红十字会成长博爱基金捐助6万元。赵家军当选中华医学会内分泌分会候任主任委员，获山东省科学技术进步一等奖1项。卢林被国务院残疾人工作委员会授予“全国自强模范”。张立敬被评为山东省引进海外高层次创业人才，被授予“泰山学者海外特聘专家”称号。韩吉书获山东省科学技术进步二等奖1项，樊兆民获山东医学科技奖二等奖1项。省立医院支部被致公党中央评为致公党扶贫开发工作先进集体。市委会获致公党山东省委社会服务重大贡献奖1项，省立医院支部被致公党山东省委评为社会服务工作先进集体，律师会计师支部被致公党山东省委评为对外联络工作先进集体。　（张贵军）

【九三学社济南市委员会】　截至年末，全市共有成员613名，全年发展成员34名，社员的界别、知识和年龄结构逐步优化，整体素质稳步提升。

思想与组织建设。组织九三学社成员认真学习贯彻习近平总书记系列重要讲话和中共十八届三中、四中、五中全会精神，学习《中国共产党统一战线工作条例（试行）》精神。九三学社济南市委会领导班子全体成员，赴上海复旦大学管理学院，参加济南市党外人士进修班，学习贯彻落实中央统战工作会议和《条例》精神。以纪念抗日战争胜利暨九三学社成立70周年为契机，开展爱国主义、中国特色社会主义和革命传统教育。9月11日，社市委举行纪念抗战胜利暨九三学社成立70周年演讲会。九三学社中央授予历下区委员会“庆祝九三学社创建70周年全国优秀基层组织”称号。先后对天桥区、历城区、历下区、槐荫区、高新区和市中区委员会进行换届改选。市中区委员会主委李咸梁当选首届社中央青年工作委员会委员。社市委入选“九三学社中央第一批机关能力建设试点单位”。选派机关干部参加社中央举办的首批全国机关干部轮训，参加九三学社全国副省级城市第九次工作联席会议。选派1名机关干部赴槐荫区道德街办事处挂职锻炼，得到市委统战部和挂职单位的好评。

参政议政。围绕“打造四个中心，建设现代泉城”发展目标积极建言献策，履行参政职能。围绕如何“打造全国的区域性科技创新中心”联合市科技局为“科创中心”建设出谋划策，形成“完善创新政策、提高政府效能，推进我市科创中心建设”的调研报告。向市政协十三届四次会议提交《关于打造济南市电子商务核心区的建议》等7件集体提案，其中《关于促进我市知识产权服务业发展的对策建议》被列为市政协重点督办提案。副主委兼秘书长陈宁宁代表社市委做题为《推进大数据科技创新，驱动我市城市治理科学化与现代化》的大会发言。全国政协常委、九三学社中央副主席赖明率调研组来济就“土地规模经营与农业现代化”和“粮食安全”课题进行调研。社市委与市政协开展界别活动和联合调研，就“环境保护”“企业投资”“雾霾治理”“水生态建设”等问题调研山东汇盛天泽环境工程有限公司等社成员企业，考察卧虎山水库扩库增容工程等，为社市委参政议政工作获取信息资源。召开首次“九三学社泉城论坛”，6名来自不同行业的社员，围绕经济发展新常态建言献策。全年发表社市委有关社务工作的文章23篇，社省委、社市委网站发布各类稿件近200篇。2015年，社市委被九三学社中央评为“2014~2015年度参政议政工作先进集体”，李景全、陈宁宁被评为先进个人。社市委还分获“九三学社山东省2015年度宣传工作先进集体”一等奖、“九三学社山东省2015年度参政议政工作先进集体”二等奖。

社会服务。由社市委副主委牟国营发起的“爱之光”白内障复明公益计划，配合社中央“亮康行动”，继续在山东省的德州、淄博、青岛等地农村，为贫困患者免费提供手术治疗，还奔赴西藏自治区，为藏族同胞提供援助，全年完成白内障复明手术近千例。社员王文生连续8年为四川省旺苍县贫困地区的学生捐资助学，帮助近千名辍学儿童重返学校，合计捐助金额及物资价值约150万元，由其主导运作的公益性基金“泰月文和爨基金”，已正式纳入“中国宋庆龄基金会——爨文化公益基金”。牟国营、黄开诚、史会芳、姚增亮、马飞、胥莉被评为“九三学社山东省委2015年度社会服务工作先进个人”。

（程　亮）

【济南市工商业联合会】 思想与组织建设。开展理想信念教育实践活动。深入企业进行调研，开展“下基层、增四信”走访困难企业活动；抓住“国际消费者权益日”节点，推进诚信体系建设。加强制度和机制建设，建立工作联席会议制度，加大对非公有制企业党工委成员的联系和协调力度，新增18家企业为非公有制企业直接联系点；扩大非公企业党组织覆盖面，与市委组织部联合印发《开展“建组织、扩覆盖，抓规范、强功能”活动的通知》，对非公有制企业党组织组建工作提出目标和要求。有2名会员企业家被评为“全国劳动模范”，5名会员企业家获济南市五一劳动奖章。对市总商会网站进行全面改版，更新信息200多条。举办全市工商联系统信息员培训班，向上级报送信息100多条，在市级以上媒体发稿50余篇。对2015年度获市级文明单位的6家非公企业进行表彰，推荐12家非公有制企业文明单位。强化会员队伍和非公经济代表人士队伍建设。会员结构得到优化，已有会员15196人。在复旦大学等院校，举办非公有制经济人士、县区工商联干部、商会秘书长和青年企业家专题培训班4期，与北京大学国家发展研究院合作举办2期讲座，组织企业家副主席、副会长参加党外代表人士培训班。加强行业（异地）商会和基层组织建设，已有各类商会203个，乡镇街办商会覆盖率100%，有驻济异地商会41家，建立了商会管理制度和考评体系。召开专题会议，印发《五好县级工商联建设工作实施意见》，解决了长期困扰5个县区工商联机构编制办公独立的问题。

参政议政。配合省工商联就民营企业“走出去”情况等3个重点课题在济调研活动的开展，撰写并提交《济南市民营企业“走出去”情况调研报告》。围绕新生代民营企业家队伍建设工作，推进行业协会商会规范发展课题调研。根据省工商联民营经济发展环境评议工作要求，完成济南市的评议工作。在市政协十三届四次会议上提交4个大会发言，其中《积极扶持、大力培育，促进本土企业创新发展》得到省委常委、市委书记王文涛的批示。提交团体提案5个，其中2个被推荐为优秀提案。

经济服务工作。分别与天津银行、光大银行签署战略合作协议，成立“济南市工商联—齐鲁银行银企协会”，举办10多次银企合作洽谈会。促成济南菏泽商会、温岭商会、台州商会与天津银行签署战略合作协议。联合召开全市贯彻落实《关于构建和谐劳动关系的意见》会议，5家会员企业被评为全市和谐劳动关系企业，1家被评为全市厂务公开民主管理先进企业。成立“市政法工作服务促进非公有制经济发展联席会议”，参与“法治六进”活动，联合6家会员律师所成立“济南市工商联法律服务中心”，为驻济异地商会、会员企业及民营企业提供法律服务。组织48家会员企业参加省工商联民营企业“实力百强”“公益百星”“创新百家”评选表彰等活动。在全国民企500强评选中，有3家企业入选“中国民营企业500强”，4家企业入选“中国民营企业制造业500强”，1家企业入选“中国民营企业服务业100强”。参与全国工商联执委企业在济投资项目落地的协调工作，72个签约项目落地率达40%，45个项目进展顺利。组织90多家会员企业参加“转型升级·香港博览”等经贸洽谈会，新缔结友好商会3家，与瑞士、奥地利等海外商会建立友好商会关系。举办民营企业“走出去”专题培训班，推动企业参与“一带一路”建设。引导广大非公企业关注社会民生、参与各类慈善事业。为贫困农村铺路、架桥、上项目198项，到位资金1.2亿元。各类公益捐赠等投入4600余万元，吸纳安置就业再就业人员6000余人，为对口帮扶贫困村捐助资金和物资近100万元。（张攀峰）

【济南市总工会】 市总工会辖10个县（市）区总工会及高新技术产业开发区总工会、27个局（公司）工会和13个大企业工会。全市有基层工会组织20142家，涵盖法人单位100535家。建会单位职工2451834人，其中女职工884642人；工会会员2419059人，其中女会员874645人。有工会专职工作人员15199人，兼职工作人员37441人。市总工会机关设11个部室，编制61人，下属4个事业单位。

1.全面推进依法治会，科学谋划改革创新。结合济南工会工作实际，研究出台《关于深入学习贯彻党的十八届四中全会精神全面推进依法治会的实施意见》，着重围绕依法建会、依法管会、依法履职、依法维权，从6个部分19个方面提出思路对策，为推进工会工作的法治化建设起到积极作用。牵头起草《中共济南市委关于加强和改进党的群团工作的实施意见》，形成群团组织助力创新创业创优等“五个行动方案”，得到市委的高度评价和充分肯定。

2.参与全市改革发展，组织动员职工建功立业。市委、市政府将职工技术创新竞赛、厂务公开民主管理、工资集体协商等9项重点工作纳入全市科学发展综合考核，各级工会高度重视，积极推进落实。参与大气污染防治行动，举办以“我为节能减排做贡献”为内容的职工书画摄影展，在职工群众中引起积极反响。开展职工技术创新竞赛，提高职工技能水平和创新能力。全年开展各类职业技能竞赛4973项，开展“五小”革新发明6551项，提合理化建议56181件，新创建劳模创新工作室121家。开展重点工程劳动竞赛，在二环快速路建设工程开展以“建设美丽泉城、劳动实现梦想”为主题的劳动竞赛，在全市保障性住房工程开展以“创一流工程、保百姓安居”为主题的劳动竞赛。各级工会深入开展“组织职工查隐患、抓好安全促发展”活动，全市有1.9万家企事业单位、87万名职工参与，查出安全隐患2.8万项，截至年末，整改完成1.8万项。

3.开展职工素质教育，构建和

谐劳动关系。开展“中国梦·劳动美”主题教育，弘扬劳模精神、劳动精神，以社会主义核心价值观凝聚思想共识。推进“职工书屋”建设，全市有5家单位被命名为“全国职工书屋示范点”。与市人社局、司法局和山东辰静律师事务所共同设立济南市劳动人事争议法律援助工作站，联合举办“构建和谐劳动关系，维护职工合法权益”普法宣传月系列活动，成立市总工会法律顾问团，建立济南市工会法律援助体系。法律援助工作站被命名为“山东省工会职工维权法律服务示范单位”。推进工资集体协商5年规划落实，健全领导机制、联动机制、考核机制和监督检查机制，全市建会企业集体协商建制率达92.2%，世界500强在济建会企业建制率100%，中小企业建制率达72.5%。以健全“合力推进、分类指导、典型引领、素质提升、考核督导”五项机制为突破口，推进厂务公开民主管理规范化、标准化和制度化建设，已建工会规模以上非公有制企业职代会和厂务公开建制率达95%以上。

4.推进“四季服务”经常化精准化，做好促进就业创业工作。参加“全国工会就业援助月”活动，承办山东工会“春送岗位”系列活动，提供用工岗位万余个；全市各级工会筹集资金530万元，走访企业305家，为15.2万名职工送去慰问；筹集资金255万元，对1060名特困职工子女和困难农民工子女实施助学援助；筹集送温暖资金1194万元，走访慰问困难企业28家，救助困难劳模、困难职工、困难农民工1.7万人次。职工医疗保障工作有了新进展，全年发放救助金385.1万元，救助患大病职工1435人次。市总工会拨付专项资金265万元用于县级职工服务中心建设，全部完成并通过省总工会检查验收，济南市工会农民工服务基地投入运行使用。开展就业援助、小额贷款、创业扶持工作，全年培植“工字号”基地282个，培养创业带头人362人，命名表彰11家4A级“工字号”基地，培训下岗职工和农民工1.3万人次，安置就业4960人，发放小额贷款270万元，帮扶33名下岗失业人员、困难职工和返乡农民工实现自主创业。

5.加强乡镇（街道）工会建设，重视农民工入会和服务工作。规范乡镇（街道）工会机构设置和干部配备，全市146个乡镇（街道）建立总工会84个、工会工作委员会59个、工会联合会3个，其中104个乡镇（街道）由副书记、组织委员、副镇长等兼任工会主席；配备专职副主席或工会干事79人，配备专职工会干部131人。制定出台《济南市社会化工会工作者管理办法》，各县（市）区社会化工会工作者招聘使用工作有序开展。成立市总工会农民工工作领导小组，专门召开会议，对做好农民工入会、服务和维权工作进行安排部署。开展农民工输出地“源头入会”、输入地“集中入会”等活动，年内新增农民工会员8.2万人。

（董　雪）

【共青团济南市委员会】 团市委围绕“打造四个中心，建设现代泉城”中心任务，坚持“简而实”的工作总基调，精准发力，苦练内功，团的重点工作实现新突破，整体工作得到新提升。截至年末，团市委共有委员45人、候补委员8人，机关下设8个部室，编制32人。下属济南市志愿者工作指导中心、济南市团校（青年学院）、济南市青少年宫3个正县级事业单位。全市共有基层团委1111个、团总支1115个、团支部11996个，有专职团干部1734名、团员39.1万余名、少先队员46万余名。

1.共青团工作在全局中的贡献率提升。①服务省会经济发展。深化青年文明号、青年突击队、青年安全示范岗等创建工作，推进“助力县域科学发展工程”，实施农村青年“领头雁”培养计划。组织青年企业家赴台参加鲁台经贸洽谈会，在台举办“互动·携手·共赢”两岸青年创业发展合作论坛和“济台青年圆桌会议”，促成对济南创新谷、齐鲁药谷、天桥新材料产业园的推介招商。②推动青年创新创业创优。构建资金、培训、阵地、政策、项目“五位一体”服务体系，举办驻济高校首届创客市集，承办首届省青年电子商务大赛，实施未来企业家成长计划，开展就业创业大讲堂等活动。全年共建立“青春创业工作站”5家，直接扶持创业青年318名，新建青年就业创业见习基地43家，发放各类贴息贷款4948万元；举办招聘会45场，提供就业岗位2614个。③提升城市文明程度。推进志愿者在全省注册系统进行注册，截至11月末，全市注册青年志愿者达14万余人，总量位列全省第一。建成青年志愿服务岗（站）37个，完成第三届冬季畅游泉水邀请赛、第二十二届国际历史科学大会、"发现双创之星"主题系列活动等大型赛会志愿服务任务。全年参与志愿服务20.53万人次，志愿服务总时数136.33万小时。④参与社会治理创新。注册成立泉城青少年事务社会工作服务中心，争取资金197.28万元用于购买社工服务，全市青少年事务专业社工队伍达173人，项目总数32个。举办青年社会组织领袖沙龙、优秀公益项目分享会和青年社会组织负责人培训班，泉城公益组织联盟新吸纳驻济公益组织41家。⑤投身生态济南建设。开展泉城青年环保嘉年华、"大美济南·拍客归来"、节水保泉等活动，建立全国青少年农业科普示范基地2处、省级青少年绿化基地1处，建设青少年体验式绿色环保基地"黄河青年营"，联系各类环保志愿者队伍73支。

2.省会共青团工作首位度凸显。少先队工作处于全团领先。在全省率先完成市、县总辅导员配备，推动活动课程进课表，落实专项经费保障。组织全市说课展示，在全省说课比赛中有2人获一等奖。网络舆论引导走在前列。推动"济南青年之声"平台上线，打造"青春济南"微信微博体系。"青春济南"微博微信综合影响力居全省地市级团组织第一位，"青春济南"新媒体被新华网评为"十佳共青团政务新媒体"，"青春济南"微博被新浪网评为"山东十大团委系统政务微博"。做大做强网评员、网宣员和青年网络文明志愿者3支队伍，注册网络文明志愿者达68581人。电商扶贫经验在全团宣传推广。对口帮扶商河县张铁匠村挖掘传统手艺，注册"张铁匠"品牌，开设网店、微店，实现销售收入13万元。举办农村青年电商培训班7期，培训青年1300人。志愿服务项目奖牌总数位列全省第一。在第二届中国青年志愿服务项目大赛中，济南市获1金牌、1银牌；在首届省青年志愿服务项目大赛中，获3金牌、10银牌、7铜牌，奖牌总数均列全省第一。培养、选树一批优秀青年（集体）典型。选树"十大杰出青年""泉城最美青工"等青少年典型，用身边榜样弘扬青春正能量。全年有131个集体和178名个人获省级以上表彰。青少年研究规划课题实现突破。有4项重点课题、1项一般课题获省青少年研究规划课题立项，重点课题数量居地市级团组织首位。

3.重点项目品牌效应显现。打造"书为媒"青年读书交友品牌。启动"书为媒"济南青年众筹交友图书馆项目，成为泉城青年读书交流、婚恋交友的著名品牌。打造"小泉娃关爱"弱势青少年帮扶品牌。启动"牵手关爱行动"，招募志愿者3577名进行一对一帮扶。启动"小泉娃关爱1+1全面成长众筹项目"，累计开展活动607场，为68所留守儿童小学开通免费亲情热线，惠及青少年4万余人。开展助残"阳光行动"，建立30名项目专员队伍，结对率提高至89.49%。推进"全城志愿、文明泉城"志愿服务品牌。常态化开展学雷锋、牵手关爱、心愿直通车、希望工程等特色活动，利用重要时间节点开展志愿服务。"希望工程"全年募集社会各界爱心捐款及物资269万元，资助贫困学生3250人次。打造泉城青少年思想引领品牌。开展"争做向上向善好青年·争做文明守法好网民"主题宣传教育实践活动，开展对话交流活动16场，覆盖青少年6300余名。举办"国学达人"挑战赛，全市近2万名学生参与网络挑战赛，9人被授予"泉城学子'国学达人'"称号，有1人、1个集体、1个项目在全国获奖。济南青年爱乐合唱团在第二届济南（国际）合唱节比赛中夺魁，成为引领泉城新风尚的标志性青年社会团体。举办2015年济南青少年发展论坛，开展"海选济南青年最喜爱图书TOP10"活动，弘扬社会主义核心价值观。

4.工作有效覆盖面进一步扩大。加强服务型团组织建设，推进"服务青年项目创新工程"。推荐天桥青年家园为国家级青少年综合服务平台，有4家单位和11家单位分别被评为省级、市级示范性青少年综合服务平台。巩固街道区域化团建成果，在9家省级及以上产业园区全部建立团工委。开展非公企业团建，完成全国非公有制经济组织团建工作推进会现场观摩任务。成立共青团济南市委驻上海工作委员会和上海市济南青年联合会，成为服务驻沪济南青年的重要平台。加强团员发展与管理工作，发展新团员17010名，推动广大团员注册成为志愿者。市团校全年举办各类培训班14期，培训团干部2533人次，被中国青年工作院校协会评为先进会员单位。市青少年宫推进“综合提升工程”，全年培训学员19354人次，培训收入1240万元，同比增长16.8%和16.7%；新建泺口分宫，实现招生2500人次。

【济南青年爱乐合唱团成立暨第二届公益青联项目发布仪式】 5月4日，在省会大剧院举行。济南青年爱乐合唱团是通过社会化动员组织的方式，为青年合唱业余爱好者搭建的艺术交流平台。合唱团以展示泉城青年艺术素养和文化品位，打造省会青年形象新名片为目标，努力推广普及合唱这一高雅艺术形式，引领青年文化生活新风尚。在第二届公益青联项目发布阶段，向公众发布读书、环保、关爱三大类9个公益项目，用社会化方式引领广大青年投身公益，扩大公益影响。全市青联委员、团属社团成员、优秀青年代表等，共1000余人参加活动。8月20日，济南青年爱乐合唱团在第二届济南（国际）合唱节合唱比赛决赛中，取得9.936分的全场最高分，在46支决赛队伍中名列第一。

【济南搭建对台青年交流新平台】 6月23~25日，鲁台经贸洽谈会期间，由市青年联合会和台湾新世代青年智库共同主办的“互动·携手·共赢”两岸青年创业发展合作论坛和“济台青年圆桌会议”分别在台北、高雄举行。来自海峡两岸信息软件、新材料、文化创意、电子商务和生物医药等领域的160多名两岸青年精英齐聚一堂，进行交流研讨。此次活动成功举办，标志着济南对台青年交流交往互访平台搭建完成。

2015年5月4日，济南青年爱乐合唱团成立暨第二届公益青联项目发布仪式在省会大剧院举行。 （团市委　供稿）

【泉城青少年事务社会工作服务中心成立】 7月3日，全省首家由共青团牵头的社会组织——济南市泉城青少年事务社会工作服务中心完成全部注册登记程序，正式成立。该中心是共青团济南市委主管的、在济南市民政局正式备案登记注册的民办非企业单位，是济南市首家专门从事青少年事务的社会工作服务机构。

第二十三届泉城十大杰出青年

（按姓氏笔画为序）

王聿珩　济南一州文化传媒总经理
王洪霞（女）　济南市历下区甸柳街道办事处残联康复服务员
曲　鹏　济南市公安局槐荫区分局兴福派出所所长
吕　欣（女）　济南市儿童医院儿科医学研究所副主任
汤启卫　济南日报报业集团济南时报平阴新闻部主任
李　丽（女）　山东省实验中学政教处主任、团委书记、政治课教师
李彩敏（女）　济南市章丘中学英语教师
吴　刚　齐鲁银行总行公司银行部总经理
董　丹（女）　济南市公交总公司六分公司一队驾驶员
董统玺　济南市琦泉热电有限责任公司总经理

2014年度济南市杰出青年岗位操作能手

（按姓氏笔画为序）

王洪霞（女）　历下区甸柳街道办事处助理社会工作师
史永奎　山钢股份济南分公司炼铁

厂高级技师
孙　颖（女）　济南市人民检察院助理检察员
好　强　山东至唐文化发展有限公司陶艺师
张艳卿（女）　济南市儿童医院主治医师
孟　越（女）　济南市吕剧院三级演员
孟苓菲（女）　济南市公共交通总公司驾驶员
赵　燕（女）　济南元首针织股份有限公司缝纫工
徐高峰　山东大厦调酒师
蔺　刚　山东省实验中学教师

2014年度济南市杰出青年技术创新能手

（按姓氏笔画为序）

马士玉　济南黄河路桥工程公司科研中心主任
孔　卓　中国重汽集团技术发展中心工程师
刘文静（女）　济南市园林规划设计研究院工程师
宋治强　山东小鸭精工机械有限公司车轮装备研究所所长
张　鹏　济南市节能监察支队工程师
周　燕（女）　济南边防检查站助理工程师
孟庆琳　山东丰汇集团有限公司技术主管
徐佳宁（女）　济南市农业科学研究院助理研究员
董　皓　济南育文中学教师
路俊雷　济南市公安局刑事科学技术研究所DNA检验室主检法医师

（王　健）

【济南市妇女联合会】　年末，市妇联辖县（市）区妇联11个、乡镇（街道办事处）妇联144个、社区妇联389个、基层村（居）妇代会4726个，辖市直及部门妇委会10个、民主党派妇委会7个。市妇联机关设行政处室8个，编制32人。有下属单位1个：济南市妇女儿童活动中心。

1.引领妇女在经济社会发展中建功立业。注重发挥阳光大姐品牌引领作用，全年培训2.96万人次，新增就业1.7万人次，服务家庭17.2万户，同比分别增长21%、18%和20%。全国巾帼家政经理人培训班在济举办。打造“泉水人家”女性居家创业品牌，举办创业大赛，评选优秀创业项目，寻找最美居家创业女性，建立居家创业俱乐部，激发女性居家创业热情。深化巾帼文明岗创建，开展岗位练兵、岗位比武、岗位成才活动，激发各行各业妇女创新创优活力，为转型升级贡献力量。引领妇女参与新农村建设，开展“新农村新女性新生活”培训，培育扶持一批巾帼科技示范基地、“妇字号”龙头企业、妇女专业合作组织、巾帼家庭农场，更好地带动妇女增收致富。加强女企业家协会建设，搭建交流平台，开展高层培训，组织经贸洽谈，参与公益事业，积极培树典型，促进会员企业创新发展。

2.组织妇女在文明和谐建设中发挥独特作用。开展寻找“最美家庭”活动，坚持集中联动寻找、抓住节点寻找、因地制宜寻找相结合，推进活动在城乡社区常态化开展。各级推选出“最美家庭”11298户。通过母亲课堂、“好家风好家训”宣讲，弘扬家庭美德、倡扬文明新风。深化家庭教育工作，举办亲子读书公开课、农村父母课堂，普及家庭教育知识，促进未成年人健康成长。强化典型带动，通过举办“践行核心价值观、汇聚巾帼正能量”榜样的力量事迹报告会，培育和宣传妇女先模人物和集体，激发广大妇女昂扬向上、奋发有为的精神风貌。强化活动引领，推广“泉水叮咚舞”“四德歌”健身广场舞，层层举办培训、大赛，展示泉城女性崇德向善、美丽自信的时代风采。

3.突出维权职能，切实服务妇女儿童。做好“两个规划”工作，推动妇女儿童发展“十二五”规划目标全面落实，推动解决一批重点难点问题，推动各级为妇女儿童办实事121件，推动将“两个规划”列入市及县（市）区“十三五”专项规划，促进妇女儿童事业与经济社会同步协调发展。加大男女平等基本国策宣传力度，开展国策宣传月、宣讲、征文系列活动，推动男女平等基本国策贯彻落实。强化维权服务，发挥12338维权热线、基层维权站作用，解决妇女群众的合理诉求。全市妇联系统共接待处理信访案件619件，处结率100%。全面推进妇女信访代理工作，成功代理信访案件193件。全省妇女维权工作现场会在济召开，推广济南市妇女信访代理工作经验。在农村土地确权颁证工作中协调市农业局印发《关于切实维护农村妇女土地承包权益的通知》（济农确权办字〔2015〕1号），将农村妇女土地权益纳入市农村土地承包经营权确权登记颁证工作中，确保全市已完成确权任务的4175个行政村的妇女全部实现证上有名、名下有地。深化"巾帼关爱行动"，继续实施农村妇女"两癌"免费检查、贫困母亲救助、"春蕾计划"等实事项目，全市筹集资金1058万元，为1.34万名困难妇女儿童提供关爱服务。

4.以改革创新精神推进妇联组织自身建设。加强基层队伍建设，推动村妇代会主任100%进"两委"，通过层层举办村妇代会主任培训，基层妇联干部队伍素质进一步提高。推动女性社会组织发展壮大，为其搭建平台、提供帮助，凝聚女性社会组织参与社会治理成效更加显著。进一步打造妇女之家和妇女儿童活动中心，规范管理，强化服务，阵地功能明显增强。与人大女代表、政协女委员以及各领域妇女代表的联系更加密切，与美国、墨西哥、韩国等国家及台湾等地区妇女组织的交流互访更加深入，在经济文化交流中发挥了妇联组织作用。

【李源潮到阳光大姐、市妇女儿童活动中心调研】 10月14日，中共中央政治局委员、国家副主席李源潮到阳光大姐服务有限公司、市妇女儿童活动中心调研，肯定阳光大姐是妇女就业创业的典范，家庭服务的福星，并提出妇联组织要抓住家务劳动社会化机遇，把组织妇女开展家庭服务、实现就业创业作为重要抓手，更好发挥在家庭建设中的独特作用。

济南市三八红旗手标兵

（按姓氏笔画为序）

马全英	历城区华山街道办事处马桥村两委成员、妇女主任
亓向霞	济南阳光大姐服务有限公司业务管理部工作人员
冯　媛	市中区人民法院党组书记、院长
兰宗晓	山东大国之礼教育咨询有限公司董事长
刘美丽	中国重汽集团济南商用车公司质量部质量管理室主任
孙　军	市环境监测中心站工程师
李惟红	长清区天齐律师事务所律师
张桂莲	市第四人民医院妇产科主任助理
郭秀云	济南特殊教育中心教师
魏　华	济南文艺广播FM93.6、FM100.5频率总监

（于明燕）

【济南市归国华侨联合会】 市侨联以"联络联谊年"活动为抓手，坚持老侨和新侨并重，做好拓展新侨和海外工作，进一步凝聚侨心、汇集侨力，"亲情侨联"品牌建设得到加强，侨界服务经济社会发展的独特作用得到充分发挥。年末，市侨联被中国侨联表彰为"信息工作先进单位"，获"省级文明机关"称号。

加强"亲情侨联"品牌建设。①助侨护侨。4月，举办第二届"伟龙助学金"捐赠仪式，港商林伟龙捐赠2万元，救助侨界贫困学生10名；10月，协调侨商朱立书出资20万元在长清区捐建侨心小学1所。依托"侨爱心365基金"，全年救助特困归侨67人、困难学生68名。②发挥服务平台作用。4月，开通"侨e法援"网上法律援助平台；12月，分别成立侨媛会、老归侨联谊会。全年组织侨界人大代表、政协委员、基层侨联主席接听12345为侨服务热线2次，组织侨联艺术团参加市老年人才艺大赛等活动8场次，依托"侨界心理咨询辅导站""侨联社区科普大学"举办心理健康、中医养生保健等专题讲座5次。开展"侨联主席接待日"活动，现场接访8次，调处问题10余件。③文化惠侨。4月，分别在山东艺术学院、山东省实验中学举办以"拳拳爱国心、共圆中国梦"为主题的海归专家学者报告会；5月，组织侨联文委会开展"送知识下乡"活动；10月，分别在奥地利、瑞士设立海外联络站。截至年末，海外联络站达14家。

创新服务中心工作。①深化经济联络工作。加强与海内外侨商的经贸往来和友好合作。9月，邀请纳米比亚温得和克市政商考察团参加"儒通世界·慧聚泉城"文化体验活动，推动两地缔结友好合作城市协议，启动济南与温得和克两市间的经贸往来。搭建侨商企业与区县合作平台，经市侨联协调，7月，

2015年8月14日，市侨联举办第二届伟龙助学金发放仪式。（市侨联 供稿）

英国艾姆瑞克等公司入住高新区。全年开展“苏陕侨商泉城行”“2015驻济外商泉城行”“粤辽吉冀侨商泉城行”“美国侨客商泉城行”系列活动；组织多名侨商分别赴西安、贵阳、日照等地参加招商推介活动。②发挥人才智库作用。5月，成立侨联特聘专家委员会，发挥侨界专家学者建言献策作用，提供意见建议四大类30余条；7月，启动海外理事聘任工作，首批从16个国家聘请20名知名侨界人士任海外理事。全年组织侨界政协委员视察绣源河旅游综合项目、娃哈哈食品有限公司、台湾福贞包装有限公司等，调研民营医疗机构，形成并向两会提交提案建议25篇，涉及经济、民生、教育、卫生等领域。③涵养侨企侨商资源。4月，推荐侨商参加济南市年度经济人物评选活动，1名侨商被评为“年度创业精英”；5月，组织侨企参加全市双优企业评选活动，6家企业获“双优企业”称号、3名侨商获“优秀企业家”称号。落实“侨联主席探访侨企”制度，全年走访驻济侨企20家，帮助解决生产经营中遇到的困难和问题。

【第二届“伟龙助学金”捐赠仪式】 4月9日，市侨联在济南慈善总会举办第二届“伟龙助学金”捐赠仪式，“伟龙助学金”创办人、市政协委员、香港恒丰H&F国际珠宝有限公司总经理林伟龙捐资2万元用于救助侨界贫困学生。林伟龙与母亲陈吟挥是爱心侨商，多年来热心慈善事业，自捐资38万元扩建平阴侨心小学以来，坚持每年为品学兼优的学生发放助学金、奖学金，累计金额达13万余元。

【长清区汇侨城侨心小学】 10月23日，由驻济侨企汇侨房地产开发有限公司出资20万元捐建的“汇侨城侨心小学”在长清区举行挂牌仪式，善款用于长清区武庄乡小学的改扩建工程。这是市侨联协调侨商在市郊捐建的第8所侨心小学。

（王金波）

责任编校　王　炜

政权·政务

济南市人民代表大会

【济南市第十五届人民代表大会】 济南市第十五届人民代表大会于2012年1月选举产生，有代表名额504名。各选举单位分别召开人民代表大会、军人代表大会，选举出市十五届人大代表493名。到四次会议时有代表498名。四次会议以来至2015年底，4名代表调离本行政区，2名代表辞去代表职务。年末，市十五届人大代表实有492名，空额12名。截至年末，市十五届人大常委会实有组成人员39名，其中主任1名、副主任5名、秘书长1名、委员32名。 （王会磊）

【济南市第十五届人民代表大会第四次会议】 4月10~14日在山东会堂举行。会议应到代表498名，实到代表483名。会议听取和审议市政府工作报告，市人大常委会主任徐长玉所做的市人大常委会工作报告，市中级人民法院院长李勇所做的市中级人民法院工作报告，市人民检察院检察长郭鲁生所做的市人民检察院工作报告；审议济南市人民政府关于济南市2014年国民经济和社会发展计划执行情况与2015年计划草案的报告；审议济南市人民政府关于济南市2014年预算执行情况和2015年预算草案的报告。会议通过上述报告，批准济南市2014年国民经济和社会发展计划执行情况的报告与2015年计划，批准济南市2013年市级预算执行情况的报告和2015年市级预算，并分别做出决议。会议选举时文进为市十五届人大常委会副主任，于炳生、刘书笙、张海昕、秦旭、鹿中华为市十五届人大常委会委员；选举张振忠为市人民检察院检察长（须报经山东省人民检察院检察长提请山东省人民代表大会常务委员会批准）；决定接受孟祥桓辞去市十五届人大常委会副主任、市十五届人大法制委员会主任委员和城乡建设环境保护委员会主任委员职务的请求；接受郭鲁生辞去市人民检察院检察长职务的请求。会议收到代表提出的议案32件，根据《中华人民共和国地方各级人民代表大会和地方各级人民政府组织法》和《济南市人民代表大会代表议案处理办法》关于议案处理的规定，市人大有关专门委员会对议案进行了审议，大会主席团决定均作为代表的建议、批评和意见，由市人大常委会办事机构交有关机关或组织研究处理。会后，市人大常委会有关部门加强协调督办，加大工作力度，及时将办理结果向代表做出答复。

（丁大江）

【常委会会议】 市十五届人大常委会第十八次会议 1月21日举行。会议审议通过济南市人民代表大会常务委员会关于延期召开济南市第十五届人民代表大会第四次会议的决定，听取审议济南市第十五届人民代表大会常务委员会代表资格审查委员会关于王敏的人大代表资格终止的报告，审议通过济南市第十五届人民代表大会常务委员会关于接受王敏辞去山东省第十二届人民代表大会代表职务的请求的决议。

市十五届人大常委会第十九次会议 4月3日举行。会议传达学习十二届全国人大三次会议精神。听取审议关于济南市第十五届人民代表大会第四次会议筹备情况的报告，审议通过济南市第十五届人民代表大会第四次会议议程（草案）和主席团、秘书长名单（草案），审议决定济南市第十五届人民代表大会第四次会议列席人员名单，审议济南市人大常委会工作报告稿，审议通过济南市第十五届人民代表大会常务委员会代表资格审查委员会关于补选市十五届人大代表和个别代表的代表资格变动情况的报告，审议通过济南市人民代表大会常务委员会关于设立济南市人民代表大会常务委员会预算工作室的决定和人事事项。

市十五届人大常委会第二十次会议　4月28日举行。会议听取审议市政府关于2013年度济南市市级预算执行和其他财政收支审计查出问题整改情况的报告，审议通过人事事项。

市十五届人大常委会第二十一次会议　6月4日举行。会议审议通过市人大常委会代表资格审查委员会关于吴明的济南市第十五届人民代表大会代表资格终止的报告。

市十五届人大常委会第二十二次会议　6月25日举行。会议听取审议市政府关于全市贯彻实施全民健身发展战略、加快群众体育事业发展情况的报告，关于济南市普法教育和依法治市工作情况的报告，关于济南市国有资产监督管理情况的报告，初审《济南市城市市容管理条例（修订草案）》，审议通过人事事项。

市十五届人大常委会第二十三次会议　8月27日举行。会议听取审议市政府关于济南市2015年上半年国民经济和社会发展计划执行情况的报告，关于2014年度济南市市级预算执行和其他财政收支的审计工作报告，关于济南市2014年市级财政决算草案和2015年上半年预算执行情况的报告，市人大财政经济委员会关于济南市2014年市级财政决算草案的审查报告，审议通过济南市第十五届人民代表大会常务委员会关于批准济南市2014年市级财政决算的决议，听取审议市政府关于济南市与意大利奇维塔韦基亚市缔结友好城市关系的议案，审议通过济南市人民代表大会常务委员会关于济南市与意大利奇维塔韦基亚市缔结友好城市关系的决议，审议通过济南市人大常委会代表资格审查委员会关于周辰的济南市第十五届人民代表大会代表资格终止的报告，审议通过《济南市城市市容管理条例（修订草案）》，初审《济南市市政工程设施管理条例（修订草案）》，审议通过人事事项。

市十五届人大常委会第二十四次会议　10月28~30日举行。会议听取审议市政府关于2015年地方政府债券收支安排及市级预算调整方案的报告，审议通过济南市第十五届人民代表大会常务委员会关于批准济南市2015年市级预算调整方案的决议，听取审议市政府关于济南市农村产权制度改革情况的报告、关于济南市外事工作情况的报告、关于济南市大气污染防治有关情况的报告，听取市人大常委会关于开展大气污染防治情况专题询问有关情况的说明，对大气污染防治有关情况开展专题询问，听取审议市人大常委会执法检查组关于检查全市贯彻实施《中华人民共和国食品安全法》情况的报告、市中级人民法院关于规范司法行为工作情况的报告、市人民检察院关于规范司法行为工作情况的报告，审议市政府关于济南市深化财税体制改革情况的报告（书面）、关于济南市高新区建设和发展情况的报告（书面），审议通过《济南市市政工程设施管理条例（修订草案）》，初审《济南市湿地保护条例（草案）》，审议通过人事事项。

市十五届人大常委会第二十五次会议　12月14日举行。会议传达学习市委十届九次全体会议精神（书面），审议通过济南市人民代表大会常务委员会关于召开济南市第十五届人民代表大会第五次会议的决定，听取审议市政府关于市十五届人大四次会议以来代表建议办理情况的报告，审议市法院、市检察院、市人大常委会人事代表工作室关于市十五届人大四次会议以来代表建议办理情况的报告（书面），书面印发市人大各有关专门委员会关于市十五届人大四次会议以来代表建议督办情况的报告，听取审议市政府关于全市“十三五”规划编制工作情况的报告，听取审议市政府关于2015年市级调入预算稳定调节基金等安排使用及预算调整方案的报告，审议通过市人大常委会关于批准济南市2015年市级预算调整方案的决议，听取审议市政府关于济南市推进新型城镇化建设情况的报告、关于济南市人防工作情况的报告（书面），审议通过济南市人民代表大会常务委员会关于表彰先进人大代表小组和优秀人大代表的决定、关于修改《济南市文物保护规定》的决定，审议通过《济南市湿地保护条例》和人事事项。

（丁大江）

【专题询问】　为进一步加强全市大气污染防治工作，不断改善空气质量，10月，市人大常委会结合听取和审议全市大气污染防治情况报告开展专题询问工作。该次专题询问以大气污染防治法、国务院防治大气污染行动计划和济南市治理大气污染十大行动目标要求为重点内容，成立由市人大常委会副主任时文进为组长，内务司法、城建环保、财政经济委员会有关委员参加的工作组，围绕专题询问的重点内容开展调研，通过召开部分市人大代表和有关专家参加的座谈会，向常委会组成人员和各县（市）区人大发函的方式，广泛征求意见，提出调研报告和专题询问主要问题。市环保局等14个部门和单位主要负责人到会应询，副市长王新文到会听取意见，并代表市政府作表态发言。5位常委会组成人员分别就导致济南市大气污染的主要原因、机动车污染防治、公共交通和车用油品质、产业结构和布局、燃煤污染防治、扬尘和餐饮油烟防治、工业余热利用等提出询问，并对一些问题进行追问。市环保局、公安局、发改委、城乡建设委、城市管理局、市政公用事业局等政府部门主要负责人先后回答询问。专题询问结束后，市人大常委会工作和办事机构分组审议及专题询问中提出的意见建议及时汇总，转交市政府研究办理，同时将专题询问工作情况以常委会党组文件报市委。通过开展大气污染防治专题询问，深化了对大气污染防治工作中一些关键问题的认识，回应了人民群众的关切和期盼，达成了共识，推动全市大气污染防治工作向纵深发展。专题询问工作的顺利开展，为常委会拓展监督方式、提高监督效能探索了路子，积累了经验。 （周茂龙）

【执法检查】 9月上旬至10月上旬，市人大常委会对全市贯彻实施《中华人民共和国食品安全法》（以下简称《食品安全法》）情况进行执法检查。9月10日，召开市人大常委会《食品安全法》执法检查工作会议，成立执法检查组，通报执法检查方案，学习新食品安全法，部署安排执法检查活动。9月15日，执法检查组深入济阳县实地察看畜牧养殖业、食品生产加工企业、餐饮服务业、食品安全检验检测中心等单位贯彻实施《食品安全法》情况。9月16日，召开座谈会，征求食品生产、流通企业和餐饮服务单位及食品行业协会、消费者、市人大代表等方面意见建议，调查了解全市贯彻实施《食品安全法》及推进食品安全工作情况。9月23日，市人大常委会主要领导带领执法检查组实地察看济南一中食堂、三箭吉祥苑菜市场，听取市政府专题工作汇报，并就进一步加强和改进食品安全工作提出要求。各县（市）区人大常委会按照市人大常委会的统一部署，在本行政区域内开展相应的检查，提交有关报告。

10月28日，市十五届人大常委会第二十四次会议听取审议市人大常委会执法检查组关于检查全市贯彻实施《中华人民共和国食品安全法》情况的报告，经过审议，常委会组成人员同意报告。常委会组成人员建议：加大宣传培训力度，努力提高全社会的法治意识和诚信道德水平；进一步理顺监管体制，明确细化监管责任；进一步加强检验检测能力建设，加强源头治理，推动农牧业集约化生产；坚持创新完善食品安全工作方式方法，认真研究制定和完善配套法规、规章和标准体系，为加快食品安全标准体系建设提供人才支撑和技术保障。

（唐晓蓓）

【人事任免】 全年市人大常委会共任免政府组成人员、市人大常委会办事机构和工作机构工作人员、市中级人民法院和市人民检察院工作人员62人次。

4月3日，市十五届人大常委会第十九次会议表决通过：

任命：张振忠为济南市人民检察院副检察长、检察委员会委员、检察员。

免去：杨增胜的济南市人民检察院副检察长、检察委员会委员、检察员职务，王海力、李图华的济南市人民检察院检察员职务，孙昌武的济南高新开发区人民检察院检察员职务，魏文杰的济南市城郊地区人民检察院检察委员会委员、检察员职务，王选莉的济南市城郊地区人民检察院检察员职务。

决定设立济南市人民代表大会常务委员会预算工作室。

4月28日，市十五届人大常委会第二十次会议表决通过：

任命：李锦铭为济南市中级人民法院刑事审判第一庭副庭长，张海燕为济南市中级人民法院审判员、民事审判第一庭副庭长，韩清怀为济南市中级人民法院审判员、民事审判第二庭副庭长，赵西巨为济南市中级人民法院审判员、民事审判第三庭副庭长，李燕为济南市中级人民法院审判员、民事审判第四庭副庭长，姜文明为济南市中级人民法院审判员、民事审判第五庭副庭长，都玉霞为市中级人民法院审判员、民事审判第五庭副庭长。

免去：李锦铭的济南市中级人民法院刑事审判第二庭副庭长职务，耿利航的济南市中级人民法院审判委员会委员、审判员职务，王洪礼的济南市中级人民法院审判员、民事审判第一庭副庭长职务，宋世勇的济南市中级人民法院审判员、民事审判第三庭副庭长职务，赵德铸的济南市中级人民法院审判员、民事审判第四庭副庭长职务，朱宝丽的济南市中级人民法院审判员、民事审判第五庭副庭长职务，王连祥、张洪发、赵丽荣的济南市中级人民法院审判员职务，郭勇的济南高新技术产业开发区人民法院副院长、审判委员会委员、审判员职务。

决定接受：王建华辞去市十五届人大常委会委员、市十五届人大教育科学文化卫生委员会副主任委员职务的请求，报市十五届人民代表大会第五次会议备案。

6月25日，市十五届人大常委会第二十二次会议表决通过：

决定任命：吴德生为济南市公安局局长，靳磊为济南市食品药品监督管理局（济南市食品安全委员会办公室）局长（主任）。

决定免去：刘新云的济南市公安局局长职务，孙法星的济南市食品药品监督管理局（济南市食品安全委员会办公室）局长（主任）职务。

任命：马玉华为济南市人民检察院检察员。

免去：吴秀云、张和平、于春玲的济南市人民检察院检察员职务。

决定接受：张鹏辞去市十五届人大常委会委员、市十五届人大城乡建设环境保护委员会副主任委员职务的请求，报市十五届人民代表大会第五次会议备案。

8月28日，市十五届人大常委会第二十三次会议表决通过：

任命：李国才为济南市中级人民法院审判员、行政审判庭副庭长，王卉、位小娟、贾承建、高培龙为济南高新技术产业开发区人民法院审判员。

免去：王明华的济南市中级人民法院审判员、民事审判第二庭副庭长职务，吴利军的济南市中级人民法院审判委员会委员、审判员职务，韩林成的济南市中级人民法院审判委员会委员职务，王常政、牟建民、杨芝军、朱延宝、李成华、邓跃健的济南市中级人民法院审判员职务。

10月30日，市十五届人大常委会第二十四次会议表决通过：

决定任命：蒋向波为济南市城乡建设委员会主任。

决定免去：田庄的济南市城乡建设委员会主任职务，蒋向波的济南市交通运输局局长职务。

11月26日，经市十五届人大常委会第五十六次主任会议研究，任命：王金宗为济南市人大常委会农村经济工作室副主任。免去：王金宗的济南市人大常委会教育科学文化卫生工作室副主任职务。

12月14日，市十五届人大常委会第二十五次会议表决通过：

决定任命：吕建涛为济南市科学技术局局长，刘程华为济南市交通运输局局长，宋卫东为济南市投资促进局局长。

决定免去：徐群的济南市科学技术局局长职务，刘程华的济南市文化广电新闻出版局局长职务。

决定接受：张忠泉辞去市十五届人大常委会委员、市十五届人大城乡建设环境保护委员会副主任委员职务的请求，余毅民辞去市十五届人大常委会委员、市十五届人大财政经济委员会副主任委员职务的请求，报市十五届人民代表大会第五次会议备案。（田文懿）

【代表工作】 学习培训。7月，在市委党校举办全市人大代表工作学习班，180名代表参加培训。委托县（市）区人大、警备区政治部以代表团为单位，继续对代表有计划地进行培训，共培训各级代表200多人次。组织县（市）区人大负责人赴京参加全国人大常委会办公厅举办的学习班，组织部分省代表参加省人大在枣庄举办的培训班。

组织代表活动。号召各级代表和代表小组围绕“打造四个中心，建设现代泉城”开展主题活动。组织驻济全国、部分省人大代表到平阴县开展调研，市人大代表在各县（市）区人大、警备区政治部的组织下开展调研，组织部分省人大代表到济宁市开展专题调研。组织全国、部分省人大代表对中央商务区规划和建设进行集中视察。全年共开展视察、调研、代表小组活动340余次，提出意见建议60余条。

扩大代表对常委会工作的参与。密切联系代表，开展人大代表调研视察全市重点项目活动，组织代表参与济南市“十三五”规划编制。邀请18名代表列席常委会会议，组织推荐代表500余人次参加立法座谈会、行风测评等社会活动，为市委、市政府部门及两院等推荐代表300余人次参加相关座谈会。

加强代表和群众联系。组织29个市代表小组到人大代表联系群众12345工作站接听热线；配合市信访局，组织人大代表参与信访累案积案第三方评查工作；开展代表进社区活动。利用广泛建立的人大代表工作站，搭建代表活动平台，创造条件让代表深入基层群众，了解民情民意。开展常委会组成人员集中联系代表和代表联系人民群众活动、固定联系代表活动、主任接待日活动。在“双联系”活动中，有100多名驻济全国、省和市人大代表参加联系活动，收集书面建议22件、口头建议80余条。

开展评选表彰。印发评选表彰先进人大代表小组和优秀人大代表实施意见。通过学习动员、推荐评选、公示考察等环节，评选出先进代表小组12个、优秀人大代表130名，并由市人大常委会做出表彰决定。

（王会磊）

【代表建议办理】 市十五届人大四次会议以来，代表们以对人民群众高度负责的态度，认真履行宪法和法律赋予的职责，针对全市经济社会发展中的重要问题和人民群众普遍关心的热点问题，共向大会提出建议、批评和意见358件（会议期间提出333件，闭会期间提出25件）。其中交由市委所属部门办理29件，占8.1%；市政府办理318件，占88.8%；市中级人民法院办理9件，占2.5%；市人民检察院办理2件，占0.6%。在各方共同努力下，所有代表建议已全部按期办理完毕并答复代表。从代表建议办理情况看，已被采纳、问题已经解决的有193件，占总数的54%；正在解决和列入计划准备解决的有158件，占总数的44%；因客观条件限制，暂时无法解决的有7件，占总数的2%。代表建议面复率达98%以上，落实率较上年有了新的提高，代表满意率和基本满意率达98.5%，一批群众关心的热点和难点问题得到较好的解决。

（尹相华）

【济南市人民政府】 济南市人民政府设市长1人、副市长7人、秘书长1人。市政府有工作部门40个、派出机构3个。

全年全市围绕“打造四个中心，建设现代泉城”中心任务，统筹推进稳增长、促改革、调结构、惠民生、防风险各项工作，实现生产总值6100.23亿元，增长8.1%；一般公共预算收入614.3亿元，增长13.1%；固定资产投资3500亿元，增长14.2%；主要指标增幅均达到或超过全省平均水平。经过全市勠力攻坚，成功创建了国家卫生城市和国家森林城市，成为海绵城市首批国家试点城市和国家生态文明先行示范区。全市经济运行总体平稳，稳中有进，社会发展文明向上、持续向好。

全年市政府制发综合性、政策性文件19件，市政府办公厅制发综合性、政策性文件23件。

（沈飞　谭征）

【重要决策决定】 2月17日，济南市人民政府印发《关于进一步加强农产品质量安全工作的意见》（济政发〔2015〕2号），提出进一步加强农产品质量安全工作的指导思想和任务目标，对完善监管体系、严格投入品管理、强化标准化生产、健全监测体系、实行产地准出等重点工作作出部署。要求各级各有关部门明确工作责任、加大投入力度、严格责任追究、强化督查考核，切实保障各项工作落实到位。

2月15日，济南市人民政府印发《关于加快推进海绵城市建设工作的实施意见》（济政发〔2015〕4号），围绕贯彻落实党的十八大关于大力推进生态文明建设的重大战略部署，按照习近平总书记“节水优先、空间均衡、系统治理、两手发力”的治水思路，提出推进海绵城市建设的基本原则、建设目标，明确建设城市水系统、园林绿地系统、城市道路系统、建筑小区系统的具体任务。《意见》要求各级各有关部门加强组织领导，保障资金落实，完善制度体系，抓好宣传培训，推动海绵城市建设试点工作规范、高效、有序开展，不断提高海绵城市建设管理水平。

4月21日，济南市人民政府印发《关于进一步加强国有土地上棚户区改造工作的意见》（济政发〔2015〕6号），确定到2017年，市本级计划改造国有土地上棚户区约2万户，棚户区居民居住条件明显改善，基础设施和公共服务设施进一步完善，城市功能和形象全面提升。《意见》对多渠道筹集资金、明确规划控制、确保用地供应、依法推进征收安置、规范物业管理、落实税费减免等做出具体规定，要求各级各有关部门加强组织领导，切实履行职责，按照任务分工尽快研究制定具体实施细则，推动各项政策措施落实到位。

7月10日，济南市人民政府印发《济南市稳定增长促进发展的若干政策措施》（济政发〔2015〕12号），围绕积极应对经济下行压力、促进经济平稳健康发展，提出强化投资拉动、扩大消费需求、提振外贸出口、促进创新创业、完善财政金融保障5个方面的50条政策措施，是济南市破解发展难题、优化营商环境、提振市场信心、促进经济持续健康发展的有效举措。要求各级各有关部门、单位强化责任意识，完善工作机制，细化实施方案，加大督查考核力度，确保各项政策措施有效落实。同时，一并印发《关于加快推进重点项目建设工作的实施办法》《关于创新招商引资体制机制的实施办法》，对促进重点项目建设提速增效、提升招商引资工作成效、推进实体经济发展提供了有力保障。

8月14日，济南市人民政府印发《关于加大财政政策支持力度促进全市经济转方式调结构稳增长的意见》（济政发〔2015〕15号），围绕充分发挥财政政策引导和资金扶持作用，积极应对经济下行压力，增强社会投资信心，激发社会资本活力，确定2015年市财政筹措资金35.6亿元，保障相关政策更快更好发挥作用，推动全市经济稳步增长。《意见》从转变财政资金使用方式，吸引社会资本支持实体经济发展；发挥财政资金引导作用，积极推进经济转型升级；进一步完善财政政策，促进大众创业万众创新；强化财政金融融合，破解企业融资难题；加大财政投入力度，增加公共产品和公益性服务；充分运用财政政策，为企业营造良好发展环境6个方面提出28条具体措施。明确要求用足用好现有财政政策，积极推进财税体制改革，深化政府投融资体制改革，最大限度释放改革红利；优化财政支出结构，加快财政资金支出进度，加强国库现金管理，提高资金使用效益。

9月28日，济南市人民政府印发《关于促进服务业加快发展的意见》（济政发〔2015〕16号），确定到2017年，力争全市服务业“三上”企业（规模以上服务业企业、限额以上批发零售住宿餐饮企业、资质以上房地产开发企业）超过4300家，营业收入过亿元服务业企业超过800家；到2020年，全市营业收入过100亿元的服务业企业达到20家左右，力争有更多企业进入全国服务业500强，“济南服务”品牌影响力全面提升，形成在全国具有较强竞争力的现代服务业强市。明确了打造中央商务区、五大服务业发展特色区、五大服务业发展集聚区等重点发展区域，提出推动生产性服务业创新发展、促进生活性服务业提质增效、提升公共服务业发展水平、打造综合性服务业发展新亮点4个方面的重点任务，全面实施强化土地政策支持、加强人才智力支撑、培育壮大市场主体、鼓励创新企业和项目、降低企业商务成本、优化财政资金使用、落实价格扶持政策、提升对外开放水平8项扶持政策。《意见》要求，各级各有关部门要高度重视促进服务业加快发展工作，健全领导机制，明确职责任务，互相支持配合，形成推进合力，保障各项任务落实到位。每年初，由市发改部门牵头，根据服务业发展年度计划目标，将相关任务指标、项目推进等工作分解落实到责任单位，定期调度有关情况，建立信息通报制度，加大督促落实力度。根据有关规定，将反映服务业和总部经济发展水平的核心指标，纳入全市科学发展综合考核指标体系。

1月23日，济南市人民政府办公厅印发《关于进一步加强行政调解工作的意见》（济政办发〔2015〕3号），明确加强行政调解工作的指导思想和工作原则，确定行政调解工作范围为：行政机关（包括法律法规授权的具有管理公共事务职能的组织）与行政相对人之间产生的行政争议；依法应当由行政机关行政裁决、调处的民事纠纷；公民、法人或者其他组织之间产生的与行政管理有直接或间接关联的民事纠纷。《意见》从建立完善行政调解工作推进机制、健全行政调解员和行政调解联络员队伍、推进矛盾纠纷预防化解和行政调解联动工作等方面做出具体规定，要求各级各部门统筹规划，完善机制，采取信息反馈、经验交流、检查指导等措施，对行政调解工作加大督导力度，并定期调度有关情况，对因组织领导不力、责任不到位、工作不落实等导致争议纠纷突出的单位，要予以通报并限期整改；对因工作敷衍塞责、无故推诿拖延，发生严重影响社会稳定的重大事件和案件的，要实行责任倒查，依法依规追究有关负责人和相关人员责任。

3月20日，济南市人民政府办公厅印发《关于加快推进绿色交通运输发展的意见》（济政办发〔2015〕6号），围绕深入贯彻落实党的十八大和十八届三中、四中全会精神，以交通运输基础设施低碳化、运输装备节能环保化、运输组织体系高效化、管理方式信息化、管理能力规范化为主线，统筹规划策划，健全体制机制，强化能力建设，切实将节约能源资源要求融入交通运输发展全过程，加快推进交通运输行业绿色循环低碳发展，到2020年，基本形成比较完善的交通运输基础设施以及综合运输和管理服务网络，污染排放得到有效控制，能源消费结构显著改善，单位运输能源消耗明显下降，超额完成全国公路、水路交通运输节能减排“十三五”规划目标10%以上。提出建设综合交通运输服务体系、提高节能减排服务能力、提升交通运输组织效率、深化节能减排低碳专项行动4项重点任务，要求各级各部门加强组织领导，落实激励政策，强化监督管理，为实现全市交通运输绿色发展提供有力支撑和保障。

5月14日，济南市人民政府办公厅印发《关于加强政府网站信息内容建设工作的通知》（济政办发〔2015〕9号），围绕提升政府网站发布信息、解读政策、回应关切、引导舆论、为民服务的能力，充分发挥联系群众、履行职责的桥梁和平台作用，从推进政府网站规范化建设管理、明确政府网站信息内容建设重点任务、完善政府网站信息内容建设工作机制、全力做好第一次全国政府网站普查工作等方面提出具体要求。《通知》指出，各级各部门要高度重视做好政府网站信息内容建设等工作，完善组织领导机制，逐级落实目标责任，加大督导检查力度，确保各项工作落实到位；要加强政府网站工作机构力量配置，将专业水平高、责任心强的人员配备到关键岗位，并为政府网站和政务微博微信相关工作人员参加重要会议、掌握相关信息提供便利条件；各级财政部门要将政府网站信息内容保障和运行维护等经费列入预算，并根据需要逐步增加；强化网站应用宣传，定期组织开展相关工作人员专业技能培训，及时总结推广先进经验，进一步增强工作人员把握政策、舆情研判、解疑释惑和回应引导能力，不断提高政府网站管理和信息内容建设水平。

7月15日，济南市人民政府办公厅印发《关于认真落实计量发展规划进一步提升计量服务水平的实施意见》（济政办发〔2015〕14号），明确济南市进一步提升计量服务水平的指导思想和工作目标。提出夯实基础，服务社会发展；加强监管，规范计量秩序；科技引领，提升支撑能力；完善机制，促进队伍建设四个方面的重点任务。《意见》要求，全面落实加强组织领导、加大投入力度、推进计量科普和文化建设、强化检查评估等保障措施，建立由质监部门牵头，发改、经济和信息化、教育、科技、财政、人力资源社会保障、交通运输、商务、卫生计生、工商、市政公用等部门参与的工作协调机制，及时研究解决工作中遇到困难和问题，制定完善相关政策措施和实施方案，切实保障各项工作落实。

12月4日，济南市人民政府办公厅印发《关于加快电子商务发展的实施意见》（济政办发〔2015〕20号），确定到2017年底，全市电子商务发展水平和企业电子商务应用能力显著提升，当年电子商务交易总额超过4500亿元，其中网络零售额突破1500亿元；全市年销售额过亿元电子商务企业超过30家，10亿元以上企业达到5家，50亿元以上企业达到2家，进入全国百强的电子商务平台及服务企业达到5家；重点规模以上企业电子商务应用普及率超过80%，中小企业电子商务应用普及率超过70%。明确了打造高水平电子商务产业聚集区、加速电子商务配套服务体系建设、加快电子商务零售业发展、壮大电子商务平台经济、促进农村电子商务应用、推进跨境电子商务发展、完善电子商务专业人才培养体系7项重点任务。《意见》要求，各级各部门要建立完善组织领导机制，全面推进发展规划、产业研究、政策制定等工作，及时协调解决工作中的重大问题；要加大财政资金支持力度、优化电子商务企业融资环境、建立电子商务统计监测体系，切实保障加快电子商务发展各项工作有效落实。 （孙九庆）

【文电办理与会议活动】 全年共审修制发各类文件680件、140余万字，均达到规范化、零差错要求；办理领导阅知件37172件、请示批办件2726件，办结率100%；分送各类文件、信函3万余件，档案立卷归档1680件，提供利用档案170件、105人次，用印6500余件（次）。组织承办市政府全体（扩大）会1次、市政府大型会议48次、常务会议23次，服务市政府领导现场调研、察看等专项活动730余次，其中市政府主要领导170余次。编发《济南政务信息》420余期、3800余条，上报省政府办公厅信息246条，其中省、市领导批示38条（次），继续保持全省先进；直报国务院办公厅信息共采用15条，其中12条信息得到国务院领导批示，得分连续第四年居全国36个直报点城市首位。

（高　东　卞学光　董桂金）

【政务督查】 全年督办《政府工作报告》确定的重点工作任务164项、为民办实事任务18项，督办市政府常务会议确定事项19次、76项，办理省、市领导批示事项83件，办理省政府专项督查16项，组织开展现场督查活动81次，编发《济南政务督查》83期，完成督查报告72件；办理、答复省建议提案58件，督办市人大代表建议318件、政协提案747件。印发《济南市人民政府办公厅关于构建大督查机制推进工作落实的通知》（济政办字〔2015〕45号），通过整合政务力量，加强统筹协调，构建起市政府统一领导、办公厅统筹指导、督查机构协调组织、办公厅相关政务处室分工负责和市政府部门、县（市）区协同联动的大督查工作机制。

（吕　雷）

【网上政府】 推动政府信息公开，推进重大行政决策、行政权力运行、财政资金及公共资源配置和公共服务信息公开，全年主动公开政府信息31万余条。发挥政府门户网站政务公开、网上办事、网络问政的平台作用，深化市政府门户网站、政务微博、政务微信三位一体公共服务体系建设，直播2015年“直面问题、践行承诺”政务面对面48场群众见面会，每期访问量在20多万人次，解决民生问题500多个；图文直播34场新闻发布会，平均每场访问人次在10万人次以上；“微博济南”发布微博2万条，粉丝总数238万人，政务微信粉丝数3500余人。2015年在全国政府网站绩效评估中获省会城市第四名。

（信息处　信息中心）

【政务服务】 市政务服务中心管理办公室按照“保障运行、推进整合、统筹搬迁”的总体思路，于6月17日正式启动机构整合组建工作。7月20日，市政府召开政务服务工作机构组建工作会议，标志着市政务服务工作机构正式组建。通过整合原市行政审批服务中心、济南公共资源交易中心、市民服务热线办公室、济南建设工程交易中心、市政府采购中心5家单位，组建成立市政务服务中心管理办公室和市政务服务中心。其中，市政务服务管理办公室为市政府派出机构，正局级建制，下设4个处，编制24人，主要负责市级行政审批、市长公开电话和市民服务热线、公共资源交易的管理协调和监督考核，负责全市政务服务信息化、标准化规划和实施，协调指导县（市）区政务服务体系建设等；市政务服务中心为全额拨款正局级事业单位，下设7个部，编制88人，主要负责行政审批、公共资源交易和市民服务热线3个平台的日常运行管理和保障。11月16日、11月23日、12月22日，行政审批服务平台、公共资源交易平台和市民服务热线平台先后搬入新建设的市政务服务中心。

推进行政审批制度改革。配合市编办制定印发《济南市推进行政审批“两集中、两到位”实施方案》，推进部门审批权相对集中改革。做好行政审批事项、流程清理、梳理以及审批服务工作机制创新工作，研究拟定《济南市开发区或连片开发区域综合评价评审实施办法》。全年受理行政审批服务事项441293件，办结440963件，办结率99.9%。加强公共资源交易规范化管理，平台进场交易事项从原有的建设工程、政府采购、产权拍卖、土地出让四大类拓展到水利工程、铁路工程、户外广告、规划会展、人防工程、轨道交通、军队建设工程、黄河及水利工程、省级铁路工程、公路工程共十四大类，促进了交易规模大幅提升。全年进场交易项目2506个，交易金额557.99亿元。进一步拓展12345市民热线服务范围，推动热线资源整合，开通并运行手机热线APP。全年为民服务突破300万件，同比增长8%。

（市政务服务中心管理办公室）

【应急管理工作】 市政府应急办认真贯彻落实《突发事件应对法》《山东省突发事件应对条例》，完善运行机制，强化源头管理，全面提高突发事件处置水平。全年市政府总值班室共安排值班720余人次，接听各类电话14900余次，接收传真4000余份，接报重要气象预报45份、气象灾害预警信息26次；处置突发事件41次，领导各类批示470余件；填写《处理笺》380余份，报送《各县（市）区和市政府各部门主要负责人出差（出访）休假报告单》620余件，起草、下发各类《通知》14件；协调信访单位160余个，报告上访信息130余次，接待来访人员8500余人；上报省政府总值班室信息16件。

1.推进值班工作规范化。市政府办公厅党组明确办公厅机关50岁以下处级、科级男干部，除有特殊情况外，全部参加夜间应急值班。印发《市政府办公厅关于转发鲁政办字〔2015〕209号文件精神加强和改进突发事件信息报送工作的通知》（济政办字〔2015〕62号），督促各级政府系统值班室严格落实信息报告制度。做好重点区域消防安全工作，联系市行管局保卫处，协助信访、公安、武警等部门，做好上访群众的劝阻和疏导工作。

2.提升突发事件应对处置水平。加强预案修编。组织协调各相关部门，对总体预案、专项预案、部门预案进行分类修编、整理，形成包含1件市总体应急预案、38件专项应急预案、200余件部门预案的预案库。制定、修订、审核重大动物疫情、森林火灾等专项应急预案，丰富完善市级专项预案体系。修订《济南市突发事件总体应急预案》。针对元旦、春节期间大型群众文化活动集会多，安全风险大的特点，督促做好重大活动预案制定。印发《关于做好应急预案修编及演练工作的通知》，组织编写《济南市突发事件应急演练操作细则》，印发《关于5·12期间开展地震应急疏散演练的通知》。5月10日，联合槐荫区政府、市地震局在新世界阳光花园开展地震应急疏散演练。教育部门在所属高校和中小学校，组织开展地震应急避险和自救互救等演练，市政府应急办对部分演练进行专项督查和指导。印发《关于做好突发事件总结评估与趋势分析的通知》，结合以往突发事件防范与处置等应急管理工作密切相关的信息数据，对全市突发事件的趋势进行分析，为防范和应对突发事件奠定基础。

3.妥善应对各类突发事件。6月11日，湖北发生“东方之星”长江游轮翻沉事件，涉及济南籍9名遇难乘客，市政府应急办接报后迅速报告市领导，并协调有关部门开展现场处置工作。及时处置章丘“5·7”烟花余料爆炸事故、历城西营“3·25”山火等突发事件，继续做好马航失联客机乘客家属安抚工作。突发事件处置结束后，市应急办及时组织有关部门对处置工作进行总结评估，剖析应对处置的经验教训，提出相应整改措施和工作建议，为今后有效处置突发事件提供借鉴参考。

4.提高应急管理水平。开展应急知识普及，设计印制《济南市民防灾避险应急手册》，利用2600余块城市公众应急电视信息发布屏等渠道发布宣传应急科普知识，依托市政府应急管理网站做好应急管理工作和相关法律法规的宣传。在日常工作中注重抓好应急法律法规知识的宣传普及和贯彻落实。开展第二批应急管理示范点创建活动，确定平阴县锦水街道前阮二村等40个单位为第二批济南市应急管理示范点。3月，对50多名市政府办公厅处科级干部进行应急值守业务上岗培训；10月26~28日，市政府应急办在七星台宾馆举办全市应急管理培训班，130多人参加培训。应急视频会商平台已连通省政府应急办、10县（市）区政府及高新区和消防、水利、气象、城市防汛等部门。推进移动应急平台建设，启动智能应急移动终端应用开发。加强制度规范建设，起草并完善市应急指挥中心管理和服务规章制度。结合全省应急管理科学发展考核新要求，重新起草修订全市应急管理考核办法，启动网上应急管理考评系统建设，强化应急管理工作的检查指导，充分调动各级各部门应急管理工作的积极性、主动性。

（应急管理办公室）

【民政工作】 全市民政系统以做实做亮“贴心民政”服务品牌为抓手，以弘扬践行“奉献、担当、团结、向上”的济南民政精神为动力，着力推进民政“六大体系”建设，突出抓好“七个一批”，省会民政工作取得新成效。

1.社会救助体系实现新提升。城乡低保和农村五保供养保障标准继续提高，自4月1日起，市内5区及高新区城市低保标准提高到550元/月，农村低保标准提高到不低于3600元/年；农村五保集中供养标准提高到5900元/年，分散供养标准提高到3700元/年。截至12月末，全市保障城市低保对象1.4万余户、2.2万余人，农村低保对象5.4万余户、8.1万余人；农村五保供养对象5514人，其中集中供养3723人、分散供养1791人。全年发放城乡低保金和各类补贴2亿余元，发放五保供养资金3393万元。联合17部门出台《济南市社会救助家庭经济状况核对办法》，完善申请救助家庭经济状况核对机制，全年核对信息48.2万余人次。适度扩大医疗救助范围，将年度内合规住院费用救助比例由60%提高到70%，全年发放城乡医疗救助金4535.8万元，救助城乡困难群众12440人。加大“救急难”工作力度，有序开展临时生活救助，对难以维持基本生活的家庭，按照家庭人口数量及低保标准给予救助，全年发放临时救助资金1573万元，救助困难群众6948人。多渠道加强救灾物资储备，市救灾物资储备管理中心基本建成；强化灾情信息管理，健全县、乡（镇）两级灾害灾情管理队伍，形成市、县、乡（镇）三级灾害信息管理体系。新创建全国综合减灾示范社区7个。参与做好“东方之星”号客轮翻沉事件善后处理工作。

2.社会福利体系取得新进展。超额完成承担的市政府为民办实事项目，截至12月末，全市新建城市社区日间照料中心118处、农村幸福院217处，新增社会养老床位5661张，全市社会养老床位总数达3.63万余张，每千名老年人拥有床位数达30.25张。全年投入社会福利资金8965.2万元，其中预算安排3165.2万元、福彩公益金安排5800万元。对分散供养的城镇“三无”人员，按照不低于当地城市低保标准的150%实行供养，截至年末，共保障465人。为7850名80周岁以上低保老年人发放高龄补贴。建立生活长期不能自理经济困难老年人护理补贴制度，享受补贴人数为3360人。采取分级培训、政府补贴方式，全年培训初、中级养老服务护理员和管理人员724人。7月1日，济南市养老服务电子地图正式上线，方便市民查询全市养老服务机构和设施。全市养老服务设施专项规划编制工作启动。加强对福利机构监督检查，开展相关机构消防安全检查工作。继续做好城乡孤儿保障工作，全市保障孤儿及事实无人抚养儿童1150名。会同市财政局印发《关于建立困境儿童基本生活保障制度的通知》，将243名困境儿童纳入保障范围。全年支出孤儿和困境儿童市级保障资金1399.2万元。全市福利彩票销售额12.3亿元，比上年同期增长3%。市慈善总会募集善款2746.8万元，支出善款2737.69万元，惠及困难群众6.2万余人次。

2015年3月17日，山东省暨济南市庆祝国际社工日主题宣传活动在英雄山广场举行。（市民政局　供稿）

3.基层民主自治体系得到加强。村（社区）“两委”换届选举结束，全市4677个村委会完成换届，城市社区“两委”全部完成换届。加强社区治理创新，出台《济南市关于全面推行“四社联动”社区治理的意见》，历下区被民政部确定为第三批全国社区治理和服务创新实验区。指导推进基层协商民主建设，5月在历下、市中、槐荫、天桥4区开展推进基层协商民主调研活动。联合14部门制定出台《关于减轻社区负担增强社区居民委员会自治功能和服务效能的若干规定》。全面深化和谐幸福示范社区创建活动，打造第二批“和谐幸福示范社区”30个。举办全市基层民政干部和社区居委会主任培训班，共培训2批730余人次。社区居委会成员生活补贴标准由3873元/月提高到4376元/月。开展全市民政干部密切联系社区工作，出台《济南市民政局关于民政干部密切联系社区工作的意见》，212名民政干部联系社区231个。推进“贴心一键通”助老服务项目，免费为4000户80岁以上空巢、低保等困难老年人安装呼叫器，平台用户达23万余人，实施紧急救助826人次，累计提供各类生活服务80余万人次。

4.新型社会组织体系展现新作为。加大社会组织登记改革力度，试行社会组织网上登记，将三级审批简化为二级审批；取消对社会团体分支（代表）机构设立、变更、注销登记审批。全年新登记市属社会组织134家，市属社会组织总数达956家，其中社会团体457家、民办非企业单位496家、基金会3家。加大社会组织服务（孵化）力度，投入165万元扶持市、县两级服务（孵化）平台建设，市社会组织创新园于10月27日正式开园，10个县（市）区实现社会组织服务（孵化）平台全覆盖，累计入住孵化社会组织534家。举办首届社会组织公益创投成果展，投入300万元开展公益创投项目政府采购，56家社会组织获得公益创投项目80个。采取网上申报方式进行年检，社会团体和民办非企业单位年检率均达95%。启动第二批社会组织评估工作，评出3A以上等级社会组织28家。编制承接政府职能转移和购买服务的社会组织名录，确定入选社会组织87家。加强社会组织规范管理，依法撤销登记社会组织15家。建立市属社会组织登记管理联席工作会议制度。加强社会组织培训和党建工作，举办2期培训班，对200余名社会组织负责人和党组织负责人进行专题培训，审批社会组织党支部21个。11月19~20日，省民政厅在济召开全省社会组织创新发展现场经验交流会，推广济南市的经验做法。

5.专项社会事务管理体系展示新形象。依法规范开展婚姻收养登记，截至年末，全市依法办理内地居民结婚登记50212对，离婚登记17992对，补发婚姻登记证件15748对；办理涉外国人、华侨、港澳台居民结婚登记88对，离婚登记12对；办理收养登记75件。倡导绿色殡葬，提高生态安葬补助标准，生态树葬、花坛葬由300元提高到400元，海葬由500元提高到600元，组织公益生态葬安葬暨公祭仪式和公益节地花坛葬、海葬活动。投入福彩公益金130万元资助公益性骨灰堂（公墓）建设项目12个。免除2518名城乡低保家庭成员和无丧葬补助优抚对象基本殡葬服务费用260万元。做好流浪乞讨人员救助工作，开展“情暖济南”寒冬送温暖专项救助行动，全市救助流浪乞讨人员5944人次，其中救助流浪未成年人193人次、流浪危重病人和精神病人460人次。在堤口路街道所辖社区设立未成年人社会保护试点，探索建立“政府、社会、家庭”三位一体未成年人社会保护工作体系。推进区划地名工作，全市撤镇设办5个，命名居民区83处，报批道路、桥梁、隧道名称65处，设置地名标志2700余块。完成年度县级界线联检任务。有序推进第二次全国地名普查。

6.双拥共建工作。推进双拥模范城创建工作，召开市双拥工作领导小组（扩大）会议，动员部署创城工作，指导县（市）区做好迎评工作，创城工作受到省检查考评组肯定。出台市委、市政府、济南警备区《关于推进军民融合深度发展的意见》（济发〔2015〕7号）和市双拥工作领导小组《关于进一步加强基层双拥工作的意见》，军民融合深度发展制度建设取得突破。安置机关事业单位随军家属52名，为1291名随军家属发放补助金1254.4万余元，为346名军人子女落实中考加分政策。落实各项优抚政策，将义务兵家庭优待金提高到14730元，全市发放家庭优待金、临时救助金、一次性抚恤金1.45亿余元。统筹城乡优抚对象医疗待遇，全面推行“一站式”即时结算服务，帮助优抚对象缴纳参保、参合费，发放门诊补助1137万元、住院补助635万元，给予大病救助417万元。市、县、乡（镇）三级休养总床位达670张，组织优抚对象轮流疗养3100人次。推进退役士兵和军休安置工作，全年接收退役士兵2867名，参加职业技能培训2266人，通过考试考核、公开选岗安置事业单位岗位67人，为2381名自主就业人员发放一次性补助金2332万元，为314名退役士兵发放自谋职业金1774万元，为393名上年度退役士兵发放待分配期间生活补助，接收军休干部

166名、无军籍职工110名。过军供应站获民政部全国军供规范化建设先进单位称号。

7.民政自身建设。推动乡镇(街道)民政机构、民政基层单位实现标识牌匾、规章制度、民政标识和网络环境“四统一”，基层民政规范化建设不断提升。加强民政政策法规创制和民政政策理论研究，初步完成“十三五”民政事业发展规划编制工作，有1篇调研文章获评民政部优秀奖，5篇调研文章分获省民政厅二、三等奖。加强民政干部队伍建设，提拔调整干部57人，通过事业单位公开招聘、公务员遴选、军转接收等形式增加工作人员22名，组织参加各类培训1000余人次。推进社工人才队伍建设，有419人通过2015年全国社工职业水平考试，全市取得社工职业水平证书人数达2967人，以市政府名义出台《“泉城和谐使者”选拔管理办法》，市级财政支持的31个社工服务项目进展顺利、效果显著。 (樊 煜)

【史志工作】 济南市史志办公室为全力推进第二轮修志，推进地方综合年鉴工作，开展旧志整理，参与济南地方文化建设，推出一批史志成果，方志馆建设、地情网站等信息化工作到全面提高，全市史志工作得到全面发展。2015年3月，在“山东省优秀史志成果奖”评选中，《济南年鉴》(2014)被评为优秀综合年鉴，济南市史志办主持纂辑的《济南历代著述考》获优秀地情研究成果奖；2015年4月，《济南年鉴》(2014)获得中国出版协会授予的第五届全国年鉴编纂出版质量综合一等奖，并获框架设计、条目编写、装帧设计三个单项一等奖。

1.志书编修。按照“科学谋划，全面推进，重点突破，分册编纂，保证质量”的原则，做好组稿、初编、总纂三个阶段工作；注重利用《济南年鉴》《济南统计年鉴》、部门志等各种资料，对志稿进行补充完善；邀请专家审稿把关，确保志书质量；推进全市史志撰稿人培训，集中对初稿撰写进行调度和业务指导；注重县(市)区业务指导，推动县(市)区二轮修志齐头并进。年内，先后对《历下区志》《天桥区志》《济阳县志》《商河县志》的编纂进行调研、审读、评议和业务指导，《济南市志(1986~2010)》第二册、第三册印刷出版，第五册、第八册完成统编稿。

2.年鉴编纂。年鉴编纂坚持“质量第一”原则，以史料精确、文字精练、格式规范为目标，组稿快速，栏目框架科学合理，编校审慎严密。2015年，《济南年鉴》实现了9月底前出版，比上年提前1个多月，出版时间在全省17地市中位居前列，是近十几年来前所未有的。贯彻落实上级提出的各县(市)区尽快开展“一年一鉴”的工作精神，推动县区年鉴编纂工作开展。年内，天桥、历下、历城先后启动年鉴编纂工作。积极参与全省史志系统学习优秀年鉴活动，报送优秀论文5篇，提升业务水平，其中1篇论文在全省史志系统学习优秀年鉴活动总结会议上作大会发言。

3.地情馆网建设。加强济南市情网站硬件建设，将市情网站迁移至市政府信息中心统一管理，顺利完成后台开发和数据迁移工作。完成市情网站栏目改版，网站运行安全稳定。完成80个省会城市和重要城市的年鉴交换工作，统计掌握了全国省级及省会城市、副省级城市和山东省17城市(包括县、市、区)地情书籍出版情况。

4.旧志整理。年内整理出版了《济南金石志》，该书是道光《济南府志》的一部分，因内容较多而单独印刷成册。这一成果不仅使道光《济南府志》得以全部校点出版，也为研究济南地区文物古迹和历史文化提供了权威借鉴。同时，在2015年3月“山东省优秀史志成果奖”评比中，济南市史志办主持纂辑的《济南历代著述考》获优秀地情研究成果奖。

5.参与公共文化建设。开展抗战胜利70周年纪念活动，挖掘、整理济南地区抗日史料，搜集整理济南地区抗战遗址和纪念设施24处，搜集整理19名抗日将士照片和事迹，整理10位抗战老兵的采访资料，搜集各类抗战文物照片29幅，编辑出版《济南史志》“济南抗日战争暨世界人民反法西斯战争胜利70周年”特刊，与济南电视台新闻频道联合拍摄抗战专题片，在济南电视台播出6期。继续编辑出版《济南史志》四期，编辑出版《济南史志文萃》。拍摄《济南历代著述考》电视专题片，系统介绍《济南历代著述考》的编纂背景和过程，揭示济南深厚的文化底蕴和丰富的古代文献，宣传济南厚重的传统文化。开展“送书到基层”活动和“史志开放周”活动，在泉城广场、龙奥大厦等公共场所设立宣传台和咨询台，全年赠送史志书刊上万册。 （张　阳）

【《济南金石志》出版】 12月，由济南市史志办公室整理的《济南金石志》出版发行。该书对清道光年间济南府属16州县所存历代钟鼎碑碣做了较详尽的记载，是有史以来首部系统总结济南地区金石文字成果的专志，全面展示了济南深厚的金石文化。作为道光《济南府志》的一部分，《济南金石志》的出版不仅使道光《济南府志》得以全部校点出版，使之成为完璧，也为研究济南地区文物古迹和历史文化提供了权威借鉴。这也是济南市史志办公室继整理道光《济南府志》、编纂《济南历代著述考》之后，挖掘济南市优秀传统文化遗产的又一突破和成果。 （张　阳）

【市级机关事务管理】 1.市政务服务中心建成启用。市政务服务中心是市委、市政府决策实施的为民服务重点项目，2013年6月开工建设，2015年7月竣工、11月启用。项目集行政审批、公共资源交易、社保经办、市民服务热线等多项功能于一体，方便群众办事；通过拆除市政府原址内部分建筑物，新建而成，盘活了存量行政事业资产，提高了资产使用效益；通过实施资产置换，配套建设部分商务设施用于对外出租等市场化手段筹集资金建设，大大节省财政资金。竣工后，按照“社会化服务、便民利民、智能化管理”的思路做好管理和服务保障工作，通过公开招标选定物业管理公司承担物业管理和餐饮服务，为周边市民提供停车服务，为办事群众提供就餐服务，采用集门禁、停车、餐饮、缴费为一体的“一卡通”系统，得到各入驻单位和办事群众的好评。

2.公车管理改革。严格落实公务用车节假日期间封存制度和定点维修、定点加油、定点保险制度，公务用车运行费用进一步降低。2015年，市级党政机关公务用车加油、保险、维修三项费用，较上年下降6.8%。按照市公务用车制度改革领导小组要求，完成市级党政机关一般公务用车和特种专业技术用车调查摸底，在此基础上做好市级党政机关公务用车制度改革涉及的车辆处置办法，以及公务用车制度改革后出行综合保障方案的起草工作。完成市级党政机关102辆黄标车的处置，为做好全市大气污染防治工作发挥积极作用。

3.统管统建。市公安指挥中心项目获2014~2015年度“鲁班奖”，实现了济南市机关统建项目“鲁班奖”的突破，成为重塑施工程序、力推精细化管理的成功实践。市政务服务中心项目获“山东省建设工程优质结构杯奖”，通过国家3A级安全文明标准化工地验收，实现了质量优良、工期不拖、预算不超的预控目标。东城逸家项目二、三、四标段室内外装修、装饰作业全面展开，工程质量、进度、投资控制有力，在所有标段的建设中发挥了示范带动作用。市环境监测中心项目基本完工。市政府原办公楼完成改造装修。市直机关幼儿园加固改造工作有序推进。

4.行政事业资产管理。市人大原办公区、市政府原办公大院、市委党校老校区、市农业局办公楼等重点资产完成接收，共接收土地约

2015年12月，济南市史志办公室整理的《济南金石志》出版，为研究济南地区文物古迹和历史文化提供了借鉴。 （市史志办　供稿）

8.48万平方米、房产约9.18万平方米。到账运营收入4.6亿元，其中原市交警培训中心、历下车管所等资产完成收储，有力促进了中央商务区等重点片区开发和二环东路南延等重点工程建设。安置事业单位和社会组织5家，满足这些单位事业发展需要，节省了财政资金。完成市直机关幼儿园过渡期用房等资产加固改造，更好满足了使用要求，得到各使用单位好评。

5.公共机构节约能源资源。加大节能宣传力度，切实增强公共机构工作人员的节能意识，使节约用水、节约用电、节约使用办公耗材、乘坐公共交通工具出行，成为公共机构工作人员的自觉行动。加强节能检查考核，并将检查考核结果在一定范围内通报，激励、约束公共机构从“要我节能”向“我要节能”转变。抓好节约型公共机构示范单位创建，全年创建市级示范单位27家，通过省级示范单位验收4家、国家级示范单位验收4家。加强节能技术改造，实施节水改造、龙奥大厦光伏发电、餐厨垃圾处理等示范项目。通过不断努力，“十二五”时期全市公共机构人均综合能耗、人均水耗下降15%，单位建筑面积能耗下降12%的目标顺利完成。

6.龙奥大厦管理服务。坚持安全第一、预防为主、科学应对的方针，着力做好防火、防汛、信访秩序维护等重点工作，确保龙奥大厦安全运行。坚持精细化管理、人性化服务，会务、工程维保、卫生保洁、绿化养护、商务、办公用房调配等服务保障水平进一步提升，快递服务站投入使用，安排市农业局、投资促进局、南水北调局等单位入驻办公。将6层G区西侧餐厅改造为零点餐厅，丰富食堂花色品种，满足入驻人员外带需求；将10层G区西侧餐厅和6层、14层G区东侧餐厅由自助餐改为自选餐厅，减轻了地下一餐厅的保障压力。

7.有关清理规范和划转。完成驻省会城市办事机构清理，市政府设立的3家驻外办事处，经省政府批准予以保留，运营管理进一步规范，职能作用得到更好发挥。根据市政府职能转变和机构改革实施意见，做好原市政府采购中心整建制并入市政务服务中心有关工作，确保做到原市政府采购中心人心不散、队伍不乱、工作不断、国有资产不流失。 （姚成刚）

【济南市市级机关事务管理局更名】 根据济编发〔2015〕19号和济编发〔2015〕89号文件要求，2015年，济南市市级机关事务管理局更名为济南市机关事务管理局，并增加公务接待管理职能、市政务服务中心后勤服务管理职能和对全市机关事务工作的指导、监督职能，相应在局办公室加挂公务接待管理处牌子，增设政务中心后勤服务处，进一步适应政府职能转变需要，满足工作需要。 （姚成刚）

【概况】 市人力资源和社会保障局贯彻落实全国人社工作会议精神，牢牢把握全面深化改革的主基调，坚持以服务民生为根本、以群众满意为标准，以建设“温暖人社”为主题，以推进行政服务标准化、信息化和人社文化建设为抓手，强化问题导向，着力攻坚克难，狠抓工作落实，较好地完成了全年工作任务。

1.突出抓好重点群体就业。新增农业富余劳动力转移就业5.6万人。援助就业困难人员2.49万人，实现零就业家庭的动态消零。实现全市城镇新增就业20.7万人，完成市政府全年目标任务的207.3%；城镇登记失业率2.04%，控制在4%的目标以内，全市就业形势保持稳定。①着力促进重点群体就业。组织开展“公共就业和人才服务进校园”专题巡讲活动，建立“济南大学生就业”微信服务平台，为高校毕业生送政策、送指导、送信息；实施“就业见习”计划，市级大学生就业见习基地达220余家，可提供就业见习岗位3500余个；举办助力中小企业就业双选会暨就业见习基地招聘会、“济南都市圈”（1+6）招聘会、济南外商投资企业大型专场招聘会等，累计为大学生提供就业岗位5万余个；招募“三支一扶”大学生139名。建立就业困难人员跟踪服务制度，就业困难人员灵活就业社会保险补贴标准由每人每月418元提高至471元，企业（单位）吸纳就业困难人员补贴标准由每人每月851元上调至2188元。将农村劳动力纳入就业失业登记管理范围，实施城乡统一的普惠服务。组织招聘会42场，“春风行动”专场招聘会60场，提供就业岗位13.95万个。②加大创业带动就业力度。创新完善创业扶持政策，进一步简化优化创业贷款、创业补贴、房租补贴等审批流程，降低门槛，扩大扶持范围。小微企业一次性创业补贴由1万元提高至1.2万元、岗位开发补贴由500元提高至2000元，个体工商户创业补贴由1000元提高至3000元，入驻市级创业孵化基地个体工商户房租补贴由每年1000元提高至2000元。在全省率先实现就业创业培训补贴等7项扶持政策，对享受待遇人员实施动态数据管理。新增省级创业孵化示范基地（园区）3家，全市已建成省、市、区三级创业孵化基地108家，带动就业11.98万人。组织开展创业助推“1+3”行动、青年创业之星评选、创业论坛等活动，营造大众创业、万众创新浓厚氛围。③不断提升培训质量。重点完善创业培训政策，推进创业大学（学院）建设，市、县（市）区全部建立创业培训大学（学院）。全年就业培训8.94万人次，其中技能培训7.78万人次、创业培训1.16万人次。④创新完善农民工工作。探索“互联网+农民工服务”的新模式，建成农民工网上服务（维权）在线网络平台，通过网站、微信和微博形式，实现24小时全天候服务。依托市农民工综合服务中心，成立济南慈善总会农民工慈善分会、农民工科普大学以及农民工艺术团等服务组织。在环卫、建筑等行业建立基层党组织，农民工党的组织建设不断加强。市农民工综合服务中心被评为全国农民工工作先进集体。

2.加快构建覆盖城乡的社保体系。①不断扩大社会保障覆盖面。推进建筑行业农民工参加工伤保险工作，征缴社会保险费660.5万元。全市城镇职工基本养老、基本医疗、失业、工伤、生育保险参保人数分别达219.3万人、208.1万人、130.1万人、144.5万人和136.4万人，居民基本养老保险和基本医疗保险参保人数分别达222.4万人和419.3万人。社保基金总收入310亿元，总支出246亿元，分别比上年同期增长27.6%和15.1%。②稳步提高社保待遇水平。连续第十一年调整提高企业退休人员养老待遇，月人均基本养老金达2633.5元。居民养老保险基础养老金实现“五连涨”，提高至85元，惠及75.16万名老年居民。居民基本医疗保险财政补贴标准上调至每人每年380元。各县（市）区失业保险金标准统一提高至每人每月950元。工伤职工一次性工亡补助金标准达59万余元。生育保险人均费用支出过万元，居全省最高。③推进社保制度改革。机关事业单位养老保险改革方案初步敲定，市本级公费医疗改革基本完成，县（市）区改革已经启动。居民基本医疗保险制度不断完善，企业职工和居民医疗保险转换接续、重复参保等历史遗留和部分特殊病人待遇降低等问题得到解决；居民医保取消基本医保药品目录中甲类药品的有关限制，降低了原新农合目录范围内乙类药品的自负比例，提高了慢性肾衰竭透析治疗的报销比例。乡镇卫生院住院起付标准由400元降至200元，取消普通门诊统筹起付标准。推进大病保险制度改革，将所有病种纳入大病保险范围，最高支付限额由20万元提高至30万元，实现大病保险待遇“一站式”结报。医保支付方式改革深入推进，探索实行以总额预算管理为主，以大病定额弹性结算、单病种结算、按项目结算等为辅的多元化、复合式支付方式，既减轻了参保职工的经济负担，又确保了医保基金合理支出。制定出台被征地农民参加居民基本养老保险办法，被征地农民养老有了保障。④持续提升经办服务水平。统一灵活就业人员征缴模式，开发自助缴费平台。将生育津贴由一次性支付改为逐月支付，缓解生育保险基金支付压力，有效遏制产假期间解除劳动合同、领取失业保险金等违规行为。在市中区试点分级经办模式，完成4县（市）医保数据市级集中，实现职工医保省内异地联网结算。在4家试点医院实现社保卡“一卡通用”，方便医保病人就医。加大社会保险反欺诈工作力度，实现企业离退休人员及遗属与公安数据的动态比对。对人力资源公司生育保险待遇拨付进行专项稽核，查处违规单位26家。

3.推进行政服务标准化。以市级经办大厅、服务窗口和基层平台为重点，推进形象外观、环境设施、业务流程、服务行为、管理制度、岗位职责“六个规范”。初步完成包括1133项岗位标准、业务流程等在内的标准体系编制工作。研究出台《关于下沉和规范人力资源社会保障基层公共服务平台相关业务工作的意见》，对市、县（市）区、乡镇（街道）、行政村（社区）四级人社服务平台所涉及的就业、社会保障、劳动关系、调解仲裁、劳动监察等7大类共计32项业务工作进行统一规范。以打造“网上人社”“智慧人社”为目标，加快建设标准统一、信息共享、业务协同的网上业务办理平台，推动信息化管理向基层人社业务延伸，逐步实现人社业务“村村通”“户户通”“人人通”“即时通”。推广“人社e站”“大爱东关”微信平台等服务模式，开通“大学生就业”“人事考试”等微信公众平台，申请“温暖人社”微信公共账号，初步实现“零距离”“全天候”服务。继续办好“济南人社在线”栏目，已上线119期，受理咨询、解决问题1600多件，回复率及满意率均达100%。12333电话咨询中心服务质量稳步提高，共接听来电42.1万余个，群众满意率达99.8%。济南市社保就业公共服务在中国社科院公布的38个城市基本公共服务群众满意度排名中位居第八。

【人才队伍建设】 围绕济南市打造“全国的区域性经济、金融、物流中心和科技创新中心”建设，实施人才强市战略。引进高层次人才。结合济南市重点产业发展战略和重点工程项目、重要引智单位的需求，发挥政府人才综合管理部门的职能作用，实施“5150引才倍增计划”，新引进58名高层次创新创业人才（团队），累计引进411人。放宽千层次人才引进条件，引进千层次创新人才154名。组织重点企事业单位赴全国重点高校现场引进中高端急需紧缺人才，与15所重点高校签订高层次人才合作协议。加大留学回国工作和外专引智力度。组织实施引进外国专家项目29项，引进外国专家180人次，其中1项入选国家高端外国专家项目（文教类）计划，实现该项目零的突破。强化留学人员创业载体建设，全市孵化面积达120万平方米，累计入驻留学人员企业574家，涵盖生物医药、电子信息、新材料、节能环保等高新技术领域，培育出一大批拥有自主知识产权、在各行业领域内位居前列的高新技术产业，成长起一大批能够突破关键技术的高端创新创业人才。新成立济南英国海外人才联络处，海外人才联络处不断扩大，共吸引2000余名海外留学人才来济创业、就业，高层次留学人才引进呈现团队化趋势。加强专业技术人员队伍和博士后工作站建设。实施非公经济组织职称评审绿色通道试点，符合一定条件的工程专业技术人员可以直接申报工程师职称。博士后科研工作站设站规模效应初显，新增7个，总数达22个，增长率在全省最高。加强技能人才队伍建设。研究制定“技能兴济”工程实施意见，加大中职教育力度，推动职业资格和学历“双证互通”，将全市14所技工院校全部纳入中考统一招生平台，实施“金蓝领”培训项目，开展技能大赛，营造崇尚劳动、尊重技能人才的浓厚氛围。截至年末，全市技能人才总数达84.52万人，其中高技能人才24.85万人，为实体经济发展提供了有力的人才支撑。

【机关事业单位人事管理工作】 创新机关事业单位人事管理，干部队伍活力进一步增强。坚持“凡进必考”。加大基层岗位招录比例，提高岗位匹配度。公开公平公正地为各级机关考选257名公务员，其中25名高级技工学校毕业生报考了乡镇机关职位。加大公开遴选力度，为市直党政群机关面向基层公开遴选18名公务员。探索开展聘任制公务员招聘工作，面向全国为市发改委、商务局招聘部分特殊紧缺专业人才。探索实施事业单位分业分类考试，采取面试考核、定向招聘等招聘方式，指导用人单位开展自主招聘高层次人才。完善推广平时考核。依托政务云平台研究开发公务员平时考核信息系统，实现公务员平时考核由“纸”到“云”的转变，上级可以随时查看下级工作情况。加快推进各县（市）区事业单位工作人员平时考核试点工作，指导市教育、卫生计生部门全面开展平时考核。推进人事管理制度改革。协同推进事业单位转企改制工作，配合教育、卫生部门稳步推进基础教育综合改革和县级公立医院综合改革。继续推进事业单位绩效工资改革，完成机关事业单位工资结构调整工作，提高市直机关事业单位4.8万名在职人员基本工资标准，同步减少津贴补贴。调整后，济南市市直机关事业单位平均基本工资比重由20.6%提高到33%，工资结构更加合理。完善规范军转安置工作。以市委办公厅、市政府办公厅名义印发《济南市军转干部安置工作实施意见》，进一步规范考试考核、公开选择去向、公开岗位性质的安置办法，保证军转安置工作的政策延续性和执行力。发挥机关、参公单位主渠道作用，提升公务员、参公岗位安置比例，完成416名军转干部安置任务。

（毛可超）

【概况】 1.引资引智促贸活动。举办各类引资引智活动12场，接待来济考察访问海外华侨华人192人、社团6个，跟踪推进项目20个，促签引资项目2个，促成加拿大Prin-Vert公司创始人兼CEO刘骁勇博士在济南高新区成立生态环境技术公司，促成英国留学人员赵明3D光学自动测量系统项目在高新区落地。引荐美国SMITH COOPER INTERNATIONAL公司（简称SCI公司）与济南玫德铸造有限公司在产品包装、设计、扩大国际市场占有率方面进行合作。先后联合创新谷、药谷、明水经济开发区等园区赴北京、武汉等地，以当地侨资企业为潜在客户，召开3场项目推介会，推介济南创新谷、药谷、山东电子商务示范园、章丘现代农业示范园等园区，与知名上市公司安博教育集团、奥达国际生物技术等50余家侨资企业深入洽谈对接。

先后邀请美国锐联投资公司董事长石丰荣、澳大利亚澳士福集团公司董事长阳云、韩国在韩侨民协会总会常务副会长玄春顺、法国马赛中法关系促进会会长周兴、加拿大齐鲁华人商会会长郑艳、泰国文化经济交流协会会长张扬等率团来济，就开发民天和金德利品牌、建设民天工业园、新型环保垃圾发电、发展跨境电子商务、建设生态餐饮园、设立济南驻泰国经贸办事处等项目，与出口加工区、粮食局、商务局等单位一对一交流、深入洽谈。为华商发展提供周到服务，协助西班牙温氏国际（集团）董事长温锦华、美国南加州山东同乡会会长田平春、澳大利亚澳士福集团公司董事长阳云分别与章丘市、市中区、山东创新腐植酸科技有限公司就设计章丘文博中心、开展影视基地建设等项目进行交流。帮助山东金麒麟集团赴加拿大与阿赛利亚公司洽谈汽车零部件生产合作。

2.海外联络和文化交流。①组织3个侨务访问团赴日本、韩国、美国、加拿大、澳大利亚、印度尼西亚6国开展招商引资、招才引智活动，拜访当地主要华侨华人社团和重点侨领，涵养侨务资源，扩大海外友好力量。访问团分别在大阪、东京、首尔、多伦多、纽约、洛杉矶、悉尼等城市举办10场引资引智推介洽谈会，密集拜会西日本新华侨华人联合会、大阪华侨总会、中国在韩侨民协会总会、美国南加州山东同乡会、纽约山东同乡会、中国旅美科技协会、华盛顿美东济南同乡会、美国世界山东同乡总会，美国华人医药科学家协会、加拿大福建社团联合总会、加拿大专业人士协会、澳洲中华商会、印尼中华总商会等15家侨团，与在日中国科学技术者联盟等3家侨团签订友好协议，聘请中国在韩侨民协会总会会长韩晟昊等8位侨领为济南海协会顾问、理事。与在日中国科学技术者联盟、加拿大中国专业人士协会、旅法工程师协会、爱尔兰华人专业人士协会、昆士兰中国人协会、中国旅美科技协会、美国华人医药科学家协会等引进华侨华人专业人士海外联络处联系联络，通过邮寄人才政策、急需引才岗位信息等措施，多方宣传济南市人才政策和2015年引进海内外高层次人才岗位需求，吸引更多海外专业人才来济创新创业。②先后组织中国旅美科技协会医药类专业人士考察团、海外专业人士济南高新产业考察团、“外国政府官员中文班”往届学员访华团等小团队来济考察。在济期间，先后考察了科兴制药、利民制药、明水经济开发区、蓝海领航电商产业园等企业和园区，与企业和园区探讨海外人才引进和创新创业经验，了解创新创业政策，与高新区及海归企业对接交流。③先后承接国侨办第二十三期海外华侨华人专业人士回国创业研习班、第三十期海外华侨华人社团负责人研习班——日本华社精英人士研习班和省侨办第二期山东海外侨团中青年负责人研习班，90余位在海外有影响力的侨团领袖和精英人士来济深度研习。通过邀请市领导会见、组织考察高新区和创新谷及参观省博物馆、天下第一泉等活动，充分展示济南市高新产业发展现状、悠久的人文历史文化和良好的创新创业环境。8月，成功组织为期12天的海外华裔青少年寻根之旅夏令营济南营活动，来自德国、英国、加拿大等国家的近80名青少年参加。

3.服务侨商侨企。联合市人才市场，组织2015侨资企业专场招聘会和济南市外资企业专场招聘会。南益地产、晶正电子、中天置业、玉泉森信等60多家驻济侨企入场招聘，发布工作岗位2000多个，现场达成用工意向500余个。举办2015银侨合作对接会，30余家侨资企业与齐鲁银行、兴业银行进行洽谈交流，促成齐鲁银行与市侨商会签订5亿元贷款授信协议，山东天壮环保科技有限公司与齐鲁银行就扶持公司可降解地膜生产项目达成贷款合作协议。搭建对外合作交流平台，组织100多家侨企参加“转型升级·香港博览”系列活动、“华创会”“侨资企业西部行——甘肃站”、第十三届世界华商大会、侨企江苏昆山考察等活动，为侨资企业开拓投资领域提供发展空间。

发挥涉侨法律顾问团作用，先后为东福置业、天壮环保、保法肿瘤医院、山东德科和驻济侨商单杰启等协调解决经济纠纷、土地征用、侵权纠纷等涉法案件32件。开展法律进侨企活动，组织“为侨商服务法律专家巡讲”、侨法政策咨询会，专题讲解“从外国投资法看侨资企业保护”“侨资企业在鲁投资法律风险防范”等内容，为侨商侨企规避经营风险提供帮助。

4.侨商会建设。组织近20家侨商会员考察济南中央商务区，了解中央商务区产业布局规划、项目建设发展及招商引资、土地拆迁等情况，参观在建重点项目，寻求拓展事业的商机，促成宇易科技公司的“智慧社区”项目与南益地产合作建设样板社区、香港亿荣国际投资有限公司投资5.2亿元在高新区建设科技创新园等合作项目。推荐山东维真生物医药获选国侨办重点创新创业团队扶持，获得国务院侨办资金、信息及平台支持；推荐胡文当选“开创杯2014影响济南”年度创业精英。指导侨商会丰富会务，活跃侨商文体生活，举办侨商会高尔夫球春季联谊赛、参观山东省美术馆暨杨恺亮美术展及驻济侨商联谊会等活动。

5.护侨惠侨暖侨行动。在泉城广场举办“侨法宣传周”活动，现场解答涉侨政策法规热点，分发《为侨服务指南》等宣传材料近1000份。组织开展侨法宣传巡展活动，举办山东省首部涉侨地方性条例宣传报告会，抽调骨干力量组成侨法及侨务知识宣讲团，深入全市归侨侨眷集中的26家社区、7所驻济高校宣讲、巡展。做好“侨心热线”及侨务信访工作，受理“侨心热线”156件，侨务信访5件，处结率100%；依法办理华侨来鲁定居1件，办理归侨侨眷证12个，“三侨考生”身份认定16件。全年走访困难归侨家庭267户，落实早期企业困难归侨生活补贴、早期归侨大病救助金政策，为全市150户困难归侨发放补贴、救助金80万元。做好“高晶侨爱助学金”管理发放工作，向8名归侨侨眷子女发放助学金2.4万元，5年来共发放11.1万元，37名学生受益。牵头涉侨部门联合开展“四季联谊——春踏青、夏消暑、秋赏月、冬品茗”等活动，组织开展“侨进社区义务巡诊”“归侨侨眷中秋国庆联谊”等交流活动。

6.社区侨务建设和华文教育。市中舜华、历下开元山庄、天桥无影潭等社区的侨务工作各具特色，成为全市社区侨务工作的新亮点。市中区舜耕街道办获“全国社区侨务工作示范单位”称号，市中区四里村街道办、槐荫区绿园社区获“全省社区侨务工作示范单位”称号。加强与市教育局沟通协调，做好外派教师工作，新选拔派出教师4名，延聘教师3名。开展华文教育交流工作，指导济南七中、章丘四中两个华文教育基地与海外侨校开展校际交流。

7.侨务外宣工作。依托《山东侨报》、中国新闻社和海外侨务资源，推介宣传济南，提升济南在海外的影响力。借侨务出访之机，依托澳大利亚《澳洲侨报》《澳华时报》、加拿大《国际电视》、美国《星岛日报》《侨报》《环球通讯社》《华联社》等华文主流媒体，积极宣传济南投资发展、引才引智环境，提升济南在海外知名度。

【筹办第八届华商企业科技创新合作交流会】 12月11日，由省侨办、中国侨商投资企业协会、济南市政府、烟台市政府共同主办的第八届华商企业科技创新合作交流会（以下简称“华交会”）在烟台举办，来自美国、加拿大、马来西亚等20个国家和地区的130多名海外华商、高层次人才参加活动。会议期间，美国华尔联合发展基金会副会长江桥、美国泰普石油产品有限公司董事长张磊、加拿大美特集团公司董事长韩长福、中加商贸文化发展有限公司董事长郑燕等海外华商对济南市表示了强烈的投资愿望，槐荫区与北京金恒丰科技有限公司、高新区与亿荣香港国际投资有限公司签约，合同金额22.2亿元。

（曹际星）

台湾事务

【概况】 济南市对台工作坚持贯彻中央、山东省委和济南市委对台工作决策部署，搭建新平台，拓展新资源，优化新环境，发扬新作风，取得新成绩。全年全市新批台资项目8个，增资项目4个，总投资额1.55亿美元；赴台经贸团组72批、262人次，商务赴台团组51批、115人次。济南市委台办、济南市历下区委台办、济南市天桥区委台办被山东省委台办、山东省人社厅、山东省公务员局表彰为“山东省委台办系统先进集体”，1 人立二等功，3 人立三等功。

1.服务对台工作大局。年内，市领导会见海基会董事长林中森、台湾商业总会理事长赖正镒、远东集团董事长徐旭东、“三三会”董事长江丙坤等岛内政商界知名人士，济南市与台湾上层保持密切互动。结合济南市实际，推动“海峡两岸青年创业基地”建设，在政策、资金、服务等方面推出有效措施，吸引台湾青年来济创业发展。经省台办批准，山东省首家海峡两岸青年创业基地在济南市设立。加大台胞台商投诉案件调处力度。2015 年妥善处理台胞子女就学、房产纠纷、台胞猝死、台胞台属寻亲、遗产继承等涉台突发事件 40 余件，受理各种政策咨询、困难求助等50 余件，解决了滞留台胞于广盛遣返回台问题。全国台企联常务副会长黄明智任董事长的井得公司拆迁补偿案，中央台办高度重视，济南市台办多次协调，问题最终得到圆满解决。

2.开展地方政党交流。与台湾民意代表和党务体系建立新渠道，维系和巩固基层交流合作关系。地方政党交流实现新进展，国民党黄复兴党部参访团、中华生产党参访团、黄埔军校四海同心会参访团和基隆市地方党务参访团等先后来济南交流。推动基隆市与济南市历下区和市中区建立交流合作机制，国民党基隆党部青工总会参访团与济南团市委签署交流合作协议。发挥“山东省海峡两岸基层交流点”的作用。济南市历下区甸柳街道和济南市市中区舜华社区被山东省台办批准为“山东省海峡两岸基层交流点”，实施双向基层交流 9 批、200 人次。不断丰富“济南基隆邻里节”内涵，全年组织开展 16 批基层社区互动交流活动，以传统文化交流合作为重点，组织济南市历下社区书画交流团到基隆市、台北市、台中市参访交流，通过笔会、书画展等形式将“邻里节”活动延伸到岛内基层社区、基层民众中去。邀请基隆市、台北市社区里长来济南市联合举办“济南台湾青少年传统民俗技艺展示赛”活动，将两岸基层邻里交流推向深入。

3.深化济台互利合作。①以招商引资为中心任务，重点加强机制平台建设，推动济南台湾合作持续深化。以“台资企业服务年”为统领，开展“台资企业走访季”“平安台企建设”和“百强台企跟踪服务”等活动，济南市各级台办和协会走访台企台商 400 余次，实现走访全覆盖。市领导多次深入台资企

2015 年 5 月 24 日，和谐中华·第六届海峡两岸经典文化推广会演活动在济南开幕。

（市台办 供稿）

业走访调研，会见重要台商客人，组织召开台商座谈会，积极协调台商投诉案件，增强了台资企业投资发展的决心。各县（市）区和市直有关部门促成多个重点项目签约落户。②以海峡两岸青年创业基地建设为突破，进一步深化产业融合。全市台办系统开展“建机制、创平台、推项目”活动，加强与政府经济职能部门、各县（市）区和相关功能园区的沟通联系，确定济南台湾产业合作领域，积极搭建合作桥梁。拓展与台湾新世纪青年智库、青商会、青创会、桃园工业会的合作，深化与“三三会”“磐石会”的沟通交流，促成济南市新材料产业园、济北经济开发区、济南高新区药谷和部分行业协会、企业与台湾6家机构、10余家企业签订交流合作协议。整合优势资源和政策，推动新材料产业园区、济北开发区和高新区药谷开展入岛推介，新材料产业园区与台湾企业签订20余项入园协议。③以“互动·携手·共赢”为主题，两岸青年创业发展合作论坛取得丰硕成果。6月下旬，市委常委、副市长苏树伟率团分别在台北市、高雄市举办“互动·携手·共赢”两岸青年创业发展合作论坛和两岸青年圆桌会议系列主题活动，与350余位台商围绕科技创新、电子商务、青年创业等产业互动交流。台湾青创会、青工会、青商会与济南市青年组织达成6项合作协议，济台两地企业达成10余项合作协议或意向。

4.加强文化教育交流。创新交流形式，举办“和谐中华·第六届海峡两岸经典文化推广会演”，安排国学才艺表演、手语舞以及传统文化与现代社会管理等文化活动。台湾新竹忠信中学和台北稻江高级护理家事职业学校的60名台湾师生来济南参加第十二届“齐鲁风·两岸情”台湾优秀中学生中华文化研习营，两岸学生结下深厚友谊。首届中华经典两岸征文大赛、第三届海峡两岸论语书法比赛吸引台北市成功高中等5所中学几千名青年学生积极响应，有8名台湾学生的书法作品获一等奖，推动了中华文化在台湾青少年中的交流传承。举办第二届济南嘉义青年志工公益交流夏令营，来自台湾的青年志工与山东大学、山东师范大学、山东省实验中学等学校的泉城义工一起，通过公益交流进学校、进社区，举办公益交流研讨会，推动两岸公益领域交流合作。立足交流促合作，职业教育、现代农业等交流合作取得积极进展。推动职业院校赴台参访交流，济南幼儿师范高等专科学校等4所学校与台湾建立交流合作关系，签署校际合作意向书。组织2批赴台农业考察团，拜会台湾农会和知名农业企业，积累了一批重要的农业合作资源。

5.开展对台宣传调研。全年采编重要涉台活动新闻稿件106篇，在国家级涉台网站发稿229篇，《两岸关系》《台湾工作通讯》刊登宣传报道7篇。两岸领导人实现历史性会面后，国台办网站“各地台商台胞热议两岸领导人会面”专栏发布了济南市台商台属撰写的3篇体会文章。第十二届“齐鲁风·两岸情”优秀中学生中华文化研习营期间，邀请新华社、中新社等10多家主流媒体进行宣传报道。重点加强对海峡两岸青年创业基地的系列报道，组织媒体专题采访在济创业的台商代表，发布创业资讯117条。用好《魅力泉城》网站，扩展舆论信息覆盖面，全年提交各类信息900余条。深化媒体交流合作，邀请台湾三立电视台、“两岸媒体山东沿海行”采访团、中天电视台来济采访，并推动市级媒体、新闻记者入岛，开展媒体专业对口交流。围绕中心开展对台调研，年内完成《2016年台湾地区领导人选举研判》《以服务促进对台经济发展研究》《济台职业教育交流调查研究》《新形势下深化鲁台传统文化交流合作》省级重点课题4个、市级调研课题20余个，编写对台工作简报4期。

6.优化涉台服务环境。以“创建平安台企”为抓手，落实国家和省、市各项优惠政策，解决台资企业生产经营中遇到的难题。济阳县开展“平安台企建设”的做法，得到省台办充分肯定，并作为典型经验在全省台办系统进行推广。实施“百强战略”，推动台资企业转型升级、做大做强，全市15家台资企业被省台办、省商务厅和省经信委表彰为“百强台资企业”。对台资企业安全生产进行专项督导，邀请台湾生产力中心专家和济南市的银行对台商台企进行业务辅导。组织台资企业参加山东大学举办的大型专场招聘会，切实解决台资企业用工难的问题。指导台商协会、台属联谊会开展工作，顺利完成台商协会换届工作，推动齐鲁台商会馆建设，开展“驻济台商新春联谊会”

"文庙新年祈福朝圣暨开笔礼"和山东省台商协会会长联谊会等活动。邀请省内13个城市台商协会会长来济交流，参加招商推介活动。积极鼓励台属与岛内亲属寻求合作、发展实业。（赵立成）

【济南市台湾同胞联谊会】 截至年末，全市有台籍同胞78户108人，其中高山族同胞16户25人、回台定居台胞10人；济南地区去台人员亲属（简称台属）4000余户20000余人。市台联辖县（市）区及山东大学、济南大学台属或台侨属联谊会12个。

宣传教育工作。组织理事会成员、机关干部和住济台胞台属深入学习领会习近平总书记系列重要讲话精神和中共十八大及十八届三中、四中、五中全会精神，召开会长办公会、六届七次理事会传达学习全国台联九届三次理事会及全市统战部长工作会议精神，增强做好对台工作的政治责任感和使命感。编发《济南台联工作》4期，利用广播电台、报刊等新闻网络媒体，宣传市台联活动，其中有4篇新闻报道被《全国台联通讯》《山东台联》和山东"齐鲁网"等刊登。加强对全市中青年台胞台属的培养教育，6月25~26日，在济南中华文化学院举办全市台胞台属骨干培训班，市台联理事和中青年台胞台属40多人参加学习培训。

加强服务联谊。年初，全国台联副会长陈杰一行来济慰问部分定居老台胞、困难台胞。为全市33位60岁以上台胞订阅《健康指南》杂志，为11位70岁以上老台胞庆贺生日。通过电话、电邮、信函等形式进行核实，掌握全市台胞基本生活、工作情况，建立台胞电子档案。为2位台籍考生出具台籍确认证明，落实台籍考生加分照顾政策。依据《济南市困难台胞健康体检实施办法》，为11名老台胞和生活困难台胞进行体检。为7位台胞进行帮扶申请，有3位台胞家庭得到困难补助。利用春节、中秋等传统节日走访看望老台胞、台胞遗属、困难台胞及台属20多户。

深化交流交往。邀请历下、市中、槐荫、天桥、历城等市区台办主任到市台联座谈交流，了解各区对台工作的亮点和难点。7月，配合省台联组织开展全国台联千人夏令营山东分营活动。接待厦门市台联来济进行工作交流，双方就两地台联组织建设、青年台胞的现状和特点以及开展青年台胞工作等情况进行讨论。（张　丰）

【概况】 1.统筹谋划外事工作。召开市委外事工作领导小组扩大会议，突出领导小组办公室督查协调职能。市委十届第九十八次常委会听取关于中央、省委外事工作会议和全国地方港澳工作会议精神及济南市贯彻意见的汇报，对贯彻落实做出部署。召开书记议事会，专题研究全市因公出国管理工作。市人大常委会专题听取全市外事工作汇报。市政协主席主持召开双月协商座谈会，听取"积极融入'一带一路'战略，大力提升济南城市外向度"工作汇报。全年市领导对外事工作做出6次重要批示。抓住国家"一带一路"战略契机，组织开展"一带一路"新形势下济南城市国际化研究，创新性地提出城市国际化战略，经市委外事工作领导小组扩大会议研究，确定成立济南城市国际化推进委员会，将城市国际化工作纳入济南市经济社会发展"十三五"规划。

2.优化交流合作。全年全市共审批派出因公出访团组583批1444人次，同比分别增长35.6%和45.3%；全办共接待各类团组123批1107人次。①策划高层出访推动国际合作。省委常委、市委书记王文涛率经贸团出访德法，以"中国制造2025牵手德国工业4.0"为切入点，推动德国工业4.0领军企业与济南市园区企业签署合作协议，促进与法国高新技术项目深入合作，构建新型经济合作友城伙伴关系。市政府主要领导分别出访英国、阿联酋、捷克和东南亚3国，与阿联酋迪拜市商谈城市建设新业态的引进，在英国学习PPP模式，为全市重大项目融资及管理开辟新渠道，加快与捷克和东南亚在谈项目落地。与新加坡伊顿国际教育集团加强合作，引入济南首家国际学校。16批市领导团组出访25个国家和地区，推动济南市与友城在经贸、科技、文化、教育等领域的全方位交流合作。②围绕"一带一路"优化提升对外交流布局。服务全市对外开放总体战略布局，加强"一带一路"沿线友城布点。市人大和全国友协批复同意济南市与意大利奇维塔维基亚市正式结为友好城市。与柬埔寨暹粒省、斯里兰卡西北省省会库鲁内格勒区、纳米比亚首都温得和克市签署友好合作关系备忘录。与泰国大城府和帕塔亚市、印度那格浦尔市达成友好交流意向。拓展与美国纽瓦克市、瑞典蒙道尔市、阿联酋迪拜市、日本福冈县等10个国家13个城市的新友好渠道。推动香港特区政府设立驻鲁联络处。③以重点项目为抓手引领对外交流合作。联合英国大使馆和省外办召开PPP业务研讨圆桌会议。借助国家外专局渠道和资金，派专人赴英国接受长期和短期PPP项目培训。利用瑞典韦斯特拉市申请的180万元城市伙伴关系项目基金，用于两市市民参与城市管理，推动韦市代表团来济考察政务交流。友城奖学金惠及面进一步扩大，覆盖国家从上年的5个增加至9个，计120名留学生。与墨西哥萨博潘市和韩国水原市实现留学生互派。组织朝能福瑞达、联创机械等27家重点外向型企业参加6场高端洽谈会。④利用全国和省级友协平台做强公共外交。发挥全国友协和省友协战略平台作用，成功加入中国欧盟协会。规范荣誉市民授予工作，起草《济南市授予荣誉市民称号规定实施办法》，经市政府第六十六次常务会议审议通过并正式印发。推荐1人获“山东省人民友好使者”称号。拓展与印中友协马邦分会的交流渠道。

3.提升工作水平。①打造品牌活动展示泉城形象。结合第三届泉水节举办“儒通世界”2015济南文化体验活动，围绕儒家文明与现代教育、文明与创新、文明多样性的融合等主题开展对话，有16个国家和地区的26个代表团170余名外宾参加活动。成立国际泉水文化景观城市联盟，搭建济南与国际友城“民心相通、互利合作、共谋发展”新平台，为“打造四个中心，建设现代泉城”创造良好外部环境。②发挥资源优势服务国家总体外交。在连续12年成功举办中韩书法展的基础上，第十三届中韩（济南水原）书法交流展列入“2015年度中韩人文交流共同委员会交流合作项目名录”，参展书法家范围辐射到省会城市群经济圈6城市和韩国京畿道各城市。派团参加英国友城考文垂市纪念世界反法西斯战争胜利70周年暨考文垂市大轰炸75周年系列纪念活动。③合力推进“1+6”省会城市群经济圈建设。联合聊城市举办“第二届国际友人看省会城市群经济圈”活动，邀请外资机构企业代表共同谋划经济圈发展。共同签署《关于加强省会城市群经济圈外事工作交流与合作的倡议书》。④与日韩泰驻鲁总领馆开展合作。利用日韩泰驻鲁总领馆地缘优势，抢抓中韩自贸区建设机遇，加强济南与韩国经济合作，达成济南市新材料产业园、济北开发区等重点园区对韩深度合作意向。加强与泰驻鲁总领馆沟通，拓展泰国友好交流渠道，吸引泰国旅游企业在济设立营销中心。进一步加强与日本的产业交流合作。

4.管理服务并举。①高效出访机制初现成效。强化高层出访团组服务机制设计，建立市领导出访任务商讨协调机制，优化出访请示，引领出访任务贴近全市中心工作。强化全市因公出国管理队伍设计，建立全市因公出国专办员培训考试颁证制度，提升专业化水平。自行审核审批出访团组297批1031人次。优化因公出访团组结构，全年经贸人员出访占出访人员总数的56.4%，同比增长51.6%。为50家企业办理APEC商务旅行卡133张。②涉外管理和领事服务不断深入。服务企业对外交流，全年办理对外邀请1017批1503人次。强化涉外服务大数据建设，建立济南市

2015年9月1日，“儒通世界”2015济南文化体验活动在龙奥大厦国际会议厅开幕。（市外办 供稿）

对外邀请、海外投资及外专三大数据库，实现“邀请单位信息库”覆盖523家企业，“三资企业信息库”覆盖39家企业，建立“办理在济工作外国人信息库”。与济南大学合作开展领保课题研究，打造济南版海外投资指南，建立领保志愿者长效机制。③加快外事资源向基层和企业转移。综合发挥外事职能优势，主动对接新材料产业园、临港经济开发区等产业园区，重点就济南市德法友城资源情况、因公出国和涉外管理服务政策等进行全面推介。推动天桥区与下诺夫哥罗德市汽车工厂区建立友好关系，促进章丘市与德国尼特瑙市等实现对口交流，全市共建立县级友好渠道7对。④社会化信息化服务取得新突破。建成济南领事认证系统并与外交部实时联网。建立“济南外事”微信公众平台，完善济南外事网站平台宣传，有针对性推送领保知识、涉外礼仪、海外风险提醒和友城商贸信息。全年代办签证5753件、领事认证3969件。

【外事往来】 1月17日，阿根廷内阁秘书长玛丽亚·阿拉尔孔、圣达菲省齐耶米纳市市长罗克·查韦斯等一行8人访问济南。在济期间，代表团与市外办、市商务局、源和电站等进行座谈，参观了源和电站工程业绩现场，并就在齐耶米纳市设立生物质电厂进行洽谈。

1月20日，山东黄金集团驻澳大利亚珀斯代表孙风帆访问济南，与市外办就借助山东黄金集团、山东天齐置业集团等渠道加强济南市与西澳尤其是珀斯市的友好合作与交流交换意见。

1月22~23日，以日中经济协会北京事务所所长篠田邦彦为团长的代表团一行2人访问济南。在济期间，代表团考察了济南新材料产业园、济北经济开发区、济南国家信息通信国际创新园、济南综合保税区及济南民天产业园，了解济南市产业园区发展现状、招商政策和服务举措等。

1月27日，法国布列塔尼大区政府驻山东总代表柯妮访问济南。在济期间，柯妮介绍了山东省与法国布列塔尼大区结好30周年系列庆祝活动筹备情况，并邀请济南市参加相关活动。

1月28日，以韩国安东市对外协力官（国立安东大学孔子学院院长）李润和为团长、安东市议会议员李在甲为副团长的安东市议员齐鲁文化研修团一行12人访问济南。在济期间，代表团与相关部门就在儒学传承交流、旅游文化合作及青少年交流等领域的交流合作交换意见。

2月6日，法国卢瓦尔大区中国代表处首席代表奥利维访问济南。在济期间，奥利维与市外办、高新区就卢瓦尔大区在济南高新区设立办公室达成共识。

△ 英国驻华大使馆北方合作处一等秘书何乐山一行2人访问济南，与市外办、民政局、商务局、金融办和济南轨道交通集团有限公司举行座谈，探讨依托中国繁荣战略项目基金，深化济南市与英国地方政府和企业合作的潜力及基金申请条件。

2月12~16日，山东泰山旅游规划设计院院长常德军一行4人访问韩国安东市，考察“行走安东”项目具体路线。访问期间，双方就项目运作方式、项目费用预算等相关条款达成初步协议。

3月18日，“待发现的立陶宛”中小企业走出去推介会在济举行。立陶宛外交部副部长罗兰达斯·克瑞斯丘纳斯等出席开幕式。

3月18~19日，香港特区政府驻沪办主任邓仲敏一行4人访问济南，筹备香港特区政府驻山东联络处人员聘任等事宜。

3月24日，应中联部邀请，以缅甸联邦巩固与发展党中央委员昂宁为团长的干部考察团一行25人访问济南。在济期间，代表团参观考察了历下区芙蓉街社区和力诺集团，就力诺集团与缅方合作进行初步沟通。

3月26~29日，副市长张海波率团一行9人访问韩国。代表团拜会了韩国贸易投资振兴公社、韩国贸易协会，商谈第四届济南韩国商品博览会事宜；访问首尔市政府，商谈加强两市贸易和相互投资方案；考察京畿板桥科技谷、现代I PARK MALL、希杰娱乐公司等。

4月6~8日，韩国安东市体育观光课课长林中汉一行4人访问济南，商谈两市在旅游领域的合作，并举办安东市旅游推介会。

4月14日，英国驻华大使馆北方区域事务官金格斯访问济南，与市外办及济南轨道交通集团有限公司进行座谈。

4月15日，土库曼斯坦驻华大使齐娜尔·鲁斯塔莫娃一行2人访问济南。

4月21日，日本新潟市北京事务所所长一行2人访问济南。在济期间，代表团考察济南大学，就2015年度友城奖学金留学生招生事宜与校方座谈，参观了2014年度新潟市留学生宿舍。

4月23日，凯宾斯基饭店中国区总裁汉思乐一行6人访问济南。在济期间，出席凯宾斯基饭店入驻高新区汉峪金谷签约仪式。

4月28日，法国孚日省中国项目首席代表伊莎贝尔·贝尔奈兹一行2人访问济南。在济期间，就在济合作举办“投资孚日”商贸推介会交换意见，并就加强济南市与孚日省在医疗卫生、旅游、经贸、教育等领域的交流达成一致。

△ 荷兰贸易促进委员会在济举办庆祝荷兰“国王日”活动，来自山东省和济南市的政府及企业代表、驻鲁荷兰企业代表以及在鲁工作、学习、生活的荷兰人等百余人参加活动。

4月29~30日，香港特区政府驻沪办主任邓仲敏访问济南，率香港特区政府驻山东联络处主任王诺君等拜会省、市领导，为特区政府驻鲁联络处长期办公地点选址。

4月30日，韩国安东MBC(文化电视台)代表理事金相哲率团一行6人访问济南。在济期间，代表团访问了泰山旅游规划设计院，考察济南市青少年宫，就两市青少年合唱交流进行沟通，参观芙蓉街及大明湖公园。

5月12~14日，美国未来趋势国际集团总裁华赞一行8人访问山东。12日在济南组织召开项目洽谈会，省商务厅、历下招商局和高新控股等单位的20余名代表参会，与外方就海湾基金和科威特Mubarak集团建设开发的沙迦中—阿商业转换中心等项目达成了合作共识。

5月20日，以色列驻华大使马腾、希伯来大学校长亚瑟一行5人访问济南。在济期间，省委常委、市委书记王文涛会见代表团。双方表示将不断推动以色列与山东省及济南市的交流合作。代表团参观了浪潮集团，表示将促进浪潮与以色列高科技公司的合作。

△ 葡萄牙社会党全国书记处书记、议会外委会主席赛尔吉奥·索萨·平托率社会党高级考察团一行10人访问济南。在济期间，代表团考察了济南市规划展览馆等。

5月21~25日，非洲非政府组织领导人联合考察团一行21人访问山东。24日代表团访问济南，参观了济南市规划展览馆。

5月26日至6月4日，市政府主要领导率有关市直部门负责人赴阿联酋、捷克和英国进行友好访问和经贸洽谈。在阿联酋，代表团与费尔蒙集团董事局主席兼CEO比尔·范特、帝王集团总裁左克及斯伦贝谢石油技术服务公司全球副总裁穆罕迈德进行洽谈，出席济南高新区与费尔蒙集团瑞士酒店管理协议及浪潮集团与斯伦贝谢石油技术服务公司战略合作协议签字仪式。拜会沙迦皇室成员法沙尔酋长、阿布扎比城市事务部主席萨义德及迪拜市长卢塔，与迪拜市政府共同举办济南市产业合作推介会。在捷克，代表团出席济南市产业合作洽谈会，与捷克知名企业PPF金融集团等公司代表就推动捷克企业在济进一步扩大市场份额，拓展消费金融、商务私人飞机制造等新领域合作提出建议；访问友好合作城市库特纳霍拉市和卡罗维法里市就进一步扩大双方在旅游、教育及非物质文化遗产申请等方面加深合作达成共识。在英国，代表团拜会英国财政部基础设施局，听取局长斯宾塞关于政府与社会资本合作模式(PPP)的介绍，实地考察吉利汽车合作伙伴伦敦出租车公司，与英国盖特基金董事长派迪进行会谈，促成该公司与山东浚嘉科技有限公司股权合作，与友好城市考文垂市市长迈克尔·海曼、考文垂议会主要成员及各党派友好人士进行会谈。

5月27日，市政府举行2015年度“泉城友谊奖”颁奖仪式，授予美国专家劳伦斯·罗德瓦尔德等10名外国专家“泉城友谊奖”。

△ 日本松阪市民国际友好文化交流会代表竹本博志一行3人访问济南，向济阳县太平镇路家桥村的路桥小学和村文化广场建设捐款7万余元。

6月1日，韩国驻青岛总领馆新任总领事李寿尊一行访问济南。在济期间，张海波会见代表团。双方表示，将全面深化济南市与韩国在各领域的交流工作，支持和促进韩国企业到济开展经贸交流活动。

6月1~8日，济南市2名青年代表随中韩青年友好使者代表团访问韩国首尔、京畿道、庆尚北道、庆州、釜山、济州道等地。

6月2~11日，市外办一行6人访问泰国、柬埔寨和香港地区。访问期间，代表团拜会泰国大城府办公厅、泰国国家旅游局清迈办事处，访问洛加纳工业园集团等当地企业；拜会柬埔寨暹粒省政府，与柬埔寨暹粒省签署《济南市与暹粒省建立友好关系意向书》，访问柬埔寨山东商会；拜会香港特区政府教育局、民政事务局、香港旅游发展局及香港济南联谊总会。

6月4~6日，韩国贸易投资振兴公社社长金宰弘、韩国贸易协会副会长金正宽一行15人访问济南。在济期间，代表团出席第四届济南韩国商品博览会开幕式和山东—韩国经贸合作论坛。

6月11日，法国卢瓦尔大区主席雅克·奥克谢特一行20人访问济南。在济期间，张海波会见代表团。双方就推动卢瓦尔大区设立驻济办公室、发展济南与卢瓦尔大区主要城市的友好关系以及促进与卢瓦尔大区的经贸合作进行交流。

6月15~16日，未来趋势国际集团董事默罕默德访问济南，参观济南柴油机股份有限公司、济南玫德铸造有限公司、山东宏达科技集团有限公司等并进行座谈，就双方在中东市场的合作进行沟通。

6月24日，柬埔寨山东商会会长杨兆华、秘书长王延玉等一行3人访问济南，与市外办就拓展济南与柬埔寨的经贸往来尤其是产业园区对接合作进行座谈。

6月25日，市体育局一行9人访问荷兰，参加阿克玛国际少年运动会。

6月29日，美国马里兰州州务卿约翰·沃本史密斯一行2人访问济南。在济期间，代表团考察济南药谷，了解济南药谷在企业引进、生物医药产业技术项目扶持方面所具有的特色。

7月2日，德国安顾保险国际股份公司董事会成员兼德华安顾人寿保险有限公司副董事长思勇明一行访问济南。在济期间，王文涛会见代表团，并希望安顾保险在现有基础上积极创新产品、深化交流与合作，济南市也将以全面开放的态度支持安顾保险的发展。

7月9日，瑞典活动地板公司总经理佩格·瑟德伯格一行2人访问济南。在济期间，代表团与市外办进行座谈，就推动高新区与瑞典在科技创新基金、环保平台、高端制造业等领域开展合作进行探讨，提出济南大学与瑞典韦斯特拉市梅拉达伦大学联合申请孔子学院的建议。

7月13~14日，应中联部邀请，吉尔吉斯斯坦议会五党联合考察团一行17人及中联部代表访问济南。在济期间，代表团考察了历下区解放路街道历山社区，了解基层党建工作和社区文化建设，还参观了市公安局联播信息平台指挥大厅和济南市警察博物馆。

7月23日，英国驻华大使吴百纳一行访问济南。在济期间，王文涛会见代表团。双方表示，将进一步加强交流合作，鼓励和引导英国企业、金融机构到济发展，将有关领域比较成熟的经验做法推介到济南，鼓励英国高校和济南高校加强沟通交流，实现共赢发展。

7月24日，德国费斯托集团监事会副主席乌尔里奇·伯特霍尔德·史岛一行访问济南。在济期间，王文涛会见代表团。双方表示将共同参与济南的“中国制造2025”战略实施、智能制造等相关工作并在职业培训等领域加深合作。

7月29日至8月5日，济南市友好经贸代表团一行5人访问意大利、捷克。访问期间，代表团先后访问了意大利罗马、奇维塔韦基亚、都灵和捷克布拉格、卡罗维发利等城市。

8月7日，加拿大驻华大使赵朴一行访问济南。近年来，济南高度重视和加拿大的交往，双方将进一步加强合作关系、扩展合作领域、增进友谊，发挥加拿大驻华使馆的桥梁作用，实现互利共赢。

8月20日，捷克PPF集团最高管理委员会委员梅恺威一行访问济南。PPF集团和子公司捷信集团将加强与济南在互联网+、电子商务、生物科技、航空航天等方面的合作，推动在济业务、扩大对济投资，参与济南的基础设施建设，实现互利共赢。

8月24~27日，张海波一行5人访问韩国。访问期间，陪同山东省省长郭树清拜访韩国产业通商部部长尹相植、首尔市市长朴元淳，参加韩国金融投资协会午餐会和韩中亲善协会晚宴，会见现代汽车会长郑梦九并参观考察集团总部及南阳汽车研发中心，出席山东省—韩国企业家圆桌会议暨重点项目签约仪式，见证山东建邦集团与韩国现代I PARK MALL公司签署项目合作协议。与大韩贸易投资振兴公社咸正午副社长、韩国文化产业振兴院（KOCCA）院长宋星钰、韩国国际美容健康产业协会会长金善熙等举行会谈。

8月25日，韩国安东市文化艺术殿堂企划组长曹汉翊率安东市立合唱团一行34人访问济南。在济期间，代表团与市音乐家协会负责人进行会谈，参加以纪念中国人民抗日战争暨世界反法西斯战争胜利70周年为主题的第二届济南（国际）合唱节音乐会。

9月1~5日，“儒通世界”2015济南文化体验活动在济举办，来自16个国家和地区的26个友好代表团170多人参加活动。在济期间，王文涛等分别会见参加活动的友好城市代表。

9月5日，联合国秘书长潘基文一行访问济南。在济期间，潘基文一行参观了天下第一泉风景区趵突泉景区，游览了趵突泉泉群、李清照纪念堂、万竹园。潘基文对济南市独特的泉水景观、深厚的文化底蕴给予高度评价，并表示支持济南市为名泉申遗。中国常驻联合国代表刘结一、外交部国际司司长李军华等陪同参观。

9月9日，韩国光阳湾圈经济自由区厅厅长权五倖率团一行5人访问济南。在济期间，代表团与招商引资部门及相关企业进行会谈，举办光阳湾圈自由经济区厅投资说明会，考察济南综合保税区、明水经济技术开发区，并分别签署合作框架协议。

9月12~13日，瑞中友协主席、瑞士苏黎世前市长瓦格纳一行2人访问济南。在济期间，王文涛会见代表团，并陪同考察泉水景观带。代表团还考察了高新区汉峪金谷、济南药谷和国家信息通信国际创新园等项目园区。

9月15日，波兰马佐夫舍省省长亚当·斯图鲁奇克一行40人访问济南。在济期间，代表团参观了高新区产业创新园。

9月16日，韩亚航空“美丽教室工程”结缘济南市济阳县太平镇路桥小学捐赠仪式在路家桥村举行。

9月17~20日，副市长王新文率团一行6人访问捷克。代表团访问布拉格十五区和库特纳霍拉市，进一步深化友好合作城市间的合作，加强教育领域的交流，并召开招商推介会。

9月19~23日，商河县鼓子秧歌文化交流团一行22人访问日本，参加日本东亚文化之都系列活动“新潟总舞节”文化演出交流。

9月19~26日，济南市友好文化代表团一行6人访问日本、韩国。代表团参加日本东亚文化之都系列活动“新潟总舞节”文化演出及韩国安东国际假面舞文化节暨安东民俗节。

9月22~26日，济南市社科代表团访问韩国。代表团参加由韩国国立安东大学孔子学院主办的第二届中韩儒学·人文交流对话会。

9月23日，美国兰辛市政府代表兰辛首都机场董事局主席克里斯·霍尔曼、兰辛市政府办公室姊妹城市部门负责人玛莎藤田等一行8人访问济南。在济期间，代表团与市外办、旅游局举行会谈。

9月23~24日，阿联酋迪拜市体育局与美国未来趋势国际集团一行18人访问济南。在济期间，代表团与市发改委、商务局、旅游局、外办等部门和秦工国际、巨洋神州、晶荣食品、华北升降平台、世纪华泰等企业就济南与阿联酋迪拜开展交流及中央商务区合作等进行座谈，并访问山东路桥集团、市立四院和高新技术创业服务中心。

9月28~30日，法国孚日省中国项目部首席代表伊莎贝尔·贝尔奈兹一行4人访问济南。在济期间，代表团与市体育局进行座谈，考察商河温泉项目及济南市主要木材加工企业，就文化、体育、经贸合作达成初步意向。

10月8~9日，印度尼西亚迈大集团董事、总经理蓝伟铭一行访问济南。在济期间，迈大集团在济阳投资的食品项目举行奠基仪式。

10月13~17日，吉尔吉斯斯坦贾拉拉巴德州第一副州长阿克马托夫·M一行4人访问山东，其中10月14日在济访问。在济期间，代表团参观商河宏业棉纺织有限公司，学习考察企业的先进生产技术，探讨在原材料、产品销售等领域的合作。

10月18~21日，俄罗斯国家杜马公正俄罗斯党议员团副主席阿列克谢·切帕率代表团访问山东。在山东期间，代表团参加了第六届中俄中小企业合作圆桌会议，推动中俄中小企业合作；访问浪潮集团等企业，推动双方合作。10月19日，王文涛会见代表团一行，中联部副部长周力参加会见。

10月23~30日，市委常委、统战部部长雷天太率团访问瑞士、奥地利。访问期间，代表团拜访了中国驻苏黎世总领馆和中国驻奥地利大使馆，参观瑞士西卡集团，在奥地利举行高层次人才项目恳谈会和座谈会，分别与奥地利上奥州政府和瑞士阿尔高州政府座谈交流，成立济南市海外联谊会瑞士联络站和奥地利联络站。

10月25~27日，美国阿拉巴马州参议员及企业家商务代表团一行访问济南。在济期间，市人大常委会副主任段青英与代表团进行会谈，双方就人大及议会的监督、立法及代表工作进行交流。代表团还参观了章丘大葱种植基地和香草园，就农业领域的合作与章丘市进行商讨。

10月26~30日，瑞典韦斯特拉市副市长乌拉·佩尔斯一行10人访问济南。在济期间，代表团拜会市人大常委会，与市外办进行工作会谈，拜访市园林局，参观12345市民热线及12319市政服务热线等。

10月27~29日，以韩国国际交流财团理事金光根为团长的第六批韩国青年友好使者代表团一行112人访问济南。在济期间，代表团参观了浪潮集团、省博物馆、山东省特殊教育职业学院。

10月29日至11月4日，香港特区政府驻山东联络处在恒隆广场举办“亚洲国际都会——香港”主题图片展活动。

11月3日，新西兰毛利发展部长、经济发展协理部长特·乌鲁罗亚·弗拉维尔一行36人访问济南。在济期间，代表团参观了趵突泉公园。

11月5~7日，瑞中友好协会会长托马斯·瓦格纳及瑞士德特威勒（苏州）电缆系统有限公司首席执行官一行3人访问济南。在济期间，代表团考察了济南市中央商务区建设情况，参观了济南市政务云计算中心及浪潮集团第四代云计算数据中心，并分别与市规划局、经信委、市城市投资建设集团和市轨道交通集团进行座谈。

11月10日，巴西马拉尼昂州副州长卡洛斯·奥尔良·布朗登一行访问济南，推动千万吨级钢铁项目。

11月16~23日，济南市友城工作小组一行3人访问印度、泰国。在印度期间，与那格浦尔市就开展友好交流合作和建立友好城市关系达成共识，与马邦分会建起紧密合作工作联系机制。在泰国期间，与大城府、清迈府建立工作联系合作机制，与大城府就建立友好关系达成一致意见。

11月30日，加拿大加中商会副会长司徒国宁一行4人访问济南，与市外办就加深济南市与加拿大埃德蒙顿市在教育、农业等领域的合作进行座谈。

12月2日，美国芝加哥商业交易所首席执行官傅品德·吉尔一行访问济南。在济期间，王文涛会见代表团。双方表示将建立济南与芝加哥商业交易所专门的联系渠道，推动双方合作。

12月14~23日，市政府主要领导率济南市代表团访问泰国、马来西亚和新加坡。访问期间，代表团分别拜访了中国驻泰国大使宁赋魁和中国驻新加坡大使陈晓东。先后考察泰国大城府、帕塔亚市和马来西亚吉隆坡市等，与新加坡新任人力部政务部长兼新加坡—山东经贸理事会新方联合主席张思乐、大城府府尹普拉温、帕塔亚市市长等分别进行座谈交流。与泰中工商业联合会、马来西亚马中商务理事会、新加坡企发局等工商界代表进行洽谈。经过交流与洽谈，确立与帕塔亚市建立友好城市关系；与泰国知名企业美诺国际集团就经贸合作进行交流，并针对在济投资开发高端酒店项目达成共识；与新加坡吉宝集团旗下中新首峰就中新济南智慧城项目进行专题会谈；与泺亨集团就在济南市综保区物流建设项目面临的问题进行交流；访问新加坡创业行动社群（ACE）和创客协会，研究提出与济南高新区创业孵化器或园区合作交流机制；考察新加坡丰树集团，交流该集团在济现有物流项目建设情况，并就第二、第三物流中心建设达成共识。

12月17~18日，“山东—英国PPP培训研讨会”系列活动在济举行。英国驻华大使馆公使衔参赞郭科林、英中贸易协会代表及英方专家等一行18人来济进行交流，副省长夏耕会见代表团。省发改委系统、财政系统、金融系统及济南市相关部门及企业代表500余人参会。

12月22~28日，市人大常委会副主任宋玉国率团一行3人访问印度、印尼。在印度期间，代表团访问重汽合作伙伴曼卡车印度分公司和SCCL公司。在印尼期间，访问友好城市徐图立祖市，拜会议长努马万，考察徐图立祖市市立医院。

【友好城市交往】 1月28日至2月3日，济南历元学校一行8人参加土耳其马尔马里斯市国际游泳比赛，获5枚金牌。

3月24日，土耳其马尔马里斯市学生布拉克来济南大学进修。这是马尔马里斯市第一位友城奖学金学生。

3月26日至4月2日，济南市友好访问团一行7人访问澳大利亚、中国香港。访问期间，代表团与郡德勒普市市长进行会谈，出席两市结好10周年庆祝活动；与卧龙岗市市长进行会谈。拜访香港贸发局，洽谈在济举办“转型开放、香港博览”活动。

3月27~31日，济南二十七中代表团一行21人访问法国雷恩市，参加在雷恩帕斯镇举办的第三十一届国际少年篮球锦标赛，还到友好学校圣加布里埃尔中学进行交流。

3月31日至4月4日，澳大利亚友好城市郡德勒普市伍德维尔中学代表团一行30人访问济南。在济期间，代表团与友好学校济南九中进行师生互动交流，并参加首届“济南—郡德勒普”中学篮球友谊赛。

4月10日，澳大利亚西澳州国际工商学院副院长徐兴奎一行3人访问济南。在济期间，代表团与济南七中、济南十一中分别举行座谈，重点向两校推介澳大利亚凯宁中学和圣马可中学，希望在时机成熟时建立友好校际关系。

4月14~19日，俄罗斯下诺夫哥罗德市画家阿列克谢·米亚斯尼科夫一行2人访问济南，并举办个人画展。

4月21~28日，济南市农业代表团一行5人访问土耳其、以色列。访问期间，代表团与土耳其马尔马里斯市、以色列卡法萨巴市开展农业技术交流、合作洽谈及政府友好交流活动。

5月11~18日，济南市妇女代表团一行8人访问美国、墨西哥。访问期间，代表团与美国萨克拉门托—济南友协就两市结好30周年系列活动安排进行会谈，与墨西哥萨博潘市市长就深化两市经贸、教育、文化等领域合作进行会谈，并出席济南文化屋启动剪彩仪式。

6月2~6日，济南市旅游推介团一行7人访问韩国。访问期间，代表团拜会水原市第一副市长金东根，与水原市观光课就“济南国际旅交会”和“2015水原华城访问年”的互动交流达成共识，组织召开济南（首尔）旅游说明会，推介济南泉水节活动。

6月5~12日，济南市友好经贸代表团一行4人访问保加利亚、瑞典。在保加利亚期间，代表团参加卡赞勒格市玫瑰节，学习借鉴卡市借助玫瑰特色宣传城市品牌的经验。在瑞典期间，代表团拜会瑞典哥特兰大区外办主任梅特。代表团还与瑞典环保、奶牛养殖等领域的企业进行座谈，探讨与平阴县在农业领域的合作。

6月10~17日，市委副书记雷杰率团访问俄罗斯、波兰。访问期间，代表团在俄罗斯莫斯科市、圣彼得堡市和波兰什切青市召开推介会，与圣彼得堡华商会会长陈志刚就天桥区中恒商品市场利用俄中商务中心保税平台开展对俄实体贸易及电子商务合作达成意向，与波兰什切青西波兰拉尼亚高科技园和知识转让创新中心探讨开展合作的途径和方式。与俄罗斯友好城市下诺夫哥罗德市议长奥列格·索罗金、市长奥列格·孔德拉绍夫和波兰友好合作城市什切青市市长彼得·克里斯特克分别举行会谈。代表团还参加了下诺夫哥罗德市794周年庆，出席天桥区与下市汽车工厂区友好合作关系意向书签字仪式，组织济南市企业代表在下诺夫哥罗德举办中国商品展会。与什切青市市长就进一步加强教育、旅游合作，互办城市形象展览达成共识。

6月25~30日，济南第八中学女子篮球队一行赴法国友城雷恩市参加第二十三届法国尚特皮U15女子篮球国际锦标赛，并与当地学生进行文化交流。

6月29日，济南市从重汽集团、山东青年政治学院及济南大学选拔的3名西语人员赴友城墨西哥萨博潘市瓜达拉哈拉大学留学。这是济南市友城奖学金设立以来首次实现奖学金项目双向交流。

7月31日至8月7日，市人大常委会副主任邹世平一行6人访问韩国、日本。访问期间，代表团与水原市政府、市议会等进行会谈，参加“2015年中韩人文交流共同委员会交流合作项目”第十三届中韩（济南—水原）书法交流展开幕式。与山口市政府、市议会等进行会谈，参加与日本山口市结好30周年纪念活动。与韩中经济协会、日本关西经济联合会、日中经济协会关西本部进行经贸恳谈交流。

△ 济南市书法文化交流代表团一行12人访问韩国，参加“2015年中韩人文交流共同委员会交流合作项目”第十三届中韩（济南—水原）书法交流展开幕式。

8月3~7日，济南市非物质文化展演团一行7人访问日本。访问期间，代表团拜会山口市政府，出席济南市与山口市结好30周年纪念活动，举办济南市非物质文化展演——“济南DAY IN菜香亭”。

8月4~11日，济南市建委代表团一行5人访问芬兰、匈牙利。在芬兰期间，代表团参加芬兰房屋展览会，了解芬兰房屋建筑节能空气热能回收、老房子提升改造、芬兰养老地产等多领域情况。在匈牙利期间，代表团与佩斯州政府、布达佩斯和佩斯州工程协会等建立联系，为济南市企业进入中东欧甚至欧洲市场寻找跳板和平台。

8月11~15日，济南市市民服务热线办公室代表团一行5人访问美国，进行市民服务热线交流。

8月19~21日，以日本山口市市长渡边纯忠为团长、市议会副议长氏永东光为副团长的友好代表团一行10人访问济南，日本驻青岛总领事远山茂陪同访问。在济期间，王文涛会见代表团。双方就扩大民间互访、推动节能环保合作、加强教育文化合作等交换意见。

8月23~29日，第二十二届国际历史科学大会在济举行。德国奥格斯堡大学的2位历史学家苏珊娜·鲍勃和迈克尔·沃布灵参加大会。

8月28~30日，韩国水原市文化教育局长洪思俊率团一行12人访问济南，参加在济南舜耕国际会展中心举办的“2015山东（济南）国际旅游交易会”。

△ 日本山口县商工劳动部观光振兴课主查篠原透浩率团一行8人访问济南，参加在济南舜耕国际会展中心举办的“2015山东（济南）国际旅游交易会”。

8月28日至9月4日，澳大利亚郡德勒普市市长特洛伊·佩卡德一行11人访问济南。在济期间，代表团出席两市结好10周年系列庆祝活动，签署结好10周年备忘录，参加“儒通世界”2015济南文化体验活动等。

8月29日至9月3日，美国萨克拉门托大区主席菲利浦·塞纳一行30人访问济南。在济期间，代表团参加“儒通世界”2015济南文化体验活动和两市结好30周年庆祝活动等。

8月31日至9月4日，以色列卡法萨巴市长叶湖大·本哈姆一行8人访问济南。在济期间，代表团参加“儒通世界”2015济南文化体验活动，与济南市签署两市未来3年合作备忘录等。

9月1~4日，韩国水原市第一副市长金东根一行8人访问济南。在济期间，代表团参加“儒通世界”2015济南文化体验活动，并与济南市、俄罗斯下诺夫哥罗德市签署三方旅游合作协议。

△ 日本和歌山市日中友好议员联盟会长芝本和己一行6人访问济南。在济期间，代表团参加“儒通世界”2015济南文化体验活动，与市友协签署友好交流备忘录。

△ 印尼徐图立祖市议长努马万一行11人访问济南。在济期间，代表团参加“儒通世界”2015济南文化体验活动，与市中心医院就医疗技术合作等进行交流，与光大环保能源探讨垃圾焚烧发电领域合作。

△ 芬兰万达市副市长伊琳娜和赫尔辛基大学孔子学院院长高歌等一行7人访问济南。在济期间，代表团参加“儒通世界”2015济南文化体验活动，与市教育局举行座谈，参观舜耕中学。

△ 俄罗斯下诺夫哥罗德经济发展投资局局长伊琳娜·谢马什科一行4人访问济南。在济期间，代表团参加“儒通世界”2015济南文化体验活动，与济南市和韩国水原市签署旅游多边协议。

9月16日，王新文一行6人访问以色列。访问期间，代表团与卡法萨巴市市长本哈姆等举行座谈，两市签署《济南市与卡法萨巴市教育合作协议》。代表团访问卡法萨巴绿色学校、晒安格努学校，与以色列教育部中文教育督学柯塔梅就中文教学等事项进行交流。

9月20~26日，天桥区新材料产业园代表团一行5人访问瑞士、德国。访问期间，代表团参加德国奥格斯堡市经贸洽谈会，与奥格斯堡科技创新园确定合作关系，双方共同寻求在碳纤维产业方面的合作。

9月20~27日，王文涛率团访问法国、德国。访问期间，共举办6场招商推介、产业对接及签约活动，签署9个项目及友城合作协议，与来自23家政商界机构及企业代表进行会谈。在法国，代表团与阿尔斯通集团电网总裁格若古瓦·普·纪露穆进行洽谈，出席阿尔斯通集团与山东电工电器集团合作生产绝缘套管项目协议签字仪式。与法国标致集团执行总裁方博伦、市场总监穆让进行会谈，推动标致集团与济南市轻骑集团的合作深入发展。在友好城市雷恩市，与市长娜塔莉·阿贝尔、副市长乔瑟琳娜·布雅尔、雷恩市经济发展局等举行座谈，与市长阿贝尔签署雷恩宣言，在友城协议框架下建立高新技术合作伙伴城市关系。在德国，代表团出席在德累斯顿举办的“中国制造2025牵手德国工业4.0”济南招商推介活动及企业签约仪式，见证济南高新区相关企业与德方合作伙伴5个合作协议的签署；代表团会见德国3S软件集团、费斯托集团等当地知名企业和机构代表。与德累斯顿市长德科·希尔伯特进行会谈，提出进一步加强两市在高端制造、跨境电商、文化旅游等方面开展全方位的合作建议。在慕尼黑，代表团参观曼集团工厂卡车装配线，与曼卡车公司首席执行官德雷斯就推动与重汽集团进一步加深全面战略合作进行洽谈。与巴伐利亚州化工产业集群有限公司总经理高山进行会谈，出席济南新材料产业园与巴伐利亚州化工产业集群有限公司战略合作备忘录签约仪式。在友好城市奥格斯堡市，与市长库尔特·格里布、奥格斯堡议会主要成员等进行会谈，双方共同签署了两市未来3年加强经济合作交流计划。

9月30日至10月4日，省实验中学师生一行23人访问德国，与巴伐利亚州奥格斯堡市霍尔拜恩中学进行交流。

10月6~10日，济南市友好访问团一行5人访问韩国。访问期间，友好访问团与水原文化财团、水原政府文化局等进行交流，学习借鉴世界文化遗产申请、传承保护和运营管理等经验。

10月15~19日，韩国水原市水彩画协会顾问尹正年（前韩国水彩画协会会长）率代表团一行14人访问济南。在济期间，与市外办、文联等进行交流，出席中韩（济南水原）油画水彩画展。

11月10~17日，市委常委、市总工会主席王以才率团访问白俄罗斯、英国。在白俄罗斯期间，与维捷布斯克市市长维克多·尼古拉金等举行会谈，与当地经贸部门及企业代表座谈，推介天桥区与商河县营商环境，与白俄罗斯维捷布斯克州总工会主席伊万·瓦兹米杰里会谈。在英国期间，参加考文垂市二战期间遭受轰炸75周年纪念活动，与英国考文垂市资源与工会服务部部长马丁·瑞沃斯商谈工会职能优化等问题，与考文垂大学商谈2016年选拔组织高素质专业人员赴考文垂进行PPP培训事宜。

11月11~13日，韩国水原市博物馆事业所所长朴来宪率团一行5人访问济南。在济期间，与市外办、文广新局和市博物馆举行工作会谈。

11月19~21日，芬兰万达市经济发展局长何塞·瓦伦塔、芬兰投资促进署和芬兰首都圈经济发展署代表一行4人访问济南。在济期间，参加中国智能制造国际高峰论坛暨中国智能产业创新创业大会，并与高新区、市科技局和市外办进行会谈。

【与意大利奇维塔韦基亚市结为友城】 8月28日，济南市第十五届人民代表大会常务委员会第二十三次会议，审议济南市人民政府《关于我市与意大利奇维塔韦基亚市缔结友好城市关系的议案》，同意济南市与意大利奇维塔韦基亚市缔结友好城市关系。

【“儒通世界”2015济南文化体验活动举行】 9月1~5日，“儒通世界”2015济南文化体验活动在济举办。日韩、东盟等儒家文化圈的友好城市、友好合作城市，设有孔子学院、孔子学堂或与儒家文化关联度较高的欧美国家友好城市、友好合作城市，“一带一路”沿线国家拓展友好城市的重点目标城市，韩国、泰国驻青岛总领事馆等外国使节代表和香港地区代表等来自16个国家和地区的26个友好代表团170多人参加活动。活动期间，济南市先后与美国萨克拉门托大区签署结好30周年备忘录，与澳大利亚郡德勒普市签署结好10周年备忘录，与以色列卡法萨巴市签署两市未来3年合作备忘录，与纳米比亚温得和克市签署两市建立友好合作关系备忘录，与柬埔寨暹粒省签署建立友好合作关系备忘录。市旅游局和俄罗斯下诺夫哥罗德市、韩国水原市旅游部门签署三方旅游合作协议。

（施冬泉　程　路）

责任编校　张　阳

法治

政法委及综治工作

【概况】 市委政法委全面履行政法工作职能，深入推进平安济南、法治济南和过硬队伍建设，全市社会治安形势持续良好，重大活动安全保障有力，基层基础更加扎实，队伍整体素质明显提升，全市没有发生有重大影响的案件和事件，整体工作发展良好，为“打造四个中心，建设现代泉城”提供坚强有力的政法保障。

1.坚持政治安全为先，努力确保省城社会大局稳定。深化“全方位整合、集约化应用、一体化运作”的情报模式，健全维稳、反恐、多侦联动等机制，对重点人员和群体逐人建档、重大群体性事件预警率保持100%，确保重大敏感节点时期全市社会大局稳定。深化网上管控，加强反恐情报侦察，严厉打击网上勾结串联、煽动滋事活动，全年未发生涉及全市的炒作苗头。建立政府首脑机关维稳安保队伍，确保政府机关信访秩序良好。运用法治思维和法治方式依法妥善处置三联“彩石山庄”烂尾项目，《人民日报》等中央媒体给予重点报道。

2.坚持主动作为，全力服务经济社会发展。把服务“四个中心”建设作为第一要务，主动对接建设现代泉城需求，从维护良好市场秩序、提供金融法律服务、严打涉众型经济犯罪、整治环境领域违法犯罪行为等方面做好工作，为全市经济社会发展营造良好法治环境。市法院出台强化涉及项目建设、招商引资等八类重点案件审理的服务保障意见，为重点建设工作提供法律咨询和意见建议。检察机关开展检察官联系重大项目专项工作，对建设项目开展同步预防，主动打击各类阻碍政令畅通、影响经济发展的失职渎职犯罪行为。公安机关开展公共安全“五项整治”专项行动，严肃查处影响项目建设的违法行为，确保全市重点项目建设顺利推进。市司法局打造市、县（市）区、乡镇（街道）、村居四级公共法律服务体系，组建专项法律服务团全力服务中央商务区建设。民政系统坚持以做亮“贴心民政”服务品牌为抓手，着力办好为民实事，各项工作取得新的成效。市法学会组织全市法学和法律工作者，围绕打击防范涉众型经济犯罪、行政执法、专车治理等政法领域重点问题及社会热点问题组织开展法学理论研究，推动研究成果转化应用，为全市经济社会发展提供法治理论支撑。

3.坚持打防并举，有效维护良好社会治安秩序。进一步健全完善社会稳定风险评估机制，开展非法集资等领域矛盾纠纷大排查行动，共排查调处矛盾纠纷26531起，调处成功率达98.7%，从源头上有效预防社会矛盾和群体性事件的发生。开展“三区三圈”治安秩序净化提升专项行动，严厉打击黑恶势力、欺行霸市、聚众闹事等违法犯罪行为，全市刑事案件立案35047起，同比下降22.3%；抢劫、抢夺和入室盗窃案件同比分别下降50.4%、69.6%和40.6%，连续5年实现308起命案全破。持续深入开展打击防范涉众型经济犯罪专项活动，侦办非法集资案件145起，涉案资金11.5亿元，投资类公司从3000余家减至900余家，有非法集资嫌疑的公司减至78家；破获电信诈骗案件118起，发案同比下降7.8%；破获食药案件437起，有效保护人民群众生命财产安全。

4.坚持固本强基，推进平安济南建设。加强立体化社会治安防控体系建设，全市由公安机关日常维护的监控探头达10800余个，在反恐维稳、治安管控、交通监管等方面发挥不可替代的重要作用。推进基层社会综合治理法治化进程，平阴县在县级层面建立“1148”社会矛盾联合调处中心的做法得到中央政法委肯定。推行城乡社区网格化管理和“五位一体”社区治理机制，全市无命案乡镇（街道）达121个，比例为70%；无刑案村居（社区）达3695个，比例为58%。推进济南政法综治管理平台建设，开展“双实”（实有人口、实有房屋）信息采集应用工作，有效提升全市政法综治工作信息化工作水平。在全市部署开展“法治六进”活动，市、区两级政法部门领导班子成员带头联系包挂街道（乡镇），中层干部联系社区（村居），在全市动员6900余名政法干部和律师参与，以网格化方式推进法治进机关、进学校、进企业、进社区、进农村、进单位，全面提升法治济南建设水平。

5.坚持从严从实，着力打造过硬政法队伍。进一步完善政法巡查制度，对执行工作、侦查监督、公诉、派出所等工作进行专项巡查，查找和整改政法机关和政法干警在执法思想、执法方式、执法作风等方面存在的问题，执法规范化水平不断提升。加强对法院执行工作的巡查，查阅两级法院执行案件案卷13846卷，抽查回访案件当事人2202名，整改执行工作中存在的四大类15个方面的问题，制定出台《关于加强人民法院执行工作的意见》《关于办理拒不执行法院判决、裁定等刑事案件若干问题的意见》。在对基层公安派出所和全市两级检察院侦查监督、公诉工作的专项巡查中，以基层政法委为工作主体，市委政法委进行现场督导，全面掌握基层公安派出所和检察机关侦查监督以及公诉工作的实际情况。强化政法队伍教育培训，组织综治干部研讨班、政法机关领导干部带头遵法学法守法用法专题研讨班等培训，提升各级政法干部法治思维和依法办事能力。总结推广全市政法系统先进典型，推出李风军等一批典型，展现全市政法干警的良好风貌。

（刘俊凯　王　力）

【概况】 1.政府立法工作。加强立法调研，围绕14件地方性法规和11件政府规章调研项目，深入一线听取各方建议，统筹考虑研究制度设计层面的问题，强化调研广度深度，推进调研成果应用，增强立法调研实效性和针对性。加强开门立法，对确保的立法项目，主动调度沟通，倾听草案草拟问题介绍，统一立法思路，明确立法原则，多次召开立法座谈会、论证会，充分交换意见，解决重点问题，确保项目高质量推进；及时公开法规规章征求意见稿，通过济南政府法制信息网征求立法意见建议，吸收反馈。同时，把公众参与、专家论证作为立法必经程序加以固化，完善立法审查修改工作程序。在加强依法立法方面切实发挥主导协调作用，将“保证合法性、增强操作性、提高公开性、突出地方特色”的要求，贯穿于立法审查修改工作全过程，确保依法科学立法。全年审修地方性法规3件，政府规章2件。

2.规范性文件审查工作。强化文件审查监督，对两个部门出台的4件属于规范性文件但未报审查的文件，及时提出纠正意见，督促部门文件管理规范化，对12345热线等转办的文件方面的12件事项，反复与部门沟通协调，力求法律效果与社会效果的统一。强化文件清理，启动对市政府和市政府办公厅2012年前制发的171件规范性文件的清理工作，及时根据实际情况提出“废止、修改、保留”等处理意见，并对确定继续实施的文件统一登记、统一编号、统一公布。强化文件电子审查系统建设，参加全省规范性文件报备暨“三统一”工作电子监督平台使用的学习，邀请管理系统开发公司向相关人员讲解规范性文件信息管理系统的功能、具体操作流程。全年审查并登记编号规范性文件88件，承办、会签各类文件86件，审查备案文件111件。

3.行政执法监督工作。围绕贯彻实施《山东省行政执法监督条例》开展一次专题宣传活动，制作宣传条幅26条，发放宣传手册800余份，推送手机信息100万条。规范涉企执法，启动“法治护企”工程，制定发布市法制办涉企执法问题处理办法，确定100家企业为市、县（市）区两级法制办依法行政联系单位，畅通联系单位与法制办沟通渠道。会同市监察局修订《济南市行政执法电子监察系统实施与监督管理办法》，督促5个部门做好系统对接，调整系统内10部门的行政执法信息，处理预警提示214次，并向市监察局报送系统运行情况。组织实施《济南市行政执法人员履职行为监督管理办法》，推行“红黄牌警示”制度。

4.行政复议和应诉及调解工作。加强行政复议公开化建设，制定实施《济南市行政复议听证办法》，进一步完善听证制度，提高听证比重，加大公开审理力度。加强行政复议规范化建设，制定实施《济南市行政复议工作规范》《济南市行政复议主办人员责任制工作规定》，严格三级联审制度，完善行政复议网上受理平台，将复议立案大厅迁往市政府政务中心，方便群众立案咨询，实现复议案件“快立”；对行政不作为等复议案件，适用简易程序，推行案件审理繁简分流，努力实现复议案件“快审”；推行说理性复议决定，在说清事理法理上下功夫，实现复议案件“快结”。启动行政复议信息化建设，探索将复议案件受理、内部审签、案件进展、复议答复书提出、复议文书收发等各环节纳入网络信息系统，实现复议全过程网上运行。建立行政复议和行政调解衔接机制，申请人同意调解的，纳入调解程序；不同意调解或调解不成，即时转入复议程序。同时，以解决问题为中心，将行政调解贯穿复议办案全过程，最大可能地为当事人调解和解创造条件。制定实施《济南市行政调解联席会议工作规则》和《济南市行政调解员管理办法》，进一步完善工作制度。全年收到复议申请597件，受理553件，审结565件，接受群众咨询1600余人次。提升行政复议工作水平，着力推进“四化”建设。以制度建设为基础，提高行政应诉能力。制定行政机关负责人出庭应诉办法，强化行政机关特别是负责人依法出庭应诉的意识；举办新《行政诉讼法》专题培训班，县（市）区政府、市政府有关部门分管领导和法制系统人员参加培训，提高应诉能力。

2015年6月24日，济南政府法制系统“法治护企”工程座谈会在龙奥大厦举行，为企业发展创造良好的法治环境。（市法制办 供稿）

5.法制宣传研究工作。全年采编信息2510条，其中县（市）区和市政府部门报送2152条，被上级法制机构采用554条，被市级媒体采用62条。在《济南日报》开办“法治政府建设进行时”栏目3期，出版《济南政府法制》期刊4期。

（范玉雷）

立法工作

【概况】　全年市人大常委会完成《济南市道路交通安全条例》《济南市城市市容管理条例》和《济南市市政设施管理条例》的立法工作。

《济南市道路交通安全条例》于2014年11月28日由济南市第十五届人民代表大会常务委员会第十七次会议通过，2015年4月1日经山东省第十二届人民代表大会常务委员会第十三次会议批准，自2015年5月1日起施行。

《济南市城市市容管理条例》于2015年8月28日由济南市第十五届人民代表大会常务委员会第二十三次会议修订，2015年9月24日经山东省第十二届人民代表大会常务委员会第十六次会议批准，自2016

年1月1日起施行。

《济南市市政设施管理条例》于2015年10月30日由济南市第十五届人民代表大会常务委员会第二十四次会议通过，2015年12月3日经山东省第十二届人民代表大会常务委员会第十七次会议批准，自2016年1月1日起施行。2000年12月1日济南市第十二届人民代表大会常务委员会第十七次会议通过，2000年12月22日山东省第九届人民代表大会常务委员会第十八次会议批准的《济南市市政工程设施管理条例》同时废止。

关于规范性文件备案审查工作和法律法规征求意见工作。按照《山东省各级人民代表大会常务委员会规范性文件备案审查规定》和《济南市各级人民代表大会常务委员会规范性文件备案审查工作规则》的要求，全年共接收市政府报送备案的规范性文件14件。协助全国人大常委会和省人大常委会完成大气污染防治法、国家安全法、地方组织法、选举法、种子法、网络安全法、省人力资源市场条例、省信访条例等10件法律法规草案的征求意见工作。

（张　霞）

【概况】 1.社会大局持续和谐稳定。推进反恐维稳“十大体系”建设，建立全局统一的重点人员纳控库，深化涉恐人员大排查和重点人员管控机制。加强情报信息收集研判，依托大数据将“人、事、物、地、组织”等基础要素和“吃、住、行、消、娱”等基本轨迹全部纳入系统管理，实现“人过留影、车过留牌、机过留号”。健全完善大型活动安保指挥一体化机制，先后完成抗日战争胜利70周年纪念活动、第二十二届国际历史科学大会、“三级两会”、“两委”换届选举、十八届五中全会和中超比赛等408项重大安保任务，确保全年211批次警卫勤务绝对安全、万无一失。

2.破案效能稳步提升。建设多警协同指挥作战平台，形成网侦、技侦、刑侦、情报等多警同步上案机制，实现打击犯罪从单一向多元、从分散向集约、从被动向主动转变，全市刑事立案35047起，同比下降22.3%，破获刑事案件27250起，52起命案全部侦破，破获毒品案件266起，破获经济类刑事案件237起，挽回经济损失1.51亿元，先后破获公安部“2015-255”贩卖毒品目标案件、天桥“1992.3.23”杀人案、商河“1998.6.28”杀人焚尸案、历下“5·21”组织贩卖人体器官案等一批重大疑难案件。

3.社会面管控能力持续增强。建立“情报中心、信息中心、指挥中心”一体化融合运行机制，完善环市外围治安检查站、交通要道卡口、市区周边移动警务、市区流动巡防勤务4道防线，整合特巡警、派出所、武警、保安、社区巡防等巡逻力量，每天全市400辆警车、1800余名民警、15个公安检查站和545支专兼职社区巡防队伍巡防街面，有效控制和减少发案，抢劫、抢夺、入室盗窃、盗窃汽车案件同比分别下降50.4%、69.6%、40.6%和31.7%，全市191天街面“两抢”零发案，5000余辆公交车115天无扒窃。深入开展混乱地区、娱乐场所、中小旅馆、非法养犬等专项整治，严厉打击黄赌毒等丑恶现象，查处“黄赌毒”案件610余起，社会治安环境得到进一步净化。

4.基础信息建设不断完善。做大做强“四实”（实有人口、实有房屋、实有监控、实有案件）平台，打通基础与信息化深度融合通道，实现业务流与信息流的有机集成，提升打防针对性和实效性。加强社会数据共享，整合接入公安、社会、互联网数据242类166亿余条，存储总量达到4.8PB。统筹全市26.7万个视频监控摄像机和1758处治安交通卡口，搭建视频监控网控图像平台，实现“全域覆盖、全网共享、全时可用、全程可控”。分类分层推广流动人口“网格化”服务管理模式，探索建立重点人员动态管控机制，全年新登记流动人口48.6万人，出租房屋2.5万个，排查重点人员5000余人，管控率达100%。

5.公共安全形势保持平稳。开展“五项整治”和“对生命安全负责、向交通事故宣战”专项行动，对18.4万辆重点车辆和11.9万名驾驶人全部建档列管，将9015名“严重违法驾驶人”纳入辖区派出所逐一列管帮教。持续开展危险化学品、烟花爆竹安全专项整治，检查涉危单位3290家次，整改隐患213处。对全市4286处高层建筑、2427家消防重点单位、5.3万家“九小场所”建立消防“53060”机制，整改消防安全隐患1.6万处，拆除违章彩钢板建筑60万平方米，全市火灾事故同比下降13.2%，全年未发生重大安全灾害事故。全市监所连续4年保持安全无事故、队伍无违纪、社会无舆情。

6.执法能力和公信力稳步提升。推行“每案必访、每案必评”制度，统一执法办案尺度，打造多维立体的监督模式。市、县两级全部建立刑事案件“两统一”工作机制，统一由同级法制部门审核、对接检法机关提请逮捕，强化案件过程监督和出口管控。加强执法主体建设，全局11725名民警取得基本级执法资格，5359名民警取得中级执法资格，453名民警通过司法考试。推行刑事案件速裁办结机制，完善执法办案音视频证据管理系统，落实执法办案单位“自办自评”，年内群众回访满意率达93.3%，初信初访化解率92%。建立“五位一体”非访处置机制，依法教育训诫进京非访人员150名，稳控劝返45名，依法拘留79人次，全市非访数量同比下降51%。加强与主流媒体的联系，抢占舆论话语权和引导权，出台《保障公安民警依法履行职务工作规范》，对恶意投诉、诽谤诬陷民警造成不良影响的，从严处理，共查办侵权案件87起，处理不法人员123人。

7.服务民生和经济发展。制定出台《金盾护企服务民生20项举措》，成立重点工程保卫支队，依法查处重点工程阻工事件47起，行政拘留、教育训诫548人。严厉打击百姓深恶痛绝的“电信诈骗、非

2015年11月21日，市公安局历城分局组织开展“警营开放日”活动。

（市公安局　供稿）

法集资、食品药品”三大民生案件，破获集资诈骗案件135起，抓获犯罪嫌疑人320人，挽回经济损失9.4亿元；坚持防范电信诈骗“宣传发动、源头封控、警银联动”三手抓，每天对2.3万个诈骗号码源头开展封控，电信诈骗案同比下降7.8%；组织食药打假“利剑行动”，破获“3·11”销售假药案、“4·28”非法销售疫苗案等食药环案件251起，案值8.05亿元。推进户籍制度改革，实现省内除青岛外15市的跨地域“户口迁移一站办结”。贯彻落实“绿卡”制度规定和外籍高层次人才停居留政策，办理出入境业务37万余件，服务登记外来人口96.7万余人。依托“互联网+”技术打造济南交警公众服务平台，加快实施停车差异化收费新政，开展“净路”行动，科学分配路权，优先确保公交通行，累计改造微循环社区138个，交通管理工作效能显著提升。依托济南公安民生警务平台整合市政府12345热线、政务监督热线、媒体热线、群众来信来访等各种渠道反映的民生诉求事项，全年累计受理各类诉求13.8万件，温馨告知163万余件，群众满意率达99.5%。

【开展“三区三圈”治安秩序净化提升行动】 紧紧把握治安要素和城市安全脉搏，创新开展“三区三圈”（政区、景区、站区，校圈、医圈、商圈）治安秩序净化提升行动，初步形成一整套常态型、灵活型、加强型的打防管控工作机制，社会面重点部位区域治安秩序得到有效净化，治安热点难点问题得到妥善解决，社会认同感、各界参与度、群众赞誉度不断提升，全市治安秩序持续好转。政区突出“治”，建立常态化首脑机关门前秩序维护和非访处置机制，杜绝堵门、堵路现象，妥善处置出租车司机罢运、教师罢课等敏感案事件1550余起。

站区突出“防”，与铁路、公交部门联勤联动，武警、特警、铁警、协警、保安“五位一体”合成巡逻，对1.3万名公交车司机开展常态化安全技防培训。校圈、医圈突出“管”，建立医患纠纷预警排查和快速处置机制，围堵医疗机构、医闹等事件得到遏制，涉校、涉医案件同比下降15%和55.5%。商圈、景区突出“打”，严打商圈非法集资等涉众型经济犯罪，加强对“投资担保理财类”公司的清查规范，打掉张健等黑恶势力团伙85个，建立公安、园林、城管联勤联动机制，组建“天下第一泉”景区派出所。

【安排部署“三个满意”创建工作】 市公安局开展“党委政府满意、人民群众满意、广大民警满意”创建工作。将事关公安工作的任务指标逐条逐项分类登记，列出维护稳定和保障发展“责任清单”，优化运行程序，提高行政效能，完成各项公安保卫任务，20余项工作得到公安部、省公安厅认可；争取人民群众满意，对人民群众关心关注的社会热点、治安难题，主动接棒、迎难而上、履职尽责，做强做实服务群众工作，着力保障服务民生诉求，依托民生警务平台办理群众诉求13.8万件，群众满意率99.5%，12345政府热线办理各类事项14.1万件，群众对办理过程和结果满意率分别达99.3%和99.1%，中国社科院权威发布，济南市2015年度公共安全满意度位居全国第4，群众安全感和满意度明显提升；争取广大民警满意，按照正规化、专业化、职业化发展方向，优化队伍管理，聚集队伍正能量，实施《关爱民警二十条措施》《即时表彰奖励办法》《保障民警依法履行职务规范》，确保民警执法更有权威，工作更有作为，全年共299个集体和3386名民警受到表彰，涌现出王玄飞、李风军、姚鹏等先进典型，民警职业认同感、自豪感和归属感不断提升。

【连续5年实现命案全侦破】 市公安局始终把命案侦破工作摆在公安工作的重要位置，作为提升群众安全感的重要举措，建设多警协同指挥作战平台，形成网侦、技侦、刑侦、情报等多警同步上案机制，采取有力措施，聚力攻坚克难，实现打击犯罪从单一向多元、从分散到集约、从被动向主动转变，全年全市破获刑事案件27250起，52起命案全部侦破，先后破获天桥“1992.3.23”杀人案、商河“1998.6.28”杀人焚尸案等一批重大疑难案件。2011~2015年，连续5年实现命案全侦全破。

【实现跨地域“户口迁移一站办结”】 按照市委、市政府的统一部署，将济莱户籍政策衔接机制纳入全市户籍制度改革的总体布局之中，对两市经济、人口状况及户籍政策等进行对接调研。2月，率先实行济南莱芜跨地域“户口迁移一站办结”，这是全国首例依托公安部网上协作平台实现的不同地域间“户口迁移一站办结”，在全国具有示范意义；9月，推出除青岛外15地市的跨地域“户口迁移一站办结”，做到让“数据多跑路、群众少跑腿”。

【组建“天下第一泉”景区派出所】 天下第一泉风景区地处繁华地段，含趵突泉公园、大明湖公园、五龙潭公园、环城公园4个景区，共涉及市公安局3个分局10个派出所。由于景区治安状况复杂且涉及多个派出所管辖，日常工作中极易造成警情处置不及时，执法尺度不统一等问题，不利于景区的集中管理和统一整治。为切实加强天下第一泉风景区的社会治安秩序管理，设立济南市公安局历下区分局天下第一泉风景区派出所（治安所），主要负责天下第一泉风景区的治安管理工作，全年共查处不文明行为870起。

【成功处置劫持公交车事件】 7月12日，济南市一辆公交车被一持刀男子劫持，休班期间身着便衣乘坐该公交车的公交分局民警李风军临危不乱，紧急疏散乘客，与犯罪嫌疑人机智周旋，后与前来增援的历下分局民警合力将犯罪嫌疑人擒获。整个处置过程仅用时18分钟，以“零伤亡”的结局终结一起持刀抢劫案件。

【创新“53060”消防应急处置标准化体系】 市公安局总结提炼“四个能力”及标准化体系建设工作经验，提出“53060”机制，确定“5秒通知，30秒反馈，60秒扑救”标准，通过健全责任体系、推进机制创新、简化工作标准、规范工作流程，进一步提升社会单位消防安全管理水平。全年全市累计开展专业培训演练2.3万余次，2427家重点单位、3.8万余家“九小场所”全部建立规范的应急处置体系。“53060”应急处置工作体系成为检验社会单位消防安全管理水平直接、标准和有效手段，全面提升全社会火灾预警、反馈和应急处置水平。全省以“53060”机制为基础，制定了《社会单位火灾应急处置规程》的地方标准。

【全省公安反恐情报搜集及信息化会议推广济南经验】 市公安局高度重视反恐怖工作，在信息化建设、集约化指挥、动态化管控方面积极探索，组建反恐联动指挥中心，实现反恐应急指挥扁平化、合成化；搭建反恐信息化平台，与省公安厅平台对接融合，实现信息共享和深度应用；推行“一组八控”等措施，多警种捆绑作战、同步上案，实现对涉恐重点人的严密管控。6月10日，全省公安反恐怖情报侦查暨信息化建设工作会议在济南市召开，全面推广济南市公安局“信息支撑、情报先导、联动稳控，着力提升预知预警和精确打击能力”的经验做法。会议期间，与会代表参观市公安局大数据中心、反恐联动指挥中心、指挥调度大厅和情报信息支队。

【全省推广济南巡防工作经验】 12月21日，省公安厅在济南召开全省社会治安巡逻防控暨公安武警联勤巡逻工作会议现场会，贯彻落实全国社会治安巡逻防控暨公安武警联勤巡逻工作会议精神，学习推广济南巡防工作经验，研究部署进一步加强和改进社会治安巡逻防控和公安武警联勤巡逻工作。

（林 妍）

【概况】 1.全力服务改革发展稳定大局。①依法推进专项治理，着力保障3项重点工作。制定《服务保障省会经济持续健康发展的意见》等新举措120余项，以法治思维和法治方式助力招商引资、项目建设、棚改旧改（征地拆迁）3项重点工作。围绕创造公平、诚信、优越营商环境，批捕侵犯知识产权、扰乱市场秩序等犯罪案件78人，起诉148人；查处土地征用、项目审批、招标投标、产权交易等环节职务犯罪案件40人；提供行贿档案查询1.8万余次，建议取消89个单位或个人的市场准入资格。围绕重点项目“落得下、留得住、建得快、发展好”，批捕敲诈勒索、强迫交易、妨害公务等犯罪案件38人，起诉124人；查处国家工作人员利用市场监管、公共服务等职务之便侵害企业利益的职务犯罪案件17人；开展行政执法检察监督，向相关部门提出检察建议85件。围绕依法推进棚改旧改、征地拆迁，查处虚报冒领、截留私分、套取征地拆迁补偿款等职务犯罪案件40人；深入群众宣讲拆迁政策，及时提供法律咨询，维护拆迁秩序和被拆迁人合法权益。市中区检察院以法律手段解决二环南路工程拆迁中文庄村部分村民违规加盖房屋、试图多获补偿问题，避免政府投资流失。正确执行法律政策，准确把握经济纠纷与违法犯罪、改革失误与渎职失职等界限，慎重对待改革探索中的新情况、新问题，切实做到有罪追究、无罪保护，让干事创业的干部放手大胆工作，努力营造“为敢于担当者担当”的氛围。②加大查办和预防职务犯罪力度，着力创造廉洁高效的政务环境。坚持有腐必反、有贪必肃，保持惩治腐败的高压态势，共立查职务犯罪案件294人，同比上升21.5%。坚决查处以权谋私、权钱交易的贪污、受贿、挪用公款等案件200人，坚决查处“围猎”干部、谋取不正当利益的行贿案件22人，坚决查处不作为、乱作为渎职侵权案件72人。立查德州市原副市长黄某某、山东演艺集团原董事长段某某、槐荫工业园区管委会原主任吴某某、商河县原副县长宋某某等一批大要案。办案质量、效果进一步提升，起诉262人，判决140人，其中判处10年以上有期徒刑24人。济南市房地产发展集团总公司原总经理刘某某，受贿643万余元，被判处有期徒刑13年；济南高新区管委会综合服务中心原副主任郭某，贪污人民币28万余元、美元1.4万余元，被判处有期徒刑10年6个月。深化“走出去”预防战略，建立检察官联系大项目长效机制，为轨道交通、公租房建设等69个重大项目提供专业法律服务；组织预防渎职犯罪和涉农职务犯罪巡回宣讲34场，1.2万余人接受教育；建立完善社会化预防协作网络，选聘预防志愿者344人；针对办案中发现的管理风险和制度缺陷，发出检察建议、调查报告41件，使干部少犯错误、事业少受损失。③投入平安济南建设，维护社会稳定。严厉打击严重刑事犯罪，共批捕各类刑事犯罪嫌疑人2386人，起诉5742人。其中，批捕故意杀人、绑架、抢劫等暴力犯罪案件156人，起诉187人；批捕盗窃、抢夺、诈骗等多发性侵财犯罪案件760人，起诉1259人。对刘某某等3人殴打环保执法人员妨害公务案，彭某某等5人煽动民族仇恨、民族歧视案等社会广泛关注的重大敏感案件，与公安、法院等部门密切配合，依法妥善处理，收到良好效果。深入开展打击涉众型经济犯罪专项活动，批捕非法吸收公众存款、集资诈骗、合同诈骗、非法经营等犯罪案件239人，起诉254人，维护规范有序的市场经济秩序。正确适用宽严相济刑事政策，依法和解处理轻微刑事案件201件。加强对失足未成年人的教育、感化和挽救，帮助150名涉罪未成年人改过自新、回归社会。市中区、长清区检察院被评为全省未成年人检察工作示范单位。推进涉法涉诉信访机制改革，引导群众遇事找法、解决问题靠法，妥善处理群众诉求3500余件，在检察环节未发生进京上访问题。

2.保障民生服务群众，维护社会公平正义。①坚决惩处侵害群众权益的犯罪活动。以促进解决群众反映的突出问题为重点，挖窝案，办串案，增强集约化、规模化办案效果。针对环境污染、治霾形势严峻问题，开展查办环境领域违法犯罪专项行动，建议有关行政执法部门移交涉嫌犯罪案件10件，监督侦查机关立案8人，批捕污染环境、滥伐林木、非法采矿等犯罪案件14人，起诉37人，查办危害能源资源和生态环境渎职犯罪案件6人。章丘“10·21”重大污染环境案发生后，市检察院挂牌督办，章丘市检察院迅速介入，引导侦查取证，依法对周某某、魏某某等12人批准逮捕。针对看病难、看病贵问题，立查医疗卫生领域职务犯罪案件35人，济钢总医院原院长孙某某等4人、平阴县医院原副院长井某某等8人被依法查处。针对学校工程建设、物资采购、招生考试中出现的问题，立查教育领域职务犯罪案件23人，舜耕中学、山师附中等5名体育教师，利用办理国家级运动员资格证、推荐体育特长生等职务便利，向学生家长索要财物被依法查处。针对“小官大贪”问题，立查惠农扶贫领域职务犯罪案件27人，济阳县崔寨镇解营村原支部书记吴某某等8名村干部共同贪污征地补偿款被依法查处。针对食品药品安全问题，从重从快打击生产销售假药劣药、有毒有害食品犯罪，共批捕35人，起诉25人；严查监管渎职犯罪，长清区文昌街道办事处兽医站原副站长刘某，徇私舞弊，不履行检验、检疫职责，致使有毒、有害猪肉流入市场，被判处有期徒刑4年。②切实维护法律的统一正确实施。加强刑事诉讼监督，要求侦查机关说明不立案理由69件，侦查机关立案59件；纠正漏捕、漏犯216人；监督撤案111件。对认为确有错误的刑事裁判提出抗诉52件，法院采纳意见15件。坚守防止冤假错案底线，认真审查证据，先后排除非法证据27份，对不符合逮捕、起诉条件的，依法不批捕1007人、不起诉462人。槐荫区检察院办理的一起故意伤害案，在证人证言、辨认笔录、现场监控等证据均指向侦查机关提请逮捕的犯罪嫌疑人情况下，承办检察官察微析疑，耐心

2015年5月14日，市检察院举办以“走进检察、绽放青春”为主题的检察开放日活动。

（市检察院　供稿）

听取犯罪嫌疑人辩解，查明证人串通作伪证事实，依法作出不批准逮捕决定，继而引导侦查机关改变侦查方向，查明犯罪事实，将“真凶”批捕、起诉，防止一起冤错案发生。加强刑事执行监督，依法监督纠正减刑、假释、暂予监外执行不当42件，纠正刑罚执行和监管活动中的违法情形107件。贯彻执行《全国人大常委会关于特赦部分服刑罪犯的决定》，强化全程同步监督，确保依法、有序、高效完成任务。加强民事行政诉讼监督，对裁判正确的案件做好服判息诉工作，对认为确有错误的民事行政裁判提出抗诉、提请省院抗诉和提出再审检察建议58件，法院已改判、发回重审、调解结案15件，采纳意见7件；对民事行政审判、执行活动，提出检察建议41件，法院采纳38件。坚持强化诉讼监督与查办职务犯罪相结合，查处执法司法人员职务犯罪21人。③努力使检察工作更加贴近群众。建成检察服务大厅，集检务公开、律师接待、控告申诉、案件信息和行贿档案查询等功能为一体，实行一站式便捷服务。开通全市12345民生检察热线，完善来信、来访、电话、网络“四位一体”受理机制，不断拓宽群众诉求渠道。推行检察宣告制度，释法说理、解疑释惑，对不批捕、不起诉等13种终结性决定事项公开宣告425件。开展“法治六进”活动，充分发挥检察机关职能作用，促进落实网格化管理机制，有效防范各类违法犯罪，帮助化解矛盾纠纷310件，解决民生困难和问题186件。落实国家司法救助制度，向因受到犯罪行为侵害，得不到赔偿导致生活困难的14名被害人及其亲属发放救助金16万元。在全市检察机关率先设立律师工作室，引入律师作为第三方参与涉法涉诉信访工作，无偿为群众提供法律服务，解决信访问题120余件。在省检察院组织的民意调查中，群众对济南检察机关的满意率比上年度提高2个百分点。

3.推进“三项建设”。①深化规范化建设，扎紧检察权运行的制度“笼子”。按照“司法主体、司法制度、司法场所、司法信息化、司法监督”五位一体推进模式，坚持问题导向，坚持标本兼治，严格规范司法办案活动。市检察院重新修订《司法规范化建设制度汇编》，进一步完善规范司法制度体系。全市建成11个规范化办案工作区和7个看守所专用讯问室，讯问职务犯罪嫌疑人实行全程录音录像，市检察院“同录中心”实时监控，切实防止非法取证行为。依法保障律师阅卷权、会见权，听取律师辩护、代理意见，促进和谐检律关系建设。开展为期一年的规范司法行为专项整治工作，以案析理，边查边改，整改问题426个。深化人民监督员制度改革，由市司法局选任59名人民监督员，对查办职务犯罪工作中的11种情形进行监督，共监督15案、19人。推行特约检察员制度，会同统战部门选聘64名特约检察员，进一步拓宽民主监督渠道。深化检务公开，发布重要案件信息132件，公开程序性信息1.1万余件、法律文书1919份，晒案件、评执法、促规范。两级院开通官方微博、微信和客户端25个，讲述检察好故事，传播法治正能量，市检察院官方微博获“山东十大司法系统政务微博奖”。全市检察机关司法规范化建设走在全省前列，《光明日报》《法制日报》《检察日报》、人民网集中进行采访报道。②深化信息化建设，提升检察工作科技含量。以电子检务工程为基准，以云计算数据中心为支撑，以职务犯罪侦查预防智能化、司法办案网络化、检务综合管理数字化和队伍管理信息化为重点，全力打造“智慧检察院”。着力在基础建设上下功夫，全面建成集统一业务应用、政务管理、队伍管理、绩效考核等八大系统为主干的检务综合平台，创新工作模式，提高司法效能。着力在方便群众诉求上下功夫，建成上联高检院、下通检察室的互联互通远程接访系统，让“数据多跑路、群众少跑腿”，努力把矛盾化解在基层。着力在资源共享上下功夫，与公安机关联合推行电子卷宗系统，与司法行政机关共同完善律师预约系统，市检察院建成数字检务调度指挥中心，实现对一线办案的集中调度、远程指挥、适时管理，信息技术为检察工作插上“金翅膀”。③深化派驻检察室建设，推动基层治理法治化。坚持检力下沉，充分发挥30个派驻检察室职能作用，扎根基层，服务群众，打通法律监督“最后一公里”。突出检察属性，监督纠正“两所一庭”执法司法违法情形457件，协查职务犯罪案件125件，办理轻微刑事案件120件。突出服务效能，每个检察室都建成“信息小超市”，录入辖区内每家每户的良种补贴、种粮补贴、农机具购置补贴、畜牧养殖补贴、危房改造补助、低保人员救助等各种数据160余万条，群众点击鼠标就可查询应得款项，促进惠民政策落地。突出区域特色，建成“大学生身边检察室”“工业园区检察室”“未成年人关护检察室”等一批品牌化检察室，有15个检察室被评为全省一级检察室。响应举全市之力打造中央商务区的重大决策，全面完善历下区检察院派驻中央商务区检察室功能，从助推征地拆迁、项目建设、保护知识产权、防范金融风险等方面提供法律政策服务，被表彰为“全省优秀派驻基层检察室”。

【建立法律服务工作站】 年内，市检察院与市司法局联合会签《关于成立济南市人民检察院涉法涉诉法律服务工作站的意见》，制定《济南市人民检察院涉法涉诉法律服务工作站实施办法（试行）》。7月22日，成立市人民检察院涉法涉诉法律服务工作站，首批由市律师协会选派的24位律师进站开展工作。随后，根据市检察院统一部署，10个基层检察院也都分别与司法行政部门会签有关文件，全部成立法律服务工作站，律师参与涉法涉诉信访工作在全市检察机关全面展开。工作站成立以来，律师先后为当事人提供免费法律服务110件次，化解息诉90件次。律师以独立身份参与涉法涉诉信访，维护当事人合法权益，对检察机关司法办案进行监督的做法得到信访群众的认可，息诉罢访率逐步提升，信访秩序明显好转。《检察日报》《山东法制报》《济南日报》、人民网、大众网等30余家以及新华网新闻媒体报道济南市检察院的经验做法。

【全国首例未成年犯罪嫌疑人跨省委托帮教交接仪式在长清区院举行】 7月10日，全国首例未成年犯罪嫌疑人跨省委托帮教交接仪式在长清区检察院举行。犯罪嫌疑人时某、董某均系未成年人，居住在长清区五峰山街道办事处宋村北村，通过网络认识家住河南省宝丰县的李某等人。经预谋，李某、时某、董某等对被害人张某实施抢劫，涉案价值人民币500余元。河南省宝丰县检察院经审查认为，犯罪嫌疑人时某、董某通过网络结识不良朋友，偶然走上犯罪道路，所犯罪行情节轻微，归案后认罪态度好，真诚悔罪，决定不予批准逮捕，并提请最高检指定其居住地检察机关济南市检察院长清区院进行委托帮教。济南市检察院充分发挥未成年人犯罪检察工作与派驻检察室对接机制，由长清区检察院公诉科会同派驻马山检察室，与犯罪嫌疑人居住地的村委会、学校以及监护人联系沟通，研究具体落实措施，为开展帮教做好充分准备。同时与河南省办案机关及时沟通交流，确保取得良好效果。

【市检察院检察服务大厅启用】 年内，市检察院贯彻落实最高检、省检察院部署要求，把服务大厅建设摆上突出位置，以开展规范司法行为专项整治工作为契机，全面整合控申、案管、预防、警务、宣传等部门工作职能，全新打造一个展现检察机关形象的服务窗口。10月，建成并投入使用市检察院多功能一站式综合服务平台——“检察服务大厅”，实现控申接访、案件信息查询、行贿犯罪档案查询和检务公开等工作“一个窗口”对外服务。大厅设有接待区、警务区、候谈区和配套区，其中，接待区设有业务咨询、控告申诉举报、案件查询和行贿犯罪档案查询4个服务窗口，直接为群众服务，办理相关业务；配套区设有检察长接访室、视频接访室、公开听证室、检察宣告室、情绪疏导室、律师阅卷室、律师接谈室、法律服务工作站，来信集中处理室、12309举报电话和96699民生热线办公室等功能区域；候谈区域设有存储柜、书写台、检务公开LED电子显示屏、触摸屏、便民药箱等设施，努力为群众提供更加人性化的服务。同时，济南检察服务大厅网上平台开发完毕。检察服务大厅网上平台功能与实体场所一致，数据同步，努力为群众提供更加便捷、优质、高效的网上网下“一站式”服务。

【市院12345民生检察服务热线揭牌】 11月13日，市检察院与市政府热线办联合举行“济南市12345民生检察服务热线”揭牌仪式，启动2015年度全市检察机关社会满意度调查工作，对相关任务进行部署安排。2011年，济南市检察机关96699民生检察服务热线与12345市民服务热线建立联动机制，在反映社情民意、创新社会治理等方面发挥积极作用。全市检察机关将充分利用12345热线平台，更加及时准确地了解人民群众的新要求新期待，进一步提高履行职责的能力和服务群众的本领。

（胡林泉）

【概况】 全市法院工作继续保持良好的发展局面，市中院民一庭被表彰为全国法院先进集体，研究室被表彰为全国法院信息工作先进集体，法警支队被表彰为全国优秀司法警察集体，市中区法院法官吕青被表彰为全国模范法官，历下区法院法官虞宏被表彰为全国法院先进个人，全市法院一批先进单位和先进个人受到省、市表彰。

1.加强审判执行工作。全市法院全年新收案件95749件，办结95974件，结案标的额390.07亿元，同比分别上升12.79%、18.59%和42.3%。①刑事审判工作。依法审结一审刑事案件3894件，判处罪犯5371人，同比分别下降2.04%和3.76%。在判决生效的5313人中，判处5年以上有期徒刑直至死刑的508人，占9.56%；对2289名被告人依法适用非监禁刑；对88名被告人依法免予刑事处罚。依法严惩严重危害社会治安和侵犯公民人身、财产权利的各类犯罪，审结杀人、绑架、抢劫等严重暴力犯罪以及盗窃、抢夺、诈骗等多发性侵财犯罪案件1065件，判处罪犯1502人。依法严惩职务犯罪，审结贪污、贿赂、渎职犯罪案件112件，判处罪犯140人，其中原为县处级以上公务人员20人。深入开展打击和防范涉众型经济犯罪专项工作，审结非法吸收公众存款、信用卡诈骗、生产销售伪劣产品等破坏市场经济秩序犯罪案件230件，判处罪犯425人。贯彻“教育、感化、挽救”方针，审结146名未成年人犯罪案件。依法对符合条件的罪犯裁定特赦。严格减刑、假释条件及办理程序，办结4976件，其中裁定不予减刑、假释107件，变更减刑幅度462件，强化刑罚执行效果。②民事审判工作。依法审结一审民事案件31072件，同比上升20.62%。其中，审结婚姻继承、赡养抚养等案件10543件；审结建筑工程、房屋买卖租赁、相邻权、物业管理等案件8431件；审结环境污染、交通事故、医疗损害等侵权案件7802件；审结劳动争议、工伤保险、拖欠农民工工资等案件3081件。③商事审判工作。充分运用司法手段调节经济关系，依法审结一审商事案件28476件，结案标的额173.28亿元，同比分别上升22.68%和27.98%。其中，审结金融借款、民间借贷等案件12041件；审结买卖、物流等合同纠纷案件6386件；审结专利权、商标权、著作权等案件1308件，办案数量占全省的22.96%；审结涉外商事案件38件，依法保障和促进金融、物流业的发展和科技创新。完成11户市属国有困难企业破产财产变价工作；审结天同证券有限责任公司、济南裕兴化工总厂等破产清算案件6件，涉及债务总额7.7亿元、职工安置5345人，推进产业结构调整。④行政审判工作。依法审结一审行政诉讼案件1755件，同比上升78.17%。其中，维护行政机关具体行政行为的1072件，撤销、变更或确认具体行政行为违法的106件。参与中央商务区等重点项目建设，加强与有关单位沟通联系，及时提供司法服务。对棚改旧改包括征地拆迁等领域案件，加大诉讼协调力度，经协调和解后撤诉的案件370件。支持行政机关依法行政，办理非诉行政执行案件1176件。推进行政机关负责人出庭应诉，全市行政机关负责人出庭应诉107人次，同比上升84.48%。审结国家赔偿案件28件。⑤执行工作。执结各类案件22938件，标的额164.18亿元，同比分别上升9.9%和58.61%。围绕解决“执行难”问题，建成具备网络查控、远程指挥、快速反应、信息公开等功能的执行指挥体系，强化执行措施，全年共强制申报财产18369人，限制出境39人，限制高消费6021人，司法拘留327人，拘传255人，对拒不执行生效裁判构成犯罪的13名被执行人，依法追究刑事责任，敦促4355名被执行人自动履行法定义务，促成1724件案件的申请执行人和被执行人达成和解协议，对9706件案件依法强制执行。与公安、房管、工商等部门以及全国34家银行建立网络对接，实现当事人户籍、房屋、工商登记、存款信息等网上查询。配合省高院对执行款物管理的专项检查和市委政法委对执行工作的专项巡查，修改完善执行流程、工作管理和责任追究制度，促进执行工作规范化。⑥立案信访和审判监督工作。落实立案登记制改革，做到有案必立，有诉必理。建成诉讼服务中心，实行诉讼引导、立案受理、材料收转、查询咨询等“一站式”服务。制定《院长处理人民来信来函办法》，办理人民来信123件；落实领导带班接访制度，中院领导班子成员接访847人、671件次；通过远程视频接访系统，与最高法院专线直通，预约接访87案次，减轻当事人奔波劳苦；办好“法院民生服务热线”，办结事项5694件。全市法院进京访数量和信访总量同比分别下降37%和46.9%，妥善化解17件信访积案，没有发生群体信访和丢丑滋事等产生重大影响的事件。坚持依法纠错原则，中院审结二审案件6440件，改判和发回重审835件；审结再审案件220件，改判和发回重审101件。接受检察机关法律监督，审结检察机关提起的刑事、民事、行政抗诉案件45件，改判和发回重审15件。

2.提高公正司法水平。全市法院各类案件经过一审、二审和再审等法定程序后的服判息诉率达到99.76%，同比上升0.06个百分点，省高院对中院二审改判和发回重审率下降1.6个百分点，死刑案件核准率继续保持100%。①严格规范权力运行。建立司法权力清单制度，明确法官、合议庭、审判委员会的权力及责任，让审理者裁判、由裁判者负责，引导法官依法办好每一起案件。规范自由裁量权行使，推进量刑规范化，进一步统一裁判尺度。改进院庭长管理监督方式，把处理人民来信、接待来访、庭审观摩、审阅法律文书作为领导、指导审判工作的主要方式和发现解决工作中存在问题的重要方法。建立《审判监督记录单》，院庭长管理监督行为全程留痕。推行网上实时监管，对所有案件实时、全程、动态、公开管控。加大案件评查力度，评查案件65292件，促进办案质量提高。②不断优化职权配置。中院选择6个合议庭开展司法人员分类管理和司法责任制改革试点，试点合议庭组成“3+2+1”模式，对主审法官、合议庭成员、法官助理、书记员的职责进行科学界定并分类管理；下放裁判文书签发权，除法律规定以及发回重审案件的裁判文书由院长签发外，其他均由试点合议庭法官共同签发，办案质量和效率明显提高。推行繁简分流，做到简案快审，简易程序适用率同比提高2.3个百分点。完善陪审员选任、参审和退出机制，实行参审陪审员随机抽取，全市陪审员共参审案件29233件，占一审普通程序案件的94.39%，同比上升13.63个百分点，有效保障人民群众参与司法。章丘市法院被最高法院确定为人民陪审员改革试点单位。开展适用速裁程序审理轻微刑事案件试点工作，全年审结987件，当庭宣判986件，案均审理时间6天，为改革积累有益经验。③全面深化司法公开。完善审判流程公开、裁判文书公开、执行信息公开三大平台的功能，对审判工作进度及时公开。在互联网公布生效裁判文书80102份。所有庭审均全程同步录音录像，并刻录光盘附卷存档，让审判活动可定格、可再现、可复制。深化市民自由旁听制度，全年共有2.2万余名群众通过预约登记走进法庭旁听庭审。办好济南中院官方微博和微信公众号，发布权威信息9152篇，对“全省首例快递员入户抢劫案”等8件具有法治教育意义的案件进行微博、微信直播。截至年底，济南中院官方微博粉丝数超过570万，综合影响力居全国法院官方微博第三名，官方微信跻身全国法院前十强。④强化人权司法保障。发挥庭审对查明事实、认定证据、保护诉权、公正裁判的决定性作用，保障当事人的知情权、陈述权、辩护权和申诉权。落实罪刑法定、疑罪从无等法律原则，推进侦查人员、证人、鉴定人出庭作证，依法保障律师阅卷、会见、辩护权利。探索律师参与化解涉诉信访案件的做法，共同促进司法公正。依法开展司法救助，为特困刑事被害人、申请执行人提供救助金297.2万元；为当事人缓减免诉讼费330.67万元，让生活困难的群众打得起官司。⑤参与社会治理。开展“法治六进”活动，深入村居办事处和企业走访调研396次，赠送法律书籍1800余册，举办法律咨询、讲座32场次，为党委政府决策、企业经营发展提供司法建议427份。加强法制宣传，召开新闻发布会发布典型案例40个，在各类媒体发表稿件3100余篇，利用“现在开庭”“拍案·法官故事”两个电视、报纸栏目，报道有教育意义的案件766件。回访帮教被判处缓刑、管制、免予刑事处罚人员和刑满释放人员3224人次，推进社区矫正工作。

3.努力建设过硬队伍。①制定《关于落实从严治党责任进一步加强自身建设的意见》。调整优化队伍结构，中院提拔干部85名，轮岗交流33名。强化院长、庭长审判职责，院庭长带头办案45116件，同比上升25.69%；其中中院院庭长办案5819件，同比上升47.8%。②深化正风肃纪专项活动，对执法一线、窗口单位明察暗访，全年组织107人次，检查督察单位（部门）39个次，提出工作建议51条，对存在问题的有关单位负责人进行约谈，审判作风得到有力整治，司法行为进一步规范。③进一步加强司法能力建设。全面推广“接待当事人要热心、倾听诉求要耐心、审判案件要细心、解决问题要诚心”的“四心工作法”，引导干警牢固树立群众观念，提高做群众工作的本领。④加大教育培训力度，以提升庭审、裁判文书质量为核心，开展法官论坛、个案教学、专家讲座，举办审判实务、司法礼仪、案例撰写等各类培训班62期，培训干警3825人次，全市法官全部脱产轮训一遍。撰写《刑事大要案审理的司法规范化研究》《运用法治思维和法治方式化解群体性纠纷》等调研报告，将大要案审判经验转化为系统的办案规则，提升审判规范化水平。⑤加强基层基础建设。基层法院新增干警53人，38处人民法庭全部明确机构规格，落实职级政策。全年办结各类案件84694件，占全市法院的88.25%，上诉率和申诉率同比分别下降0.02和0.05个百分点。在未设法庭的乡镇普遍建立法官工作室，在农村、社区设立联络点、联络员，打通服务群众“最后一公里”。完善多元化纠纷解决机制，指导、支持人民调解等非诉调解工作，将大量矛盾纠纷化解在基层和诉前。全年对569件非诉调解组织出具的调解协议进行司法确认，赋予强制执行效力。

【服务和保障“打造四个中心，建设现代泉城”】 市中级人民法院研究制定《为“打造四个中心，建设现代泉城”提供司法保障和服务的意见》，强调充分发挥审判职能作用，重点审理好涉及项目建设、招商引资、征收拆迁等8类案件，为全市重点工作提供优质高效的司法保障和服务。9月7日，市中院组织召开全市法院专题座谈会，进一步传达学习市委十届八次全会精神，紧紧围绕济南市当前工作大局，细化目标措施，明确任务分工，就贯彻落实《意见》做出专题部署。

【处置完成三联“彩石山庄”项目案件】 市法院努力破解购房者优先于抵押权受偿的法律适用难题，继2014年妥善处置三联“彩石山庄”白领公寓和水晶花园项目案件后，依法办理绿松苑和尚华居项目案件，共促使彩石山庄项目的2087套房屋买受人与三联集团等达成人民调解协议且经法院司法确认，发放执行款14.27亿元。三联彩石山庄项目案件成为迄今为止全国涉及人数最多、标的额最大、司法处置时间最短的运用人民调解和司法确认程序处理的群体性案件。3月9日，市中院新闻发言人、副院长刘延杰在最高法院新闻发布会上发布三联“彩石山庄”项目司法处置案例。

【院长、庭长审理案件制度】 全市法院进一步规范和完善院长、庭长审理案件制度，强化院长、庭长审判职责，细化规定审理案件数量，规范合议庭组成及裁判文书签发权限。中院院长、庭长带头办案45116件，同比上升25.69%，其中中院院长、庭长办案5819件，同比

2015年1月4日，“彩石山庄”白领公寓与水晶花园项目的购房户代表与三联集团工作人员向济南法院的办案法官送锦旗。

（市法院 供稿）

上升47.8%。院长、庭长通过带头审理疑难、复杂、重大、新类型等案件以及在法律适用方面具有普遍指导意义的案件，充分发挥示范带动作用，促进司法能力提升。

【试行主审法官、合议庭办案责任制】 市中级人民法院在部分审判庭开展主审法官、合议庭办案责任制改革试点工作。设立6个改革试点合议庭，探索“3+2+1”模式，对主审法官、合议庭成员、法官助理、书记员的职责进行科学界定并分类管理。严格落实合议庭办案责任，实行合议庭成员共同参与、共担责任、互相监督的案件审理工作机制。规范裁判文书签发权，除法律规定由院长或院长授权的分管院长签发的裁判文书和发回重审裁定书外（发回重审裁定书按原签发权限签发），其余裁判文书均由试点合议庭法官共同签发。

【审判章丘市埠东黏土矿“5·23”重大透水事故案】 1月28日，历城区人民法院对章丘市埠东黏土矿“5·23”重大透水事故涉及的两起案件做出一审判决。在被告人杨某某非法采矿罪、重大劳动安全事故罪、不报安全事故罪，被告人贾某某非法采矿罪、重大劳动安全事故罪，被告人孟某某、李某某非法采矿罪一案中，法院经审理查明：2007年7月起，被告人杨某某等4人在明知埠东黏土矿不具有采煤许可证的情况下，带领工人利用埠东黏土矿的巷道对已关闭的原埠村镇一号煤矿内残留的煤层、煤柱进行开采。2013年5月23日，井下透水，造成10名矿工死亡。24日，济南市、章丘市安监部门接到举报后派人前往埠东黏土矿检查，被告人杨某某明知有一名矿工在井下下落不明的情况下，让贾某某领人把出煤的巷道封死，贻误事故抢救。法院经审理认为，被告人杨某某等4人违反矿产资源法的规定，未取得采矿许可证擅自采矿，其行为均构成非法采矿罪，且属情节特别严重。被告人杨某某、贾某某作为埠东黏土矿的主管人员和直接责任人员，明知该矿安全生产设施和安全生产条件均不符合开采煤矿的相关规定的情况下依旧盗采煤矿，因而发生重大事故，其行为均构成重大劳动安全事故罪，且属情节特别恶劣。被告人杨某某作为埠东黏土矿的主要负责人，在接到事故的报告后隐瞒不报，且伪造、破坏事故现场，转移、藏匿遇难者尸体，情节严重，其行为构成不报安全事故罪。同时，杨某某积极筹款赔偿遇难者亲属，取得谅解，可酌情从轻处罚；4名被告人均具有自首情节，均可依法从轻或减轻处罚。法院以非法采矿罪、重大劳动安全事故罪对被告人杨某某、贾某某数罪并罚，分别决定合并执行有期徒刑7年、3年；以非法采矿罪，分别判处被告人孟某某、李某某有期徒刑1年6个月，缓刑2年。在被告人高某、陈某某、姜某某玩忽职守罪一案中，被告人高某作为国家公务人员，被告人陈某某、姜某某作为虽未列入国家机关人员编制，但在国家机关中从事公务的人员，在代表国家行使矿产资源管理和安全生产监督管理职权中，不认真履行职责，是导致事故发生重要原因，构成玩忽职守罪，且属情节特别严重；3名被告人均具有自首情节，依法均可从轻或减轻处罚。遂以玩忽职守罪，分别判处被告人高某、陈某某、姜某某有期徒刑2年，缓刑2年。

【审判被告人吴某某等人污染环境案】 1月30日，济阳县人民法院对被告人吴某某等6人污染环境案作出一审判决。以污染环境罪，分别判处被告人吴某某、徐某某、彭某某、吴某某、王某某有期徒刑1年6个月至有期徒刑11个月，并处罚金1万元到10万元不等的刑罚。法院经审理查明，2013年11月，被告人吴某某雇佣徐某某、王某某从济南裕兴化工厂将工业废酸运输至济阳县曲堤镇境内的徒骇河大坝，将97.60吨废酸直接排入济阳县徒骇河中。2013年12月4日起，吴某某雇佣徐某某等人将9车共计569.86吨废酸运至鲁玺蒜业厂内，再通过事前埋好的软管排入徒骇河。2013年12月10日，徐某某等人排放废酸时，被济阳县环境保护局工作人员当场查获，罐车内尚有35吨废酸没有排放。同日，经济南市环境检测站鉴定，罐车内的废酸PH<2.0，属于危险废物，根据相关标准，罐车内液体总铬浓度超过标准最高允许排放浓度43.07倍，总铅浓度超过标准最高允许排放浓度2.77倍，总镍浓度超过标准最高允许排放浓度13倍。2014年3月12日，经山东省产品质量检验研究院检验，罐车内废酸属于具有腐蚀性的危险废物。法院经审理认为，被告人吴某某

等6人违反国家法律，向徒骇河排放有害物质，严重污染环境，其行为均已构成污染环境罪，公诉机关指控其罪名成立，遂依法作出上述判决。

【审理市城市公共客运管理服务中心行政处罚案】 3月18日，市中区人民法院依法受理原告陈某诉被告济南市城市公共客运管理服务中心行政处罚一案。1月，原告陈某使用“滴滴”专车软件从事客运服务，被济南市城市公共客运管理服务中心认定为非法运营，并对其作出“责令停止违法行为，处以2万元罚款，没收违法所得”的行政处罚。原告认为该行政处罚决定处罚主体错误、认定事实错误、执法程序违法、适用法律错误，遂诉至法院，要求撤销该行政处罚决定。使用专车软件从事客运服务属于新兴的客运服务方式，是否符合法律规定，特别是《行政许可法》及相关地方性法规的要求，是否需要经过相关部门的许可和监管等诸多环节，均无相关法律予以明文规定。法院经审查认为，原告的起诉符合《行政诉讼法》提起行政诉讼的条件，依法予以立案。案件审理情况及庭审过程以官方微博等形式向社会公开。该案被中央人民广播电台、人民网、《北京青年报》等数十家新闻媒体报道并被解读为“全国首例专车服务案”“全国专车服务受罚第一案”，受到社会各界广泛关注。

【审理“北雁云依”诉燕山派出所公安行政拒绝案】 4月24日，历下区人民法院对原告“北雁云依”诉被告济南市公安局历下区分局燕山派出所公安行政拒绝案作出一审判决。法院经审理查明，吕某某、张某某夫妻2人拟为女儿取名为“北雁云依”。2009年2月，吕某某前往燕山派出所为女儿申请办理户口登记，燕山派出所以不符合法定条件为由，作出拒绝办理户口登记的具体行政行为。法院经审理认为，双方当事人主要对《民法通则》第九十九条第一款、《婚姻法》第二十二条的适用问题存有分歧。对这项法律适用问题，层报最高人民法院。2014年11月1日，第十二届全国人民代表大会常务委员会通过相关司法解释。本案中，在父母姓氏之外随意选取其他姓氏，不符合立法解释所规定的正当理由，会增加社会管理的风险性和不确定性，同时会对文化传统和伦理观念造成冲击，遂驳回原告诉讼请求。该案的裁判明确了姓名权的行使应符合法律规定和公序良俗，维护中华民族姓氏传统文化，被最高人民法院评为“2015年推动法治进程十大诉讼案件”。

（毕惠岩　王　倩）

【概况】 1.完成“六五”普法工作。开展多层次、多领域法治创建活动，构建全媒体普法、社会化普法、立体化普法的普法宣传新格局，完成“六五”普法依法治理任务。济南市被命名为全国首批法治城市创建工作先进市，5个县（市）区被评为全国法治县（市）区创建活动先进单位，“全国民主法治示范村（社区）”达到13个。按照市委、市政府部署要求，开展“法治六进”活动，在全国推动由“法律六进”向“法治六进”转型升级，以网格化方式推进法治进机关、进学校、进企业、进社区、进农村、进单位，着力解决影响社会稳定的问题，维护群众合法权益。

2.规范行政执法和刑罚执行工作。济南监狱完善“信息收集、分析研判、矛盾化解、实时反馈”于一体的动态排查整改机制，加强应急处突演练，强化责任落实，监管安全、生产安全和队伍安全进一步加强。济南监狱“监区、周界、处突”三线安防体系建设和安全分类分级排序警示考核办法在全省监狱系统推广。规范刑罚执行工作，深化狱务公开，规范执法程序，推进依法治监，健全执法责任制，严格规范减刑、假释、暂予监外执行，实现执法“零投诉、零违纪、零违法”。第二监狱改扩建工作进展顺利，干警培训和挂职锻炼取得成效。推进社区矫正工作，制定印发《济南市社区矫正调查评估工作规范》，推进社区矫正教育帮扶标准化试点，工作规范化水平不断提升。社区矫正信息化建设和手机定位技术全面推开，全市社区矫正人员3300人，矫正期间重新违法犯罪率0.03%，低于全省平均水平。严格按照条件和程序，依法做好特赦工作。

3.公共法律服务体系建设走在全省前列。加强顶层设计，公共法

2015年11月4日，市司法局与新疆签署对口援助协议。（市司法局 供稿）

律服务体系建设纳入市委常委会工作要点和政府18件为民办实事项目，市委、市政府出台《关于加快推进公共法律服务体系建设的意见》，向社会提供公益性、便民化、全覆盖的公共法律服务。按照“四纵四横”思路，着力打造市、县（市）区、乡镇（街道）、村（居）四级公共法律服务体系和实体、热线、网络、流动四大服务平台，全市120个乡镇（街道）建立法律服务工作站，1670个村（居）建立法律服务室，在基层法院和看守所建立18个法律援助工作站。完善提升12348公共法律服务热线，依托12345市民服务热线设立“济南市普法维权热线”。加强信息化建设，网上公共法律服务大厅上线试运行，群众足不出户就可以“找律师、问公证、求法援、要调解、寻鉴定”。省司法厅组织观摩市司法局公共法律服务大厅、济南市普法维权热线、历城区唐王镇法律服务中心，推广全市公共法律服务体系建设经验。

4.法律服务泉城经济社会发展工作。出台《关于为“打造四个中心，建设现代泉城”提供优质高效法律服务的实施意见》，为全市重点工程、重大项目提供法律服务。出台《关于组建法律服务团服务济南中央商务区建设的实施意见》，整合市、区两级法律服务资源，成立中央商务区法律服务团，为中央商务区拆迁、建设和招商提供法律服务，共接受居民咨询2000余人次，代理诉讼案件20余件，办理房产公证30余件，参与调解200余次。为“东方之星”号客轮翻沉事件济南籍遇难者处置工作提供法律服务。与市信访局联合出台《关于进一步加强律师参与信访工作的意见》，发挥律师作为第三方参与信访的作用，参与重大疑难信访案件复查，依法化解社会矛盾。与市法院探索实施律师代理申诉试点工作，首批3家律师事务所的30余名律师参与法院立案大厅疏导工作。在市检察院和10个基层检察院设立法律服务工作站。完成国家司法考试任务。组织40名优秀人民调解员和法律工作者，按照“人民调解+司法确认”的方式，配合法院做好“三联彩石山庄”项目纠纷的司法处置工作，共有2087户业主达成调解协议并由法院司法确认后发放执行款14亿元，为群众节省诉讼费用近2000万元。全市4152名律师、110名公证员、391名司法鉴定人员、769名基层法律工作者，全年办理律师法律事务14.6万件、公证8万件、法律援助7166件、司法鉴定1.8万件、基层法律服务1.8万件，接听12348公共法律服务热线6万件。

【完成“三联彩石山庄房地产纠纷”人民调解工作】 根据“按照法治思维，在法律框架内予以解决”的工作思路，开展“三联彩石山庄房地产纠纷”人民调解工作，全市共接待三联彩石山庄购房户预约调解登记2149户，2087户购房群众达成人民调解协议并由法院予以司法确认，同步发放执行款14.27亿元，开启全省人民调解工作直接参与调处专项集团性经济纠纷案的先河，是运用法治思维和法治方式解决社会矛盾的一次创新。

【成立济南市劳动人事争议法律援助工作站】 4月28日，济南市劳动人事争议法律援助工作站成立。该工作站由市司法局、市人社局、市工会等单位联合成立，由市法律援助中心指派律师为劳动者提供法律咨询服务，参与协商、调解劳动纠纷，向符合条件的劳动者提供法律援助。

【创新开展“法治六进”活动】 9月21日，全市“法治六进”活动启动，在全国率先推动由“法律六进”向“法治六进”转型升级，以网格化方式推进法治进机关、进学校、进企业、进社区、进农村、进单位，成为“六五”普法收官和“七五”开局的精彩之笔。

【与新疆乌鲁木齐市司法局签订项目合作协议】 11月4日，市司法局与乌鲁木齐市司法局签署项目合作协议。根据协议，双方在未来5年（2016~2020年）以项目建设为抓手，以智力援助为重点，采取互动学习交流、业务考察、专项指导、人力支援等各种方式，实现优势互补、合作共建，推动司法行政工作深化改革和健康发展。

（苏楠楠）

【概况】 全年受理案件3757件，同比增长2%；涉案标的额28.77亿元，同比增长5%；按期结案率保持在95%以上，当事人满意率保持在98%以上。年内，获山东省精神文明先进单位、山东省依法行政宣传先进单位、全市密码通讯工作先进单位、市直机关档案工作优秀协作组等称号。在中国政法大学与《法制日报》发起的“仲裁公信力奖”评选活动中，济南仲裁获14个奖项，成为在评选活动中获奖最多的仲裁机构。

1.拓展服务领域。围绕建设区域性经济中心，利用省会地域优势，与省级主管部门和行业协会加强沟通、增进了解，打开服务全省行业发展的通道；深入驻济央企、大型国企走访培训，与企业法务人员进行面对面的仲裁知识培训和仲裁疑难解答，建立与重点企业直接联系的渠道；围绕济南的重大项目、重点工程，开展点对点的仲裁宣传；设立山东省会城市群经济圈中小企业仲裁中心，加大对中小企业和民营企业的服务力度，使各层次的市场主体在仲裁服务中均能感受到公平。围绕建设金融中心，以济南金融仲裁院为载体，与省银行业协会、省保险行业协会、省市金融办等开展合作，对金融纠纷开通绿色通道，从立案、保全、组庭、裁决、执行，提供“一站式”全方位服务，专业、便捷、高效维护金融市场秩序和安全。围绕建设物流中心，在全市各大物流中心设立仲裁联络处，向物流企业推广仲裁理念，将仲裁服务的范围从传统物流行业向“互联网+现代物流”新业态拓展。围绕打造科技创新中心，为科技领域市场主体提供企业风险分析评估、风险管理与防范知识培训、企业投融资法律咨询、新三板挂牌交易法律顾问等服务，专业高效地处理科技研发和成果转化过程中的经济纠纷。

2.提升仲裁公信力。立足于经济纠纷解决需求，深入中国重汽集团、山东产权交易中心、省保监局等重点行业、企业，寻求合作，拓展服务；深入驻济外资企业、异地商会提供仲裁公益服务。邀请房地产开发企业、施工企业、金融机构等企业代表、仲裁员代表、仲裁监督员开展多渠道、多层次、多样化的交流，听取企业和社会各界对仲裁工作的需求和建议。与市建委建立定期交流机制，在工程招投标、商品房销售、农民工维权、仲裁案件证据查询等工作中实现对接，保障建筑市场健康运行。针对全年受理复杂敏感、对抗性强的群体性案件较多的情况，运用法治思维、法制手段探索矛盾纠纷解决新模式，采取立案前与当事人充分沟通、主要负责人包挂督办、组织双方当事人调解等措施，做到定纷止争、案结事了，赢得当事人的认可，实现社会效果和法律效果的统一。树立大局观念和配合意识，实行从拓展、立案、办案到案审的“链条式”管理和服务，加强各环节的协作沟通。在立案环节，做好材料审查和案情初判；在组庭环节，建立仲裁庭组庭合议组，保障庭审程序顺利进行；在办案环节，对办案软件系统进行再升级，每一环节审批流程完成后，系统均会同步提示相关责任人，推进下一步程序运行；在办案监督方面，济南仲裁实施案件三级核阅制度，即由办案秘书、业务处长、分管主任对裁决案件进行分级审查，重大疑难案件递交主任办公会或专家委员会进行研讨。

3.提升仲裁队伍专业化水平。根据仲裁事业发展需要，增聘20余名符合法定条件、公道正派的优秀专业人士担任仲裁员，仲裁员总数达492名。根据仲裁员的行业、职业和办案数量、综合测评成绩等，对仲裁员进行细致分类。对仲裁员

2015年11月6日，济南仲裁委员会与济南市城乡建设委员会在舜耕山庄联合举办商品房买卖合同纠纷仲裁实务座谈会。 （市仲裁办 供稿）

进行调整优化，实现能者上、庸者下、劣者汰，调动仲裁员的积极性和主动性。通过组织召开理论与实务研讨会、案件评议会等，提升仲裁队伍的专业化水平。结合仲裁实务需要，每周固定时间组织办案秘书集中培训，采取情景模拟、现场演示、专家点评等多种形式，提高办案秘书的专业素质和业务水平。

4.仲裁宣传工作。济南仲裁利用各种媒体进行仲裁法律知识和仲裁制度的推广，举办“山东国资国企改革发展论坛”“山东企业‘走出去’发展研讨峰会”。参加济南电视台《政务监督面对面》节目、济南广播电台《政务监督热线》节目，参与接听12345市民服务热线、综合评议电话调查旁听等活动。先后在《大众日报》《济南日报》发表专题报道15篇，与山东广播电台合作开办普法栏目《周末说法》24期，在省法制办网站、市政府网站、机关工委简报、《每日信息》《每日要情》发布信息60条，编辑完成志书《山东仲裁二十年·济南篇》。在济南仲裁微信公共平台发表专题文章30篇，利用新浪和腾讯“济南仲裁”官方微博等宣传资源，实现相互联动、信息共享。

【成立济南国际仲裁院】 为顺应国家“一带一路”战略和山东省构建开放型经济新体制的需要，10月21日，济南国际仲裁院揭牌成立仪式在济举行。济南国际仲裁院遵照法律法规和国际惯例，借鉴国际仲裁机构的先进经验和成熟做法，结合济南市经济发展实际，完善涉外仲裁规则和相关服务工作机制，吸收选聘50余名法律素养优秀、职业道德高尚、在国际仲裁界享有崇高声望的境外仲裁员，具备了开展涉外仲裁业务的条件和能力。作为集涉外仲裁宣传推广和案件办理于一体的专业性仲裁机构，济南国际仲裁院从纠纷解决机制上保证与国际接轨，满足企业在境外营商活动中了解国际经济法律法规和运用高端纠纷处理机制的需求，为优化全市外商投资服务环境、规范企业涉外营商活动提供法律支持。

（王 娴）

责任编校 王 洋

军事

济南警备区

【概况】 1.思想建设。组织全区团以上党委机关分期集中培训，开展“三严三实”专题教育整顿和“在党言党、爱党信党”“守党规、严纲纪、正品行”“向身边典型学习”及“践行强军目标，做新一代革命军人”主题教育活动。在团以上党委机关开展整顿“松散之风、疲沓之风、平庸之风”活动，强化党员领导干部制度意识、自律意识和责任意识。

2.落实战备训练工作。落实战备值班执勤，完善各类应急预案，做好维护社会稳定、处理突发事件的准备，组织民兵信息员骨干培训，抓好民兵应急分队演练。突出首长机关训练，组织两期首长机关带人民武装部、预备役团现役干部集训，参加省军区基础训练检查考核，并组织本级基础训练考核。组织首长机关和人民武装部共同科目和专业训练。落实民兵预备役训练工作。开展岗位练兵活动，组织警备区第七届“兴武建功”大比武，对单位和个人进行排名。

3.安全管理工作规范有序。以“学法规、用法规、守法规”等安全活动为载体，组织安全警示教育、军容风纪检查、内务设施整治。开展安全知识竞赛活动，组织干部、战士、职工260余人参加理论答卷。深化人、车、枪、弹、密等重点对象和重要目标管控，确保管理严格。落实仓库建设和武器弹药管理工作，实现民兵武器装备仓库人防、物防、技防的立体防范。年内，警备区装备仓库被军区评为“民兵装备管理先进单位”“民兵武器装备仓库标准化建设先进单位”。

4.发展国防后备力量建设。组织民兵预备役整组工作，年初召开任务部署会，研究“编组不实、编用不一、一兵多编、编而不用、职能重叠”等问题，为人民武装部高标准抓好整组落实提供保证。按照“以查促改、以考带建”原则，4月下旬，成立专项工作组，对整组工作进行检查验收，现场查看基层单位建设，电话抽点部分民兵预备役人员，并对团级单位排名通报。围绕“以新兵质量为核心，以大学生征集为重点，以廉洁征兵为要务”的标准要求，强化组织领导，公开系统定兵，完成新兵征集任务。

5.后勤装备保障效能有效提升。履行“保障队、战斗队”双重职能，重视后勤机关办公室、资料室、执勤室、战备器材库“三室一库”建设，召开市国民经济动员工作会议。加大经费管理，严格编制年度经费预算，修订完善财务管理规定。整修士官家属临时来队住房、机关食堂和勤务队宿舍，完成新兵补装、油料保障、营区绿化、卫生防疫等工作。开展对外有偿服务清理整顿及空余房地产租赁整治，对招接待机构和卫生机构排查摸底。按照军区“只准对内服务，不能对外经营”要求，停止警备区招待所对外有偿服务。根据空余房地产租赁整治要求，按时间节点停止对外租赁项目。坚持依法管装备用装备，开展武器装备管理“科学化、制度化、经常化”达标活动，严格装备申请、调拨、补充、退役等业务工作流程。

（崔春荣　武永辉）

【征兵工作】 3~6月，组织人民武装部、专职人民武装干部、民兵干部进村入户、进厂入校，宣传征兵政策规定。先后7次到县（市）区和驻地高校组织调研，解疑释惑。7月，召开征兵宣传工作会议，开展“征兵宣传月”活动，协调市经信委发送征兵宣传短信2000余万条；协调市教育局提供2015年所有参加高考人员名单，分发各人民武装部，做好征兵工作。落实优抚政策，8月1日前将9626万元优待金发放到位。全年大学生征集比例43.6%，居全省第一。落实廉洁征兵工作，征兵工作人员持证上岗，使用定兵辅助决策系统定兵，印制廉洁征兵监督卡8000余份，设立举报电话和举报信箱各153个，实行24小时值班，受理举报来访来电。组织廉洁征兵检查倒查，保持廉洁征兵高压态势，杜绝“暗箱操作”现象发生，确保新兵征集质量的落实。征兵期间，军区组织2次抽查，省军区纪检监察组进行1个月的专项巡查。年度征兵任务完成。

（崔春荣　连成龙）

【组织首长机关封闭集训】 3月23~31日及4月20~27日，警备区在预备役舟桥团，分别组织两期首长机关带人民武装部、预备役团现役干部军事集训。集训采取授课辅导、专攻精练、考核验收的方法，对军事理论、战术计算、手工标图、轻武器射击（含夜间）等9项内容进行强化学习训练。

（崔春荣　周永亭）

【组织大学生军训】 9月1~14日，警备区派遣13名官兵，完成山东艺术设计职业学院1300名大学生军训任务。9月6~20日，警备区派遣12名官兵，完成山东广播电视大学1100名大学生军训任务。为扩展大学生的受训范围，各人武部帮助驻地院校联系承训部队，协调解决有关问题。

（崔春荣　周永亭）

【概况】 1.政治工作。抓好主题教育，开展电影课堂、电视访谈等配合活动，以给新兵和干部骨干的“两封信”为基本抓手，确保新兵渡过“第二适应期”。十一中队班长朱随军完成赴索马里大使馆警卫任务。创建“一队一品”特色队伍，开展纪念抗战胜利70周年歌咏比赛等强军系列活动，活跃官兵文化生活。组织党委机关开展“三严三实”专题教育整顿，对照检查摆出的71个突出问题逐条认领整改。开展七项专项清理整治，对清理违规住房、清理配车用车、清理超配起占人员及超标准用房、超面积住房、超预算花钱、超规格接待、超编制用人治理情况做好“回头看”，行政消耗性开支同比下降15%，公务接待开支同比下降63%；纠治不正之风，严格标准程序。

2.完成中心任务。全年先后完成等级警卫、体育赛事安保、押解押运等勤务，完成第36届趵突泉迎春灯会安保勤务、扑救西营地区山林火灾任务及市“两会”安保勤务。完成公安武警联勤巡逻试点任务；承办武警部队守护勤务组织与实施观摩会。推动军事训练“人员、内容、时间、质量、弹药、摩托（飞行）小时、教练员、场地”八项内容的落实，完善基层训练场地，部队整体训练水平提升。

3.加强综合保障。以承办总队全面建设现代后勤检验评估现场会为契机，规范紧急出动程序和物资装备携带，与3家地方单位、24个目标单位签订保障协议，应急保障能力在“卫士-15”演习和遂行任务中得到检验。推进财务大清查，规范经费开支范围、程序和审批权限，严格采购招标、支付结算等各个环节，规范财经秩序。开展伙食管理专项整治活动，严抓食谱制定、市场询价、实物验收、逐日消耗登记等环节，指导部队因地制宜做好农副业生产。投入200余万元帮助基层完善“执勤、训练、文体、

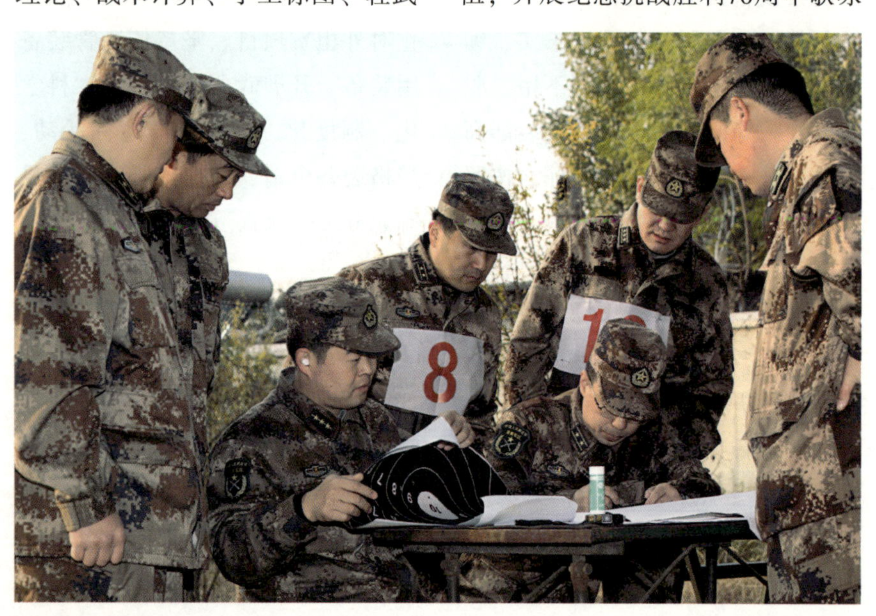

军事集训现场评分　（舒启东　摄）

生活”四项设施，救助困难官兵。

4.巩固基层建设。落实蹲点帮建制度，常委分片包干与大队经常性帮带相结合，实施帮带干部、帮抓骨干、帮解难题及强化组织功能的“三帮一强化”政策，加大后进单位帮扶力度，28个基层党支部自建能力提升。

5.夯实安全根基。落实《八个方面安全基本工作规范》，归纳“基层单位安全方面容易发生的40个问题”，组织安全风险评估和常态化巡查检查，开展每周实地抽查、每月播放录像、每季小结讲评，不定期编发安全短信，纠治安全隐患。完成手机网络使用管理试点任务。

（高　峰）

【概况】 1.助推经济社会发展。编制和完善各项人防专项规划，开展西客站核心区及北湖等片区人防工程控规及规划导则编制，完成全市26个片区城市控制性详细规划的人防专项审查、修订意见。推进大型单建人防工程项目，完善市人防工程建设联席会议工作机制，制订《济南市单建人防工程建设管理办法》等规范性文件，优化人防工程建设管理、审批流程和地下空间兼顾人防需求项目建设管理程序。提高工程管理水平，开展全市人防工程普查测绘、早期工程检测评估及隐患治理工作，“早期人防工程安全隐患评估与治理”科研项目获中国人民解放军总参谋部颁发的三等奖。

2.推进人防应急准备工作。参加人防信息化暨人防训练与考核大纲集训，市人防办全体人员及县（市）区人防办的业务骨干共156人赴国家人防训练基地进行按纲施训，市、县两级人防部门进入政府应急管理体制，完成基本指挥所、预备指挥所、人防专网、军网、专用电话通信电缆、光缆及设备维护保养工作，各种通信手段的通联率、设备完好率95%以上，结合“五三”警报试鸣，举行全市防空警报试鸣，10个县（市）区组织防空防灾演练。建设完成多媒体警报系统。与济南电视台合作，将全市20余块户外大屏、3000余块公交电视及1000余块城市电视，纳入全市多媒体防空警报报知系统。

3.平战结合工作实现新跨越。盘活人防国有资产，拓展人防工程及设备设施开发规模。落实“践行承诺，服务民生”活动，向社会提供4处、13.86万平方米的避暑纳凉开放场所。组织安全生产月活动，开展安全生产隐患大排查、快整治、严执法集中行动，开展2015年冬季防火等安全生产系列活动，全年安全无事故。

4.强化依法行政工作。强化质量监督工作，确保人防工程安全，全年办理新开工人防工程质量监督手续120个，建筑面积89万平方米；现场质监1100余次；对139个人防工程进行主体监督检查，下达主体结构整改通知书138份；对99个单体人防工程进行竣工验收监督检查，下达竣工验收监督检查整改通知书97份；在不定期巡查中下达质量整改通知书13份。对79个单体人防工程出具《质量监督报告》，建筑面积31.7万平方米。推进简政放权，增加行政编制，设置专业岗位，编制承接方案。

5.宣传教育取得新突破。在杂志、报纸、电台、电视台、网络等媒体发表稿件120余篇。与济南报业集团合作，在《济南时报》开设人防宣传专栏，宣传人防知识、人防法规。

【济南市第十七次防空警报试鸣成功】 5月3日上午10时，济南市所有警报器同时拉响，警钟长鸣，提醒广大市民勿忘国耻。12分钟后，济南市第十七次防空警报试鸣结束。

【开放4处避暑纳凉点】 自7月上旬起，开放4处人防工程纳凉点，为市民消夏纳凉提供便民服务。4处纳凉场所分别是经十一路英雄山人防商城、经四路人防金街商城、马鞍山路银座购物广场人防店、华润万家济南大众广场人防店，合计开放面积约13.86万平方米。在纳凉处设置坐椅1320余张，饮水处20处，电视机72台，娱乐读物、人防宣传资料480余份。

（王玉金　张　涛）

责任编校　姚娟　张阳

经济综合与管理

发展和改革工作

【概况】 1.战略研究方面。加强对关系全市长远发展重大问题的分析研判，形成“十三五”发展“531”的系统谋划。“5”，主要是突出战略性、前瞻性和济南特色，研究起草“十三五”规划纲要草案，经市人代会审议通过；“3”，主要是细化工作目标和重点任务，研究提出区域性经济中心建设2016~2018年行动纲要，由市委、市政府发布实施；“1”，主要是结合5年规划和3年行动纲要，努力抢好工作开局，研究提出2016年发展计划草案。

2.政策制定方面。坚持问题导向、工作导向和转化导向，增强政策措施的科学性、针对性和可操作性，提高对经济社会发展的引导作用。变“政府端菜”为“群众点菜”，广泛听取县（市）区、市直部门和单位、开发区、投融资平台、代表性企业五大方面的意见，研究提出稳定增长促进发展的50条政策措施。把握好稳增长与调结构的平衡，推动经济稳中提质、稳中增效，研究提出促进服务业加快发展的意见和全市“互联网+”行动计划。

3.经济分析方面。加强经济运行预测监测和对策建议预研储备，抓好服务业增加值、固定资产投资等主要指标的分解落实和月度调度，按季度向市委、市政府报告经济运行情况，提出富有针对性的对策建议，为领导决策提供重要依据。及时向上级报告经济形势，反映地方实际需求，简化城市轨道交通审批程序等一些重要建议被国家和省发改委采纳。创新经济分析机制和方法，健全完善下基层调研制度、横向会商研判制度和纵向信息交流制度，筛选确定经济形势分析基层联系点80个。

4.项目推进方面。牢牢把握发展的项目导向，建成重点项目推进中心，完善领导包挂、挂牌保护、节点推进、视频巡查、问题交办、联合督查、用地专供、金融特服、绿色通道、考核评价十大机制，推动8个省级重点项目和220个市级重点项目完成全年投资计划。实行重点项目“储备库—预备库—建设库”三库联建，筛选确定“十三五”储备项目370个、2016年重点建设项目150个。争取城市轨道交通近期建设规划获得国务院批复，R1线工程全面开工建设，争取济南东客站规模调高到12.6万平方米、济青高铁增设章丘北站，济莱城际铁路、泺口穿黄隧道等前期工作稳步推进。

5.产业发展方面。推进国家、省服务业综合改革试点，抓好服务业重点城区、园区和项目建设，促进规模以上服务业企业和总部企业加快发展，推动组建济莱现代服务业联合会和总规模2亿元的全省首支服务业创新发展基金。抓好国家电子商务示范城市和信息惠民示范城市建设，争取新增国家级企业技术中心、国家工程实验室、国家地方联合工程实验室各1家，新增省级工程实验室3家。推动粮食产能、水生态文明市创建、森林城市创建等重点项目建设，争取省级以上涉农资金近1.3亿元。

6.资金争取方面。加大中央、省资金争取力度，全年共争取中央、省预算内资金和各类专项资金11.7亿元，争取国家专项建设基金4批共28亿元，帮助历城区国有资产运营公司发行企业债券12亿元。会同市金融办和人民银行济南分行营管部，推动28家银行机构对全市企业和项目综合授信1209亿元，实际落实比例93%。推动创业投资发展，全市备案创投企业达到9家。济南能源公司利用法国开发署贷款项目列入财政部备选项目清单，公交公司利用亚行贷款项目获得国务院批复。

7.区域统筹方面。围绕拓展城市发展空间和加速黄河北地区崛起，提出实施“携河发展”创建国家级新区的设想，成为省、市两级的重大战略。完成南部山区保护、规划及生态补偿机制体制研究，协调推进保泉生态红线划定、柳埠镇建设改造、门牙片区农家乐改造等工作，促进南部山区加快步入科学化保护发展轨道。研究提出新一轮县域差别化扶持政策建议，促进区县帮扶对接。推动成立省会城市群经济圈科技创新联盟，济莱协作区莱芜研发基地挂牌，济莱两市公交实现“一卡通”。完成对口支援等重要任务。

8.改革深化方面。结合“产业电子地图”系统建设，实行投资项目进厅集中审批和在线审批监管，审批窗口连续被评为优秀窗口。加强和改进政府投资管理，组建产业投资集团，编制政府投资项目3年滚动投资计划，审减42个政府投资项目初步设计概算12.1亿元。推动政府和社会资本合作，在全省率先推出总投资642亿元的17个PPP项目。研究编制全市社会信用体系建设规划，开通“信用济南”网站并与“信用中国”网站实现对接。牵头推进公车改革，研究提出具体实施方案。

9.环境治理方面。编制《济南市建设国家生态文明先行示范区实施方案》，争取济南市进入全国第二批生态文明先行示范区建设试点。协调推动东部老工业区累计完成工业企业搬迁改造和关停腾退24家，研究提出济钢集团转型升级建议方案。推广清洁能源，光伏发电总装机容量达到3.1万千瓦，推动全市天然气使用量达到8亿立方米。加大外部能源引入力度，开展周边城市大型电厂余热利用研究，章丘电厂实现向市区供热，对减少燃煤排放发挥重要作用。

10.民生保障方面。聚焦群众切身利益问题，研究制定全市养老产业发展规划、加快健康服务业发展实施方案、职业教育发展规划、居住区配套建设教育设施产权移交办法和积分落户办法。协调落实好18件民生实事，特别是强化对300余万件市民服务热线登记意见、800余条媒体征集建议的精准分析，并结合有关部门意见，研究提出2016年15件民生实事建议，在市“两会”上向社会发布。全年办理12345市民服务热线291件，及时办结率、办理过程满意率、办理结果满意率全部达到100%。

（李忆杉）

【经济体制改革】 1.不断优化所有制结构。①加快推进企业混合所有制改革。重点推进大易造纸公司以及所属4公司改革，晨光公司采取引进战略投资者建设城市商业综合体，鲁丰公司采取自我开发与招商引资相结合打造文化产业园的方式进行混改。完成济南蔬菜集团与山东宏岳投资有限公司组建混合所有制企业改革工作。东风汽车公司、印刷四厂混合所有制改革工作迈出关键性步伐。②持续加大企业转型升级力度。全系统共实施科技开发项目21项，研发投入10.05亿元。共实施新建项目总投资131.7亿元，年度投资额15.1亿元。③加快困难企业帮扶解困和改革发展攻坚。先后妥善安置职工7000余人，发放帮扶解困资金13.4亿元，惠及职工29145人次。采取一次性安置职工退出的办法完成18户企业退出市场工作。加快无竞争生存能力企业的破产退出工作。齐鲁化纤集团所属4户程序内企业、济南味精厂（济南周济莲花味精厂）、小鸭冰柜、小鸭热水器公司等企业进入破产程序，公司破产工作取得实质性进展。④推动民营经济健康发展。制定出台《济南市支持小微企业成长发展若干政策》。实施民营企业成长计划，支持大型民营企业发展品牌经济和规模经济，推动企业做大做强。推动规模以上企业规范改制工作，研究制定推进企业改制工作实施方案。⑤健全和完善中小企业服务体系。强化中小企业公共服务体系和公共服务平台网络建设工作。各级中小企业公共服务平台总数共37家（其中，国家级中小企业公共服务示范平台4家，省级中小企业服务示范平台10家），中小企业数据库突破2万家。

2.深化科技体制改革。①创新科技计划评审方式。临床医学科技创新计划首次尝试采用政府购买社会服务，全权委托异地专业机构评审的方式，探索“盲选”专家和专家“盲评”的“双盲”评审方式，保证项目评审的公平、公正。②优化创新政策环境。重新修订出台《济南市实施创新驱动发展战略加快创建国家创新型城市若干政策实施细则》和《济南市创新型城市建设专项资金管理办法》。③加强孵化器建设与众创空间建设。新认定山东龙泉科技创业服务中心、鑫茂新材料科技企业孵化器等6家市级科技企业孵化器，6家科技企业孵化器共建成孵化面积72367平方米，在孵企业163家。提出《加快“泉城众创空间”建设、支持大众创业万众创新的实施方案》，先后两批命名19家“泉城众创空间”；培育一支由60名企业家、专家学者、投资机构负责人及专利事务所、会计师事务所、律师事务所专业人员组成的创业导师队伍，为科技创业者提供创业培训、创业辅导、创投对接等服务；建立服务大众创业的开放共享平台。④创新财政资金使用方式，加快推进科技金融结合。与省科技厅等合作设立首期出资1亿元总规模3亿元的山东科融天使投资基金，重点支持全市初创期科技企业。与济南联荷实业联合设立济南园梦科技创业投资基金。与山东大学、以色列英飞尼迪集团等联合签订山东工研院创业投资基金备忘录，拟发起20亿元规模的创业投资母基金，支持全市科技成果转化和产业化。⑤推动科技服务业试点示范，支撑高新技术产业创新发展。济南高新区被科技部认定为首批25家国家科技服务业试点区域之一，形成具有国际竞争力的科技服务业集群。⑥建设完善公共技术服务平台，推广实施创新券。加快大型科学仪器设备共享平台建设，推动省会科技资源的共建共享。大型科学仪器设备共享平台入网单位达232家，大型仪器共享平台入网仪器数达1943台（套），涵盖济南95%以上的科技领域。根据《山东省小微企业创新券管理使用办法》，组织各县（市）区加入到“山东省大型科学仪器设备协作共用网”平台，并获得省科技厅600万元创新券专项补贴资金。⑦构建企业知识产权梯次培育体系。出台《济南市企业知识产权（专利）梯次培育方案》，认定9家济南市知识产权示范培育企业，11家知识产权优势培育企业，81家知识产权贯标培育企业和53家知识产权试点培育企业。⑧推进智慧泉城建设。制定《智慧泉城建设提升行动》计划，新树立10个智慧泉城示范工程。推进历下区智慧泉城试验示范区建设。启动智慧泉城顶层设计及总体规划编制工作。⑨加快建设政务云中心和大数据创新平台。推动符合条件的政务系统全部迁移政务云中心，市级有57个部门、400多项业务、20多项跨部门系统、1600台硬件设备在政务云中心运行。有100多个新建信息化项目迁入云平台运行。70%的市级部门现有系统实现集中管理，市级70%的新建项目依托政务云中心建设运行，90%的部门利用互联网统一出口，建设和运行成本降低20%以上。启动政府大数据创新平台建设。

3.健全产业发展服务机制。①健全产业规划引导服务机制。落实全市产业空间布局规划，产业地图信息系统招商服务平台试运行工作稳步推进。②加快推进东部老工业区工业企业搬迁改造。完成24家企业搬迁或关停，占62家搬迁企业的38.7%；7家企业签订入园协议；21家企业进行入区谈判工作。③出台《关于促进服务业加快发展的意见》。《意见》提出未来服务业的重点区域，19个行业和重点领域以及推动服务业发展的保障措施。④推动省会城市群经济圈一体化发展。做好《济莱协作区“十三五”经济社会发展总体规划》及产业、交通、旅游、环保4个专项规划研究编制工作，举行经济圈科技创新联盟项目合作签字仪式，济莱协作区莱芜研发基地在济南高新区成立，济南、莱芜两市公交实现“一卡通”。⑤推进碳排放交易。开展温室气体排放清单编制及低碳发展战略研究，完成济南市温室气体排放清单编制工作。开展全市温室气体排放重点单位摸底调查，为开展碳排放权交易等相关工作提供数据支撑。开展碳核查机构申报工作，对在济南注册、符合要求的单位申报资料进行审核，最终上报7家单位。

4.推进投资体制改革。强化政府内部权力制约，在财政资金分配使用、国有资产监管、政府投资、政府采购、公共资源转让、公共工程建设等权力集中领域，建立健全分事行权、分岗设权、分级授权等相关制度规定和定期轮岗实施办法，强化内部流程控制，防止权力过度集中。研究落实政府投资条例、政府核准和备案投资项目管理条例的贯彻意见，适时提出全市创新投融资体制的具体意见。制定推进政府和社会资本合作（PPP）的意见，推出一批试点项目。

5.继续推进外商投资项目和境外投资项目管理改革。①对核准目录以外的外商投资项目实行备案管理。制定全市统一的外商投资项目核准、备案办事指南和规范文本，推行标准化和规范化管理。市级权限的备案项目在行政审批中心窗口现场办理。进一步向县（市）区下放管理权限，总投资1亿美元以下的鼓励类和允许类项目下放到县级发改委办理，并做好业务培训和监督管理。②推进落实境外投资管理改革。对除敏感国家和地区、敏感行业以外的境外投资项目实行备案管理，及时更新办事指南，进一步简化办事程序和申报材料，用境外投资项目备案申请表代替项目申请报告。③加大吸引外资力度。2015香港山东周活动中，推介济南中央商务区和全市首批17个PPP项目，促成9个项目签约，合同项目总投资5.9亿美元，合同外资2.65亿美元；拓展一批新的客户和投资机会，6家港企与济南市达成合作意向。④加快境外经贸合作区和境外资源基地建设。苏丹棉花产业园组织召开两次棉花产业关联企业协作会，元首针织、宏业集团初步达成投资意向。中国重汽集团与中非发展基金在北京签署合资协议，双方共同投资约1.33亿美元。济南域潇集团成为全国最大锆钛矿供应商；苏丹棉花基地储备优质棉花2000吨，与宏业集团、元首集团等企业研讨供应棉花；山钢收购塞拉利昂唐克里里项目外方75%股份，股权交割进行完毕。构建境外投资管理服务平台。成立济南市走出去部门联席会议制度，联合省商务厅组建走出去公共服务信息平台。⑤推进经济开发区体制机制创新试点。市政府常务会议审议通过《济南新材料产业园区体制机制创新工作试点实施方案》。⑥发展临空经济，增开加密国际航空客货运航线。争取进境水果指定口岸。加快国际物流基础设施改造，新建国际监管库等物流基础设施。⑦设立国际邮件互换局（兼交换站）。8月，海关、检验检疫整体搬迁进驻济南邮政速递邮件处理中心，并开展邮件查验业务，济南邮政口岸具备设立国际邮件互换局（兼交换站）的标准条件，向海关总署提交设立济南国际邮件互换局（兼交换站）的申请。⑧完善通关便利化措施，建设跨境电子商务通关管理平台。济南跨境电子商务服务平台完成综合服务平台、海关管理平台、国检管理平台搭建工作，并实现与交易平台、支付工具、物流速递公司及企业仓储管理系统的数据交换，于6月1日启动实货测试工作，实现跨境电子商务海关和国检的全申报、全备案、全程无纸化通关。济南综合保税区保税展示交易中心暨聚洋货运营中心启动。⑨推进上海自贸区海关监管创新制度的复制推广，加快建设综保区口岸功能区。推进在济南综保区建立健全进口货物预检验制度、检验检疫分线监督管理模式、动植物及其产品检疫审批负面清单3项制度。加快建设综保区口岸功能区。启用综保区新卡口，老卡口改为行政通道。利用口岸作业区规划建设海关监管场站批复至济南综合保税区。济南海关在山东、河南、新疆等9省区启动“丝绸之路经济带海关区域通关一体化改革”。济南、青岛、郑州、乌鲁木齐等10个海关将打破关区界限，实现外贸企业“一地注册、多地报关”；实现丝绸之路经济带检验检疫“9+1”区域一体合作，丝绸之路经济带的山东、新疆10个检验检疫局，实施区域内通关证明互认、无纸通关，实现检验检疫一体化。

6.放宽市场准入，营造良好市场环境。①推进商事制度改革，着力优化发展环境。全面实施注册资本登记制度改革，制定“席位注册、集中注册”等住所登记便利措施，为“双创”企业提供低成本创业场所。调整企业登记管辖权限，实施登记管辖便利化改革，支持有条件的工商所设立登记窗口受理企业登记申请，方便企业就近办理登记业务。稳步推进“三证合一”登记制度改革，指导高新区先行探索试点，摸索积累“三证合一”制度改革经验。制定《实施“三证合一”登记制度改革工作方案》。启用新的登记程序，实施“三证合一、一照一码”登记制度。推进实施先照后证登记制度改革。严格按照国家《工商登记前置审批事项目录》内容办理登记注册，目录外的一律不作为公司登记前置审批项目。对后置审批事项，为企业和审批主管部门做好提示和告知，登记窗口在颁发营业执照的同时，向申请人发放《后置审批事项办理告知书》。②加强市场监管，维护消费者权益。开展重点商品抽查检验，确保流通领域商品质量安全。开展商品监管执法“亮剑”行动，加大商品质量监管及消费维权违法案件查办力度。在全市18家大中型商业流通企业中推行《济南市商业流通企业自律体系建设指导意见》，帮助企业切实承担起商品质量和消费维权第一责任人责任。试点推动《山东省食用农产品批发市场质量安全监管办法》，以七里堡市场为试点，探索监管经验。规范“一票通”使用、日常检测和信息公开等自律措施制度。试点推动食品、保健品生产企业责任保险。完善食品药品可追溯工作机制，制定食用农产品产地准出和市场准入制度，在全市试行食用农产品产地准出和市场准入工作。加强食品药品违法犯罪行刑衔接，建立“省会城市群经济圈”协查联动机制，构建行政执法和刑事司法“无缝对接”体系，严惩重处违法犯罪。建立食品药品企业“黑名单”制度，出台《济南市食品安全委员会办公室关于印发济南市食品生产加工企业“黑名单”管理办法（试行）》。③加快行业协会商会改革。规范行业协会商会人员任职管理。清理有关人员在行业协会商会兼职，严格党政机关干部在其他类社会组织中兼职审批手续，在全市58家行业协会（商会）中兼职（任职）的141名人员全部提交辞职报告，督促32家社团按期进行换届，及时履行变更手续以及解决好专项整顿规范工作的遗留问题。引导鼓励行业协会商会承接政府职能转移工作。制定《关于申报进入年度承接政府职能转移和购买服务社会组织名录的通知》，做好推动社会组织承接政府职能转移和购买服务相关工作。156家符合条件的社会组织列入承接政府职能转移和购买服务的市管社会组织名录，其中，行业协会（商会）20家。④进一步深化价格改革。加快推进管道燃气价格改革。制定全市城市管道价格改革方案，依法举行价格听证会。完成城市供水价格改革。自5月1日起对全市居民实行阶梯水价，适当调整基本水价、污水处理费、水资源费简化用水分类、公开成本等5项改革内容。完善阶梯电价。不断完善阶梯电价政策，推进一户一表进度，出台合表用户电价政策及贯彻落实非居民电价降价政策。健全促进服务业发展的价格政策。实现服务业用水、用电、用气与工业同价。保障低收入群体生活。在供水、供热、供气价格调整时，均出台优惠或补贴政策，对全市持有《城市居民最低生活保障证》或《济南市特困职工优待证》的居民在家庭生活用水给予水价补贴。教育公益事业价格改革。进一步规范学前教育收费，不断加大对不同规格高中（中等职业学校）学费标准执行情况的监督检查力度，放开民办学历教育收费。医疗公益事业价格改革。对作为第二批试点的济阳县、商河县的县级公立医院医疗服务价格进行调整，对章丘市、平阴县两个第一批试点县（市）的县级公立医院医疗服务价格参照第二批的改革政策进行再次调整。⑤出台《济南市社会信用体系建设工作方案》。完成《济南市社会信用体系建设规划（2016~2020年）》初稿。稳步推进“公共信用信息交换平台”建设。

（王　卫）

【固定资产投资】 全年全市固定资产投资呈现增长平稳但增速持续放缓的运行态势，共完成固定资产投资3498.4亿元，同比增长14.2%，受国内外大环境影响比上年同期回落1.9个百分点，分别比全国、全省高4.2个百分点和0.3个百分点。投资结构优化，一产、二产、三产分别完成投资102.5亿元、1217.4亿元、2178.5亿元，分别实现增长8.2%、14.9%、14.1%，第三产业比重不断上升。重点行业支撑带动明显，工业投资始终保持稳定增长，共完成工业投资1147.9亿元，增长13.8%，基础设施投资完成515亿元，增长31.5%，服务业完成投资2178.5亿元，占全部投资的62%，房地产开发全年完成投资1014.1亿元，占全市投资的29%，占服务业投资的47%，增长10.5%。多元筹资效果明显，全年全市资金到位4184亿元，比上年同期增加688.7亿元，增长20%。

（梁　强）

【争取上级资金】 争取中央、省资金力度加大，全年共为102个项目争取中央预算、省预算以及省财政专项资金达11.7亿元。推进棚户区改造利用国开行专项贷款工作，实际发放贷款65.31亿元。争取国家专项建设基金，全年共为29个项目争取4批国家专项债券资金约28.127亿元，项目涉及保障性安居工程、轨道交通、城市市政基础设施建设以及增强制造业核心竞争力等领域，切实保障项目建设的资金需求。

（梁　强）

【省重点建设项目】 济南市轨道交

通R1线工程、济南市汉峪金融商务中心项目、济南传化（泉胜）智能公路港项目、卓达绿色建筑新材料章丘产业园项目、济南市东区燃煤替代供热管网项目、济广高速济南连接线南段地面道路（二环西路南延）项目、济南市玉符河综合治理项目、济南腾辉国际城一期工程被列为2015年度山东省重点建设项目。这8个项目总投资417.6亿元，年度计划投资90.3亿元，全年累计完成投资91.2亿元，超额完成年度投资计划。（刘广祥）

【市重点建设项目】 全年全市安排重点项目220个，包括160个实体经济项目和60个城市建设管理项目，总投资6354亿元，2015年度计划投资1096亿元，实际完成年度投资1110亿元，完成年度计划的101.3%，220个项目有214个开工，开工率达到97.3%，全年实现竣工投产的项目有40个。（徐文超）

【政府投资项目初步设计和概算管理】 市发改委牵头组织开展政府投资项目初步设计和概算的审批工作，全年评审批复济南市旅游路东段道路改造与市政设施配套工程等45个政府投资项目的初步设计概算，与原申报概算的93.3亿元相比，综合审减概算约12.2亿元，综合审减率为13.1%，在保证项目使用功能的前提下，大大提高政府资金的使用效率。（窦卫东）

【制定居住区配套建设教育设施产权移交办法】 为有效解决居住区配建教育设施移交过程中手续繁琐、部门间协调不畅的问题，按照市政府工作部署，牵头组织各有关部门加以研究和磋商，在取得各部门一致意见的基础上，制定《济南市居住区配套建设教育设施产权移交办法》并按程序报市政府同意后以济政办字〔2015〕35号文件印发实施，为规范配建教育设施移交行为、减少项目单位办事环节和时间创造有利条件。（刘国庆）

【出台济南市社会信用体系建设工作方案】 10月30日，《济南市社会信用体系建设工作方案》由市委办公厅、市政府办公厅联合印发实施，同步成立济南市社会信用体系建设工作领导小组。方案提出着重推进“政务诚信、商务诚信、社会诚信、司法公信”四大重点领域诚信体系建设，建立健全覆盖全市的信用信息系统，加快构建适应济南市经济社会发展水平的社会信用体系。（孙　琳）

【济南公交项目获得国际金融组织贷款】 济南市申报的绿色泉城现代无轨电车公交网络系统示范项目列入全国利用国际金融组织贷款2016~2018备选项目规划清单，获得亚洲开发银行贷款1.5亿美元。绿色泉城现代无轨电车公交网络系统示范项目主要是建设济南市现代无轨电车公交网络、公交场站系统改造、建设公共交通走廊、公交智能调度系统升级改造及配套设施建设和能力建设等。该项目引入人性化、绿色环保等国际先进理念，采用现代无轨电车作为交通工具，建设“零排放”的中运量公交系统，节能减排效果显著，具有明显的经济效益和社会效益。（艾洪钊）

【全市新增2家国家级企业技术中心】 国家下发公告公布第21批享受优惠政策的国家认定企业（集团）技术中心名单，九阳股份、中铁十四局2家企业技术中心获得批复，申报领域分别为绿色智能家电和公路隧道建设，全市累计拥有23家国家级企业技术中心。（焦　然）

【创新平台建设取得新进展】 山东瑞华同辉光电科技有限公司激光医疗技术工程实验室获批国家地方联合工程实验室，山东康威通信技术股份有限公司地下电网综合工程实验室、山东彼岸电力科技有限公司特高压套管工程实验室和山东乾元泽孚科技有限公司建筑节能墙体材料工程实验室获批省级工程实验室。截至年底，全市共有4家国家地方联合工程实验室，18家省级工程实验室（工程研究中心）。

（焦　然）

【首支新兴产业创投基金获国家批复】 国家发改委、财政部批复济南市设立山东银吉创业投资基金，该基金由山东东银投资管理有限公司发起设立，总规模2.5亿元，其中中央财政出资5000万元，济南创发投资有限公司代表市财政出资5000万元，吸引社会资本1.5亿元，主要投入领域为高技术服务业，重点支持全市处于初创期的创新型企业。该基金为全市第一支新兴产业创投基金、省内首支高技术服务业基金，有力推动全市电子商务服务业、信息技术服务业等产业发展，

进一步巩固全市高技术服务业在省内的龙头地位。（焦　然）

【浪潮集团主机系统国家工程实验室获批复】主机系统领域的国家工程实验室落户济南市浪潮集团，该实验室由国家发改委批准，并获得国家扶持资金2000万元，省配套资金500万元。实验室建设将进一步推动以国产主机系统的技术生态培育与产业化进程。（焦　然）

【过剩产能化解工作】完成2014年省下达济南市的过剩产能化解工作目标任务，在省委组织部组织的科学发展考核中获得满分。按照省部署，每季度按时向省报送全市化解过剩产能相关情况，并通过山东省对济南市过剩产能化解的督查。（焦　然）

【入选国家生态文明先行示范区】12月，国家发改委等9个部门联合下发《关于开展第二批生态文明先行示范区建设的通知》，济南市获批国家生态文明先行示范区试点。根据《济南市建设国家生态文明先行示范区实施方案》规划，济南市将推进八大重点任务和涉及数千亿投资的重点项目，力争到2020年，建成“泉涌、湖清、河畅、水净、景美”人与自然和谐的生态文明泉城。（史晓楠）

【经济合作】组织有关县（市）区、部门和80多家企业，分别参加第十九届中国东西部合作与投资贸易洽谈会、第十八届中国（重庆）国际投资暨全球采购会、2015中国·青海绿色发展投资贸易洽谈会、第十一届中国新疆喀什·中亚南亚商品交易会和2015年广州博览会等一批国家和区域性重要经济合作活动。会上共设置投资洽谈和商品贸易室内外展位40多个，布展面积1000平方米，签订各类合作项目协议和意向32个，金额34.2亿元。（于朝晖）

【环渤海区域合作】组织参加在呼和浩特市召开的环渤海区域合作市长联席会第十六次市长会议、环渤海区域合作市长论坛、环渤海区域合作高端论坛、中国·呼和浩特民族商品交易博览会等活动。组织部分企业参加“天津·台湾名品博览会”，达成部分合作协议。（于朝晖）

【对口支援】1.对口支援西藏白朗县。派出济南市党政代表团到日喀则、白朗县考察指导工作，慰问援藏干部，检查援藏项目，并向白朗县捐赠1000万元慰问金。第7批援藏确定的16个援建项目全部建成并投入使用，在产业发展方面，投入援藏资金1000万元，实施白朗县农业科技示范园和大棚温室建设项目，全县蔬菜大棚达到5400多座，露天蔬菜种植面积突破1万亩，蔬菜瓜果品种116个，销售收入8000多万元；建成全区最大的青稞良种基地，每年可对外供种250万公斤；建成“萨福克羊养殖基地”，全县牲畜存栏量同比增加25%，出栏率37%；投入援藏资金200万元，扶持卓玛民族手工业厂等4家的小企业走上正轨。在基础设施方面，投入援藏资金2900万元，完成“白朗县城市景观节点工程”“白朗县绿化、净化、亮化、硬化、美化工程”和“嘎东镇灌渠导流坝工程”“嘎普乡嘎普村防洪通畅工程”“强堆乡亚龙村灌渠改造工程”3个水利项目。在民生建设方面，投入援藏资金1300万元，完成“白朗县中小学配套设施建设”“白朗县群众文化中心”等项目；安排62名骨干教师、13名卫生专业技术人员来济南市进行业务培训，派出10名医疗专家到当地授课，培训当地医护人员200余人次，为藏族群众成功实施手术15例。

2.东西协作扶贫重庆武隆县及对口支援三峡库区忠县。在政府援助方面，安排对口帮扶资金363万元，援建白马山片区高山生态扶贫搬迁三期工程，搬迁白马山片区车盘村住户27户，156人；为火炉镇徐家村修人行便道1000米；配套扶持绿豪茶叶股份合作社项目，新建高山有机茶叶基地6.67公顷，扶持渝蔬公司在双河乡建高山蔬菜示范基地66.67公顷。在项目引进方面，协助引进的山东万斯特公司薄壁缸套加工项目，启动二期扩建工程，新增投资1000万元，建成汽车零配件生产线4条，达到年产薄壁缸套100万只的规模；协助引进的山东九间棚农业科技园有限公司，新增投资1000万元，引进“九丰一号”金银花新品种。在人才支持方面，历城区蔬菜技术服务中心、济南市伟丽种业公司继续通过派遣技术员、举办培训班等形式，帮助武隆县沧沟乡培训西瓜种植技术和管理人才；安排39名武隆县“驻村第一书记”来济南、烟台、青岛学习考察农业产业化和食品加工；安排5名武隆县乡镇干部到寿光考察蔬菜产业。对口支援忠县方面，组织历下区、天桥区及部分企业到忠县对口乡镇考察，达成部分合作意向。

3.对口支援新疆喀什和援建北川后续工作。力诺集团与喀什麦盖提县政府签订的20兆瓦光伏发电站项目建成并网发电；力诺集团防沙固沙项目、蓝孚集团辐照基地等项目与喀什达成合作协议；山水集团、山东郁茏生物科技公司等在疆项目进展顺利。济南市有关企业对援建北川项目进行维修、收尾等善后工作；争取到位省援川资金310万元，拨付施工单位；省审计厅对济南市援川项目资金进行审计。

（于朝晖）

【概况】1.民营经济总量上升。2015年，全市民营经济增加值2260.16亿元，占GDP的比重37.1%，同比提高0.5个百分点；民营市场主体461342户，其中私营企业153645户，同比增长32.68%，注册资本（金）5876.66亿元，同比增长87.72%；个体工商户302050户，同比增长9.07%，注册资本（金）196.47亿元，同比增长15.00%；农民专业合作社5647户，同比增长4.75%，注册资本（金）101.69亿元，同比增长8.68%。1~11月，全市共完成民间投资约2031.1亿元，同比增长14.6%，增速分别比全国、全省高4.4个百分点和0.8个百分点；民间投资占全部投资比重为66%，比全国高1.4个百分点。全市新设境外投资项目52个，其中民营企业24个，实际投资额5.7亿美元，同比增长160%；民营企业实际投资额2.2亿美元，占投资总额的39%，同比提高3个百分点。全市民营经济国税收入69.66亿元，占全市收入的14.4%，比上年同期增长20.27%。全市民营经济地税收入71.6亿元，占全市收入的15.4%，比上年同期增长11.61%。

2.优化民营经济结构。全市规模以上工业中小企业1929户，比上年净增93户。全年新登记各类私营企业40250户，第三产业仍占主导地位，第三产业中增速最快的3个行业分别是卫生和社会工作、文化体育娱乐业、住宿和餐饮业，增长速度分别是278.95%、198.24%、140.11%。

3.加大简政放权力度，改善要素市场环境。实施工商登记制度改革，梳理权力事项9类634项，建议取消48项、冻结20项、整合18项、下放1项，进一步为市场主体发展松绑助力；实现“一表通关、减负提效、信息共享、监督保证”的企业设立联合审批工作机制，将工商局、公安局、质监局、国税局和地税局5个部门的证照办理审批总时限由30个工作日压缩至6个工作日。简化非国有资金项目发包备案的前置条件，清理和规范非行政审批事项，理顺工作机制，缩短建设手续办理周期；取消实施15年的组织机构代码年检制度，实现全市代码登记立等取证。推行企业投资项目管理负面清单制度，凡清单以外企业投资项目一律实行备案管理，由原来的审批制改为准入制度。改进企业投资项目工程招投标方式，突出企业在项目上的自主权。编制《济南商务服务指南》，实行集中受理，完善一条龙代办服务，推行审批、备案、核准、转报等事项“八公开”。对重大外资项目实行“容缺审批”，缩短项目审批时间。实施“六提速、三减负、三公开、一首问”措施，深化国地税合作，推行“掌税通”平台，编制便民办税系列服务手册，推进审批事项前移、设立首问责任调度中心等特色便民措施。根据公开承诺、规范管理、自愿报名的原则，在市政务服务网上公布14类共79家中介机构名单和联系方式，进一步规范中介机构服务指南，方便企业和社会自主选择。

4.不断拓宽融资渠道，缓解民企融资难题。①银企合作更加深入。全年与28家银行对接合作206个重点项目，达成综合授信意向1209亿元，其中贷款973亿元，银行间市场融资27亿元，票据等其他融资209亿元。市中小商贸流通企业公共服务平台建成并投入使用，线上线下会员企业8500多家，与银行、担保、保险等行业的首批39家服务机构签订战略合作协议。济南市电子商务协会成立“优基金”行业金融服务平台，综合授信近10亿元，为全市近300家中小电子商务企业解决资金需求上的燃眉之急。市饮食业协会与民生银行和兴业银行合作，为企业授信5亿元。水产品流通与贸易商会设立会员互助基金，发放基金借款30余次，滚动借款642万元。②企业上市融资成效突出。山东神思电子在创业板上市，首发融资2.2亿元；鲁证期货在港交所主板上市，首发融资9.13亿港币，成为山东省首家在港交所上市的金融企业；济南大自然在台湾证券交易所上市，首发融资3.95亿元新台币。有2家企业报中国证监会待审，有4家企业在山东证监局备案辅导，20余家企业与中介机构签订协议，上市后备企业100余家。紧紧抓住国家鼓励中小企业利用“新三板”挂牌融资的机遇，市、县两级出台优惠措施，加大宣传培训力度，主动搞好协调服务，“新三板”挂牌融资工作持续走在全省前列。截至年底，新增挂牌企业50家，全市挂牌企业74家，占全省的22%，融资额31.7亿元，占全省的55%，逐步形成“新三板”的济南板块，其中齐鲁银行成为全国首家“新三板”挂牌的城商行。全年分两批为3家上市企业、5家拟上市企业、34家挂牌企业补助资金共1810万元。对上市挂牌工作成绩突出的6个县区发放奖励资金110万元。共为5家新三板融资企业、2家交易场所、2家在齐鲁股交中心融资企业申请省资本市场发展引导资金72万元。③创新财政资金使用方式。按照“科技创新”“商贸服务”“工业经济发展”“支持经济发展方式转变”和“生产条件改善”5个方面设立20项产业引导专项资金，共安排专项资金9.16亿元，其中中小企业发展专项资金6200万元。按照《关于对金融机构增量贷款及中小企业融资费用给予财政补贴的通知》，对22家银行及1家小额贷款公司补助2113万元；对4家担保公司补助313万元；特别是对707家企业的74.4亿元银行贷款给予1.11亿元的贴息补助。全市民营企业贷款增加158.9亿元，增长21.8%。全市民营企业贷款余额2044.8亿元，占全部企业贷款余额的30.3%，占全部贷款余额的18%。设立山东省首支天使投资基金——科融天使投资基金，市级科技风险补偿总额达到5000万元。④融资担保能力不断提升。先后成立山东省农业融资担保有限公司和山东供销融资担保股份有限公司2家政策性涉农担保机构，为济南市“三农”主体融资拓宽渠道。截至年底，全市共有融资性担保机构39家，注册资本51.23亿元，在保客户17387户，在保余额65.8亿元。

5.民营企业服务体系日臻完善。出台《关于加快推进中小企业服务体系建设的工作意见》等政策文件，建立完善市、县（市）区、园区（产业集群）3级公共服务网络，市级以上小企业创业辅导基地达到35家，其中，省级基地16家，国家级基地1家，创业辅导师达到163名，基地入驻中小微企业3090家，安置就业超过7万人；综合性实训中心（基地）2家，专业性实训中心（基地）11家，实训中心年实训人数达到5万名。各级中小企业公共服务平台总数达到37个，其中4个国家级示范平台，10个省级示范平台，历下、历城、长清、章丘、济阳、商河6个县（市）区建成中小企业公共服务中心，全年各级服务中心（站）服务中小企业超过2万家次。市中小企业公共服务中心作为枢纽和龙头平台，为民企提供常态化的公益培训、人才招聘、档案托管、代理记账、财税优化、校企合作等服务。济南创业俱乐部法人成员1750家，微信用户8800户，济南代理记账协会（筹备）聚集131家代理记账公司，小微金融共服务43家小微初创企业，申请各类创业补贴和贷款1310万元。

6.放宽市场准入，不断扩大和落实企业投资自主权。①推进商事制度改革。放宽住所登记条件，允许“一照多址”和“一址多照”。实行“先照后证”，仅保留5项法律规定的工商登记前置审批和国务院决定保留的34项前置审批，较改革前减少85%。实施“三证合一”登记制度改革，实行“一窗受理、一表申请、一照一码”，进一步减少审批环节，简化市场准入。调整下放企业登记管辖权限。②放开民间投资准入。根据国家、省以及济南市《关于鼓励和支持民间投资促进民营经济发展的意见》等文件要求，将加快民营资本发展纳入国民经济和社会发展规划，及时发布产业投资政策及投资信息，拓宽民营资本的准入领域，探索利用特许经营、投资补助、产权转让等多种方式，吸引社会资本参与有合理回报的公益事业和公共基础设施项目建设，切实提升民间投资发展质量和水平。《关于济南市第一批政府和社会资本合作PPP项目的通告》向社会推介发布济南市第一批17个政府和社会资本合作（PPP）项目，项目涉及海绵城市、轨道交通、生态治理、保障性安居工程和教育、医疗卫生、园林以及其他市政基础设施等重点领域。确定第二批拟推介的PPP项目。③落实企业投资自主权。依据《济南市人民政府转发省政府关于发布政府核准的投资项目目录（山东省2014年本）的通知的通知》，加强对新目录的贯彻落实，及时进行目录的动态调整和完善，确保实现对企业不使用政府资金投资建设《政府核准的投资项目目录》以外的项目严格实行备案制管理。依据《济南市稳定增长促进发展若干政策措施的通知》，对企业投资的核准类项目，除国家规定的重特大项目需环评前置外，仅保留用地预审、规划选址审查，对备案项目仅需提交项目和投资方基本情况，审查是否符合国家产业政策和全市产业布局规划，做到即报即备；凡符合产业政策、筹资渠道明确、可自行平衡生产和建设条件的项目，均由民营投资主体自主决策，依法办理有关手续和登记备案。加快项目审批速度，对符合条件的民营项目，开辟审批服务“绿色通道”，指定专人负责联络，跟踪服务，实施民营项目代理制度和集中办理、“一站式”服务，依法实行项目审批公示制和承诺制，简化办事手续，加快民营项目的落地和建设进度。

7.拓展国际国内市场，培育一批民营龙头企业。济南市深入开展“培育一批中型企业成长为大型企业，培育一批小型企业成长为中型企业，培育一批微型企业成长为小型企业，培育一批个体工商户转型为小型企业，加快培训一批科技型民营企业”的“五个一批”工程，鼓励民营企业分档爬坡，梯次成长，做大做强。齐鲁制药、圣泉、玫德铸造、宝世达、中孚等一大批民营企业在竞争中不断发展壮大，成为行业排头兵，其中齐鲁制药收入突破百亿元。全市228家企业获得中小企业国际市场开拓资金，共计762万元。其中民营企业200家，占总数的88%。出台《关于加快国际经济合作构筑对外开放新格局工作的指导意见》，通过“以外促内”“以外带内”“以外补内”带动民营企业“走出去”，组织民企出访澳大利亚、韩国。重点推动全市民企在矿产、房地产开发、农业、粮食水果种植、葡萄酒酿造及畜牧养殖、光伏光电、重卡设备、劳务合作、服装贸易等领域的合作项目。

（侯　臣）

【概况】 1.国企运营质量效益稳步提升。截至年底，监管企业所有者权益303.8亿元，同比增长5.59%；实现利润18.7亿元，同比增长6.05%。重汽集团、二机床集团、一建集团、三箭集团、四建集团、重工股份、金钟电子衡器等企业经济形势发展平稳，骨干带动作用明显。全系统完成投资15.6亿元，完成年计划的103%。列入全市重点的重工隧道公司隧道盾构机和欧亚大观商都两个项目均完成年度计划。共实施科技创新项目96项，实际完成58项，研发投入24.6亿元，完成年计划的106%，58个科技创新项目的完成，每年新增销售收入35.1亿元，利税4.22亿元。

2.国资国企改革成效显著。贯彻落实国务院《关于深化国有企业改革的指导意见》，把握出资人职责定位，调整优化监管职能，制定深化国资国企改革的“1+9”配套文件，有效实现改革顶层设计和推进实施良性互动。全年共对35户企业进行改革改组，其中完成改革改制6户，新设公司3户，新批复进入改制程序企业4户，程序中推进企业7户，破产终结11户，完成年初制定的各项改革任务，国有经济布局结构和国有资源配置得到不断优化。各监管企业进一步加大企业内部改革力度，建立全员业绩考核制度，优化企业内部控制流程，健全全面风险管理体系，推进行业对标和商业模式创新。

3.帮扶解困工作。累计妥善安置职工10040人，发放帮扶解困资金14亿元，惠及职工37001人次，采取一次性安置职工退出的18户企业已全部完成帮扶解困工作。面对实施破产退出的齐鲁化纤等11户企业的重重矛盾，筹措资金，最大限度地依法保护职工群众的合法权益，职工安置、职工内债清偿全部到位。实施战略重组发展的济南蔬菜集团、东风汽车公司、印刷四厂完成战略重组。小鸭模具公司等一批企业完成资源整合。

4.国资监管新机制逐步完善。围绕建立以管资本为主的国有资产监管模式，改革国有资本授权经营体制，构建国有资本分层分类全覆盖管理运营体系。全面梳理国资监管法规制度，做好制度废、改、立工作，制定出台《关于进一步取消和下放一批审批、核准、备案事项的通知》，精简下放19项事权，推行国资监管清单式管理，再造国资监管流程，不断精简优化国资监管职能。继续做好经营性国有资产集中统一监管工作，突出抓好“四统一、一备案、一落实”，提高监管的针对性和有效性。充分发挥业绩考核的导向作用，建立市属企业收入分配分类调控办法，调整优化分配关系。加强产权管理基础工作，进一步理顺产权关系，加大对企业租赁资产、闲置资产的清理和监督检查，确保国有资产保值增值不流失。进一步加强监事会监督工作，落实责任追究，把整改情况纳入年度经营业绩考核，加大督促整改力度，维护国有资产安全。加强对县（市）区国资监管工作的指导监督。

【济南二机床集团参展第十四届中国国际机床展览会】 4月20~25日，第十四届中国国际机床展览会（CIMT2015）在北京开幕。本届CIMT2015展会的主题是“新常态、新发展”，来自28个国家和地区的1550余家知名机床工具制造商参展。济南二机床完全自主研发的XHV2720X80定梁龙门移动五轴联动高速加工中心亮相展会。展品主要用于航空领域大型复杂结构件加工，配置完全自主研发的双摆角万能铣头。济南二机床还展出数控冲压装备的伺服冲压线、多工位冲压线、级进模冲压线、开卷落料线产品模型，全面展示企业金属成形和金属金切两大类产品的发展实力。在“2014年度先进会员表彰颁奖仪式”上，“BL-2.8×2000全自动数控落料线”获“自主创新十佳”奖。

【济南四建集团获“2014年度全国优秀施工企业”】 4月25日，中国施工企业管理协会第三十次年会在北京召开，济南四建（集团）有限责任公司获“2014年度全国优秀施工企业”。经协会推荐、“全国优秀施工企业”评审委员审定，全国有506家企业被评为“2014年度全国优秀施工企业”。济南四建集团再次获得“全国优秀施工企业”称号。

【中国重汽研制出国内首台全时全轮驱动油田作业底盘】 7月16日，中国重汽集团济南特种车有限公司以曼TGS8×8框架式连续管作业车为标杆，联合中石油共同研制出国内首台全时全轮驱动油田作业专用底盘。经过合理的匹配，各项性能指标达到进口车水平，完全能够满足连续油管作业车的使用要求。该底盘主要有五大特点：①底盘载质量大；②公告车型底盘能够满足用户道路上行驶；③专门为连续油管作业车的特殊要求而设计，在保证车架强度要求的前提下，全新设计主副车架一体式车架；④采用全轮驱动设计、越野性好，能够满足山路、沙漠、丘陵等恶劣野外路况，并具有较强的承载能力；⑤底盘辅助制动系统匹配电涡流缓速器，满足山路用户使用要求，提高车辆的安全性。

【济南隧道建设装备产业战略合作协议签约仪式】 7月22日，济南重工隧道建设装备有限公司与小松（中国）投资有限公司在济南签订济南隧道建设装备产业战略合作协议。此次合作实现济南隧道建设装备产业的跨越式发展，双方共同在济南打造隧道掘进设备生产基地，并以此推动济南装备制造业和相关产业转型升级，做大做强济南轨道建设装备产业。

【山东金钟电子衡器集团研发出“粮食数据监管平台”】 7月30日，在山东德州召开的全国粮食识别代码试点工作经验交流现场会上，山东金钟电子衡器集团公司开发的“粮食数据监管平台”全部嵌入粮食识别代码，并在山东等地推广使用。山东省粮食数据监管平台是金钟集团受山东省粮食局委托，开发的基于粮食识别代码的大数据监管平台，数据平台的运用将为全国粮食行业粮食信息化、粮食自动卸车输送、粮食称重计量等系统解决方案提供技术支撑。

【市国资委建立全省首个“爱心妈妈小屋”】 8月7日，济南二机床集团“爱心妈妈小屋”揭牌。为维护女职工的合法权益和特殊权益，给处于特殊生理期的女职工提供一个私密、卫生、舒适的休憩场所，加强女职工“四期”（经期、孕期、产期、哺乳期）保护，市国资委开展“爱心妈妈小屋”建设活动，“爱心妈妈小屋”设在济南二机床集团吉尔大厦二楼保健室内，主要面向单位有哺乳需要的女职工。

"小屋里有小冰箱、储奶袋、微波炉、饮水机等必备的储奶、热奶设备，还有温馨的宣传画、萌娃玩具、舒适的沙发及靠枕，职场妈妈可以在这里休息、存放母乳或哺乳。"——这是山东省工会系统第一个"爱心妈妈小屋"。

【济南二机床自主研发的高档数控机床核心部件亮相上海工博会】 11月3日，第十七届中国工博会在上海开幕，作为国内最具影响力、最大规模的国际工业品牌展览会，本届展会吸引28个国家和地区的2270家参展商，集中展示一大批智能制造、高端制造的最新科研成果。济南二机床参展产品为自主研发的五轴联动数控机床核心功能部件——机械主轴式和电主轴式双摆角万能铣头，是打破国外技术垄断的关键功能部件，也是实施高档数控机床国家科技重大专项的代表成果。

【山东三箭集团"清雅居"项目获中国建设工程鲁班奖】 11月17日，在住房城乡建设部召开的2014~2015年度中国建设工程鲁班奖（国家优质工程）颁奖大会上，山东三箭集团承建的清雅居公租房项目获中国建筑工程最高奖"鲁班奖"，成为全国单体最多规模最大的公租房鲁班奖项目，这也是三箭集团继日喀则山东大厦、济南泉城广场、济南邮政大厦、济南奥体中心之后，第五次捧起鲁班奖"小金人"。

（王福民　秦家鼎）

【概况】 1.保障经济发展用地。围绕保障全市重点片区和重点项目用地，主动对接各县（市）区、各平台和相关部门，逐一梳理用地需求，按照"两优先两支持"原则，统筹安排用地指标1666.7公顷，上报国务院和省政府审批建设用地2466.7公顷，保障中央商务区、轨道交通、济青高铁、新东站、雪山、华山、麦德龙、宜家等重点项目和重点片区用地。针对土地利用"天花板"和"碎片化"问题，启动土地规划调整完善工作，对4个县区9个乡镇的土地规划作了调整。出台《济南市工业用地弹性年期出让实施办法》，合理把握土地供应节奏和时序，全市供地2200公顷，其中划拨933.3公顷，出让1266.7公顷，合同价款397.7亿元。市本级供地1400公顷，其中划拨533.3公顷，出让866.7公顷，土地出让合同价款374.5亿元，土地市场保持平稳健康发展。实施最严格的节约用地制度，制定济南市关于推进土地节约集约利用实施意见，加强土地批后监管，加快推进闲置土地清理，通过开工、收回、置换等方式，处置闲置土地72宗、低效用地7宗，提高土地综合利用效益。针对重点片区开发建设实际，出台《济南市人民政府关于规范社会资金参与土地熟化工作的意见》，推动土地收储工作重心下移，完成土地收储134宗，面积204.2公顷。针对棚改旧改工作，对城中村改造安置用地按照"三定两限"方式实行有偿使用，破解安置房屋没有完全产权的难题。

2.坚守耕地保护红线。贯彻《济南市耕地保护管理办法》，层层落实耕地保护责任，加强动态监管和督促检查，守住全市36.4万公顷

2015年3月11日，全市国土资源工作会议召开，市政府与各县（市）区政府签订2015年度国土资源执法监管目标责任书。 （市国土资源局　供稿）

耕地红线。开展永久基本农田划定工作，按照“谁主张谁举证”和“有收有放”原则，完成中心城区及周边永久基本农田划定工作，划定永久基本农田4400公顷，与现状基本农田实现集中连片。实施土地综合整治，完成土地整治项目20个，总规模1.5万公顷，新增耕地1333.3公顷，建成高标准基本农田建设3.4万公顷。完善城乡建设用地增减挂钩推进机制，制定增减挂钩项目区预报预批制度，设立6个市级示范项目，验收增减挂钩项目区15个，切实发挥以城带乡的作用。强化国土资源执法监察党政同责，建立“裁执分离”工作机制，将一般性土地违法案件涉及退还土地、拆除地上建筑物等强制执行主体明确为乡镇（办）政府，重大典型案件强制执行主体明确为县（市）区政府，破解执法难题。推进土地矿产卫片执法监督检查，全市违法占用耕地面积比例为3.4%，通过省级验收，实现零约谈、零问责目标。

3.规范矿产资源和地质环境管理。开展“中国温泉之都”建设专项行动，确定“一带两镇三区”开发格局，推进商河温泉基地、槐荫融汇温泉、平阴氡温泉等8处温泉示范工程，打造“天下泉城”品牌。完成年度矿山企业年检和固体矿产资源登记统计工作，矿产资源补偿费和采矿权价款征收落实率保持100%。保护山体资源，编制山体保护与开发规划，按照由近及远的顺序初步划定山体保护红线，治理破损山体27座，治理面积160万平方米，卧牛山地质公园基本成型。加强地质灾害防治，强化监测预警和应急处置措施，在15个地质灾害隐患点安装监控设备，完成3处重点地质灾害隐患治理和3处省级搬迁避让工程，受威胁人员全部转移安置，保障群众生命财产安全。

4.推动国土资源改革创新。深化行政审批制度改革，在行政审批“两集中、两到位”的基础上，推进“全流程网上审批服务监管”改革，将权力清单规定的66个事项全部纳进来，以“流程再造、容缺受理、跨区服务、实时监管”为手段，突出大数据、互联网、标准化、一站式等鲜明特点，实现一个窗口进、一个窗口出。推进不动产统一登记制度改革，职责、机构和人员全部整合完毕，12月30日，市不动产登记中心成立，并颁发首批不动产权证书。成立国有建设用地使用权出让（收储）定价委员会，集体研究决策国有土地出让、收储涉及的有关价格问题，有效防范廉政风险。按照“选用分离”的思路，改进土地和矿业权评估等中介机构选用管理方式，由审批办公室通过电脑在中介机构库中随机抽取，让市场机制发挥作用。全面推进法治国土建设，出台推进法治国土建设工作方案，开展6个方面27项重点工作，形成一批制度性成果。

（梁国庆）

【概况】 1.完善价格调控手段。①落实价格监测预警预报制度。做好各项常规价格监测和应急监测工作，按时完成对19类534个品种重要商品及服务价格的监测报告任务，数据处理10万余条（次），审核汇总6万余条（次），日报、周报、月报、旬报等3万余条（次），应急监测项目实现上报率100%；根据居民生活必需品价格变动情况，适时开展专项监测和农产品成本调查，完成监测分析500余篇，形成牛羊肉、生猪和夏秋粮等专题报告30余篇；推进建立特色产品监测报告制度，依托市中、槐荫等辖区内具有代表性的大型市场，相继实行海产品、茶叶价格监测报告制度。②探索实施农产品目标价格保险试点工作。启动章丘大葱目标价格保险试点工作，有序推进商河县、长清区大蒜目标价格保险试点工作，为当地特色农产品生产稳定提供价格保障。③着重加强预期引导。利用多种宣传平台，发布群众普遍关心的政策取向和价格法律法规，做好价格信息发布，防止误导误判。

2.持续优化价费环境。①清理一批行政事业性收费，根据国家、省要求，1月1日起，取消行政事业性收费项目5项，暂停行政事业性收费项目7项，对小微企业免征行政事业性收费项目42项；11月1日起，取消行政事业性收费项目33项，暂停征收行政事业性收费项目4项；12月1日起，取消11项省级行政事业性收费项目，将1项行政事业性收费项目转为经营服务性收费项目。随着行政事业性收费管理力度加大，全市行政事业性收费项目由2011年的170余项减少为67项，企业及市民收费负担进一步减轻。

②专项整治群众反映突出的部分行业乱收费问题。针对驾驶培训服务过程中的乱收费问题，3月，会同交通运输、公安部门下发文件，严禁培训机构委托中介机构和教练员代收学费，严禁培训机构和教练收取考试费、补考费，进一步明确对再培训学员的收费标准和收费方式，以及已缴纳培训费、中途退学学员的退费标准等，并集中督导落实。联合有关部门，明确界定医院太平间提供的服务与殡仪馆提供的服务，规范医院太平间收费管理等问题，多数医疗机构已按照规定将太平间回归医院管理，不再由殡葬服务机构代管，市民的殡葬负担也由过去的每天几百甚至上千元锐减至每天二百多元。着力破除“以药养医”机制，鼓励医疗技术进步，促进医疗事业健康发展，将医疗服务收费按规定纳入医保支付范围，减轻群众医药费用负担。③探索加强行政事业性收费事中事后监管。按照国家和省统一安排，全面停止收费许可证和年审制度，为推行收费年度报告制度和公示制度，在市物价局门户网站开辟“行政事业单位收费清单公示”专栏，各收费单位按照规定从网上报送本单位收费情况和收支状况，经物价、财政部门联合审核后，最终形成“收费清单”在网上公示。④适时调整学前教育、医疗急救、公墓维护、医疗垃圾处置等方面的价格和收费政策，进一步理顺相关价费关系。

3.稳妥推进价格改革。①出台供水价格改革方案，实施居民阶梯水价。按照国家和省关于价格改革工作的部署，在前期征求意见、召开听证会的基础上，自5月1日起，实施城市居民阶梯水价，水资源费、污水处理费也一并调整到位。②开展燃气价格改革，推动居民用气实行阶梯价格制度。在大量调研、反复论证、广泛征求社会意见和依法听证的基础上，制定居民燃气阶梯价格方案。同时，根据国家和省的要求，对非居民用管道天然气销售价格和车用天然气销售价格进行多次下调，并由政府定价管理改为政府指导价管理。③完善天然气上下游联动机制。会同有关部门，对天然气上下游价格联动机制进行完善。按照规定，当上游燃气价格调整时，由市物价局按照联动计算公式计算出调整金额，非居民用气价格和居民各档用气销售价格统一按照调整额调整，报市政府批准后组织实施，并向社会上公布。

4.加强经营服务性收费管理。①规范物业收费行为。制定发布《关于普通住宅小区车辆停放收费等有关问题的提醒告诫书》，明确相关设施的产权所有者、价格制定者，对政策衔接中的收费政策进行界定，有效指导和规范有关收费问题。加强政策解读培训，针对物业收费政策执行过程中政策理解不到位、执法尺度不统一等问题，对现行的收费政策逐条进行解读。落实物业服务收费违规约谈预警机制，完善约谈整改跟踪落实制度，对收费投诉举报率较高的5家物业企业进行约谈，督促企业强化行业规范，增强自律意识，及时纠正违规行为。②出台公共租赁住房项目租金标准。根据2014年全市保障性住房实现公、廉并轨，并轨后统称为公共租赁住房的情况，会同有关部门，按照各项目平均市场租金水平，制定顺安苑、裕富居等15个公共租赁住房项目租金标准，对15个住宅项目均实行阶梯式价格；同时，针对廉租转公租部分边缘户存在增加的收入与租金水平倒挂的情况，形成由住房保障部门按照边缘户增加收入的一定比例确定租金标准的政策，确保这部分住户不会因收入增长而实际生活质量下降。③出台集体土地征地地上附着物补偿标准。经过调研、多方论证和广泛征求意见，自10月1日起，对市内6区及高新区征地地上附着物和青苗补偿标准进行调整。

5.规范市场价格秩序。①强化市场价格监管。向中小企业免费发放500万张明码实价签。建立日常巡查工作制度，加大巡查力度，平均每周巡查市场2~3次，重点针对“春节”“元旦”等节假日巡查，下发节假日期间市场巡查的通知，告诫商家要遵守价格法律法规，提醒消费者防范价格欺诈，督导有问题的企业及时整改。开展“明码标价规范检查月”活动，采取多种形式，向消费者普及价格维权知识。建立市场价格网格化巡查工作机制，对市内的殡仪馆、墓地停车场进行巡查、复查，实现清明节期间殡仪馆、墓地停车场收费零投诉。加强对企业价格行为的指导，分期分批对20余家大型商场、超市及电商企业等有关负责人进行培训。②重点开展三大专项检查。涉企收费检查：自7月起，针对继续收取已取消的行政事业性收费等五大类违价行为，对20余个具有涉企收费行为的机关事业系统及其下属的40余个代行政府职能的社会团体、中介机构、涉企经营服务收费单位、行业协会商会等进行涉企收费专项检查；同时，对济南海关、济南市进出口检验检疫局等单位进出口环节收费情况进行检查。教育收费检查：组成14个检查组，对247所中小学校、幼儿园、教育行政部门及其事业单位进行检查，进一步规范教育收费行为。“四供”专项检查：联合有关部门，分自查自纠、重点检查、处理整改3个阶段，对济南港华燃气、济华燃气、济南热电、济南热力、济南水务集团和济南供电公司等经营服务性收费情况进行检查，重点检查2013年11月1日以来“四供”设施设备配套工程过程中发生的收费行为。

6.着力提升价格服务。①加快法治机关建设。编制发布行政权力、部门责任和行政事业收费、涉企收费“四项清单”，价格管理法治化、规范化水平进一步提升。依法转办、承办行政争议案件，相关纠纷得到妥善处置。建立实施法律顾问、处罚公开和执法人员网络管理制度，社会监督得到强化。利用微博、微信平台，累计发布政策、信息8万余条，政务信息公开的实效性进一步增强。②加强农本和成本监审。新一轮农本调查点布局调整到位，对天下第一泉等重要项目的监审工作有序推进。③认证工作效能提升。依法办理各类鉴证案件2000余件，涉案价值1亿余元，当事人的合法权益得到维护。④单位负责人做客媒体、接听热线，与市民直接对话交流；回应社会关切，办理举报咨询1.1万余件，案件办理回复率100%，群众满意率稳步提高。

【居民消费价格温和上涨】 全年全市居民消费价格低幅增长，总体来看物价水平呈平稳运行态势。根据统计数据，2015年居民消费价格指数累计涨幅为1.9%，较上年降低0.3个百分点，高于全省0.7个百分点，高于全国0.5个百分点。

从月度情况看，全市居民消费价格走势呈现“中间高、两头低”的特点，总体涨幅温和可控，累计涨幅2010年以来的同期最低，低于全年3.0%的调控目标1.1个百分点。价格总水平持续低位运行，是新常态下经济发展的速度变化、结构优化、动力转换三大特征在价格运行上的表现。

从分类看，食品价格同比涨幅收窄，且在八大类商品和服务中涨幅居第6位，低于衣着、居住、医疗保健和个人服务、娱乐文教用品及服务、家庭设备及维修服务5类。从价格监测数据看，主要粮食品种呈现稳中偏弱走势，与上年同期相比总体回落一成左右；食用油基本平稳；生猪和猪肉达到2011年以来的较高水平，平均比上年同期高20%左右，牛羊肉延续小幅回落的走势；鸡蛋价格下降明显；蔬菜价格总体呈现上涨态势，重点监测的19类蔬菜有“14升5降”，有的品种涨幅较大；干鲜果品类有所回落。

【实施居民用水、用气阶梯价格】 按照国家、省和市委、市政府关于全面深化改革的部署要求，在履行价格调查、成本监审、风险评估、依法听证、集体审议等程序的基础上，经市政府审议通过，分别自2015年5月1日和2016年1月1日起在全市实施居民用水、用气阶梯价格，并对居民用水、用气价格进行调整。

居民用水、用气阶梯价格表

	水　价	气　价	
		普通居民用户	采用天然气独立取暖的居民用户
第一阶梯	用水量不超过144立方米（含），每立方米4.2元	年用气量216立方米以内（含），每立方米3.00元	年用气量1200立方米以内（含），每立方米3.00元
第二阶梯	用水量144~288立方米（含），每立方米5.6元	年用气量216~360立方米（含），每立方米3.60元	年用气量1200立方米以上，每立方米3.60元
第三阶梯	用水量为288立方米以上，每立方米9.8元	年用气量360立方米以上，每立方米4.50元	

【章丘大葱目标价格保险试点启动】 按照省物价局、省财政厅、省农业厅、省金融办、省保监局《关于开展山东蔬菜目标价格保险保费补贴试点的通知》要求，为建立“保两头、放中间”的农产品价格形成机制，济南市率先在章丘市推行大葱目标价格保险试点工作，参保面积超过666.67公顷。保险的对象为章丘当年种植、当年生长管理、当年收获的“经过简单整理捆扎后的混等级大葱”，不包括包装的盒葱、去叶葱、春葱、超出保险期的葱以及大葱间作、轮种的其他作物。保费方面，大葱每亩保险金额5500元，保费率8%，每亩保费440元，农户承担20%（即88元），其余80%由政府补贴。保险期自11月16日至12月31日，在保险期内若大葱的实际平均收购价格低于目标价格，视为出险，保险人将按规定的计算公式赔偿，投保农户将得到差价部分的赔偿。根据前5年的市场价格行情，参照种植户对大葱的价格预期，本次大葱目标价格确定为1.09元/斤。

【建立收费事中事后监管制度】 年内在全市取消实行近30年的收费许可证和年审制度。该制度取消后，为建立新型收费管理制度，变事前监管为事中事后监管，市物价部门建立实施收费报告制度，在门户网站开辟“行政事业单位收费清单公示”专栏，各收费单位按照规定从网上报送本单位收费情况和收支状况，经物价、财政部门联合审核后，最终形成“收费清单”在网上公示。

【15个公共租赁住房项目租金标准发布】 根据2014年全市保障性住房实现公、廉并轨，并轨后统称为公共租赁住房的情况，市物价局会同市住房保障和财政部门，按照各项目平均市场租金水平，制定顺安苑、裕富居等15个公共租赁住房项目租金标准，对15个住宅项目均实行阶梯式价格。符合济南市2012年度确定的廉租住房实物配租申请条件和具有市内6区常住居民户籍且享受最低生活保障的，租金标准为原廉租住房租金标准；原廉租住房租金标准高于本项目公共租赁住房最低标准（I类标准）的，租金标准按最低标准（I类标准）执行。公共租赁住房租金按房屋建筑面积收取。实施租赁的单位可根据住房的朝向、楼层等具体情况在基准租金标准的基础上上下浮动5%。

（任春国）

15个公共租赁住房项目租金标准

（元/平/月）

序号	小区名称	Ⅰ类标准	Ⅱ类标准	Ⅲ类标准
1	顺安苑	3.4	5.6	7.9
2	裕富居	4.3	7.2	10.1
3	柳云小区	4.6	7.7	10.8
4	世纪中华城一期	2.5	4.1	5.8
5	世纪中华城二期	2.5	4.1	5.8
6	顺河新区	6.2	10.3	14.4
7	王官庄小区	4.4	7.3	10.2
8	清河新居	4.5	7.5	10.4
9	郎茂山小区	4.8	8.0	11.2
10	茂新新区	5.6	9.4	13.1
11	聚贤新区	5.6	9.3	13.0
12	汇馨祥和苑	3.8	6.4	8.9
13	振兴花园	5.5	9.2	12.8
14	济安新区	6.0	10.0	14.0
15	德裕家园	5.2	8.7	12.2

【概况】 1.服务科学发展。①深入推进商事制度改革。继续贯彻落实商事制度改革要求，深入推进“三证合一、一照一码”“先照后证”改革和年报公示工作。截至年底，全市领取载有统一社会信用代码的营业执照的企业28761户。依法将

全市13923户未年报企业列入经营异常名录并向社会公示。对1345户企业进行即时信息抽查，对2657户企业进行年报公示信息抽查，委托第三方事务所对1636户企业出具专项审核报告。及时在企业信用信息公示系统上公示抽查结果，并按照相关规定将908户企业列入经营异常名录。②进一步推进简政放权。进一步下放登记权限，县（市）区局除银行、证券、期货、保险外，可不受注册资本限制登记各类企业、分支机构。自2014年3月1日商事制度改革以来，全市新登记市场主体19.6万户，占全市市场主体总量的41%；全市各级窗口办理登记事项急剧增加，累计办理变更、注销业务26.7万次，办理名称核准18.7万件。承接省工商局新下放4503户企业登记管辖，为以后对辖区所有市场主体实现属地统筹监管服务奠定基础。③服务创业创新。建议将商标培育发展纳入地方政府的科技创新考核，促进商标培育发展由部门行为向政府行为转变。争取省局支持，定向拨付有关县（市）区专项资金推动全市商标战略实施。开展商标国际注册专题调研，合力推进商标国际注册，九阳股份有限公司获得由世界知识产权组织和中华商标协会联合颁发的商标运用奖。充分发挥市局党校、大专院校和行业团体“三个平台”作用，开展商标知识培训，培训9批次680人。全年推荐新认定驰名商标10件，全市拥有驰名商标57件（不含司法认定）；推荐认定省著名商标65件。扶持广告产业发展，组织开展广告产业调研和新建广告产业园区建设论证工作。加大“守重”企业培育力度，新推荐公示市级“守重”企业595余家。探索建立“校中企”三方合作交流平台和“政银企”三方融资合作机制，帮扶企业达成就业意向3735人、贷款意向17亿元。支持企业股权融资，办理股权出质316户，股权出质额67.48亿元，被担保债权数额137.05亿元。开展“法律服务进民企”活动，首次以政府购买服务方式聘请专业律师，为24家民营企业提供法律体检服务。深入推进“大易”企业帮扶解困和晨光公司改革发展工作，帮助企业组建润易集团公司。

2.强化监管执法。①推进监管执法机制创新。深化“抽查制”，出台《关于运用综合抽查监管方式提高监管服务效能的意见》，将综合抽查监管工作纳入综合业务管理平台，实现市场主体数据库互联共享、各项监管业务进一步衔接，日常监管的科学性和规范性得到进一步提升。截至年底，全市工商系统共抽查各类市场主体21301户，发现各类违法行为833次。完善广告监管工作机制，研究制定12项工作规范，进一步优化广告执法办案格局，加强市局与县（市）区局联动，明确市局与县（市）区局职责，强化案件转办分流，推动行政约谈常态化，加大重点媒体监控力度和大案要案处罚力度，全年全市工商系统先后查处广告违法案件270起，同比提高172.7%。制定《行政处罚案件会商制度》，明确会商案件范围、牵头机构、会议召集程序、会商研究事项和备案事项等。会商制度实施以来，召开会议8次，集体会商研究案件63起。②依法维护公平竞争。组织“强执法、惠民生、促公平”专项行动，查处不正当竞争案件248起。开展合同格式条款整治，查办电信、银行、旅游等不平等合同格式条款案件30件。突出合同纠纷化解，妥善处理投诉举报10余起，行政调解合同争议5起。开展打击侵犯知识产权和制售假冒伪劣商品的“双打”工作，全年全系统查办“双打”案件867起，案值706.59万元。先后组织开展地理标志商标专用权保护、商标代理组织、空气和饮用水净化类生活用品专项行动、相关饮品专项打假维权、境外电视网络接收设备专项整治等多个专项整治行动。根据新设立网络监管队伍的实际，开展网络商品交易监管的相关调研工作。突出监管重点，加强网络经营主体数据库建设，网络经营主体搜索率、建档率、亮照率、巡查率均大幅提升。开展2015红盾网剑专项行动，严厉打击网络侵权假冒违法行为。加大网络交易违法案件查处力度，全系统共查处涉网违法经营行为87起。

3.推进消费维权。①提高维权效能。强化消费指导，举办各种座谈会和消费知识讲座10余次，制作宣传展板18块，发放各类宣传材料3万份，发布消费提示信息45条，通过电视、广播和报纸发表宣传稿件50余篇。开展“携手共治，畅享消费”年主题宣传纪念活动，联合市卫计委、市质监局等部门召开“3·15”国际消费者权益日暨消费维权发布会，公布2014年消费典型案例及热点分析。开展洗衣机、橡皮擦、床垫等比较试验，为科学消费提供依据和指导。全年全市工商市场监管和消协系统共受理各类投诉举报22387件，为消费者挽回经济损失371.56万元，咨询20349件。②强化行业自律。在全市大中型商业流通企业中继续推行《济南市商业流通企业自律体系建设指导意见》，商品自律体系建设单位从原来的128家扩充到153家。对银座等多家企业进行法律法规培训，提升重点企业消费维权意识和依法自律能力。以提升通信行业服务质量为主题，集中约谈联通、电信等企业负责人，督促全市通信行业切实履行维护消费者合法权益的社会责任。③强化质量监管。明确21大类监管重点商品，有计划、有步骤地开展质量抽检，抽取婴幼儿服装等商品共18大类271个批次，对抽检判定不合格的46个批次商品全部立案查处，并清退出流通市场。建立健全抽检商品信息公示制度，先后在新华社等21家新闻媒体发布抽检信息公示稿件35篇，准确、及时、客观、公正地面向社会公示抽检结果及其相关情况，强化社会监督。

4.完成其他重点工作。按照市委、市政府工作部署，继续开展创建国家卫生城市农贸市场专项督查工作，起草并向市创卫指挥部报送《全市农贸市场长效管理的实施意见》，为落实全市各有关部门农贸市场长效管理措施奠定基础。针对集贸市场监督指导职能纳入“三定方案”的实际，细化工作措施，指导各县（市）区局落实相关工作责任。开展年度精品示范农贸市场创建活动，精选评定2015年度精品示范农贸市场14处，兑现奖励98万元。山东匡山农产品综合交易市场被评为全国2014~2015年度诚信示范市场。配合有关部门做好打击和处置非法集资工作，向市委、市政府专题呈报《“三类公司”有关行为认定和风险防控的建议报告》，开展专项执法检查，检查“三类公司”9821户，发现或移交涉嫌非法集资活动线索及案件268户，锁定（预警）登记信息1052户，查无下落1645户，共变更502户，注销73户，列入经营异常名录391户。推进无传销城市创建工作，移交公安机关立案2起。探索市场主体事中事后监管，牵头调研并起草《关于加强市场主体事中事后监管的工作意见》。组织开展大气污染防治工作，落实好限制区域内煤炭经营企业清理规范、煤炭质量整治和成品油专项整治等职能。按照“8·12天津港事故”以后全市组织危险化学品经营企业大检查的部署，梳理监管职责和风险边界，开展检查工作，切实保证危险化学品监管履职到位。支持市局驻特困村“第一书记”工作，拨付专款15万元用于环境改善。

【企业登记注册管理】 全年新登记各类市场主体102372户，新增注册资本（金）2268.23亿元。全市实有各类市场主体477809户，注册资本（金）8569.10亿元，万人市场占有量676.12户。其中，全市实有各类企业170112户，注册资本（金）8270.94亿元。全市实有非企业类市场主体（个体工商户、农民专业合作社）307697户，注册资本（金）298.16亿元。

1.内资企业：内资企业期末实有户数14656户，注册资本（金）1657.23亿元；新登记内资企业1118户，注册资本（金）72.62亿元。

2.私营企业：私营企业期末实有户数153645户，注册资本(金)5876.66亿元；新登记私营企业40250户，注册资本（金）2098.15

2015年4月24日，市工商局召开重点商标企业保护维权座谈会。（市工商局　供稿）

亿元。

3.外资企业：外资企业期末实有户数1811户，注册资本（金）118.88亿美元；新登记外资企业216户，注册资本（金）6.02亿美元。

4.个体工商户：个体工商户期末实有户数302050户，注册资本（金）196.47亿元；新登记个体工商户60359户，注册资本（金）49.94亿元。

5.农民合作社：农民合作社期末实有户数5647户，注册资本（金）101.69亿元；新登记农民合作社429户，注册资本（金）10.19亿元。

【公平交易执法】 开展生活用品专项行动。专项集中检查6次，检查家电市场、商场15处，排查从事空气和饮用水净化类生活用品的经营业户379户，召开经营者会议15次，走访宣传243次，发放公告898份，对排查出问题的21户经营者进行集中整治，对3户整改措施不到位的经营者依法立案查处；开展“六个核桃”饮品专项打假维权行动，对25户涉嫌售假商进行逐户排查，对5户销售仿冒“六个核桃”饮品的业户依法处理；开展境外电视网络接收设备专项整治行动，共出动执法人员423人次，检查电子产品市场12处，网上商城2个，网上店铺9户，对辖区内国美、银座、大润发、华联等企业进行检查，共检查电子产品经营业户363户。组织查处不正当竞争案件，全系统共查处不正当竞争案件262起，其中限制竞争2起，商业贿赂25起，傍名牌145起，虚假宣传90起。加大反不正当竞争执法力度，集中治理公用企业不正当竞争行为，摸排涉及电信、有线电视、金融、气象等领域线索16个，立案查处3起。

打击传销，规范直销。加大打击传销违法行为工作力度，先后出动执法人员1487人次，移交公安立案2起。对12345市民服务热线、12315申诉举报平台所涉及的传销活动举报、咨询、投诉，均由市工商局公平交易局专人专线负责受理解答、分流转办。全年答复咨询电话、邮件86人次，受理“涉传”投诉举报24件次。加大打击传销宣传力度，在5个城区安装打击传销公益宣传栏110个，制作打传宣传展板4套，扩大社会宣传面。稳步推进无传销城市创建工作，推动实施“签定一份责任书、畅通二条热线、健全三级协作网、建立四项工作机制”的工作措施，着力提高社区（村）、街道（乡镇）防范传销效能，为早发现、早打击传销打好基础。不断完善管理手段，探索监管窗口前移，通过推行直销企业“二备一约”（直销企业营销会议活动报备、从业人员实名备案和问题企业约谈整改3项制度）监管模式，构建动态监控、精确规范、引导自律的直销企业会议式营销监管工作格局，促进直销企业健康发展。以纪念《禁止传销条例》和《直销管理条例》颁布10周年为契机，到山东中医药大学（长清校区）开展打击传销宣传活动，活动期间印发《给大学生的一封信》1万份，《禁止传销与规范直销知识问答》2万册、《打击传销警示明信片》4万份，发放购物袋1万个、文件袋1500个、雨伞500把和“打传”知识问答等资料3万份。

参加2015年防范打击非法集资宣传月活动，发放张贴宣传资料《通告》14440份，编印打击和防范非法集资宣传册4万份。制作宣传栏、宣传展板（屏）35块，张挂横幅50条，督促企业设立公示牌659块。

【消费者权益保护】 梳理2014年12315消费者投诉热点，明确儿童用品、学习用品、纺织品等重点监管商品，全年抽取检验婴幼儿服装、学习用品、皮鞋制品等18大类271个批次，全面清退抽检判定不合格商品46个批次。建立健全抽检商品信息公示制度，在《新华社》《齐鲁晚报》《济南时报》等21家新闻媒体发布抽检信息公示，提醒警示消费者科学合理消费。召开4次流通领域商品质量分析会，指导经营者探索商品采购书式材料形式查验与商品质量实质检验相结合的准入机制，实现流通领域商品质量的最后零公里服务。开展2015年商品质量监管执法“亮剑”行动，先后开展流通领域家电商品专项整治、五大类重点领域专项整治、儿童用品专项整治、抽检不合格商品专项整治、消防产品专项整治等整治行动，聚焦严重损害消费者利益的违法行为，严格执法，敢于碰硬，优化消费环境。全年共查处侵害消费者权益案件95件。

在全市18家大中型商业流通企业中推行《济南市商业流通企业自律体系建设指导意见》，使全市商品自律体系建设单位扩充到153家，指导这些商业流通企业从商品入市把关、售中品质监控、售后服务规范3方面严格商品质量自控和消费维权工作，帮助企业切实承担起商品质量和消费维权第一责任人责任。对银座等3家企业的300余名员工进行《消法》培训，有效提高经营者消费维权意识和严格自律切实履行法定义务的能力。召开通信企业行政约谈会议，向企业通报消费者反映集中的电信服务、上网流量及合约手机质量等问题，帮助企业解读法律法规，就改进服务质量提出建议。

妥善处置12345转办件，指派专人负责12345转办件承办受理，进一步完善细化办理、回复、归档3个流程，有效适应消费维权的新形势和人民群众的新期待。全年共受理处置12345转办件71件，有效投诉群众满意率为100%。同时，注重与市民的沟通，分管负责人及处室负责人定期随机连线投诉举报人，征求其对工商消费维权工作的意见和建议。

【网络监督管理】 加强网络经营主体数据库建设，调度全系统网络经营主体搜索、建档、亮照工作。截至年底，全市共有规模较大的交易平台12家，其中第三方交易平台7家，自营性交易平台5家，为网络经营主体建档12477户，其中企业建档率为8.15%，搜索率达到95%，同比增加30%，巡查率为86.03%，亮照率为65.45%，较上年同期均有大幅提高。建立标准电子证据取证实验室，并购买“执法云”“取证云”系统，为固定电子证据和寻找当事人提供技术支持。

查处网络交易违法案件。通过线上搜索检测与线下实地检查相结合，利用关键词搜索、信息比对、受理投诉等多种手段收集涉网案件线索。案件类型涉及网络虚假宣传、网上销售侵权商品、网络违法广告及未按规定亮照亮标等类型。全年全系统共办理网络案件87起，全部结案，同比上升163.64%。针对消费者、经营者和媒体反映的电子产品、汽车配件、服装鞋帽、儿童老年用品、农资及其他重点商品和突出问题，开展2015红盾“网剑”专项行动。全系统共检查网店、网站25376个（次），实地检查网站、网店994个（次），删除违法信息62条，责令整改网站265个（次），提请关闭网站7个（次）。此外，还组织开展打击网络买卖黑银行卡、黑电话卡等专项整治行动。

处理转办涉网投诉举报。针对网络消费投诉呈现快速增长趋势，通过梳理核实，全年处理省局转办、杭州市市场监管局案件线索移送及直接来人来信投诉举报共108件，其中省局转办投诉26件，杭州市市场监管局移送案件31件（注：“淘宝网”经营场所在杭州），为消费者挽回经济损失3万元。

【重要商品市场监管】 适应商事制度改革后“宽进严管”新形势，不断提升监管服务效能，贯彻国务院《关于促进市场公平竞争维护市场正常秩序的若干意见》文件精神，谋划“大抽查”理念，将综合监管纳入“抽查制”，创新以“抽查”为重点的日常监督检查制度，着手构建企业信息公示抽查、行政执法办案和抽查监管互为补充、齐头并进的综合抽查监管体系，及时出台《济南市工商行政管理局关于运用综合抽查监管方式提高监管服务效能的意见》，调整完善综合抽查工作平台，集中培训全系统基层工商科（所）长128人，组织召开综合抽查监管专题座谈会3次，为各县（市）区局授课培训8次，综合抽查监管平台在全市工商系统上线应用。

重点推进“创建卫生城”工作。履行农贸市场整治工作牵头督导职责，以市爱卫会和市“创卫办”开展的“春季爱国卫生运动”“第二十七个爱卫月活动”“农贸市场专项治理行动”等专项行动为抓手，加大对创建区农贸市场整治的督导检查，重点整治提升一批问题突出的市场，完成全市“创卫”技术评估。协助市政府办公厅印发《关于进一步加强城区农贸市场管理的通知》，巩固“创卫”成果，加强农贸市场长效监管。组织开展城区“精品示范农贸市场”创建活动，全年现场实地督查各建成区农贸市场103处（次），评定2015年度“精品示范农贸市场”14处。

强化重要生产资料市场监管。根据济南市打击侵犯知识产权和制售假冒伪劣商品工作领导小组办公室《关于转发车用燃油专项整治方案的通知》精神，组织指导各县（市）区工商局、市场监管局开展车用燃油市场整治，严厉查处销售质量不合格车用燃油和侵权商标专用权等违法行为，全市工商系统共出动执法人员990人次，抽样检验发现销售不合格车用燃油加油站16个（次），办结销售不合格车用燃油案14件。根据济南市大气污染防治工作要求，会同市经信委、市质监局集中组织专项抽检3次，共抽检加油站148个，抽检样品281个，其中不合格样品15个，不合格率5.34%，对不合格样品立案查处。以12315投诉举报平台为载体，强化社会监督，严厉打击成品油市场违法经营行为，处结涉及销售不合格成品油案件2起。

履行红盾护农职责。适时开展红盾护农专项整治，组织指导相关县（市）区工商局、市场监管局开展以肥料、农膜、农机具及零配件等为重点的农资专项整治行动，严厉打击销售假冒伪劣农资违法行为。专项整治期间全系统共检查农资经营业户1539户，取缔无照经营业户5户，受理投诉13起，查办农资案件29件。不断强化农资商品质量抽检，组织对长清、历城两区化肥样品抽检28个，经法定部门检验，合格样品24个，合格率为85.7%，不合格样品4个，占比14.3%，对不合格样品立案查处。

配合参与旅游市场治理、社会反恐维稳、露天烧烤整治、野生动物保护、交通道路安全治理、二手车经营管理、报废汽车市场监管等工作。

【商标管理】 培育品牌，服务经济。坚持扶优扶强，在全方位服务企业发展的同时，针对驰名、著名商标企业，建立联系制度，指导、帮助驰著名商标企业运用、保护商标，促进企业发展。指导力诺、宏济堂探索商标质押，为中小企业拓宽融资渠道提供服务；规范商标代理，开展商标代理机构专题调研，建立126家商标代理机构基本信息档案，组织代理机构人员培训，召开代理机构专题座谈会，进一步规范商标代理行为。济南市的山东千慧、山东方宇2家代理机构进入全国60家优秀商标代理机构行列；力推国际注册，组织开展商标国际注册专题调研，总结近年来商标国际注册经验，提出对策建议；加强与商务、贸促会、海关等部门联系，合力推进商标国际注册，促进全市外向型经济发展。全市新增注册商标14246件，有效注册商标注册量达到74439件，其中历下区和历城区有效注册商标总量均突破万件。

监管维权，规范秩序。加强日常监管，及时受理申诉、举报和咨询，年内共受理涉及商标申诉、举报和咨询1100余件，其中90%以上为商标注册咨询。强化业务指导，在有计划开展业务培训的同时，针对商标监管中出现的新情况、新问题及复杂案件，采取座谈、研讨等方式，坚持及时与县（市）区局一起研究，共同处置。开展行政约谈，针对商标代理存在的问题，在开展专项整治的同时，对投诉多、问题多的山东国商、济南华典2家代理机构进行约谈，促其加强内部员工业务培训，完善内部管理制度。开展专项整治，先后组织开展“双打”、地理标志商标专用权保护、商标代理组织等6个专项整治行动。先后查处“农夫山泉”“杭州迈尔”“雪龙公司”等商标侵权行为。为“安吉尔”“小鸭”等驰著名商标企业进行商标维权。建立长效机制，整合行政执法资源，建立重点商标维权保护机制。以落实《环渤海地区知识产权保护合作协议》华东六省一市维权网络为重点，推进地区间相互协作、联合执法等机制，探索建立高效、严密的商标维权体系。全系统查办商标侵权案件243起，收缴侵权商品和工具38535件（套）。

【广告监管】 加大媒体监管力度，借国家工商总局全国违法广告约谈会之机，对山东广播电台发布虚假违法广告行为严厉查处，并定期组织媒体约谈会议，通报虚假违法广告的发布和查处情况，强化媒体自律意识。加大县级媒体监管力度，先后对济阳、平阴、长清广播电视台违法发布广告行为予以处罚，全年处罚媒体19家。强化广告经营者查处力度，在处罚媒体时将执法重点转向广告经营者和广告主，彻底从源头铲除违法广告根源。在查处国家工商总局督办的“郑多燕减肥茶”案件时，对广告媒体和广告经营者一并处罚；在查处国家工商总局发布各类酒类违法广告时，首先处罚涉案的上海、杭州、北京等多家广告经营单位，并责令其停止在山东发布违法广告。不断开展集中治理行动，先后组织开展对房地产行业、食品保健品行业、投资类企业发布违法广告行为的专项治理，查处案件60余起。配合实施新《广告法》，对济南地区各媒体、广告公司有关人员进行法律培训，同时采取深入企业、媒体交流、个别互动等形式，普及宣传《广告法》，使广告企业自律意识普遍增强。统计显示，全年主流媒体的违法率持续减少，违法条次呈明显下降趋势，涉案产品呈几何式降幅。

【合同管理】 继续整治行业不公平合同格式条款，根据上级安排部署对旅游、电信、银行等行业重点整治，还结合实际，将消费者投诉较多的装饰装修、汽车销售、物流快递、商品销售，以及供水、供电、供气等社会关切行业作为重点进行专项整治。梳理、总结行政指导和行政处罚的适用情形，对未构成行政违法的一般不公平合同格式条款以及构成行政违法但情节较轻的违法格式条款，对经营者给予行政指导，助其规范，促其改正，对拒不改正的或行政约谈或行政处罚。年内，针对不公平格式条款，下发行政建议书20份，约谈企业5次，查办电信、银行、旅游及其他行业不公平合同格式条款案件12件。

完善“守重”企业公示机制。根据国家工商总局《关于“守合同重信用”企业公示工作的若干意见》和《山东省守合同重信用企业公示办法》，引入“守重”企业信用标准体系，将市级“守重”企业公示活动纳入规范管理。比照国家总局和省局软件系统，自主研发适合济南实际的测评软件系统，实行内外网互通互联评审机制（企业外网申请、工商内网审核）。该系统与市工商局业务系统数据库链接，方便企业，确保信息准确；工商部门可直接读取企业有关信用信息，有利于事中事后监管。

开展合同争议行政调解。进一步完善合同调解制度、工作程序、档案管理，组成3人调解小组，及时掌握纠纷线索，依法进行调解处理。实行分级受理，标的额小、案情简单的按属地管理原则分送至各县（市）区局处理，调解结果反馈市局；标的额大、案情较复杂的由市局直接受理。北京经营者购买蓝石大溪地商品房合同纠纷，耗时3个月，最终促成双方和解，蓝石公司退还购房者30万购房款，购房者表示非常满意。全年共处理投诉举报12起，承办12345工单8件，行政调解合同争议5起，涉及合同金额80余万元，为当事人挽回经济损失50余万元。

（王伊娟）

【概况】 1.质量管理。全市推荐32家单位申报山东省服务名牌，44个产品申报山东名牌产品。围绕高新产业、新材料产业、现代服务业等行业开展名牌培育及认定工作，认定61家企业的71个产品为“2014年济南名牌产品”，24个服务项目为“2014年济南市服务名牌”。开展“质量月”活动，组织各类活动117场（次），处理消费投诉54件，查处违法案件15起。加强重点产品质量的监管，对1615家企业进行定期监督检验和专项抽查，完成177个批次的国家和省监督抽查。定期监督评审实验室43家，完成400家企业的工业产品许可证年审。

2.产品质量监督。开展9批共21类工业产品监督抽查和日用消费产品（食品相关产品）专项抽查。共抽查企业644家，抽查产品984批次，其中合格企业621家，不合格企业23家，企业合格率96.43%；合格产品954批次，不合格产品30批次，产品合格率96.95%。开展消费品质量安全“进社区、进校园、进乡镇”消费者教育活动。此次“三进”活动共涉及145家社区、学校和乡镇，发放宣传资料6416份，受众人数1.5万余人次。

3.特种设备安全监察。强化特种设备日常监管，对全市66家氨制冷冷库、193台燃煤锅炉进行专项检查；开展全市电梯安全监管大会战行动，共出动检查人员2187人次，检查使用单位1281家、维保单位128家；检查垂直电梯25767台、自动扶梯和自动人行道2837台，发现问题和隐患的电梯186台，其中整改117台、封停69台，处理投诉举报433起。济南市电梯运行安全监控中心硬件安装基本完毕，软件进入后期编制和调试阶段，基本具备试运行条件。开展特种设备安全“进企业、进校园、进社区、进农村、进家庭”活动。

4.标准化管理。组织全市2014年主导起草国家标准的7家企业申报济南市创新战略奖励活动，获得标准化奖励资金共280万元。组织申报的7家服务标准化试点获得省质监局和省发改委批准下达立项，数量居全省各地市之首（全省共32家）。新发布35项济南市农业地方标准规范。为落实《山东省人民政府办公厅关于推进“山东标准”建设的意见》，5月，市质监局批准成立“省级智能微电网产业标准联盟”，通过共同制定、实施该领域的联盟标准，促进集群企业共同发展。

5.计量管理。7月，印发《关于认真落实计量发展规划进一步提升计量服务水平的实施意见》，该文件是新时期全市计量工作的纲领性文件，是贯彻落实省政府计量发展规划实施意见的重要举措。对全市87家生产企业和23家销售企业的定量包装商品进行监督抽查，共抽查酒类、速冻食品、炒货食品及坚果制品、合成洗涤剂、化妆品、一次性产品和玻璃水等23类商品866批次，其中，净含量检验合格845批次，抽样合格率为97.58%，净含量标注合格861批次，抽样合格率为99.42%。8~9月，重点对辖区内月饼、酒精饮料、茶叶、化妆品、保健食品、加工农副产品等商品开展限制商品过度包装国家级计量专项监督抽查，共抽查19家企业，其中销售企业10家，生产企业9家，抽查产品177个批次，合格126批次，不合格51批次，平均抽样合格率71.19%。组织开展“5·20世界计量日”活动。

6.行政执法。全系统共办理各类执法案件145起，上缴罚没款188万余元，继续保持所办案件复议无变更、诉讼无败诉。全年市民拨打“12365质监热线”电话8100余人次，接听有效电话7780余人次，受理消费者业务咨询7160余件，解决产品质量举报、申诉案件668起，其中，转接省局案件业务39起，市局直接受理举报、申诉案件364起，“12345”转办案件256起，信访案件9起，案件按时处结率100%，群众满意率99%。

7.技术基础建设。实验室资质认定扩项逐年递增，参加国家认监委组织的能力验证2个产品36个参数，参加国家认可委组织的能力验证2个产品2个参数，参加省局组织的能力验证5个产品16个参数，测量审核4次5个参数。35项计量标准通过复核，通过省质监局等法定机构监督检查。加入国家特种设备科研平台，在研国家级科研项目2项。国家软件中心将《软件检测公共服务云平台》项目申报为智慧泉城重点项目。

2015年5月20日，市质监局“同心计量”学雷锋志愿者服务队开展免费检测咨询活动。

（市质监局　供稿）

【三证合一、一照一码制度改革】 根据国务院《法人和其他组织统一社会信用代码制度建设总体方案》和质检总局《关于贯彻落实“三证合一、一照一码”登记制度改革的通知》的要求，市质监局原来代码赋码职能转变为统一信用代码数据资源管理、数据库建设和运维、数据信息服务、数据核查职能，从10月1日起，不再向企业、农民专业合作社和个体工商户发放和更换组织机构代码证书，上述单位到工商局或市场监管局换发加载统一信用代码的营业执照，自此统一社会信用代码改革工作步入实施阶段。

【市长质量奖颁奖仪式暨质量工作座谈会】 5月5日，市长质量奖颁奖仪式暨质量工作座谈会在龙奥大厦举行，授予宝世达国际控股集团有限公司和济南泉中鑫建材有限公司董事长刘强2014年度济南市市长质量奖；授予齐鲁宏业纺织集团有限公司和山东百脉泉酒业有限公司董事长李成新2014年度济南市市长质量奖提名奖。

【“同心计量”学雷锋志愿者服务队】 服务队利用节假日，向社会各界开展计量免费咨询、检测、维修计量器具等服务活动，组织计量技术机构到农村、社区开展计量检测、技术咨询服务100余次，出动技术人员850余人次，走进95个社区，开展惠民活动100场，为市民免费检测血压计9500余台，检测眼镜2300副，检定珠宝首饰10100件，检测家用人体秤500台，服务群众1.25万人，为群众减免检测费用127万元。

（杨　琛）

【概况】 1.依法行政。①全面学习宣传贯彻新《食品安全法》。市食安委印发《关于做好学习宣传贯彻〈食品安全法〉工作的通知》，组织开展全市范围的学习培训。组织全市食品药品监管系统开展全员法律培训。市人大组织开展全市《食品安全法》执法检查工作。②推进阳光行政。编制权力清单和责任清单，确定7大类125项行政权力，责任清单列部门主要职责8项，追责情形29条，部门职责边界19项，事中事后监管制度14项，公共服务事项3项。③深化完善行政审批制度。进一步推进行政审批“两集中、两到位”，规范材料受理、审评认证、审批发证“三分离”的工作机制，理顺办理程序，实行首席代表负责制等工作制度。完成各项行政审批、备案、转报事项共计12978件，完成57家药品生产企业的《药品生产许可证》和35家医疗机构的《医疗机构制剂许可证》的换证工作。④提高执法效能。充分发挥行政复议在执法监督中的作用，共收到行政复议7起、行政诉讼3起。《济南市食品药品违法行为举报奖励办法》经市法制办规范性文件审查备案后在政府门户网站公布。出台《行政执法监督体制机制改革实施方案》，确定章丘市、平阴县、历城区3个县级局作为试点单位，全面启动行政执法监督体制机制改革试点工作。

2.治理整顿。①食品领域治理整顿。组织全系统干部职工按照“点片面相结合，全面整改提升”的工作思路，做好创卫食品安全工作。开展食品加工小作坊、小食品店、小食品摊贩、小餐饮“四小”行业的集中整治行动，实现监管的全覆盖。市食安办牵头制定《2015年全市“守护舌尖安全”整治行动实施方案》，在全市组织食安委有关成员单位，围绕农药使用、水产品、肉制品、流通环节食品、阿胶类保健食品等开展10类专项整治，查处违法案件1619件，入库罚没款1053.22万元，侦破犯罪案件140起，抓获犯罪嫌疑人131人，吊销证照9个，取缔无证生产经营业户78家，移交公安案件78起。②药品领域专项治理。开展中药、胶囊剂、高风险药品、药包材专项整治，立案查处7家企业26批次不合格产品，责令停产3家，处罚10万余元。开展全市中药制剂生产专项整治，严厉打击不按药品标准规定处方量投料生产中药的违法违规行为。开展中药饮片专项整治和药品经营使用环节专项整治，严厉打击生产、销售、使用假劣中药饮片和药品行为，共抽验中药饮片458批次，对57批次不合格药品进行处罚。组织开展美容美发经营使用单位化妆品专项检查。③实施医疗器械专项整治2015行动，在全市组织开展装饰性彩色平光隐形眼镜（美瞳）、避孕套、体外诊断试剂、定制式义齿、一次性使用无菌医疗器械、体验式经营行为等专项整治，检查医疗器械生产经营企业和使用单位3810家，给予警告55家、责令限期改正430家。④加大打击力度。探索建立系统联动、周边联动、部门联动和城乡联动的立体查案机制，与淄博市局发起成立“省会城市群食品药品稽查联动协作区”，建立“省会城市群经济圈”稽查联动协作机制，构建行政执法和刑事司法“无缝对接”体系，严惩重处违法犯罪。全年共查办各类食品药品违法案件1979起，罚没款1998.37万元，移交司法机关46件，震慑食品药品违法犯罪行为。

3.技术支撑。①信息化建设。食品药品数字监管工程基本建成并应用，新版食品药品监管协同办公平台开发成功，食品药品智慧监管平台项目通过立项，全面实行移动执法新模式。全部在产品种和全部药品零售企业100%实现电子监管。②检验检测体系建设。市食品药品检验检测中心完成搬迁，新实验楼投入使用，实验室面积1.8万平方米，拥有各类检验参数21695个，比上年增加6022个。市级食品检验能力提升项目通过国家发改委审批并组织实施，建成后实验室面积将达到4000平方米。县级食品检验检测能力提升明显，“三县一市两区”均按要求成立综合性检验检测中心，平均实验室面积达到640平方米，设备价值1299万元。③监督抽检与评价监测。全年安排食品药品检验检测经费5000余万元，在食品领域，全市完成食品抽检31743份，达到4.5份/千人，总体抽验合格率为96.55%。药品抽验计划1920批次，实际完成2709批次，评价性抽验合格率97.33%，监督抽验合格率92.88%。共完成95批次医疗器械产品的抽验，其中发现13批次产品抽验不合格，均已立案查处。对保健食品化妆品生产企业在产品种进行全品种覆盖抽验，共完成检验135批次，对出具报告的不合格产品均依法进行处理。上报各类不良反应监测报告18048例，其中药品不良反应报告11665例，医疗器械不良事件报告5570例，化妆品不良反应报告310例，药物滥用调查表503例，报告数量均居全省前列。开展肉制品中的硼砂和巴氏杀菌乳中的抗生素等指标的风险监测。④执法装备建设。出台《关于加强食品药品监管所执法能力建设的指导意见》，提出“设施标准化、装备现代化、制度规范化、责任网格化、监管信息化”的监管所“五化”建设标准，明确监管所建设的基本目标。出台全市食品药品监管执法装备配备基本标准，推行执法装备现代化和标准化。全年用于基层食品药品工作机构执法装备和监管能力建设的投入达4000余万元。

4.工作创新。①制度创新。出台加强食品生产加工小作坊监管工作指导意见和食品生产加工小作坊生产报告制度，通过登记、生产报告两种模式，全市1700余家小作坊规范工作成效初显。在章丘市开展小作坊专业村综合整治试点，实行执行标准、原料采购、人员培训、门牌编号、产品二维码追溯“五统一”管理。在全市12个批发市场试点“一票通”制度，推进食用农产品批发市场质量安全监管。实行保健食品会议营销事前报告制度和体验方式经营医疗器械安全公示制度，投诉举报下降40%以上。推行保健食品生产企业定期自查制度。②监管方式创新。探索在食品药品生产经营领域全面开启“飞行检查”新常态，深化“专家+检查员”的检查方式，检查食品生产企业71家，行政处罚5家；督查学校食堂220家，对每个学校的检查情况予以量化打分，并将存在问题和得分向社会进行公示；检查药品生产企业40家，收回GMP证书3家；开展3次药品经营领域飞行检查，检查50家企业，撤销药品GSP证书10家，收回药品GSP证书15家。开展医疗器械飞行检查，对78家企业进行飞行检查，责令37家企业限期整改，责令1家企业停产整改，立案查处6家企业。推动在全市58家大型商场超市安装使用168台食品安全查询机，设立食品安全服务站，完成市局承担的市政府为民办实事项目。③风险防控。出台食品生产企业风险分级监管指导意见，对全市600余家获证食品生产企业全部按照产品的风险，确定风险等级。深化餐饮服务单位量化分级管理，开展“寻找笑脸就餐”行动，在对1000余家小饭桌等校外托管场所实行“星级评定、等级公示”的基础上，实现托管场所、学校门口、食药监管网站全方位公示。对全部23家保健食品生产企业进行信用等级评定。实施医疗器械分级分类监管，实行差异化监管。探索食品安全舆情监测新机制，监测负面舆情227篇，处理并回应舆情69件，未发生有较大影响的舆情事件。强化食品风险监测隐患处置，及时发布警示信息。出台食品药品安全责任约谈办法，对出现的食品药品安全问题实行“双约谈”制度，约谈生产经营主体和监管部门负责人13人次。完善食品药品安全信息报告制度，共收到食源性疾病报告8起，30人以上事件报告3起，均按照食品药品安全事件处理规程第一时间督导辖区监管部门进行妥善处置，全年未发生较大食品安全事故或药品安全突发事件。

5.社会共治。①企业主体责任。出台食品生产企业质量受权人管理规定，在全市食品生产加工企业全面推行危害分析和关键控制点管理体系（HACCP）、食品安全管理体系（ISO22000）和卓越绩效管理模式（PEM）等先进质量管理模式，全市38家企业通过“ISO22000”或“HACCP”认证，其中全年新认证的企业14家，增幅58%。在全市范围内宣传动员食品生产加工企业和食品生产加工小作坊员工参与食品安全监督，建立食品生产企业内部“吹哨人”制度。建立实行医疗器械生产经营质量管理年度自查报告制度。加大监管执法信息公开力度，对食品抽检、飞行检查、执法办案等信息全部通过门户网站和主流媒体进行公开。联合24家媒体发起建立“食品安全诚信联盟”，110家食品生产经营企业共同发出《保障食品安全承诺倡议书》，推动形成“守信受益、失信必损”“一处失信、处处受制”的社会氛围。②监管责任。充分发挥食安办的综合协调作用，组织市食安委成员单位开展对各县（市）区落实食品安全属地管理责任的考核。修订完成《济南市食品安全事故应急预案》和《济南市药品和医疗器械安全突发事件应急预案》，举行济南市三级食品安全事故应急演练，配合省局完成山东省二级药品安全突发事件应急演练。出台《关于健全完善食品药品安全网格化监管体系的指导意见》，健全完善横向到边、纵向到底的食品药品监管网络和责任体系。③市场机制作用。全市20家食品生产企业通过“食安山东”示范企业评审。推进全市在产药品生产线100%通过新版GMP认证，全市持有药品经营许可证的企业全部通过新版GSP认证。创建“食安山东”食品生产加工示范企业20个、食品销售示范单位519个、餐饮服务示范街11条、示范单位513个。推行食品安全责任保险，全市90家企业入保，保费74.8万元，赔付限额1.5亿元。④群防群控。举办山东省暨济南市食品药品科技周活动，组织开展食品安全宣传周和安全用药月活动。启动“食安泉城问计于民”食品安全民意调查活动，征集各界意见建议近万条。指导食品流通协会、济南中药发展协会工作开展，倡导成立济南市药品流通协会。主动召开新闻通报会，参加政务访谈、电视问政等活动，接听市民服务热线、新闻热线等活动。举办第三届“食药安全杯”中小学生漫画比赛，开展食药安全知识竞赛，开展食品安全“五进”活动120余场次，全年食品药品安全法规及科普知识传播直接受众10万人次以上。在《济南日报》刊发专版33期，特刊1期，市级以上媒体新闻报道857篇，组织媒体采访报道112次，回应媒体关注问题216次。济南食品药品安全官方微信订阅号上线并高效运行。成立由40余名专家学者参加的食品安全专家库，组建260人的社会监督员队伍。继续开展便民购药服务热线（66666111）咨询服务工作，共接听各类热线42526例。发挥12331投诉举报热线的作用，共收到各类公众诉求19750件，根据投诉举报提供的线索立案421件。

【基层基础建设】 在全市首次开展食品药品信息普查工作，基本掌握全市食品药品监管机构自身建设情况和监管相对人情况，以及食品药品产业发展情况。全市近13万家食品药品生产经营单位信息录入监管数据系统，并按照网格化监管要求，落实分解监管责任。出台《济南市食品药品监督管理局监管执法队伍素质能力提升（2015~2017）规划》，制订年度培训计划，对全市146名基层监管所负责人进行轮训，全年培训监管人员1200余人次。组织全系统982名执法人员开展新《食品安全法》在线考试。联合市发改、财政部门出台《济南市食品药品监管执法能力提升年活动方案》，用3年的时间开展执法能力提升年活动，围绕执法装备、办公业务用房、检验检测体系、信息化建设、审评认证、应急处置等重点工作，全面提升全系统的监管执法能力。

【创建国家食品安全城市】 1.启动实施。按照市委、市政府要求，筹备召开全市创建工作会议，制定创建工作方案，成立创城工作领导小组。市政府与各县（市）区签订创城工作责任书。市委、市政府将食品药品安全在各县（市）区科学发展综合考核中的权重提高到37‰，将创城工作写入《政府工作报告》，全市创建工作高起点启动。

2.制定标准。制定《创建国家食品安全城市工作考评细则及技术规范》，将国家、省试行标准细化到634条，实行1000分制考核，将每一项工作任务都落实到各级各部门。对承担的创建任务，细化到各有关责任处室，明确完成时限要求，落实创建责任，构建起“城乡同创、全域覆盖”的创建格局，确保了各项创建任务的稳步推进。

3.组织推进。实行“时间倒排、任务倒逼、责任倒追”台账管理和周报表、月调度、季督查工作机制。全年对各县（市）区创城工作开展4次督查，每次督查均进行打分排名，并在一定范围内通报。委托山东财经大学对各县（市）区创城工作开展群众满意度调查。

4.档案管理和氛围营造。制定印发《济南市创建国家食品安全城市工作档案管理规范》，提出全、严、准、齐4项要求，制定“档案用品统一、整理标准统一、操作方法统一、排序编目统一、档案质量统一”的“五统一”档案管理规范，将市有关部门的2015年创城档案进行汇集、梳理和分类，共建档6大类、33卷、67大项、74子项。制定并印发《创建国家食品安全城市宣传工作方案》，推出15项宣传举措。开设创建国家食品安全城市官网，维护创城工作信息329条。在《人民日报》电子阅报栏开通食安济南频道，邀请中国医药报等16家媒体组成联合采访团对济南市创城工作进行深度采访报道，在《济南日报》、济南广播电视台开辟创城宣传专栏，定期刊播创城工作及公益广告。

（满孝勇）

【概况】 全年全市共发生各类生产安全生产事故523起，死亡99人，同比分别下降6.3%、18.9%。

1.加强组织领导。市政府与10个县（市）区及高新区和市直有关部门签订安全生产目标责任书，完成市安委会调整。市安委会相继组织召开12次全市性安全生产会议，安排部署全市安全生产大检查、安全隐患“大快严”集中行动、“打非治违”专项行动等重点工作，跟进组织督查调度。通过逐级传导压力、层层落实责任，逐步构建起“党政同责、一岗双责、企业主体、部门主管、属地管理、全员参与”的责任体系。

2.重点工作。全市相继组织开展安全生产大检查、安全隐患大排查快整治严执法集中行动、“六打六治”、危化领域整治攻坚等重点工作。各级各部门采取计划检查、重点检查、专项检查、定期检查、联合检查、随机抽查等措施，集中力量对事故多发、易发领域实施定期或重复检查，对查出的隐患进行跟踪监察，督促企业按时整改，形成专项行动“贯穿全年度、季度有重点、每月有活动”的工作格局，堵塞安全生产漏洞。在各个重点工作推进中，各级各部门采取政府买服务、专家查隐患、企业抓整改等办法，聘请相关专家分类开展行业检查和隐患排查，着力提高安全检查和隐患排查的专业化水平。全年全市共聘请相关专家3200余人次，出动检查组3260个，检查企业7.8万余家，查改隐患9.5万余项，责令停产停业整顿130余家，查处非法行为8900余件次，治理违法行为14600余件次，严厉打击一批非法加油站、无证液化气罐装点和非法采矿等群众反映强烈、社会影响较大的典型案件。

3.专项整治工作。①矿山领域。全年依法关闭煤矿企业6家、非煤矿山企业8家；对计划保留的3家市属煤矿企业启动停产关闭程序，完成省政府下达济南市2015年底关闭6家煤矿和45家非煤矿山企业的任务。②烟花爆竹领域。开展冬季安全隐患大排查大整治集中行动和烟花爆竹经营安全专项治理。全年共检查烟花爆竹经营单位160余家次，查改安全隐患550余处，关闭11家烟花爆竹零售点，收缴烟花爆竹520余箱（件）。③危险化学品领域。吸取天津“8·12”事故教训，聘请市化工研究院组成专家队伍，配属到6个专项检查小组，逐县区、逐企业开展拉网式、地毯式安全检查和隐患排查，现场指出存在问题，现场下达整改指令，跟踪抓好整改落实。同时，采取倒逼、引导、服务相结合等措施，有序推进危化企业向黄河北天桥区新材料产业园入驻交易，已入驻危化经营业户127家，破解全市危化品经营场所分散、安全隐患多、管理难度大等问题。④道路交通领域。联合开展“道路运输平安年”活动，组织开展客运驾驶员“五不两确保”宣誓，集中开展“两客一危”重点营运车辆、“三超一疲劳”运输行为和“黑点路段”专项事整治。全年全市共完成21处危险路段整治，查处各类交通违法行为330余万起，扣留机动车4.9万余辆，行政拘留1421人。⑤建设施工领域。结合开展建设工程落实施工方案专项行动，组织以防基坑坍塌、高处坠落、起重机械为重点的安全隐患大排查大整治，查处“三违”作业1860余起，责令项目停工整改150余处。⑥消防领域。集中开展人员密集场所、劳动密集型企业、高层建筑、集贸市场、彩钢板房等专项整治行动，挂牌督办27处区域性火灾隐患，拆除彩钢板房近70万平方米。⑦油气管线领域。扎实开展油气管线隐患整治攻坚战，对全市161处油气管线隐患加大整治力度，加快整治速度。⑧职业卫生领域。加强职业卫生监督执法，组织开展用人单位职业卫生基础建设活动，持续推进重点行业领域职业病危害专项治理，查改职业卫生隐患650余项。此外，水利、教育、特种设备、旅游、电力、冶金、农业机械、民爆器材等行业领域也都有针对性地开展安全整治，及时消除一大批安全隐患。

4.安全监管工作。全市把推行安全生产网格化实名制管理作为完善责任体系和创新监管机制的切入点，促进工作落实。市安委会专门召开全市网格化实名制管理工作推进会议，举办“安全监管网格化信息系统”培训班，对企业基本信息填报、企业基本信息审核、企业月报填报、企业月报检查、隐患信息填写、企业隐患排查治理情况、审核隐患整改报告以及行政执法等功能进行全面系统辅导，共培训网格化管理人员320余人。截至年底，10个县（市）区及高新区已全部运行安全生产网格化综合监管系统平台，录入生产经营单位基本信息2900余家。通过全力推行安全生产网格化实名制管理，进一步明确各级监管部门的安全监管责任，堵塞企业监管漏洞。

5.基层基础工作。①安全标准化建设。在煤矿、非煤矿山、危险化学品、烟花爆竹等高危行业全部按期完成达标创建任务的基础上，全面推进工贸企业标准化创建活动。全市已有750余家规模以上工贸企业创建三级以上安全标准化企业，60余家企业组织标准化评审，100家企业完成自评工作。②宣传教育培训工作。坚持舆论先行、宣教结合，充分利用传统媒体和新兴媒体，开设安全生产专栏、播放安全公益广告、普及安全知识常识，提升全民安全意识。加大安全事故警示教育培训力度，将培训对象向车间班（组）长和一线工人延伸，提高安全生产培训质量。全年共计培训各类人员3.8万余人次，免费举办农民工培训班20余期，培训3000余人。③应急保障能力。不断加大应急救援队伍建设力度，及时修订完善各类应急预案，采取政府和企业共建方式，在章丘市、高新区组建2支、近70人的市级应急救援队伍，组织各类应急救援演练520余场次，参演人员1.5万余人，有效地提高救援队伍和参演人员防止事故、处置事故的能力。

（叶　勇）

【概况】 1.统计数据全面、客观、真实、科学地反映经济社会实际，主要经济指标达到或超过全省平均水平。全市主要经济指标呈总体平稳、稳中向好、稳中有进的良好态势。全年实现生产总值6100.23亿元，比上年增长8.1%。其中，第一产业增长4.1%、第二产业增长7.4%、第三产业增长8.9%。三次产业比例由上年的5.0：39.2：55.8调整为5.0：37.8：57.2。规模以上工业增加值增长7.5%。固定资产投资累计完成投资额3498.4亿元，同比增长14.2%。全年社会消费品零售总额3410.3亿元，增长10.5%。一般公共预算收入614.3亿元，同比增长13.1%。生产总值、投资、财政收入增幅分别高于全省平均水平0.1、0.3、3.1个百分点，工业增幅达到全省平均水平。

2.提升科学统计水平。做好联网直报工作。坚持分片包干、局级负责人县（市）区联系点制度，严格执行直报期间24小时值班制度，做到“报、审、改、验”同步，实现5808家“四上”企业100%网上直报。联网直报截止时点后，迅速撰写形成快速分析并第一时间报送给市委、市政府主要负责人。狠抓“四上”企业入库工作。全面实行电子化上报、错峰审核，集中联审办公，提高审核效率。进一步强化部门联动，与相关部门配合举办4期入库申报及名录库维护培训，提高企业入库积极性和入库质量。全市新增上规入库单位557家。将诚信统计纳入全市社会信用体系10大示范工程建设。加大对失信统计调查对象的监察力度，有效增强依法统计的责任和意识。

3.提升为市委、市政府决策服务水平。出台《关于进一步加强和改进统计分析工作的意见》，不断提高信息分析数量和质量。全局共编发各类统计简报143期，比上年增加10期。按季度做好经济分析，定期向市委、市政府进行专题汇报。坚持和完善经济运行月度通报制度，定期召开经济运行调度会，按“前三后三”对10个县（市）区及高新区进行通报。全面推进统计公开，利用济南统计信息网、政务面对面、政务监督热线等平台，利用12345市民服务热线等传统媒体以及QQ群等新的服务形式，为社会各界提供更便捷的统计服务。做好社情民意调查工作，完成全市科学发展综合考核群众满意度调查、民主评议党风政风行风电话调查以及事业单位绩效考核群众满意度调查等各项专项调查工作。完成重点项目专项督查数据收集和计分工作，市统计局承担数据搜集任务，为参评人员提供各县（市）区数据资料，督查评议结束后，市统计局对评议投票进行现场统分。

4.推进统计方法制度改革。推进国民经济核算制度改革，调整《2015年县（市）区季度核算办法》，加强财政收入、税收收入等指标的评估考核，提高县（市）区GDP核算数据的质量。推进固定资产投资统计改革，开展其他有亿元以上在建项目法人单位审核确认工作，加强名录库的比对、核实，确保亿元以上新建项目应统尽统。不断夯实规模以上服务业统计改革基础，加强季报改月报的数据衔接和评估，与发改、工商、税务等部门联合，对三经普后新注册的服务业企业进行核查，建立"规模以上服务业企业后备库"，后备库企业总数达到3000余家。加快月度劳动力调查改革，每月对40个村（居）、800住户全部采用手持电子设备（PDA）调查，坚持入户检查督导，做好电话核查工作。围绕"打造四个中心"，形成《"打造四个中心，建设现代泉城"统计监测方案》，以济发〔2016〕3号文件在全市经济工作暨"四个中心"建设动员大会上印发。创新统计数据发布渠道和方式，研发并推出"数据济南"APP，为各级党委政府和社会公众提供统计服务。

5.全面推进依法统计。不断巩固统计基层基础，出台《关于进一步加强统计基层基础工作的意见》，对进一步强化基层统计力量、加强统计业务建设、加强基层统计工作的组织领导等方面提出明确要求。搞好普法、执法工作，组织县（市）区统计执法骨干、乡（镇）办统计站站长及部分企业统计人员共计450余人进行培训，全年共组织执法检查273家单位，对4家有统计违法行为的调查对象依法予以警告，编印1万余册《统计执法检查手册》发放到县（市）区及报表单位。开展统计星级管理工作，制定《济南市"四上"企业统计星级管理实施方案》，实行分管负责人包专业。符合条件的五星级企业由原来的217家增加至550家，五星占比率由6.79%提高至9.88%。

6.开展各项普查、专项调查工作。开展第三次农业普查前期调研，完成市级第三次农业普查机构组建，印发《济南市人民政府关于做好第三次全国农业普查的通知》，成立普查领导小组。初步完成三农普2016~2018年的滚动预算编制。开展1%人口抽样调查工作，提请市政府办公厅印发《关于开展2015年全市1%人口抽样调查的通知》，对全市人口抽样调查工作进行全面部署。完成机构、人员、经费、办公设施"四落实"，组织县、乡、村、调查员4级业务培训，开展清查摸底和入户登记等各阶段工作。完成各项重点统计调查，完成农业、工业、建筑业、批零业、住餐业、房地产业、重点服务业以及基本单位、投资贸易、人口就业、社会科技文化、能源环境等各领域的统计调查。与交通、金融、科教文卫等部门合作，加强服务业、高新技术产业、金融业、文化产业等统计调查工作。（孙夕良　沈晓霞）

【全国1%人口抽样调查工作】 市政府办公厅发文部署全市1%人口抽样调查工作，共登记288个调查小区、2.9万户、近8万人，最终通过国家局事后质量抽查。

1.前期社会宣传到位，准备工作全面。在全省范围内，济南市率先完成机构、人员、经费、办公设施"四落实"，PDA设备、调查员用品等各类调查物资配备充足。先后两次在《济南日报》刊登调查公告、答记者问；在济南市电视台新闻栏目播放抽查公告长达一个月；国家统计局官方微信、微博报道全市抽样调查的精彩瞬间。在主要路段悬挂宣传道旗200余条；在车站、商场LDE显示屏播放宣传片；在抽中小区内悬挂宣传横幅500余条。

2.重点开展试点工作。全市在长清区文昌街道办事处长兴社区居委会抽取规模约80户，250人左右调查小区作为试点。通过近一个月的试点，取得入户调查工作的经验，培养和锻炼业务骨干，对调查中的重难点问题进行专题研究并形成相应的解决方案和应急预案。

3.重视业务培训，坚持跨级集中培训。组织开展县、乡、村、调查员4级业务培训，在一个多月的时间内，全市10个县（市）区及高新区、134个乡镇（街道）、288个村(居)、900余名业务骨干分6批参加培训。

4.开展摸底登记工作。完成全

市近5200个村居的基层信息填报工作，1100余张调查区域图的绘制工作。调查开始后，完成清查摸底工作、入户登记和行职业编码工作。11月22~25日，通过国家局事后质量抽查组对济南市天桥区金水岸社区居委会的事后质量抽查。

（杨　冰　于燕燕）

【国家统计局济南调查队】 1.制度化、规范化建设工作。①强化制度保障。重新编印《管理制度汇编》，共分10编，涵盖行政和业务制度方面的89项管理制度；重新编印《工作流程汇编》，涵盖行政管理、财务管理、专业业务、信息应用的50项工作流程和25种统计执法文书样式；编印《机关党建制度汇编》，涵盖思想建设、组织建设、作风建设以及党务群团等方面共36项工作制度。②落实领导工作责任制度。建立分管队领导责任制度，编印《2015年队领导重点工作分工》，将各项调查改革、调查重点工作、调查服务等落实到分管队领导，系统性完善工作责任制度；建立计划指标跟踪监测服务制度，对CPI、城乡居民收入等计划指标跟踪监测责任落实到分管队长。③落实三项制度，提高队伍执行力。抓好督查督办制度，完善督办通知单制度，加强跟踪检查、阶段性检查，做到“事事有落实，件件有反馈”；强化专业联络员制度，建立完善13项联络员制度，将工作全部纳入网状管理；强化考核通报机制，突出日常考核和实绩考核。④完成出入境备案事项和因私出国信息查询工作。

2.各项常规调查工作。①居民收支调查实现全过程监控。推进全市和10个县（市）区一体化住户调查新口径数据的发布与解读工作，确保新老口径数据平稳过渡。调查过程规范化，根据全市实际情况制定《居民收支调查工作流程》《辅助调查员管理考核办法》和《基层基础工作检查方案》等制度方案，全程用制度进行监督；基层基础工作检查常态化，对问题较多的县（市）区分管负责人进行约谈；落实访户制度，做好现场调查，督促记账户“真记账、记实账、记全账”；层层把关，科学评估，严格审核程序，制定“三级联审”制度，每季末对调查数据的匹配性进行分析评估。②完成农产品价格调查和农民工市民化进程动态监测调查。定期实地督察源头数据采集；注重提高技能，做到现场指导培训，切实做到“会记账、记实账、记好账”；做好农民工市民化进程动态监测调查，启动并开展分布在19个街道办事处和1个乡镇、24个村居的355个样本监测调查任务。③粮食和畜禽调查源头数据质量提升。完成农作物对地调查及畜禽监测样本轮换工作；组织完成《济南市夏粮生产形势分析》和《济南市秋粮生产形势分析》报告；突出重点，做好粮食生产全程监测，对粮食从播到收进行全程的跟踪监测，注意收集各生长期的影像资料；加强基层调研、培训和督查，到粮食调查村进行基层调研，强化基层村调查员培训，并在实际测产工作中进行考核和检查实效；部门联合开展粮食生产形势分析，联合市发改委、市农业局等部门专家参加粮食生产形势分析会议。④完成工业调查各项任务。做好新样本调查工作衔接，印制下发《调查单位认定书》，到现场了解掌握企业状况，着力提高样本企业直报率；加强业务培训，组织召开全市规下工业调查培训会议；联合市工商局发文，推进新设立小微单位调查工作的开展，做好新设立小微企业和个体经营户跟踪调查季报工作，提前准备小微企业非金融资产投资调查工作。⑤努力提高服务业调查数据质量。做好新增加建筑业小微企业抽样调查和网络购物调查，进行全程监控，编写查询模板，为调查对象颁发《国家统计调查法定单位认定书》；注重加强业务和法治培训，组织召开全市范围的培训会议，印发《工作手册》，并将《统计法》《统计上严重失信企业信息公示暂行办法》的部分条款加入《手册》中；推进企业联网直报，规模以下服务业抽样调查企业网上直报率由年初的77%提高到90%。⑥进一步巩固完善流通和消费价格调查工作。加强数据质量控制手段，坚持“一对一”监督采价模式，强化动态监管机制，全年召开采价员培训会议6次；严格自查提高数据质量，从8个方面进行阶段性自查，严格落实管理制度；保障基期轮换，抓好学习和培训，推进调查和调研，到调查网点调研咨询规格品的销售及价格情况，抓好数据审核和评估，进一步调整完善采价点及规格品，建立新增规格品的原始采价记录和台账记录，确保基期价格精准；精准做好权数测算评估，做好5类商品权数测算工作。⑦提升生产投资价格统计调查工作水平。

PPI基期轮换工作进展顺利，制订“三阶段十步骤”基期轮换工作计划，开展权数专项调查，确保调查数据衔接、可比；夯实工业品价格调查工作基础，强化样本更新和维护，提高样本的代表性，及时调整相关权数，坚持访厂联络与抽查制度，编发《济南工业生产者价格调查工作手册》，数据采集操作流程规范化，加强数据审核，确保调查数据“数出有据”；房地产价格统计调查工作取得新成效，完成房地产价格基期轮换权数编制，对照二手住宅网签数据，加大数据评估的力度，评估数量由原来的10余个加大到100余个，占全市在售楼盘的75%以上，完善企业信息库和项目信息库的维护；开展固定资产投资和设备工器具价格调查工作，严格按照方法制度要求计算权数，扩大调查样本范围，使固定资产投资价格调查更具有代表性；组织开展数据质量自查和统计执法检查，在全市工业生产者调查企业中开展统计执法大检查，对全市300余家企业进行《统计法》培训。⑧专项调查工作取得新进展。核实样本单位，始终把字典库的维护作为重点环节来抓，通过级别升级、原则替换、双向新增，保证样本代表性；开展回访，规范基层基础工作，每季度对随机抽中的样本企业进行重点回访，并结合回访开展基层基础检查，有效促进企业报表的规范化建设；完成采购经理调查数据质量检查工作，涉及7个县（市）区统计局、调查队（局）和17家企业，通过逐一核查，被检查单位全部通过。

3.信息分析调研工作。全年编发信息分析143篇，其中国务院办公厅采用1篇，省政府办公厅采用2篇。市委、市政府办公厅和媒体采用信息数量比上年大幅提升。济南队“千村调查”调研报告全文收录入国家统计局主编的《“千村调查”优秀报告文集（综合卷）》；编辑整理《济南调查优秀报告文集》，推动调研分析成果精品化、系列化，全书分为居民生活、价格动态、聚焦三农、企业监测、热点跟踪、专题调研、千村调查七大类，共64篇18万字，包含近年来产生较大社会影响的各类调研成果，印刷成书后，分发到党委、政府和市直各职能部门；选派7名干部分赴3支县级调查队下派锻炼；重新制定《济南调查队分析信息工作考核评比办法》，按季度发布《各专业分析信息撰写及采用情况的通报》；每季度召开经济形势分析会，强化经济社会形势分析和预判能力；发挥“调研定点网络平台”功能作用，强化信息网络支撑能力，深入挖掘“调研定点网络平台”功能潜力，对名录库资源定期维护、全队共享，强化调研信息网络支撑能力。

4.统计调查资料的编辑发布工作。《济南调查》季刊改版升级，功能更加完善；编印修订《济南调查队队长手册》，服务内容更加丰富；以局队联合的形式做好《济南统计年鉴》《济南统计月报》《济南市国民经济和社会发展统计公报》《济南统计手册》等统计资料的编辑出版工作，为部门决策提供调查数据支持。

5.统计新媒体宣传工作。开展“统计新媒体推广月”活动，通过扫一扫等方式推广国家统计局的官方APP、官方微博以及微信公众号，发放和张贴二维码宣传海报2500余份；开展“统计调查进校园”活动，通过“扫一扫——统计新媒体进校园”活动，向高校教师、学生发放《统计法》宣传单页，确定山东财经大学为特约合作单位；开办第六届统计开放日专网，设立“精彩瞬间”“调查资料”“调查数据”和“调查知识直播间”4个栏目。

6.信息技术保障工作。切实加强VPN的使用和管理，专人管理、一人一户、做好记录、定期检查。建成国家、省、市、县三级管理、四级部署的客户端安全管理系统。做好网站安全第三方应急队伍保障，制订网站安全应急预案。对网站暨对外重要信息系统进行安全自查，协同第三方安全机构对网站进行远程漏洞扫描，未发现重大安全问题。组织专业人员参加市委组织的“重点项目督查评议”活动，负责设计评议打分软件系统。

7.法治工作。根据《山东省行政执法监督条例》要求，经市政府批准，将济南调查队列入具备行政执法主体资格的单位，济南调查队属于法律法规授权执法的组织，具有警告和罚款的行政处罚职权；对调查对象进行全覆盖的法制集中培训，累计开展8期统计法制培训班，对各县（市）区统计局、调查队业务人员，住户、服务业、生价、工业等专业调查企业、样本企业统计人员及调查辅助调查员共计700余人进行面对面的系统培训，破解法制宣传“最后一公里”难题；开展知识竞赛检验普法成果，根据2015年普法方案要求，济南队自主命题，组织开展《宪法》《统计法》知识竞赛；与山东调查总队联合对24家工业品价格调查企业开展统计执法检查。（张巍　胡中华）

【概况】 全市全年共完成审计和审计调查881项，查出问题资金265.52亿元，提交报告信息1405篇（次），移送案件线索40起。通过《济南市人民政府公报》公告审计结果21件，通过门户网站公告22件。

1.加大对重大决策部署贯彻落实的审计力度。全市审计机关对保障性安居工程、养老服务业、财政扶贫资金、农村人口饮水安全、生态环境保护等15项政策落实情况进行审计。重点关注项目进度、项目落实效果等内容，从稳定经济增长、加快产业升级步伐、加强城市规划建设管理、全面深化改革出发，深入查找、揭示问题，推动稳增长等政策贯彻落实。

2.着力深化财政审计。重点对预算编制和批复、专项资金管理使用、重点部门预算执行情况、“三公”经费使用等事项进行监督，着重关注各级财政资金该投未投、该用未用、使用绩效低下等问题。全市共开展预算执行审计项目151个，查出违规资金3亿元，管理不规范资金128.95亿元，应上缴财政1.63亿元。重点开展对市财政局、市地税局、市政协办公厅、市劳动就业办等11个部门单位的预算执行审计，重点揭示挤占、闲置专项资金，财政资金未充分发挥效益、往来款长期挂账未清理等问题，并及时提出建设性意见和建议，促使相关部门进一步完善管理。

3.加强民生资金和项目审计。重点开展科技专项资金、就业资金管理绩效情况、二环西路地面道路及环境建设、玉符河综合治理工程等专项审计或跟踪审计。更加注重规范民生资金管理和运行，发现和揭示发展中的风险隐患，及时纠正侵害群众利益的问题，防止苗头性问题转化为趋势性问题，保障好改善民生的支出。从完善政策制度、加强全程监督、建立信息共享机制等方面提出建议。

4.推进经济责任审计。全市共开展经济责任审计项目199个，查出问题资金27.63亿元。市审计局对市城乡建设委、市广播电视台等28个部门单位主要负责人进行经济责任审计，重点关注领导干部任职期间的经济社会发展、执行国家财政经济政策、重大经济事项决策、国有资产管理以及领导干部廉洁自律等情况，查出问题资金14.95亿元。出台《济南市经济责任审计联合回访办法（试行）》《济南市经济责任界定及审计评价办法（试行）》《济南市领导干部任前经济责任告知告诫办法》等规章制度。与市纪委、市委组织部等部门加大联合审计回访和审计问责力度，对2014年下半年及2015年实施的15个经济责任审计项目进行联合回访，检查审计查出问题的整改落实情况。

【市级预算执行和其他财政收支审计】 2014年度市级一般公共预算收入228.36亿元，比上年增长12%，完成预算227.06亿元的100.57%。全市社会保障和就业支出69.8亿元、医疗卫生和计划生育支出51.4亿元、教育支出98.4亿元、文化事业支出6.06亿元。制定《济南市市级预决算及“三公”经费公开暂行办法》《济南市市本级财政支出绩效评价管理暂行办法》等一系列规章制度，市本级政府预决算、部门预决算和“三公”经费预决算全部公开，10个县（市）区和高新区也全部实行预算公开。

1.市级全口径财政收支完成情况。一般公共预算收入2283657万元（包括县区上解市级分享收入），完成预算2270619万元的100.57%，比上年增长12%，超收收入13038万元按规定转入预算稳定调节基金，加上级税收返还、各项补助和上年结转收入等726184万元，收入总计3009841万元；市级一般公共预算支出2364375万元，完成预算2401963万元的98.44%（主要是高新区将部分国土资源气象支出8亿元，由一般公共预算调整到基金预算所致），比上年增长4.72%，加上解省支出、补助县区支出、补充预算稳定调节基金及结转下年支出等644355万元，支出总计3008730万元；收支相抵，累计净结余1111万元，当年净结余19万元；市级政府性基金收入5212124万元，完成预算的150.76%，加上级补助收入、上年结转收入等517873万元，收入总计5729997万元；市级政府性支出4583699万元，完成预算的128.26%，加上解上级支出、调出资金等37154万元，支出总计4620853万元；收支相抵，结转下年支出1109144万元；市级国有资本经营预算收入6888万元，完成预算的163.03%，加上年结转收入606万元，收入总计7494万元；市级国有资本经营预算支出7494万元，完成预算的173.14%；社会保险基金预算当年收入2061558万元，加上年结余、上级补助收入等1725462万元，收入共计3787020万元；当年支出1716179万元，加补助下级支出、上解支出、年终结余2070841万元，支出共计3787020万元；预算外资金收入39760万元，加上年结余11463万元，收入共计51223万元；预算外资金支出29409万元，加调出资金、结转下年21814万元，支出共计51223万元。市级（含高新区）财政供养人口65248人。

2.市级预备费、维稳资金、应急保障资金使用情况。2014年，人代会批复市级预备费、维稳资金与城市应急保障金预算共计44256万元，当年实现支出27643.58万元，其余资金用于补充预算稳定调节基金。主要用于非直供住宅小区居民供电一户一表改造项目、便民餐车经费、控制性详细规划修编及综合交通体系规划编制、市级安全生产项目、创建国家卫生城市项目等。

3.预算稳定调节基金设置情况。2014年，市财政补充预算稳定调节基金161004万元，安排支出75560.38万元，主要用于省会文化艺术中心“三馆”项目、破损山体治理项目、创建国家卫生城市项目等，累计结转规模216443.62万元。2015年初，调入公共预算安排16亿元，截至审计日，预算稳定调节基金规模为56443.62万元。

2015年7月9日，市审计局参加“政务监督热线”活动，解答市民咨询问题。

（市审计局　供稿）

【城镇保障性安居工程跟踪审计】1~3月，对济南市本级2014年城镇保障性安居工程（包括廉租房、公租房、经济适用住房和各类棚户区改造）的投资、建设、分配、运营等情况进行审计，重点调查济南市住房保障、建委、规划、财政、国土、民政等部门，延伸调查9个保障性安居工程项目的工程建设和质量管理情况，并对其中4个项目的开工情况、5个项目的基本建成情况进行检查。2014年，济南市本级通过实物安置和货币安置等方式实施棚户区改造，保障城市棚户区居民家庭1856户5823人；通过发放租赁补贴、配租配售保障性住房等方式，保障中低收入住房困难家庭7337户20895人（全部为公共租赁住房，含廉租住房）。①目标任务完成情况。2014年，山东省下达济南市城镇保障性安居工程开工任务21247套，基本建成任务19026套，新增发放住房租赁补贴任务300户。其中分解到市本级城镇保障性安居工程开工任务4889套，基本建成任务5214套，新增发放住房租赁补贴任务300户。实际完成开工任务4889套，基本建成任务5214套，新增发放住房租赁补贴任务306户。②资金筹集使用情况。2014年，济南市级财政共筹集和安排城镇保障性安居工程资金561101万元，其中，上级补助收入80700万元，一般公共预算安排346万元，土地出让收入安排436479万元，住房公积金增值收益安排43166万元，保障性住房租金收入410万元；当年支出529932万元，其中，补助下级支出48804万元，保障性住房租赁补贴支出335万元，公租房（含廉租房）建设和房源筹集支出44243万元，公租房（含廉租房）维护和管理支出566万元，棚户区改造支出435984万元；年底累计结存50489万元。保障性安居工程项目建设等单位通过银行贷款和发行企业债券等社会融资方式筹集保障性安居工程资金130.72亿元，其中，银行贷款33.52亿元，发行债券16亿元，发行非金融企业债务融资工具等其他社会融资渠道筹集81.2亿元。截至2014年底，市本级城镇保障性安居工程项目贷款和社会融资余额为154.34亿元。2014年底，济南市本级针对不同保障需求，采取发放住房租赁补贴、提供公租房实物配租等方式，保障住房困难家庭20895人，比2014年初提高58.4%。市本级实施各类棚户区拆迁7.62万平方米，完成棚户区改造848户，新实施棚户区改造1008户，使享受实物安置的1008户棚户区居民改造后人均住房面积达到30.75平方米，比改造前提高22.02%。全市发放保障性住房租赁补贴水平进一步提高，每户每月平均341.4元。市本级保障性住房和棚户区改造安置住房2014年交付使用7177套。2014年，市本级城镇保障性安居工程基本建成任务完成率达到100%，保障性住房和棚户区改造安置住房竣工面积83.22万平方米，占城镇住宅竣工面积的21.64%；经济适用房、限价商品房和棚户区改造安置住房等保障性住房出售面积49.36万平方米，占当年城镇住宅销售面积的6.39%。济南市级财政（含中央财政补助）继续保持对城镇保障性安居工程资金投入力度，2014年投入561101万元，比2013年357577万元投入多203524万元，增幅56.92%；国家开发银行等金融机构加大信贷和社会融资支持力度，市本级共筹集城镇保障性安居工程银行贷款和社会融资130.72亿元，较上年筹集额453182万元多854018万元，增幅188.45%。2014年城镇保障性安居工程建设完成投资额达到9.5亿元，结合房地产开发拉动投资、带动就业的经验值及保障性安居工程建设的特点，按投资乘数为1.25测算，城镇保障性安居工程建设投资可拉动全社会总投资增加118750万元。

【农村饮水安全政策、措施落实情况的审计调查】 3~4月，对全市有关县（市）区2012~2014年农村饮水安全政策、措施落实情况进行审计调查，重点关注政策、措施落实和项目实施、效益等内容。①全市农村饮水安全项目、资金计划和完成情况。2012~2014年，全市农村饮水安全项目计划投资27219.6万元，其中，省级以上14468万元，市级4593万元，县级8120万元，自筹38.6万元；涉及历城区、济阳县、商河县、章丘市、长清区、市中区和平阴县7个县（市）区15个项目，计划解决749个村49.1万人、114所学校8万名师生的饮水安全问题。截至2014年底，上述项目中，竣工验收并通过决算审计的10个，完工尚未验收和决算审计的4个，未完工的1个。②审计实施情况。市审计局先后对历城区、济阳县、商河县、章丘市、长清区12个项目进行审计调查，占全市项目数的80%；调查资金19525.8万元，占全市资金的71.73%；核实受益村项目资料474个，占受益村总数的63.28%；入户调查受益村75个；对39家水厂和5个水源地进行延伸审计调查和实地察看；就农村饮水安全相关内容和7家单位进行座谈了解，对5家用水单位现场抽取水样进行水质检测。通过上述调查，基本掌握了解全市近3年农村饮水安全政策措施落实情况。

【市就业资金管理使用及绩效情况的审计调查】 3~6月，审计局对全市2012~2014年度就业资金管理使用及绩效情况进行专项审计调查。全市可使用的就业资金规模为7.91亿元，其中，省拨资金2.31亿元、市级财政安排资金4.39亿元、各县（市）区安排资金1.16亿元、利息收入0.05亿元。3年支出资金为6.96亿元，主要用于社会保险和公益性岗位补贴支出、就业培训支出、小额担保基金及贴息支出等。截至2014年底，就业资金结余2.45亿元，其中，市财政就业资金专户结余0.19亿元，市级失业基金扩大支出结余0.28亿元，各县（市）区结余合计1.98亿元。①就业困难人员灵活就业社会保险补贴从272元提高到418元，提高53.67%。就业困难人员公益性岗位补贴从1100元提高到1937元，提高76.09%。企业吸纳就业困难人员社会保险补贴从330元提高到651元，提高97.27%。2014年，市就业办出台政策，对吸纳就业困难人员的企业每月每岗给予200元补贴。②2012~2014年，小额担保基金规模分别为18336万元、24141万元、29141万元。小额担保贷款放款分别为19635万元、32641万元、41539万元，受益人次分别为3603人次、4401人次、4484人次，贴息金额分别为915.22万元、3296.26万元、5117.66万元。

【市养老服务业政策措施落实情况专项审计】 4~5月，对全市2013~2014年养老服务业政策措施落实情况进行专项审计。截至2014年底，全市共建设养老公寓84家、敬老院78家、城市社区日间照料中心90处、农村幸福院340处；共有养老床位30928张，平均每千名老年人拥有26.66张。全市有24.96万人加入信息网络平台，有3121人享受到政府提供的购买居家养老服务。①从资金投入总额看，2013~2014年，中央、省、市投入到养老方面的补助资金逐年增加，投入金额合计为37411.57万元，其中，中央及省级拨付资金20609.42万元（含直接拨付商河县2074.65万元），占55%；市级预算安排资金16802.15万元，占45%。全市福彩公益金中用于支持养老服务业发展的资金分别为5940万元、6230万元，分别占当年彩票公益金预算总额的55.80%、57.27%，均达到50%以上，呈稳步增长趋势。②从财政资金拨付使用看，济南市拨付各类专项资金分别为11774.56万元、13598.70万元，主要用于养老设施建设、运营补助、居家养老补助、五保供养、80周岁以上低保高龄补贴、失能补贴、90周岁以上长寿补贴等。农村“五保”集中供养标准分别为每人每年4700元、5300元；分散供养标准分别为每人每年2900元、3400元。2013~2014年，全市“五保”人员分别有6826人、5898人，集中供养率分别为62.72%、67.99%。城镇“三无”人员集中供养标准均为每人每年11280元；分散供养标准分别为每人每年8640元、9180元。2013~2014年，全市城镇“三无”人员分别有408人、445人，集中供养率分别为86.76%、75.50%。自2013年10月1日起，对全市城乡80周岁以上低保老人发放高龄补贴，其中，80~89周岁，每人每月100元；90周岁以上，每人每月200元。2013~2014年，全市享受高龄补贴的低保老人分别为5127人、5495人。自2014年1月1日起，对全市生活长期不能自理、经济困难老年人发放失能护理补贴，每人每月60元。截至2014年底，全市享受失能护理补贴有3324人。自2014年1月1日起，扩大90~99周岁老年人长寿补贴的发放范围，取消原有的“无离退休金”限制，所有符合年龄条件的老年人均可得到每月100元的补贴；同时，将百岁老人的补贴由每人每月按其实际年龄发放的标准提高至每人每月200元。截至2014年底，全市约有14590人享受到长寿补贴。

【县级公立医院综合改革推进情况审计调查】 3~4月，分别对平阴县、章丘市、济阳县和商河县2014年度县级公立医院综合改革推进情况进行审计调查。章丘市、平阴县是第一批县级公立医院改革试点县，于2012年12月在章丘市人民医院、中医医院、妇幼保健院、口腔医院、眼科医院和平阴县人民医院、中医医院7处医院启动首批县级公立医院综合改革试点工作。济阳县、商河县是第二批改革试点县，于2014年9月，分别在县人民医院和县中医医院等4处医院启动第二批县级公立医院综合改革试点工作。2014年，11处改革试点医院业务收入191190.1万元，支出188067万元，门诊人次2703801人，住院人次188261人，编制床位4656个，编制人数5142人，实有人数6788人，政府财政补助资金12136.4万元。①加大财政补助资金投入。2014年，各级财政投入11处试点医院改革补助资金合计12136.4万元。其中，4个县（市）财政拨付取消药品加成补偿及离退休人员经费补助资金分别为3400万元、1211万元、250万元、299万元，拨付基建和设备购置补助资金分别为2800万元、500万元、50万元、100万元，拨付提升能力建设、公共卫生服务等其他改革补助资金分别为443万元、610.4万元、30万元、43万元；市级以上财政拨付4个县（市）取消药品加成补助资金均为600万元。②重新核定医院人员编制。11处试点医院编制由2792名调增为5142名，核增2350名。其中，章丘市5处试点医院由817名调整为2041名，核增1224名，2013~2014年实际增编140名；平阴县2处试点医院由566名调增为1164名，核增598名，2013~2014年实际增编48名；济阳县2处试点医院由729名调增为1207名，核增478名，实际增编16名；商河县2处试点医院由680名调增为730名，核增50名，实际增编22名。③调整医疗服务价格总量。章丘市和平阴县药品实行零差率销售后，规定调整医疗服务价格的总量不超过2011年度药品“合理价差”（药品进价顺加15%）总量的80%。2011年章丘市5处试点医院和平阴县2处试点医院的药品“合理价差”总量分别为7638万元和3940万元，2014年门诊诊查费、住院诊查费、护理费、手术费4项医疗服务价格的总量分别为2179万元和732万元，分别占“合理价差”总量的29%和19%。济阳县和商河县药品实行零差率销售后，规定调整医疗服务价格的总量不超过2013年度药品“实际价差”（药品收入减药品成本）总量的64%。2013年济阳县2处试点医院和商河县2处试点医院的药品“实际价差”总量分别为4885万元和4650万元，2014年门诊诊查费等4项医疗服务价格的总量分别为3126万元和2976万元，均达到“实际价差”总量的64%。④改革医保支付和控费制度。医疗保险政策与医疗服务价格同步调整，将调整后增加的门诊诊疗费、住院诊疗费、护理费和手术费纳入医保支付范围。加强预决算管理，按照“以收定支，收支平衡，略有结余”的原则，对定点医院基本医疗保险费用结算实行总额控制。逐步提高参保人员住院和特殊病种门诊医疗保险待遇，重点控制住院和门诊总费用中个人自付部分，提高医保基金的列支比例。

【市农村水利建设项目管理及资金使用绩效情况审计调查】 4~6月，对全市2012~2014年度农村水利建设项目管理及资金使用绩效情况进行审计调查。重点对市水利局及历城、长清、章丘、商河4个县（市）区的农村饮水安全、小农水重点县、高标准农田建设等农村水利项目进行调查。3年共完成投资2.5亿元，项目区内农村居民和学校师生饮水安全问题基本得到解决，农村自来水普及率达到97.5%。3年累计投资超过10亿元，新增、恢复、改善灌溉面积4万公顷，新增节水能力5000余万立方米，进一步提升农村水资源的支撑和保障能力、防汛抗旱的减灾能力和农村水利服务的民生能力。

【市科技专项资金管理和使用绩效情况审计调查】 3~6月，对全市2012~2014年科技专项资金管理和使用绩效情况进行专项审计调查。共调查92个单位的146个项目，涉及科技资金14961万元。应用技术研究与开发专项资金3年共安排1447项，经费48619万元。中小企业创新资金3年共安排333项，经费5500万元。

【平阴县森林资源管理绩效情况审计调查】 4~5月，对平阴县人民政府2012~2014年森林资源管理绩效情况进行审计调查，重点对项目实施、效益、资金使用等内容进行审计。截至2014年底，平阴县林地面积23594.91公顷，其中森林面积19008.99公顷，林木覆盖率为33%，宜林地918.92公顷。2012~2014年，全县造林5327公顷，其中通过15个林业项目新增林地1017.80公顷。2012~2014年，市级以上计划投资共计7785.20万元（其中，中央投资856.16万元、省级投资552.29万元、市级投资6376.75万元），实际到位资金7785.20万元；截至2014年底，拨出资金3803.56万元。审计调查项目资金4366.43万元，占计划总投资的56.09%，延伸4个乡镇、3个县林业局下属单位、2个协会组织，对营造林工程、高速绿化提升、退耕还林等8个重点林业项目实施情况进行查看，对17处卫片分析疑点进行实地核实。

【市本级政府拖欠工程款专项审计调查】 9~10月，对济南市本级截至2014年底政府负有偿还责任的拖欠工程款情况进行专项审计调查。截至2014年底，《地方政府性债务管理系统》中市本级有3个部门单位存在拖欠工程款问题，金额共计365766.8万元，分别是：济南西城投资开发集团有限公司、济南市公用事业局、济南护理职业学校，拖欠工程款数额分别为299924.9万元、64633万元和1208.9万元，合计365766.8万元，分别占政府拖欠工程款总额的82%、17.67%、0.33%。公益性项目的主要投向是道路建设、大学园区建设和西客站片区建设，这3类项目分别拖欠工程款67186.7万元、22086.2万元和244037.5万元，占公益性项目拖欠工程款总额的18.37%、6.04%和66.72%。

【市泉域地下水资源保护利用情况审计调研】 围绕地下水的保护、利用、管理等环节，市审计局先后调研水利、市政、园林、水文、环保等部门，走访部分用水单位，并对部分居民生活使用地下水情况进行问卷调查。全市地下水资源分布在历下、市中、历城、槐荫、长清、高新等区，面积约为1588平方公里，补给方式主要为大气降水渗透补给，流出方式主要是四大泉群出露、生产生活地下井开采使用。以2014年为例，出水总量约为18165万立方米，四大泉群出流量约为6090万立方米，约占3成。生产生活用水约为12075万立方米，约占7成，其中，工业用水约为1180万立方米，占出水总量6.5%；农业生产用水约为4600万立方米，占出水总量25.32%；生活用水约为6295万立方米（含矿坑水综合利用，下同），占出水总量34.65%。全市初步建立起以保泉为主要目标的综合管理体系，成立名泉保护委员会统筹推进保泉工作。出台《水资源管理条例》《实行最严格水资源管理制度考核办法》等地方性法规和政府规章，不断完善制度保障。近年累计关停或封闭自备井380眼，通过水源置换年均减少工业、农业地下水开采约3100万立方米。实施补源工程，加大人工补源水量，优化补源点布局。严格征收水资源费，加强取水许可管理和用水计划考核。同时初步建立地下水动态监测网络，完成渗漏带保护规划等多项研究。

【市人防建设费征收、管理和使用效益情况审计调查】 3~5月，对济南市人民防空办公室2012~2014年济南市人防建设费的征收、管理和使用效益情况进行审计调查。2012~2014年，人防建设费收入合计36157.19万元，其中，人防工程易地建设费收入30415.20万元，人防工程有偿使用收入5741.99万元。审计调查表明，2012~2014年，市人防办人防工程审批工作逐步规范，出台《济南市城市地下空间开发利用管理办法》《济南市人民防空工程管理实施细则》等政府规章，并陆续制定《济南市人防办财务管理暂行办法》等多项管理制度。将人防工程审批手续纳入济南市建设项目审批服务“一号通”运行管理系统，实行一个窗口对外受理、承诺服务、限时办结、统一收费的“一站式”审批服务制度，减少审批环节和审批时限。人防建设费收入逐年递增，人防建设费的征收、管理和使用较为规范，3年间共追缴人防建设费2085.4万元，避免政府非税收入的损失。新增开发利用面积28万平方米，实现平战结合收入5742万元。使人防工作的战备效益、社会效益和经济效益实现新的突破。

【全市公务支出和公款消费审计】 全年对31家市直部门单位和155家区县级部门单位，开展以公务招待费、因公出国（境）费、公车购置运行费、会议费、培训费、差旅费和楼堂馆所建设维护费、机构编制、“吃空饷”等内容为重点的公务支出和公款消费审计。①2014年公务支出和公款消费总体情况（见下表）。②楼堂馆所建设使用总体情况。济南市及所属县（市）区审计局在对各部门单位开展的公务支出和公款消费审计中，共审计涉及楼堂馆所资金9932.02万元，未发现存在违规建设楼堂馆所等违规问

2014年公务支出和公款消费总体情况 单位：万元

序号	项目	审计单位(个)		2014年预算	2014年决算	2014年审计认定	市级“三公”经费是否公开
		市	县				
1	因公出国(境)费	31	155	1859.54	1611.47	1611.47	是
2	公车购置费	31	155	7017.79	8676.19	8676.19	是
3	公车运行费	31	155	700.9	224.54	224.54	是
4	公务接待费	31	155	300.96	252.85	252.85	是
5	会议费	31	155	2758.18	1244.17	1244.17	是
6	培训费	31	155	568.24	550.327	550.327	是
7	差旅费	31	155	1959.44	2159.9	2159.9	是
8	楼堂馆所建设支出	31	155	8047.04	9932.01	9932.01	是
合计		31	155	23212.09	24651.5	24651.46	

题。③机构编制管理总体情况。仅就抽审单位看，经各级编办核定的编制人数为15579人（含延伸审计二级单位），2013年初实有人数16206人，2014年底实有人数为16499人，2014年比2013年增加293人，2014年底超编920人。其中，济南市本级核定的编制人数为5691人，2013年初实有人数5535人，2014年底实有人数为5504人，2014年比2013年减少31人。所属县(市)区核定的编制人数为9888人，2013年初实有人数10671人，2014年底实有人数为10995人，2014年比2013年增加324人。

【市大气污染防治实施方案贯彻落实情况专项审计调查】 3~4月，对全市大气污染防治实施方案贯彻落实情况开展专项审计调查。重点对扬尘治理、机动车污染治理情况进行调查，着重抽查18家工地、破损道路、采石场和企业。全市6000余处工地全面推行扬尘防治工程监理并严格责任追究，加强监督检查，强化执法手段，发挥由建委、环保、城管执法等部门人员组成的联合办公室作用，扬尘污染得到控制。2014年第4季度，全市环境空气中可吸入颗粒物（PM10）、细颗粒物（PM2.5）、二氧化硫、二氧化氮4项指标，同比改善率分别为16.3%、25.0%、32.4%、14.1%，空气质量比上年同期改善率为23.7%。2015年1~2月，各项指标改善步伐不减，4项指标同比改善率分别为19.6%、25.9%、32.3%、11.4%，空气质量比上年同期改善率为24.5%；其中2月与上年同期相比，4项指标改善率均为全省17地市第一名。从全国74个重点城市环境空气质量排名看，2014年10~12月、2015年2月均退出全国74个重点城市后10名行列。

【小清河项目建设及运营绩效情况审计调查】 8~10月，对小清河项目建设及运营绩效情况进行审计调查。济南市小清河综合治理工程是集防洪、治污、改善民生、推进经济社会发展为一体的重大综合性工程，工程由济南市小清河开发建设投资有限公司负责建设。2007年，省发改委批复该工程总投资为856200万元，征占土地约449.2公顷，工程西起槐荫区睦里庄闸、东至巨野河，全长约46公里，分两期实施。建设内容包括水利工程、截污治污及水质保障、道路及桥梁建设、管线复建、景观绿化及房屋拆迁6部分组成。一期工程估算投资347700万元，主要进行济泺路至二环东路长约6公里的综合治理，以及二环东路至孟家闸长约9公里的河道治理，2007年11月开工，于2009年全运会前完工；二期工程估算投资508500万元，主要对剩余河段进行综合治理，2009年开工，于2011年10月完工。小清河两期工程完成投资约833700万元。其中，征地拆迁费用约227000万元，工程建设费用约456000万元（含未结算工程暂估8371.51万元），建设期贷款利息129400万元，其他支出21300万元。截至2015年8月31日，该工程已发生财务支出1003168.61万元。其中，土地征用及拆迁费用226582.43万元，工程款447628.49万元，利息支出297521.16万元（含建设期贷款利息129400万元），其他支出31436.53万元（含后期维护管理费10139.62万元）。资金来源为财政专项资金40650万元，土地熟化收益68048.02万元，融资贷款894471万元。

（刘剑秋　宋　欣）

责任编校　王　洋

【概况】 全年实现生产总值596.3亿元，增长8.8%；规模以上工业增加值269.7亿元，增长8%；固定资产投资565亿元，增长21%；消费规模持续扩大，社会消费品零售总额105.1亿元，增长11%；外经外贸形势好转，进出口总额28.7亿美元，增长8.4%；招商引资态势良好，实际引进市外资金155亿元，增长4.1%，实际利用外资3.9亿美元，增长16.4%。

1.经济稳步增长。全年完成地方公共财政预算收入82.5亿元，增长14.1%，其中税收收入占财政收入的比重达到83.3%。着力提升传统产业，全年规模以上工业主营业务收入821亿元，利税74.8亿元，利润46.6亿元。大力发展新兴产业，高新技术产业产值实现647.7亿元，占规模以上工业比重达到67.2%。加快汉峪金谷、齐鲁创新城、济南药谷、综保区、ICT产业园等产业载体建设速度。法国达能、上海紫江、修正药业、上海宇培电子商务基地、新凤祥财务公司、华海财产保险、星辉数控、馨晟嘉生物质能源、凯宾斯基等一批优质项目相继落户。加快发展“众创空间”，全力推进大众创业、万众创新。建设“聚·创客”“创·空间”“集客办公”三级创业空间和赛伯乐智慧制造创业基地；创业服务中心成为国家“创业苗圃—孵化器—加速器”科技创业孵化链条建设15家示范单位之一，依托市人社局在济南药谷设立国际孵化园。在科技金融体系建设上，成立赛伯乐山东智慧制造产业基地，着力打造10亿元规模的“机器人+智能制造”的“工业4.0”产业扶持引导基金、天使投资和创业投资；协调驻区银行开展知识产权质押、创新创业资金池授信等金融产品服务；创新开展融资租赁、科技保险、互联网股权众筹等科技金融新业态服务。全力推进“齐鲁人才特区”建设，国家“千人计划”达到29人，省“泰山学者海外特聘专家”达到56人，市“5150引才计划”达到319人。不断深化行政审批制度改革，梳理各类审批事项和业务流程，继续实行“零收费”制度。在行政效能提升上，深化建设项目审批“一号通”、商事登记联合审批“一表通”改革，全面落实认缴制、年报制、先照后证、一址多照、一照多址、多证联办、企业信息公示等行政审批制度改革，激发创业创新活力。

2.民生事业全面发展。①提高社会保障水平。实施积极就业政策，实现城镇就业18945人；提高城乡居民低保和农村五保供养标准，共享经济社会发展成果；扩大社会保险综合覆盖面，城乡居民养老保险参保4.07万人，城乡居民基本医疗保险参保6.84万人。②推进教育跨越发展。优化全区教育资源，深化与国内外知名学校的合作，全力加快国际学校建设，增加学校数量，提高办学质量；投资5500万元用于新建学校、校舍维修和教学装备更新；建立优秀教育人才聚集机制，吸引名校长、名教师来高新区任教。③统筹做好各项民生保障工作。进一步深化与齐鲁医院的合作，启动区级医院建设，提高全区医疗服务保障能力；落实最严格水资源管理制度，合理开发利用保护地下水；投资56万元用于农村饮水工程，保障村民用水安全；以改善农村人居环境为切入点建设美丽乡村，村庄“五化”覆盖率达80%，农村新型社区“八有”覆盖率达85%。④全面加强和创新社会管理，做好群众工作。推进全区社会治安综合治理、信访调解、安全生产、食药监管、应急管理、国防双拥等工作，有序开展工会、青年、妇联等工作。贴近群众文化生活，开展文化惠民活动，全年举办文化惠民演出20场，消夏文化广场演出8场，放映公益电影730余场次。

3.城市环境日渐优化。①加强大气污染防治，促进环境空气质量改善。通过强化扬尘污染防治，加强工业和燃煤大气染污治理，推进油气回收改造和机动车污染防治、做好夏季秸秆禁烧和落实主要污染物减排等措施，推进大气污染综合防治，减少主要污染物排放。②以"六城联创"为契机，开展城市环境综合整治工作。集中组织30余次环境综合整治行动，清理流动摊点2000余处，规范临时便民市场10余处，拆除9526平方米的违法违章建筑，对300万平方米的绿地进行专业养护；创新城市公园建设新模式，累计吸引社会投资2.02亿元，随着舜华三山森林公园、舜奥公园、涵玉公园的加快建设，全区绿色生态环境得到持续改善。不断加快产城融合发展，居住、购物、餐饮、娱乐、交通等相关配套设施不断完善。

（徐兰婷）

【明水经济技术开发区】 全区315家规模以上工业企业实现主营业务收入1229.3亿元，同比增长7.8%；完成工业增加值280.2亿元，同比增长12.3%；实现利税137.3亿元，同比增长13.2%。

1.招商引资工作。全年签约中铁十四局建筑产业化、万科现代物流园、日本青玉菊藤生物工程等54个项目，总投资353.4亿元，实际到位资金262.3亿元。其中，过亿元项目37个，投资15亿元的中铁十四局建筑产业化项目实现当年签约、当年建设、当年投产。全年共储备有效项目信息152个，其中在谈项目67个、总部经济项目42个、企业技改扩产项目43个。

2.项目建设工作。全年筛选确定35个重点工业项目，计划总投资215.4亿元，其中续建项目20个，新建项目15个。机床一厂中高档机床、中铁十四局建筑产业化、飞洋热工节能换热设备等11个项目建成投产；山东智谷创业园、华凌电缆研发中心、安莉芳SD智能配送等14个项目全面开工。全年共为企业开通自来水管口12个，新上供电设施9座；协调土地征用指标46.67公顷，办理土地招拍挂66.67公顷，并按时发放土地证；为30多家企业办理各类手续100多项，为企业职工落户、子女上学等需求进行协调保障。

3.园区规划建设工作。①加强规划。根据章丘市第二次土地利用规划，结合"一区四园"用地现状，做好基本农田布局和建设用地预留。为确定土地使用性质、使用强度等控制指标，给基础设施建设和项目落地提供遵循依据，完成主项目区西片区控制性规划的编制工作，启动城东工业园总体规划的编制工作。同时，组织推进主项目区西片区、化工产业园和城东工业园等5项区域环评。②加强配套。以完善园区排水排污管网体系为重点，以加强环境保护、维护群众利益、服务企业发展为原则，组织实施重汽三期排水、轻卡片区排污、济青路排污、圣井一号路排水排污、潘王路排水排污、聚源CBF排水排污6项管网工程，预计总投资4140万元。③加强管理。加强对主项目区圣井片区、龙枣片区道路、绿化和管网设施的维护，投资20多万元对破损道路、路沿石、花砖等进行维修，清理建筑垃圾、秸秆杂物100余吨，对区内15条道路绿化带进行修理并开展白蛾防治工作。

4.财税监督管理工作。全年纳入开发区统计范围的137家企业实际缴纳税收6.39亿元，同比增长16.9%；完成地方税收留成2.12亿元，同比增长17.3%，全面完成财税增长任务。①抓好重点税源服务。对贡献率在70%以上的12家支柱型企业，拉出单子，加强监控，进行定期走访和专人对接，随时帮助企业解决生产经营过程中的困难和问题，保证重点企业的正常运营和稳定增长。②抓好新增税源建设。对济南一机床、膜源水业等投产项目，延缓固定资产投资抵扣，争取交纳更多税收；对巴德士、KPF、彼岸电力等8个投产项目，督促企业加大市场开拓力度，提高生产运营效率，履行税收承诺事项。③抓好税收协调工作。通过服务与调研，确定5家有能力引税、有潜力增税的企业，协调企业将订单、投资、税收向章丘倾斜。

明水经济技术开发区主项目区掠影 （明水经济开发区 供稿）

5.创新人才工作。增设科技信息局、综合服务中心2个部门，形成“一办四局两中心”的新格局。①提升科技创新能力。把加强企业技术中心建设，作为促进企业自主创新的重要抓手，组织相关企业申报济南市级企业技术中心3家、章丘市企业技术中心2家。同时，申报省级科技项目3项、济南市级科技项目5项，组织科芯电子、纳诺机械等5家企业申报高新技术企业，协调丰汇等5家企业参加高新技术企业复审。②完善信息平台建设。设立工作调度平台，通过公开重点工作进度，推进工作落实；提升企业服务平台，通过完善功能设计，满足工作需求；改善协同办公平台（内网办公平台），通过设置部门专属账号，加强日常运营维护；升级开发区网站，新增在线访谈、互动信箱、调查征集等模块，实现优越的互动功能。③加强人才工作保障。坚持人才强区战略，设立100万元的专项资金并纳入年度预算，制定人才需求目录和人才档案，搭建高校毕业生就业平台，创建省级科技孵化器、留学生创业园或中小企业服务中心，全年引进高层次人才7人，开发区被人社部批准设立国家级博士后科研工作站。同时组织开展各类人才培训、招聘和申报工作。 （陈 涛）

【济北经济开发区】 全区89家规模以上工业企业实现产值152亿元，同比增长14%；实现增加值39.5亿元，同比增长14.7%；实现利税21.5亿元，同比增长19.5%；实现固定资产投资72.8亿元，同比增长9.1%；完成高新产业产值49.63亿元，占比26.5%，比上年增加1.17个百分点；限额以上贸易完成销售收入25.5亿元，同比增长45.5%。完成地方财政收入5.13亿元，保持7.3%的增幅，其中国税完成1.98亿元，同比增长4.1%；地税完成3.15亿元，同比增长9.4%。先后被评为“中国投资价值开发区”“山东省最受台商欢迎开发区”等称号，并入选“中国产业园区创新力百强”。

1.招商引资工作。①精准招商取得实效。先后赴丹麦、印尼、菲律宾及台湾、北京、上海、温州、南京等地开展招商活动。全年新签约熊猫乳业、旺旺纸箱、统一银座物流、九阳豆浆机、盛方鼎投资、金晔食品、欧克家具三期等项目12个，引资总额超过30亿元，过亿元的项目7个，其中，熊猫乳业项目的引进，成为济阳县食品招商的新亮点。②“腾笼换业”带动产业升级步伐加快。面对土地资源日趋紧张的形势，开发区对建而不产或低产的项目通过整合、并购、重组、寻求合作伙伴等方式，实施“零增地招商”。盘活三和生物闲置用地，引进总投资1.1亿元的九阳豆浆机项目；盘活华宇集团闲置用地，引进总投资3.6亿元的浙江熊猫乳业项目；盘活哈亚食品闲置用地，引进总投资1.2亿元的金晔食品项目。共有效盘活闲置土地15.33公顷。

2.重点项目建设。开发区推行重大项目推进机制，每个项目都落实包挂责任人，项目推进情况坚持一周一调度，对项目审批手续实行专人代办、专项督办，从项目签约、开工建设一直到项目建成投产实行全程跟踪服务，集中为20多个项目办理各项手续400余项。丹夫食品、加多宝饮料、鲁华生物等7个项目投产，加快推进沐阳机械、上好佳二期、中小企业科技园等10多个项目，九阳豆浆机、力生体育二期等6个项目准备投产。

3.清障搬迁工作。先后完成济青天然气管线分输站、自来水饮水安全工程、电力通道搭建三大惠民线路建设涉及的28.67公顷土地的清点清障，以及欧克家具二期、捷瑞物流三期等重点项目16公顷土地的征地清点工作，在较短的时间内清点清除41000余株树木和百余座坟头；完成对蔡家、尚家、马官寨、营家、西八里、王荣等村（居）部分剩余房屋的拆迁工作以及80余公顷土地的测绘；提前完成农村土地确权工作涉及的田家、杨家、杨尧等11个村（居）1300余人520公顷土地的野外测绘工作。9月启动徐家片区C区集体商业拆迁安置工作，签订房屋拆迁协议121份，同时拆除房屋121处，完成全部拆迁任务的98%。1月启动国有土地房屋征收工作，完成产权登记。

4.园区发展环境持续优化。①创立“6+信息化”服务平台。根据企业发展需求，建立项目落地服务、企业用工、银企融资、企业交流、惠企政策、资源盘活提升六大专业化服务平台，切实为企业解决实际难题。通过中小企业互助基金为园区40余家企业融资8000余万元；引导支持企业通过股权上市融资发展，同智科技、天茂新材料、万斯达、蓝贝思特、大自然5家企业成功上市。②延伸企业服务内容。在招商局开设关务办理窗口，企业通过网上申报，开发区安排专人全程为企业集中办理通关等手续，节约企业成本，提高服务效率；每月一次通过电视台、《新济阳》免费为区内企业发布招工、厂房租赁等信息；创新实行企业诉求月会制度，将每月第一周的周二确定为企业反应诉求例会，先后协调解决天阳纸业、力生体育、上好佳食品等涉企事项80余件。③人才工作取得进展。为吸引人才落户，采取政府引导、企业参与、市场化运作的路子，启动350余套人才公寓建设；设立海峡两岸青年企业家创业基地，为人才的引进和发展创造有利的条件。④加大园区监管力度。土地利用方面，实行动态管理，在全面、细致调查的基础上，编制《济北开发区2015年企业监管盘活台账》，对41个企业土地闲置情况进行全面调查登记。税源监管方面，联合开发区国、地税分局开展税源普查专项活动，调查企业120户，查出欠缴税款4600余万元，全部入库。安全生产方面，成立安全生产委员会，下设工业经济、消防环保等9个专项委员会。并建立起安全生产网格化管理体系，落实

济北开发区第一个合村并点集中安置小区——汇鑫苑社区

（济北经济开发区　供稿）

24个片区监管责任人；对重点领域开展专项隐患排查40余次，检查企业120余家，下达整改意见书85件，并全部完成整改。

5.新型农村社区建设。汇鑫苑社区、营家社区一期和徐家鑫苑社区全部投入使用，辖区有12个村（居）6000余名群众乔迁新居。为提升社区居民生活质量，开发区不断加大投入，创新服务和管理模式。汇鑫苑社区启动社区智能服务系统改造升级工程，在做好3D系统应用维护的同时，与有线电视公司联系接洽，开启社区之家、便民服务、广电服务、视频通话等模块，丰富社区智能化服务功能。汇鑫苑社区老年人日间照料中心建设完成，汇鑫苑农贸市场建设步伐加快。完善营家社区、徐家鑫苑社区的管理服务机制，健全道路、绿化、治安等配套设施，开展“送教下乡”“文化下乡”“欢庆重阳节”等居民喜闻乐见的文化活动。

（王　晗）

【济南临港经济开发区】 截至年底，开发区入驻企业300余家，其中规模以上企业58家，吸引德国、美国、日本、意大利、瑞士、比利时等11个国家和地区的27家外资企业投资落户。先后获得“山东省科学发展园区”“济南市发展园区经济标兵单位”“济南市发展园区经济先进单位”等称号。

1.突出项目导向，加快园区建设。年初开发区研究确定的总投资近百亿元的48个二、三产业重点项目继续实行项目责任包挂和建设进度定期公示制度，倒排工期，加快项目推进；半月一次现场办公调度，帮助企业解决问题，服务项目快速建设。核心区有43个项目投入运作和实施，其中新开工本安科技等11个项目。

2.强化招商引资，促进产业聚集。积极“走出去”招商，分别在比利时根特市、德国汉堡市阿伦斯堡市举办“第三届济南临港经济开发区欧洲招商推介会”，30余家外商和商会代表参加，期间与比中经贸委员会、比利时法兰德斯中国商会、德国吕贝克工商会建立友好合作关系；强化专业招商和集群招商，成立相对独立的、专职的招商队伍，举行开发区近年来的第五次项目集中签约活动，引进民生电商金融物流产业园、国美电器集团济南物流基地等总投资约90亿元的24个项目。重大项目招商实现突破，引进瑞士皮拉图斯飞机工业有限公司，该公司计划初期在山东省建设15个通用航空机场，构建“山东一小时通航经济圈”，在山东的总部设在开发区。

3.提升发展平台，营造优良环境。从“软”“硬”两个环境入手，抓好优化、改善和提升。软环境方面，除强化在建项目的跟踪服务外，进一步抓好对投产企业的服务，运用好国家、省、市各项政策，利用好开发区和山东大学联合成立的产学研办公室这一平台，促进研企、校企、银企对接，助推企业科技创新。开发区内济南山源电力有限公司等2家企业被评为市级“一企一技术”创新型企业，山东沃森电源设备有限公司等8家企业被命名为市级专精特新中小企业。硬环境方面，在现有主干道路、电力设施框架基础上，进一步实施机场东路、清河东路、稼轩西路道路建设工程和临清路、规划路、温泉中路绿化提升工程，架设完成10千伏机场路双回路、A区10千伏六回路等8条供电线路，使开发区道路、电力配套不断完善，形成网格化发展格局。

（姜　昀　王景鹏）

【山东商河经济开发区】 截至年底，开发区共有企业222家，其中规模以上企业107家，实现规模以上工业销售收入148.3亿元，同比增长17.5%；规模以上工业增加值37.6亿元，同比增长16.4%；外贸出口7699万美元，同比增长9.5%；实际利用外资707万美元，同比增长9.2%；固定资产投资64.7亿元，同比增长25.4%；税收收入6.77亿元，同比增长14.9%。

1.围绕主导产业招引大项目。①推进市场化招商。商河开发区申请全市市场化招商改革试点并获通过，成为全市市场化招商试点园区。根据市场化招商工作方案，面向社会招聘专业招商人员成立招商促进局，提高招商工作的专业化和市场化水平。②开展主导产业定位战略研究。12月2日，德勤咨询商河经济开发区主导产业发展战略研究项目签约启动，通过精准定位主导产业，进一步明确园区招商工作的方向和重点。围绕培育节能环保、纺织服装、食品加工三大主导产业，重点突出“产业招商”和“平台招商”，推动由招项目向招产业转变，全年新签约项目11个，其中过亿元项目5个，项目储备工作有序进行。作为全市的市场化招商试点园区，与宜兴环科院、鲁电集团节能减排公共服务平台、高新区药谷建立战略合作关系。

2.园区建设水平与生态环境不断提升。按照产业布局和发展需求，进一步完善园区规划。为推进产业招商和平台招商，全年园区基础设施配套共计投入6116万元，实施包括道路、绿化、照明、污水管网、景观河整治在内的6大项、20小项建设工程，推进科技孵化器、中试基地、创业基地标准厂房建设；商南工业园的汇龙新城、城区产业园的溪岸新居地产项目改善园区的居住条件；由园区管委会投资的公租房项目待土地指标落实后即可投入建设。结合全县国家级生态县创建活动，推进园区生态建设，不断加大环境综合治理力度。严格治理存在污染企业，对限期整治排放不能达标的启动退出机制，加大对园区污水处理厂改造扩建投入，园区生态环境提升效果明显。

3.推进综合配套改革，加快重点项目推进。推进以县级审批权限下放和管理体制机制改革为主要内容的园区综合配套改革，为优化工作流程、行政审批提速提供保障。对园区重点项目，管委会内部继续实施干部职工联系企业制度，为入驻项目的开工、建设提供一条龙服务。全年开发区在建项目13个，其中续建项目6个，新开工项目7个。

4.做细做实企业服务与管理。①进一步完善与落实干部职工包企业制度，通过不定期走访、定期调度等形式，征集园区企业意见和建议，增强企业服务工作的针对性。②与县电视台共同创办《走进开发区》专题栏目，制作播出节目37期，对园区投资环境以及景陆机电、叶华包装、天冠建材、大商电器、玉泉发电、舜泽门窗、联荷电商等企业进行宣传报道，为宣传企业、企业人才招聘、信息共享提供平台。③为企业提供各类培训、融资、人才、新三板上市辅导等服务。通过不断将企业服务工作做细做实，努力打造园区优质服务的金字招牌。（商河经济开发区）

【山东平阴工业园区】 截至年底，园区35家规模以上工业企业实现主营业务收入53.46亿元，下降3.6%；工业增加值14.77亿元，下降2.1%；利税5.78亿元，下降5.8%；出口创汇6102万美元，增长44.1%；固定资产投资15.77亿元，下降1.6%。

1.基础设施建设。全年累计完成基础设施投资1429万元，安排电力设施配套、土地整平、河道治理三大类项目。电力设施配套方面，110千伏北辛变电站10千伏至海丽管业线路、二机床产业园区段变更和安城第二电源配出工程，全部完工并投入运行；土地整理方面，整平济南春阳机床有限公司、济南擎雷换热科技有限公司、济南瑞浦产城实业有限公司等地块23.33公顷；河道治理方面，围绕黄石河综合治理项目，主要建设河道防洪工程、截污工程和景观工程。

2.重点项目建设。全年安排重点工业项目13个，完成投资18.5亿元。济南迈克阀门科技股份有限公司年产100万套精密智能阀门项目，加工车间和装配车间投入使用，成品仓库竣工并使用，厂区道路工程完工；济南迈克尔管道科技股份有限公司年产30万吨精密直缝涂衬塑钢管项目，车间完工并投入使用，车间南部龙门吊安装完毕，货场投入使用，环形道路工程全部完工；济南擎雷换热科技有限公司擎雷换热器项目，办公楼和研发楼完成主体建设，完成2个车间钢柱和钢梁的吊装；济南春阳机床有限公司春阳数控机床项目，完成铸造车间土方回填，完成钢柱钢梁吊装，完成机加工车间基础处理；山东民生电气设备有限公司民生电气项目，一期车间正常生产；济南二机床集团平阴产业园项目，完成地上附属物评估，土地进入收储程序。

3.老企业帮扶提升。多渠道搜集融资信息和政策文件，探索建立银行与企业的对接平台和机制，减少中间环节，把资金用到最需要的地方。利用济南市在信息化建设、科技创新、节能减排、技改创新等方面的优惠政策，协调相关企业整理材料，争取扶持资金或贷款贴息补助。申报国家火炬清洁能源特色产业基地扶持资金100万元。

（付媛媛）

【济南槐荫工业园区】 截至年底，园区规模以上工业企业实现工业增加值11.7亿元，销售收入43.2亿元；商品销售总额108.2亿元，社会消费品零售额38.7亿元；招商引资额7.5亿元，占年计划的104%，全社会固定资产投资19亿元，占年计划的105.6%，出口创汇3199万美元，占年计划的355.4%，实际利用外资260万美元，占年计划的217%。

1.重点项目。天岳碳化硅衬底生产建设项目一期工程全部竣工，进入生产阶段；海那城项目由奥莱商街、总部公园、海宁皮革城3部分组成，建筑面积约40万平方米，海宁皮革城正式营业，总部基地东西区全部完工，奥莱商街进行内外部装修和管网工程；天业工程机械有限公司工程机械再制造中心项目已完工并验收合格；石济铁路客运专线济南西联络线工程中，涉及辖区内拆迁、桩基工程基本完工。

2.招商引资工作。全年园区先后接待北京联东集团、北京融通集团、上海远行供应链有限公司等一批国内知名企业。与德迈信息产业园签订协议，完成土地规划、征收工作；海那城引进的济南海宁皮革城完工开业、奥特莱斯进入施工阶段；运作济南槐荫工业园区企业孵化器，购买6栋总部办公楼用于孵化器招商，洽谈多家科技性企业并签订初步意向。

3.民生工作。①推进民生项目。根据“百姓点菜，政府买单”的民生项目实施思路，以农村公益事业一事一议财政奖补政策为依托，完成范庄村村内环境综合整治、高标准农田建设、河道综合整治等民生项目，累计投入资金2800余万元。②社会保障事业。发放城乡低保资金41万元，残疾人补贴13万元，开展“春节送温暖”救助活动，惠及各类困难群众，发放救助资金38.65万元。及时发放各种惠农补贴共计85.12万元，惠及辖区12个村1924户村民。高标准完成就业创业和社会保险工作。

4.建管并举营造良好环境。美里路道路拓宽改造项目和天岳南路项目完工，华润东路道路及排水项目进场施工，腊山河西路北延工程和天岳南路西延工程进入前期准备阶段。严查严控违法用地违章建设，拆除“双违”3.5万平方米。加强环境综合整治，重点对清河北路、美里路、二环西路露天烧烤进行整治；定期巡查，遏制渣土乱倒和燃烧秸秆现象。

（李旖旎）

责任编校　王　洋

工业·信息产业

综　述

【工业概况】 全年全市主营业务收入2000万元以上工业企业1970个(以下称规模以上企业，此数据为12月份快报数据)。规模以上企业按经济性质分，公有制企业224个，非公有制企业1746个；按轻重工业分，轻工业企业544个，重工业企业1426个。在规模以上企业中，主营业务收入过亿元企业766个，同比增加31个，其中过10亿元企业63个；亏损企业210个，亏损面为10.66%，同比增加0.23%，亏损额25.3亿元，同比下降20.7%。

1.工业生产运行平稳。全市规模以上工业增加值同比增长7.5%，高于全国1.4个百分点。全年累计工业用电量142亿千瓦时，同比下降3.9%。实现主营业务收入5363.7亿元，同比增长0.3%；实现利税715.6亿元、利润345.1亿元，分别增长14.9%和12.4%，增速均居全省第2位；主营业务收入利税率13.3%，居全省首位；主营业务利润率6.4%，居全省第六位。

2.工业投资快速增长。全市规模以上工业完成固定资产投资1148亿元，增长13.8%，高出全国6.1个百分点，占全社会固定资产投资的32.8%；完成技改投资707.9亿元，增长15.8%，高出全省0.6个百分点。全市在建工业投资项目1257个，同比增加18个，其中亿元以上项目221个，同比减少37个，完成投资474.5亿元，同比下降5.8%。新开工项目1069个，同比增加69个，其中新开亿元以上项目121个，减少8个。累计竣工项目1059个，竣工率84.2%，完成投资941.6亿元。医药制造业等高新技术产业完成投资422.8亿元，同比增长25.2%，占工业投资比重的36.8%。全市100项重点项目开工96项，累计完成投资180亿元，完成年度计划的67%。迈克阀门年产100万套精密智能阀门、济南科佳节能环保新型材料园等32个重点项目竣工，新增主营业务收入245亿元左右。市政府与中国广核集团签署清洁能源合作协议，引进培育新能源、无人机、工业机器人、智能电网等领域一批新兴企业。

3.创新能力持续增强。推进产业结构调整，制定“中国制造2025”济南实施方案，出台实施工业转型升级五年行动计划和生物医药、电子信息等支持措施，着力培育新产业新动力，工业转型升级取得成效。全市非公规模以上工业增加值同比增长10.19%，高于公有制经济6个百分点。轻工业同比增长9%，高于重工业2.1个百分点；全市高新技术产业产值比重达42.58%；软件和信息技术服务业收入2050亿元，增长17.1%；社会物流总额1.9万亿元，增长9.7%，高于全省7个百分点。新增企业技术中心22家、总数达287家，新增省级软件工程技术中心13家、总数55家；入选省技术创新项目计划689个；推进创新谷、药谷、新材料产业园等载体建设，各类科技孵化器、生产力促进中心达50余家，孵化面积100万平方米、在孵企业1400余家。实施一批重大科技专项，浪潮高端容错计算机、宏济堂人工麝香获国家科技进步一等奖，二机床大型先进智能冲压设备实验室成为国家重点实验室，圣泉集团获批国家技术创新示范企业，鲁能智能被认定为国家级工业设计中心，九阳豆浆机获中国发明专利金奖。

4.重点产业发展总体平稳。全市41个工业行业大类中，有30个行业增加值同比增长，占73.1%，比上年提高0.6个百分点。重点行业中，医药制造、计算机通信与电子制造、纺织服装和专用设备制造行业分别增长13.8%、13.5%、12.1%和9.1%；汽车、石油加工和通用设备制造分别下降16.6%、1.6%和1.1%。重汽集团牵引车销量逆市增长29.7%，重卡市场占有率达17.9%，实现整车出口2.4万辆，连续11年居重卡企业出口首位。浪潮集团深化以数据为核心的云计算战略，继续保持国内云计算、大数据领导厂商地位，服务器产量同比增长45%；齐鲁制药产品远销欧美70余个国家和地区，出口额突破4亿美元，主营业务收入突破百亿元；二机床厂通过技术创新提升产品升级，连续获一汽大众、长安福特、上汽通用等国内外厂商订货。

5.两化融合深入推进。市、县区、产业集群三级中小企业服务体系日趋完善，全市中小企业服务平台达37家，年服务企业1.5万家。培育“一企一技术”研发中心27家、创新企业41家，新培育市级以上创业辅导基地10家、总数35家，鑫茂科技城获批国家级创业辅导示范基地。破解中小企业融资难题，设立小微企业互助合作基金，建立小微软件企业互助合作基金联保体，推动齐鲁银行成立全国第一家物流特色专业银行。在全国率先完成精品宽带网络光纤化改造，建成全光纤网络城市，城区家庭宽带用户平均接入速率10兆以上，公共场所热点区域实现无线网络全覆盖。智慧泉城建设取得显著成效，章丘获批国家智慧城市试点，济南成为全国进入信息社会初级阶段的6个省会城市之一，政府大数据创新平台建设启动，“政务云济南模式”示范推动浪潮云计算业务倍增式拓展，全市电子商务交易额达2180亿元，同比增长35%。（李　瑛）

【技术创新】 1.推进技术创新体系建设。新认定省、市级企业技术中心22家。其中，山东博科生物产业有限公司等11家企业技术中心被认定为省级企业技术中心，浪潮通用软件有限公司等11家企业技术中心被认定为市级企业技术中心，圣泉集团被认定为国家技术创新示范企业，鲁能智能公司被认定为国家级工业设计中心，齐鲁制药居2015年中国创新力医药企业榜首。

2.提高创新成果数量与创新水平。宏济堂制药集团的“人工麝香研制及其产业化”项目获国家科技进步一等奖，百川同创能源有限公司的“农林废弃物清洁热解气化多联产关键技术与装备”获国家科学技术进步奖二等奖，二机床大型先进智能冲压设备实验室成为国家重点实验室。全年入选省技术创新项目计划689个，比上年增加51个，占全省总数的16.58%，同比提高1.1个百分点。

3.加大政策资金扶持力度。年内，257户企业落实加计扣除额13.82亿元，数额比上年增长10%，连续5年实现两位数增长，企业数量比上年增加30个；落实省提质增效资金230万元，市经信委资金430万元；市经信委创新平台类项目全部纳入创城奖励，新认定的6家省级企业技术中心、1家省级工业设计中心获得奖励，共落实资金350万元。

4.提升产学研合作成效。组织企业参加2015年山东省产学研展洽会。浪潮集团等15家企业展示产学研合作成果，宏济堂制药集团和省分析测试中心的重大合作项目进行签约。探讨并尝试有效的合作模式，收集储备科研成果，对外进行推介发布，结合优势专业，会同专家对同日数控、德佳机器等企业进行实地考察，多家企业与省科学院达成合作意向。

5.完善信息精准送达方式。创建技术创新QQ群、“创新济南”微信平台，开通网上交流互动，实现相关信息和资源在创新企业内的共享；将重要工作通知、优惠政策、相关工作细节解读、常见问题答疑、工作动态及相关工作信息等及时、准确地送达到企业。截至年底，加入微信和QQ群的企业分别达526家、244家，基本涵盖经常开展技术创新工作的企业。年内，有190余家企业首次申报山东省技术创新项目，100余家企业申报项目成功。（瞿思敏）

【结构调整】 1.工业投资平稳增长，增速稳中趋缓。年内，累计完成规模以上工业固定资产投资1147.9亿元，同比增长13.8%，占全社会固定资产投资（3498.4亿元）32.8%，增速高于全国6.1个百分点，绝对值位列副省级城市第十名，增速位居第六名。现有工业企业累计完成技术改造投资707.9亿元，增长15.8%，占工业固定资产投资61.7%，增速高于全省0.6个百分点，绝对值位列全省第九名。制造业完成投资1038亿元，同比增长7.9%，占工业固定资产投资的90.4%。

2.深化项目管理改革，破解制约项目建设难题。①做好责任清单梳理和技改项目核准备案的事中、事后监管工作。每月调度各县（市）区备案情况，并且对平阴、商河、章丘等县（市）区审批情况进行不定期的抽查。落实技术改造优惠政策。②帮助企业做好与省经信委及相关部门的沟通汇报工作。帮助轻骑铃木和中鲁特种汽车完成搬迁准入工作；帮助金麒麟等企业办理进口设备免税确认书，共减免关税220万元；与齐鲁银行、建设银行、民生银行等金融机构对接，为企业牵线搭桥，解决项目建设资金短缺问题。③协调推进住宅产业化项目建设，培育新的增长极。重点推进汇富、长兴、卓达等住宅产业化建设项目，汇富已经投产，长兴和卓达进展较快，设备开始安装。④推动东部老工业区搬迁改造，落实大气污染防治行动计划，对负责的4家搬迁企业搬迁改造工作进行监督协调。截至年底，山东闽源钢铁有限公司制定就地升级改造方案，在深度强化环保治理实现达标排放的基础上，逐步压缩产能，淡化钢铁主业，向钢铁高端产业链延伸，实现企业转型升级改造和可持续发展，投入2亿余元实施改造，确保排放达到环保要求；庚辰钢铁有限公司按照行动方案的要求制定出搬迁改造实施方案，并签订搬迁协议；济南长城炼油厂因环保和安全等原因已经停产；蓝星石油济南分公司已将相关搬迁改造情况向总部进行汇报，具体方案尚在确定中。

3.强化服务意识，推进项目建设。年内，全市在建工业投资项目1257个，比上年同期增加18个，其中亿元以上项目221个，完成投资474.5亿元，占工业投资比重41.3%。新开工项目1069个，较上年同期增加69个，其中新开工亿元及以上项目121个，累计竣工项目1059个，完成投资941.6亿元，竣工率84.2%。全市确定的100项重点项目开工96项，开工率96%，累计完成投资180亿元。迈克阀门公司年产100万套精密智能阀门项目、济南科佳节能环保新型材料园等32个项目竣工。

4.转型升级成效显著，高新技术投资比重加大。年内，高新技术产业完成投资422.8亿元，同比增长25.2%，占工业投资的比重达36.8%。（杨　波）

【节能降耗】 1.完成节能降耗年度目标。①强化目标考核，完成全年节能任务目标。以市政府的名义与各县（市）区政府、高新区管委会、市有关部门和百户重点用能企业签订全年节能目标责任书，并对上年完成情况进行评价考核，对完成目标任务的给予奖励。全市万元GDP能耗下降6.22%，提前一年完成省政府下达的“十二五”任务目标。华能济南黄台发电有限公司获省节能突出贡献企业称号，山东航空股份有限公司等5家企业获省节能先进企业称号，山东中瑞新能源科技有限公司的能量桩地源热泵技术等5项节能技术获省优秀节能成果奖。②加强部门协作，推动重点领域节能。协调城建委、机关事务管理局等部门，推进公共建筑领域节能、建筑产业化等项目实施和推广；会同卫生局多次对全市重点医院进行调研和技术指导，并召开“建设节能型医院工作现场会”，推进医院节能工作的开展；会同城建委、质监局召开“智慧能源”研讨会，邀请有关专家围绕智慧能源、互联网+能源、能源管控中心、能源标准体系、计量器具监控等方面进行研讨；做好济南大气治理十大行动中油品升级、煤炭清洁利用、淘汰落后产能、东部产业转型升级及搬迁等相关工作。③加强体系建设，推进工业企业节能基础管理。开展百家企业节能低碳行动，落实能源利用状况报告制度，继续按计划推进全市重点用能企业能源管理体系建设。推进年耗能10万吨以上重点工业企业能耗在线监测。组织完成上年重点用能企业能源审计报告评审工作。按照省经信委《关于组织燃煤锅炉节能环保综合提升工程项目申报工作的通知》要求组织项目申报，推荐上报济南热电有限公司北郊热电厂蒸汽锅炉烟气降污余热深度回收等7个项目。

2.技术进步推动节能降耗。①推广节能新技术、新产品，开展“节能下乡”活动。为加大南部山区新能源、清洁能源推广应用力度，切实做好南部山区的生态环境保护工作，加快推进全市生态城市建设创建工作，市节能办在西营镇召开节能下乡暨新能源、清洁能源技术和产品推介会。向历城区西营、仲宫、柳埠、锦绣川、高而5个镇50个村的负责人推介太阳能光电、太阳能光热、碳晶及碳纤维供暖、LED新光源等新能源、清洁能源技术和产品，部分参会人员与企业商谈合作意向。②加大对重点节能技术、产品、项目政策资金的扶持力度。组织做好山东省节能投资引导基金子基金项目备选库推荐工作，共推荐5项节能技术申报国家和省重点节能技术、产品和设备推广目录；推荐圣泉集团等2家企业申报工信部工业转型升级资金绿色制造工程项目，推荐6个项目入围工信部与国开行联合下发的2015~2016工业节能与绿色发展项目；组织做好工业和信息化部本年度节能机电设备推荐及能效之星产品评价工作；做好上年全市节能专项资金相关工作，资金扶持重点“由点向面”、由扶持项目向支持平台建设转移；为山东永能等2家企业的5个项目上报节能节水免税项目，并得到省级认可；组织做好全省太阳能集热系统财政补贴项目申报和验收核查工作，17个项目实地验收核查合格，项目总投资928万元，年实现节能量1105吨标准煤，申请补贴资金509.7万元。③鼓励和支持以合同能源管理方式节能降耗。加强节能服务公司经营发展和实施项目情况的调度分析，帮助企业协调解决发展中存在的问题，组织召开“节能服务企业银企对接座谈会”，邀请齐鲁、日照、广发、济南市中小企业融资担保公司等金融企业与全市10家重点节能服务公司进行融资业务对接交流，帮助合同能源管理公司解决融资难问题；上报全市8家节能服务公司的26个合同能源管理项目申请所得税减免项目并均获得省节能主管部门的项目确认；经审核上报，全市23个项目获2013~2014年度合同能源管理奖励项目，核查确认节能量5.2万吨，获中央财政奖励资金1250万元，省财政奖励资金315万元；组织做好全市2014~2015年省合同能源管理项目和全省工业太阳能项目的申报工作，同时组织做好合同能源管理项目的第三方审核工作，全市有10个项目获山东省2014~2015年度第一批合同能源管理项目财政奖励资金766万元，节能量2.55万吨标准煤；组织开展合同能源管理项目清算工作，并安排第三方机构对符合验收条件的项目进行审核验收，共上报通过第三方机构验收的合同能源管理项目29个，合计投资5743.68万元，年节能量4.12万吨标准煤。

3.节能环保产业发展。组织开展节能环保产业统计体系建立工作。全市110余家节能环保企业纳入全省节能环保产业统计系统，建立全市节能环保产业统计员QQ群，随时了解企业统计员变动情况，并不定期举办统计员培训班，提高节能统计员业务水平和统计数据的真实可靠性。组织申报山东省节能环保示范区、示范基地和示范企业。长清区获山东省节能环保示范区，章丘市节能保温材料示范基地获批省节能环保产业示范基地，全市25家企业获省级节能环保示范企业称号。

4.重点领域节能。①建筑节能。以开展国家公共建筑节能改造重点城市和海绵城市试点示范为契机，推进绿色建筑及绿色社区建设。年内，25个项目通过星级评价标识的评审，全年推广绿色建筑面积1146万平方米，完成既有居住建筑、公共建筑节能改造分别达122万平方米和27万平方米，实施太阳能光热一体化项目324.47万平方米；率先在全省推行100米以下新建住宅建筑全部安装太阳能热水系统，全市城市规划区新建建筑节能标准执行率达100%；镇级以上规划区内禁止生产使用实心黏土砖全部落实，全年共预收新型墙材基金2.15亿元，基金收缴率达99%以上。加快供热计量改革，新建建筑和完成改造的既有居住建筑全部具备实施供热计量收费条件。按照《山东省供热条例》要求，将供热节能工作纳入考核，建立数字化管理和远程监控调节平台，对供热系统进行能耗分析和对比，强化供热管理。2014~2015年采暖季，建成区供热煤耗为每平方米14.6千克标准煤，同比降低1千克标准煤。②交通节能。年内，实施综合运输服务示范城市、绿色交通创建示范城市和省交通物流公共信息平台推广城市建设，69个绿色交通城市支撑子项目已启动57个，其中5个项目全部完成；实施营运黄标车淘汰工程，2014~2015年共清退营运黄标车13578辆；推广应用节能与新能源车辆，截至年底，市区营运新能源车辆与清洁燃料公交车2896辆，占市区公交车总量的59.1%；重点推广机动车节能驾驶、车辆燃料消耗量动态监测、绿色维修、路面再生、驾驶模拟器营运、ETC不停车电子收费系统、隧道节能照明等应用技术，组织实施多项国家级、省级交通节能示范项目；全年营运货车单位运输周转量为4.27千克标准煤/百吨公里，比2010年下降8.94%。③公共机构节能。推进节约型公共机构示范单位创建和能耗监测系统建设，能源资源消耗监测平台覆盖率逐年提高，市直部门办公建筑能耗的监测覆盖率达95%以上；全年人均综合能耗、人均水耗、单位建筑面积能耗分别比上年下降2.85%、3.03%和2.24%，人均综合能耗比2010年下降15.65%，单位建筑面积能耗比2010年下降13.16%，均完成“十二五”节能目标。④商业和民用领域节能。组织重点零售企业开展节能环保示范创建活动，推进商贸流通、餐饮等企业开展技术交流合作，开展节能改造；加强节能产品监管，落实能效标准和标识制度，规范节能产品市场，引导居民使用高效节能家用电器，降低待机能耗。⑤农业节能。推进农村沼气建设、太阳能开发利用、生态循环农业园区建设和农村能源服务体系建设。截至年底，全市农村户用沼气池保有量17万户，规模化畜禽养殖场已建成各类沼气工程近500处，建设大棚沼气池1899个，安装太阳能热水器14.8万套，安装太阳能杀虫灯4564盏，生态种养模式推广面积约1.7万公顷。

5.实施循环经济与清洁生产工作。①支持工业固体废弃物的资源综合利用。加大煤矸石、粉煤灰、冶炼废渣、化工废渣、工业副产石膏等大宗工业废渣以及建筑和道路废弃物的综合利用；开展工业窑炉的余能发电和热的分级利用；加大对中低品位矿资源综合利用，推进煤系共伴生矿产资源的综合开发利用。推进农业废弃物、农产品加工副产品、林木“三剩物”（采伐剩余物、造材剩余物、加工剩余物）、次小薪材等资源化利用，发展代木产品。全年全市资源综合利用产值32.8亿元，同比增长5.7%；销售收入30.8亿元；利用工业固体废物420.2万吨，利用废气13.3亿立方米，利用林业次小薪材、三剩物、农作物秸秆及壳皮8万吨，利用工业废水（液）4382.3万吨，工业固体废弃物资源综合利用率达94.5%。②实施循环经济重点工程。通过在重点行业、重点领域、工业园区开展循环经济试点，总结出具有济南特点的循环经济发展模式。济钢通过发展以余热、余压、废气、废水、废渣为主的循环经济，被确定为国家首批循环经济示范企业；中国重汽济南复强动力有限公司在国家还没有政策扶持、没有准入标准的情况下，参照国外经验，率先开展发动机再制造研究与实践并取得成功，被列入国家首批循环经济示范企业及首批循环经济教育示范基地。③全面推行清洁生产。在钢铁、电力、石油化工、建材、机械装备、交通装备等8个工业行业，农业、建筑、交通、商贸服务4个领域实施清洁生产。开展清洁生产示范园区创建工作，研发推广重大清洁生产技术，培育清洁生产先进单位，建立清洁生产审核评估制度，建立和完善清洁生产审核评估专家和服务机构信息库，加强清洁生产支撑体系建设，开展清洁生产技术示范和清洁生产宣传培训。全年实施清洁生产审核单位59户，达到“节能、降耗、减污、增效”的目的。

6.深化依法节能工作。①全面深化日常监察工作。完成对193家重点用能单位的日常监察，其中工业企业84家、公共机构105家、交通运输企业4家，现场监察率100%，下达节能监察建议书3份、意见书6份、限期整改通知书6份；加强对用电指标的管理，对全市100家公共机构及建筑重点单位上年度用电指标执行情况进行考核并确定本年度用电指标数；探索实行节能监察预备会议制度、专管员制度和综合评价制度，及时通报监察情况，提高监察工作的可信性和权威性。②推进专项监察。按照省总队的安排部署，对辖区内列入监察范围的29家重点用能单位开展能源利用状况报告制度执行情况重点监察，建材行业所用空压机检测率占应测数量的53.8%，未发现超限额标准企业；结合全市用能现状，开展重点单位夏季和冬季室内温度执行标准情况、节能服务机构工作情况专项监察，联合发改、质监等部门开展固定资产投资项目能评执行情况、能效标识情况监察、商品过度包装情况专项监察工作，提升节能监察深度。③加大落后设备淘汰力度。继续实行落后设备定点拆解机制，制定本年度落后设备淘汰计划，推动全市重点用能单位拆解落后设备1800余台（套）；为2014年、2015年淘汰落后设备的企业发放151万余元专项补助资金，调动用能单位淘汰落后设备的积极性；编发《高耗能落后生产工艺（装备）及机电设备（产品）淘汰名录汇编》，便于用能单位甄别和确认高耗能落后生产工艺及设备。④提前半年完成能源管理体系建设任务。加强对全市能源管理体系咨询机构工作情况的调度，加快推进全市能源管理体系建设工作。6月底，除6家企业因关、停、并、转等原因不具备建立能源管理体系的条件外，其余58家企业已全面完成能源管理体系建设工作，其中完成认证企业23家、完成评价企业35家，评价结论为优秀的7家，占评价企业的20%，提前半年完成省里下达的3年工作任务。任务完成后，节能支队开始对部分重点用能单位能源管理体系运行情况进行现场监察。⑤加强节能监测与节能服务工作。制定《济南市节能监察支队节能监测管理规定》，严格节能监察工作流程，全年对28家单位开展监测29次，监测重点用能设备144台，出具全厂节能监测报告29份、重点用能设备监测报告141份，提出节能整改建议31条，挖掘节能潜力173吨标准煤；11月，参与全市大气污染防治工作，配合煤炭局做好煤质检验工作，制作煤样49个。举办重点用能单位能源利用状况报告报送人员培训班，组织召开宾馆酒店节能研讨会，对市华联商厦的120余人进行节能培训，提升节能从业人员的节能水平。编发《济南市用能单位节能管理工作手册》，发放给用能单位，指导帮扶节能管理工作。

7.开展节能宣传。组织开展节能宣传周活动，举办全市节能宣传周和低碳日活动启动仪式；开通市节能监察微信公众账号，发布宣传节能法律法规及政策、节能工作动态等信息200余篇；依托济南经信网、济南节能网发布全市节能工作的信息和工作动态，在《济南日报》、济南电视台等新闻媒体开设专栏，宣传报道市有关部门、企业在节能降耗方面的做法和经验。

（赵国红）

信息产业

【概况】 1.全市软件和信息技术服务业保持平稳增长，实现软件业务收入2050亿元，增速17.1%，占全省规模总量的55%。①骨干企业培育效果显著。全国软件百强企业累计11家，通过CMMI认证企业76家，通过ISO27001认证企业46家，省级软件工程技术中心42家。浪潮集团成为引领中国云计算“走出去”的“领头羊”，在信息基础设施、云中心、大数据及智慧城市等领域开创中美两国企业合作新模式；中创软件连续10年获“中国十大创新软件企业”称号，是国内基础软件领域唯一的中间件骨干企业；积成电子获信息系统安全集成一级服务资质，成为业界少数同时通过信息系统安全集成服务资质一级认证和国家计算机系统集成一级资质认证的明星企业；神思电子在深交所创业板成功上市，发行股票融资2.2亿元，其智能身份认证终端和行业应用软件的研发、生产、销售与服务均位于国内同行业前列；华天软件三维CAD/CAM已在北汽福田、奇瑞、潍柴动力、华晨、江淮、雷沃重工等企业得到典型应用，推动中国制造业的创新和发展。②鼓励和支持企业加大安全可靠、自主可控的核心技术研发力度，众阳“众阳医疗数据中心管理系统”、中孚“中孚双界面智能IC卡系统”等7个产品进入《山东省自主可控软件产品推荐目录》。③公共服务体系建设逐步完善。继续完善和扩建“济南—中国软件名城”综合服务平台功能，提高全方位、多角度、零距离为企业服务的能力。小微软件企业互助合作基金联保体运作顺利，累计为78家小微企业贷出信用贷款1.39亿元。

2.全市电子信息制造业平稳增长，规模以上电子信息制造业企业实现主营业务收入526.71亿元，增长6.97%。重点项目顺利推进，产业结构进一步优化。年内，浪潮服务器产量增幅45%，位列全球前五、中国市场第一，贡献本年度全球服务器增量的35.8%；华芯发布国内首款具有国密算法和自主知识产权的SSD（固态硬盘）主控芯片—HX8800，并联合浪潮集团、山东大学等成立山东省安全存储产业技术创新战略联盟，共同推动安全存储产业快速发展。山东天岳功能器件用碳化硅衬底生产建设项目形成10万片产能，研制出6英寸碳化硅单晶体和衬底产品，获批国家级博士后科研工作站；晶正电子2万平方米生产基地7个独立建筑全部完工，外装修完成，与国内外大企业和研究机构合作开发基于铌酸锂单晶薄膜材料的元器件产品。鼓励和支持企业加大安全可靠、自主可控的核心技术研发力度，华芯“HX8800安全存储主控芯片”、华戎“自主可控智能信息终端”2个产品进入《山东省自主可控信息技术产品推荐目录》。

3.智慧泉城建设取得进展。济

南市在智慧城市全国百强中排名第六，进入信息社会初级阶段；章丘市入选住建部第三批智慧城市试点，全市智慧城市建设又添生力军；加快推进智慧城市建设，推进历下区智慧泉城试验示范区建设，加强和完善济南政务云计算中心功能，历下区及天桥区智慧社区、智慧民生、免费WiFi等建设成效显著，已建成公共区域无线免费WiFi热点约2万个。新命名10个智慧泉城示范工程；启动智慧泉城顶层设计和总体规划编制，“智慧历下”总体规划编制也同时展开。

4.两化融合深入推进。两化融合管理体系贯标试点取得突破，在工信部组织开展的两化融合管理体系贯标试点工作中，在上年6家试点企业全部通过认定的基础上，年内又有6家企业入选贯标试点企业；工业电子商务蓬勃发展，开展工业电商百县行活动，引导工业企业运用电子商务拓展业务，降低经营成本，扩大销售。章丘、商河、平阴、天桥等县（市）区电商园区建设多点开花，九阳股份、玫德铸造、韩都衣舍等企业网销额实现爆发式增长；企业两化融合评估成绩大幅提升，在2015年山东省两化融合水平评估工作中，济南市企业成绩大幅提升，综合指数排名第二。在169家参评企业中，达到创新突破阶段的企业9家，达到集成提升阶段的企业16家；开展两化融合深度行活动，分别在国际会展中心和山东大厦开展多场“两化融合深度行”大型活动，包括机械行业专场、互联网+专场、大数据与智能制造专场、信博会专场等，700余家企业参会，学习两化融合最新技术动态和发展趋势，以及利用互联网+推动转型升级。

5.济南政务云中心集约化建设。年内，新增云服务应用100余个，为市基础地理信息公共服务平台、政法综治平台、停车管理系统、国土资源网上交易系统、市地下管线综合管理信息系统、市政务服务行政审批系统、市大气污染防治监督监察系统等重大项目提供全面支撑。政务云中心集约化建设成效凸显，70%以上的市级部门实现集中管理，市级70%以上的新建项目依托政务云中心建设运行，建设和运行成本降低约20%以上。

6.推进信息基础设施建设。①贯彻落实国家、省“宽带中国”战略要求，加快宽带网络基础设施建设和升级，推进光纤入户、无线宽带网络建设，全市信息基础设施功能得到提升，信息通信服务保障能力增强，建成覆盖城乡的信息高速公路体系，信息通信整体规模和技术水平达到国内先进水平。年内，电信行业电信业务总量122.1亿元，同比增长9%；电信主营业务收入71.9亿元，同比增长3%；全市移动电话用户1090.4万户，同比下降7%，其中3G电话用户220万户、4G电话用户306.6万户；固定互联网宽带用户213.6万户，同比增长5%；固定电话用户165.7万户，同比下降6%。中国联通集团将济南确定为全国首个全光纤网络省会城市，截至年底，全市光纤宽带接入网络已全部改造完成，城区家庭网络接入速率达到20~100兆，商务楼宇具备100~1000兆接入能力，速率20兆以上宽带网络覆盖全部行政村，3G、4G网络100%覆盖市区和县城驻地，全市交通场站、文体场馆、医疗卫生机构等公益服务场所和商业街区、旅游景区等热点区域全部实现无线宽带网络覆盖。三网融合深入推进，平台建设和试点应用不断加强，电信、广电业务实现双向进入。②移动通信基础设施专项规划通过专家评审。根据近年来电信基础设施建设中出现的选址难、建设难、维护难，组织编制移动通信基础设施专项规划，济南铁塔与济南市规划设计研究院于6月签署移动通信基础设施专项规划委托合同，启动济南市移动通信基础设施专项规划编制工作。③持续开展重要网站安全监测工作。对市直部门的网站和信息发布、互动平台纳入政府部门、县（市）区政府网站安全运行监测，包括政府网站、市直部门综合政务网站、专题业务网站和公众服务单位等百余个网站，进行网站漏洞、木马和暗链等隐患监测扫描，每月发布网站安全简报，警示有关部门及时修补漏洞。④组织网络安全年度检查工作。为贯彻落实《中共山东省委网络安全和信息化领导小组2015年工作要点》精神，根据省经信委《关于印发〈2015年全省网络安全检查工作指南〉的通知》文件要求，促进市政府部门及民生服务企事业单位信息系统加强网络安全建设，编制全市网络安全检查工作模板，组织政府部门及民生服务企事业单位开展本年度网络安全检查。⑤组织开展信息安全应急演练培训工作。为加强网络安全能力建设，健全各单位网络安全应急保障体系，掌握信息安全事件的处置方法，组织各部门、各县（市）区和公共服务企业信息安全管理职能处（科室）与信息中心120余人参加信息安全应急响应演练培训，对常见信息安全应急事件发生和处置过程进行模拟演练，讲解常规信息安全应急事件处置工作的内容、流程和方法，解读信息安全国家标准，讲授信息安全应急响应体系知识。指导各单位自行开展信息安全应急演练，增强抵御信息安全攻击和应对信息安全突发事件的能力，有效预防、有序处置政府部门及企事业单位的网络信息系统突发事件。

（刘英华　柴　勇　徐晓茜　魏永生）

【概况】 市煤炭工业局按照文件要求及市政府煤矿关闭退出计划，组织实施煤矿关闭工作。全市剩余9处煤矿，已于12月底前全部关闭到位，退出产能182万吨/年。

1.煤矿安全监管工作。①强化安全责任落实。与有关市（区）煤炭行业管理部门和煤矿企业签订《安全生产目标责任书》，分解下达年度安全控制指标，对9名矿长上年度安全目标逐一考核，并严格进行奖惩兑现。②开展“安全生产隐患大排查大治理”专项行动。期间，全市煤矿共排查出各类安全隐患72条，投入整改治理资金270余万元。③全面保障煤矿安全度汛。按照各级要求，结合全市实际对雨季“三防”工作进行提前部署，成立领导小组，明确目标任务，加大雨季“三防”工程完成力度。汛期，全市煤矿共计投资59.8万元，完成27项雨季“三防”工程，严格实行领导24小时带班值守制度，确保全市煤矿安全度汛。④完成煤矿改造升级任务。按照国家和省政府要求，本着“及早谋划、加大投入、加强领导、落实措施”原则，从程序办理、履行手续、按设计方案施工、认真组织、严格验收标准等方面入手，全面完成上年全市确定的3处煤矿达到并超过30万吨/年核定生产能力的机械化改造任务。

2.煤矿关闭工作。按照文件要求及市政府煤矿关闭退出计划，全市9处煤矿组织实施关闭工作，各有关单位采取措施严盯紧守，不间断进行检查巡查，督促煤矿编制回撤方案，落实安全责任和安全措施，确保按标准、按期限、保质保量完成关闭任务。结合全市煤矿关闭特点制定措施，落实从企业到乡镇、从关闭井口监管网络巡查员到联合执法巡查的监管，防止非法盗采和死灰复燃现象发生。截至年底，全市9处矿井已全部封闭填平井口、撤除生产设备、停止供电、收缴图纸资料，原井口位置有明显的标识牌和坐标位置，无非法盗采、私采乱挖和死灰复燃现象发生，并通过了各级验收。

3.煤炭清洁利用工作。制定出台《全市煤炭质量保障工作方案》，强化煤炭经营、燃用、运输、存储等环节全过程监管，加快推广民用洁净型煤，解决燃煤和煤尘污染。以市政府名义发布《关于禁止销售燃用高硫分高灰分商品煤的通告》，禁止在行政区域内销售燃用硫分大于0.6%、灰分大于15%的商品煤，并禁止在城市建成区内销售原（散）煤和不符合规定标准的型煤。开展煤炭使用经营质量专项执法，截至年底，共抽检燃用和销售煤炭样品50余个，从已出检验结果的样品看，硫分全部合格，灰分合格率为90%。学习借鉴京津冀地区民用洁净型煤推广工作经验，牵头起草《济南市2016年民用生活燃煤清洁化治理工作实施方案》，通过坚持清洁能源替代与洁净型煤替代并举，加强清洁能源基础设施建设。严格执行洁净型煤质量标准，建设洁净型煤及新型炉具供应配送体系，落实财政补贴资金，严厉打击违法生产、加工和销售煤炭及制品的行为、强化考核及责任追究等措施，实现全市民用生活燃煤清洁化治理工作“全覆盖、全替代”。探索开展煤炭清洁利用监管立法起草工作，根据大气污染防治“十大行动”的要求，在遵循相关法律法规的基础上，参考外地已出台的法规、规章或规范性文件，围绕煤炭质量监管、储煤场地污染防治、散煤治理等重点环节，起草《济南市煤炭清洁利用监督管理办法》。

（秦　然）

【电力生产】 黄台电厂全年完成发电量73.61亿千瓦时，累计统调计划

完成率为100.42%。综合供电煤耗完成298.75兆/千瓦时，同比降低7.25兆/千瓦时，比年度预算值低3.68兆/千瓦时，获华能山东公司年度绩效考核清算第一名及先进企业称号。

1.巡视整改取得实效。成立整改组织机构，对照华能山东公司整改实施方案列出的14项问题，整改落实。制定企业负责人及员工履职待遇、业务支出管理实施细则，修订《“三重一大”事项决策管理实施细则》等制度，实施决策台账管理。实行物资阳光采购，签订采购廉政协议书，加强廉洁风险防控。

2.安全生产总体稳定。夯实安全生产基础，规范运行安全管理体系，推进多经系统体系建设，提升安全管理水平。开展安全大检查活动，加大违章查禁及考核力度，严格执行“一日一查一通报”制度，全年下发违章通报352期。加强外包工程标准化管理，全面推进外包工程站班会制度，落实外包队伍评价机制和安全“一票否决”措施，确保外包工程安全。坚持“项目部”管理机制，推动检修标准化工作常态化管理，完成8号机组A修，7、10号机组C修及5、6号机组拆除任务。强化消防和危化品安全管理，举办山东公司2015年消防应急综合演练。加强隐患排查治理，提高巡检和消缺质量，提升设备可靠性。截至2015年12月31日，全厂实现连续安全生产3010天。

3.经营业绩持续提升。营销管理取得实效。全年争取电量计划75.31亿千瓦时，7、10号机组除尘电价和9、10号机组超低排放电价得到落实，争取供热补贴1465万元。煤价控制成效显著。降幅为28.30%。资金费用管控得力。各项费用均控制在预算之内，所有短期贷款全部还清。利用国家税收优惠政策，抵减企业所得税150.5万元。截至年底，全厂资产负债率为60.82%，较年初下降9.75个百分点。物资保障能力提升。加强物资计划和采购管理，在检修技改物资需求量大增的情况下，保障生产现场物资供应，全年完成物资需求计划14522项。修订完善物资管理相关标准制度22项，严格规范物资采购招标。推进电子商务平台应用，线上采购率92.94%。

4.节能减排成效显著。推进节能升级改造，加强运行方式优化调整，机组主要能耗指标持续优化。全年累计生产供电煤耗完成294.51兆/千瓦时，同比降低7.93兆/千瓦时；生产厂用电率完成5.09%，同比下降0.04个百分点。通过优秀两型企业验收，获“山东省节能突出贡献企业”称号。10号机组获全国火电350兆瓦级超临界供热湿冷机组竞赛三等奖；8号机组通流改造完成，汽轮机热耗率降低约400千焦耳/千瓦时。加大环保改造力度，完成10号、8号和7号机组超低排放改造及环保验收，成为省内首批实现全厂超低排放的企业。

5.供热发展稳中向好。探索新的供热合作模式，开拓热力市场。经过协调争取，市政府确定优先利用黄台电厂热源进行替代关停小型供热锅炉方案，为尽早释放全厂供热能力奠定基础。推进供热系统优化升级，完成中心换热站优化扩容，供热能力和供热可靠性水平提高。全年累计供热量完成882.38万吉焦，同比增加83.78万吉焦，增幅为10.49%；新增供热面积399万平方米，全厂实际供热面积2849万平方米。

6.创一流工作持续推进。加强创一流工作日常监督，坚持定期开

华能黄台电厂湿式电除尘外景 （边　江　摄）

展创一流自评，查找差距，完善措施，及时改进，创一流工作取得成效。坚持区域领先，强化对标管理，广泛学习、融合外部先进管理经验，推进各项指标持续优化。不断拓展深化安全生产管理体系、优秀两型企业、燃料管理标杆电厂等建设成果，实现创一流工作常态化和长效化。编制完成《创一流“十三五”总体规划（初稿）》。

（黄台电厂办公室）

【电力供应】 国网济南供电公司是国家电网大型重点供电企业之一，担负全市10个县（市）区及高新区的供电任务，服务客户204.43万户。公司有11个职能部室、8个业务支撑机构、6个县公司，有97个营业窗口、80个供电所，公司有员工1309人。济南电网是山东电网的重要枢纽骨干电网，有500千伏济南变、长清变、闻韶变、蟠龙变、天衍变，以及黄台电厂、章丘电厂和石横电厂电源点。拥有35千伏及以上变电站318座，变电总容量2594.06万千伏安；35千伏及以上输电线路451条，总长度3817.3公里；10千伏配网线路1776条，总长度1.63万公里。全年电网最高负荷488.7万千瓦，公司实现售电量228亿千瓦时，同比增长2.9%。截至年底，全市用电量为264.20亿千瓦时，同比增长1.07%。其中，第一产业用电量为4.40亿千瓦时，同比增长12.58%；第二产业用电量为144.54亿千瓦时，同比下降3.71%；第三产业用电量为63.01亿千瓦时，同比增长7.68%；城乡居民生活用电量为52.25亿千瓦时，同比增长6.90%。

1.保障电力安全可靠供应。树立“安全第一”理念，公司获市安全生产法律法规知识竞赛第一名。加强安全监督，各级领导干部及管理人员到位监督10402人次，安全督察队检查现场1941处。开展隐患排查整治活动，整改治理缺陷隐患1247项。与济南有线电视台合作宣传电力护线，承办山东电网电力抢险防汛演习，完成第二十二届国际历史科学大会等保电任务。截至2015年12月31日，实现连续安全生产4595天。

2.加快电网建设。开展市“十三五”电力发展规划编制，对接全市40个片区规划。实施“电网建设突破年”，与各级地方党委政府对接39次，市政府进行专题研讨推进变电站落址。主城区电网实现“三核准、三落址”及“六开工、两投产”的突破，全年实现“十七开工、二十一投产”，再创历史新高。加快配农网工程建设，解决1.57万户低电压等问题。

3.提升供电服务水平。全面实施客户导向型“大服务”机制落地工程，建立健全周、月、季例会制度。建立业扩受限项目协同联动机制，解决主城区受限项目48个，释放用电容量7.64万千伏安。召开迎峰度夏为民服务活动启动会，推进“零距离”服务等6项活动。城区新增6个抢修点，建成“五个一”（一个用户报修、一张服务工单、一支抢修队伍、一次到达现场、一次完成故障处理）标准化抢修体系。实施带电更换同塔四回作业，带电作业次数同比增长292.1%。推进“一户一表”改造工作，累计送电118个小区、16061户。创新使用110千伏移动变电站为政府重点项目中弘广场供电。

4.推进清洁能源发展。落实特高压属地责任，全市1000千伏变电站完成全部建设手续办理，济南段线路工程完成导地线施放。加快推进“煤改电”、电动汽车充换电等电能替代工作，与市环保局签署《燃煤锅炉能源替代项目合作协议》，完成6个“煤改电”项目竣工送电。做好商业聚集区、居民电取暖等重点领域电能替代工程，开展蓄冷蓄热等项目，做好大气污染防治工作。 （崔　健）

【概况】 “十二五”以来，全市装备制造产业结构不断优化，自主创新能力明显提高，新兴产业迅速发展。在数控机床、重型汽车、锻压设备、计算机及通信网络设备、汽轮发电机、试验机、变压器、电网智能设备等重点行业，研发上百项国内首台套技术装备。二机床、铸锻所、重汽集团、一机床、六机床等企业承担17项代表国家装备水平的数控机床与国家重大基础装备专项，国家智能制造专项2项。在全省17个市和全国15个副省级城市中名列前茅，济南装备制造产业成为全市制造业高端高质高效发展的重要引擎。

全年全市规模以上装备制造企业达910家，全市装备产业实现主营业务收入2650亿元，占全市工业的48.8%，在克服产能过剩、内需乏力、经济下行因素等困难情况下，比2010年累计增长21%。国家级技术中心达11家，占全省近三分之一，在多个数控机床重型汽车、发电、输配电等领域制造技术达到国内领先水平。在新能源汽车方面，经过“十二五”以来的培育和发展，形成央企、市属国企和民营多种所有制成分并存，客车、校车、物流车、环卫车、乘用车等各类车型齐全，具有20款公告产品的新能源汽车城市。在产业布局及区域上形成以经十路为轴心、东起章丘西到长清辐射平阴，以高新区、经济开发区、明水开发区为支撑涵盖8个县（市）区，全长100公里的高端装备制造产业带。

【济南试金集团研发成果】 年内，时代试金集团全年实现销售收入同比增长11%，申请专利26项，其中发明8项、软件著作权2项，授权专利34项，主持参加6项国家/行业标准，获85项科技创新成果。年内产品全面实现自动化、精密化、精品化、大型化、个性化，创造多个国内第一、世界先进的产品和新技术。特别是应对国内外市场需求，公司研制开发搬运机器人、装配机器人、点焊机器人、弧焊机器人。

1.工业机器人开发成果丰硕。完成六自由度3千克搬运、装配机器人、80千克搬运与码垛机器人，六自由度20千克工业机器人，最新外观造型的220千克点焊机、6千克中空弧焊机器人自主研发设计和制造。自主研发时代机器人运动控制器及运动控制算法，具有人机交互、实时信息采集、运动轨迹规划、多机联动、扩展性好的特点，闭环插补周期达到200微秒，配合末端工具，实现机器人操作任务。

2.全自动拉伸试验机被列入国内首台（套）产品。国内首次开发的“AETS全自动电子式拉力试验机”，采用各种试验异常状态智能检测及智能处理技术，经过60余次改进，实现无人值守、批量全自动检测，并通过质检部门和上海宝钢的验收，运行平稳、质量可靠，被认定为国内首台（套）产品。公司首次采用自主开发的机器人“2000千牛全自动电液伺服拉力试验机”，实现批量试样的无人值守全自动检测，各种故障检测与处理，完成各个部分的检测与综合协调控制，并在上海国际埃森展展出，获得用户好评。

3.多台大型试验机创国内第一。为中国建筑总公司研制国内最大吨位、控制通道数最多的“盾构管片力学性能试验机”，总载荷7200吨，加载空间达25米，首次完全自主设计和制造；为核工业研究院研制国内首台（套）“YAW-20000F微机控制电液伺服压力试验机”，采用超大型压盘拼接设计、大型油冷机设计等关键技术；为中铁山桥研制国内最大机车轨道试验设备“PLS-1000多通道机车轨道疲劳试验系统”，试验空间全长75米。公司被中国质量协会授予“2015年全国质量信得过单位”称号。

【济南奥图高强钢热成形生产线投产】 在“山东省重点领域首台（套）重大技术装备项目”支持下，济南奥图实施自主创新战略，研制出具有国际先进水平的超高强钢热成形生产线，在东风天汽模汽车零部件公司投产并通过了验收。济南奥图负责整线集成并提供自动化传输及控制部分，其中核心单元——双臂高速上下料机械手上下料属国内首创，该线在试生产阶段节拍已达4.5冲程/分钟，生产效率超过同类进口生产线。该生产线的投产推进了国产汽车轻量化的进程。国内首条油压机串联多工位生产线由济南奥图研制并在上海元禾汽车零部件有限公司投入生产，该线由6台油压机和多工位全自动送料系统组成，是按采埃孚公司要求定制而成，该项目是在济南奥图掌握全自动冲压线同步控制技术、大型多工位送料技术的基础上完成的6台油压机串联多工位生产线，可根据用户工艺实现不同工序数量零件冲压。整线实施过程中克服压机中心距要求高、滑块同步难以控制等难题，顺利完成技术协议要求。

【山东鲁能智能技术有限公司被认定为国家工业设计中心】 在全国上千家工业企业设计中心评选中，山东鲁能工业设计中心凭借安全、稳定、智能、绿色等独特设计优势获国家工业设计中心称号。山东鲁能智能技术公司是主要面向输配电网高端智能装备、输配电网特种智能机器人和新能源领域的智能充换电产品研发生产的电力装备制造企业。变电站巡检机器人已研发至第五代产品，在全国20余个省份的变电站推广应用，经受住高温、狂风、暴雨等恶劣气候考验，代替人工完成80%工作，实现高科技和艺术范融合，先后获中国专利奖外观专利金奖、国家工业设计金奖。在电网控制领域、电力特种机器人、电动汽车智能充换电设备等应用领域可提供功能、结构、形态等设计和系统整体解决方案。公司先后获首届中国优秀工业设计奖金奖、中国外观设计金奖、中国专利优秀奖等国家级奖项6项，山东省第三届工业设计大赛金奖、银奖各1项。年内，鲁能智能技术公司依托技术优势和制造水平，开拓市场，全年实现主营业收入7.4亿元，利税逾8000万元。

（岳双荣）

交通物流

【概况】 截至年底，全市共有各类物流企业10373家，其中过10亿元企业20家，从业人员30万人。全市实现社会物流总额1.9万亿元，增长9.7%，居全省第四位；物流增加值达424亿元，同比增加6%，居全省第二位。年内，市政府被授予“中国物流中心城市杰出贡献奖”，市经信委被授予“中国物流城市管理创新奖”，山东瀚迪物流园、济南佳怡国际物流有限公司被授予“物流园区创新发展奖”，山东宇佳物流园被评为“物流园区50强”，山东佳怡物流有限公司被评为“2015年中国品牌价值百强物流企业”，山东大舜医药物流被授予“冷链物流金奖”。

1.基础设施快速发展，门类体系比较齐全。济南市是全国45个公路主枢纽和16个路网性铁路枢纽之一，也是全国21个物流节点城市和29个物流园区一级试点城市之一，综合交通运输体系完善、优越区位优势为全市物流业发展提供了重要基础保障。全市形成仓储、运输、流通加工、物流设备、包装、分拨、配送、信息、快递、电商等门类较为齐全的物流体系。

2.提高物流信息化水平。围绕全市物流业发展的金融、工商、交通、海关、商检等行业信息平台加快建设，盖世集团、济南零点物流港、佳怡物流、九通信息、山大俱进等物流企业建立不同特色的物流信息系统。兰剑科技物流发展成为全国知名的第四方物流企业。电子数据交换系统、销售时点信息系统、卫星定位系统等信息处理和条形码技术、无线射频技术逐步被物流企业采用。省会城市群经济圈物流公共信息服务平台正式上线，成为7城市物流主管部门政策发布平台，重点物流园区、重点物流企业资源对接平台和信息共享平台。

3.物流业态向高端、高质方向发展。以山东时时顺为代表的城乡共同配送模式，以传化泉胜为代表的物流公路港模式，以路通宇、佳怡物流为代表的甩挂运输模式，以普洛斯、巴夫洛为代表的现代物流地产模式，以瑞康医药、九州通医药为代表的高端医药物流配送模式，以零点为代表的总部基地物流模式，以北延仓储为代表的危化品专业物流园区模式，以黄台、高新区为代表的电商模式，以顺丰为代表的O2O模式等全面推进，促进全市物流业的转型升级。

4.拓宽融资渠道。3月27日，全国首家物流特色专业银行——齐鲁银行物流特色专业支行在济南市成立。该银行专门为物流企业打造专业化金融产品和金融服务，在有效规避金融风险的同时，缓解物流企业融资难问题。

5.加快转型升级步伐。4月14日，市经信委联合发改委、商务局、交通局、质量监督局和邮政管理局6部门出台《济南市物流产业转型升级实施意见》。《实施意见》主要从物流企业、物流园区、物流基础设施、物流技术和业态、物流产业布局、区域物流合作和城市共同配送7个方面制定转型升级具体措施。

6.优化物流发展环境。10月21日，济南市现代物流协会开展全市物流行业诚信经营倡议活动。向全市物流业发出诚信经营倡议，重点物流园区、重点物流企业代表做出承诺并签署诚信经营倡议书。

7.举办甩挂运输峰会。11月12日，第二届中国甩挂运输峰会在济南召开。峰会主题是“互联网+”环境下甩挂运输突破和创新。山东佳怡物流集团和济南路通宇物流有限公司作为代表进行交流发言，山东盖世物流集团获评“中国物流杰出贡献企业”称号。

（胡文兵）

医药工业

【概况】 全市规模以上医药企业65家，实现主营业务收入212.2亿元，同比增长16.8%；实现利税58.4亿元，同比增长21.9%，其中，利润44.1亿元，增长21.8%。截至年底，济南市医药行业过亿元企业20家，其中过2亿元以上企业7家、过5亿元企业3家、过10亿元企业1家、过百亿元企业1家。

（孔德龙）

【概况】 全市纺织服装产业规模以上企业87家，累计完成主营业务收入128.5亿元，同比增长5.8%；实现利税11.4亿元，同比增长5.6%。主营业务收入过亿元的企业27家，其中过1亿元企业16家、过2亿元企业6家、过5亿元企业3家、过10亿元企业2家。

全年纱线产量17万吨，同比增长12.58%，其中棉纱11.8万吨、棉混纺纱4.7万吨、化学纤维0.5万吨。全年服装产量8502.2万件，同比增长4.06%。其中，梭织服装3139.4万件，同比减少14.17%；针织服装5362.8万件，同比增长18.86%。全年布产量1.6亿米，同比增长14.29%；全年化学纤维产量2.7万吨，同比增长58.82%；全年无纺布产量2.9万吨，同比增长16%。

（孔德龙）

【概况】 全市食品工业规模以上企业176家。其中，农副食品加工业企业77家，食品制造业企业62家，酒、饮料和精制茶制造业企业25家，烟草制品业企业2家，水生产和供应业10家。实现主营业务收入348.4亿元，同比增长0.9%；实现利税46.7亿元，其中利润31.4亿元、税金15.3亿元。主营业务收入过亿元企业41家，其中过百亿元企业1家、过20亿元企业2家、过10亿元企业6家。

【市食品行业协会九届二次理事会暨行业年度总结表彰大会】 1月21日，济南市食品工业协会九届二次理事会暨行业2015年总结表彰大会在章丘市召开。会议主要对全市食品行业运行情况进行总结，对下年工作进行安排。百脉泉酒业公司、旺旺食品公司根据本企业发展特点做经验介绍。会议结合年内食品行业工作，对济南卷烟厂等54家先进企业、41名优秀企业家、50名先进工作者、34名突出贡献技术人员进行表彰。会议增补济南野风酥有限公司、山东长生源科技有限公司等为副会长单位和部分理事单位。

【市食品行业第七届产学研合作大会】 6月30日，济南食品行业第七届产学研合作暨创新·合作·发展高层论坛大会在齐鲁工业大学召开。会议由济南食品工业协会、齐鲁工业大学、创新谷管理中心共同主办。41家食品企业负责人，32家大学、科研院所的专家及市科技局、经信委参加会议，会议围绕6年来产学研合作工作、创新发展情况进行总结和讨论，对13家企业产学研基地、8家院所、24名教授专家进行表彰。18家食品企业与大学院校13位教授签订技术合作协议。截至年底，济南食品行业建成省级技术中心6家、工程研究中心2家、市级技术中心6家、研究中心4家、产学研基地35处。院所与企业合作直接推动全市食品工业从农业种植、养殖、加工到工业化生产及商业物流全产业链的发展。

【第九届中国（山东）糖酒食品交易会】 11月20~22日，由省经信委、市政府主办，市经信委承办，市食品工业协会、山东国际会展管理公司执行承办的第九届中国（山东）国际糖酒会在国际会展中心举办。交易会共吸引来自世界16个国家或地区以及国内20余个省（市）、自治区的1200余家企业参展，设立标准展位2000余个。展会共接纳来自全国各地观众12万余人次，其中专业观众9万余人次；展会实现交易额5亿余元，签订采购合同16.2亿余元，达成意向订单20亿余元，拉动相关行业收益约6亿元。

【组织产品质量感官鉴评活动】 市食品工业协会联合消费者协会对冷食、粽子、馅料、海参、白酒、月饼等食品进行年度质量鉴评，共推出本年度精品冷食25种、优质冷食8种，精品粽子26种、优质粽子7种，精品馅料32种、优质馅料7种，精品海参8种，精品白酒16种、优质白酒4种，精品月饼27种、优质月饼16种。

（孔德龙）

【概况】 全市轻工行业有规模以上企业993家，全年实现主营业务收入1193亿元，同比增长4.8%；实现利润166.4亿元，同比增长10.2%；实现利税62亿元，同比增长19.2%。皮革制品和制鞋业、家具制造业、橡胶和塑料制品业、水生产和供应业类产品增幅稳定，增速保持在10%以上。

（孔德龙）

【加油站综合整治】 按照市政府办公厅《关于印发全市加油站综合整治行动方案的通知》要求，6月3日起，在全市范围内开展加油站综合整治工作。通过宣传发动和摸底排查、整顿规范、重点治理、总结和建章立制4个阶段，重点整治非法建设、非法经营、不安全、不环保和成品油品质保障不力5种行为，规范济南市成品油市场经营秩序，消除安全隐患，减少大气污染排放，保护消费者和经营者合法权益。全市共出动检查执法人员2300余人次，拉网式排查加油站（点）986处，摸排出存在各种问题的加油站（点）151处。具体分布：历下区1处、市中区1处、天桥区3处、历城区11处、长清区9处、高新区1处、章丘市52处、平阴县4处、济阳县16处、商河县53处。

【成品油市场日常监督管理】 按照省政府办公厅《关于印发全省加油站综合整治行动方案的通知》中对加油站抽样检验数量不低于三分之一的要求，年内，市、县（区）两级对加油站（油库）开展4次抽样检验，共抽检211个加油站（油库）419个样品。共检测出4个汽油样品、21个柴油样品不合格，抽检合格率为93.27%。按照省政府《关于山东省车用成品油升级的通告》和《山东省车用成品油升级实施方案》要求，截至年底，全市成品油所有生产、批发、零售企业全部完成国Ⅴ标准汽、柴油置换升级工作。

（孔德龙）

【中国重型汽车集团有限公司】 年内，中国重汽以转方式、调结构为主线，全面实施“创新升级行动计划”，开展“品牌、质量、效益升级年”活动，企业实现持续健康发展。全年累计销售整车15.8万辆，实现销售收入616亿元；重卡全年出口达2.7万辆，同比增长8%，连续十一年居国内重卡企业出口首位。在曼技术产品带动下，面对全行业自卸车销量下滑52.5%、牵引车销量下滑10%的不利环境，中国重汽牵引车实现逆势上扬，销售同比增长29.7%。全年重汽集团重卡市场占有率较上年提高1.64个百分点，达17.94%。新能源客车取得新突破，全年客车首次突破订单2000辆，其中新能源客车订单1600辆。年内，全国唯一的国家重型汽车工程技术研究中心，国家重型汽车质量监督检验中心和国家级企业技术研究中心“三位一体”科技中心园区投入使用，与国际水平接轨的整车装备试验能力形成。（岳双荣）

【中创软件工程股份有限公司】 年内，中创软件抓住软件行业发展带来的机遇，秉持“与您共同发展”的企业文化和“持续创新，软件应用价值促进的实践者”的理念，在国家建设的每一个阶段都支持中国各行各业的飞速成长。在信贷风险、金融租赁、高速公路、城市交通、车联网智慧海事、电子政务、智慧教育、智慧社区等领域研发出具有自主知识产权的解决方案和软件产品。中创软件市场遍及全国30多个省、市（区）及北美、欧洲、澳洲和东南亚地区，服务于30余家国家机构和部委级单位、20余家世界500强企业，客户覆盖金融、交通、政府、电信、能源、国防等国民经济重点行业和关键领域。坚持在物联网、云计算、移动互联网等方面进行研发投入，走产学研结合的自主创新之路，构建立体化的企业技术创新体系。中创软件在多个标准组织和开源组织中担任核心职位。截至年底，有国家发明技术专利197项、软件著作权399项，拥有产品登记证书76项并获国家、省部及行业奖项73项。

2月10日，“广发2014年度供应商大会”召开，中创软件获“2014年度优秀合作团队奖”。《当代金融家》杂志做出一项评选，评出的中国银行业资产排名前50名商业银行中，中创软件战略合作伙伴占据一半。全国性发展银行排名第一的中国建设银行，采用由中创软件打造的内部高级法进行风险计量，其主要风险计量系统包括内评系统（对公和零售）、压力测试系统、组合风险管理系统等。

7月3日，中创软件进军牙买加市场，实现软件随“一带一路”战略走出去，迈向价值链的高端、走到海外市场、向服务化转型的发展策略。中创软件为牙买加提供“高品质、全方位”的服务，推动牙买加基础设施建设。

9月2日，以“软件与信息经济”为主题的第十届中国软件产业发展暨企业创新高峰会在江苏南京举行。中创软件获“2015中国十大创新软件企业”。

11月25日，第二十届中创软件基金颁奖仪式暨学术报告会在山东大厦召开，清华大学博士朱军、南京大学博士仲盛、中国科学技术大学博士冯新宇、北京大学博士周明辉获“中创软件人才奖”。

（张　瑞）

2015年11月25日，第二十届中创软件基金颁奖仪式暨学术报告会召开。

（中创软件　供稿）

【山东佳宝集团有限公司】 全年实现乳制品产量8.48万吨，生猪屠宰17.33万头。完成销售收入16.16亿元，比上年增长9.19%；实现利税1.95亿元，比上年增长38.11%。

6月，山东省肉类协会组织举办“食安山东”放心肉类品牌评定活动，对几百家规模以上企业申报的“食安山东”放心品牌产品进行评定。济南维尔康实业集团公司申报的“鲜冻分割猪肉”“维尔康大红肠”产品获山东省首批“食安山东”放心肉类品牌产品。

11月，山东省内部审计协会关于全省十佳审计案例评选结果揭晓。佳宝集团报送的《运用“互联网+”思维、助力审计咨询增值》入选，省内审协会予以通报表彰。

12月17日，佳宝集团最新升级的“一杯牛奶的产生”食品安全公益课堂走进经五路小学，为五年级孩子送去美味的酸奶及乳制品安全饮食知识。截至年底，进校园活动陆续走进20余所小学校园，近2000名小学生接受牛奶知识教育。

（张巨恒）

【山东齐鲁电机制造有限公司】 山东齐鲁电机制造有限公司占地面积70余万平方米，有员工2000余人，总资产38亿元，产品遍布全国31个省、市、自治区。全年实现工业生产总值12.11亿元，销售收入13.1亿元，利税7982.8万元，国有资产保值增值率104%。截至年底，获“中国机械工业500强”“山东省机械工业百强企业”称号，通过国家4A级标准化良好行为企业复审，“齐鲁”牌汽轮发电机获中国电器工业协会“十大知名品牌”和中国机械工业联合会“最具影响力品牌”，并连续十九年保持“山东名牌产品”称号，是“中华人民共和国海关AA类企业”，中国电器工业协会“AAA”级最高信用企业。

1.科学管理，以市场需求引导生产。优化公司架构和运行机制，建立责权明晰、运转高效的组织管理体系。通过完善内部管理，加强过程控制，围绕产品交货期，实行分段目标管理。截至年底，生产汽轮发电机141台/732.98万千瓦，电站汽轮机22台/83.70万千瓦，交流电动机215台/15.75万千瓦。全年生产350兆瓦汽轮发电机10台。

2.提升技术装备水平，加快产品升级。公司依托国家级企业技术中心，加大产品研发投入，以大规模开展重大技术装备自主化和产品升级为重点，开发制造高安全等级

6~350兆瓦空内冷汽轮发电机和高效6~150兆瓦汽轮机，拥有40大系列、2000余个品种规格的电动机，具备成熟的研发和制造经验，促进产业结构调整优化。全年研发投入7026万元，完成35个品种规格的汽轮发电机、电动机、汽轮机等新产品开发工作，申请专利6项，其中授权2项。组织70余个技改技措项目的实施，促进发电机和汽轮机的实验效率和配套能力提升。

3.发展现代制造服务业，加快企业转型升级。重点抓住国家推进在役火电设备节能减排技术改造的机遇，在发展汽轮机、壮大发电机、提升电动机的同时，企业由单纯扩大产能向发展高技术附加值的高端产品为主转变，由规模速度型发展向质量效益型发展方式转变，由要素驱动向创新驱动转变，不断开拓电站技术服务业务、电站辅机制造业务。

4.强化内部管理，夯实企业发展基础。持续开展6S管理活动，把6S管理与质量管理、安全生产、班组建设、企业文化等工作结合起来，提升企业管理水平和整体素质。实施全面质量管理，改善和提高产品质量，加强质量信息和过程控制，落实纠正和预防措施，严格过程控制，严肃工艺纪律，加强监督、检查和考核。加强能源管理，深化能源管理体系运行，细化分解能耗指标，强化能源消耗管理，规范制度运行，确保完成降耗指标任务。同时，根据“峰谷电价”特点，制定合理的生产班次，减少电费支出，降成本增效益。公司落实省政府《装备制造业调整振兴规划》，实施“清洁高效汽轮发电机组生产建设项目”，项目被列入“山东省重点建设项目”。

（孟　冉）

【山东中烟工业有限责任公司济南卷烟厂】　截至年底，济南卷烟厂拥有7条制丝生产线，24条硬包生产线、7条软包生产线、2条细支烟生产线，4台（套）雪茄型卷烟设备、12台（套）机制雪茄烟设备，年卷烟生产能力662亿支（132.4万箱）。重点骨干品牌是“泰山”牌，占卷烟年产量的85%左右。全年生产卷烟108.58万箱、雪茄烟3062.41万支，实现工业总产值115.47亿元、销售收入115.18亿元、税金67.24亿元。

世界最大容量350兆瓦空冷汽轮发电机　（齐鲁电机　供稿）

1.生产制造。雪茄烟、细支烟、出口卷烟年产量分别同比增长189.14%、46.44%、21.28%，卷烟产品质量抽检合格率100%，烟叶、嘴棒、卷烟纸单耗均实现同比下降。实施生产组织方式调整，全年生产天数同比减少71天，卷烟平均日产量同比增长34.46%，万支卷烟综合能耗同比下降4.91%。成为“国家烟草专卖局细支烟重大专项”参研单位，启动山东烟草第一条细支烟专用生产线项目建设。全面推行TnPM（全面规范化生产维护）管理和SOP（标准作业程序）管理，优化国产高速和超高速卷包设备的管理和运行，打造烟草工业企业的“济南模式”。

2.创新工作。建立精益“六微”管理模式，把“微策划、微育成、微行动、微改善、微进步、微文化”理念贯穿日常工作，获全国精益管理项目发表赛一等奖2项、二等奖3项；建立创新活动课题制管理模式，完成技术创新76项、管理创新60项，获第二十九届山东省企业管理现代化创新成果一等奖2项、二等奖2项；承担全国烟草行业“卷烟工厂设备数据管理与应用”专题研究；推动科技成果专利申请和知识产权保护，12项专利获国家授权，8项专利通过审查；完善涵盖管理创新、技术创新、小改小革、合理化建议等内容的创新体系；完成QC成果、六西格玛项目73项，其中，国优项目10个，烟草行业一等奖1个，2个小组获“全国优秀质量管理小组”称号。

3.基础管理。深化卷烟工厂创优对标，实现12项对标指标提升率100%，对标指标均高于行业平均值，做到对标指标“零”短板，是全国烟草行业内获此高度评价的5家卷烟厂之一。以强化风险监控、提升规范水平为目标，开展“小、零、散”工程项目、重点部门重点工作、资金内部控制等专项审计，通过山东省烟草专卖局（公司）、山东中烟工业有限责任公司和济南市烟草专卖局（公司）整顿规范监督检查、专项审计检查等。提升安全“三化”建设水平，通过安全生产标准化二级达标复审和一级达标自评，安全生产信息化、企业安全文化建设水平持续提升。

4.队伍建设。聘任中高级专业技术职务人员及营销师35人，开展职工技能竞赛暨技术比武活动，举办业务培训班366个，评审以职工姓名命名操作法7个，创建劳模创新工作室，建立青年后备人才库，搭建团员青年交流平台。参加庆“五一”全市职工书法绘画摄影作品展，开展“庆祝三八妇女节”、“泰山杯”职工球类比赛和环厂健步行等活动。落实离退休人员政治、生活待遇，坚持做到“三访五送”，开展“文化养老”活动。

（刘朝省）

【济南二机床集团有限公司】 2015年，济南二机床通过持续提升各项工作标准，强化责任落实，在行业形势持续下滑、竞争不断加剧的情况下，企业主要经济指标实现持续、稳定增长，较好地完成各项生产经营任务。

1.技术创新助推产品优化升级。准确把握市场需求、竞争形势变化，加快新产品、新技术研发。企业主导产品系列进一步完善，技术质量水平持续提升。数控冲压机床方面，完成全伺服冲压生产线、七轴机器人同步线、端拾器自动更换装置、线首线尾系统等新产品研发；完成伺服落料试验平台、自制新型单臂送料系统研制、测试工作；完成适用于北美市场的新系列小型通用压力机研发工作；完成高速轴锁紧、工作台夹紧等功能部件的研发试制。数控金切机床方面，完成8000rpm模具铣主铣头、重型链式刀库、移动式机器人刀库、钢纤维数控专机、消失模加工专机等新产品和关键功能部件研发。铸切设备方面，完成重型自动浇注机、铬铁矿砂分离设备、自动切割设备等新产品研制。

2.全方位营销实现市场新突破。在市场需求放缓、竞争加剧的形势下，强化市场调研与分析预测，构建立体化营销模式，大型冲压生产线市场取得新成果。国内市场赢得一汽大众、长安福特、广汽乘用车等重点用户订货，国际市场新签福特汽车美国工厂第8条冲压线、上汽通用五菱印尼工厂直线七轴机器人同步线订单。配置自主五轴头的数控龙门镗铣床获航空主机厂沈阳飞机、昌河飞机订单，高档数控机床市场认可度提高。水玻璃砂湿法再生工艺设备、激光切割机、自动切割生产线市场开发成果显现。

3.持续创新推动企业管理水平。强化做优意识，制定、完善做优评价标准，加大做优奖励力度，做优奖励同比增加17.5%。制定设计工作质量评优标准，强化设计质量考核，细化技术管理工作。55家用户增加远程诊断系统，售后服务水平持续提高。强化组织协调与过程控制，产出计划履约率、安调交钥匙履约率同比提高。东风雷诺、上海航天、日月重工等164个项目交付用户使用。获“上海通用最佳供应商”“东风雷诺优秀供应商”“奇瑞捷豹路虎优秀供货商”“北京汽车优秀供货商”等称号。完成7台自动化焊接、3台自动化加工设备改造升级。实施重点车间门禁管理、车间休息室、焊接车间烟尘治理项目。安全生产形势稳定，全年一般事故为零，生产安全事故同比降低14.28%，机能损失工作日同比降低43.6%。成立青岛济二机床世代有限公司，延伸产业链，形成新的经济增长点；完善以质量、效益为重点的绩效考核体系，形成“降本增效”内部激励机制，提升企业经济效益。完成信息化和工业化融合管理体系认定，推行三维设计，举办首届三维设计大赛；创新培训组织，举办首届管理素质提升培训班。

（祝敬德）

责任编校　胡映雪　王　洋

【概况】 2015年，全市各级各部门贯彻中央和省、市委关于“三农”工作的一系列决策部署，落实强农惠农富农政策，深化农村改革，推进美丽乡村建设，强化农村扶贫开发工作，农业农村发展取得显著成绩。

现代农业发展。全市农业增加值实现315亿元，“十二五”时期年均增长4.28%；粮食总产量27.5亿公斤，实现“十三连丰”。现代农业园区加快建设，“一区六园”基本完成，章丘市获评国家级现代农业示范区。新型农业经营主体不断成长，规模以上农业龙头企业、农民合作社、家庭农场分别达536家、5608家和1276家。农村产业结构进一步优化升级，农村电商、乡村旅游、休闲农业成为拉动乡村经济增长的新业态。

农民生活水平。全市农村居民人均可支配收入14232元，“十二五”时期年均增长10.2%。率先建立城乡统一的居民基本养老保险制度和城乡一体的居民基本医疗保险制度。在全省率先开展乡村扶贫解困工作，100个特困村完成脱贫任务，形成一批可推广、可复制的精准脱贫典型经验。

美丽乡村建设。开展“集中清洁行动”“五化提升行动”与“乡风文明行动”，基本实现城乡环卫一体化全覆盖。建成80个新型农村社区，10余万农民搬进新居，创建省级生态文明乡村示范县1个（章丘市），省、市、县级美丽乡村示范村近400个，实施19个省市乡村连片治理项目，覆盖近百个村庄，农村人居环境得到很大改善。

农村综合改革。以农村产权制度为核心的各项改革深入推进，农村土地承包经营权确权登记工作基本完成，农村产权流转交易市场体系建设加快推进，创新产权交易、融资担保、信息管理“三台共建”模式，建成6个县级、35个乡镇交易服务中心（所），新型农村合作金融改革试点和供销社综合改革试点取得阶段性成果。

农村基层组织建设。推进农村党支部“1+3”工作，支部“1+3”做法被评为全国基层党建最佳创新案例。农村基层党组织建设不断巩固提升，“第一书记”抓党建促脱贫成效显著，农村社会和谐稳定。

（刘方洲）

【现代农业园区建设】 市农高区“四园一校区”建设步伐加快，现代农业精品园功能彰显，现代渔业

2015 年主要农产品产量

产品名称	单位	产品产量	比上年±%
粮食	万吨	264.55	-2.4
棉花	万吨	1.47	-10.4
油料	万吨	4.59	-7.2
水果	万吨	53.01	-0.4
蔬菜	万吨	649.73	-2.4
肉类	万吨	39.44	-3
禽蛋	万吨	35.46	-0.1
奶类	万吨	29.16	-9.3
水产品	万吨	4.76	2.1

示范园完成建设总量的80%，农民教育培训校区主体工程竣工，生态能源示范园基本建成，农耕示范园完成一期规划。6个县级农业科技示范园区建设项目进展顺利。新增都市农业园区24个，总数达到200个，总规划面积约2.18万公顷。章丘市、历城区分别晋升为国家级和省级现代农业示范区。

（张建军　冯文军　于　超）

【农业产业化经营】　实施新型经营主体培育“630”工程，重点打造30家示范农业龙头企业、30家示范农民合作社、30家示范家庭农场、30家示范都市农业园、30家示范蔬菜标准园和30家示范生态循环农业园。市级农业龙头企业、农民专业合作社、家庭农场分别达到437家、5608家和1276家。筛选新型经营主体项目88个，突出吃住行游购娱六元素，编制泉城农业“一图一册”，勾勒出全市农业优势产业“四条线”的布局轮廓。参加第十九届英国国际食品及饮料展览会等农产品展销活动，为济南农产品开拓国际国内市场提供良好的平台。发展“互联网+农业”，开发运行APP掌上农业、掌上农机信息化服务平台。新建现代农业体验馆2处，建立实体店与线上销售一体化农业营销模式。

（霍秀娜　于　超）

【农产品质量安全监管】　落实各级监管主体责任，89个涉农乡镇（街办）招聘农产品质量安全协管员445名，全部到岗到位，初步构建起市县乡三级农产品质量安全监管体系。历城区新创建国家级出口农产品示范区，商河创建国家级农产品质量安全县通过省级验收。加大农产品质量监测力度，开展农业部、省、市监测、抽检20次，抽检合格率稳定在98%以上。全面实施农药经营公示告知制度，开展高毒农药政府储备试点，创建农药规范化经营示范店125家。制（修）订农业地方标准规范36项，全市“三品一标”农产品达到982个。积极推行产地可追溯制度，6个县级农产品质量安全追溯平台初步建立。开展放心农资下乡进村宣传活动、“农产品质量安全宣传周”主题日活动、农资打假专项治理行动，查处假劣农资300余吨。

（李世军　于　超）

【高效生态农业建设】　实施推进清洁生产、建设美丽田园工程，在提升长清区2000公顷现代农业面源污染防治示范区建设基础上，启动济阳县约700公顷设施农业防治示范区建设，带动全市测土配方施肥技术全覆盖、完成病虫害统防统治38万公顷次。完善秸秆综合利用长效机制，秸秆综合利用率稳定在95%以上。实施生态循环农业建设工程，提升完善生态循环农业示范基地30处，新建沼气池500余个，安装太阳能杀虫灯840盏、太阳能路灯601盏，生态循环农业模式推广面积超过1.67万公顷。农村沼气服务体系建设进一步完善，服务沼气用户超过17万户，沼气服务覆盖率85%以上。

（杨　瑞　袁瑞农　于　超）

【农业科技装备支撑】　改革农业科技专家推荐评选办法，对百名专家进行考核调整。推进农业科技创新推广能力建设，实施农业科技创新项目13项、“双推”项目33项，引进试验新品种156个、新技术98项，新建“兴农之家”100家。实施现代农业科技培训工程，新建、续建农业科技示范培训中心15处，培训新型职业农民5000人次、基层农技人员1100人次。坚持农机农艺融合，农机合作组织发展到97家，小

商河县韩庙镇高家村贫困户发展獭兔养殖　（市扶贫办　供稿）

麦、玉米基本实现全程机械化，推广马铃薯等经济作物机械化技术。实施水稻生产全程机械化工程，推广示范县（市）区发展到4个，建设示范区800公顷。

（孙春华 吴岳 于超）

【农村产权制度改革】 在全市9个县（市）区、90个乡镇（街道）开展确权登记颁证工作，已完成4175个村的确权登记颁证任务，占应完成总数的98.7%。全市流转农村土地总面积6.97万公顷，流转率21.35%。农村产权流转交易市场体系建设加快推进，市政府出台《关于推进农村产权流转交易市场体系建设工作的实施意见》，成立市农村产权流转交易监督管理委员会，创新产权交易、融资担保、信息管理“三台共建”模式，已建成6个县级、35个乡镇交易服务中心（所），办理流转交易业务30余宗、涉及土地330余公顷，产权信息管理平台成功上线运行，农业融资担保公司通过省金融办审批。

（徐先锋 翟群 于超）

【农业支持保护体系建设】 落实耕地地力保护补贴、农机购置补贴、种粮大户补贴等5.308亿元，小麦“一喷三防”物化补贴资金1515万元。实施小麦良种统一供种服务，发放农业支持保护部分补贴资金798万元。推进政策性农业保险工作，小麦、玉米、棉花入保面积34.65万公顷。做好农业抗灾减灾和灾后恢复生产工作，下达农业生产救灾资金100万元。探索实践精准扶贫新模式，构建专项扶贫、行业扶贫、社会扶贫三位一体大格局，市、县、乡镇层层签定减贫责任书，明确减贫目标任务责任，落实各级专项扶贫资金8418万元，实施扶贫开发项目427个，覆盖465个贫困村、6万贫困人口。

（陈黎明 吴岳 李旻 于超）

【农业机械化概况】 全市农机总动力585万千瓦，总值35.35亿元。大中型拖拉机保有量2.24万台，稻麦联合收获机1.19万台，玉米联合收获机达到4878台。高效新型“一机多能”机具比例加大，经济作物机械，如薯类、花生、大葱、大蒜、茶叶、中草药种植机械等不断增加，水产、养殖、林果、植保、农业品初加工等机械保有量快速发展。

农业机械作业已涵盖农林牧副渔各领域，传统农业的耕耙播收已基本实现机械化，小麦基本实现全程机械化，玉米机耕、机播、机收率分别为100%、92%、91%，设施农业机械化、经济作物机械化、畜牧水产养殖机械化、农产品加工植保机械化快速发展，农产品蔬菜冷藏保鲜、育种包衣等机械化有新的突破，全市农业机械化已迈上全面机械化发展的高级阶段。

1.农机购置补贴。共落实购机补贴资金9500万元，全年共补贴各类农机具4953台（套），其中大中型拖拉机1364台，稻麦联合收获机538台，玉米联合收获机919台，受益农民4273户，带动农民投入2亿元。

2.水稻全程机械化。在历城、章丘、济阳、槐荫四个县区开展水稻全程机械化示范推广工作，共补贴购置水稻插秧、水稻收获、田间植保等水稻生产机械47台（套），育秧盘10.2万个。水稻机械化生产合作服务组织发展到12个，共完成水稻全程机械化生产800公顷。

3.机械化深松作业。投入各级财政资金860万元（其中市资金300万元），按照每公顷600元标准进行补贴，共补助深松整地作业面积1.43万公顷，辐射带动3.33万公顷。

水稻种植机械化、产业化　　（济阳县史志办　供稿）

4.粮食机械化烘干。投入市财政资金200万元、省项目资金20万元，重点对粮食烘干的种粮大户、家庭农场等农业综合服务组织进行扶持，共补助粮食烘干机械13套，每套市财政累加补贴最高达到80%，有效缓解粮食干燥作业压力，保证全市粮食生产安全。

5.农机服务体系建设。投入市财政资金200万元，推行农机安居工程，对农机专业合作社新建、改扩建农机库房在500平方米以上的给予财政补助，补贴额度不超过总投资的50%，最高补贴20万元，共扶持合作社11家。投入市财政资金190万元，重点扶持一批维修技术过硬，服务信誉良好，示范带动能力强的农机维修网点，根据其等级进行5~20万元的奖励扶持，共奖励15家。全市农机合作社已登记注册157家，拥有农机销售企业和网点超过80家、农机维修网点近1300个，基本上形成销售、培训、推广、维修、监管等一条龙服务体系。全市各类农机服务总收入超过3.5亿元，其中农机合作社田间作业、机具维修等服务收入1.5亿元。

6.农作物秸秆综合利用。投入市财政资金500万元，用于秸秆综合利用的考核奖励。“三夏”“三秋”期间，成立督导小组，取消节假日，深入一线巡回检查。通过现场会、技术服务、现场指导等方式，推广秸秆还田、秸秆青贮、秸秆气化等技术，提高秸秆的综合利用率，秸秆综合利用率95%以上。

7.“三夏”“三秋”农机作业。夏秋两季共检修各类农机具18万台（套），培训机手1万余人。组织跨区机收服务队53个，设立接机服务站41个。作业期间，共投入小麦联合收获机8500余台，玉米联合收获机6000余台，深松机600余台。三夏期间，全市机收小麦面积20.764万公顷，机收率98.4%；玉米机播18.93万公顷，玉米机播率93.1%，比上年提高1.1%。三秋期间，全市机收玉米面积18.8万公顷，机收率91%。（吴　岳）

【粮食生产】 2015年济南市粮食总播种面积43.25万公顷，比上年减少1.15万公顷，减少2.65%；平均亩产407.82公斤，与上年407.26公斤基本持平；粮食总产量264.55万吨，比上年减少6.65万吨，减少2.5%，全市粮食生产总体实现“十三连丰”。粮食高产创建工作取得新突破，小麦、玉米高产攻关田分别创下单产733.94公斤和1092.06公斤的全市新纪录，商河县成为全市首个吨粮县。

1.夏粮基本情况。全市夏粮生产呈现“两增一稳”的特点，即面积基本稳定，单产、总产双增长，连续十三年丰收。全市夏粮播种面积20.99万公顷，比上年减少666.67公顷，单产412.17公斤/亩，比上年增加12.01公斤/亩，增幅3%，总产

济南市“十二五”期间粮食生产情况统计表

年度	全年粮食总播种面积（万公顷）	全年粮食总产量（万吨）	单产（公斤/亩）
2011	46.85	295.84	421.00
2012	45.51	286.03	419.00
2013	44.47	266.60	399.70
2014	44.39	271.2	407.26
2015	43.25	264.55	407.82

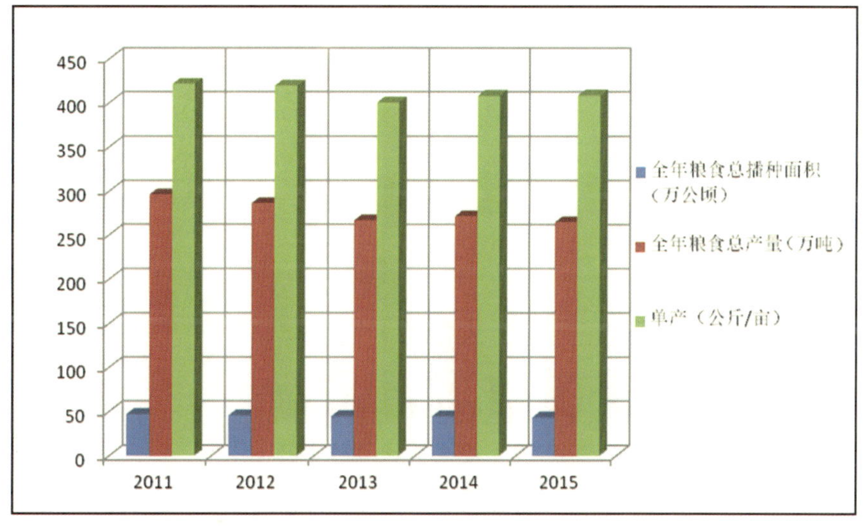

129.75万吨，比上年增加3.4万吨，增幅2.6%。

2.秋粮基本情况。全市秋粮播种面积22.26万公顷，比上年减少1.08万公顷，减少4.85%；单产403.7公斤/亩，比上年减少10公斤/亩，减少2.48%；总产134.8万吨，比上年减少10万吨，减少7.4%。

（陈黎明）

【政策性农业保险】 按照上级要求，开展花生、能繁母猪、育肥猪、奶牛、公益林、商品林（用材林）以及日光温室、苹果、桃保险，政策性财政补贴险种12个。截至年底，全市小麦、玉米、棉花三作物累计参保195.39万公顷，累计收取保费3.04亿元，其中农户自交保费0.61亿元。农民获得受灾理赔资金2.27亿元。（陈黎明）

【蔬菜生产】 2015年，全市蔬菜播种面积约11.53万公顷，其中设施蔬菜面积3.83万公顷，总产量750万吨，蔬菜产值占农业总产值比重40%。全市建设市级蔬菜标准园30个，应急菜田15个，与15个应急菜田项目实施主体全部签订应急保供合同，签约面积超过333公顷，确保7~9月及11月至次年3月蔬菜淡季不淡，保障城市“菜篮子”供应。发放“菜篮子”工程配送车40辆，累计发放350辆。获2015年度全国名特优新农产品4个，即唐王大白菜、北园大卧龙莲藕、章丘大葱和章丘鲍芹。借助“互联网+”，建成全省首个3G网络远程监控管理系统——长清区“智慧菜篮子”。运用互联网、电商、物流网、大数据等技术手段，构建“127”架构，即一个平台、两条线管理、七大功能，实现多站合一，服务同网。

（周学政　张建军）

【棉花生产】 2015年，全市棉花种植面积继续减少、单产提高、总产减少、效益降低、灾害较重。棉花播种面积1.18万公顷，比上年减少1573公顷，减少11.8%，亩产皮棉84.2公斤，较上年略增；总产1.49万吨，比上年1.65万吨减少0.16万吨，植棉亩纯收益-122.8元。7月下旬至8月中旬，全市遭遇多年罕见的大风暴雨灾害，部分棉田受灾严重。

全市棉花高产创建取得突破，商河县十亩棉花高产攻关田达到亩产皮棉158.6公斤，章丘市十亩棉花高产攻关田达到亩产皮棉159.2公斤。百亩棉花高产示范方双双突破亩产皮棉125公斤的指标，其中商河县亩产皮棉135.7公斤，章丘市亩产皮棉133.1公斤。万亩棉花高产示范片双双突破亩产皮棉100公斤的指标，其中商河县亩产皮棉116公斤，章丘市亩产皮棉105.5公斤。（崔全友）

【食用菌生产】 2015年，全市食用菌种植面积970万平方米，总产量9.1万吨，比上年减少1.2万吨；总产值4.9亿元，比上年增加0.8亿元。主要栽培品种为平菇、鸡腿菇、袖珍菇、海鲜菇、杏鲍菇、金针菇等。全市食用菌工厂化生产企业有山东嘉元食用菌科技有限公司、蓬生农业科技有限公司等7家，专业合作社有平阴县济南康荣生态农业有限公司、市中区秋玲食用菌种植农民专业合作社等15个。

（崔全友）

2007~2015年全市小麦、玉米、棉花三作物合计入保、理赔情况图

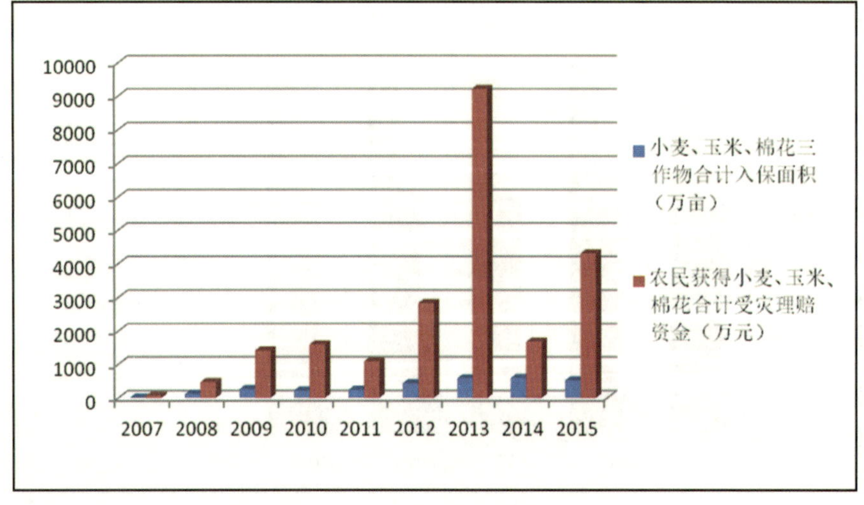

渔业

【概况】 2015年，全市渔业以现代渔业园区打造为重点，提升渔业设施化、产业化、标准化、科技化水平，开展渔政执法，全年渔业养殖总面积达到7333公顷，水产品总产量4.76万吨，渔业经济总产值10.2亿元，渔业健康稳定发展。

1.加快现代渔业园区建设。推动市现代渔业示范园建设，完成项目主体工程及室外垂钓池塘建设，初步制定示范园运营方案。加强与省海洋与渔业厅协调沟通，落实优质鱼项目资金500万元，用于园区二期建设。严格项目建设程序，完成光伏发电项目招标及二期工程招标。提升市淡水所工厂化设施渔业园辐射带动能力，扩大各类名优水产苗种及观赏鱼苗种生产规模，累计繁育各类优质水产苗种2亿尾，繁育锦鲤苗种500万尾。

2.研发推广水产名优新品种。继续引进推广黄颡鱼、泥鳅等新品种，其中从江苏引进黄颡鱼7000公斤，选取10个以上试验示范点进行试养。平阴县华立公司泥鳅苗种繁育规模达到2000万尾，推广面积26.7公顷以上。

3.提升水产品质量安全水平。制定水产品质量整治方案，与各县（市）区签订产品质量责任状，并实施质量整治月报制度。建立水产苗种及养殖企业数据库，实施数据库动态管理。开展质量抽检，完成农业部、省、市各级质量抽检7批次140个样品，生产环节抽检合格率100%。开展无公害水产品证后监管专项行动，采取县（市）区交叉检查的方式，成立5个专项检查小组，对全市认定的无公害水产品基地按照无公害农产品现场检查要求，进行严格检查，对不合格基地下达整改意见。

4.开展渔业生态保护工作。争取省厅专项资金扶持，制定美里湖及济西湿地增殖放流实施方案，放流苗种500万尾。按照增殖放流规程，强化市淡水所增殖站优质苗种的繁育及培育工作，共培育放流所需的草鱼、鲤鱼、花白鲢等苗种500万尾，并对苗种进行质量检测及检疫。6月6日，在济西湿地开展了增殖放流启动仪式，省海洋与渔业厅相关领导、9家新闻媒体及社会各界人士500多人参加放鱼活动。开展渔业水域资源保护工作，处理12345投诉举报电话3起，电鱼等违法案件11起，新办理水生野生动物保护特许证件13本。

（崔迎松）

【概况】 2015年，重点支持提升了5处一类园区、2处二类园区、9处特色养殖基地和1处自然养猪法技术推广基地建设。建成1处国家级示范场、17处省级示范场和28处市级示范场。全市市级以上畜禽标准化养殖示范场发展到207处，其中国家级示范场19处、省级示范场77处。创建山东奥克斯畜牧种业、山东鼎泰牧业、鑫盛达生物工程、斯派福瑞禽业、斯帕法斯禽业等一批畜牧高新技术企业和山东高速现代牧业等一大批畜禽标准化养殖示范基地，培育济南维康庄园、章丘源虎食品、徒河黑猪食品、济南黄岩蜂蜜、恒基珍禽等10余家特种畜禽养殖基地及华夏维康等“互联网+”模式的现代畜牧典型，打造一批畜牧业科技成果转化的孵化基地、菜篮子产品的供应基地、标准化生产的样板基地和畜牧高科技示范基地。现代牧业商河2万头奶牛基地计划投资10亿元，已完成投资3.8亿元，其中粪污处理工程投资6000万元，引进良种奶牛17600头，日产奶量97吨，成为全市现代畜牧业发展的一大亮点。山东鼎泰牧业10万头生猪养殖基地一期工程4.7万平方米猪舍已建设完成并投入使用，引进美系曾祖代种猪1200头，存栏1.8万头，顺利通过国家生猪核心育种场验收，整个项目全部投产后存栏5万头，年出栏量10万头。奶牛良种种质创新和遗传改良平台建设项目已投入使用，采用国际先进的全基因组排序育种技术和性控精液生产以及奶牛育种综合信息服务平台等多项关键技术，使济南市成为全国最大的奶牛种质创新研发基地之一。

重大动物疫病防控。强化免疫，做好春、秋、冬三次集中强制免疫工作，严格落实畜禽日常补免制度，确保免疫效果。深化村级防疫员队伍建设改革，上半年在全市推开，截至年底，除平阴、槐荫两县（区）外，其他县（市）区已全部完成村级动物防疫员改革任务，共落实村级防疫员491名。全面推进病死畜禽无害化处理工作，商河县无害化处理厂和12个乡镇病死畜禽收集体系已投入使用。

畜产品质量安全监管。以县（市）区为主，市、县（市）区共同投入，建设全市畜产品质量安全监管追溯体系。以市畜牧兽医综合监督管理系统为基础，对全市生猪定点屠宰场（点）、畜禽屠宰场（点）、生鲜乳收购站、规模化养殖场（户）、畜牧投入品（兽药、饲料）等关键岗位实行全过程监控，实现源头可追溯、流向可跟踪、信息可查询、功能齐全的网络化监管。长清、章丘、商河等已建立了畜产品质量安全监管信息平台，实现畜产品安全的可追溯管理。投入350万元建成市级畜产品质量安全监管追溯体系，实现商河与市监管追溯平台联网。以村级防疫员队伍改革为契机，配齐村级畜产品安全监管员队伍，健全市、县、乡、村四级畜产品安全监管体系，形成监管的高压态势和工作合力。健全市、县监测中心实验室建设，加快基层乡镇站和重点企业、合作组织畜产品快速监测室建设，构建基层快速监测网络，提升畜产品质量安全水平。全年市级共安排常规检测1032批，快速检测1527批，合格率99.8%；监测品种涉及肉、蛋、奶、饲料、兽药等7大类20多个，检测项目50多个，监测范围基本覆盖全市所有县（市）区。以查处“瘦肉精”“三聚氰胺”为重点，严查生产、经营、使用违禁违规饲料兽药产品行为，切实保障动物用料用药安全。开展全市生猪屠宰专项整治“百日行动”，共查处违法案件12起，其中移交食药部门查处1起，移交公安机关侦办1起。加快“三品一标”认证工作，已认定产品87个，登记地理标志产品1个。

【饲料兽药工业发展迅速】 全市共有兽药经营企业452家，从业人数近5700人，其中48家企业通过兽药GMP验收；共有饲料生产企业108家，其中6家企业通过HACCPR认证，全市饲料、兽药产值37亿元，在全国同类城市中处于领先地位，饲料、兽药行业已成为济南市畜牧经济的重要组成部分。

【举办济南市首届动物检疫检验技能竞赛】 10月26~27日，济南市畜牧兽医局联合市总工会、市人力资源和社会保障局在商河县举办“全市动物检疫检验技能竞赛”。各县（市）区通过层层选拔，共有39名选手参加本次技能竞赛活动。此次技能竞赛活动，分理论考试和现场操作两部分，内容包括与动物检疫有关的法律法规、规章制度、专业理论知识和动物屠宰检疫检验技术等。经过激烈角逐，评出团体奖3名、优秀组织奖3名、个人奖3名，取得个人技能竞赛成绩前3名选手代表济南市参加全省检疫检验技能竞赛活动。

（司桥顺　于　洋）

林果业

【概况】 2015年，济南市各级林业部门围绕“加快科学发展、建设美丽泉城”的总体部署，以“创建国家森林城市”为目标，坚持高起点规划、高标准建设、高效率推进和高水平管理，取得显著成效。全市有林地面积24.35万公顷，森林覆盖率达到35.24%。11月24日，在安徽省宣城市召开的“2015年中国城市森林建设座谈会”上，济南市被全国绿化委员会、国家林业局授予“国家森林城市”称号。这是本市开展“六城联创”（国家级生态市、国家水生态文明城市、国家生态园林城市、国家森林城市、国家环保模范城、国家卫生城市）工作以来，获得的首个“国字号”荣誉。

1.生态重点工程。通过实施荒山造林、退耕还林、绿色廊道建设、平原农田林网建设等重点工程，全市完成新造林12000公顷，其中，防护林4400公顷，用材林4200公顷，经济林3400公顷；新建完善农田林网3400公顷。年内市委、市政府将城区山体绿化工作列为为民办18件实事之一，计划绿化26座山体，建设面积776.2公顷。其中，绿化提升10座，建设山体公园16处，完善12处破损山体治理工程。3月，市政府召开创建国家森林城市会议，下发《2015年城区山体绿化工作实施方案》，对城区山体绿化工作作出安排部署，推动城区山体绿化工作的顺利开展。

2.林业产业建设。开展良种核桃和枣嫁接工作，完成良种嫁接312.4公顷；引进枣优良品种25个；新建或提升市级经济林标准化示范园10处；新发展露地花卉苗木1300公顷、日光温室9.7万平方米、智能温室12.8万平方米。成功举办首届中国（济南）花卉园艺博览会，签订合同及达成合作意向300余项，总金额1.2亿元。

3.生态安全保护。加强森林防火信息化、专业队伍、装备、水源地、制度和防火通道“六项建设”，提升森林火灾预防和扑救能力；加强森林植物检疫，建立和完善虫情监测预警系统，采取综合防治措施，有效地控制美国白蛾等林业有害生物危害蔓延；依法打击非法占用林地、乱砍滥伐林木和乱捕乱猎野生动物等违法行为；开展城乡环境综合整治，为植绿护绿创造良好条件。调研全市湿地现状及恢复保护情况，启动湿地保护立法工作。

4.林业改革工作。开展国有林场改革调研工作，摸清国有林场家底，为全面实施国有林场改革打下基础。起草《关于鼓励社会主体发展民营林场促进造林绿化工作的实施意见（征求意见稿）》，鼓励社会资金投资造林绿化、林果开发，引导个人、村集体、企业等组建民营林场。稳步推进集体林权制度改革，新增林权抵押贷款6宗，贷款金额370万元；新增流转承包经营林地和林木面积约87公顷；新增政策性森林保险参保面积800公顷，保险金额3375万元；新增公益林面积约0.33万公顷，保险金额3920万元。协调保险公司开展理赔工作，为林农挽回经济损失180余万元。

【创建国家森林城市】 2010年2月，市委、市政府作出“创建国家森林城市、建设森林泉城”的决策。济南市共投入创建资金140亿元，组织实施城镇绿化提升工程、南部山区营造林工程等十大工程建设，做好山、泉、湖、河、城与森林相融合的文章，全市共完成新造林7.2万公顷，新建城市绿地2226公顷，完成30座破损山体治理和生态修复，建设山体公园17处，绿色通道绿化提升2855公里，建设河道景观带328公里；全市森林覆盖率提高到35.2%，城区绿化覆盖率达到40.2%，人均公园绿地面积达到11.3平方米，独具济南特色的山、泉、湖、河、城与森林相融合的国家森林城市初具规模，各项创建指标均已达到或超过国家森林城市评价指标的要求。11月，济南市被全国绿化委员会、国家林业局授予“国家森林城市”称号。

（王 翀）

【概况】 全市重点水利工程稳步推进，水利行业管理规范高效，水利基础保障能力不断增强，市水利局继续保持全国文明单位称号。

1.水生态文明建设试点任务完成。2015年是创建全国水生态文明试点市的最后一年，通过三年的试点建设，实施水系连通、水源置换、河道治理、截污治污、湿地保护与修复等工程360余项，完成投资309亿元，水管理、水供用、水生态、水文化四个体系建设取得显著成效，完成试点任务。“河湖连通惠民生、五水统筹润泉城”的水资源配置格局初步形成，“泉涌、湖清、河畅、水净、景美”的目标逐步实现。

2.农田水利基本建设成效显著。完成济阳、商河等5个小农水重点县年度建设任务，完成投资1.4亿元，整治农田面积0.75万公顷；总投资3755万元的569处“五小水利”完成90%以上。邢家渡、济阳葛店、章丘绣惠等大中型灌区续建配套与节水改造工程，总投资1亿元，章丘市绣惠灌区已经完工，其余已完成主体工程。邢家渡、平阴外山、槐荫北店子、章丘胡家岸四处引黄闸前泵站建设完成，槐荫杨庄引黄闸前泵站开工建设。

3.农村饮水安全工程提前完成。农村饮水安全工程项目总投资2.1亿元，解决和提升章丘等6个县（市）区40.91万名农村居民和7.55万名农村学校师生的饮水安全问题。其中，中央预算内农村饮水安全项目，已于10月20日提前完成；省级67个贫困村饮水安全工程也已完成。

4.水源连通工程加快实施。玉符河卧虎山水库调水工程建成运行，调水2800万立方米，实现黄河水、长江水调至卧虎山水库的建设目标。卧虎山水库供水线路改造工程形象进度为82%，已完成管道铺装、隧洞渠道维修加固等建设任务，实现东风闸至兴隆水库阶段通水目标。卧虎山水库增容工程，项目总投资1.42亿元，通过库区扩挖、抬田等工程措施，增加库容900万立方，已完成主体工程。济阳县稍门平原水库投资3.2亿元，总库容898万立方米，工程进展顺利。

5.推进海绵城市建设。完成南部山区捎近、芦南、刘家等11条清洁型小流域综合治理，成功申报国家海绵城市试点。推进海绵城市建设，开展兴隆片区水土保持综合治理工作，实施泉域重点强渗漏带保护与修复工作，水土流失综合治理度90%以上，流域综合防治水平和水源涵养能力大幅提升。

6.提升依法行政能力。统筹推进水资源管理、水生态建设等方面立法进程，《济南市水土保持管理条例》列入市人大审议计划，《济南市引黄灌区管理办法》等列入明年立法调研项目；深化水行政审批改革，在实现“两集中，两到位”的基础上，推行延时服务、预约服务、上门服务“三项服务”。全年共受理行政审批事项247件，办结率100%。加大水行政执法力度，查处水事违法行为172起，维护良好的水事秩序；加强水利建设市场监管，规范招标投标流程，全市共有95个项目、292个标段完成交易，完成交易额10.83亿元。

7.创新水利科技。坚持“工程带科研，科研促水利，产学研相结合”，由省水科院牵头，中国水科院、中科院等国内10余家知名研究机构共同开展济南水生态文明科技支撑计划研究；与美国兰德公司合作，开展济南市水生态文明建设评估及改善建议项目；与中欧水资源交流平台秘书处合作，开展直饮水示范项目建设。邀请德国水利专家、中国工程院院士等开展水生态文明城市建设和海绵城市建设专题学术讲座。申报科学技术奖，29项成果获奖。信息化水平不断提高，实现涵盖全市水利政务、防汛抗旱、水资源管理、水政执法的全方位水利事务的网络体系。

（姜　辛）

【最严格水资源管理】　全面完成各项水资源管理控制目标，用水总量控制在17.31亿立方米以内，强化水功能区管理，水质达标率78.5%，较上年提高7个百分点，万元工业增加值用水量降至13.79立方米。实施最严格地下水管理，严格建设项目水资源论证，严格取水计划监督管理，加强饮用水水源地保护，结合玉符河综合整治和卧虎山水库增容工程，拆除环库路两侧多年来存在的农家乐。采取科学补源，在连续干旱少雨的情况下，趵突泉实现持续喷涌。在全省最严格水资源管理制度考核中，济南市连续被评为优秀等次。（姜　辛）

【防汛抗旱工作】　全年防汛抗旱形势总体较好，未出现大的汛情旱情。汛前，开展水利工程安全大检查，明确各类防范措施和责任人。进入汛期以后，严格落实行政首长负责制，调整充实防汛防旱指挥部成员，修订完善应急预案，在年内的几次强降雨中经受住考验，发挥了应有的作用。针对春节出现的旱情，在人饮方面，采取应急送水，新打、维修配套机井等措施，解决山区群众因旱饮水困难。在农田方面，通过争取，年度引黄水量达6.82亿立方米，投入抗旱机井2.6万眼，泵站82处，移动抗旱灌溉设备8.9万台套，抗旱浇灌面积23.7万公顷。完成狼猫山和大站两座中型水库、7座病险小水库和100座病险塘坝除险加固工程；玉符河综合治理工程完成年度治理任务，土地流转任务完成90%以上，地上拆迁物基本完成，整治河道25公里，完成绿化整理90万平方米；章丘西巴漏河、济阳牧马河等8条中小河流完成年度治理任务，水生态环境和防洪能力得到加强。（姜　辛）

【黄河治理概况】　1.黄河防汛。强化防汛责任，夯实防汛基础，规范防汛管理，提升应急能力，实现黄河安全度汛的目标。

汛期，实施一次调水调沙，此后整个汛期，泺口站流量维持在150~1110立方米每秒，相应水位25.53~27.82米。6月30日小浪底水库开始实施调水调沙，到7月1日11时出库流量2390立方米每秒，此后流量控制在2500立方米每秒左右，最大下泄流量3550立方米每秒，出现在7月5日11时，大流量一直持续到7月11日15时，之后流量减少，7月11日18时30分减少到1810立方米每秒；此后逐步恢复到调水调沙前流量。期间花园口站最大流量3520立方米每秒，出现在7月6日8时。

调水调沙期间，济南泺口站流量从7月2日开始上涨，7月8~9日一直保持在2980立方米每秒左右，最大流量为3000立方米每秒，相应最高水位29.53米，出现在7月9日2时；最高含沙量为6.37公斤每立方米，出现在7月10日8时。整个汛期，未发生险情。

6月3日，济南市召开全市防汛工作会议，部署黄河防汛工作。市防指各成员单位负责人参加会议。全市共签订各级、各类防汛责任书196份，落实领导干部包工程69人，各级认领防汛责任段187人次、新闻媒体公布防汛责任人28人。河务部门加强内部责任制建设，建立班坝责任制、查险抢险责任制、水位观测责任制等，形成了纵向到底、横向到边的防汛责任制网络，做到发现问题及时报告，及时处理，确保防洪工程安全。

7月20日，副市长李宽端等领导检查济南黄河防汛及调水调沙工作，察看槐荫曹圈险工、天桥大鲁庄自然湿地，就落实好各类责任制提出意见。修订完成抢险行动方案。按照山东河务局新的要求，在完成市级防洪预案的同时，对7个县（市）、区防洪预案进行会审，做到图表文字齐全、数据准确，确保预案编制更具实用性、科学性和可操作性。加强预报预警，于6月18日开始防汛值班，每日向市政府发送水情日报，密切关注天气和汛情变化。

加强防汛队伍建设。整合黄河专业机动抢险队，汛前将原有3支省属专业机动抢险队合为1支，落实组织机构并进行集中培训。对全市群众防汛队伍进行调整，取消三线建制和预备队。全市共落实群众防汛队伍8万余人，其中一线队伍44662人，主要由沿黄乡镇（办事处）组建，包括基干班、民兵抢险队、企业抢险队；二线队伍43537人，主要由沿黄县（市）、区的后方乡镇组建，主要任务是协助基干班进行巡堤查险和防汛物料的运输。

落实国家常备料物石料27.96万立方米、铅丝221吨、麻绳113吨、编织袋55.04万条、帐篷8顶、土工布40200平方米、编织布9600平方米、救生衣2172件、冲锋舟6艘、发电机组23台625.6千瓦、木桩7578根等；社会团体和群众备料按照料物品种、数量、联系人、存放地点、运输方式五落实的要求，进行登记造册，共落实柳秸料3548.24万公斤、软楔1.38万个、木桩15.33万根、编织袋8.5696万条、雨具6.955万件、棉衣被8.0445万件、小型车22554辆、铅丝211.1吨等。

2.防洪工程建设。推进工程建设及重大项目前期工作。防洪工程设计变更及附属工程全部完成，通过黄委、省局组织的验收。章丘堤防加固和防浪林、长清潘庄和下巴控导工地获“黄河水利建设工程文明工地”称号。按时完成“十三五”防洪工程前置条件办理工作，为工程顺利实施打下坚实基础；通过招投标，确定移民监理、工程监理和堤防加固项目施工队伍。编制机动抢险队建设项目建议书，通过水利部水规总院审查。开展确权划界前期工作。

3.工程管理。按照进度要求，完成各项工程维修养护任务。植树28.38万株，完成计划的157%。承办省委、省政府及两级军区义务植树活动。整治工程管理难点25处。开展示范工程创建活动，14处黄委示范工程全部通过复核验收，新增历城后张险工、章丘黄河管理段庭院两处黄委示范工程。槐荫河务局通过国家级水管单位复核验收。章丘河务局奖由群众耕种的淤背区土地全部收回，植树155公顷、23万余株，消除淤背区空白段，改善工程面貌，晋升为国家级水管单位。济南河务局获全省绿化模范单位和黄委“十二五”工程管理先进集体。

4.引黄供水。积极应对旱情，争取引水指标，以黄河水资源的可持续利用支持济南市经济社会的可持续发展。及时向商河县实施应急调水；支持邢家渡灌区建成闸前永久性提水泵站，缓解两县工农业用水压力。完成取水许可初步审核并上报省局。严格执行上级水调指令，对取用水过程进行跟踪督查。加强对入河排污口的监督巡查，确保引水安全。全年引黄供水6.92亿立方米，同比增长8.63%，其中农业引水3.69亿立方米，非农业引水3.23亿立方米。

5.依法治河。推进依法治河进程，《济南市黄河河道管理办法》列入市政府立法计划。积极探索河道管理新机制，理清流域与区域事权关系，起草《保护黄河职责分工》并上报市政府，建立河道清障报告制度。加强河道巡查，查处水事违法行为172起，违章采砂取土7起，拆除违章建筑2113平方米。向市政府报送了盖家沟母亲河公园清除方案。加强联合执法，协调天桥、历城两区，由政府牵头，及时清除河道内危化品。开展垃圾整治等专项执法活动，清理垃圾渣土24974立方米。加强法制文化建设，建成普法广场2处，通过水利部、黄委、省局和济南市“六五”普法验收。依法加强对非防洪工程建设项目的监管，涉及5个项目，总投资1.25亿元。制定《非防洪工程建设项目施工须知》。受理、审批水行政许可4项。

6.科技创新。制定2015年科技与创新工作意见。完成济南黄河防汛光纤环网铺设工作。投资安装4处水位自动观测仪，全局水位自动观测站点达13处。出台《关于加强科技创新管理工作的意见》。获省局科技进步奖8项，科技火花奖9项，通过黄委“三新”认定8项。

（肖东庆　孙　凡）

【“十三五”黄河下游防洪工程建设获批复】 8月28日，国家发改委批复黄河下游“十三五”防洪工程可行性研究报告，12月31日，水利部批复初步设计。山东黄河段总体投资40多亿元，济南段项目投资约10亿元，占全省投资的四分之一，工程投资和占地移民补偿投资比例各占50%左右，设计建设总工期5年，涉及济南市平阴、长清、槐荫、天桥、历城、济阳六个县（区）。主要建设项目为堤防加固、险工改建、控导加固、控导新续建、防浪林种植和堤顶道路翻修六类项目。建设规模为：堤防加固36.53公里，险工改建6处187段坝，控导加固1处20段坝，控导新续建5处4.51公里，防浪林种植24.41公里，堤顶道路翻修90余公里。征地补偿和移民安置主要内容为：永久征地129.3公顷，临时挖压地302.8公顷，房屋拆迁13.49万平方米，安置人口2586人，树株清除33万株，以及其他地面附着物补偿等各项内容。总补偿资金4.89亿元。10月，天桥区、济阳县堤防加固项目分两个标段完成公开招标，签订施工合同。

（肖东庆　孙　凡）

【整合黄河专业机动抢险队】 根据山东省河务局要求，济南河务局于汛前对原有的3支省属专业机动抢险队进行整合。整合后全队编制150人，设队长1人，副队长3人，技术负责人1人。优化队伍结构，吸收了部分年轻力壮、技术过硬的老队员，补充近几年转业军人、招录的大学生为新生力量，队员大专及其以上学历人员达到71%，平均年龄34岁，队伍整体素质有了较大提高。为提高抢险队抗洪抢险实战能力，于6月26日集结训练。7月13日，省长郭树清等领导观看机动抢险队的演练。

（肖东庆　孙　凡）

责任编校　宣　涛

商贸·旅游

商贸服务业综述

【商贸概况】 全年社会消费品零售总额3410.3亿元，增长10.5%；实际到账外资15.8亿美元，增长10%；货物进出口增幅高于全省7.2个百分点；离岸外包执行额增长25.6%，高于全省5.5个百分点；境外实际投资增长291.6%。

1.电子商务快速发展。出台《关于加快电子商务发展的实施意见》，制定《济南市电子商务园区（基地、楼宇）认定管理办法（试行）》，为电子商务健康发展提供政策支持和依据。推进韩都衣舍（集团）互联网品牌孵化基地建设，培育一批国家和省、市级电商产业园区和重点电商企业，韩都衣舍、山东易通发展（银座网）获国家电子商务示范企业称号。全年电子商务交易额2201亿元，增长37.1%，其中网络零售额873亿元，增长40.5%。

2.品牌展会实现量质齐升。全年举办国字号和国际性展会16场，举办第四届韩国商品博览会，推动展会从单纯的商品展示向经贸交流功能转变，接待参会观众11万人次，意向成交额17.4亿元，韩国商品博览会成为全市关注度最高的自主品牌展。“转型升级·香港博览”是香港贸易发展局在山东举办的首个大型服务业旗舰推广活动，吸引20余个行业、近200家香港服务业代表及机构参与，达成合作意向100余个。

3.推进重大项目建设。全市万平方米以上的批零贸易业大项目71项，其中竣工和开业11项，新添高品质商业综合体面积140余万平方米。推进国家综合性一级农产品市场——济南海吉星国际农产品物流园建设，首批注册资金4.5亿元。新建特色商业街区——世茂·宽厚里开街，融汇老商埠基本竣工，中新济南智慧城项目体验中心主体封顶。创新便民放心菜工程、放心早餐工程和家政服务工程等民生工程模式。

4.推进新领域、新业态招商引资。全市新批服务业外资项目79个，合同外资27.67亿美元，实际到账外资13.61亿美元，分别占总量的75.96%、91.29%、86.22%。全年新批外资融资租赁企业12家，总数52家；融资租赁企业实际到账外资8.5亿美元，占全市实际到账外资总额53.8%，成为全市利用外资的新支撑点和实体经济的新助推器。宜家、麦德龙、迪卡侬、普洛斯物流等国际知名品牌落户济南市。美国500强德维特公司与市舜井肾病医院合作，成为其在中国设立的第一个合资医院项目，开创全市医疗领域利用外资的新模式。

5.推动对外贸易增长。帮助企业解决项目建设、通关、退税、融资等70余项难题；在市财政支持下，设立1500万元外贸融资风险资金池，缓解外贸企业融资难问题；推进济南机场“一次录入、一次查验、一次放行”通关试点工作，提升贸易便利化水平。建设平台培育新增长点，综合保税区建设的跨境电子商务平台上线测试，进口商品保税展示交易中心、国际商品展示交易中心、国际商品超市、“聚洋货”进口商品市场、加美百诺国际葡萄酒展销公司等建成营运，秦工国贸、山东一达通等外贸综合服务平台带动外贸稳增长的作用日益明显。培育进出口新优势，全市服务进出口总额55.27亿美元，其中出口24.2亿美元，进口31.05亿美元，分别增长58.4%和59%；实施服务外包竞争力提升工程，服务外包发展综合评价居全省第一，全球外包百强企业之一的日本大宇宙公司落户创新谷。

6.对外投资步伐加快。全市52个新设境外投资项目中，“一带一路”（丝绸之路经济带和21世纪海上丝绸之路）地区21个；56个新签工程承包合同中，“一带一路”地区27个。完成工程承包营业额30.7亿美元，增长43%，增幅居全省第一，高出全省第二21.8个百分点。中东、非洲、东南亚、南美成为全市四大海外工程承包市场。山东电力工程咨询院总承包的巴基斯坦萨希瓦尔燃煤火电项目，合同额15.5亿美元，成为全市全年海外新签最大工程项目。全市海外在建项目91个，电建总公司沙特吉赞燃机联合循环电站项目营业额3.19亿美元，MGS燃气增压站项目营业额2.7亿美元。

7.开发区总体保持平稳增长。各省级以上经济（技术）开发区创新开发区管理机制，推进在新材料产业园区开展的体制机制创新试点工作和在商河经济开发区开展的市场化招商体制试点工作。开发区各项指标保持平稳增长。地区生产总值1282.49亿元，同比增长11%；规模以上工业增加值661.2亿元，同比增长10%；公共财政收入93亿元，同比增长12%；固定资产投资1150.5亿元，同比增长15%；进出口总额50.57亿美元，同比增长5%；基础设施投资194.1272亿元，同比增长6%。

【济南快餐协会成立】 3月18日，山东省第一家快餐协会——济南快餐协会成立。协会登记会员单位40家，搭建起政府和快餐企业及经营业户间的桥梁。据统计，协会会员单位都是以连锁经营和团餐配送为业务的餐饮企业，在济南发展快餐连锁店600家，设置早餐车约200部。

【济南海吉星国际农产品物流园项目启动】 5月8日，长清区人民政府、济南经济开发区管理委员会、深圳市农产品股份有限公司签订《济南海吉星国际农产品物流园项目投资协议》。8月19日，由深圳市农产品股份公司和深圳海吉星投资公司共同出资4.5亿元，注册成立济南海吉星国际农产品物流发展有限公司，项目建设启动。

2015年3月18日，山东省第一家快餐协会——济南快餐协会成立。（市商务局 供稿）

【济南进口商品保税展示交易中心开业】 6月1日，济南进口商品保税展示交易中心在济南综合保税区开业。作为泉城首个进口商品保税展示交易中心，实体展示商城营业面积2万平方米，有100余家境外客商和国内进出口贸易公司入驻，品种涵盖服装鞋包、化妆品、食品酒水、日用百货、母婴用品、奢侈品等万余种优质进口商品。

【《济南市商务行政处罚裁量基准》制定实施】 6月10日，市商务局制定印发《济南市商务行政处罚裁量基准（试行）》（以下简称《裁量基准》），已经市法制办审核备案。《裁量基准》规定了商业特许经营管理类、家电维修业类、家庭服务业类、餐饮业管理类等13个类别、50项行政处罚事项，规范行政处罚自由裁量权的使用，避免执法随意性。

【济南综合保税区、明水经济开发区与韩国签署合作协议】 9月9日，济南综合保税区、明水经济开发区与韩国光阳湾经济自由区域厅正式签署合作协议。根据合作协议，中韩双方通过建立合作关系，互相推荐有投资意向的企业，并为在各自管辖区内进行的招商活动提供支援及便利。

【山东一达通外贸综合服务平台上线运营】 9月，阿里巴巴集团山东一达通外贸综合服务平台在济南揭牌运作。山东一达通外贸综合服务平台主要为广大中小外贸企业提供金融、通关、物流、退税、外汇等外贸交易所需的进出口环节服务。

【中小商贸流通企业服务机构成立】 9月18日，济南市中小商贸流通企业服务中心向首批县（市）区服务中心、工作站、服务机构授牌。61家新成立的中小商贸流通企业服务机构将依托济南市中小商贸流通服务平台，为2000家中小商贸流通企业提供信息咨询、金融服务、人才培训、展览展会等全方位一站式服务。

【济南世茂·宽厚里开街】 9月28日，济南宽厚里开街庆典暨M生活发布会举行。世茂·宽厚里作为一种复古商业街业态开街，秉承错位互补、协同发展的思路，在融入国际时尚和经营理念的同时，挖掘老济南深厚的历史文化底蕴，打造济南最具文化气息、最有生活情趣的街巷。

【日本最大服务外包企业落户济南创新谷】 10月16日，Trans Cosmos株式会社成立的济南大宇宙信息创造有限公司在济南创新谷落户。Trans Cosmos株式会社是日本最大的服务外包企业，服务外包领域全球排名第13位。济南大宇宙公司主要承接日本在中国的软件开发业务，将为济南市乃至山东省的服务外包产业带来新动力。

【连续3年被评为最具特色服务外包城市】 11月21~22日，2015全球服务外包大会在浙江省金华市举办，大会发布了2015年度中国服务外包风采城市，济南市连续3年被评为最具特色服务外包城市。

【《关于加快电子商务发展的实施意见》出台】 12月，市政府办公厅印发《关于加快电子商务发展的实施意见》。根据文件要求，济南将规划建设集商品交易、物流仓储、融资担保、研发设计、配套服务于一体的电子商务园区（基地），支持重点电子商务企业向电子商务产业园区（基地）集聚并给予扶持，推动产业链协同发展，打造电子商务生态圈。

（张　杰）

【粮油概况】 全市粮食系统坚持推进国有粮食企业发展，健全“全粮全油”产业链条，推进重点项目建设，维护粮油市场运行安全。全市粮食系统主要经济指标保持高于往年和全省同行业平均水平的增速，市直国有粮食企业销售收入和利润总额同比分别增长15%和18%。

1.粮食流通规模创新高。全年粮食购销总量320万吨，同比增长12%。集中收购后期，全市启动2015年小麦最低收购价执行预案，累计购进小麦近4万吨。

2.加强粮食流通监管。落实建设法治粮食系统新要求，坚持监管与服务相结合，完成粮食清仓查库、夏粮秋粮收购、“转圈粮”（粮库在托市收购前让面粉厂等企业帮助拍下前几年收储的陈麦）等专项检查341次，检查企业764个次，立案38起。指导县（市）区粮食局开展全国粮食流通监督检查示范单位创建活动。加强粮食质量监管，检验检测粮食样本数量53吨，出具检测报告400余份。

3.重点项目建设取得进展。推进济南粮食重点项目“三园两库”建设。济南粮食产业园一期工程8万吨仓房竣工验收并在夏粮收购中投入使用。济南民天工业园项目一期3.33公顷土地指标摘牌。济南食品产业园完成园区规划、设备选型等前期工作，启动项目建设。储备油库项目按期竣工验收。全市危仓老库改造提升工程竣工验收，第二粮库“智慧粮库”项目进入运行阶段。

4.粮食服务民生水平提高。加大民生工程建设投入，累计投资1700余万元推进居民厨房、放心早餐和放心粮油工程建设。全市居民厨房工程服务网点200余家，日服务群众30万人次，山东金德利集团被评为“中国快餐30强”。

5.推进科学储粮。普及机械通风、环流熏蒸和计算机粮情检测3项储粮技术，解决入库水分高、易结露等储藏难题，为确保粮食储藏安全提供技术支持。开展数字粮库试点项目，在出入库、粮情检测等方面有新的尝试。县（市）区储备库配套购销存管理系统，便于粮食库存监管，改进仓储管理水平。

（周伟才　怀　震）

【危仓老库维修改造工作完成】 危仓老库维修改造项目是“粮安工

程”的重要组成部分。2013年以来，分两批对全市国有粮食企业的部分老旧仓房进行维修改造，在储粮技术、信息化、库区安全设施等方面进行功能提升，仓房设施完好率和设施性能提升。危仓老库维修改造项目历时两年多，累计投资4628万元，维修改造仓容45.66万吨，新增仓容3.09万吨，装备三项储粮技术仓容34.39万吨，配套机械设备225台（套），信息化系统13套，供电改造8宗，空气呼吸器10套，视频监控10套，消防设施9套。2014~2015年度全市危仓老库维修改造项目，涉及5家市直企业和历城区、章丘市、长清区、平阴县4个县（市）区，共16个库点，维修改造仓容35.39万吨，装备三项储粮技术仓容29.63万吨，配套各类机械设备166台（套），安装信息化系统11套，供电改造6宗，空气呼吸器8套，视频监控8套，消防设施7套，新增仓容1.25万吨。粮食收储和安全保障能力提升，基层收纳库收储功能增强。储粮仓房结构坚固，库点分布合理，方便农民售粮，落实利农惠农政策。市、县地方储备库储粮技术水平和粮食流通能力提高。（周伟才 怀 震）

【盐业概况】 全年营业收入2.26亿元，同比增长13.55%；利润总额1146万元，同比增长23.08%；其中非盐商品销售收入6991万元，同比增长44.89%。销售各类食盐67486吨，其中小包装食盐销售同比增长1.15%，达28072吨。查处各类盐业违法案件1020起，查没私盐193.68吨，移送司法机关案件18起，刑拘18人，其中判刑3人。

1.执行食盐专营政策。①依法依规抓好食盐专营。执行省局食盐调拨计划，统一结算和零售价格。加强采购、销售和库存各环节的衔接，加大直送终端力度，保证盐业市场充足供应。对饲料用盐、海原盐等盐种，通过价格调控、合同管理、增强服务等方法，保证销量稳定，并防止大包装食盐冲击小包装食盐市场。加强对大包装食盐的服务和管理，与济阳当地工厂用盐户签订购销协议40份。②落实市场网格化管理和客户经理制。细分盐业市场，明确每名客户经理负责的片区和职责，并组织客户经理业务培训，提高市场经营服务水平。使用手机业务终端“移动盐务通”，实现在线业务管理、订单办理，盐业经营由管理型向服务型转变。③坚持基础食盐品种供应。确保大中型超市品种齐全，其他食盐零售网点品种在3个以上。倡导科学用盐理念，印制宣传海报和手册，宣传推广多品种食盐，建立高中低档食盐品种体系，海藻盐、海晶盐、低钠盐、澳盐等被消费者认可。按照《济南市食盐市场供应突发事件应急预案》要求，完善食盐储备存放、更新、动用等制度。新购置1000块塑料垫板、2台装卸叉车，在历城、商河增设储备仓库。按市级食盐质检中心标准建立济南盐业公司质检中心，10月份通过考核验收。

2.强化盐业市场监管。组建9支专职盐政执法队伍，加强盐政执法培训，组织盐政人员学习各种业务技能。通过采取异地互查、专项整治行动等方式，集中开展市场稽查行动，打击涉盐违法行为。对已签订《食盐安全协议》的业户进行复核审查，告知用盐户的责任，提高其遵守盐业法规的自觉性。与济南市检察院、中级人民法院、市公安局共同出台《关于办理涉盐危害食品安全刑事案件的指导意见》，为多部门联合打击涉盐违法行为提供保障。全年因“生产、销售不符合安全标准食品罪”被法院公开审理并判刑者3人。宣传盐业法规、正规盐产品购买渠道、盐业知识等，推动食盐安全环境建设。做客政务监督热线节目，回复群众咨询38人次，整理意见建议30余条。

3.建设“五味商行”和“盐品大全”经营平台。开展以食用油和调味品为主的批零兼营业务，打造以餐饮原料为主要经营品种的放心厨房工程——“五味商行”，统一标识、配送、服务规范和价格，推进非盐业务专业化、集中化。在各县（市）区建成7家经营服务平台。印发指导意见，明确经营、市场、产品、品牌四个定位，将“五味商行”提升到公司发展战略层面。通过完善“盐品大全”加盟连锁模式、开展宣传促销活动等方式，拓展生活用盐市场。新建2家“盐品大全”加盟店、7家店中专柜，生活用盐产品销量增加。全年营业收入108万元，同比增长41%，综合毛利率41.5%。向市场推广“济盐”牌软化水专用盐、养鱼盐、热敷盐等，提高自主品牌知名度。

4.加强内部管理。完善流动资金定额管理制度，强化内部管控。

对各单位库存存货、往来账项、固定资产等，开展财务专项大检查。合理计算资金使用成本，加快全市流动资金周转，资金使用成本降低。按照经营管理目标责任书及相应的考核办法，对各经营单位工作进行全面检查。按时对城区公司进行月度考核。加强安全生产制度建设，提高安全事故预防能力。12月21日，召开全市安全生产工作会议，推动安全隐患大排查快整治集中行动，确保安全生产形势稳定。

（市盐务局）

【烟草专卖】 济南市烟草专卖局（济南烟草有限公司）下辖市中区、历下区、天桥区、槐荫区、历城区、长清区、章丘市、平阴县、济阳县、商河县10个县级烟草专卖局（营销部），共有从业人员1046人。全年销售卷烟140.73亿支，实现销售收入68.47亿元，利税19.26亿元。

1.卷烟销售。推进卷烟营销市场化取向改革，组织“细支烟春华竞蕾”“泰山品牌上柜月”及雪茄品鉴会等活动。推进“济南烟友”微信平台推广，加大适销对路货源采购力度，开发农村、婚庆、民营企业和各类特色市场，培育泰山烟、细支烟和雪茄烟等新增长点。全年销售鲁产卷烟13万箱，同比增长9.56%；销售细支烟8697箱，同比增长96.43%；销售雪茄烟73.74箱，同比增长84.4%。

2.专卖管理。建立以稽查中队为考核单元的全市大排名制度，制定三级真品卷烟网络案件标准，加强最小市场单元信息维护，加大对真烟外流情况的监管和责任追究，开展“齐鲁之盾”和“清网”专项行动，全年查获案件2105起，查获卷烟3108.93万支，案值1272.66万元，拘留180人，逮捕35人，判刑41人；破获达到国家局、公安部标准的网络案件9起，达到省局标准的真烟网络案件3起；完成省局下达基础查扣量翻番的任务目标。市烟草专卖局获“全省卷烟打假工作特殊贡献单位”称号。

（周 倩）

【石油供应】 1.零售工作提升。通过“电台广播”“微信公众号”进行品牌宣传，印制《明白纸》等宣传单，制作大型宣传架，加强现场声势宣传。“多卖一吨油”主题活动取得成功。开展以市场为导向，以量效最大化为目标的多项营销活动。5~6月开展两期“柴油有礼”自主营销活动，8月起开展“汽油择日优惠”活动。组织“酷暑送清凉”“基层体验日”主题活动，建立公司领导带队夜查制度，完善机关部室参与县（市）区公司经营分析会议工作制度，搭建机关与基层无缝对接的桥梁。

2.非油品业务提高。优化商品结构，建立适应市场需求的商品定价机制。结合门店商圈特点，调整商品品类，按照特色经营策略，经营接地气的商品，提高基础品类商品营业额。开展品鉴会、茶博会、员工内购会等活动，做好重点商品，特别是自有品牌卓玛泉水、尾气处理液、燃油宝等商品的销售。因地制宜，增加商品种类，拓宽销售途径。在章丘、南部山区、平阴等农村市场开展化肥销售，在高速路上下口、国省道级物流园附近开展轮胎销售。开拓广告业务，开发服务类项目，挖掘微信、手机APP、POS机线上线下广告资源，与高速公司合作增加ETC卡售卖网点，增加代缴水电费、代缴罚款等便民服务类项目，代卖演出票、球票，打造新的创效增长点。

3.优化调整网络结构。推进加油（气）站施工项目建设。强化“突出发展质量和效益”的理念，加强加油（气）站新建项目的审查论证。加快加气站建设，以发展油气两用站为主，完成年度加气站建设计划。投入人力、物力、财力，启动加油站标准化管理工作。

4.注重改革创新。发挥财务管理的龙头作用，提高企业效益，将财务管理贯穿于企业经营管理活动中。健全绩效考核体系，加大薪酬向一线倾斜的力度，坚持效益导向，推行量化考核，完善“多劳多得”和“能高能低”分配机制。

（路 峰）

供销合作商业

【概况】 全市供销社系统按照“改造自我、服务农民”的总体要求，遵循“加快发展、合作共赢、服务城乡、满意供销”工作思路，加快推进市属企业改革发展。先后获全国供销合作总社2015年度综合业绩考核计划单列市和副省级省会城市优胜单位一等奖第一名、山东省供销社综合业绩考核先进单位一等奖。全系统完成销售收入138.6亿元，增长20.2%；利税1.59亿元，增长13.2%。截至年底，全系统资产总额23.9亿元，其中，县（市）区供销社资产总额18.9亿元。市供销社系统所属12家直属企业，主要涉及农业生产资料、再生资源、茶叶、文化用品、烟花爆竹、资产管理等经营领域，直属企业资产总额5亿元。

1.提升服务三农水平。①加大规模化服务。组建县级农业服务公司，在乡镇设立综合性为农服务中心，打造“三公里”土地托管服务圈，推广“保姆式”“菜单式”等多种形式的托管服务模式。与农业局联合下发《关于加快推进农业社会化服务的实施意见》，促进大田托管工作有序开展。投资2600万元，建成为农服务中心10处。全系统共开展大田作物托管40133公顷，其中，全托管8467公顷。章丘市供销社通过政府采购中心，以竞争性磋商方式，中标高官寨、辛寨农田规模化服务项目，服务面积14667公顷，获财政补助350万元，其中，直接优惠农户150万元。②推进流通现代化建设。实施商品流通网络改建提升工程，新建改造农资、日用品经营服务网点1130处，村级经营网点覆盖率近80%。开展农村电子商务，推动日用品、农资、农产品“三网”融合对接，形成网上交易、仓储物流、终端配送一体化经营模式。章丘供销集团总公司注册资金50万元，在刁镇为农服务中心成立章丘市益农电子商务有限公司，设有电商体验、产品展示等场所。历城区供销社注册资金200万元，成立济南供销嘉桥电子商务有限公司，申请了20个域名。商河县供销社注册成立电子商务公共服务中心，并入驻联荷电商产业园。济阳县供销社组建的山东济南农副产品网投入运营。长清区供销社也在探索农村电子商务的开展工作。③提高农村合作经济组织服务水平。领办、规范各类农民专业合作社705家，组建各类农民合作社联合社85个，为1850个专业合作社提供有效服务。推进农村信用合作，全市供销社有9家专业合作社开展资金互助业务。④开展“党建带社建、社村共建”工作。总结完善章丘“支部1+3”经营服务模式，开展农民专业合作社、发展项目、干部队伍“三个共建”。全系统开展“党建带社建、社村共建”的村有541个，农民增加经济收入1220万元。⑤组织农民社员技能素质培训。市供销社运用自有的和省社系统信息教育平台，加强与社会培训机构的对接，采取开放培训和现场培训相结合的方式，对社员进行教育培训。全年组织各类农民社员素质培训3万人次，提供服务咨询5万人次。

2.提升社属企业运行质量。①整合资源，提升发展活力。4月，成立济南茶叶批发市场集团有限公司，主要功能定位是开拓新市场、研发新产品、拉长产业链，实现产业一体化运作。11月，成立济南供销投资控股有限公司，注册资本3100万元，以投融资为重点，参与城乡流通体系和农村社会化服务体系建设，使其成为供销社系统的为农服务平台、投融资平台和项目承接平台。②推动项目建设。市属企业全年完成项目投资4671万元，占考核指标117%；新建、改造各类经营设施1.59万平方米，达年度工作计划118%。济南茶叶批发市场投资4000万元，完成“茶文化推广中心——品牌港楼”建设项目，改扩建经营面积2万平方米，全年市场交易额24.4亿元、营业收入2.02亿元、利税1560万元，获“2015中国茶业综合实力百强企业”“2015中国茶业十大渠道品牌企业”称号。英雄山文化市场投资270万元，对市场部分老旧设施进行改造，全年交易额20亿元、营业收入2169万元、利税823万元，各项主要工作指标均超额完成。再生资源公司引入资金150万元，改造天桥分公司经营服务设施2500平方米；将天桥分公司闲置房屋出租，年增加收入20万元，实现租赁收入翻番。装饰公司做好共青团路房产招商和租赁结构调整工作，年增加租赁收入35万元。3月，山东博然螺旋藻公司投资近1400万元建设的洪石泉生产基地投入试运行，螺旋藻品质和产量提高。市农资公司投资110万元，在章丘白云湖建设综合为农服务中心1处，投资100万元，购置玉米收割机、化肥智能配肥机等农机具，全年帮助农民收割、播种各类农作物4000公顷。姚家分社引入资金200万元，改扩建经营服务设施3000平方米，筹建济南供销社农产品展销中心。

3.发展会展经济。先后举办中国（济南）第九届国际茶产业博览会暨第三届茶文化节、中国（山东）首届珠宝玉石文玩博览会和中国（山东）首届文房四宝博览会。茶博会以“茗聚泉城、共赢天下”

为主题，设展位1600个，参展企业1800家，签订意向合同逾千份，合同交易额逾3.5亿元，现场交易额6000万元，开幕式及其他活动参观人员累计10万人次。珠宝玉石文玩博览会以“荟萃珍品、合作共赢”为主题，设展位300个，参展企业300家，现场交易额6000余万元，博览会期间参观人员约8万人次。文房四宝博览会以“书香济南、墨韵泉城”为主题，设展位200余个，现场交易额7000余万元，博览会期间吸引参观人员约8万人次。

4.做好群众工作，保证安全生产。①全年接待受理群众来访29批次、43人次，办理12345市民热线70件。全年解决退休人员独生子女补助、职工集资等问题合计资金近70万元。改善职工生活，增加职工收入，保持市属企业职工月平均工资、生活费持续增长。②重视安全生产和稳定工作。逐级签订安全生产目标责任书，完善安全规章制度，强化“党政同责、一岗双责、企业主体”责任体系。全年事故隐患整改率100%，实现安全生产无事故目标。全年未发生进京越级上访事件。

【济南茶叶批发市场集团有限公司成立】 4月2日，济南茶叶批发市场集团有限公司成立。公司以济南茶叶批发市场为核心，整合济南土产杂品公司、济南博茗茶叶交易中心、济南泺口酿造有限责任公司等五家市供销社下属企业。公司统一管理运营集团资产，统一进行投融资，并根据经营发展需要开办新企业，主要从事基于信息网络工程研发和信息咨询服务的电子商务，承接农业综合开发和惠农、利农、兴农等服务项目以及副食调味品的研发、生产、销售，日用百货、建筑材料的批发零售和物业租赁、广告等业务。

【济南供销投资控股有限公司成立】 11月1日，济南供销投资控股有限公司成立。作为市供销社直属全资企业，公司注册资本3100万元，主要从事农业、工业、房地产业、物流服务业以及各类股权投资，商业贸易，电子商务，房屋租赁，仓储管理，兼营法律、法规和政策允许范围内的开发经营、管理服务咨询、技术培训等业务活动。

（孙 铮）

【第十届中国（济南）太阳能利用博览会】 3月28~30日，第十届中国（济南）太阳能利用博览会暨光伏发电展览会在济南舜耕国际会展中心举办。博览会展览面积1.5万平方米，较上届增长24%；参展企业285家，其中，境外展商13家，英利、力诺、桑乐等国内太阳能十强企业悉数参展。（张 杰）

【“激情五月·放飞梦想”活动】 4月30日，“激情五月·放飞梦想”欢乐购物节暨消费促进年启动仪式在济南举行。活动以“诚信安全、便民惠民”为主题，通过上下促动、城乡互动、行业联动，为商贸流通企业搭建多样化促消费平台，为居民创造良好的消费购物环境，激活消费市场、培育消费热点、惠及消费者。（张 杰）

【“转型升级·香港博览”大型服务业旗舰推广活动】 5月27~28日，“转型升级·香港博览”在济南国际会展中心举办，是香港贸发局在山东举办的首个大型服务业旗舰推广活动，吸引20多个行业、近200家香港服务业代表及机构参与，达成意向合作100余个。博览会重点推介各类有助企业转型升级的设计及市场推广、管理及科技创新的服务，促进两地企业优势互补，共拓商机。（张 杰）

【第四届中国（济南）韩国商品博览会】 6月5~7日，在济南国际会展中心举行。展会设展位840个，展览面积2.6万平方米，吸引韩国本土参展企业409家，参展商逾1000人，近万种韩国特色商品在展场展示，共接待参会观众11万人次，意向成交额17.4亿元。

（张 杰）

【2015国际电子商务服务产业博览会】 7月10~12日，在济南舜耕国际会展中心举办。电商会展览面积2万平方米，折合标准展位600余个，邀请150余家国内外知名企业参展。国际电子商务服务产业博览会是华北地区首个聚焦电子商务服务全产业链的专业平台。

（张 杰）

【第八届中国商用车发展论坛】 7月23~24日，在济南索菲特银座大

2015 年 6 月 5~7 日，第四届中国（济南）韩国商品博览会在济南国际会展中心举行。（崔　屹　摄）

酒店举办，150余位国内外政府机构、汽车集团、物流及科技公司的部门高层代表参加。论坛主要集中探讨商用车行业的现状与未来发展，交流商用车新技术，分享国内外商用车在运营管理等方面的成功做法和有益经验。（张　杰）

【“美食山东·齐鲁名吃”济南专场】 8月3日，“美食山东·齐鲁名吃”专家认定暨品鉴会济南专场在缤纷五洲大酒店举行，市内的200余家商户、500余道菜品参评。经初选，60余家知名餐饮企业、100余道美食品种进入专家认定环节，接受省内知名美食评委专家现场品鉴。（张　杰）

【2015山东（济南）国际旅游交易会】 8月28~30日，2015山东（济南）国际旅游交易会在济南舜耕国际会展中心举办。旅交会设500个国际标准展位，展览面积1.2万平方米，划分为国际旅游展区、国内旅游展区、旅游产品特卖区、乡村旅游展区和旅游商品展销区五大展区，吸引来自境外25个国家和地区，国内18个省（市）旅游局、旅游企业等320家单位参展。（张　杰）

【第八届（济南）国际信息技术博览会】 10月13~15日，在济南国际会展中心举办。大会展览面积3万平方米，观众5万人次。博览会以“互联网+”为主题，展示信息技术在智慧城市、电子商务、云计算与大数据、智慧家居、交通物流、生态保护、民生服务等经济和社会发展重要领域的应用。（张　杰）

【舜耕山庄集团】 全年实现营业收入2.3亿元，超计划7.93%，同比提高7.76%，经济保持平稳健康发展。

1.举办庆祝舜耕山庄30周年系列活动。2015年是舜耕山庄建成30周年，集团举办大舜文化艺术节，组织“济南舜耕山庄建成30周年纪念大会”，拍摄电视宣传片《立》，出版《舜耕文华》系列图书等。首届“大舜文化艺术节”增加馆藏作品126幅。

2.经营业务发展。5月，集团成立舜耕山庄物业管理公司；7月，运行“济南政务服务中心”物业管理项目，成为集团新的经济增长点。集团在商务会所健康会引入沐府汗蒸项目，项目建筑面积1万余平方米，12月19日试营业，促进集团转方式、调结构。提高会展中心场馆出租率，会展中心举办各类展会活动136场，经营收入、展会数量再创新高，舜耕馆场馆出租率68.71%。树立“办寿宴、到舜耕”餐饮品牌形象，结合舜文化在寿宴中体现中华孝道文化，从氛围布置、菜品设计、员工服饰、祝寿仪式等方面进行创新。

3.经营环境优化。全年投入近700万元，更新改造二区35间客房、舜耕会堂及公共卫生间，复建龙山文化汉白玉浮雕墙，拓宽西门道路，改造背景音乐系统，增加各种绿植近2万株。

4.知名度和美誉度提升。10月，济南舜耕山庄获第三届中国饭店金星奖。年内，先后获全国最佳会议酒店、首届山东饭店白金奖、金钥匙钻石服务奖等十几项称号。

5.服务标准化工作再出新成果。由集团编写的“展馆绩效考核指标体系”“泉水宴基本规范”“大众化餐饮服务规范”等31项地方标准，已经省质监局发文颁布。

（高　群）

【概况】 1.利用外资。全市实际到账外资15.8亿美元，居全省第三位，同比增长10.0%，比全国和全省平均增幅分别高3.6个和2.7个百分点。从11个发展主体实际到账外资看，高新区到账外资3.9亿美元，占全市实际到账外资总额24.7%；商河县、市中区、高新区增幅分别为28.1%、18%和16.4%，成为拉动全市外资快速增长的主动力。

利用外资规模不断扩大。全年新批外资项目104个，同比增长33.3%，合同外资额20.3亿美元，同比增长61.25%。新批项目平均规模2914.4万美元，同比增加504.5万美元。新增合同外资1000万美元以上项目36个，合同外资额占全市总量94%，其中过亿美元项目6个，合同外资额19.7亿美元；实际到账外资3000万美元以上项目9个，到账资金占实际到账外资总量的84.2%，其中过亿美元以上项目4个，到账10.02亿美元。

新领域、新业态项目引进取得新突破。全年全市服务业实际到账外资占比85.6%，较上年提高31个百分点。新批服务业项目79个，其中，德维特健康医疗、普洛斯物流、宜家家居等世界知名公司的投资项目陆续落地。新批外资金融服务机构12家，实际到账外资8.5亿美元，包括山东汇通创业投资管理有限公司、济南市齐汇小额贷款有限公司，以及华信、鼎峰、佳兆、港通等10家融资租赁企业，截至年底，已累计批准外资金融服务企业52家。

2.对外贸易。全年进出口总值99.12亿美元，同比下降5.5%，下降率比全国、全省分别高2.5个和7.2个百分点。其中出口59.96亿美元，同比下降1.0%；进口39.16亿美元，同比下降11.6%。

进出口结构优化。全市一般贸易出口50.1亿美元，占全市出口总额83.6%，高于全省20.8个百分点；机电产品出口39.9亿美元，占全市出口总额66.5%，高于全省26.5个百分点。服务进出口总额55.27亿美元，其中出口24.2亿美元，进口31.05亿美元，同比分别增长58.4%和59%。

私营企业成为全市出口的主力军。从出口企业性质看，全市私营企业出口保持较快增长，全年累计出口31.25亿美元，同比增长11.4%，高于全市出口增幅12.4个百分点，占全市出口比重由上年的46.3%提高到52.1%。

亚洲市场保持较快增长。对亚洲市场出口27.69亿美元，同比增长6.8%，占全市出口总额46.2%，占比较上年提高3.4个百分点。东南亚、中东出口增长，同比分别增长19%和22.1%；非洲、欧洲、北美洲出口小幅下降，同比分别下降0.2%、2.9%和0.8%；南美洲和大洋洲下降较大，同比分别下降26.6%和18.9%。

3.对外经济合作。全年新设境外投资项目52个，同比增长8%，实际投资5.7亿美元，同比增长291%；对外承包工程营业额30.9亿美元，居全省第二位，同比增长43.3%。“一带一路”沿线布局发展加快。52个境外投资项目中，“一带一路”地区项目21个，占总量的40%；全年新签工程合同56个，其中“一带一路”国家项目27个。山东电力工程咨询院总承包的巴基斯坦萨希瓦尔燃煤火电项目，合同额15.5亿美元，成为全市2015年海外新签最大工程项目；电建总公司沙特吉赞燃机联合循环电站项目营业额3.19亿美元，MGS燃气增压站项目营业额2.7亿美元，继印度之后，沙特成为全市工程企业重点支撑市场。

4.服务外包。全年离岸服务外包执行金额25亿美元，同比增长25.6%。全年新增纳入统计系统服务外包企业139家，累计800家以上，从业人员20余万人。在2015年全球服务外包大会上，济南市获最具特色服务外包城市奖。服务外包企业屡创佳绩，其中，NEC软件济南有限公司在第十三届大连软交会上获中国软件和信息服务业创新影响力奖，浪潮集团有限公司在第七届杭州服博会上获中国服务外包领军企业称号。 （张 杰）

【国际贸易促进工作】 市贸促会机关和全市10家县（市）区贸促支会，全部纳入群团机关管理。市贸促会机关调整内设机构和职责，设五个内设机构：办公室（挂中国国际商会济南商会秘书处牌子）、发展研究部、国际联络部、贸易投资促进部（挂济南博览事业促进办公室牌子）、法律事务部。

1.会展工作。主办、承办和组

织参加国内展会活动54个，展览面积123万平方米，参会观众约135万人次，现场交易额及意向成交额约102.5亿元；组织、服务和联络企业出国参加会展活动29个，意向成交额约3550万美元。争取“走出去”项目29个，支持资金近100万元。

2.招商引资。全市10家贸促支会重点跟踪服务招商引资项目近80个。市贸促会重点服务项目3项，其中协助济南新东动力信息技术有限公司与赛伯乐（中国）签署2亿美金合作意向协议；联系雨讯金融信息服务（上海）有限公司入驻济南市奥体CBD金融中心，公司注册资金1亿元；协助A&A国际贸易公司控股的济南曙光织造有限公司生产基地落户济南章丘，项目占地20余公顷，提供5000余个就业岗位。

3.国际市场开拓。主办、组织全市企业参加26项涉外经贸活动，出访日、韩等17个国家，接待境外经贸代表团4个。强化与国际商协会组织的交流合作，与哥伦比亚中国商会签署友好合作协议，与市贸促会签约的友好商协会达47家。

4.法律服务。获国家贸促会批复设立经贸摩擦预警中心，与市有关部门联合成立济南国际仲裁院。办理原产地证明书等各类商业文件3200份，涉及货物出口金额18亿美元，CA数字证书注册企业新增60家，累计166家，电子原产地证签证率55%。代办“中国—哥斯达黎加”等优惠原产地证书，涉及出口金额847.89万美元，获免进口国关税近40万美元。调解涉外纠纷案2件，总案值330万元，提供法律咨询、审修合同等其他法律服务35次。

5.系统建设。起草《省会城市群经济圈贸促系统商务合作信息长效机制》。拟制实施《关于建立全市贸促系统与企业更紧密联系机制的工作方案》，密切与企业的联系。全市新发展会员企业近100家。

（贾思军）

【中朝博览会——济南名优特产品（丹东）展】 10月15~18日，市贸促会借助中朝博览会平台，举办济南名优特产品（丹东）展。全市22家名优特品牌企业参展，接待来自朝鲜、蒙古、日本等国家和台湾等地区专业买家及境内专业客商582人次，现场成交金额约160万元，意向成交金额约1500万元，并有多家企业达成合作代理协议。

（贾思军）

【2015中国（山东）国际汽车工业博览会】 10月11~13日，由中国国际贸易促进委员会、济南市人民政府、山东省汽车行业协会主办的中国（山东）国际汽车工业博览会暨第八届济南卡车展在济南国际会展中心举行。展览面积2.5万平方米，参展企业21家，参展整车160辆，吸引中国重汽、福田汽车、福田戴姆勒等国内外整车品牌展商齐聚济南，签订销售合同6200余万元，意向协议额9800余万元。成交产品涉及重卡、轻卡、改装车和新能源汽车等。

（贾思军）

【2015（济南）国际文物保护装备博览会】 10月26~28日，由山东省文物局、济南市人民政府和山东省贸促会联合举办的2015（济南）国际文物保护装备博览会在舜耕国际会展中心举行。博览会以“保护装备——助推文物‘活’起来”为主题，展览面积1.5万平方米，参展的文物保护装备及修复企业共44家，其中国内展商34家、国际展商10家。国内外150余个文物行政部门、文物保护重点科研单位等机构来济参展，来自10余个国家和地区的企业和机构参展或洽谈参观。本届博览会观众达1万余人，国内外3000余名文博系统专业观众到会参观洽谈，打造以展会为媒介，集贸易、科研、学术、应用、投资为一体的国际文保盛事。

（贾思军）

【参加2015年意大利米兰世博会】 9月14~23日，代表团赴意大利、荷兰和瑞典参加2015年意大利米兰世博会山东活动周系列活动以及“山东—荷兰经贸合作推介会暨企业对接会”“山东—瑞典经贸合作推介会暨企业对接会”等经贸活动，促成山东徒河黑猪食品有限公司等3家公司签订多项合作意向，意向额近100万欧元。

（贾思军）

海关

【概况】 驻济南各海关单位（现场业务处、驻机场办事处、驻邮局办事处）共监管进出口货物610.2万吨，同比下降22%，进出口货值206亿元，同比增长9%；税收入库13.6亿元，同比下降23.8%；审结进出口货物报关单57532份，同比下降8.1%；监管进出境人员65.3万人次，同比增长21%；监管运输工具6505架（艘）次，同比增长29.8%。

1.依法尽职履责。严密监控、防范辖区虚假贸易，开展专项核查和巡查工作，查处7家涉嫌虚假贸易企业。启动加工贸易及保税监管全覆盖核查，对辖区加工贸易手册、特殊区域电子账册摸底清查。以一般贸易和特许权使用费领域为重点，开展租赁进口飞机和特许权使用费行业性专项稽查，开展稽查作业20起，完成核查作业22起，稽查补税615.6万元，同比增长80.3%。综合治税，采取预审价、预归类、网上支付、预约通关等便捷通关措施，吸引新税源商品及企业通关，加强对重点企业重点商品审价，全年审价补税39宗，补税824.3万元。

2.服务地方经济。①参与丝绸之路经济带海关区域通关一体化改革，成为济南关区首票丝路一体化报关单成功申报放行现场，解决524家依法开展加工贸易、无走私违规行为的B类企业不能无纸通关问题；完善关检联动配合机制，将“一次申报”系统扩展到所有涉及法检商品的报关企业，“一次申报”法检报关单1543票，一次申报率50.23%，“一次查验”报关单139票，一次查验率超90%，减少关检重复申报项目及时间约30%，节省查验时间及费用约50%；推动上海自贸区监管创新制度复制推广，落实进出口备案清单改革、简化随附单证等措施，并在辖区内宣传推介汇总征税制度；推广企业信用管理新政，举办信用管理制度宣讲会，完成费斯托气动有限公司认证工作；优化26项内部核批事项，取消14项、下放3项行政审批，取消非行政许可审批。②推进综合保税区建设发展。与南京海关、潍坊海关进行区内自行运输制度联合测试，通过总署验收；实行智能化卡口验放制度，辅助管理系统完成与新一代海关电子政务信息系统H2010间的数据对接互换，实现济南综合保税区海关监管卡口智能验放。③落实国家结构性减税政策。以“送教上门”方式，办理科教用品减免税业务，涉及货值7837万美元，减免税款9931万元。④助力济南市文化产业交流与发展。为山东博物馆“许伯夷和他的世界”等国际展会提供灵活、高效验放服务。⑤机场业务整合完成，推进寄递业务。驻机场办事处推动济南国际邮件处理中心建设，空港区域初步形成空运普货、商业快件、国际邮件和邮企快件4个监管场聚集式发展的格局；济南—仁川货运包机首航启动，货运包机实现突破。

（高　璐）

出入境检验检疫

【概况】 全年共检验检疫出入境货物5526批、3.87亿美元，同比分别减少20.4%和44.12%。其中，出境2647批、1.49亿美元，同比分别减少36.86%和67.04%；入境2879批、2.38亿美元，同比批次增长4.69%、货值减少1.17%。检出不合格入境货物394批、6599万美元。

1.落实稳增长措施。制定促进济南外贸稳定增长的18条工作措施和促进小型微型企业发展的15条措施。推进出口食品农产品质量安全示范区建设，历城、长清、章丘、平阴、济阳和商河6个济南农业县（市）区获省级示范区称号，其中，历城、商河、章丘3个县（市）区获国家级示范区称号。推广上海自贸区创新制度，在济南综合保税区实施进口货物预检验制度和检验检疫分线监督管理制度。支持跨境贸易电子商务发展，与相关部门企业建立联席会议制度，开发设计检验检疫监管平台，在全省开展跨境电商检验检疫监管平台测试工作。

2.提高对外贸易便利化程度。推进“一次申报、一次查验、一次放行”的“三个一”工作模式，业务范围覆盖济南所有法检进出口货物和山东中西部11市法检快件货物，在济南机场国际旅检通道和国际快件推行关检共同查验和“一机两屏”，使关检人员共用一台x光机进行判图分析。推进大通关建设，实行“通报、通检、通放”和出口直放、进口直通；加大通关效能管理，出入境货物平均流程时长同比缩短44.5%和51.5%。向国家质检总局申请设立进境水果指定口岸工作，济南国际机场成为全省首家进境水果指定航空口岸。对符合条件的企业实施无纸化报检，对省内进出口货物实现无纸通关，对符合条件的原产地证申请人实施无纸化申报。破解国外技术壁垒，扩大出口，成立技术性贸易措施工作领导小组、工作小组和专门科室，完成济南辖区技术性贸易措施影响调查。

3.加大检验检疫监管模式改革力度。推进行政审批制度改革，加强口岸卫生许可证改革，新成立企业不需先申请口岸卫生许可证再办理工商登记；简化出口食品企业备案程序，对来自国家级出口食品农产品质量安全示范区内取得食品药品监督管理部门食品生产许可并获第三方认证机构HACCP体系认证的，在申报材料审核合格后，直接予以备案。取消代理报检企业和报检人员的行政许可，对辖区维修再制造企业进口旧机电产品实行免予备案管理。降低进口饲料、葡萄酒等产品安全风险监控频率，对无需实验室检测的产品实施现场检验检疫合格后直接放行。

4.提升执法把关效能。①提高进出口商品不合格检出率。共检验进出口工业品3090批，检出不合格381批，其中不合格进口棉花92批，对外索赔67.8万美元。从危险货物包装性能、使用检验中检出不合格品18批。检验出口双边国家产品291批，不合格34批，不合格率11.68%。②做好口岸疫情防控工作。在新航线开通、出入境航班大幅增长的情况下，做好空港口岸执法服务。出台防控技术方案，做好中东呼吸综合征（MERS）防控。从入境旅客中截获禁止携带物1658批次，同比增长17.8%；从入境旅客携带物中截获鹿角标本、未取得入境特殊物品卫生检疫审批的人体疫苗和各类生物制品类美容针剂，均做截留销毁或退运处理。③加大进出口食品农产品的检疫监管力度。从入境货物及入境粮谷后续检疫监管中截获6批次、12种次有害生物，其中入境检疫性有害生物3批次、5种次，从2批次入境木质包装中检出3种次非检疫性有害生物。对葡萄酒、膳食米粉等26批次入境不合格食品做销毁或退运处理，并在入境化妆品中检出不合格项目。④推进邮检工作。完成邮检查验现场的整体搬迁工作，在全省启用“检疫国际”业务节点。全年共查验进出境邮件38.5万件，截获包括龟甲牡丹、鲸牙、玳瑁等濒危物种在内的禁止入境物614批次。

【进出口商品检验鉴定监管】 共检验进出口商品3451批、2.37亿美元，同比分别减少29.83%和54.45%。其中检验进口商品2138批、货值1.49亿美元，同比批次减少2.02%、货值增长17.12%；进口商品不合格185批，涉及货值1353万美元。检验出口商品1313批、8836万美元，同比分别减少52.01%和77.56%；出口商品不合格32批，涉及货值438万美元。签发各类原产地证书18115份，签证金额11.95亿美元，同比分别增长6.93%和24.25%。

【进出境动植物检疫】 检疫进出境动植物及其产品815批、8640万美元，同比分别减少0.97%和28.17%。其中检疫进境动植物及其产品228批、6368万美元，同比分别减少0.87%和33.78%；检疫出境动植物及其产品587批、2272万美元，同比分别减少1.01%和5.76%。检疫进境货物木质包装37567件，同比减少22.02%，检出有害生物3批。

【国境卫生检疫】 检疫查验出入境人员61.12万人次，同比增长12.7%。其中，出境30.07万人次、增长11.48%，入境31.05万人次、增长11.48%。检疫出入境飞机5090架次，同比增长15.66%，其中，出境2544架次、增长15.32%，入境2546架次、增长15.99%。健康体检和传染病监测13830人次，同比增长1.46%，检出各类疾病3218例；实施预防接种16091人次，同比减少0.3%。对出入境食品、化妆品实施卫生检疫监督1015批、货值5866万美元，同比分别增长15.87%和24.33%。其中出境497批、3402万美元，同比批次减少9.63%、货值增长11.28%；入境518批、2464万美元，同比分别增长58.90%和48.28%，检出不合格94批、218万美元。

【农产品检测】 山东出入境检验检疫局技术中心济南分中心共完成检测业务4786批、23399个样品、61178项次，同比批次、样品分别增长22.06%、4.73%，项次减少3.92%。其中，食品农产品4495批、17054个样品、41898项次，阳性结果检出法检70批次，检出率为2.29%；委托295批次，检出率18.7%。工业品261批、6706个样品、20334项次，同比分别增长59.15%、11.36%和11.11%。

（马金刚）

【概况】 全市旅游系统围绕建设国际旅游名城的目标，深化旅游改革，强化顶层设计，壮大产业主体，加强市场监管，提升城市宜游功能。8月，济南市获全国旅游行业最高奖项——“中国旅游业改革发展创新奖”。全年旅游消费总额744.94亿元，同比增长14.09%；接待国内外游客6094.42万人次，同比增长9.06%。

1.强化产业顶层设计。市政府召开全市旅游工作专题会议，出台《济南市人民政府关于促进旅游业改革发展的实施意见》，把旅游业发展指标列入对各县（市）区的科学发展目标考核体系，各县（市）区也相继出台文件政策，推动旅游业加快发展。推进章丘市省级旅游综合改革试点、历城南部山区省级旅游景区改革试点工作。章丘市组建旅游发展委员会，出台旅游综合改革实施意见，启动朱家峪等国有景区改革工作；南部山区创建省级旅游度假区，对门牙片区实施综合提升改造。

2.完善规划体系。加强旅游规划与土地、城镇、环保等规划衔接，全市旅游总体规划、专项规划、片区规划、项目规划等体系逐步完备，在全省实现县级乡村旅游规划全覆盖。推进天下第一泉、千佛山风景名胜区创建5A级旅游景区。方特东方神画、绣源河泰王水世界、济南野生动物世界迁建等重点旅游项目开业纳客。推进龙冈梦幻星空、黄河古镇、小清河湿地公园等重点旅游项目建设。旅游融合发展稳步推进，新增工业旅游项目2个、文化产业园4个，新开辟特色街区7条。

3.推动产业融合发展。①发展城区旅游。组织88家企业成立市旅游协会夜休闲分会，引导公众夜间休闲消费。组织30余家旅行社打造以芙蓉街、曲水亭街为核心的“家家泉水、户户垂杨”特色城区旅游产品，每年吸引外地游客300万人次。整合泉水生活、商埠风情、鲁菜美食等6大主题，推出30余个二、三日游产品；整合全市博物馆资源、节事活动资源，设计编印博物馆之旅、节事之旅文化旅游产品。②推进乡村旅游提质发展。对全市422户农家乐实施“改厨改厕”工程并给予资金扶持，创建白云湖、绣惠大葱基地等20余个乡村旅游示范点，协调专项资金用于乡村旅游扶贫开发。对3000余名乡村旅游从业人员进行专项业务技能培训，组织100余名乡村旅游点负责人赴台湾交流培训。③推动旅游商品开发。举办全市旅游商品专题培训会并成立旅游商品分会，制订“济南有礼”旅游商品品牌推广计划，建设“济南有礼”官方网站和微信服务平台，举办“济南有礼”杯木鱼石创意设计大赛、最具代表性的济南旅游商品大赛、济南名优旅游商品展销等系列活动。

4.推进企业转型发展。制定《济南市旅游企业发展扶持资金管理暂行办法》，举办旅行社转型发展专题讲座，定期编发旅游行业信息专刊，每季度对旅行社、星级饭店经营情况进行分析并提出建议。引导企业集团化、连锁化发展，培育银座旅游、交运旅游等企业集团，山东嘉华文化国际旅行社、山东交运旅游集团、山东交通旅行社和山东旅游有限公司4家旅行社跻身全国百强，嘉华国旅进入全国旅游包机10强和全国利税20强，银座旅游进入全国旅游集团20强和全国入境旅游20强。济南市公交旅游公司联合潍坊、青州、淄博、兖州等市公交旅游公司成立公交旅游协会。推动旅游企业转型发展，组织7家有上市意向的企业负责人参加新三板辅导培训班，组织72个旅游企业参加泰山会盟活动，有32个旅游企业与市外旅游企业、网络运营商达成合作意向。搭建旅游投融资平台，打造西部新城旅游休闲度假片区，支持西城集团组建旅游集团。

5.提升城市旅游品牌影响力。①以推广“泉城济南”城市旅游品牌形象为核心，依托境内外中央电视台、凤凰卫视、韩联社新闻台等50余家电视、报纸、网络等媒体及户外广告载体，开展城市旅游形象宣传。②围绕泉城新年祈福会、冬泳节、春季赏花踏青等活动开展20余批次的专题报道，其中，春季赏花踏青专题报道采用“手绘地图+实用攻略”的形式，具有创新实用性。③举办旅游节事活动，泉水节、国际泉水冬泳节、国际旅游交易会等活动吸引大批游客参与。国际旅游交易会吸引了25个国家和地区的320家旅游机构、企业参展，7家重点旅行社实现交易额862万元。

已连续举办三届“泉水节”、四届“国际泉水冬泳节”，冬泳节成为国际冬泳协会每年在全球举办的8个常规赛事之一；“国际定向寻泉赛”是全世界唯一以泉水为标志举行的城市定向比赛，吸引了11个国家和地区的800余名定向运动爱好者参与。④突出精准营销，加强对外交流。赴韩国水原、首尔，东北地区以及浙江、江苏等地开展旅游宣传推介活动。在广东地区开展“漫游济南”网络推广活动，3600万人参与，阅读量4252万人次。连续四年在台湾市场开展“前进济南”精准营销活动，台湾入境游客年增长逾25%。⑤深化京沪高铁旅游联盟、省会城市群旅游联盟和济莱旅游一体化合作。承办“京沪高铁旅游推广联盟”成立大会，纳入国家海外推广战略，搭建海外推广平台。“泉城济南”城市旅游品牌形象的影响力和吸引力进一步增强，据统计，全市持证住宿人数居全省第一，超过全省总数的1/5。

6.加强旅游公共服务建设。①加快旅游集散和旅游咨询体系建设。省会城市群旅游集散中心投入使用，被中国旅游研究院誉为“全国面向散客的旅游集散中心样本”。章丘、历城、长清、平阴等也建设集散中心，章丘市旅游集散中心10月投入使用。全市新规划建设50个旅游咨询信息亭，在全国智慧旅游创新发展大会上被评为“全国智慧旅游优秀案例”。②加强智慧旅游建设。建成以机关内部办公网、办公业务资源网、公共管理与服务网和电子政务信息资源库“三网一库”及12301旅游服务热线等为主的信息化一期工程，开发“游客通”手机客户端，全市500余家企业入驻淘宝、同程等电商销售平台，网络营销线上产品2000余个。③推进微博、微信、QQ等在线互动平台建设。举办“玩转泉城”有奖转发、“微游济南”采风、“泉城小苹果”等20余项活动，济南旅游官方微博连续4年获“中国十大旅游机构微博”称号。④开展“厕所革命”。成立“城市厕所开放联盟”，将位于城市主干道两侧及景区周边的党政机关、企事业单位的600余处厕所面向市民和游客免费开放。

7.完善市场监管机制。①完善旅游安全应急机制。核定3A以上景区最大承载量并向社会公布，与各县（市）区签订旅游安全承诺书，加强旅游应急管理，建立旅游突发事件应对机制。6月，运用旅游突发事件应对机制处置“东方之星”游轮翻沉事件。②整治规范旅游市场秩序。制定下发《济南市旅游市场秩序整治方案（2015年）》，把群众反映强烈的“零负团费”、无资质经营旅行社业务、诱导欺骗旅游消费等问题作为规范旅游市场秩序的重点，加大打击力度。对旅游投诉较多的企业负责人实行约谈，利用旅游政务网、报刊等媒体及时发布旅游出行警示，招募50名旅游服务质量义务监督员加强社会监督。③提升服务效能。整合旅游审批窗口职能，集审批、服务、投诉、咨询、督查为一体，提升服务水平。④做好文明旅游引导工作。举办全市诚信出境旅行社表彰暨“济南市2015文明旅游年”启动仪式，组织全市各县（市）区旅游局、各旅游企业等172家单位组建济南市文明旅游联盟，开展文明旅游进社区宣传活动。⑤完善导游管理模式。成立济南市导游协会，实现从管理到服务的转变。在全省首建“导游服务导游”制度。组织导游年审培训、岗前培训、酒店技能和饭店职业英语培训5600余人次。实行以赛代训，连续4年举办全市导游电视网络大赛，提升导游员综合素质。在全省导游大赛中，市参赛选手获冠、亚军。

【第三届济南泉水节】 8月28日，由济南市人民政府主导，济南日报报业集团、济南广播电视台、济南演艺集团及济南天下第一泉风景区管理中心联合举办的“第三届泉水节”在章丘绣源河风景区泰王水世界乐园举行。泉水节期间举办了国际啤酒文化节、花车巡游、温泉论坛等活动，“畅游济南72名泉暨济南国际定向寻泉赛”活动吸引国内外参赛者及游客近2万人参加。此外，还举办了“泉城形象大使（荷花仙子）评选”“72泉娃评选”“泺口服装文化艺术节”“原创‘泉水之歌’征集”等活动。

【2015“好客山东贺年会”】 1月1日至3月5日，济南市2015年“好客山东贺年会”在千佛山举行。围绕元旦、春节、元宵节三大时间节点，创新“贺年游、贺年礼、贺年宴、贺年乐、贺年福”五大产品品牌。开展元旦全民健身系列活动、济南电视观众节跨年狂欢夜、省会大剧院新年音乐季、第四届中国·

济南国际泉水冬泳节等活动，并集中推出新年音乐会、新年撞钟祈福等活动。组织社会各界参与全省贺年会美术陈列大赛、“春节记忆”、春节服装展示营销大赛、摄影大赛、微信微景大赛五大评选活动。以“好客山东·福满泉城”为主题，开展“2015泉城新年祈福会”活动，集中推出灵岩寺新年祈福法会、五龙潭门神故里济南寻福、府学文庙祈福开笔礼、九顶塔爱情祈福会等系列祈福祉、求吉祥的“福文化”活动。

2015年1月9~10日，第四届中国·济南国际泉水冬泳节在大明湖举办。

（北 寒 摄）

【第四届中国·济南国际泉水冬泳节】 1月9~10日，第四届中国·济南国际泉水冬泳节在大明湖举办，吸引来自美国、俄罗斯、英国等14个国家的56支代表队、千余名冬泳爱好者参与，开展冬泳竞技和冰水娱乐表演等活动。市旅游局被中国游泳协会授予“全国冬季公开水域游泳健身活动示范单位”称号。泉水冬泳节已成为国际冬泳协会每年在全球举办的8个常规赛事之一。

（赵英梅）

责任编校 姚娟 张阳

【概况】 全年组织财政收入，保障民生等重点支出，落实财政管理，统筹推进稳增长、促改革、调结构、惠民生、防风险各项工作，全市经济运行稳中有进，财政预算执行取得预期效果。全市一般公共预算收入614.3亿元，完成预算的100.12%，比上年增长13.11%，与上年同口径税收比重为80.1%，比上年提高0.2个百分点；实现地域财政总收入2029.97亿元，增长3.08%。一般公共预算支出658.6亿元，完成预算的111.04%，比上年增长15.25%，各项民生和社会重点事业支出占总支出的75.13%。

（赵 虎）

【促进经济转调创发展】 1.搭建股权投资平台。提高产业引导资金股权投资比例，全年产业引导资金9.5亿元，其中整合3.2亿元用于股权投资资金，壮大济南财金投资控股集团有限公司规模，设立13只创投基金，基金总规模116亿元，其中成立的济南财金投资发展基金一期基金规模100亿元，重点支持公益项目建设和创业投资企业发展。

2.推动实体经济重点产业发展。拨付6亿元，通过奖补、贴息等方式，支持生物医药、新材料、旅游、文化、信息等新兴产业成长，扶持家政服务业及物流企业发展；投入8305万元，引进金融总部落户济南，支持县域、村镇金融机构发展和齐鲁银行新三板上市，加快山东金融资产交易中心建设。

3.扶持中小微企业壮大。投入1.9亿元，建立小微企业贷款风险补偿资金池，对金融机构增量贷款及中小微企业融资费用给予财政补贴，扶持企业上市融资，扩大市融资担保中心资本金规模，为中小企业担保累计36亿元。利用政府采购支持小微企业发展，完善小微企业优先采购政策，预算的20%专门面向小微企业采购。

4.促进大众创业和创新。投入3.8亿元，加快创新型城市建设，提高企业自主创新能力，促进创业孵化基地、创业园区和“泉城众创空间”建设；发展多元化科技金融支持体系，破解科技型中小企业融资难题，全年为280家科技型中小企业申请贷款16.5亿元，实现将风险补偿金放大30倍以上。

5.落实各项税费优惠政策。简政放权，梳理行政权力事项和责任清单，加快税制改革，落实各项税收优惠政策，全年共减免税200亿元，取消或暂停征收行政事业性收费49项，免征小微企业行政事业性收费42项和政府性基金5项。

（赵 虎）

【破解现代泉城发展瓶颈】 针对雾霾重、交通拥堵和环境脏乱差等城市问题，筹集资金，改善生态宜居城市面貌。

1.加强治理雾霾资金保障。投入资金8亿元，用于实施大气污染防治“十大行动”，进行工业污染源治理、环保设施升级改造及建筑渣土和扬尘整治，推进老工业企业搬迁改造，开展工业余热利用，对燃煤锅炉淘汰、黄标车提前淘汰进行补贴，淘汰城区35吨/时以下燃煤锅炉593蒸吨，补贴报废黄标车1.98万辆。

2.支持泉城“显山露水”。投入10.8亿元，创建全国水生态文明城市，支持海绵城市建设试点，进行小清河水质保障和河道综合整治，增强城市蓄水排水功能；投入4亿元，用于创卫专项整治，城区环境脏乱差现象改善；安排4亿元，推进南部山区生态环境保护，进行破损山体整治，支持建设城市绿地、河道景观带、森林公园和湿地公园等，济南市获“国家森林城市”称号。

3.加快推进城市基础设施建设。筹集资金85.6亿元，支持中央商务区、城市轨道交通R1线、济青高铁、二环南路高架、二环东路南延等重点工程建设；投入22.4亿元用于重点片区拆迁“七通一平”，促进路网、电网结构优化；拨付4亿元用于公交公司政策性亏损补贴，支持公交场站建设和新能源汽车购置，落实成品油税费改革补贴，优化城市公共交通体系；投入6.9亿元，支持供水、供热、燃气、污水、垃圾处理等市政公益事业企业发展。

4.推动旧城更新和棚户区改造。争取国家开发银行棚改专项贷款预授信额度300亿元，并筹集财政资金32.9亿元，支持4.6万户棚户区改造任务；投入2.7亿元，在平阴、商河、章丘、济阳设立城镇建设用地增加与农村建设用地减少相挂钩示范项目区，为实施重点工程、拓展城市发展空间提供支撑。

（赵 虎）

【保障改善民生】 落实为民办18件实事，全年各项民生和社会重点事业支出占一般公共预算支出比重75.13%。

1.社会养老支出20.2亿元，确保各类养老金足额发放，支持企业退休人员养老待遇连续11年提高，居民基本养老保险待遇实现“五连涨”，支持社会养老制度由稀缺型向普惠型转变。

2.医疗卫生和计划生育支出14.7亿元，将居民医疗保险政府补助标准由320元提高至380元，完善基本药物制度经常性补助机制，推进基本公共卫生服务均等化，实施企业退休职工计划生育一次性补助政策，落实食品安全监督检查经费，支持开展国家食品安全城市创建试点。

3.就业支出1.3亿元，落实各项就业援助政策，补贴就业培训，扩大失业保险基金援企稳岗政策范围，提高小微企业创业创新补贴标准，以创业带动就业。

4.社会福利救助支出15.5亿元，提高城乡居民低保和农村“五保”供养补助、义务兵优待金标准，对困难家庭进行水价补贴，落实困境儿童、残疾人救助制度，支持困难企业军转干部解困，提高特殊群体的社会保障水平。

5.教育支出14.6亿元，落实城乡义务教育经费保障机制改革，支持职业教育和高中阶段教育发展；实施家庭经济困难学生资助和中等职业学校免学费政策，为农村义务教育贫困家庭非寄宿生提供生活费补助；支持改善贫困地区义务教育薄弱学校基本办学条件，实施新建小区居住区学校配建、公办幼儿园建设等教育民生工程。

6.文化体育事业支出7.9亿元，整合文化资金，完善公共文化设施免费开放财政保障机制，加快公共文化服务体系建设和文化产业发展；支持艺术创作演出和群众文化活动示范点建设，促进文物及非物质文化遗产保护。

7.住房保障支出8.8亿元，支持完成新开工51168套（户）保障房任务，向29000余户（次）符合条件的城市低收入家庭发放廉租住房补贴，改善住房保障对象的居住条件。安排6.7亿元用于困难国有企业帮扶解困和改革；5946万元用于肉菜应急储备，平抑菜价，保障市场供应；10.8亿元用于公检法部门办公办案经费、12345市民服务热线和法律援助；2000万元用于促进安全生产。

（赵 虎）

【推进乡村脱贫攻坚】 加大资金整合力度，支持章丘和商河2个试点县（市）涉农资金整合，创新资金投入方式，全年“三农”方面市级支出45.8亿元。

1.支持现代农业发展。筹集1亿元，注资设立市政策性农业融资担保资金，每年可带来3亿元的金融信贷增量，减少500万元的融资成本。筹集担保金3200万元，在章丘、历城、商河、济阳开展农业融资增信项目试点，吸引金融资本向“三农”领域集聚。

2.支持改善农业生产条件。整合18.3亿元，支持“一区六园”和农田水利基础设施建设，其中，“一区”指济南市农业高新科技产业开发示范区，“六园”指历城临港都市现代农业园，长清首农济西农业园，平阴、济阳、商河、章丘现代农业示范园，改善农业灌溉条件，促进农业科技创新；投入1.9亿元，完成农业综合开发土地治理项目9个，产业化项目28个，支持长清和商河国家现代农业园区建设。

3.促进农民增收脱贫。落实各项涉农补贴和政策性保险补助5.1亿元，调动农民生产积极性；投入农业扶贫资金8418万元，实施精准扶贫，支持产业扶贫。

4.推进美丽乡村和生态文明乡村建设。落实2.7亿元用于村级公益事业“一事一议”奖励补助、“乡村连片治理”、美丽乡村建设和村级组织运转；拨付2.1亿元用于农村公路养护和特困村道路建设；投入2.7亿元支持国家重点镇、省市示范镇建设和新型农村社区建设，提升农村生态环境。

5.提升县乡政府自我发展能力。综合考虑县乡政府财政困难程度，投入转移支付资金9.3亿元，落实农村税费改革转移支付、县级基本财力保障和产粮油大县补助政策，为基层政府行使职能提供财力保障，解决农村公共服务投入不足问题。 （赵　虎）

【促进财政收支管理科学高效】 强化财税银联席会议制度，推行社会综合治税，落实对县（市）区收入增长考核办法，依法科学组织收入。推进新《预算法》实施与财政管理改革，推行预决算公开，市本级及各县（市）区全部公开财政预决算、部门预决算及“三公经费”预决算，市本级公共预算财政拨款安排的“三公经费”预算比上年下降8.99%。落实预算法定要求，对年度执行中收支预算调整，及时报告市人大常委会批准。盘活存量资金，清理收回结余资金16.1亿元，用于民生及社会事业重点项目。以教育专项资金为试点，完善预算绩效管理机制，建立资金存量源头防控和动态监管机制，加快支出进度，11月末，全市财政资金支出进度94%以上，财政存量资金减少。推行政府债务限额管理，在限额内争取地方政府新增债券和存量债务置换债券，降低融资成本，缓解偿债压力。在全市范围内推行内控制度建设，建立财政资金使用风险防控机制，提高行政事业单位财务管理水平。 （赵　虎）

【“十二五”期间财政事业发展】 2015年是实施“十二五”规划收官之年。全市一般公共预算收入由2010年的266.1亿元增加到614.3亿元，是“十一五”末的2.3倍，五年财政收入累计2345.7亿元，年均递增18.2%（包括省体制调整因素）。一般公共预算支出由2010年的336.8亿元增加到658.6亿元，是“十一五”末的1.96倍，五年财政支出累计2615亿元，年均递增14.35%。其中民生支出占比由2010年69.6%上升到75.13%，五年合计1914亿元，是“十一五”时期的2.5倍。

五年中，全市财政事业发展呈现如下新特点：①坚持改革创新。形成一系列创新改革模式，包括产业引导资金股权投资改革、财政管理体制机制改革、全口径预算改革、土地收支管理改革、教育专项资金绩效管理等，成为财政事业发展的源动力。②坚持转变财政资金使用方式。注重发挥财政资金撬动作用，通过政府与社会资本合作、政府购买服务等方式，鼓励社会资本参与公益项目建设。2015年政府购买服务涉及金额16.5亿元，向社会公布政府和社会资本合作项目17个，总投资约642亿元。③坚持激发县（市）区发展活力。合理划分建成区城市基础设施建设，维护市与县（市）区级事权和支出责任，调整财政管理机制和土地出让收益分配政策，调动县（市）区建设发展积极性。 （赵　虎）

【政府资金集中结算统一核算】 全年市政府资金结算中心为343个结算单位（含学会、协会）设立会计账套497个，编制会计报表9865张，受理资金结算业务8.83万笔，审核原始凭证123.68万张，核算实有资金674.99亿元，审核国库授权支付金额282.51亿元，装订会计凭证8497册，提示不合理业务39笔、金额3654.59万元，拒付违规业务7笔、金额215.45万元。办公用品超市办理领用业务8876笔，供应额度8861万元。

1.加强内部控制管理。①健全内部控制制度，加强廉政风险防控机制建设。根据《行政事业单位内部控制规范（试行）》规定，梳理集中结算业务流程，分析经济活动风险，确定风险点，制定完善《首问负责制》《党风廉政建设责任制实施意见》《结算大厅处长值班制度》《文明服务规范》《会计档案管理规定》等33项管理制度，在岗位设置、权责分配、业务流程等方面形成相互制约、相互监督的制衡机制，保证每笔结算业务合法合规、会计核算信息准确完整。②建立轮岗交流机制，加强关键岗位内控管理。对4个结算处处长实行交流轮岗，各结算处组织会计岗位轮岗，截至年底，轮岗交接工作完成。③加强内部审计监督。内审工作调整工作目标和审计重点，向绩效审计、管理审计领域延伸，探索构建以风险为导向，以内控为主线，以完善制度机制设计、促进持续改进为目标的内部审计新模式。内部审计通过抽查结算单位资金结算和会计核算情况，对发现的问题督促整改。④开展服务满意度问卷调查。向纳入集中结算的市直机关、全额拨款事业单位发放调查问卷280份，收回问卷234份。经统计，市直集中结算单位对政府资金集中结算统一核算、办公用品集中采购与供应服务的满意度在99%以上。

2.规范政府资金使用。①执行财经制度，严防违规支出发生。年初，各结算处取得分管单位的部门预算及编报说明，分析结算单位的收支规模。监督结算单位执行部门预算、财经法规制度情况，掌握各类收支项目的进度和执行情况，避免超预算支出和违规支出。对于结算单位提出的特殊开支事项，按制度要求逐级反映，提交处务会及特殊事项审议会议，统一开支标准。全年提示不合理业务39笔、金额3654.59万元，拒付违规业务7笔、金额215.45万元。②发挥特殊事项审议制度作用。11月6日，由财政局、审计局和结算中心组成的特殊事项议事小组召开第二十二次特殊事项审议会议，对因公临时出国经费支出超标等问题进行审议，统一处理意见。会后印发《会议纪要》，将处理意见传达到结算单位和结算处室，便于统一执行。③推动结算单位内控建设，保证财务信息真实完整。结算中心参与全市单位内控制度建设，督促单位完善内控制度并报结算中心备案，减少虚假财务报告的发生。3~6月，结算中心与财政部门、审计部门联合开展全市行政事业单位内控建设督导检查工作，对市直部门内控建设情况进行抽查，共抽查40家单位。④加强集中结算承办银行管理。建立承办银行金融服务档案，记录承办银行账户管理、资金结算和人员管理等情况，加强银行账户管理。全年为结算单位开立银行账户20个，撤销12个账户，为2家新纳入单位变更结算印鉴。年初，按照进驻银行综合考评办法对承办银行2014年度金融服务进行考评，撰写考评报告。3月27日，组织召开政府资金集中结算金融服务工作会议，总结2014年度政府资金集中结算金融服务工作，通报综合考评情况。

3.完善监督机制。①完善制度，规范管理。依据《中华人民共和国政府采购法实施条例》及相关文件，结算中心对《办公用品超市管理制度》进行修订完善。细化办公超市供应商考核管理办法，建立严重违约退出机制，明确政府办公超市重大问题议事规则，细化供应商采购标准。规范商品供应流程、质量要求、价格优惠和货款结算等工作标准。召开供应商管理工作会议，对日常量化考核工作中发现的问题进行反馈，要求供应商按照《办公用品超市管理制度》进行整改，确保规范供应、优质服务。②严格双向监督，确保领用、供应行为合规。办公用品超市承担着对单位领用行为和供应商供应行为的双向监督职责。规范单位领用，2015年受理电话咨询3000余次，拒绝单位不合理自购40次；审核《办公用品领用单》7078张，发现超范围领用及填制单据不规范310笔。确保供应商品质优价廉，2015年开展市场调查25次，检测12大类、998个商品规格，商品质量合格率98.9%，价格合格率98.4%，对检查不合格商品责令供应商进行整改；抽查《送货验收单》9600余张，发现并纠正超范围供应、验收单填写不规范、个别商品价格未达到优惠幅度等问题60余次；检查供应商履行《供应服务合同》情况，杜绝单价2000元以上商品供应，做好商品限价工作。③建立多渠道沟通和监督机制。办公用品超市定期走访领用单位，组织座谈，开展服务满意度调查问卷活动，听取单位意见、建议；设立超市服务举报电话和网上投诉意见邮箱，接收领用单位意见反馈和投诉。（任振霞　张　瑾）

【国税征管】 市国税系统以组织收入为中心，履行税收职能，突出组织收入工作中心地位，依法征税，加强收入分析预测，确保收入稳定增长。

1.依法纳税。全年全口径税收收入494.43亿元，同比增长8.53%，增收38.85亿元；剔除海关代征后，国内税收收入完成483.64亿元，同比增长9.79%，增收43.11亿元。

分收入级次统计，中央级收入365.87亿元，同比增长8.1%，增收27.41亿元；省级收入13.02亿元，同比增长19.01%，增收2.08亿元；市以下级收入115.54亿元，同比增长8.82%，增收9.36亿元，增幅居全省第二。

分税种统计，增值税190.91亿元，同比增长2.04%，增收3.81亿元；消费税107.38亿元，同比增长14.26%，增收13.4亿元；企业所得税161.84亿元，同比增长20.29%，增收27.3亿元；储蓄存款利息个人所得税12万元，同比下降52%，减收13万元；车辆购置税23.51亿元，同比下降5.63%，减收1.4亿元；海关代征增值税和消费税10.79亿元，同比下降28.33%，减收4.26亿元。

开展税法宣传、政策落实督查和政策效应分析工作，足额兑现小微企业、高新技术、出口退税等各类税收优惠和结构性减税政策162.5亿元。加大稽查打击力度，查处重大虚开发票案件。依托税收数据优势，开展财源建设、互联网+税务、电商管理等专题调研。

2.优化税收服务。①深化风险管理。推进税收专业化管理，完善风控制度体系和风险管控平台，优化大数据仓库，统筹风险分析应对，应对虚假信息登记等风险。②创新纳税服务。推进国地税联合办税，在共建办税厅、互设窗口、互派人员、系统互相切换等方面实现突破。开发网上办税新功能，升级完善办税厅排队预约、视频监控、服务评价等系统，推行普通发票自助领开系统。取消电子申报、CA证书、网上认证等社会服务的收费。③推进绩效管理。制定绩效管理办法、细则、考评规则等8项制度及指标体系，实现制度体系从组织到个人、从机关到基层的全覆盖。实施“一表、一书、一单”，强化绩效沟通和动态改进。④数字人事上线。健全“一元化领导、一体化管理”组织架构和“项目化管理、团队化作业”工作机制，确保数字人事上线平稳运行。⑤推行信息管税。推行增值税发票系统升级版，全市7.8万户纳税人安装使用。升级版数据利用，开发进销项数据监控平台。推行移动终端开票工作，全国首张通过移动终端开具的普通发票在济南开出。

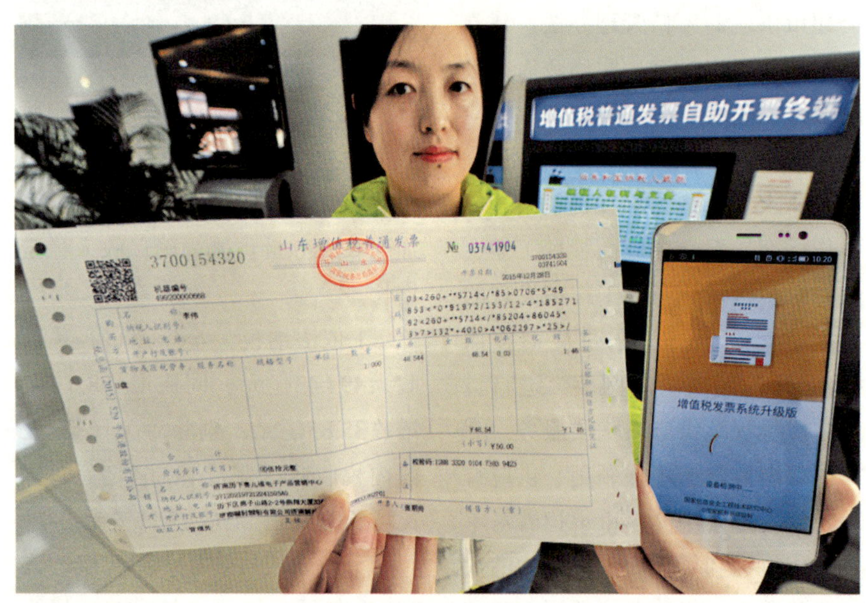

2015年12月28日，全国首张移动终端开具增值税普通发票在济试点。

（市国税局　供稿）

3.依法治税。制定依法行政工作规划，落实税收执法权力清单制度，调整公布税务非行政许可审批事项，加强法治税务示范基地和税收法治员队伍建设，依法做好重案审理和复议应诉。夯实征纳基础，落实总局《全国税务机关纳税服务规范》《全国税收征管规范》《全国税务机关出口退（免）税管理工作规范》《国家税务局、地方税务局合作工作规范》“四个规范”，开展税收规范一体化试点，修订征管岗责体系及业务流程，开展“涉税中介”自查清理，开展“税银合作”，帮助企业获得融资。夯实税种管理基础，编写货物劳务税业务手册，加强营业税改增值税调研评估，完善出口企业分类管理，建立反避税案源库和“走出去”企业档案，落实新车购税管理办法。

4.队伍建设。加强济南市税校培训主阵地建设，提升干部队伍整体素质。落实党风廉政建设“两个责任”，建立台账清单和落实保障机制，推进“孝廉文化”建设，完善内控机制和惩防体系。市局机关连续7年保持“全国文明单位”称号，市局班子连续5年被评为“全省国税系统先进领导班子”，全系统连续12年保持“省级文明单位”称号，在全省国税系统绩效考评中获第二名。　（刘　洋）

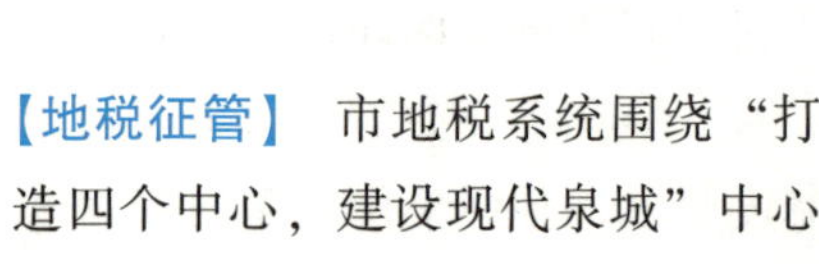

【地税征管】　市地税系统围绕“打造四个中心，建设现代泉城”中心

任务，认真践行“三严三实”工作要求，完成各项工作任务。

1.组织收入。全年各项地税收入464.9亿元，同比增长10.76%，其中市以下级公共财政收入完成393.36亿元，同比增长14.07%。

全年地税收入主要呈现以下特点：①收入增长平稳，增幅高于全省和全国副省级城市平均水平。一至四季度，地税收入分别增长7.84%、7.61%、20.69%和8.59%，除了第三季度由于上年同期税收基数较低、收入增幅较高外，其他三个季度增幅在8%左右。全年收入增幅高于全省平均增幅2.37个百分点，列全省第四位；税收增幅高于全国副省级城市平均增幅2.04个百分点，列全国副省级城市第六位。②中央级收入增幅较高，市以下级收入对地方财政贡献突出。中央级收入67.54亿元，同比增长21%；省级收入3.99亿元，同比下降5.69%；市以下级收入393.36亿元，同比增长14.07%，占全市公共财政收入的64.03%，同比提高0.54个百分点。③主体税种增长较快，涉及土地交易税收减收。营业税、企业所得税和个人所得税三大主体税种占全部地税收入的61.15%，合计增收38.92亿元，增收贡献率86.16%，其中营业税171.73亿元，同比增长12.71%，增收19.37亿元，主要来自销售不动产和证券业，两者分别增收13.76亿元和2.86亿元；企业所得税48.15亿元，同比增长18.47%，增收7.5亿元，其中4.79亿元来自房地产企业；个人所得税64.4亿元，同比增长23%，增收12.04亿元，其中10.25亿元来自工资薪金增收。土地交易税收减收，契税、土地增值税和耕地占用税分别同比下降15.53%、4.23%和3.31%，共减收7亿元。④支柱行业贡献突出。制造业、建筑业、金融业、房地产业、租赁和商务服务业五大支柱行业合计增长12.45%，对全市税收增长贡献率达91.67%。其中，制造业61亿元，同比增长12.32%，增收6.69亿元；建筑业52.47亿元，同比增长17.82%，增收7.94亿元；金融业79.2亿元，同比增长14.22%，增收9.86亿元；房地产业152.31亿元，同比增长10.25%，增收14.16亿元；租赁和商务服务业29.08亿元，同比增长10.46%，增收2.75亿元。

2.依法治税。①推进简政放权。界定税收执法权力事项，厘清税务部门和纳税人的职责。对8类、57项涉税业务办理程序进行规范，对49项审批项目实行“先办后审”。②强化征管基础。集中开展征管数据整改，核查疑点数据11.4万条，补办（恢复）税务登记3261户，补征税款1031.3万元；开展非正常户清理，实地核查纳税人10257户，依法解除非正常纳税人1978户。优化税种认定，密切国地税信息沟通，开展一个地址核发多个营业执照的“一址多照”纳税人核查工作。③加强欠税管理。加大欠税核实核算力度，消除因虚假申报、错误申报造成的虚假欠税；加大欠税清理力度，逐户制订清欠措施，逐期清理欠税，降低因欠税监管不到位带来的执法风险。欠税变动率在10%左右，全年清理各类欠税4.58亿元。④规范税务登记注销管理。按照统一规范、分类管理、强化监督的原则，试点上收注销管理权限，由中心税务所直接办理调整为区、县（市）局集中统一办理，统一执法尺度。⑤加大税务稽查和纳税评估力度。成立大要案税务稽查攻关团队，全年查实税款4.34亿元；加强评估风险管理工作，全年纳税评估税款3.82亿元。⑥落实税收优惠政策。全年减免各项税收款项61.58亿元，占全市地税收入的13.25%。

3.纳税服务。①全系统11家办税服务厅面向社会实行挂牌服务，其中三星级6家，四星级5家。星级管理工作做法被省政府研究室和国家税务总局刊发介绍。②推行网络发票，拓展应用自助办税终端，实现办税网络化；开通“网上税校”，构建一条自新登记业户入门培训起，直至纳税义务终结的完整辅导链；推出“掌税通”手机服务平台，建立微信公众平台，推出“税收微杂志”，实现咨询“电子化”。③打破内部“地域壁垒”，实现涉税业务同城通办。城区各办税服务厅统一升级为市级办税服务厅，实现常规涉税业务通办，业务清单涵盖6类、53项、126个具体事项，城区逾24万纳税人可跨区就近办税。打破“国地税壁垒”，推进国地税多领域合作。国地税联合推出5类、36项合作措施、13个操作指南、9个专项文件，建立服务合作常态化机制。打破与其他涉税部门的“部门壁垒”。与房管部门建立工作协作机制，通过税收征管电子影像系统与房管部门业务信息系统的互融互通，推行免填单服务，简化纳税人资料报送。据测算，每笔交易纳税人的平均办税时间缩短45分钟，每年少让纳税人报送相关资料50万份，每年节省纳税人房产情况证明手续费支出近150万元。④出台济南地税支持“打造四个中心，建设现代泉城”的4类、26项措施。山东卫视、《济南日报》等省内媒体宣传报道。发挥地税部门的信息数据优势，开展济南与长沙等省会城市的税收行业结构对比分析。

（于光远）

金融综述

【金融业概况】 1.财税贡献突出。全市金融业增加值641.86亿元，同比增长19.2%，占GDP比重10.5%。全市金融业税收收入132.3亿元，同比增长22.4%，占总税收比重13.8%。

2.存贷款规模增加。年末，全市金融机构本外币存款余额14174.7亿元，占全省比重18.5%，居全省第一，在副省级城市中居第九，较年初增加1448.1亿元；贷款余额11356.8亿元，占全省比重19.2%，在副省级城市中居第十一，较年初增加1335.9亿元，增量居全省首位。贷款利率持续回落。12月，新发放贷款加权平均利率5.06%，较年初回落1.32个百分点；企业贷款加权平均利率为5%，较年初下降1.54个百分点。

3.保险业服务能力增强。全年保费收入222.75亿元，增长36.8%，高于全省13.9个百分点，比青岛高16.6个百分点。累计赔付65.7亿元，同比增长23.9%。保险资金直接投向济南市累计285亿元，约占投向全省保险资金总量的一半，成为地方融资的重要渠道。

4.推进多层次资本市场建设。证券业总交易额5.46万亿元，同比增长239.13%。期货业代理交易额6.31万亿元，同比增长83.97%。全年有3家企业分别在创业板、港交所和台交所上市，上市公司总数增加到31家，上市股票32只。融资方面，神思电子首发融资2.2亿元，鲁证期货首发融资7.31亿元，济南大自然首发融资7674.2万元。上市公司首发融资总额264.62亿元，再融资573.07亿元，股票融资总额837.69亿元。推进企业上市方面，全年新增新三板挂牌企业50家，总数增至74家，融资额31.79亿元。

5.发展地方金融机构。平阴、商河和章丘农信社改制工作收尾。截至年底，32家小额贷款公司总注册资本43.35亿元，累计放贷75亿元；39家融资性担保机构注册资本51.2亿元，在保客户1.7万户，在保余额65.8亿元；35家典当行注册资本总额8.75亿元，累计发放典当金额17.9亿元；22家民间资本管理机构注册资本19.5亿元，累计投资22.4亿元，2家民间融资登记服务机构对接资金1.46亿元。

【政府金融工作】 1.推进区域性金融中心建设。①完善金融组织体系。东营、恒生、齐商3家银行的济南分行和历城圆融等3家村镇银行落户，平阴蓝海村镇银行筹建进入尾声。山东豪沃汽车金融公司和山东汇通金融租赁公司开业运营。截至年末，有银行43家、保险公司82家、证券营业部78家、期货营业部34家、财务公司9家。②推进金融功能区建设。市中区在优化提升传统商务“金圈”的同时，依托祥泰广场项目载体，推动新兴金融业态集聚发展。高新区“汉峪金谷”项目建设加快推进，已签约和意向入驻的金融企业30余家。③推进新一轮区域性金融中心建设。按照市委“打造四个中心，建设现代泉城”的决策部署，拟定济南区域性金融中心指标体系、“三年行动纲要”及2016年工作任务，提出以中央商务区为依托，规划发展“济南金融总部经济”和“新型金融孵化区”，鼓励金融机构向CBD集聚发展，形成新的金融增长极。推动出台优惠措施，起草《济南市加快区域性金融中心建设、促进金融业发展扶持办法》。

2.支持实体经济发展。①深入银企合作。全年新增贷款投放1335.9亿元。召开银企合作推进会，推动28家银行与206个重点项目实现对接，达成综合授信意向1209亿元。②推动企业上市挂牌。神思电子、鲁证期货和大自然公司分别在创业板、港交所和台交所上市，首发融资10.3亿元。天鹅棉机首发申请获通过。截至年底，有2家企业在中国证监会待审，6家企业在山东证监局备案辅导，20余家企业与中介机构签订协议，上市后备企业100余家。③新三板的“济南板块”初现雏形。市县两级出台优惠措施，加大宣传培训力度，有50家企业在新三板挂牌，总数增至

74家，居全省第一位，融资额31.79亿元。④保险业服务力度加大。除购买债券、股票、信托、存款等间接投资外，保险资金直接投向济南市285亿元，主要投资于能源、交通、保障房等领域。

3.完善多层次资本市场体系。①推动山东金融资产交易中心发展。9月，山东金融资产交易中心完成增资扩股，注册资本由5000万元增至2亿元。在全国资本市场交易平台中启动混合制改革，先后引入瀚华金控股份公司和青岛全球财富中心开发公司。新设青岛、威海等6个分中心，全年交易额突破100亿元。②加快发展私募股权投资业。截至年底，向基金业协会登记私募投资基金管理机构139家，较年初增长106家，注册资本115.4亿元。③推进规模企业改制。市政府办公厅下发《关于建立济南市规模企业规范化公司制改制联席会议制度的通知》，建立规模企业规范化公司制改制联席会议制度。④组织上市挂牌培训班。落实资本市场扶持政策。为42家上市挂牌企业补助资金1810万元，对工作突出的6个县区发放奖励资金110万元，为9家企业申请省资本市场发展引导资金72万元，为4家证券、期货机构发放奖励资金125万元。

4.推动地方金融业改革。①支持本土法人金融机构做大做强。支持齐鲁银行拓展业务，跨域发展，指导其在新三板挂牌，并通过非公开发行方式募资15亿元。加快全市农信社改革，推动整合城区润丰农合银行、历城和长清农信联社，组建济南农村商业银行。章丘、平阴、商河农信联社的改制工作进入尾声。②推进县域金融创新试点。指导平阴、济阳两县推进县域金融创新试点，先后开展林权抵押、钢结构抵押、动产抵押、应收账款抵押等创新业务。平阴县开展中小企业助保金贷款，入池企业25家，累计放贷4710万元。济阳县推动邮储银行和农业银行开展大棚抵押贷款业务，发放贷款1100余万元。③发展地方金融组织。截至年末，全市有小贷公司32家，注册资本43.35亿元，放贷75亿元；融资性担保公司39家，注册资本51.2亿元，在保客户1.7万余户；典当行35家，注册资本8.7亿元，发放典当金17.9亿元；民间资本管理机构22家，注册资本19.5亿元，投资22.4亿元；民间融资登记服务机构2家，对接资金1.5亿元。④试点农民专业合作社信用互助业务。在章丘市开展农民专业合作社信用互助业务试点，2家农民专业合作社取得信用互助业务试点资格，互助金额37.1万元。

5.提升金融业发展环境。化解企业流动性风险，处置企业出现的资金链问题及私募债违约风险问题。开展金融宣传活动，运用各种宣传媒介，开展防范和打击非法集资宣传活动，印制张贴纸质通告1万余份。开展非法集资风险排查活动，组织非法集资专项整治活动，对9899家企业和机构进行排查，协调处置多起非法集资、信访案件，全年侦办各类金融案件60余起。

【银企合作推介会】 4月1日，2015年银企合作推介会暨签约仪式在龙奥大厦举行。共有28家银行机构对接重点项目206个，达成综合授信意向1209亿元，其中，贷款973亿元，银行间市场融资27亿元，票据等其他融资209亿元。此次银企对接，加大对高新技术产业、现代农业等新兴产业的金融支持，拓展对文化、旅游、民生保障等领域的金融支持，关注对县区重点企业项目的资金支持。

【全市首家民间融资登记服务机构开业】 7月22日，山东金超民间融资登记服务有限责任公司开业。山东金超民间融资登记服务有限责任公司是经省金融办核准，市金融办批准成立的全市首家民间融资登记服务机构。公司以“实体+网络”的方式为全市民间借贷双方提供资金供需信息发布、推介、登记等综合性金融服务。以“登记服务大厅”的模式，吸收银行、小贷公司、信用评级公司等中介机构和人行征信、公证处、市仲裁委等职能部门入驻，为借贷双方提供全方位“一站式”综合配套服务。

【全省首家汽车金融公司开业】 9月19日，全省首家汽车金融公司——山东豪沃汽车金融有限公司开业。山东豪沃汽车金融有限公司是由中国银监会批准设立的非银行金融机构，由中国重汽（香港）有限公司、山东省国际信托股份有限公司、中国重型汽车集团有限公司发起成立，专营汽车金融业务，是山东省首家汽车金融公司。公司主营企业和个人客户的购车贷款、汽车融资租赁、经销商展厅建设和零配件贷款等13类业务。

【规模企业规范化公司制改制联席会议制度建立】 9月21日，市政府办公厅下发《关于建立济南市规模企业规范化公司制改制联席会议制度的通知》（济政办字〔2015〕44号）。联席会议制度以市政府分管领导为总召集人，由市金融办、市经信委等17个部门为成员单位组成。联席会议制度明确部门责任分工，制定主要目标和进度安排，拟实施“五年行动计划”，推动全市规模以上企业进行规范化公司制改制，计划到2019年年末，实现全市50%以上规模企业完成规范化公司制改制，改制企业达到产权清晰、股权结构优化、公司治理结构完善等要求。

【山东金融资产交易中心增资扩股】 10月底，山东金融资产交易中心完成增资扩股工作，注册资本金由5000万元增加到2亿元，在原股东基础上引入新股东——瀚华金控股份有限公司和青岛市政府，分别作为第二和第三大股东。标志着山东金交所作为连接济南区域金融中心和青岛财富中心的全省综合性金融资产交易平台，迈入新的发展阶段。

【全省首家金融租赁公司开业】 12月，山东汇通金融租赁有限公司获得山东银监局颁发的金融许可证，标志着山东省首家金融租赁公司开业。该公司是由浪潮集团作为主发起人，于7月9日获得中国银监会批准筹建，注册资本金10亿元。公司重点布局信息产业、城市基础设施建设、节能环保及新能源、文化教育医疗、通用航空、现代农业等领域，计划5年内融资租赁资产规模达千亿元。

驻济金融机构名录

银行机构

国家开发银行山东省分行
中国农业发展银行山东省分行
中国工商银行山东省分行
中国农业银行山东省分行
中国银行济南分行
中国建设银行山东省分行
交通银行山东省分行
中信银行济南分行
中国光大银行济南分行
华夏银行济南分行
平安银行济南分行
招商银行济南分行
上海浦东发展银行济南分行
兴业银行济南分行
中国民生银行济南分行
恒丰银行济南分行
渤海银行济南分行
浙商银行济南分行
广发银行济南分行
中国邮政储蓄银行济南分行
齐鲁银行
威海市商业银行济南分行
青岛银行济南分行
日照银行济南分行
天津银行济南分行
北京银行济南分行
莱商银行济南分行
汇丰银行济南分行
渣打银行济南分行
东亚银行济南分行
恒生银行济南分行
东营银行济南分行
齐商银行济南分行
济南农村商业银行
济阳农村商业银行
章丘齐鲁村镇银行
长清沪农商村镇银行
槐荫沪农商村镇银行
历城圆融村镇银行
商河汇金村镇银行
章丘市农村信用联社
平阴县农村信用联社
商河县农村信用联社

财务公司

中国重汽集团财务公司
中国山钢集团财务公司
山东鲁商集团财务公司
中国电力财务有限公司山东分公司
山东重工集团财务公司
黄金集团财务有限公司
山东能源集团财务公司
晨鸣集团财务公司
新凤祥财务公司

资产管理公司

中国信达资产管理股份有限公司山东省分公司
中国华融资产管理股份有限公司山东省分公司
中国长城资产管理公司济南办事处
山东省金融资产管理股份有限公司

信托投资公司

山东省国际信托投资公司

汽车金融公司

山东豪沃汽车金融有限公司

金融租赁公司

山东汇通金融租赁有限公司

保险公司

中国人民财产保险股份有限公司山东省分公司
中国人寿保险公司山东省分公司
中国太平洋财产保险股份有限公司山东分公司
中国太平洋人寿保险股份有限公司山东分公司
中国平安财产保险股份有限公司山东分公司
中国平安人寿保险股份有限公司济南分公司
太平人寿保险有限公司山东分公司
太平保险有限公司山东分公司
泰康人寿保险股份有限公司山东分公司
天安保险股份有限公司山东省分公司
新华人寿保险股份有限公司山东分公司
永安财产保险股份有限公司山东分公司
中国大地财产保险股份有限公司山东分公司
中华联合财产保险公司山东分公司
民生人寿保险股份有限公司山东分公司
合众人寿保险股份有限公司山东分公司
安邦财产保险股份有限公司山东分公司
华安财产保险股份有限公司山东分公司
阳光财产保险股份有限公司山东省分公司
长城人寿保险股份有限公司山东分公司
中英人寿保险有限公司山东分公司
信诚人寿保险有限公司山东省分公司
同方全球人寿保险有限公司山东分公司
中荷人寿保险有限公司山东省分公司
中国人民健康保险股份有限公司山东分公司
农银人寿保险股份有限公司山东分公司
安华农业保险股份有限公司山东分公司
永诚财产保险股份有限公司山东分公司
中宏人寿保险有限公司山东分公司
都邦财产保险股份有限公司山东分公司
渤海财产保险股份有限公司山东分公司
平安养老保险股份有限公司山东分公司
民安保险（中国）有限公司山东分公司
恒安标准人寿保险公司山东分公司
华夏人寿保险股份有限公司山东分公司
富德生命人寿保险股份有限公司山东分公司
中国人民人寿保险股份有限公司山东省分公司
中银保险有限公司山东分公司
华泰人寿保险公司山东分公司
安盛天平财险股份有限公司山东分公司
信泰人寿保险股份有限公司山东分公司
国泰人寿保险有限责任公司山东分公司
国华人寿保险公司山东分公司
长安责任保险公司山东省分公司
英大泰和人寿保险股份有限公司山东分公司
阳光人寿保险公司山东分公司
华泰财产保险股份有限公司山东分公司
中国人寿财产保险股份有限公司山东分公司
中德安连人寿保险有限公司山东分公司
中意人寿保险有限公司山东分公司
幸福人寿保险股份有限公司山东分公司
北大方正人寿保险有限公司山东分公司
招商信诺人寿保险有限公司山东分公司
浙商财产保险股份有限公司山东分公司
英大泰和财产保险股份有限公司山东分公司
泰山财产保险股份有限公司
泰山财产保险股份有限公司山东分公司
百年人寿山东分公司
太平养老保险山东分公司
紫金财产保险山东分公司
中国人寿养老保险山东分公司
安邦人寿山东分公司
国泰财产保险山东分公司
信达财产保险山东分公司
和谐健康保险山东分公司
安诚财产保险山东分公司
泰康养老保险山东分公司
天安人寿保险山东分公司
建信人寿保险山东分公司
工银安盛人寿保险山东分公司
昆仑健康保险山东分公司
鑫安汽车保险股份有限公司山东分公司

德华安顾人寿保险有限公司
德华安顾人寿保险有限公司山东分公司
利宝保险有限公司山东分公司
中邮人寿保险股份有限公司山东分公司
交银康联人寿保险有限公司山东省分公司
华海财产保险股份有限公司山东分公司
中煤财产保险股份有限公司山东分公司
长江财产保险股份有限公司山东分公司
光大永明人寿保险有限公司山东分公司
中路财险山东分公司

证券机构

中泰证券股份有限公司
中邮证券有限责任公司山东分公司
国海证券股份有限公司山东分公司
中信建投证券股份有限公司山东分公司
东北证券股份有限公司山东分公司
九州证券有限公司山东分公司
招商证券股份有限公司山东分公司
海通证券股份有限公司山东分公司
广发证券股份有限公司山东分公司
安信证券股份有限公司山东分公司
民生证券股份有限公司山东分公司
国开证券有限责任公司山东分公司
华融证券股份有限公司山东分公司
国信证券山东第二分公司
华泰证券股份有限公司山东分公司
西藏同信证券股份有限公司山东分公司
中山证券有限责任公司山东分公司
首创证券有限责任公司山东分公司
中泰证券股份有限公司济南分公司
中泰证券股份有限公司电子商务分公司
国泰君安股份有限公司山东分公司
华福证券有限责任公司山东分公司
西部证券股份有限公司山东分公司
兴业证券股份有限公司济南分公司
申万宏源证券有限公司济南文化西路证券营业部
中原证券股份有限公司济南解放路证券营业部
华林证券有限责任公司济南山大路证券营业部
国金证券股份有限公司济南经十路证券营业部
申万宏源证券有限公司济南泺源大街证券营业部
华融证券股份有限公司济南泺源大街证券营业部
国都证券股份有限公司济南舜华路证券营业部
广州证券股份有限公司济南经四路证券营业部
中山证券有限责任公司济南解放路证券营业部
国信证券股份有限公司济南泺源大街证券营业部
江海证券有限公司济南经十路证券营业部
国海证券股份有限公司济南济安街证券营业部
华安证券股份有限公司济南英贤街证券营业部
方正证券股份有限公司济南顺河东街证券营业部
长江证券股份有限公司济南花园路证券营业部
金元证券股份有限公司烟台迎春大街证券营业部
国盛证券有限责任公司济南济安路证券营业部
世纪证券有限责任公司济南小纬二路证券营业部
浙商证券股份有限公司济南和平路证券营业部
五矿证券有限公司济南马鞍山路证券营业部
方正证券股份有限公司济南经一路证券营业部
东北证券股份有限公司济南解放路证券营业部
方正证券股份有限公司济南文化东路证券营业部
中泰证券股份有限公司济南建设路证券营业部
安信证券股份有限公司济南泉城路证券营业部
日信证券有限责任公司济南泉城路证券营业部
中泰证券股份有限公司济南会展西路证券营业部
中信证券（山东）有限责任公司济南泺源大街证券营业部
恒泰证券股份有限公司济南解放路证券营业部
招商证券股份有限公司济南泉城路证券营业部
广发证券股份有限公司济南泺源大街证券营业部
银泰证券有限责任公司济南大纬二路证券营业部
广发证券股份有限公司济南经七路证券营业部
华泰证券股份有限公司济南千佛山路证券营业部
山西证券股份有限公司济南华龙路证券营业部
渤海证券股份有限公司济南英雄山

路证券营业部
民生证券股份有限公司济南千佛山路证券营业部
中泰证券股份有限公司济南舜耕路证券营业部
开源证券股份有限公司济南旅游路营业部
中国中投证券有限责任公司济南历山路证券营业部
东兴证券股份有限公司济南解放路证券营业部
中国民族证券有限责任公司济南历山路证券营业部
东方证券股份有限公司济南经七路证券营业部
中泰证券股份有限公司章丘山泉路证券营业部
华泰证券股份有限公司济南无影山东路证券营业部
光大证券股份有限公司济南经十路证券营业部
中信建投证券股份有限公司济南经四路证券营业部
湘财证券有限责任公司济南马鞍山路证券营业部
西南证券股份有限公司济南黑虎泉西路证券营业部
华鑫证券有限责任公司济南经四路证券营业部
中泰证券股份有限公司济南第一大道证券营业部
海通证券股份有限公司济南泉城路证券营业部
中泰证券股份有限公司济南共青团路证券营业部
国泰君安证券股份有限公司济南永庆街证券营业部
中国银河证券股份有限公司济南经七路证券营业部
中泰证券股份有限公司济南英雄山路证券营业部
中泰证券股份有限公司济南民生大街证券营业部
国泰君安证券股份有限公司济南解放路证券营业部
中泰证券股份有限公司济南历山路证券营业部
中银国际证券有限责任公司济南泺源大街证券营业部
中信建投证券股份有限公司济南泺源大街证券营业部
众成证券有限责任公司济南经七路证券营业部
东吴证券股份有限公司济南明湖东路证券营业部
中泰证券股份有限公司济南经十路证券营业部
西部证券股份有限公司济南经十路证券营业部
华泰证券股份有限公司济南阳光新路证券营业部
长城证券股份有限公司济南玉函路证券营业部
中泰证券股份有限公司平阴黄河路证券营业部
中泰证券股份有限公司济南经七路证券营业部
海通证券股份有限公司济南洪家楼南路证券营业部
中信证券（山东）有限责任公司济南山大路证券营业部
华金证券有限责任公司济南解放路证券营业部
中信证券（山东）有限责任公司济南阳光新路证券营业部
中泰证券股份有限公司济南解放路证券营业部
长城证券股份有限公司济南康虹路证券营业部
太平洋证券股份有限公司济南颖秀路证券营业部
兴业证券股份有限公司济南历山路证券营业部
首创证券有限责任公司济南文化东路证券营业部

期货机构

鲁证期货股份有限公司
弘业期货股份有限公司济南营业部
中大期货有限公司济南营业部
大地期货有限公司济南营业部
东方汇金期货有限公司济南营业部
创元期货股份有限公司济南营业部
中信期货有限公司济南营业部
兴证期货有限公司济南营业部
瑞达期货股份有限公司济南营业部
光大期货有限公司济南营业部
新湖期货有限公司济南营业部
中粮期货有限公司济南营业部
永安期货股份有限公司济南营业部
中钢期货有限公司济南营业部
英大期货有限公司济南营业部
中国国际期货有限公司济南营业部
倍特期货有限公司济南营业部
国联期货有限责任公司济南营业部
中州期货有限公司济南营业部
海通期货有限公司济南营业部
银河期货有限公司济南营业部
鲁证期货股份有限公司济南营业部
深圳金汇期货经纪有限公司济南营业部
渤海期货有限公司济南营业部
五矿经易期货有限公司济南营业部
上海中财期货有限公司济南营业部
中信建投期货有限公司济南营业部
国信期货有限责任公司济南营业部
美尔雅期货有限公司济南营业部

徽商期货有限责任公司济南营业部
北京首创期货有限责任公司济南营业部
华鑫期货有限公司济南营业部
浙商期货有限公司济南营业部
宏源期货有限公司济南营业部

小额贷款公司

济南市长清区北辰小额贷款有限公司
济南市长清区宏达小额贷款有限公司
济南市长清区山水小额贷款有限公司
济南市天桥区鑫海小额贷款有限公司
济南市历城区鲁商小额贷款股份有限公司
济南市历城区融懿小额贷款有限公司
济南市历城区钢城小额贷款股份有限公司
济南市历城区华信小额贷款股份有限公司
济南市历城区润晟小额贷款有限公司
济南市高新区东方小额贷款股份有限公司
济南市高新区天业小额贷款股份有限公司
济南市高新区融鑫小额贷款股份有限公司
济南市高新区汇中小额贷款股份有限公司
济南市高新区华泽小额贷款有限公司
济南市市中区汇金小额贷款有限公司
济南市市中区汉华小额贷款有限公司
济南市市中区鲁银小额贷款有限责任公司
济南市市中区海融小额贷款有限公司
济南邦信小额贷款有限公司
济南市龙信小额贷款有限公司
济南市历下区鲁信小额贷款股份有限公司
济南市历下区汇鑫小额贷款股份有限公司
济南市历下区亚联财小额贷款有限公司
济南市历下区舜融小额贷款股份有限公司
济南市富源小额贷款有限公司
济南市槐荫区大友小额贷款有限责任公司
济南市槐荫区信合小额贷款有限公司
章丘市恒通小额贷款股份有限公司
章丘市大业小额贷款股份有限公司
济南市平阴县金鼎小额贷款有限责任公司
商河县宏业小额贷款有限公司

融资性担保公司

山东天元担保有限公司
山东鑫海融资担保有限公司
瀚华担保股份有限公司山东分公司
山东建德担保有限公司
章丘市同晟工业企业投资担保有限公司
山东国盛投资担保有限公司
山东泛亚达融资担保有限公司
山东银联担保有限公司
山东沃尔德担保有限公司
山东汇银信用担保有限公司
山东铂钟原投资担保有限公司
山东大地融资担保有限公司
山东智联担保有限公司
山东朝阳融资担保有限公司
科信融资担保有限公司
山东浙鲁投资担保有限公司
山东润康融资担保有限公司
山东天银投资担保有限公司
山东荣威担保有限公司
山东九泰投资担保有限公司
山东齐鲁八达担保有限公司
山东润成汽车销售担保有限公司
山东福熙担保投资有限公司
山东省供销融资担保有限公司
山东瑞信投资信用担保有限公司
章丘市中小企业信用担保中心
济阳县金鑫中小企业融资担保中心
济南市融资担保有限公司
普惠农牧融资担保有限公司
融正五岳信用担保有限公司
山东众通投资担保有限公司
山东银瑞投资担保有限公司
济南市启新担保有限公司
山东泉源融资性担保有限公司
山东邦越融资性担保有限公司
山东龙融融资性担保有限公司
山东银帝投资担保有限公司
山东省农业融资担保有限公司
山东正金投资担保有限公司

典当公司

济南市新融典当有限公司
章丘市诚信典当有限公司
济南邦联典当有限公司
济南市银通典当有限公司
济南市银通典当有限公司济阳分公司
济南市万永典当有限公司
济南市将军典当有限公司
济南山塑典当有限公司
济南鼎隆典当有限公司

济南市聚宝德典当有限公司
济南市普丰典当有限公司
济南国信典当有限公司
济南天银典当有限公司
济南市聚鑫典当有限公司
济南邦顺典当有限公司
济南信邦典当有限公司
济南银山典当有限公司
济南朗巍典当有限公司
济南九鼎典当有限公司
济南银特典当有限公司
济南市龙祥典当有限公司
山东鲁信典当有限责任公司
济南泰和典当有限责任公司
山东英大典当有限公司
青岛市兴华典当有限公司济南分公司
青岛中诚典当有限责任公司济南分公司
东营市永昌典当有限责任公司济南分公司
山东科银典当有限公司
济南融通典当有限责任公司
济南通宝典当有限公司
济南九龙典当有限责任公司
济南中财典当有限责任公司
山东金元典当有限责任公司
山东天元典当有限责任公司
济南汇鑫源典当有限责任公司

民间融资机构

济南容金民间资本管理股份有限公司
济南润石民间资本管理有限公司
济南市中鼎贝特民间资本管理有限责任公司
济南市信富民间资本管理有限公司
济南市银鹏民间资本管理有限公司
济南市龙庭民间资本管理公司
济南市闽源民间资本管理有限公司
山东泰山民间资本管理有限公司
山东岚桥民间资本管理中心（有限合伙）
济南亦安民间资本管理有限公司
济南东灏圣金民间资本管理股份有限公司
济南市汇川民间资本管理有限公司
济南市赋恒民间资本管理有限公司
济南市天诚民间资本管理股份有限公司
济南市杰润民间资本管理股份有限公司
济南合信民间资本管理有限公司
济南环通民间资本资本管理有限公司
山东地矿民间资本管理有限公司
济南微融民间资本管理股份有限公司
济南市融企民间资本管理有限公司
山东天池民间资本管理股份有限公司
山东金超民间融资登记服务有限责任公司
济南缤纷五洲民间融资登记服务有限公司

上市公司

山东胜利股份有限公司
山东地矿股份有限公司
山东高速路桥集团股份有限公司
中润资源投资股份有限公司
济南柴油机股份有限公司
中国重汽集团济南卡车股份有限公司
浪潮电子信息产业股份有限公司
东港股份有限公司
九阳股份有限公司
山东法因数控机械股份有限公司
积成电子股份有限公司
山东省章丘鼓风机股份有限公司
山东航空股份有限公司
山东省中鲁远洋渔业股份有限公司
山东钢铁股份有限公司
华电国际电力股份有限公司
山东高速股份有限公司
山东金泰集团股份有限公司
山东黄金矿业股份有限公司
鲁银投资集团股份有限公司
山东天业恒基股份有限公司
银座集团股份有限公司
三联商社股份有限公司
中国重汽（香港）有限公司
中国山水水泥集团有限公司
浪潮国际有限公司
华熙生物科技有限公司
山东澳华新能源有限公司
山东神思电子技术股份有限公司
鲁证期货股份有限公司
济南大自然新材料有限公司

（刘翠翠）

【概况】 1.银行资产负债规模居全省首位。截至年底，全市银行业资产总额21266亿元，较年初增加2806亿元，同比多增1562亿元，增速15.2%，同比上升8个百分点，高于全省银行业资产平均增速3.4个百分点；负债总额20713亿元，较年初增加2769亿元，同比多增1602亿元，增速15.4%，同比上升8.4个百分点，高于全省银行业负债平均增速3.5个百分点。

2.各项存款居全省第一。金融

机构本外币存款余额14174.7亿元，占山东省存款余额比重18.5%，居全省第一位，较2014年增长18%，增速同比提高8.1个百分点；比年初增加1448.1亿元，居全省第一位，同比多增297.9亿元。比2010年末增长86%，“十二五”期间年均增速13.3%。

3.新增贷款投放水平提高。全市本外币贷款余额11356.8亿元，较2014年增长13.5%，增速同比提高4.9个百分点。比2010年末增长61.4%，“十二五”期间年均增速10.1%。全年完成GDP6100亿元，增长8.1%，为金融机构加大信贷投放，支持实体经济发展奠定基础。

4.推动中长期贷款。全年企事业单位贷款增加879.2亿元，同比多增356.7亿元。分期限看，中长期贷款增加546.3亿元，同比多增146.8亿元。其中，全市银企对接重点项目落实授信资金790亿元，占有效需求资金的93.2%。短期贷款增加177.2亿元，同比多增211.8亿元。票据贴现贷款增加171.8亿元，同比多增57亿元。

5.个人住房贷款带动个人消费贷款增长。全市金融机构住户贷款余额1797.5亿元，比年初增加365.4亿元、同比多增129.2亿元。其中，个人消费贷款余额1389.3亿元，较年初增加375.9亿元，同比多增149.8亿元。国家先后出台包括降息、调整公积金首付比例、普通住房免征营业税等新政，促使房地产市场回暖。全年个人住房贷款增加357.6亿元，同比多增155.4亿元。

6.增加贷款投放。分行业看，全市贷款余额居前的五大行业分别是：制造业，交通运输、仓储和邮政业，水利、环境和公共设施管理业，电力、热力、燃气及水生产和供应业，批发和零售业，贷款余额分别为1766亿元、1223亿元、1042亿元、802亿元、587亿元，合计占全部企业贷款的74.1%。新增贷款居前六位的行业分别是：水利、环境和公共设施管理业，房地产业，电力、热力、燃气及水生产和供应业，金融业，制造业，批发和零售业，新增贷款分别为334.2亿元、111.8亿元、96.2亿元、52.3亿元、47.8亿元和36.3亿元，合计占全部企业新增贷款的95.9%。

7.涉农贷款增长乏力。全市本外币涉农贷款余额1826.4亿元，较年初下降16.5亿元，同比下降1%，其中现代农业经营主体贷款余额66.9亿元，较年初增加3.2亿元，累计发放76.8亿元。

8.新增企业贷款投向大中型企业。企业本外币贷款余额7093.9亿元，较年初增加1047.3亿元。其中，大、中、小、微型企业贷款余额分别为4153.5亿元、1877.9亿元、921.0亿元和141.5亿元，分别较年初增加839.3亿元、133.4亿元、32.4亿元和42.4亿元。小微企业贷款余额1062.5亿元，较年初增加74.8亿元，同比多增2.6亿元。

9.存贷款利率水平持续下行。12月，新发放贷款加权平均利率5.06%，较年初回落1.32个百分点；企业贷款加权平均利率为5%，较年初下降1.54个百分点。其中，分规模看，大、中、小、微型企业的加权平均利率分别为4.62%、5.16%、5.44%和6.13%，分别较年初下降1.33、1.35、1.33、0.21个百分点；分期限看，短期贷款利率4.99%，中长期贷款利率5.06%，分别较年初下降1.26、1.55个百分点。

10.银行业金融机构盈利下降。央行连续下调存贷款基准利率，放开存款利率上限，银行传统业务受利率市场化、风险压力、同业竞争等因素影响加大，存贷息差下降，商业银行金融服务获取的中间业务收入增幅难以弥补净利息收入下降的幅度，盈利能力持续承压。全市银行业金融机构利润总额224亿元，同比下降8.6%，比“十二五”期间平均增速低18.4个百分点。

11.不良贷款余额和不良贷款率实现双降。截至年末，全市银行业不良贷款余额81.1亿元，较年初减少1.7亿元，不良率0.71%，与东营并列全省第16位，低于全省平均不良率1.3个百分点，较年初降低0.03个百分点。 （刘翠翠）

【济南农村商业银行开业】 见“银行”分目【济南农村商业银行】条

【东营银行济南分行开业】 5月15日，东营银行济南分行开业。东营银行济南分行的成立，是东营银行融入省会经济圈的重要举措，显现出济南区域金融中心的重要地位和辐射作用。 （刘翠翠）

【恒生银行济南分行开业】 5月26日，恒生银行济南分行在山东商会大厦举行开业庆典，是继汇丰、东亚、渣打之后第四家在济南市设立分支机构的外资银行。此举完善了金融市场体系，推动济南市经济发展和区域金融中心建设。

（刘翠翠）

【历城圆融村镇银行开业】 10月13日，历城圆融村镇银行在历城区董家镇开业，这是第四家在济南市开业运营的村镇银行。历城圆融村镇银行是经银监部门批准，由寿光农商银行发起设立，具有独立法人资格的股份制商业银行，注册资本2亿元。（刘翠翠）

【齐商银行济南分行开业】 11月29日，齐商银行济南分行开业。齐商银行济南分行成立后，为企业和社区居民提供特色、专业、高效的金融产品和服务。（刘翠翠）

【商河汇金村镇银行开业】 12月，商河汇金村镇银行开业，注册资本9000万元，是全市第5家村镇银行。山东商河汇金村镇银行股份有限公司是经中国银监会批准，由昌邑农村商业银行作为主发起行设立的股份制商业银行。（刘翠翠）

【中国人民银行济南分行营业管理部】 人民银行济南分行营业管理部引导全市银行业金融机构贯彻落实稳健的货币政策，优化融资结构和信贷结构，创新金融服务手段，支持全市经济健康发展。

1.贯彻落实稳健的货币政策。①有效传导货币政策。印发《关于认真贯彻落实稳健货币政策支持全市经济发展提质增效的指导意见》，提出“三个突出、十二个更加注重”具体措施，引导全市银行业金融机构贯彻落实稳健货币政策。全年累计发放支小再贷款（由中国人民银行先发放相应额度的支小贷款给相关银行，相关银行再拿此笔贷款贷给小微企业）8亿元、再贴现13.5亿元，引导法人金融机构加大对涉农、小微企业的支持力度；指导齐鲁银行通过合格审慎评估，支持其发行大额存单20亿元；4次普降、5次定向降低存款准备金率，释放金融机构可用信贷资金约360亿元；支持济南农商银行分步调整存款准备金率，增加其可用信贷资金15亿元；5次降息，一年期贷款基准利率从6%下调到4.35%，企业贷款平均利率为5%，较年初下降1.39个百分点，年可节约企事业融资成本约112亿元。②推动银企互动双赢。举办2015年银企合作推进会，组织28家驻济银行业金融机构向济南市206个重点项目综合授信1209亿元，支持市“重点项目提升计划”。加强与市统计局、市商务局沟通协调，组织银行业金融机构开展“多对一”系列融资需求走访对接服务，全年对接1010户正常纳税企业资金需求261.3亿元，对接25户外贸企业资金需求140亿元。推动市政府成立科技金融工作领导小组，建立科技金融联席会议制度，启动科技金融支撑计划，相关做法被《金融时报》、中国金融新闻网刊载。联合文化体制改革办公室制定《关于进一步加快文化产业发展的实施意见》，引导银行业金融机构推出文化企业电影贷等26种信贷产品，支持文化企业91家，贷款余额33亿元。③改进普惠金融服务。加大普惠金融宣传力度，与山东财经大学、齐鲁工业大学联合开展“普惠金融进校园活动”。与劳动、财政多部门联动，加大对“大众创业、万众创新”的金融支持力度。改进中小微企业金融服务，推进中小企业动产和应收账款融资业务，引导法人金融机构实施中小微企业主办银行制度，110家企业成为主办银行（为企业提供信贷、结算、现金收付、信息咨询等金融服务，与企业建立较为长期稳定的合作关系并在平等互利的基础上签有《银企合作协议》的中资商业银行）签约企业。扩大金融支农效果，引导银行业金融机构推出土地承包经营权抵押贷款、“林权抵押贷款+林木保险”等新型农村金融产品与服务模式；扩大金融支持现代农业主办银行范围。印发《济南市金融支持农村精准扶贫工作实施方案》，启动“金融扶贫工程”。

2.推动金融服务和管理创新。①支付服务取得新进展。推广“账户比对信息管理系统”。协调公安、工商等部门，开展全市联合整治银行卡网上非法买卖专项行动，维护持卡人的合法权益。深化农村支付环境建设，实现助农取款服务点和转账电话开通跨行支付功能。完成二代支付系统上线工作。会同财政局制定《济南市市级预算单位银行结算账户管理暂行规定》，建立支付清算违规事项督办机制。推动移动金融发展，全年布放机具2100余台，完成6000台出租车的MPOS（通过蓝牙接口与手机等移动设备连接，借助其无线通信渠道完成收单支付功能）设备安装，已在出租车、菜市场和早餐车等多个领域实现金融IC卡“闪付”刷卡消费。②国库服务能力增强。开发“国库预算收支报表管理系统”，并在省内部分地市试运行。实现“残疾人就业保障金”等多项非税收收入的直缴入库；全年开展2期国库现金管理滚动拨付，实现国库资金的保值增值。③人民币管理和服务效率提升。完成残损人民币回收、复点和清分销毁任务，确保现金供应“总量充足、结构合理、票面整洁”，满足社会用现需求。开展冠字号码查询工作，全市3173台自助取款机、2835台存取款一体机均100%实现冠字号码查询。完成抗战币、航天币（钞）预约发行及2015年版第五套人民币发行工作。深化虚拟发行库应用，加强各银行间小面额人民币的横向调剂，发挥全市7个省级现金服务示范网点的辐射作用。④征信管理和服务水平提高。优化信用报告查询流程，配置“自助查询机”，提高征信服务效率，累计受理信用报告查询10.8万人次，同比增长14%。推进社会信用体系建设，市政府下发《济南市社会信用体系建设工作方案》；深化省域征信服务平台推广应用，指导金融机构借助平台开展各类信用评价，促进信用与融资有效对接。与齐鲁工业大学签署“战略合作框架协议”，推进校园信用文化创建。⑤加大金融消费权益保护工作力度。完成“金融消费权益保护信息管理系统”上线运行工作。落实金融消费者申诉处理办法，受理并协调解决各类投诉211件。完成农村金融消费维权联络点在乡镇的推广设立工作。

3.强化系统性、区域性金融风险防范。落实重大事项“零报告”制度，建立重大事项管理约谈机制，进行风险提示并督促落实风险处置措施。建立辖区大型企业风险处置进展情况监测周报制度，加强重点领域风险监测和排查。建立健全区域性金融风险监测与应对机制，参与地方政府金融监管体系建设，参与设计《济南市企业流动性风险防范监测预警工作预案》，推动地方政府加强区域金融风险防范处置。启动大型企业风险应对机制，配合市政府处置山水集团金融风险。组织实施存款保险制度，完成9家投保机构保费缴纳工作。

（薛　景）

【中国农业发展银行山东省分行营业部】 截至年末，中国农业发展银行山东省分行营业部各项贷款余额60.49亿元，各项存款余额4.22亿元，实现账面利润2.49亿元，完成上级行下达利润计划的138%。被山东银行业协会评为“山东银行业文明规范服务示范单位”。

1.强化营销。①把增加低成本存款作为强化经营管理的重点。开展存款竞赛和存款调研期间，各项存款余额35.89亿元，较年初增加5.65亿元。实现各项涉农财政补贴资金留存期、留存额最大化。推出客户存贷比管理监测、周五及节前贷款回笼归行等措施，强化客户存贷比监管和行长负责存款的责任，加大贷款客户回笼贷款归行管理力度。年末，各项存款日均余额66.59亿元，较年初增加29.12亿元，日均余额、增加额均居全省首位。②推进项目贷款。建立重点项目两级行联合办贷机制和绿色办贷通道，先后6次向市委、市政府报送呈阅件。分别在章丘、济阳、长清、槐荫、天桥召开地方政府、财政、土地管理多部门协调会，谋求合作途径。全年实现有效投放9.7亿元，调查项目5个、18亿元，省行批复项目4个、17.6亿元，达成初步合作意向项目7个、167.9亿元。③做好夏粮收购信贷资金投放管理工作。完成14家夏粮收购客户的评级授信，全年发放夏粮收购贷款7.7亿元，支持收购小麦42.04万吨，同比增加3亿元。9月下旬启动小麦托市收购，参与空仓验收，签订《委托收购合同》。累计发放贷款1亿元，收购小麦3940万公斤。审慎支持企业自主收购，发放收购贷款1.57亿元。④推动国际业务发展。全年累计办理各类外汇贸易融资1144万美元，其中进口开证9笔、569万美元，人民币进口押汇7笔、3317万元。创新国际业务新品种，首次办理美元进口押汇51万美元，拓宽中间业务收入渠道。

2.防控信贷经营风险。①加强流动性风险控制。加强与29家债权银行协商，先后20余次召开债权行会议，推动《债权银行公约》《银企公约》的签订。对农资公司到期省储、国储化肥贷款32289万元作逾期处理。为棉麻公司、农资公司办理续作业务，做好两家公司的债权转让准备工作，保全财产安全。②强化异地库存监管。异地库存分布在全省8个地市、17个存储点，为破解承担业务自营、条线管理双重压力，研究制定《异地库存监管操作规程》，实行异地库存委托支行监管，建立两级行责任联动、分级负责的监管新格局。与各支行签订异地库存监管责任状，明确监管任务及利润共享。推行“粮食库存公示牌”制度，明确标注粮食库贷挂钩、浮动抵押及其他任何形式担保、不能清偿债务等情况。③加大对重点客户分析监测力度。选择15家重点客户，通过对其生产经营、偿债能力等7类、34项指标按季分析监测，并对同比、同期指标发生明显变化的企业进行重点分析，规避银企信息不对称风险隐患。对缺乏市场竞争力，防控风险能力差的企业做及时退出；对经营利润降幅较大的企业及时追加法人无限连带责任保证担保，强化第二还款来源；对生产出现经营困难的企业，督促处置有效资产，充实流动资金，盘活生产经营。④强化信贷基础管理。关注企业财务、非财务信息准确性，完善贷审会工作机制，全年共审查授信项目16笔、金额14.9亿元，用信项目186笔、金额51.5亿元，信贷担保法律项目21个、金额16.41亿元。优先办理新营销客户和夏粮收购客户，共完成61家客户信用等级评定，未发生新的信贷风险。制定《关于信贷业务合同文本审查的意见》，规范两级行审查流程，全年共审查支行及自营业务合同590份，担保人26个、抵（质）押物52宗，提出法律意见55条，提示需补充完善问题32个。制定《营业部客户风险排查及分类排队工作实施细则》，完成全辖列入排查范围的45家客户、61.30亿元贷款风险排查。年末，全辖无不良贷款。

3.推行“四位一体”管理机制。制定检查、辅导、内控评价和年度考核“四位一体”管理机制，统一部署、检查、评价、考核和检查标准。①资金计划管理水平提升，全年发放各类贷款29.51亿元，保证信贷资金需求。落实各项财补资金来源，中央财政补贴利息到位4376万元，到位率109.73%；地方财政补贴利息到位9104万元，到位率100%。②加强财务会计管理，修订完善《营业部经营绩效考核办法》《差旅费管理办法》等管理规定，防范财会操作风险。③发挥内部审计的监督评价作用，先后对济阳、商河、长清、历城、章丘支行等银行中9名领导干部开展任期经济责任审计，组织机关食堂专项审计、夏粮收购资金贷款合规性审计等审计检查。设置《发现问题整改台账》，督导各项审计检查发现问题的整改。④推进信息科技标准化管理，研究制定《信息科技业务检查辅导手册》《信息科技条线考核办法》《信息科技档案管理办法》。为全辖6个支行全部安装动力环境监控系统，实现24小时不间断监控。⑤全年在各类媒体刊登稿件241篇，其中，北京八大主流媒体刊稿94篇，《粮油市场报》“农发行视窗”刊稿15篇，地方主流媒体刊稿44篇。在《济南日报》公告粮油收购企业资格名单，《齐鲁晚报》《粮油市场报》刊登夏粮收购稿件。 （邱光锋）

【中国工商银行山东省分行营业部】 截至年末，本外币各项存款余额1622亿元，较年初增加54亿元。人民币各项贷款余额1005亿元，较年初增加64亿元。

1.服务实体经济。将信贷业务发展重点与全市经济发展特点及产业政策导向紧密结合，优化信贷结构，创新融资服务渠道，把握信贷投放速度。“一对一”量身定做融资方案，为企业进行直接融资，降低融资成本。截至年末，累计发放各类贷款389亿元，同比多发放52亿元，增幅15.43%。以项目贷款为主体，加大对IT产业、生物工程、新能源、新材料等新兴产业的支持力度，促进先进制造业、新兴产业、现代服务业和文化产业等战略性产业的转型升级，支持龙头企业资金链、产品链、供应链等上下游的产业集群发展，扶持一大批创新能力强、产品附加值高、市场发展潜力大的小企业客户。全年新发放项目贷款43.24亿元，支持全市21个实体经济重点项目建设；新发放小微企业贷款203笔、10.28亿元，满足近180家小微企业的融资需求。

2.客户服务。①对147家营业网点进行升级改造，构建以财富管理中心、贵宾理财中心为核心，一般网点为补充的分层次、多渠道的服务网络。坚持多元化创新型的服务模式，加快业务产品创新，为客户量身定制产品，产品总数3000余种。②研究移动互联时代客户发展、产品渗透、服务提升规律，在打造互联网金融平台上实现新突破。开展“社交式”营销、“精准式”营销，依托融e行、融e联、融e购三大平台，实现客户随时随地办理业务、获取服务；推广工银e支付、线上POS、通用缴费平台等实用工具，为客户提供安全、方便的支付工具；普及逸贷、网贷通、金融资产自助质押平台等互联网融资产品，全年新发放自助质押贷款近10亿元，为近2300名客户提供自助、快捷、循环、高效的融资服务。

3.行风建设。①坚持合规经营，自觉维护金融生态环境。服从金融监管，坚决杜绝乱收费、高息揽存等侵害消费者合法权益的现象，维护正常的金融市场秩序。②加强细节管理，提升服务品质。要求员工做到服务礼仪、服务行为、服务用语、服务禁语的“四统一”，在办理业务过程中解释收费标准、客户异议和产品风险。③完善内部机制建设，及时解决客户投诉。按照首问负责制要求，加强投诉管理各环节责任考核，要求相关人员在规定时限内进行妥善处理，确保投诉处理完结率100%。④打造智能银行品牌。以客户为中心，以人机交互为手段，依托技术平台，打造“业务办理自主化、流程响应无缝化、线上线下一体化”的智能运营模式，提高服务效力和服务水平。截至年末，共投产智能化网点19家，投放智能设备140余台。

（赵韩强）

【中国农业银行股份有限公司山东省分行营业部】 截至年底，中国农业银行股份有限公司山东省分行营业部各项存款余额1518.1亿元，较年初增加81.9亿元，存量、增量均居全省农行系统第一位。其中，个人存款总量615亿元，较年初增加53.4亿元，总量、增量均居全省同业首位。各项贷款余额（除省行票据贴现）732.7亿元，较年初增加23.7亿元。其中，个人贷款余额218.9亿元，较年初增加51.4亿元，存量、增量均居全省系统内和同业首位。实现中间业务收入8.31亿元，居全省农行系统第一位、同业第二位。分别实现拨备前、拨备后利润31.53亿元和29.52亿元，同比增加盈利3.26亿元和2.54亿元，均居全省农行系统第一位。

1.业务发展。①对公业务。营销济青高铁、济青高速扩建、省土地储备中心、省社保基金理事会、齐鲁交通发展集团、浪潮外币资金池等重点项目和账户。拓展“北湖”等棚户区改造项目，中标省级股权引导基金母基金、市社会保险代扣银行等项目。债务融资工具承销等业务份额居同业首位。全年新增对公人民币有效结算账户4867户，现金管理系统客户2864户；新增市级及以下机构类客户115户，同比多增34户。②个人业务。开展“个人贵宾客户营销管理提升年”活动，落实客户名单制、首席客户经理制和公私联动营销制度。年末，个人贵宾客户总量20.7万户，较年初增加2.8万户；贵宾客户金融资产余额595.7亿元，较年初增加87.8亿元；个人加权贵宾客户存量、增量，金融资产存量、增量均居全省农行系统首位。全年审批个人贷款业务18738笔，投放个人贷款80.41亿元，同比多增8.06亿元。③中间业务。为山东高速集团、高速股份、山东能源集团等大型客户承销各类债务融资工具168亿元，承销额较上年增加80亿元，居四大国有银行第一位。为山东高速办理省内首笔产业基金优先级投资项目；为中建山东投资公司办理9.27亿元股权融资业务，是全国农行系统首单全额股权融资业务。累计办理福费廷二级市场买入32亿元，居全省农行系统首位；为同业转开融资性保函1.35亿元。④服务三农。围绕各类农业经营主体金融需求，创新服务方式和产品。推出产业链农户贷款、农民合作社及社员贷款、专业大户（家庭农场）贷款、农户小额贷款、农村个人生产经营贷款、农民购建房贷款等产品。支持新型农业主体581户，贷款余额1.4亿元；支持农户购建房贷款2.4亿元；发放农户联保贷款2.3亿元。加强与贫困地区政府部门、农业产业化龙头企业、担保公司、保险公司等合作，探索协同扶贫金融服务模式，投放融资增信贷款713万元、“鲁青基准贷”870万元，农户贷款余额7.18亿元。拓展县域支付网络，县域物理网点占四大国有银行53%，乡镇网点覆盖率43.6%，居四大国有银行第一位。在农村社区超市、卫生室、农资销售点布设金穗智付通、POS机等电子机具，电子机具行政村覆盖率82%，惠农卡存量39.9万张。建成乡镇惠农服务站31处、惠农服务点2895个、助农取款服务点1605个。

2.加大改革力度。①人力资源改革。组织内设单元经理竞聘，有10个岗位直接面向基层一线选拔，择优选聘36名干部内设单元经理，干部年龄结构优化。完成全行高级专员及以下专业岗位晋升晋级、薪酬晋档及柜员岗位等级调整认定工作。②机制体制改革。制定完善机关本部19个部室、6个中心的考核办法，增强机关考核的科学性和可操作性。在网点考核中引入“赛马机制”，激发网点争先创优的积极性。完善《基层员工绩效考核及工资分配指导意见》，就执行落地情况开展专项检查，提升基层员工绩效考核和工资分配制度执行效果。③渠道建设。推进网点经营转型，并与网点对公营销服务能力提升工作有机结合。28个网点和106个网点分别完成网点对公营销服务能力提升和深化网点经营转型阶段性验收工作；改造24家小微网点，推行在行式自助设备集中配钞，实行弹性柜员和低柜柜员授权新模式。年末，全行离行式自助银行135处，有职员值守的营销型自助银行43处。其中，金融便利店14处，惠农自助银行服务站29处。投产上线“超级柜台”395台，自助发卡机181台。全行自助设备1708台，较年初增加415台。

3.风险管理。①完善风险管理体制。丰富内控监督检查方式，分层次组建营业部机关本部和支行内审专家库。制定业务检查发现问题申报和奖励办法，统一自主检查处罚标准和处罚程序。②加强信用风险管理。制定存量法人信贷客户年度审核、拟拓展客户事前会商、新拓展客户定期分析等信贷工作制度，完善分层管理的贷后管理工作机制。严格客户准入标准，优良客户贷款占比97.24%。③严格控制操作风险。提升科技支撑和运营水平，在142个营业网点、91个离行自助银行自建网络报警系统。阻止诈骗案件38起，金额94万元。强化运行和保障安全管理，全年生产系统平稳运行。④加强案件防范。逐级签订《党风廉政建设暨合规经营防范案件责任书》；开展廉政案防教育活动，邀请市检察院工作人员到支行开展6场巡回教育，参加人员800余人。组织支行班子成员、网点负责人、近三年入行大学生以及本部部门副总经理以上领导干部到省监狱进行“以案说法”教育。⑤加强不良贷款清收。综合运用各种处置政策和手段，推动风险化解和不良处置。累计货币收回委托资产1.39亿元、货币收回自营不良贷款本息5802.01万元、呆账核销入账1.05亿元；实现委托资产处置收入4232.9万元，处置委托资产8.22亿元。年末，不良贷款余额2.33亿元、占比0.3%，分别较年初下降1304万元、0.04个百分点，不良占比保持系统内及四大国有银行最低水平。 （王新廷）

【中国银行股份有限公司济南分行】 截至年末，全行资产总额905.58亿元，负债总额899.86亿元，各项存款余额829.59亿元，贷款余额501.88亿元。

1.支持地方经济发展。为山东黄金集团有限公司叙做3亿美元3年期境外美元债券业务，是全省中行系统内首笔“内保外债”保函和境外美元公募债项目；叙做赞比亚曼安巴燃煤电站出口买方信贷业务，是中行济南分行首笔出口买方信贷业务，是全省中行系统内首笔中信保项下的项目融资。获路透社旗下非洲最佳融资项目奖、《欧洲货币》杂志非洲最佳电力项目融资奖、《环球贸易评论》年度最佳项目奖以及《贸易金融》杂志非洲地区最佳电力项目融资奖；为山东冠世针织有限公司开立济南当地同业首笔汇总征税总担保保函业务。

2.推动国际业务发展。深化业务模式创新，满足客户融资需求。①扶持市工程类企业“走出去”。国际结算和贸易融资授信累计投放逾100亿元；进出口结算业务量市场份额37%以上，居同业首位；对外担保业务量增长16.4%，市场份额50%以上。②联动境内境外融资渠道，运用国家外汇管理政策，将海外资金“引进来”，支持济南市实体经济发展。为境内企业引进资本项下跨境人民币资金，在境内资金紧张时期及时为企业解决融资难题。

3.提升金融服务水平。开展金融知识专题宣传活动，全辖各网点通过LED显示屏滚动播放宣传语，各支行印发“金融消费者权益日”活动宣传材料，在各网点开设宣传专区，向客户介绍金融产品特点、防诈骗知识等。中行济南解放路支行、章丘支行向社区居民、学生、企业员工宣讲金融知识及金融消费者权益，发放宣传折页。建立健全客户投诉处理机制，制定《中国银行股份有限公司济南分行客户投诉处理实施细则（2015年修改版）》，明确职责分工和工作标准。在银行业协会的星级网点评选中，该行辖属舜耕支行被评为三星级网点。

4.工作成绩。先后获“山东省最佳雇主企业”“诚信金融—微笑服务评比第一”“金融IC卡推广应用工作先进单位”“绿色信贷工作先进单位”“山东省社会责任示范企业”“年度最具品牌影响力银行”称号和“富民兴鲁”劳动奖

2015年10月15日，由中国银行山东省分行参与主办的山东省贸易融资项下风险分担与补偿合作签约仪式暨培训会在济召开。 （王绍辰　摄）

状。在银行业协会星级网点评选中，舜耕支行被评为三星级网点。

（王绍辰）

【中国建设银行股份有限公司山东省分行营业部】　截至年末，中国建设银行股份有限公司山东省分行营业部辖12个部门、16家综合支行、1家智慧银行、130个营业网点，在岗员工2851人，全口径存款余额1557亿元，各项贷款余额627亿元，实现税前利润25.11亿元。

1.支持实体经济发展。利用债券发行、现金管理、财务顾问等金融产品对小清河改造、棚户区旧城改造、西客站配套开发等城建项目给予综合金融服务；对接多个重点建设项目，确定317亿元的授信计划；开发信用贷、善融贷、创业贷、税易贷、POS贷、结算透等迎合小企业经营发展特点的“五贷一透”产品，累计向1000余户小微企业发放贷款约50亿元。

2.加快转型发展步伐。适应经济新常态，按照总行转型目标、方向、重点和省行转型要求，结合济南地区实际，制定转型发展规划，围绕大资产大负债、大资管、国际化等转型重点研究部署工作。

3.风险管理。围绕国家产业政策导向，严格执行信贷政策，强化贷前、贷中、贷后各岗位，各环节工作职责，确保资产质量稳定；开展员工行为、客户风险、业务风险和管理风险“严排查”活动，对问题及时整改；组织各部门和支行开展应急演练，强化全行应急处置能力和风险防范意识。

4.提升客户服务水平。坚持“以客户为中心”的理念，推进对公和个人客户综合服务，完善由营业网点、自助银行、电话银行、手机银行和网上银行等构成的全方位金融服务网络，设立51家自助银行、完成2个网点升格和1个网点新设计划，个人网银高级客户、手机银行客户、企业网银客户分别新增26.83万户、28.15万户、5725户，并成立全省首家智慧银行——舜井支行，满足客户多渠道服务需求。

5.内部建设。召开职工代表大会和座谈会，听取员工代表的意见建议；开展职工运动会、健步走和拓展训练等文体活动；开展特困员工帮扶、夏季送凉慰问、健康体检和温馨小食堂建设等，增强员工向心力和凝聚力。 （田　政）

【交通银行山东省分行营业部】　截至年末，交通银行山东省分行营业部各项存款时点254.21亿元，较年初增长41.39亿元，增幅19.44%；各项存款日均246.61亿元，较年初增长42.62亿元，增幅20.9%。

1.信贷投放。实施贷款限额和增量存贷比双线管理办法，合理安排信贷投放进度，保持存贷比合规，避免流动性风险。截至年末，营业部个人贷款余额13.88亿元，比年初净增4.5亿元，增幅48%。

2.投行业务。重点研究市场新兴融资业务，加快新型业务营销，提升中间业务收入水平。截至年末，营业部社会融资规模累计155.92亿元，计划完成率111.25%。

3.小微金融业务。创新小微企业服务，支持当地小微企业发展。加大对优质中小企业的信贷支持力度，把发展小企业信贷作为改善客户结构、增强业务发展稳定性和持续性、培育新利润增长点的主要途径之一，制定小微企业“展业通——小微企业金融服务方案”，为小微企业提供更专业、更具针对性的综合金融服务；面向科技型中小微企业，加强应收账款融资、国内贸易保险融资、履约保险融资、专利权质押融资、投贷联动等差异化的创新金融服务。

4.强化风险管控。把控关口前移风险，授信审查人员随同经营单位营销人员一同现场查看企业经营情况，将授信审查口前移。做好风险排查，加强重点领域和区域风险管控。制定风险问责制度，加强资产质量管控，强化对逾期、欠息及不良贷款的考核，督促经营单位落实风险管控。加快不良资产化解，对存量授信客户进行风险排查，将存在较大风险隐患的客户纳入指令性减退名单；推进资产重组，对不良贷款客户逐户排查，一户一策制定方案，对已成功重组企业，加强重组贷后管理，落实重组成效。

5.城乡金融服务。打造“好客交行”品牌，加强服务管理，配备专职人员，负责全行服务管理的规划指导、组织推动、监督考核、投诉处置。创新服务，完善网点无障碍服务通道，为残障人士提供专用爱心车位，配备爱心座椅，为特殊群体客户提供更加优质、便利、高效的服务。改善服务环境，完善、规范网点硬件设施要求，推进网点装修改造，加快网点布局建设，有人工综合网点24家，普惠型网点1家，自助银行38家，网点和自助比例1：1.46。以综合性网点建设为主体，以普惠网点为支点，以大量自助网点为触点，在扩大网点覆盖面基础上，根据业务和市场需求对人工网点进行地理位置和职能的实时调整，扩大服务范围。（张宏东）

【中信银行济南分行】 截至年末，中信银行济南分行全辖本外币资产总额1068.24亿元，同比增加38.86%；本外币存款余额1038.89亿元，同比增加41.39%；贷款余额550.38亿元，同比增加17.12%。

1.公司业务。对公存款居区域内股份制商业银行首位；加大对房地产、基础设施建设、现代服务业等行业及总分行核心、战略客户的贷款投放力度，促进授信结构优化；组织重点房地产客户、中信建设产业链客户高峰论坛及“百千万主题营销”竞赛等活动；加大重点业务推进力度，省级非税代理市场份额居全省首位，实现与交警异地缴罚系统的对接，为淄博市中心医院等6家医院上线“银医通”项目，通过诊疗卡、银行卡的应用和自助设备的部署，实现诊疗卡发放、现金和银行卡的转账充值、挂号、缴费、查询及相关化验报告和费用清单打印等应用的自助操作。为山东商职学院等3家学校上线“教育收费平台”项目，实现学校电子化网上缴费，多银行资金管理、B2B电子商务业务取得发展。

2.零售业务。促进零售二次转型战略发展，零售管理资产余额增幅21.3%，个贷业务突破百亿元；搭建专业化经营平台，移动银行新增客户、活跃客户及个人网银活跃客户规模增长。

3.金融市场业务。全年实现收付汇量87亿美元，实现跨境人民币结算量117亿元，均居全省股份制银行首位；发展投行业务，全年融资规模同比增幅80%，其中债券承销、融资类理财、全额存单质押结构化融资等轻资本业务占比85%以上；同业业务营收突破2亿元。

4.内部管理。加大风险防范与处置力度，强化内控合规基础管理。完善风险管理业务部门、风险管理职能部门及内部审计部门“三道防线”；优化信贷结构，完成总行各项限额管理目标。开展“学制度、用制度、合规经营360°”和“遏制违规经营、遏制违反犯罪”专项检查及“回头看”活动，化解

中信银行大楼夜景　　（中信银行济南分行　供稿）

一起5亿元虚假同业存放资管业务风险。（张　帆）

【中国光大银行股份有限公司济南分行】 截至年末，各类贷款余额285.59亿元，较年初新增64.28亿元，其中国标小微贷款30.66亿元，较年初新增9.71亿元。与平安保险、人保财险、大地保险、阳光保险等保险公司合作，开展小额贷款业务，全年向中小企业客户放款5.35亿元。信用卡新增透支余额67亿元，同比增长26.43%。

1.支持地方经济发展。向公共基础设施项目投放信贷资源106.45亿元，向农、林、牧、渔累计投放7.5亿元，向节能环保产业投放16.4亿元，支持医药卫生事业投放信贷资源26.64亿元，发展普惠金融，向文化教育行业投放贷款12.05亿元。支持小微企业和民生消费发展，加大小微企业贷款和民生消费的营销和投放力度，搭建小微企业业务平台，与市中小企业公共服务中心、市工商联进行业务洽谈。集中营销资源，计划开展重点投资项目44个，总金额190亿元。截至年底，对黄河三角洲高效生态经济区批复授信额度86.76亿元，授信敞口56.23亿元；山东半岛蓝色经济区的授信批复93.46亿元，授信敞口53.64亿元。

2.创新融资方式。①发挥集团联动优势，联合光大证券、光大租赁、光大永明保险等集团企业，通过创新融资方式推进省市重点项目开展，促成济南滨河新区建设投资集团有限公司融资租赁项目，与光大证券开展万达集团股份有限公司非上市公司公司债项目。②帮助中小微企业解决融资难题，推出“税银卡”业务和以“纳税信用”换取“信用额度”的创新模式，为依法纳税客户提供个性化金融服务方案，已审批小微企业233户，总授信5159.6万元，透支额3425.08万元。③发展债券融资、托管业务，降低企业融资成本，非金融企业债务融资工具发行总额45亿元，较上年增加36亿元，增幅400%；非金融企业债务融资工具发行余额77亿元，较上年末增加45亿元，增幅140.62%。托管资产规模180亿元，较上年末增加76亿元，增幅73%。④探索国际结算和贸易融资业务发展新方向，进口融资业务余额4.84亿元，出口融资业务余额1.5亿元。

3.风险管理。提升合规意识，组织各类法规解析专项培训、分管内控行长合规教育培训、运营管理员工行为规范合规教育、全员金融违法犯罪行为防控等警示教育活动；定期发布《合规动态及合规风险提示》，向员工提示内外部法律合规风险；每季度组织召开内控合规预警管理委员会会议，完善内控建设。坚持结构调整与优化，对产能过剩行业授信进行总量控制和结构调整；加强对不良贷款的重组和对重组企业的跟踪力度，展开对授信批复落实的重检工作，组织大额授信业务风险排查。开展操作风险及相关案件风险排查，开展加强内部管控、遏制违规经营和违法犯罪专项检查，组织对员工及客户资金异常交易行为排查。调整组织构架，建立以层级制为基础的信贷审批授权体系，根据客户（拟）授信总量、合作前景等差异确定不同层级的人员担任客户经营主责任人，明确和细化授信业务管理职责；建立专职审批人序列，打造多层级授信审批专家队伍；优化授信审批方式，提升授信审批专业化和精细化程度。（王　楠）

【华夏银行济南分行】 截至年底，利润总额13.22亿元，同比增长18.14%；本外币资产总额654.12亿元，同比增长1.95%；本外币存款余额600.21亿元，同比增长8.85%；本外币贷款余额515.29亿元，同比增长9.40%；人民币存款余额561.96亿元，同比增长6.04%；人民币贷款余额475.51亿元，同比增长8.62%；不良贷款率同比下降10.47%。

1.公司业务。实施全链式管理，整理筛选客户名单，完善分层营销和细分服务；开展各类营销竞赛活动，强化营销条线与风险条线的前置沟通。建立重点项目联席会议制度，推动相关部门对重点项目、疑难项目共同解决，通过新产品和新项目带动日均存款70亿余元。加强存量业务结构调整，支持优质中小微客户和新兴业务，提升金融服务“三农”水平。

2.个人业务。注重储蓄源头开发，组织旺季营销和系列营销竞赛活动，拓展理财业务、批量代发、拆迁款项目等重点增储源头，带动个人存款增长。启动社区、老年、出国、电子不停车收费系统四大金融生态圈建设，开展社区营销能力提升专项培训，组织华夏特惠日、儿童理财教育、健康养生等专题活动1200余场，搭建老年大学等老年渠道12个。强化消费者保护工作，开展“星级”网点创建，落实“服务语言标准化、服务流程标准化”要求，实施减费让利。全年有1家网点被中国银行业协会评为五星级网点，2家网点被评为四星级网点。利用客户关系管理系统，实施个性化服务，推进手机银行、直销银行等电子渠道功能营销。

3.国际业务。加强本外币联动营销，强化营销组织推动与精细化管理，加大国际业务产品组合运用力度，实现国际业务收入、规模和客户的均衡增长。调整优化客户结构，制定《国际业务重点挖潜客户名单》，对名单内客户从市场分析、客户营销、产品支持等方面，制定“一户一策”的服务方案，提升银企合作深度；对存量客户按照发展、维持、调整、淘汰四类进行细分，制定针对性的营销策略。强化产品营销，重点营销进口信用证、进口代付、国内信用证证及福费廷(改善出口商现金流和财务报表的无追索权融资方式)、结售汇、出口保理等五项低耗高效产品和业务组合。

4.会计工作。开发会计异动风险监测系统，提高柜面异常交易数据分析的及时性和准确性；实现账户管理系统的优化升级，提高账户管理的有效性和规范性；实现与山东省公安厅共享服务平台的有效对接，提升结算账户管理质效；开发警银平台系统，实现与公安机关协助查询（冻结）工作的集约化、信息化和网络化。

5.电子银行业务。打造“第二银行”，加快个人移动银行、直销银行推广，开展手机银行客户体验活动，利用电子银行渠道提升客户服务质效，全年电子银行渠道各类业务交易451万笔，传统渠道替代率77%；细分客户群体，推进电子银行综合服务功能，围绕目标客户群和中高端客户群，提高对客户的个性化服务能力；推动个人网银资金归集业务，关注有贷款还款、理财购买、ETC充值、信用卡还款、连锁门店小企业客户资金集中管理需求的客户群，通过归集流动资金，沉淀存款。

6.内部管理与金融文化建设。强化信用风险管理，清理担保链、担保圈，加固担保，定期开展对集团客户、关联企业、异地授信、担保圈等领域的风险排查。加大不良资产清收处置力度；加强内控合规管理，开展“遏制违规经营和违法犯罪专项检查”工作和自查“回头看”活动；加大反洗钱工作力度；加强营业场所和营销人员管理，建立“违规私售有奖举报机制”，开展违规销售电话暗访。加强声誉风险（由商业银行经营、管理及其他行为或外部事件导致利益相关方对商业银行负面评价的风险）管理，开展声誉风险培训演练，提前制定预案、设定口径、做好培训。发挥工会和共青团组织作用，组织读书、篮球等比赛活动，推进“职工之家”建设，举办19周年行庆合唱比赛。（张继林）

【平安银行股份有限公司济南分行】 截至年末，各项贷款余额（含事业部）360.37亿元，新增87.15亿元，增幅31.9%。各项存款余额（含事业部）453.32亿元，新增110.24亿元，增幅32.13%。

1.公司业务。落实客户发展战略，将大客户深度挖潜和优质客户拓展作为工作重点，提升大客户业务贡献度，拓展优质授信客户及无贷客户，客群整体结构优化。优化信贷结构，稳定资产质量，坚持有进有退、有保有压的信贷政策，增强信贷资产的风险抵御能力。加强对结算及活期存款的争揽力度，转变用传统信贷派生存款的业务模式，改善存款结构。提升资本约束管理，贷款定价引入风险调整资本收益测算，推广低经济资本占用产品，加大客户结构调整；开展激活资源活动，对闲置客户资源进行招标管理，提升闲置资源利用率。

2.资金业务。实现模块化管理，根据省内外金融机构的性质和风险偏好不同，采取不同的营销策略；依靠“同业地图”对省内外银行类金融机构非银机构进行全面营销，达到业务整合和集中处理，实现同业业务和票据业务的有机结合。加强对客户的服务。通过提升直接贴现服务水平，带动直贴增长；通过实地拜访和邮件、电话、QQ和微信等方式，将客户需求集中整合。利润结构实现优化，由单纯靠票据业务收益转变为票据收益继续增长和同业创新类资产收益占比稳步提高，抵御单一市场风险，稳定同业收入来源。创新同业资产经营新模式，加强与券商、基金等同业机构的合作，丰富分行公司条线为客户服务的产品和渠道，降低风险加权资产占用，提升风险资产收益水平。

3.个人业务。针对区域内经济形势和分行实际情况，建设零售队伍，健全制度流程，坚持当前和长远结合、发展与管理并重，推进各项工作任务。通过建立周例会制度，增进分支行沟通，提高执行力；举办大客户权益邀约活动、小微业务推介会等，推动客户体验提升和产品服务宣讲，提升零售业务发展水平。

4.内部管理与金融文化建设。加大高风险及重点领域检查力度，开展“两加强两遏制”检查、反假专项检查、突击接岗检查、内控飞天检查等23项检查，消除各类风险隐患。提升制度执行力，从严从重惩处违反职业操守、玩忽职守、严重违规违纪、突破管理标准等行为，对相关责任人实行管理责任和连带责任追究。落实案防合规会议常态化机制，按季召开案防合规会议，全年查找、发现并整改问题226项，推动解决合规工作难点问题。强化人员流动管理，落实离职人员工作交接和岗位脱密制度，了解新入职员工的原单位情况、个人信用情况、工作背景情况等信息，杜绝带病入职。开展“案防到支行”宣传活动，对网点案防重点领域进行宣导与调研；开展岗位规定梳理学习活动，共梳理“行为禁令”65条、“操作红线”372条。

（张　睿）

【招商银行股份有限公司济南分行】 截至年末，招商银行济南分行资产总额886.9亿元，全折自营存款余额736.4亿元，全折自营贷款余额659.4亿元；全年实现考核利润12.55亿元，实现非利息净收入14.84亿元；不良贷款余额8.91亿元，不良贷款率1.35%。

1.加大信贷投放。加大对当地企业转方式、调结构资金需求的信贷支持力度，满足辖区企业资金需求。截至年末，信贷投放前五大行业分别为：制造业，交通运输、仓储和邮政业，采矿业，电力、热力、燃气及水生产和供应业，批发和零售业，占比分别为23%，10%，8%，7%，6%。制造业较年初减少19%，交通运输、仓储和邮政业较年初减少33%。对租赁、商务服务业和教育等行业增加授信额度。从行业分布看，前十大贷款客户主要集中于交通运输业、钢铁和发电行业。通过债券承销等新型融资方式，帮企业直接融资，降低融资成本。全年通过债券承销累计为客户直接融资近184.6亿元。

2.支持创新型科技型企业发展。继续履行招商银行济南分行与山东省政府签署“千鹰展翼”战略合作协议，为区域内创新型科技企业提供信贷资源，联合私募股权投资和券商等专业机构为企业提供股权融资、债权融资、财务顾问和上市辅导等内容的一体化综合金融服务。截至年末，“千鹰展翼”计划核心客户群606户，其中，授信客户341户，授信余额90亿元，授信覆盖率47.63%，帮7家中小企业上市，31家中小企业登陆新三板。“千鹰展翼”计划公益支持历届“中国创新创业大赛”，大赛优胜者优先获得授信融资支持、私募股权投资和风险投资。参与四届山东赛区企业选拔工作，扶持近百家进入复赛的企业。

3.助力小微企业发展。围绕小企业“存、贷、汇”等基本金融需求，利用网上银行现金管理、网点升级改造、产品服务创新等优势，形成从客户接触、跟进营销、商机发掘、产品销售到融资服务的全链条经营模式。截至年末，分行小企业对公账户新增5000余户，小企业无贷户存款日均余额60余亿元，较年初增长15亿元，增幅30%。向小微企业推出招商银行“生意会”，全面介绍招商银行小微业务的特点和申请办法。在各网点设置小微企业服务专柜，解答客户疑问。

（赵光远）

【上海浦东发展银行济南分行】 截至年末，本外币一般性存款余额928.97亿元，较年初增加95.05亿元，增幅11.4%。各项贷款余额738.14亿元，较年初增加85.87亿元，增幅13.16%。实现预算口径营业净收入45.36亿元，同比增加6.09亿元。其中，中间业务净收入12.31亿元，同比增加3.41亿元。实现经济利润7158万元，同比下降6.78亿元。

1.业务发展。①客户经营能力提升。公司目标客户新增1782户，增幅15.4%；个人优质及以上客户新增3.98万户，增幅53.9%。新开发的济南分行微信平台，活跃粉丝逾10万人，成为线上获客、产品销售、市场推广的重要平台。推动产品加载，公司授信客户中使用三项以上产品客户数1462户，较上年翻一番；零售优质以上客户户均持有产品7.19个，高于总行平均3.71个的持有水平。②调整思路，做实基础业务，加快业务转型，贸易融资、票据贴现、现金管理等基础业务有重大突破。全年累计贸易融资业务总量105亿美元，票据贴现821亿元；打造浦发银行济南分行“电商银行、学校银行、高端现金管理、集中收付款”四大品牌，落地现金管理产品项目108个。③做大投行、金融市场业务。加强与政府及有关部门的沟通对接，以大项目和优质资产为着力点，多项转型业务实现有效落地。累计承销债务融资工具133.65亿元，黄金租赁38.48亿元，通过自营和理财资金投放103.73亿元。通过各类渠道为客户融资630.5亿元，较上年增加108.5亿元。

2015年1月10日，浦发银行济南分行开展“大爱浦发、暖冬行动”志愿者活动。
（浦发银行济南分行 供稿）

2.风险管理。完善风险管理体制机制，加强对二级分行及县域支行风险垂直管理；对二级分行风险管理人员实行委任派遣制度，提高风险条线的独立性和权威性。加强分行层面直接化解处置风险力度，成立特殊资产管理委员会办公室和资产保全二部，细化责任分工，强化对风险资产的第一时间介入和处置。加强全面核保体系建设，组建专门的核保队伍，规避信用风险事件7起、金额2.31亿元，发现其他潜在信用风险事件10起。以考核为导向，将不良贷款的管理重心由“后四类（关注、次级、可疑、损失）贷款”转移到“逾期欠息贷款”，纳入对经营单位的目标管理考核，加大考核权重，严格奖惩兑现，提升全员风险责任意识。清收处置化解风险，坚持一户一策，实行差异化处置。累计压缩退出三色（一般授信蓝色客户、一般风险橙色客户和重点关注红色客户）预警贷款22亿元，清收处置逾期及垫款88.02亿元。

3.内部管理。①业务管理。根据区域、行业特点和客户分布，做好市场及客户企划和营销推进，为业务拓展指明方向，并在客户准入、资源配置、产品组合、营运支撑等方面，制订综合配套措施。建立跨部门协调机制，组建分行专家指导小组，变业务由单个部门推动提升到分行中场整体推动，支撑转型发展。在浦发银行总行举办的“公金好案例”“公银好中场”“靠浦中场”零售经营企划案例大赛中，浦发银行济南分行分获三个第一名。②运营内控管理。围绕构建“轻前台、强后台、稳内控”的新型运营模式，推进“大运营支撑、大服务平台、大销售渠道”建设。

4.企业文化建设。加强各级领导班子建设。增强领导干部的责任意识、担当意识。完善考核评价体系，优化队伍结构，提高员工素质。加快后备人才、青年人才的选拔培养，为员工成长搭建平台。开展公金大讲堂、财富大讲堂等有效性、针对性强的教育培训活动，促进学习型组织建设。召开浦发银行济南分行第三届工会委员会暨第二届职工代表大会。（廖 峰）

【兴业银行济南分行】 截至年末，兴业银行济南分行主要业务指标继续位居山东同类型银行先进行列，市场份额、综合竞争力及品牌影响力持续攀升。济南地区资产总额913.47亿元，较年初增加31.40亿元，增长3.56%；本外币各项存款449.34亿元，较年初增加30.89亿元，增长7.38%；本外币各项贷款176.94亿元，较年初增加15.38亿元，增长9.52%；实现账面利润12.13亿元，同比增加0.01亿元，增幅0.08%；实现中间业务收入2.91

亿元，中间业务收入占比达21%；公司客户7752户，较年初增加525户；零售客户50.6万户，较年初增加5万户。

1.业务拓展。以总行分行重点产品为依托，配合地方经济结构调整。参与市政项目金融服务工作，探索PPP（政府与社会资本合作）等政府融资业务领域；加大对中小企业的信贷支持，培育具有发展潜力、符合国家经济政策导向的企业客户群体；累计为1000余家企业客户融资700余亿元，为实体企业客户解决实际融资问题。利用兴业银行在节能减排服务领域的专业优势，绿色金融支持力度不断增强，累计为25家企业提供绿色融资8.28亿元。

2.风险管理。精细化管理水平提高，从信用风险管理、操作风险管理、内部控制和监督约束机制三个方面完善风险管理体系；小企业信用业务在有效防控风险的基础上实现均衡发展，优化小企业业务结构，加大对优质产业集群、科技创新企业、商贸及消费民生类小微企业扶持力度。理顺操作流程，修订《小企业信用业务基本作业流程实施细则》，对营销、审批、存续期管理和不良资产管理等流程进行梳理和规范。梳理尽职调查标准化流程，尽职调查质量增强，征信管理基础不断夯实。

3.金融创新。以创新谋求发展，在金融产品日趋同质化格局下，逐步搭建适应本地经济特色的金融产品货架。深化终端标准化战略，推进网点服务转型，创新服务流程，增强客户体验，做好消费者权益保护工作，以优质产品、优质服务推动优质银行建设。兴业银行济南历下支行获中国银行业文明规范五星级网点称号。

4.企业文化。组织开展员工培训教育工作，提高员工职业技能和服务素质，提升全行对外服务形象；发挥工会、团委重要作用，在行内开展文体活动，丰富员工生活，将“风正、气顺、人和、兴业”的企业文化融入到员工队伍中。

（蒋新锐　李克毅）

【中国民生银行济南分行】 截至年末，民生银行济南分行各项存款余额963.59亿元，同比增长107.6亿元，其中储蓄存款余额239.68亿元，同比增长28.36亿元；各项贷款余额589.2亿元，同比增长88.27亿元，其中小微贷款余额171.12亿元。短期贷款462亿元，同比增长15.50%；中长期贷款108亿元，同比增长6.93%。全年实现利润16.38亿元，同比增长136.02%。

1.经营管理。存款增长较快，在济南股份制银行中，分行各项存款排名第二名。贷款投放增加，在济南股份制银行中排名第二位。盈利能力提升，实现营业净收入44.04亿元，较上年增长18.49亿元，其中利息净收入40.34亿元，净非利息收入1.86亿元，投资收益1.47亿元，其他业务收入0.37亿元；实现净利润16.38亿元，较上年增长9.46亿元，在济南股份制银行中排名第二位。资产质量稳定，分行不良资产余额5.33亿元，较上年减少0.52亿元；分行不良贷款率为0.9%。截至年底，民生银行济南分行有现金自助设备652台，同比增长4.2%；营业网点51个，同比增长10.9%；自助网点364个，同比增长12%。

2.中间业务。开展针对收费行为的专项清理工作，加强收费内部管理，降低企业融资成本，服务实体经济。全年中间业务收入3.46亿元，占全年营业收入4.26%，较上年下降4.52个百分点，降低企业融

民生银行济南分行于2015年6月27日开展“三严三实”专题教育学习会议暨党委书记讲党课活动。

（民生银行济南分行　供稿）

资成本。

3.网络金融业务。利用手机银行、B2B电子商务、现金池资金归集、集团账户管理、银企直联等电子银行产品，拓宽服务渠道，创新服务模式。截至年末，民生济南分行手机银行客户94.6万户，手机银行年交易金额突破2500亿元，是上年的2.05倍。（李 倩）

【齐鲁银行】 截至年末，全行资产总额1528.81亿元，较年初增长24.41%；存款余额1234.47亿元，较年初增长22.23%；贷款余额697.79亿元，较年初增长13.48%；实现净利润11.96亿元，同比增长9.27%。全年缴纳税金5.95亿元。

1.业务发展。①6月29日，齐鲁银行登陆资本市场，成为首家在新三板挂牌的城市商业银行。开发“齐鲁三板+”系列产品，为新三板中小企业创新发展提供综合服务。②承接公私合营项目融资，向济南海绵城市建设提供资金9亿元；推出“联建贷”，支持齐鲁软件园、创新谷、汉峪金谷等重点园区建设；办理棚户区改造贷款7亿元；发展科技金融，为60户科技型中小企业发放专利权质押贷款2.5亿元；截至年末，机构日均存款138亿元，新增以公司名义开的交易账户141户，全行对公存款811.67亿元，同比增长32.01%。发行同业存单，吸收资金159亿元；投资业务同比增加216.37亿元，占全部资产增量72.5%；交易中心百强排名由上年99名升至72名。③贯彻灵活定价策略，理财产品共发行549亿元，同比增加100亿元，增长22.3%，中间业务收入1.7亿元，同比增长150%；发放首笔外汇储备委托贷款业务1.2亿美元，通过推出跨境融资性保函及国内证业务，带动中间业务收入2364万元；全行中间业务净收入3.9亿元，同比增加1.17亿元，中间业务收入占11.24%，提高2.31个百分点。

2.提高服务水平。①固化联动营销模式，形成常态化工作机制；推动网点营销模式深入社区、园区、商圈、专业市场、高校，加大外拓力度。②零售业务发展态势良好，储蓄存款349.79亿元，同比增长43.28亿元；个贷余额突破100亿元，发展房屋按揭类贷款，全年累计发放27.18亿元，同比增长158%；发行定制类、开放式个人理财，分别募集资金12亿元、3.56亿元，有效签约第三方存管14053户，实现交易金额6.64亿元，带动零售中高端客户增幅46%，全行个人金融资产总量逾500亿元。③小微业务稳健发展，启动小微中心改革，设立泰安、德州小微分中心，成立章丘专职业务团队。截至年末，小微贷款余额313.14亿元，增长14.22%，小微企业申贷获得率96.45%，小微企业贷款户数10006户。④零售产品创新速度加快。省内发行大额存单，吸收个人存款3.05亿元；设计薪金卡，全年新增月3000元以上代发项目突破2.3亿元；⑤中标公务员住房金融服务项目、济南社保代扣银行项目；创新推出惠农产品，累计向农户发放贷款252笔、5826万元。

3.风险管理。健全全面风险管理架构，建立项目群管理机制，提升信贷精细化管理水平，试运行操作风险管理系统，推进市场风险标准法项目实施，提高风险计量技术水平。完善风险预警管理，开展大额授信客户名单管理，针对特殊领域授信进行风险排查和专项检查。通过重组、转让、以物抵债、核销等多种方式，降低不良贷款和逾期贷款；开展审

2015年6月29日，齐鲁银行在全国中小企业股份转让系统上市。（齐鲁银行 供稿）

计监督工作，重点关注信用风险、分行及新业务风险。

4.渠道建设。上线直销银行，签约客户12915户，存款725万元，为跨区域营销、增加用户粘性、搭建行外获客渠道提供全新平台；搭建“齐鲁e家亲”社区金融服务平台，构建社区金融生活圈。推出宝类货币基金产品“齐鲁钱包”，累计销售量6.75亿元，满足客户互联网理财的多元化需求；全年实现POS刷卡交易3万余笔，吸收外行资金40亿元。试点手机POS业务、建设资金代收付平台、加大自助发卡机设置，提升客户体验和网点电子化水平。电子渠道客户规模和交易活跃度提高，柜面业务分流率75.92%。机构建设有序推进，全行机构网点114家，全年共设立小微支行5个，皆具面积小、成本低、人员少的特点。

5.自身建设。建立健全志愿者服务工作机制，开展关爱社区、扶贫助残、环境保护等志愿行动；向贫困地区小学捐建爱心图书室12所；承办山东金融团工委成立仪式。齐鲁银行获新三板领域“金融企业最佳表现奖”；小微贷款、电子渠道业务产品分获“服务小微企业优秀金融产品”和“2015年区域性商业银行手机银行最佳安全奖”；信息科技获人民银行总行颁发的“银行科技发展奖”二等奖和公安部授予的“网络安全重点保卫单位”；继高新支行后，杆石桥、东环、聊城开发区获评规范服务“五星级网点”，千佛山、天津津南、青岛营业部、平阴也加入星级网点序列；章丘齐鲁村镇银行被评为山东金融企业绩效评价3A级企业。

（张　娜）

【济南农村商业银行】 1月28日，济南农村商业银行股份有限公司（简称济南农商银行）成立。济南农商银行是经中国银行业监督管理委员会批准，在原山东济南润丰农村合作银行、济南市历城区农村信用合作联社、济南市长清区农村信用合作联社基础上，以新设合并方式发起成立的股份制商业银行，注册资本35亿元；分支机构201家，员工约2800人；是济南市营业网点机构最多的银行法人机构。截至年末，全行总资产780亿元，各项存款余额606亿元，较年初增加89亿元，增幅17%；各项贷款余额393亿元，实体贷款较年初增加45亿元，增幅13%；实现经营利润11.1亿元。全年实现各项收入37.15亿元、税金3.6亿元。

1.业务发展。增强综合服务能力，拓展省市财政代理和国库集中支付业务资格，并与鲁信集团、西城投资等省市重点国有企业建立战略合作关系；推出“富民金荷花”系列理财产品，发行理财产品101期，金额137亿元；被省委、省政府授予省级“文明单位”称号，在全省113家农村信用社综合实力排名中位列全省市级农商银行第2名。

2.客户服务。加快网点转型发展步伐，在城乡社区布设自助银亭和社区金融便利店，建成旗舰店和全功能网点30余家。布设ATM、POS等金融自助服务终端，全行自助存取款机总量295台，农金通总量160台，银联POS总量5300台，实现基础金融全覆盖和“村村通”。推出互联网金融服务模式，向综合服务商转变，上线门户网站、微信平台，创新互联网营销业务新模式。发展代发业务，代发各种政府补贴款，将国家惠民政策落到实处，发挥“城乡金融主力军”作用。

3.服务小企业。加大贷款投放

2015年1月28日，济南农商银行股份有限公司揭牌暨支持中小企业发展签约仪式在济南举行。

（农村商业银行　供稿）

力度，新增实体贷款45.4亿元，累计发放贷款509亿元。以“面向三农、面向社区居民、面向小微企业、面向区域经济”为市场定位，新发放小微企业贷款96.9亿元，贷款余额194亿元，占各项贷款的49.4%。全年累计向35家农业龙头企业发放贷款2.23亿元。破解小微企业贷款难问题，推出新三板企业股权质押贷款业务；针对青年创业群体，推出“鲁青基准贷”业务，启动小微贷款综合服务系统项目。

（田亮文）

证券

【概况】 1.证券交易额增长。截至年底，注册地在济南的证券公司1家；证券公司分公司23家，较年初增加4家；证券营业部78家，较年初增加6家，在全省各地市中排名第二位（青岛99家）；证券投资咨询公司2家，分公司3家。

截至年底，营业部资产总额186.28亿元，较年初增长74.62亿元。全年营业收入30.15亿元，同比增长172%；利润总额15.78亿元，同比增加226.7%。客户资金账户开户数181.36万户，较年初增长49.3万户；总交易额5.46万亿元，同比增长239.13%，在辖区占比为33.70%。营业部管理客户资产3459.44亿元，较年初增长1357.78亿元。融资融券收入9.53亿元，营业收入占比为31.6%；代销金融产品1203.25亿元，销售收入2366.91万元，同比增长235.8%。

2.期货代理交易额增长。截至年底，注册地在济南的期货公司1家，营业部34家，较年初增加3家，营业部家数在全省各地市中排名第二（青岛36家）。营业部总资产23.46亿元，较年初减少0.41亿元。营业收入1.35亿元，同比增长9.76%；净利润-807.95万元，个别营业部亏损较大，拉低整体盈利水平。客户保证金余额21.25亿元，较年初减少0.62亿元，在辖区占比为64.73%。营业部代理交易量6618.76万手，同比增长66.39%，在辖区占比63.93%；代理交易额6.31万亿元，同比增长83.97%，在辖区占比62.18%。

3.上市企业增加。①3家企业首发上市。神思电子技术股份有限公司是全市首家在创业板上市的企业；鲁证期货是全市首家在港交所主板上市的金融企业，也是中国期货行业首家真正意义的上市公司、港交所首家以期货为主业的上市公司以及山东省首家境外上市金融企业。济南大自然新材料有限公司在台湾证券交易所上市，是全市首家在台湾上市的企业、全省首家返台上市的台商公司。融资方面，神思电子技术股份有限公司首发融资2.2亿元，鲁证期货首发融资7.31亿元，济南大自然新材料有限公司首发融资7674.2万元。上市公司首发融资总额264.62亿元，再融资573.07亿元，股票融资总额837.69亿元，总市值3730.09亿元。截至年末，区域内上市公司总数增加到31家，上市股票32只（A股22只、B股2只、香港6只、台湾1只，伦敦1只），其中境外上市公司7家。推进企业上市方面，天鹅棉机通过发行审核会。中孚信息和普联软件2家企业已报中国证监会待审；山大地纬、山东出版、山东互联网、中泰证券、世纪金榜和漱玉平民6家企业在山东证监局备案辅导，20余家企业与中介机构签订协议，储备100余家优质后备上市资源。②全年新增新三板挂牌企业50家。2015年新三板挂牌超过2014年全年挂牌数的两倍，全市挂牌企业74家，约占全省22%。挂牌企业融资额31.79亿元，占全省约55%。其中，齐鲁银行、圣泉集团募集资金分别达15.01亿元和7.72亿元。另有27家企业上报股转系统在审。

4.登记私募投资基金机构增长较快。向基金业协会登记私募投资基金管理机构139家，较年初增长106家，数量在全省各地区中排名第二位。登记私募机构注册资本115.42亿元，管理基金69只。

【山东神思电子技术股份有限公司在深交所上市】 6月12日，山东神思电子技术股份有限公司登陆深交所创业板上市，发行股票融资2.2亿元，是全市首家创业板上市企业，也是全市第29家上市公司。

【齐鲁银行登陆全国中小企业股份转让系统】 6月29日，齐鲁银行登陆全国中小企业股份转让系统（新三板），是全国首家在新三板挂牌的城市商业银行，也是主板暂停商业银行上市8年来首家对接资本市场的中小商业银行。齐鲁银行公布募资总额为15亿元的非公开发行股票方案，计划通过协议方式发行不超过4.72亿股股份，发行价格为3.18元/股，补充核心资本，推进转型发展。

【鲁证期货上市】 7月7日，鲁证期货股份有限公司登陆香港主板上市。H股全球发行2.75亿股，发行价为每股3.32港元，募集资金总额9.13亿港币（约7.3亿元人民币）。鲁证期货成为全市首家上市的金融企业，也是全国期货行业内首家真正意义的上市公司、香港联交所首家以期货为主业的上市公司以及山东省首家境外上市的金融企业。全市上市公司家数增加至30家，在港交所上市企业增加至6家。

【济南大自然新材料有限公司在台湾交易所上市】 11月9日，济南大自然新材料有限公司在台湾证券交易所上市，首次公开发行股票融资3.95亿元新台币（约合7674.19万元人民币），成为全市首家在台湾上市的企业，也是山东省首家在台上市的台商公司。

（刘翠翠）

【概况】 1.保险规模增长。全年保费收入222.75亿元，低于青岛21.43亿元，居全省第二；增长36.77%，增速居全省第一，分别高于全省、青岛13.9、16.6个百分点。其中，财产险保费收入58.85亿元，同比增长13.35%；人身险保费收入163.9亿元，同比增长47.73%。保险密度（按限定的统计区域内常住人口平均保险费的数额）增加至3123亿元，保险深度（某地保费收入占该地国内生产总值之比）提升至3.65%。

2.保险市场体系完善。全市有法人保险公司2家，保险省级分公司80家，各级分支机构499个，法人机构数量、省级分公司数量均居全省第一。保险从业人员4.57万人，其中，保险营销员3.22万人。

3.保险业服务力度加大。①保障现代农业生产。财政补贴农业保险品种增加至12个。农业保险保费收入1.02亿元，同比增长103.5%，其中，种植业保费收入0.9亿元，养殖业保费收入0.12亿元。为96.2万户（次）农户提供24.3亿元的风险保障。赔付支出5699.7万元，受益农户13.6万户（次）。②保险资金入济力度加大。保险资金直接投向济南市累计285亿元，约占投向全省保险资金总量的一半，成为地方融资的重要渠道。保险资金主要投资于能源、交通、保障房等领域，如投资黄台电厂、济南公租房建设、长清养老社区累计130余亿元。

4.推进民生保障和社会治理。①提升社会保障水平。承办城乡居民大病保险，全市大病保险参保人数434.64万人，赔付2.28万人次、1.15亿元。保险业参与养老健康产业链，推进长清养老社区建设项目，济南健康管理中心投入运营。②完善社会治理体系。全年保险业累计赔付65.7亿元，同比增长23.9%。参与社会矛盾纠纷化解，全市各类责任保险赔付支出9120万元，其中，食品安全责任保险试点累计提供风险保障近2000万元；火灾责任保险赔付支出1695.45万元；开展特种设备责任保险的承保工作，促进社会管理创新。

（刘翠翠）

【济南市保险行业协会】 截至年末，济南市保险业全年保费收入169.14亿元，同比增长14.52%。其中，财产险保费收入58.07亿元，同比增长11.03%；寿险公司保费收入111.07亿元，同比增长16.43%。赔款（给付）58.91亿元，同比增长21.35%。其中，产险公司赔款26.67亿元，同比增长16.15%；寿险公司给付32.24亿元，同比增长26.02%。全市保费规模除计划单列城市青岛外，保持全省第一。济南市保险中介电子化考试中心全年共组织安排考试258场，共计21564人次，通过率72.04%。

1.协会发展。发展林果业、畜牧养殖业及地方特色产品的多品种承保。试点生猪价格指数保险等创新险种，为农业和农民提供多元化保险保障。11月，协会召开三农保险研讨会，就《济南市人民政府办公厅关于进一步推进政策性农业保险工作的意见》及相关配套实施细则的研究出台，听取各保险公司的意见和建议；针对省会城市保险业务发展瓶颈，加强县域保险市场的培育、规范和发展，召开全市县域保险研讨会。

2.做好消费者合法权益保护工作。成立济南市保险纠纷案件诉前调解对接办公室，制定出台《关于保险纠纷案件诉调对接工作实施意见》，指导法院和保险公司开展诉前调解对接工作，构建联合调解平台，引导当事人对起诉至法院的各类保险纠纷选择行业调解等解决方式，主要采取诉前调解和协助调解；加强与市仲裁委的合作，组成市保险合同纠纷仲裁员队伍，前三季度仲裁处理保险纠纷案件189件。6月，成立山东省保险消费者权益保护中心济南分中心。8月，分三批召开保险消费者权益保护工作交流座谈会。10月，协会与济南仲裁委联合举办保险企业座谈会。加强信访投诉管理，前三季度市协会共接待信访投诉51件。

3.做好车辆道路轻微事故快处快赔工作。市公安局交警支队与市政府金融办、山东保监局、市保险行业协会及济南市30家财产保险公司研究制定《济南市公安交警和保险行业实施全面战略合作工作意见》，联合推出15项重点合作工作，颁布新的《济南市机动车轻微道路交通事故快速处理实施办法》，于10月1日实施。“快处快赔”新办法呈现出三个特点：把仅限于市区车辆通行高峰期时段的“快处快赔”执行时间扩展为早7点至晚8点，并扩至各县（市）；增加保险公司在特定情况下先行赔付、代位求偿、依法追偿的规定；加大对拒不执行配合实施“快处快赔”车辆的处罚力度。各大保险公司相继推出车险现场APP自助查勘服务措施，车主登入APP后只需按要求拍摄现场照片上传至保险公司理赔平台，就可直接得到保险公司的认可和赔付。

4.加强行业宣传工作。加强与各新闻媒体的长期合作，宣传和普及保险知识。开展“保险，让生活更美好”主题征文活动，将评选出的优秀征文及公司特色服务推介汇编出版《保险，让生活更美好》一书。7月8日，全国保险公众宣传日，济南市共有40家保险公司组织保险进社区活动，活动范围覆盖含长清、章丘在内的40余个济南各大中小社区。11月，启动为期一年的“济南保险业服务民生系列报道”活动，面向全体会员公司征集新闻线索和报道素材。

5.加强自身建设。1月，举办会员公司信息宣传员培训班，印发《济南市保险行业协会信息宣传员管理办法》和《考核办法》。5月，建立“济南保险信息网”，创建“财产险、人身险业务报表系统”“保险消费者投诉系统”“车险理赔信息平台”等栏目。（孙士磊）

【中国人民财产保险股份有限公司济南市分公司】 全年实现保费收入逾14.61亿元，同比增长9.39%；实收保费逾14.41亿元，同比增长6.65%；实现利润1.45亿元，连续五年利润过亿元。全年为25.32万个人客户、1.14万团体客户提供风险保障总额4511亿元，承保机动车27.28万辆、农田20.92万公顷、家畜6.47万头。全年处理理赔案20万余件，支付赔款8.02亿元；受理车险快处快赔案件7000余件，同比增长23%。全年上缴税金2.2亿元。

1.客户服务。加强线上融通和线下推广，打造线上“济南人保财险”精品微信平台，提供在线保险商城、预约审车、车辆违章、保单及理赔信息查询等服务；线下建立以会员系统为支撑，审车、洗车、加油、保养、代驾、自驾游等为主要服务的俱乐部会员增值服务体系。下设13个区县级综合性经营机构，8个专业化经营机构，3个社区门店，164个远程出单点，18个三农服务部，45个三农服务站，3707个三农服务点。

2.优化理赔服务。在市区、县域投入61辆查勘车，提供365天、24小时全天候理赔服务，全市设有11个理赔定损网点，可提供车辆定损、定点拆检、索赔材料收集等服务。通过远见——综合移动服务平台为客户现场解决问题。不涉及拆检的轻微事故，现场通过设备定损，从开始到收到通知付款仅需8分钟。

3.服务三农。做好就地承保、协助理赔工作，加快农业保险创新，在传统养殖业、种植业保险产品基础上，开办具有平阴玫瑰价格指数保险、章丘大葱价格指数保险、大蒜价格指数保险等特色农险产品，满足全市农业发展多元化保险需求，保障区域特色农业发展。

（刘雪松）

【中国人寿保险股份有限公司济南市分公司】 截至年末，公司总保费30.5亿元，同比增长14.59%；续期保费16.26亿元，同比增长5.43%；新单保费14.24亿元（含短险），同比增长27.28%；长险首年标保2.5亿元，同比增长45.91%；首年期交保费5.89亿元，同比增长42.59%；短期险保费2.14亿元（不含大病），同比增长22.59%。居民大病保险参保人数418.2万人，保费到账1.06亿元，赔付人次和金额分别达2.27万人次和1.15亿元。代理企业年金签约2.2亿元，同比增长46.7%，寿代产业务规模（含电销）9143.27万元，同比增长25.11%。

1.客户服务。全年为5000余人提供保险创业岗位，销售队伍逾1.3万人，市场占比42.80%。全市新单和续期授权银行转账收费率分别达98.91%和80.68%，同比提高7.34和17.45个百分点；保全客户离柜率27.54%，理赔客户离柜率61.16%。推广云助理、国寿E家、E宝账、公众号等新技术平台。加强客户投诉处理工作，客户投诉量同比下降47.83%。聚焦客户增值服务，试点“精准营销”，推广智能理赔，开展“服务体验、服务对标”和柜面通服务等工作，改善客户体验，提升客户满意度。

2.业务拓展。发展小额人身保险，推出解决普通农民借款难问题的涉农小额信贷保险和为老年人提供意外伤害保障的银龄安康保险等特色产品。针对农村低收入群体，推出保费低、保额高的小额保险保障产品，提高低收入农村人群的保险保障水平。针对小微企业和三农产业企业员工，推出员工福利综合保障产品，包括福利套餐、意外伤害、意外医疗、重大疾病、企业年金等产品。

3.自身建设。市公司举办各类培训班213期，培训各类管理和销售人员3.72万人次，帮助各营业单位职场提供培训支援196人次，培训销售人员3.16万人次。组织集中采购、固定资产处置、保证金清理、税务风险自查、风险预警排查等重点工作，开展销售风险点专题教育、反洗钱宣传月等活动，防范经营风险。加强采购招投标等关键领域的监督检查。（王卫光）

【中国太平洋财产保险股份有限公司济南中心支公司】 截至年底，实现保费收入4.61亿元。其中，车险保费收入3.98亿元；非车险保费收入6291万元。公司共处理各类赔案72331件，支付赔款3.05亿元。缴纳地方税收1.13亿元。

1.业务发展。调整经营策略，强化风险选择能力，提升优质客户占比；加大市场开拓力度，参与服务三农、安全生产、公共安全、食品安全等领域的保险试点。全年为70家单位提供安全生产责任保险保障7.6亿元。累计提供食品安全责任保险保障2676万元。落实服务三农各项措施，累计提供农险保障1.04亿元，同比增长327%。推广新型销售技术，推出码上保、微信保、个人微店等销售方式，挖掘互联网客户资源，提升公司品牌知名度和市场竞争力。

2.内部管理。针对不同渠道和不同岗位员工，实行差异化考核管理，提高全员服务质量。落实星级示范门店建设要求，执行《太平洋产险山东分公司柜面服务测评管理办法》和《山东省保险行业服务质量规范》，在营业大厅设首席服务督导员，配备移动设备，为客户进行业务预处理，缩短客户等待时间，提高窗口服务质量。

3.客户服务。强化客服体系建设，明确服务内容、服务标准、组织架构、职能职责定位、指标考核和综合评价体系等，建立特色服务体系。针对车险案件，推广自助查勘，提高第一现场查勘率和小额人伤现场赔付率，提高客户满意度。践行太平洋保险免费道路救援十项服务：三项特色服务（紧急信息传递服务、在线故障排除指导服务、驾车医疗救援服务）和七项基础服务（路边快修服务、更换轮胎服务、加防冻液服务、派送燃料服务、电瓶搭电服务、紧急拖车服务、困境救援服务），服务网络覆盖全国。针对非车险案件，推行小额快赔，缩短理赔时效；加强培训考核，提高理赔人员的专业化水平；推广APP自助查勘，提升互联网体验服务。（刘海芳）

【中国太平洋人寿保险股份有限公司济南中心支公司】 截至年末，中国太平洋人寿保险股份有限公司济南中心支公司实现保费收入5.88亿元。其中，个险条线累计期缴保费1.06亿元，同比增长69.79%；团险条线意外险累计规模保费3809万元，意外险市场排名第二位；银保条线累计标准保费778.17万元；续期条线全年续期实收保费2.86亿元，新保实现规模保费4883.18万元，同比增长99.81%。

1.业务拓展。个险业务，全年期缴保费1.06亿元，同比增长69.79%；打造市中、章丘、历下三家1000万业务平台龙头支公司；全市推进架构式增员，员工年初1742人，年底增加到2011人。团险业务，拓新业务渠道，意外险3809万元，位居同行业第二位。银保业务，探索销售模式转型，网点经营获客能力提升，全年累计标准保费

778.17万元。续收业务，以强化基础管理和建设队伍为着力点，提升续期渠道销售能力，优化续期各项指标提升续期贡献度。

2.客户服务。借助神行太保、中国太保两大移动平台新功能上线。通过微信平台开拓保全、理赔功能，推出客户信息变更、保单质押贷款、理赔报案、理赔进度查询，寿险保单、车险保单、微信回执、微信回访、理赔报案、微信推送等业务操作。建立标准门店客户体验区，为客户提供一站式综合服务，中支本部营业柜面特设客户体验区，开发、经营门店客户，以服务带动销售。

3.客户活动。为关爱少年儿童成长，公司举办2015年度“少年儿童书画比赛”活动，全国参赛作品万余件，山东382位小朋友获得奖项。总公司于第三季度开展2015年度太平洋寿险客户体验大使活动。山东有17位客户被评选为客户体验大使。

4.内控管理。打造“智能营运”转型战略，确保服务保障到位，确保风险管控到位，实现营运KPI指标争先进位的工作思路。制定《济南营运中心KPI指标达成竞赛方案》和《济南中支营运条线日常运营管理办法》两个制度，保障各项工作顺利进行。

5.合规管理。以落实监管要求为导向，细化、落实各项重点工作，强化合规经营，落实内控长效机制，根据总公司统一安排，开展“加强内部管控、加强外部监管，遏制违规经营、遏制违法犯罪”“反洗钱工作、反垄断工作、反舞弊工作、反欺诈工作、防范风险案件工作”“保险中介市场清理整顿”等多项活动。进行月度非现场检查项目（反洗钱检查、生效保单回访转办件、代抄录问题件，代理机构资质、代理人资质）及季度非现场检查项目的风险排查及问题整改工作，为公司健康运营提供保障。利用各种会议时间进行内控基础管理规范，播放合规警示短片，总分公司合规文件的学习、传达及测试，为每位员工建立合规培训档案。按照山东保监局《风险防控体系》及总公司相关要求，落实各级人员的合规责任，全员签订《合规承诺书》。严格执行《机构和员工违规行为处罚实施办法》《案件责任追究办法》《销售误导责任追究暂行办法》等规定，做到违规必罚。 （宋立群）

【平安产险山东分公司】 平安产险山东分公司济南地区实现保费收入10.23亿元，同比增长16%，全年承保利润9272.43万元。

1.提升客户满意度。搭建与新高铁相适应的线下理赔管理模式；设置服务、成本、风险、业务等方面评价指标，对修理厂分级管理，匹配相应理赔政策，完成合作厂自助定损工程流程、作业规则、考核、风控设计，已有40余家合作车商进行自主定损，客户进店后直接由合作车行进行定损，减少客户等待时间；完成线上综合作业平台设计，集车物电话直赔、人伤直赔、远程定损、线上收单、财意险线上作业于一体；通过分析案件结构、优化规则，在全国实现人伤电话直赔，推动车物直赔系统升级，远程APP覆盖率100%。济南线上案件（电话直赔、远程定损、自主定损、人伤直赔）占比逾55%，压缩客户等待时长，客户满意度逾70%。

2.提高客户服务水平。设立客户体验区，上线客户自助体检机。依托自主开发的平安积分宝，通过线上客户互动实现售前、售中、售后接触点服务全流程线上转移；将数据收集、数据挖掘分析和决策融为一体。客户业务受理柜面车财意出单、批改打通，柜面新渠道、客服接待作业打通，收出单作业打通，跨机构车物理赔打通，三、四级机构作业打通，异地批改打通（新系统）；归档时省去纸质档案归档；精减客户填单手续和提交资料，设立业务操作指引；对业务紧急的客户进行提前预约业务，满足客户多元化需求；使用高拍仪缩短件均出单上传资料环节时长，避免因拍摄不清晰、不完整导致的质检下发；二维码扫描枪缩短车辆信息录入环节时长，提升准确性。

3.推动综合金融发展。组织综合金融专项培训，拓宽各机构综合金融工作视野，鼓励销售人员进行综合金融业务的拓展。加大机构综合金融考核力度及考核范围，设立不同综合金融指标并按季度考核。定期与养老险、银行、信托、证券等产品方召开联席会议，保持良好沟通。

4.队伍建设。通过搭建人才培养体系，建设各层级干部人才梯队，细化以产能为目标的考核跟踪机制。加强员工学习能力。推进公司文化建设，成立员工俱乐部，组织员工关爱活动，参加集团“平安一家亲”系列活动，包括济南地区平安一家亲运动会、平安篮球赛、平安一家亲“青春有约”单身青年联谊会等活动。学习《红黄蓝牌处罚制度》解析，开展各部门合规内控自查自纠工作，提升合规经营意识及能力。（王　楷）

【太平人寿保险有限公司】 太平人寿济南中心支公司创新发展，围绕集团提出的打造“满足中高端客户全方位需求的最具特色和潜力的精品寿险服务提供商”的核心目标，强化管理，打造105.8亿元保额的保障计划；累计赔付支出1.48亿元；实现保费收入7.9亿元。

1.推广“理赔通”和“快赔付”服务渠道。通过“理赔通”移动受理平台为客户办理上门理赔服务，其中，“免审核”功能可以实现白金、钻石级代理人的客户发票金额为5000元以下的疾病住院案件现场赔付，部分银行可以实时到账，从受理到理赔款到账只需五分钟；“快赔付”系统授权给“绩优级”以上代理人，第一时间为客户办理非身故案件受理。“理赔通”依托太平人寿自动理赔系统和优先审核渠道，节约理赔时效，省去客户、代理人往返柜面办理的时间成本和交通成本。

2.客户服务。举办多场“中国好家长”“名医面对面”“齐鲁名医大讲堂”、VIP客户住院探视服务等活动，为客户提供优质的服务。

3.内部管理。获人民银行2015年度金融机构反洗钱考核评级“A级机构”“总公司先进集体”“总公司优秀服务窗口奖”“山东分公司优秀管理单位”“山东分公司资源整合先进单位”“山东分公司劳动竞赛团体一等奖”等奖项。通过举办健身活动、健康讲座、趣味运动会及组织各类文体协会等方式，丰富员工业余文化生活、增强团队凝聚力和归属感。

（太平人寿办公室）

责任编校　姚娟　宣涛

【概况】 济南铁路局及下属济南市境内铁路运输站段，贯彻运输安全第一的思想不动摇，坚持安全问题导向，以高铁和客车运营为重点，强化安全风险管理、全面落实安全生产责任制。铁路局成立以局长、党委书记为组长的安全生产大检查领导小组，运输部门、运输站段成立安全生产检查领导小组，查找不安全因素及事故苗头并抓好整改。济南机务段坚持“三包”（质量、责任、鉴定）机制，在机车春检鉴定中，完成春整机车134台，其中优秀机车119台，优秀率88.8%。济南工务段细化完善安全责任追究、逐级负责制考核、违章违纪分类管理等17项安全管理办法并加以落实。济南西站对122部电梯逐台排查维护，确保旅客安全乘降。

截至年底，济南铁路局连续实现安全生产2605天。客运部门旅客落实扩能增运，年内完成旅客发送10670万人，首次跨入全路旅客年发送过亿人次铁路局行列。深入厂矿企业和港口及市场，召开货主会议，宣传铁路货物运输优惠政策，广揽货源货流，开行货物快运班列，铁路局自3月20日至6月30日的货运营销百日攻坚活动中，日均装车7593车，完成目标的101.2%。

【节假日旅客运输】 春运。3月15日，为期40天的春运结束。济南铁路局按照旅客“安全出行、方便出行、温馨出行”的要求，春运期间共发送旅客1092万人，同比增长15.4%，再创历史新高。其中，直通发送旅客502.9万人，同比增长10.5%；管内发送旅客589.2万人，同比增长19.9%；3月7日，客流最高日发送旅客42万人，较上年最高日增长22.1%。济南、济南西火车站春运分别发送旅客196.7万人和156.2万人（含泰安、曲阜东、滕州东、枣庄高铁站）。济南铁路局在春运期间共增开临时旅客列车408列，多发送旅客44.9万人，满足旅客需求；采取高铁两列连结和直通旅客列车加挂车辆措施，增加运力，保证春运任务的完成。

清明小长假客运。清明4月3日至6日小长假期，济南铁路局发送旅客156.4万人，日均39.1万人，同比增长8.8%；客票收入3252.1万元，同比增长18.4%。为满足客流增长需求，开行临客62列，每日增加运力2100个；日均加挂客车72辆，发送旅客1万人，实现增运增收。

“五一”小长假客运。4月30日至5月3日4天假期内，济南铁路局发送旅客187.9万人，日均46.97万人，同比增长19.7%；客票收入11562.7万元，同比增长17.5%。5月1日、3日单日旅客发送量均超50万人，均超路局历史最高日。其中，济南、济南西火车站分别发送旅客35.25万人和23.35万人，较上年同期增长9%和32.6%。济南火车站增开去北京、青岛、荣城等方向临客列车11对，济南青岛火车站间7趟动车组列车改为重联运行，满足旅客出行需求。

暑期旅客运输。暑期，济南铁路局发送旅客2255万人，日均发送旅客36.3万人，完成计划的122.9%，超运420.5万人，较上年增加291.6万人，增长14.9%。

中秋、国庆黄金周旅客运输。中秋、国庆黄金周自9月25日至10月7日，共13天，济南铁路局共发送旅客555万人，增长20.3%，客流最高峰出现在10月1日，发送旅客54.7万人，再创铁路局单日旅客发送量新高。加开直通高铁动车组列车6对，管内动车组列车4对，快速旅客列车1对，计108列；对11对动车组列车实行重联，计重联147组；加挂客车321辆。满足旅客出行需要。

【列车运行图调整】 根据中国铁路总公司统一部署，自7月1日零时起，济南铁路局调整列车运行图。新列车运行图有旅客列车305对，比原图292对，增加了13对。其中，动车组列车158对，增加7.5对；普速旅客列车147对，增加5.5对。货物列车方面：增开临沂—乌西X8608/5X8606/7次快速集装箱班列1对；济西—阿拉山口（境）X9006/5次运行区段调整为青岛西—阿拉山口（境）；增开聊城北—乌西81992/3次普快班列1列；郑州北—霍尔果斯（境）X9021次始发技术站延长至徐州北站，增加日照装车站。本次调图后，铁路局间分界口合计客货列车达785对，较原图增加11对。其中，旅客列车429对，较原图增16对；货物列车356对，较原图减少5对。

【济青高速铁路开工】 12月24日，济（南）青（岛）高速铁路开工，由中铁十局集团承建。济青高铁全长307.9公里，设计时速350公里，西起济南市，经滨州、淄博、潍坊等市，东至青岛市，沿线设济南东、章丘北、邹平、淄博北、临淄北、青州北、潍坊北、高密北、青岛机场和红岛站共10个车站。计划2019年9月30日竣工。济青高铁是我国第一条由地方控股的高速铁路，是国家“四纵四横”快速铁路网的重要组成部分。建成后，济青高铁向西连接济南铁路枢纽，与京沪高铁和石济、石太等客运专线相连，可形成山东半岛到京津冀、东北方向和与中原城市群、长三角地区的快速客运通道.

（蒋汉生）

公路运输及城市客运

【概况】 2015年，全市公路营运载客汽车3075辆，同比下降14.7%，客位数117285个，同比下降15.2%。全年完成客运量3663万人，旅客周转量54.15亿人公里，同比分别下降1.8%和增长4.9%。客车营运线路758条，其中省际线路334条，市际线路129条，县际线路213条，县内线路82条。

全市公路营运载货汽车92008辆、吨位数529932吨位，同比分别下降9.5%和增长0.9%。全年完成货运量2.04亿吨，货物周转量393.4亿吨公里，同比分别增长5.5%、0.5%。

全市公路通车里程13103.9公里，同比增长2%。其中，国省干线公路通车里程1346.1公里，同上年一致；农村公路通车里程11757.8公里，同比增长2.2%。其中按技术等级分，高速公路通车里程418.9公里，一级公路515.6公里，二级公路1056.7公里，三级公路1419.8公里，四级公路9692.8公里；按路面等级分，有铺装路面11366.4公里，简易铺装路面1539.7公里，未铺装路面197.7公里。

全市营运出租车9699辆，其中市区8641辆。全年完成客运量1.64亿人次，运营里程8.8亿公里。

全年完成水路客运量25.02万人，同比增加4.3%；客运周转量95.7万人公里，同比增加0.6%。完成水路货运量173.21万吨，同比下降11.3%；货运周转量144366.8万吨公里，同比下降6.2%。

济乐高速济阳段 （济南市交通局 供稿）

纳入行业管理的机动车维修企业2865户，比上年增加87户。其中，一类汽车维修企业35户，二类汽车维修企业666户，三类汽车维修企业2164户。机动车驾驶培训机构60户，培训报名18.3万人次，培训结业21.3万人次。

全年完成固定资产投资57.2亿元，同比增长40.5%。其中干线公路完成投资44.4亿元，农村公路完成投资5.3亿元，场站建设完成投资3.6亿元，更新改造完成投资3.9亿元。

【城市公交】 拥有公交营运车辆5537辆，折合6942标台（其中市区公交车5284辆，折合6700标台），同比增长8.6%和6.5%。从业人员12499人，营运线路277条，线路总长度5389.6公里。全年完成客运量7.7亿人次，营运里程2.4亿公里。新增公交车438部。新开辟常规公交线路16条，定制公交10条，营运线路总长度增加481.3公里，优化调整公交线路59条。优化票制改革，实施60~64岁老年人半价乘车政策。优化零时公交网。

【城市出租】 在岗驾驶员14246人，经营业户206户。主城区全年更新出租汽车2270辆，退旧2049辆。发放燃油补贴3004万元。打击非法营运车辆398辆，减轻出租车驾驶员营运负担，规范客运出租汽车市场秩序。抽查审验出租车838辆，初审合格率91.6%，复审合格率100%。

（康学兵　田荟汝）

航空运输

【概况】 山东机场有限公司是经省政府批准成立，由省国资委履行出资人资格的国有独资有限责任公司，注册资本8亿元。山东机场有限公司控股的济南国际机场股份有限公司，是济南机场运营管理主体。股份公司有其他股东单位11家。山东机场有限公司拥有5个全资子公司，分别为客货销售公司、辉煌货运公司、机场宾馆、吉翔食品公司、免税店。

济南机场是山东省第二大机场（小于青岛流亭机场），在我国民用机场布局中处于重要位置，于1992年7月26日通航，占地面积约479公顷。南指廊的启用后，机场航站楼面积11万平方米、机坪面积36万平方米、廊桥24个，可满足年旅客吞吐量1200万人次、货邮吞吐量8.8万吨、飞机起降10万架次的保障需求。

年内，机场客货邮运输量取得较快增长，全年共保障飞机起降8.62万架次，同比增长3.1%；完成旅客吞吐量952.09万人次、货邮吞吐量8.63万吨，同比分别增长9.3%和7.2%。经营效益稳步提升，实现营业收入6.22亿元，同比增长3.5%；利润总额1.72亿元，同比增长6.47%。

【安全保障】 从严入手巩固安全基础。建立完善10项规章制度，推进公司安全管理体系建设和航空安保体系建设。加大安全投入，完善设备设施。组织开展了创建“安全生产标准化班组”、争当“安全生产标兵”“查保促”“大快严”等活动。强化运行机制建设，突出应急管理。顺利通过HUD特殊II类运行的验证试飞。及时启动冰雪天气应急预案，使用“机械+人工”的除雪模式，实现不停航除冰雪。组织开展应急救援综合演练，取得良好效果。

【工程建设】 南指廊工程竣工。经过全年紧张施工，包括指廊、站坪、弱电等在内的南指廊工程顺利通过工程及行业验收，于12月30日正式启用。科学谋划建设布局。结合“十三五”规划，制定机场未来五年的建设计划表；启动机场总规修编工作。有序推进各项目建设。国际快件监管库、机坪待装区都已投入使用，进境水果指定口岸建成，北物流园区1号库及沿街房完成主体施工。启用临时职工食堂，完成对老食堂的搬迁拆除。基本确定北指廊初步设计方案。启动二平滑南北延伸工程的可行性研究，制定征地方案。

【市场开发】 航空主业稳步增长。全年共执飞航线109条，其中国内航线93条，国际航线10条，地区航线6条，分别通往国内外58个城市。国内方面，得益于新开航线补贴政策，西部、厦门等航空公司大幅增加运力；瑞丽、福州、西藏等航空公司也纷纷加盟，全年新增航线13条。国际及地区方面，通过与包机商合作，加密至首尔、香港、普吉岛航线，新增至巴厘岛、岘港、新德里、塞班、芽庄航线，先后与印尼鹰航、越南快捷、韩国真航、美国动力等9家外航签订地面服务代理协议，出入境旅客突破60万人次，增幅20%。货邮方面，开通顺丰、仁川全货机航班，有力助推货运量增长；建成省内首家进境水果指定口岸，完善口岸功能；扩展包舱和中转业务，提高资源收益率。商业经营有保有升。完成候机楼空置点位招标，机场商业位出租率和资金回报率均达100%；配合首都机场传媒，对南指廊广告位进行规划布置；与30家企业签署了贵宾保障合作协议，冠名厅房10家。资本运作有新突破。将所持金控公司的1.5亿元股权进行协议转让；与中泰证券签订全面战略合作协议，投资新天使基金和信产基金；与浪潮集团合作发起省内首家金融租赁公司；按省政府要求，参股博山农信社，占股10%；开展4亿元委托贷款业务。

【服务保障】 坚持服务质量现场督查，下发简报86期；处理投诉23起，未发生一起省级有效投诉。开展“服务亮点随手拍”作品征集、服务大讲堂、“塑服务精品、靓空港风采”等主题展示活动，聘请4名社会督察员，定期交流沟通。完成维和物资运输、第二十二届国际历史科学大会、索马里殉职烈士灵柩接运等重大保障任务，赢得社会赞誉。机场全年应对特殊天气16次，保障2小时以上延误航班1363架次，各单位密切配合、通力协作，规范服务，平稳完成保障任务。

（山东机场有限公司）

邮政

【概况】 2015年，全市邮政业业务收入（不包括邮政储蓄银行直接营业收入）累计完成30.03亿元，同比增长50.07%；业务总量累计完成38.43亿元，同比增长37.8%。

全市邮政业业务收入中，快递企业业务收入累计完成23.26亿元，同比增长62.49%。其中，同城业务收入累计完成3.65亿元，同比增长169.35%；异地业务收入累计完成16.39亿元，同比增长53.09%；国际及港澳台业务收入累计完成1.37亿元，同比增长12.88%。

全市邮政业业务总量中，邮政企业完成函件4219.93万件，同比降低18.93%；包裹52.19万件，同比降低17.77%；订销报纸累计数15720.23万份，同比降低2.86%；订销杂志累计数670.66万份，同比降低30.3%；汇兑82.87万笔，同比降低38.89%。快递企业业务量完成18781.47万件，同比增长66.87%。

截至年底，全市共有邮政普遍服务网点204处，机要通信网点8处，纪特邮票销售网点15处。快递企业220家，其中独立法人企业62家，分支机构158家。山东顺丰速运有限公司郭清磊与中国邮政集团公司济南市分公司路云海2人被评为第五届全市道德模范。中通快递公司张健和圆通高静获全省快递行业“巾帼建功十大标兵”和“巾帼建功先进个人”称号。创建省级文明号1个，市级青年文明号6个。 （张张龙）

【服务地方经济文化发展】 1.助力文化强市建设。结合市委市政府提出精心打造“天下泉城”“名士济南”等文化品牌的要求，深入挖掘泉城历史文化和自然风光资源，积极开发富有泉城文化底蕴和齐鲁文化特色的集邮文化产品。发挥行业优势，弘扬爱国主义教育，开展“纪念抗战胜利70周年”纪念邮票首发式和“一框邮展”。组织黄河邮票首发、第二十二届国际史学大会等多重主题集邮品鉴活动，准备4枚邮资机戳、5枚纪念戳，社会反响热烈。

2.承办“把美丽济南寄出去”活动。发挥行业优势，承办作为济南市委宣传部全年对外宣传的重要战略——大型主题外宣活动“把美丽济南寄出去”活动。走进景区、学校、社区以及部队军营开展活动，聘请济南电视台主持人作为活动形象代言人。通过寄递济南风光明信片的形式，当好济南城市形象的宣传大使。寄递明信片80万张，参与人数超过40万人，有效宣传济南城市形象。

3.丰富市民文化生活。结合纪念抗战胜利70周年、国庆节，组织“我和国旗合个影”活动。走进校园，举办“走进奇妙的昆虫世界”科普讲座，受到小学生们欢迎。与市老龄委共同组织邮爱夕阳、和谐济南“银龄杯”中老年广场舞大赛活动，全市共有360多支队伍、6600多名选手参加比赛。

（王兴涛）

【行业发展环境优化】 出台《关于促进快递服务业健康发展的实施意见》，明确快递业的总体发展目标和政策扶持措施。市经信委、发改委、交通局等六部门联合印发《济南市物流业转型升级指导意见》，将邮政、快递企业纳入全市共同配送公共服务平台建设。联合公安交警部门，为快递企业再次发放车辆通行证131张。

开展规划编制工作。委托济南市工程咨询院编制全市邮政业“十三五”规划，并纳入市政府专项规划目录，与市发改委、经信委等相关部门建立协调机制。

做好普服审批权限下放承接工作。年内国家邮政局将撤销邮政普遍服务网点、停止办理和限制办理邮政普遍服务两项审批权限下放至市局，全年共办理就近迁址和设置邮政普遍服务网点备案4起，其中就近迁址3起，设置邮政普遍服务网点1起。

优化快递许可备案流程。将一批诚实守信的企业纳入“绿色通道”管理，全年快递企业新增独立法人及分支机构86家，注销企业及分支19家，完成56家分支机构的备案手续。

推进“快递下乡”建设和“三进”工程。7大主要快递网络设立乡镇网点247个，实现乡镇服务网点全覆盖。龙奥快递服务站正式启用，全市12家品牌快递企业集中入驻。

促进快递业服务制造业发展，EMS重汽项目被国家局列为快递服务制造业示范项目。深化快递业与电子商务融合发展，韩都衣舍集团“双十一”当天销售额达2.84亿元，累计快件50余万件。（张张龙）

【规范行业市场秩序】 开展乡镇邮政网点覆盖和投递服务调查工作，对全市86个乡镇邮政网点的服务情况、4500多个行政村的通邮情况、800多条投递段道及120个投递处理场所的情况进行了调查。

加大快递服务质量管控。集中开展规范快递市场经营秩序和分支备案专项整治工作。部署全市快递业“服务质量提升年”活动，邮件和快件全程时限准时率、普遍服务满意率、快递服务满意率、快递服务申诉率均达到相应指标。

成立邮政业消费者申诉中心，完善与市场监管、企业客服的联动机制。以申诉数据为导向，针对消费者反映强烈的“快件延误”“丢失损毁”等服务热点问题，对4家网络企业进行约谈，对服务质量差，问题较为突出的企业责令限期整改。全市邮政业申诉量8977件，有效申诉量2805件，为用户挽回经济损失约27万元，快递有效申诉率6.91件/百万件进出口业务量。

（张张龙）

【加强行业安全监管】 完善邮政行业安全监管工作协调机制。落实中央九部委《关于加强邮件、快件寄递安全管理工作的若干意见》精神，在市综治办领导下参与成立由八部门组成的寄递渠道安全管理领导小组，出台《关于加强邮件快件寄递安全管理工作的实施意见》，将邮件、快件寄递安全管理纳入综治工作（平安建设）考评体系。

加大行业安全监管力度。成立济南市邮政行业安全生产委员会。在全省率先开展辖区主要快递企业分拨中心安全制度规范化建设。举办快递企业分拨中心疑似危化品泄漏事故和消防事故应急演练和培训，培训企业员工1000余人次。

根据中央综治办、公安部等15部委在全国范围内集中开展危爆物品、寄递物流清理整顿和矛盾纠纷排查化解专项行动部署。推动全市寄递企业全面落实执行100%开箱验视、100%实名收寄、100%X光机安检的“三个100%”制度。

2015年11月11日，山东省邮政管理局与济南市邮政管理局联合检查快递企业旺季服务保障工作。（王 军 摄）

做好重要时期安全保障工作。在纪念抗战胜利70周年等重大活动、第二十二届国际历史科学大会等重点时段，对全市企业进行安排部署并与公安、国安等部门组成联合检查组，确保寄递渠道安全畅通。做好“双十一”业务旺季行业服务质量管控，11月9日至11月20日，全市主要快递企业“双十一”处理快件业务总量达1856.38万件，日均业务总量达154.7万件，是平时业务量的近3倍，11月13日处理量达到峰值，日处理量达394.8万件。其中，派件业务总量为1074.36万件，收件业务总量为782.02万件。济南市还中转周边泰安、莱芜等7个地市1400万快件，保障周边地市寄递渠道的安全畅通。

强化安全文化建设。联合市快递协会举办济南市快递安全知识竞赛。通过出租车和公交车LED电子显示屏，滚动播放寄递安全公益宣传口号。开通“济南邮政管理”公众微信号，及时推送重要信息。制作发放收寄验视警示牌、寄递安全宣传画、安全警示宣传片等宣传材料1万余册。（张张龙）

【推进服务三农工作】 贯彻全国推广山东邮政发展农村物流经验现场会精神和中央一号文件精神，推行以“连锁经营+配送到户+科技服务”为主要内容的服务模式，推广鸿雁合作社和邮政万亩示范田建设，开展农技培训，助农科技致富，在政府、农民和市场之间架起一座桥梁。配备农技师6人，举办各类科技文化下乡活动近300场，参加1.2万人次；累计成立5个鸿雁合作社、发展社员2.82万户，创建示范田25万亩（约1.67万公顷）；累计配送农肥近8000吨，有效促进农业发展、农民增收。（王兴涛）

【中国联合网络通信有限公司济南市分公司】 2015年，面对GDP增速趋缓、营改增、“互联网+”兴起等宏观形势影响，以及实名制管控、营销成本压降、行业同质化运营等内外部竞争环境变化，中国联合网络通信有限公司济南市分公司（以下简称济南联通）按照中国联通集团公司和山东省公司工作部署，创新发展，实现发展能力和市场份额的持续领先，各项工作取得显著成效。公司继续保持“全国文明单位”称号，并获济南市五一劳动奖章、巾帼文明岗、女职工建功立业标兵岗、厂务公开民主管理先进单位等多项称号。

1.企业经营效益显著提升。实现规模增长与效益提升的持续健康发展，主营业务收入规模持续扩大，收入市场份额达到44.6%，持续全省领先。盈利能力同行业领先，收入利润同比提升14.55%。

2.核心产品业务发展稳健。持续优化产品，确保业务发展规模与优势。

4G业务强化终端引领，全面引导移动业务发展向终端引领倾斜；以沃易购平台引领终端销售，关注4G用户“机网业”匹配情况，提高移动宽带ARPU值；应对2G产品关停，丰富4G本地产品。

宽带业务结合全网光纤网络改造及光网改造再营销活动，集中开展宽带提速进万家活动，强化视频及融合业务拉动；同时实施宽带无条件受理黑匣子评价，提升宽带业务保障能力。

联通电视开展专项提升活动，强化激励措施，实现破式发展，市场占有率显著提升。

3.渠道规模及效能持续提升。新建社区厅358家，达到1248家。同时，强化渠道网点建设，采取新建与老普代渠道恢复相结合的模式，填补发展低端客户的渠道空白。通过渠道网点对标、常态化培训、营销宣传标准化等措施，不断提升门店标准化程度和销售能力。

4.基础网络能力进一步提升。移动网覆盖全面优化提升。济南联通移动网建设全面完成任务目标，网络总体覆盖质量超越竞争对手。3G网络基本实现3G目标网，基本实现A、B类建筑物全覆盖，农村良好覆盖率达到90%以上。4G网络按照3G站址100%叠加建设，实现95%的良好覆盖率，价值区域的建筑物基本实现4G室分双通道覆盖。市区、县城、乡镇以及高铁动车、高速、省道国道、AAA以上景区实现连续覆盖；行政村除偏远农村外基本实现4G网络覆盖。

固网完成全网光改，网络能力实现历史性跨越。7月初，济南联通建成中国联通集团首个全光网省会城市。全年完成1500余片区改造，累计建设近90万宽带端口，退网47万余DSLAM端口，累计下电DSLAM局点2151个、PSTN交换机35套、交换接入点705个，拆除PSTN端口78.7万，率先建成全光网络。

5.全面推行宽带“440”差异化服务保障。1月1日，济南联通向社会公开承诺宽带“440”服务保障，即宽带4小时内上门装移机、宽带障碍4小时内修障、零受理盲区，超时给予最高100元补偿。通过广播、报纸、炫铃、短信、热线、海报、官方微信等多渠道扩大联通宽带440服务宣传；针对宽带装移修未履约实施主动赔付，客户感知显著提升；同时加大营业预约、装维改约环节检查和考核力度，管控工单注销率，规范“440”服务流程，开展责任倒追考核，倒逼提升装维服务质量。自承诺服务以来，宽带装移机履约率保持在95%以上，宽带4小时修障及时率稳定在90%以上，树立良好的口碑和形象。

6.人员激励与队伍建设统筹推进。以即时激励加强奖励分配的穿透式管理；建立绩效（奖励）分配系统和大额奖励分配流程制度，确保奖励分配的公平、公正；按照提低控高、向基层一线和低职级员工倾斜的原则调控薪酬。完善考核激励机制，统筹推进队伍建设。全年组织实施员工脱产减压培训班40期，培训员工44111人次。

（侯俊玲）

【联通新业务】 1.家庭宽带提速。家用宽带单产品增加20M、50M、100M宽带业务。20M家用宽带业务面向精品LAN/FTTH区域家庭用户开放办理；50M、100M家用宽带业务面向FTTH区域家庭用户开放办理。

2.联通电视业务。丰富联通电视产品体系，增加双模联通电视产品。联通电视包含IPTV、联通4K超高清电视（华为平台，OTT侧内容由百视通提供）、IPTV+（中兴平台、OTT侧内容由优朋普乐提供）。

3.智慧沃家。新推智慧沃家套餐，用户使用宽带、4G组合产品，比使用单产品享受到更多资费优惠。分为智慧沃家组合套餐和共享套餐：①智慧沃家组合套餐。由1部宽带加1或2部4G手机组成，按照加入组合的4G套餐个数及对应的相应套餐，宽带年费可进行相应优惠，最低优惠至0元，并免费提速至10M（AD至4M），可加选1部固话及1部联通电视，手机、固话本地互拨免费。②智慧沃家共享套餐。由1部宽带+多部4G手机组成（4G个数最多不超过10个），有109.9元/139.9元/179.9元三款套餐可以选择，每款套餐的手机用户每月可共同享受不同数量的国内通话时长和国内流量。

4.物联网。物联网是一个基于互联网、传统电信网等信息承载体，让所有能够被独立寻址的普通物理对象实现互联互通的网络，物联网连接一切，提供多种场景的差异化服务，济南联通物联网产品包括物联网平台产品、VPDN产品、流量卡产品。

5.云计算。中国联通“沃云”系列云计算产品采取统一业务平台、规范标准、规划设计、架构部署和统一的服务体系，包括云基础设施、B2B的企业业务和B2C的公众业务三大领域。“沃云”服务包括企业云产品和公众云产品。企业云提供网络类产品、计算类产品、存储类产品和应用类产品；公众云产品包括云分享、云同步和云备份等。

6.大数据。“大数据”通过高速获取数据并进行分析和挖掘，从海量数据源中更有效地抽取价值信息。济南联通提供的大数据产品主要是通过用户信息、运营信息的脱敏（去除涉及号码、个人资料等隐私）销售，为客户实现征信、精准营销、实时路况、广告竞价等多项应用。（侯俊玲）

【中国电信股份有限公司济南分公司】 中国电信济南分电信公司秉承“用户至上，用心服务”的经营理念，加快电信基础建设，增强通信网络覆盖能力，巩固基础服务能力，提高服务响应效率。公司获济南市文明单位称号，获济南市工商局“守合同重信用单位”“消费者满意单位”等荣誉。多个营业厅获省市级“青年文明号”称号。

1.认真履行企业社会责任，助力现代泉城建设。坚持企业与社会、环境及利益相关者和谐共生，向社会提供就业岗位，拉动社会就业人数3000余人。响应工信部和省公司的有关实名制的各项规定，成立总经理任组长的实名制工作小组，推进新、老用户实名制工作。至年底，在网存量用户的实名率提升至85%，新入网实名率100%。有效遏制电信诈骗活动的蔓延，保护消费者权益。

2.打造宽带和4G“双百兆”高速网络，提升社会通信水平。加大投入，扩大光网覆盖，全年投资1.19亿元，用于新建和改造宽带光网络，完善济南的信息网络基础设施。10月底全面完成“光进铜退”专项工作，实现“全光网”，宽带平均速率提升至20M。“天翼4G”拥有超过100M/s的超高峰值速率，是“宽带中国”不可或缺的重要组成部分，投资2.2亿元改善4G网络质量，加大4G信号覆盖的广度和深度，至年底，实现市区、村镇、高铁、高速、重要商务楼宇、大型酒店、超市、车站、医院、高校等的全面覆盖。实施4G“五优”服务，推动资费水平合理下降，用户可畅享网速更快、使用更安全、消费更自由、产品更贴心、选择更方便的天翼4G服务。

3.维护通信网络有效运行，保障“两会”等重要活动通信安全。年内多项重点市政工程陆续开工，中国电信济南分公司主动联系施工单位，建立沟通机制，了解施工计划与进展。与市中市政管理局、济南港华燃气、R3线施工单位签署《工程施工要求及安全告知通知书》，保障网络安全及道路施工进度。为及时了解盯防现场情况，盯防人员通过易信群上传照片的方式进行实时汇报，网运部领导及各线路片区责任人不定时参与巡检、盯防、抽查，对发现的问题立即整改并落实至代维考核。

4.拓宽行业服务渠道，提升窗口服务水平。至年底，中国电信济南分公司已建成600多个实体门店，实现对全市大型社区、重要商圈、卖场、乡镇、高校的全覆盖，可为用户提供各类业务办理、咨询等服务。同时提供网厅、欢go客户端、微博、微信、易信、翼支付等多种服务渠道，可为用户提供在线业务查询、业务办理、缴费、出国前国漫自检和宽带报障等服务。针对渠道服务质量问题，以客户的需求来完善自身的服务，提升窗口服务水平。制定渠道服务标准规范、明确责任考核，并持续开展由独立第三方进行的多层次客户满意度调查，检查实体渠道服务达标情况。

5.聚焦难点，解决服务热点及短板问题。力求快速解决营业厅、代理商和装维等用户关注的热点问题。通过优化梳理业务流程、提升服务人员技能等举措，用户投诉呈明显下降趋势，投诉量同比降幅15%。完善客户投诉处理和快速响应机制。投诉集约处理，优化投诉处理流程，提高处理效率，当天问题当天解决，热点问题快速响应，并创新引进市场化机制，提升客服人员业务能力，缩短处理时长，提高客户投诉一次性解决率。投诉及时率达到100%，平均处理时长12小时。（王培元）

【中国移动通信集团山东有限公司济南分公司】 1.移动业务。推动4G业务发展，通过全量客户换卡，提升4G终端销量、4G终端转化率、资费匹配度，促进4G用户健康快速发展。流量经营稳步提升，优化产品体系，加大流量型产品主推，强化提升流量安心服务，顺应移动互联网发展，加大掌厅推广，满足客户流量需求。有线宽带发展实现新突破，优化产品体系，提高融合用户比例；开展精准营销，加强已覆盖区域深耕营销；提高装维能力。集团信息化成效显著，按照“专线+平台+工作手机”的发展模式，加强行业集团业务拓展；加大“智慧泉城”建设，打造智慧食安、智慧重汽、4G公交、智慧停车诱导、智能物流等一系列智慧城市项目应用；拓展IDC（互联网技术中心）引入，拉动收入增长。渠道承载能力日渐增强，优化渠道布局，扩大核心渠道数量，加强公开渠道合作，强化渠道管理和培训，推进渠道全业务受理；严格落实实名制要求，打击非签约渠道，坚决治理黑卡。

2.客户服务。坚持“客户为根、服务为本”和“两个毫不犹豫”（当质量与速度发生矛盾时，毫不犹豫保证质量；当企业利益与客户利益发生矛盾时，毫不犹豫保护客户利益。）的服务理念，聚焦4G发展，从客户满意出发，服务监督与营销提质结合、投诉解决与风险防范结合，关注服务细节，提升客户忠诚度。在客户投诉方面，随着4G业务的快速发展和实名认证的推进及宽带的用户规模扩大，针对客户关注的流量费用争议、业务流程规定、2G语音网络、有线宽带质量及窗口营销不规范等问题，加强内部协调，优化投诉流程，加大考核力度，缩短投诉处理时限，开展总经理客户接待日活动，客户投诉总量得到有效的控制。在窗口服务方面，以“5S”管理（整理、整顿、清扫、清洁、素养）为依据，以规范现场管理为重点，通过引入第三方暗访和满意度调研及无纸化窗口服务，采取优化月度联合检查、现场驻厅指导和分流提速等措施，窗口服务质量得到明显的提升。在省公司组织的全年五期营业窗口服务质量暗访中，济南得分93.96，全省排名第八名；到厅客户满意度98.24，较年初提升0.57个百分点，全省排名第八位。

3.网络支撑能力。网络支撑能力持续增强。网络质量进一步提升，全年持续推进了网络基础维护工作的创新管理，全市的网络质量更趋优良，全年网络运行安全平稳，各项网络指标得分位居全省第一；2G、3G、4G三网覆盖深度进一步增强，开展1303次、61232公里GSM/TDS网格测试，解决421个次问题点，开展LTE网络结构优化，覆盖率由年初98.3%左右提升到98.9%，10M以上占比由年初95.1%提升至96.8%，下载速率由35.96Mbps提升到37.17Mbps；全年共完成家客装机16.56万户，完成家客资源小区导入1188个，信息点导入68.99万户，装机及时率从年初79.3%提升至97.2%，平均装机时长由64小时降至17.5小时；通过集客赶超行动，对7000余条集客专线进行资料梳理，压缩故障历时，AAA专线故障历时在2小时以内，其他专线故障控制在4小时以内。

年内，济南分公司获"山东省富民兴鲁劳动奖状"，连续多年保持省级精神文明单位称号，继续保持山东省消费者满意单位称号，获济南市反恐怖工作先进单位称号。2人获山东省富民兴鲁劳动奖章；1人获山东移动"全省最美区县公司经理"称号；1项创新成果获中国移动集团二类科技成果，"智慧重汽"最佳实践项目入选中国移动通信集团百佳案例，两个创新项目在中国移动自主开发大赛山东省公司评选中获进前10名。

（李昊　杨春健　李凯　韩云萍）

2015年4月24日，中国移动通信集团山东有限公司济南分公司与盖世集团战略合作签约仪式举行。（中国移动济南分公司　供稿）

【移动新业务】 1.掌上营业厅。山东移动掌上营业厅是专门为山东移动用户推出的一款服务类工具软件、具有业务办理/查询、套餐管理、流量查询、在线支付、手机商城等功能。

2.咪咕直播。由咪咕视讯科技有限公司开发的手机视频软件，专注于手机看电视、LiveShow免费直播和全民直播三个领域，构建使用简便、内容丰富的娱乐类客户端产品体系。

3.咪咕影院。由咪咕视讯科技有限公司开发的手机视频软件，一款集合在线观影与线下购票的高清影视类客户端。覆盖全国近4000家影院，提供便捷的购票体验；针对移动用户还有流量全免的优惠权益。

4.和工作。中国移动面向在校大学生、应届毕业生提供的通过短彩信、移动互联网、PC互联网方式，提供人才培养成长计划、就业指导、招聘信息、校园招聘会信息、职业规划指导、实习对接、家教兼职信息等服务的一站式求职信息服务平台。

5."灵犀"。一款集吃、住、行、游、购、娱于一体的智能语音门户产品，用户通过"灵犀"可以语音操控手机、获取各类信息服务、体验快乐语言学习等。

6.流量不清零。自10月1日起，为按流量计费的手机月套餐客户推出套餐内剩余流量不清零服务，10月套餐内当月剩余流量可延期结转至11月底前使用，后续月份以此类推。此业务无需申请，默认开通。

7.八项提速降费。7月起，山东移动“降网费”各项举措全面上线，包括流量安心保、假日流量包、夜间流量包、4G流量卡、“白加黑”流量促销、话音短信特惠套餐、降低国际及港澳台漫游流量资费、流量汇八项举措。 （周临川）

【中移铁通济南分公司】 分公司市场经营收入实现平稳增长，宽带装维、商务固话均保持较好的发展势头，用户满意度不断提升。各项经营业务指标和安全生产任务在山东分公司名列前茅，获“全国精神文明建设工作先进单位”“全国企业文化建设先进单位”“全国市场诚信商贸联盟企业”“中央企业五四红旗团委”“中央企业文化建设示范基地”“全国文明单位”六项国家级荣誉。

1.深入拓展市场经营工作。坚持“以改革为动力，以市场为导向，以效益为中心，以创新促发展”的经营方针，实施“大客户、合作经营、综合信息服务和新业务发展”四大经营战略，向铁路单位、大中专院校、工矿企业集团、部队及住宅小区、酒店、写字楼等提供系列综合通信服务业务。

2.提升客户服务能力。保障移动家客装维工作，提升用户满意度，对3228个小区开展为期100天的小区资源普查，提升派单准确性和工单自动开通率。开展为期100天的“精品2015”活动，通过QQ群上传装机照片的方式促进宽带装机质量检查，全面落实《入户服务八项规范》，坚持每周进行典型投诉案例分析和追责，开展“客户服务百日提升”活动，杜绝30分钟无响应、回单无内容等情况，用户满意率接近100%。强化13864110086热线和86361234校园网服务热线建设，更新平台，增加客服坐席，提升服务水平；深入开展“三零服务”创“零缺陷”品牌活动为载体，加强30分钟故障响应和故障分级管理制度，提高故障响应速度；加强催装催修监管，通过建立经营部负责人手机“飞信群”等方式，提高投诉工单处理的及时性，降低用户二次投诉；加大用户回访力度，减少误解，增进沟通。通过10050电话回访和装维修人员上门服务，及时了解用户感受和体验，解决在回访过程中发现的问题，提前对前期的投诉客户及对服务质量不满意客户进行重点回访，发现问题及时处理，赢得用户满意。 （崔媛媛）

责任编校　宣　涛

城乡建设·环境保护

综　述

【城乡建设概况】 1.房地产业和建筑业平稳健康发展。全年建筑业完成总产值1663.8亿元，同比增长7.9%。全年完成开发投资1014.1亿元，同比增长10.5%。在房地产市场调整回落的形势下，通过推进取消限购、二手房营业税征收年限调整、公积金贷款门槛降低等利好政策落地，有效遏制市场销售下滑局面，全年房地产业实现平稳增长，新建商品房成交量上升。开展工程质量治理2年行动，开展建筑市场违法行为大检查，全市工程质量安全形势总体平稳。提高建筑产业化技术应用，长清、济阳、章丘产业园区初具规模。年底，提请市政府办公厅转发《促进房地产业和建筑业稳定增长健康发展重点改革实施方案》，实施放宽工程招投标监管范围、放宽房地产开发项目配套费缓缴政策、简化建筑工程质量安全监督、降低建筑劳务工资保证金缴存额度、实行商品房预售资金监管、简化房地产开发项目竣工综合验收、推行建筑设计图纸“蓝改白”、推行行业信用管理8项改革措施。

2.开展村镇建设和新型城镇化工作。完成《济南市新型城镇化规划（2015~2020）》编制工作，推进新型城镇化发展100项行动计划，开展“百镇建设示范行动”。截至年底，全市14个示范镇实施基础设施建设项目285个，完善25个农村新型社区项目，累计完成投资约500亿元，改造农村危房2540户，超额完成2000户改造任务。

3.推进绿色建筑发展。全市县以上城市规划区内新建建筑全面执行绿色建筑设计标准，全年完成绿色建筑推广1146.66万平方米，完成既有居住建筑节能改造122万平方米，完成公共建筑节能改造27万平方米。100米以下新建住宅建筑全部一体化设计安装太阳能热水系统，全年签订太阳能热水器安装合同的新建建筑面积达1440万平方米。

4.加大扬尘治理与渣土整治力度。强化源头治理，落实参建单位扬尘防治主体责任，加强土方外运、现场扬尘控制措施费、工地围挡、场地硬化、车辆冲洗等环节的落实。建立健全区级扬尘治理工作机构，形成市、区联动的治理监管体系。严格督导检查与处罚问责，全年出动检查组2244人次，检查施工项目1672个次，单体工程12258个次，停工整改施工企业190家，通报处理参建单位35家，移送行政处罚项目515个。

5.建筑业农民工和行政审批服务工作。做好农民工工资清欠工作，坚持源头防控与集中治理相结合，建立健全诉求表达渠道，深入排查、妥善处理农民工工资拖欠矛盾纠纷和隐患，全年受理了各类欠薪举报投诉案件561起，协调解决拖欠工资2.1亿元，惠及农民工10980人。

6.完成各项综合协调工作。配套费征收保持较快增长，全年征缴配套费38.57亿元，同比增长16.53%。北跨发展快速推进，全面深化济北新城功能定位和用地布局，总投资约11.5亿元的42个重点项目集中投产、开工和签约。　（杨　阳）

【勘察设计管理】 推行施工图设计文件电子化（“蓝改白”）工作。开展面向工程建设全行业的设计图纸“蓝改白”工作，改变现行“晒蓝图”做法，实现图纸设计、审签、图审、传输、存储的全面电子化。

1.依法清理和明确勘察设计管

理职责。全年全市相继公布行政审批目录清单、行政权力清单和责任清单。其中，学校、幼儿园、医院的抗震专项审查、建设工程优秀勘察设计成果评选、对勘察设计工程师执业资格制度落实情况的监督检查、勘察设计行业监督管理4项内容被明确为勘察设计管理职责，全市首次将学校、幼儿园、医院的抗震专项审查明确为行政许可事项。初步设计审查被明确为政府内部管理事项，由市城乡建设委负责实施，以往初步设计审查与概算审批存在职能不清、重复审批的问题得到解决。

2.勘察设计行业转型升级步伐加快。勘察设计单位改企建制持续推进，对未改企的事业单位统一进行分类，做好改企准备工作，已完成改企的单位，进一步探索股份制、混合所有制等改革方向。行业协会开始与政府脱钩，在全省率先推行勘察设计行业协会与行政主管部门脱钩。

3.强化施工图审查市场监管。严格把关施工图审查，落实绿色生态、节能环保和建筑产业化相关技术标准，及时发现解决勘察设计中存在的质量问题和薄弱环节。全年全市共审查建筑工程3710万平方米，市政工程65项，其中市项目25项，评出优秀工程勘察设计一等奖24项、二等奖49项、三等奖48项，发放注册建筑师、注册工程师证书1719份。 （吴晓滨）

【村镇建设】 1.推进小城镇建设。开展“百镇建设示范行动”，坚持以实施新型城镇化战略为主线，按照因地制宜、突出重点、梯次推进原则，通过政府推动、政策扶持、市场运作等政策措施，实现小城镇产业向园区集中、人口向城镇集中、居住向社区集中的发展目标。截至年底，全市示范镇实施基础设施建设项目285个，实施社会事业和公共服务项目136个，完成规划编制项目48个，镇建成区面积扩大13.39平方公里。全年全市示范镇建设完成投资约45亿元，建设产业园区31个，涉及企业454家，园区面积58.44平方公里。

2.实施农村危房改造。改造农村困难群众危房2000户，是全年全市为民办18件实事之一。通过制定实施方案、科学分配改造任务、加大资金投入和倾斜力度等措施，强化工作指导和跟踪服务，全年完成农村危房改造2540户，超额完成危房改造目标任务。

3.推进农村新型社区建设。截至年底，全市建成110个农村新型社区，其中群众已入住的社区有80个，涉及行政村141个，入驻3万余户、10万余人。

4.实施村庄街巷硬化工程，加大历史文化名镇名村和传统村落保护力度。全年筛选69个村庄开展街巷硬化试点，改善村容村貌。“十二五”期间，全市有10个村庄入选国家和省级传统村落，2镇4村入选国家级和省级历史文化名镇名村。

5.推动章丘市申报新型城镇化综合试点。根据国家和省关于开展新型城镇化试点工作的要求，组织章丘市制定试点方案，申报新型城镇化综合试点。3月，章丘市被列入省级新型城镇化综合试点县（市），11月，被列入第二批国家新型城镇化综合试点地区。

（柳克东　李昌梅）

【建筑业管理】 全年完成建筑业总产值1663.8亿元，同比增长7.9%。本市建筑业企业1201家，外地建筑业企业590家。其中，本地施工总承包企业245家，包括特级企业3家，一级企业40家，二级企业78家，三级企业124家；专业承包企业664家，劳务分包企业292家。

1.加强建筑市场招投标工作。优化招标备案制度，改进非国有资金投资监管方式，非国有资金项目可自主招标。全年完成招标监管项目894项，造价约392.2亿元。其中，公开招标849项，造价约354亿元；邀请招标45项，造价约38.2亿元。

2.加强监理市场监管工作。印发《关于开展工程监理企业资质和注册监理工程师检查的通知》，成立全市建设监理企业资质和注册监理工程师专项检查组，对在全市从事建设监理活动的监理企业进行重点抽查。截至年底，全市拥有建设监理企业91家，其中综合资质2家、甲级44家、乙级37家、丙级8家。

3.造价管理工作适应建筑业发展新要求。做好建筑产业现代化补充定额的调研编制和山东省消耗量定额编制及新计价表中相关专业的修编核定工作，制定济南市最低定额人工单价。

4.规范建筑企业养老保障金监督管理。全年收缴建筑企业养老保障金17.78亿元，较上年同期增长5%，向施工企业拨付、补贴养老保障金10.47亿元，同比下降11%。

5.清防并举，促进全市清欠形势持续平稳。全年处理各类欠薪举报投诉案件556起，协调讨薪金额20835万元，惠及农民工10980人，投诉接处率和清偿率均100%。开展2次市内5区在建工程农民工工资支付情况专项执法检查，对检查中发现的问题登记造册，并采取约谈警示、停工整改等措施督促各方及时整改处理。出台《济南市建筑劳务工资保证金管理办法》，对建筑劳务工资保证金缴存比例实行动态管理，研发建立建筑领域农民工综合服务平台。

6.提升建筑工程质量水平。全年全市房屋建筑施工面积10189.2万平方米，房屋竣工面积2039万平方米。全市有3个项目参加鲁班奖工程评选，10个项目参加泰山杯评选，49个工程、3个组团通过省优质结构杯评选，163个工程通过市优质结构杯初评。有2个工程获国家“AAA级安全文明标准化工地”称号，13个工程被评为省级安全文明示范工地，35个工程被评为省级安全文明优良工地，6个项目被评为省安全文明小区，179个工程被评为市级安全文明工地。

7.建筑产业化快速发展。全年全市建筑产业化生产基地及示范工程项目量增加，有6家部品生产企业、5个试点工程被省住建厅新确定为建筑产业化生产基地和建筑产业化示范工程。全年通过建筑产业化核实意见审批项目有259个，总建筑面积3108万平方米，地上建筑面积2316万平方米。其中，装配整体式产业化项目面积167万平方米，采用部分建筑产业化技术项目面积368万平方米，采用产业化技术建设项目共93个，建设面积535万平方米，占已审批项目建筑面积的23.10%。（赵继光）

【建筑节能与建设科技】 全年全市县以上城市规划区内新建建筑全面执行居住建筑节能65%、公共建筑节能50%的标准，新建成节能建筑1823万平方米。截至年底，全市累计建成节能建筑1.07亿平方米。

1.制定完善配套政策。编制《济南市中心城区绿色建筑发展规划》（2015~2030），印发《关于规范建筑应用地源热泵系统管理的通知》，编制《全国公共建筑节能改造重点城市济南市建设实施方案》，出台《济南市绿色建筑发展专项资金管理办法》。

2.强化新建建筑节能工程监管。年内，济南市将建筑节能专项验收认可程序列入建设工程行政审批许可环节，印发《新建建筑节能工程新型墙体材料与围护结构现场查验工作程序》，强化建筑节能施工现场质量监管。

3.开展既有居住建筑节能改造。全年全市完成改造面积122万平方米，超额完成年度改造任务。开展既有居住建筑节能改造“保温装饰一体化”应用示范试点工作，在3个改造项目上应用新技术、新材料对旧住宅楼外墙进行保温改造。截至年底，全市累计完成既有居住建筑供热计量及节能改造904.08万平方米。

4.规模化推广绿色建筑。全年市区及所属县（市）城市规划区范围内所有新建建筑全面执行绿色建筑设计标准。组织编制《济南市中心城区绿色建筑发展规划》，推动绿色建筑项目由零星分散向集中连片发展。年内，商河玉皇庙市级绿色示范片区通过专家验收，高新汉峪片区、章丘绣源河片区通过评审，列入省级绿色示范片区项目。

现代化的建筑产业化厂房 （市建委　供稿）

全年有25个项目通过星级评价标识评审，在全市推广并通过设计审查的绿色建筑面积达1146.66万平方米。截至年底，全市累计获绿色建筑设计评价标识总建筑面积达2438万平方米。

5.推进公共建筑节能改造。开展公共建筑能源审计，完成公共建筑节能监测平台升级建设，实现省、市能耗数据监测平台数据实时传输，编制完成《公共建筑节能改造重点城市建设实施方案》。截至年底，完成公共建筑节能改造27万平方米，全市累计完成既有公共建筑节能改造162万平方米。

6.推广可再生能源建筑应用。在全市县以上城市规划区100米以下新建住宅建筑和集中供应热水公共建筑统一安装太阳能热水系统，加强太阳能光热建筑一体化工程施工全过程监管，实现与建筑工程同步规划、同步设计、同步施工、同步验收。出台《关于规范建筑应用地源热泵系统管理的通知》，将建筑应用地源热泵系统纳入建筑节能程序管理。

7.落实国家墙材革新政策。规定建设工程禁用实心黏土砖，新型墙体材料得到应用。全市新型墙材和建筑节能产品企业220家，品种34个，年生产40亿块标砖。印发《关于组织申报2015年度济南市建筑节能与绿色建筑示范项目的通知》，将14个项目列入本年度示范项目，组织建筑业绿色施工、施工新技术应用等省级示范活动。印发《济南市建设系统科研项目管理办法》，召开全市建设系统科技工作总结表彰会，对科技工作先进单位暨软课题获奖项目进行表彰。

（刘端国）

【房地产开发管理】 全年房地产开发完成投资1014.14亿元，同比增长10.5%，其中住宅完成投资725.42亿元，同比增长18.2%。全市房地产到位资金1708.66亿元，同比增长25.2%。全市房屋施工面积6625.90万平方米，同比增长26.0%，其中住宅施工面积4467.44万平方米，同比增长27.7%。全年新开工面积1690.34万平方米，同比增长30.5%，其中住宅新开工面积1193.66万平方米，同比增长30.0%。房屋竣工面积579.05万平方米，同比增长12.1%，其中住宅竣工面积333.62万平方米，同比下降13.2%。新建商品房销售151861套，1313.45万平方米，同比增长37.44%。其中，商品住房91116套，1065.59万平方米，同比增长42.94%，销售面积占商品房总量的81.13%，均价7930.67元/平方米，同比增长3.31%。 （李　刚）

【老城区改造与开发建设】 截至年底，旧城集团完成投资40.55亿元，带动社会投资73.5亿元，8900余套安置房竣工。新开工建设安置房2600余套，文贤居7225套公租房全部建成竣工，火车站北场站一体化建设工程完成广场地下工程施工。

1.征收拆迁。集团以集中破解征拆难题为重点，会同各区加快土地熟化，逐项梳理推进影响安置房建设地块的房屋拆除工作，全面加快征收拆迁收尾。经四纬十二、历城招待所、文庄等6个项目的13宗地块，约49公顷土地挂牌出让。北大槐树、全福立交桥西南、经四纬十二等项目安置地块征收拆迁基本完成，安置房均已开工建设。历山路文华园二期、海晏门等项目征收拆迁工作接近尾声。

2.工程建设。①保障性安居工程建设。城建学校、二汽改、历城招待所项目安置房竣工，加紧建设北大槐树、鲁艺剧院东等11个在建项目、8000余套安置房。陶瓷市场、全福立交桥西南等项目安置房主体封顶。文贤居7225套公租房全部竣工验收，完成项目红线内市政配套设施建设，具备交付使用条件。②火车站北场站一体化工程建设。该工程是全市重点基础设施建设项目之一，项目地下工程规划建筑面积11.9万平方米，已完成广场地下工程主体施工，项目内宝华街等3条市政道路建成通车。③安全生产和文明施工。集团以强化隐患排查治理、安全预防控制和应急救援为重点，开展“安全生产责任落实强化年”活动。逐级签订年度《安全生产目标责任书》，强化现场管理和责任落实。集团对征收拆迁现场、施工工地等集中开展专项检查，落实安全生产和防尘、抑尘、降尘等防控措施，组织开展消防、防汛等应急演练。全年未发生重大安全生产责任事故，新泉城大厦及名苑项目被评为“济南市扬尘治理优秀示范工地”“济南市十佳文明工地”。

3.回迁安置。集团协调有关市直部门和专业单位，与安置房建设同步推进水、电、气、暖等市政配套设施建设。截至年底，官扎营、河套庄、南辛庄等6个项目回迁。5

月，棚改片区居民房产证（小证）办理工作移交各区住房保障部门，办证实现常态化。截至年底，前期已回迁的24个棚改片区办理房屋初始登记手续（大证），通过与市住房保障、税务等部门和各区衔接，已有9700余户居民预约登记，8300余户居民取得房产证（小证）。

4.投融资。截至年底，累计完成投资40.55亿元，缴纳税费7455.89万元。火车站北场站一体化建设工程、北大槐树、铁道职业技术学院二期3个全市重点项目，超额完成年度投资计划。鲁艺剧院东等3个项目列入年度全市第二批重大建设项目。通过金融机构融资23.19亿元，偿还贷款本息20.05亿元，债务履约率100%。探索融资租赁、私募债券等融资方式，与中信银行等金融机构落实贷款授信额度25.5亿元，与兴业银行等协商确定20亿元融资意向，争取各级专项资金4.87亿元。经四纬十二等6个项目土地挂牌出让收入40.68亿元。

5.资产管理经营。集团把盘活剩余安置房房源、加大资产经营力度、确保国有资产保值增值与新一轮棚改旧改有机结合，利用现有安置房源，促进剩余安置房去库存。保留一定剩余房源，解决前期项目征迁遗留问题，满足后续项目现房安置需求。与市住房保障部门协商，提供部分剩余合适房源作为公租房使用。对部分尚不具备出售条件的安置房，通过采取跨区域安置、租赁等办法，最大限度消化使用。

6.棚户区改造。集团围绕调整工作职责，在内部实行项目负责制，将各项目部作为实施主体和第一责任人，全程负责项目规划策划、成本测算、土地熟化、拆迁补偿、工程建设、回迁安置、房产证办理、物业移交、房产使用、审计结算等工作。按照前期运作、房屋征收实施、土地出让和安置房建设、居民回迁和物业管理4个阶段，优化完善流程，明确时间表、路线图，挂图作战，加强督办。

加强与中建八局、保利集团等企业合作，吸引房地产企业参与棚改旧改。路港、梁庄二期等项目发布房屋征收决定，房屋征收工作全面展开。铁道职业技术学院二期、祥和苑、甸柳项目A地块、洪翔路东、警察学校B地块、山东教学仪器厂、经十一路、河套庄等项目已确定土地熟化投资意向人或签订合作意向书，进行征收前期工作。

（魏　鑫）

【西城开发建设】 1.重点工程建设。以完善配套和培育产业为重点，推进片区重点工程建设。会展中心项目规划设计方案基本完成；玉符河综合治理工程完成河道治理24.3公里，自行车道沥青路面施工14.3公里，生态林带土地整理71万平方米；小清河源头湿地项目完成约13公里主航道、13公里一级园路、9座桥梁及3平方公里水系整理工作；印象济南项目，主体结构基本完成；济南养老服务中心二期工程主体施工已完成；安置房项目西客站片区安置三区一期25万平方米已竣工，二期86万平方米进行主体施工，安置一区二地块一期、二期共9栋住宅楼主体已竣工，三期9栋住宅楼进行主体施工；大金小董安置房已进入收尾阶段；大学科技园安置三区一期64栋住宅进行验收；公租房项目，采用订购开发商房源的方式，总建设规模约22.5万平方米，年内已开工建设；海绵城市济西推广区建设，选取片区12项工程作为首批试点项目，加快推进建设工作。

2.扎实做好土地开发工作。以土地熟化整理工作为基础，加大土地收储和土地出让工作力度。全年共储备土地200余公顷，出让土地67公顷。推动会展中心、宜家、麦德龙等项目重点项目征迁工作。建立定期巡查等制度，加强对闲置土地的日常管理。

3.规划策划工作。完善西部新城区片区、产业、专项和项目策划规划工作。完成中瑞田园生态城概念规划及相应专题研究的招标工作及初步成果，完成西客站片区核心区人防控制性规划，配合规划局控规修编工作需要，完成西客站片区、大学科技园区控规修编调整方案、创新谷用地划分调整方案等区域性规划工作。完成小清河湿地工作坊、中铁紫荆健康城等规划策划工作，启动高铁站西广场、省立医院西院区、西部新城健康产业等项目策划工作。

4.集团产业发展。各业务板块以规范管理为基础，以质量和效益为核心，提高盈利能力。金融投资板块不断拓宽融资渠道，创新融资模式，全年实现融资200余亿元。组建成立融资担保公司、基金公司，推进高科农业新三板挂牌上市。先后入股济南农商银行、齐鲁银行、齐鲁证券，分别成为其第一、第四、第五大股东。6月15日，中国银行间市场交易商协会向集团正式下发非公开定向债务融资工具(又称“私募债”)的《接受注册通知书》，标志着当期私募债成功注册。

城市开发建设板块探索自主开发、自主运营的新路子。自主开发的印象济南、西进时代中心等项目顺利推进，首个住宅项目——西城·济水上苑获“济南市建筑施工安全文明工地”“济南市建筑产业化试点工程”“2013~2015年度济南市园林绿化优质工程”等称号。济南长途汽车西站的建成，对于完善西部新城功能配套，推动区域产业发展等起到重要作用。

资产经营板块更新经营理念，创新经营模式，提高资产的使用率和收益率，资产运营总收入超过5000万元。组建成立集团招商运营中心，引进山东西联动力电子商务公司、GBF全球商品直采中心等项目。西联动力电子商务公司提出打造全国第一家第四方服务平台的先进理念，争创市级优秀创业孵化基地。

健康产业板块的山东济南养老服务中心二期项目加快工程建设并制定后续运营方案。高科农业公司被评为“济南市农业龙头企业”，西城生态都市农庄被省农业厅评为“省级休闲农业示范园”。园区完成的67公顷全程机械化水稻示范田项目，收获4个品种、15余万公斤绿色标准大米。

文化产业板块依托西部新城的文化设施和交通优势，重点发展文化贸易服务、文化创意和设计服务、文化旅游等业务。组织承办第八届山东青年微电影大赛暨“魅力西城”微电影颁奖典礼、第二届国际公共艺术奖济南巡展及研讨会、“活力西城”第三届环园博园全国长跑邀请赛暨济南市全民健身长跑大赛、第二届“欢乐西城”合唱节和“互联网+企业转型与场景革命”高峰论坛等活动。

旅游产业板块的园博园管理运营公司举办各种主题游园活动，引进金港湾综合游乐项目，接待游客80余万人。小清河源头湿地运营策划工作取得进展。年初，与市旅游局签订《西部新城旅游规划发展战略合作意向书》。7月，山东省会城市群游客集散中心在济南西站东广场投入使用。同时，与市旅游局对接，筹建“济南旅游集团”。

(刘兆云　秦其龙)

小清河风光　(西城投资开发集团　供稿)

【城建投融资管理】 市城投集团全年实现资金收入261.32亿元，投资及各项支出192.53亿元。全年归还到期债务本息112.25亿元，债务履约率连续10年保持100%。

1.推进中央商务区建设。探索中央商务区建设融资模式，形成以“政策性金融为基础，商业性融资和社会资金为补充”的融资新格局。筹备2016年度棚改项目审批手续，争取片区内拆迁安置资金按时到位。保障征地拆迁资金，全年拨付中央商务区建设资金12.09亿元。市区联动，会同各职能组建设CBD。完成土地征收补偿约91.06公顷。集体土地征收拆迁完成姚家村解放东路以北约37.03公顷集体土地补偿及地上物拆迁补偿协议签订工作，支付地上物拆迁及征地补偿款，拆除地上物约20万平方米。会同规划建设组，组织协调规划设计单位完成中央商务区规划优化提升、战略定位与功能业态策划以及城市设计方案的编制，地下空间利用、综合交通规划及市政配套设施等专项规划。国有土地收储完成土地的调查摸底、勘测定界并与被收储单位进行对接。会同国土部门研究土地收储补偿政策。

2.加快推进重点项目。围绕年

初制定的工作目标，推进东部新城“一区三片”土地熟化工作。全年完成土地征收补偿约262.56公顷，其中征收集体土地约197.3公顷，收储国有土地约65.26公顷，拆除地上物约44.54万平方米。完成土地出让157.13公顷、191.61亿元，回收资金40.34亿元。

3.高效实施重点工程。①奥体东片区开发建设项目。完成工程投资27.06亿元，获全国第四批绿色环保工地、山东省安全文明示范小区、省优质结构工程、济南市安全文明红牌工地、青年文明号、建筑工程“优质结构杯”、安全文明示范小区等称号，其中3标段7号楼被市建委推荐为全市学习观摩工地。②西蒋峪住宅项目。完成投资10亿元，项目中的幼儿园工程被山东省住房和城乡建设厅确定为山东省建筑产业现代化试点工程项目。③港新园公租房项目。完成投资1.25亿元，已开工建设楼座施工进度全部完成。部分楼座通过优质结构工程中间验收及市级安全文明施工工地阶段性验收。项目被省建设厅批准为“山东省建筑产业现代化试点工程项目”。召开“全省建筑产业现代化工作推进济南现场会”等多个现场会。④雪山安家—章灵四村安置房建设项目。完成投资6.1亿元，年内大部分工程已完成主体施工。

4.提高投融资管理水平。通过政府置换债券、政策性银行及商业银行贷款、融资租赁等多种形式新增融资102.67亿元。截至年底，集团综合融资成本率为6.06%，同期下降0.34%。（李萌萌）

【滨河新区建设】 滨河新区建设投资集团全年完成投资62.85亿元，完成率111%；完成融资79.39亿元，还本付息62.13亿元，政府债务偿还率100%。

1.三大片区开发建设。①华山片区。全年完成投资34.29亿元。完成集体土地征收约228公顷，拆除地上建筑物260余万平方米，签订国有土地收储合同21宗、征收协议15宗，城市居民补偿协议签订率97%以上；村民安置区开工总面积100余万平方米，城市居民安置房启动建设；市政道路一期按计划完成，部分路段达到通车条件，二期环湖路前期手续正在办理，部分山体修复工作开始启动；片区总计完成土地出让约103公顷，其中，本年度土地出让约43公顷。②北湖片区。全年完成投资20.6亿元。完成地上物拆迁15.29万平方米，配合天桥区政府公布片区城市居民房屋征收补偿方案征求意见，下达房屋征收决定，完成4478户安置协议签订工作，柳云安置区村民安置补偿协议完成签约467户；协调规划部门完成核心区、安置区及北湖公园规划条件的合并工作，安置区修规及单体建筑设计方案完成审批，城市居民安置区户型方案取得市规划局审批意见；北湖公园景观设计方案和北湖主体工程开挖方案、北湖水源及片区雨污水系统方案设计完成编制；历黄路（滨河南路至水屯北路段）完成道路主体结构施工和道路面层铺设工作；滨河南路提升工程开工建设。③吴家堡（非遗）片区。全年完成投资1.8亿元。济齐路拆迁工作基本完成，快车道实现全线贯通；宋庄等6村拆除72.8万平方米，拆除率86.26%，完成非遗南地块土地征收约85公顷；委托市规划院形成南、北太平河总体规划方案和相关专项规划方案；编制城中村改造策划方案，完成安置区修详规及单体设计方案优化调整，办理安置房前期立项手续；完成300米临时治黄路工程施工和唐庄、宋庄社会停车场及大高村公交停车场的建设工作；非遗园东路南延工程完成立项。

2.重点工程建设。清雅居公租房项目获中国建筑质量最高奖“鲁班奖”；滨河新苑公租房项目总建筑面积15.42万平方米，全年完成投资1.59亿元，2号、3号、4号楼分别完成地上9、13、13层主体结构施工，住宅产业化工程图纸和项目景观园林、市政、亮化等方案完成设计，地下车库完成主体施工；滨河新居公租房项目于9月开工，完成立项、环评、可研、建设用地规划许可等前期手续；滨河商务中心项目全年完成投资3.3亿元，部分工程达到入住条件；滨河南路穿济西编组站专项工程全年完成投资1.25亿元，工程主体完成施工，建设完成16米框架桥及南水北调补源箱涵。

3.中小片区开发。泺口片区完成项目一期B-3安置地块分期工作；大魏片区完成安置房内外装施工；田园新城片区范围内国有土地收储、房屋征收及地上物拆除等工作有序推进；东沙片区签订土地熟化协议；国棉一厂片区引入意向开发商南益集团，项目规划条件已审批，基本具备征集土地熟化投资人条件。

4.小清河景观提升及维护管理。加强园林养护管理，累计储备大小乔木、花灌木、绿篱等植物约182万株，新装石材栏杆4000余米。加强小清河河道管理，落实河道保洁长效机制，全年清理河道垃圾400余吨，加装部分支流河口及跨河桥梁截污带30条。定期对洪园节制闸进行日常维护及管理，修订汛期防汛相关管理制度与专项预案，同时推进工程移交工作。（常国宾）

【概况】 1.规划服务。保障各类建设项目落地实施，累计办理审批服务事项3984项，召开方案审查会15次、项目审查会41次，研究审议建设项目260项，为汉峪金谷等132个市级重点项目办理规划手续。制定提前开工相关规定，新甄选宜家等55个项目纳入绿色通道管理。完成1：500地形图动态更新630平方公里、重点区域三维建模40平方公里，开展地下管线综合管理信息系统建设，优化“一张蓝图”系统。

2.规划编制。邀请麦肯锡、SOM、华东院等团队开展规划编制，完成城市设计和功能业态策划。完成22个片区的控规修编，同步开展《管理技术规定》修订、控规应用机制、规划条件管理研究等工作。完成济莱协作区同城化发展规划、济北新城总体规划和市区镇村体系规划，推动城市空间发展等3项“十三五”专项规划、道路网专项规划取得成果。

3.保障改善民生工作。围绕保障群众教育、养老、住房等民生需求，加强部门协作，开展基础教育、养老设施专项规划，编制棚户区改造3年计划，完成35个棚改片区包装策划，助推公共服务设施和民生工程落地实施。开展综合交通体系研究，制订公共交通、路网规划等方面近期行动计划。通过规划公示、公众咨询、新闻发布会、企业恳谈会等方式听取社会各界意见建议；通过各类媒体及时发布工作动态、宣传规划理念，全年发布公示信息1000余件；通过微信、网站上传信息9100余条，办理群众咨询事项2700余件。

4.历史文化名城保护研究。编制完成历史文化名城保护规划，划定“历史城区”保护范围，确定各层次的保护要点和控制要求。加快推进芙蓉街—百花洲等3处历史文化街区保护规划编制，针对传统格局、街巷风貌、建筑保护等方面提出保护控制措施。针对中心城8条重点渗漏带制定抢救性保护措施，开展“青山进城”研究和海绵城市控制性规划。

【济南市中心城地下管线普查完成】 3月31日，中心城地下管线基础信息普查工作启动，普查范围东至东巨野河，西至南大沙河以东（归德镇界），南至南部双尖山、兴隆山一带山体及济莱高速公路，北至黄河及济青高速公路，涵盖中心城1022平方公里。截至年底，中心城内管线普查基本完成，汇交管线普查数据15837公里。普查采用全新技术手段，利用地下管线探测仪、电子潜望镜、探地雷达、全球卫星定位系统、电子全站仪、手持平板电脑等先进仪器设备，保障普查精度，降低作业风险。推进中心城地下管线综合管理信息系统建设，打造以管线普查数据为基础，“1+3”的地下管线综合管理信息系统，“1”即信息管理与共享系统，“3”即面向行政审批、建设施工、应急防灾的信息服务系统，与各专业管线信息系统对接，实现各类地下管线信息统一管理、资源共享。

【第三届济南市城市规划委员会第三次会议】 4月7日，第三届济南市城市规划委员会第三次会议召开。会议审议通过《济南市旧城更新专项规划》《济南市龙洞风景名胜区总体规划》等方案，对济南市城市规划委员会全年工作进行研究部署。推进市规委会工作常态化运行，研究制定市规委年度项目审议计划，对40余个片区控规修编及10余项专项规划等重要规划方案进行审查审议。以审议《济南历史文化名城保护规划》、重要历史文化街区规划方案为重点，推进全市名城、名镇、名村保护与发展工作。

【控规修编工作】 截至年底，39个片区控规编制完成，履行部门联审，通过市规委专家咨询论证，约占全市总量80%。按计划分三批提报市规委审议审批。第一批贤文、汉峪、章锦、唐冶、雪山、龙洞6个片区成果通过市规委会审议；第二批千佛山、柏石峪、九曲、北湖、药山、黄台、华山、双井、英雄山、七里山、济泺路、堤口路、农科院、科技城、茂岭山西、山大路16个片区完成审查程序，待报市规委审议；第三批平安、腊山、西客站、鹊山、文昌、党家、孙村、盛福庄、两河、大学院、七贤、王官庄、白马山、美里湖、八里桥、道德街、长岭山17个片区完成审查程序，待履行公示后报市规委审议。1月、5月、10月按照控规修编进度，分批次对28个片区控规成果进行社会公示，收集意见建议1600余条。

【省级历史文化街区保护规划批前公示】 市规划局会同历下区政府启动芙蓉街—百花洲、将军庙历史文化街区保护规划编制工作。7月21日至8月21日，《芙蓉街—百花洲、将军庙历史文化街区保护规划》进行第二次社会公示。截至8月底，收到各类意见建议近百件，主要集中在改善居住环境、恢复街区风貌、加强景观设计等方面。此次规划编制工作，按照“依法统一规划、市区联合开展、重视社会参与、推动复兴提升”的思路展开，遵循“保护遗产本体及环境的真实性、完整性、生活延续性和保护利用的可持续性”原则，分别从整体格局与风貌特征保护、传统街巷保护、建筑遗产保护、不可移动文物、建议历史建筑、泉文化遗存保护、历史环境要素保护、非物质文化遗产及优秀传统文化保护等方面，对两个街区提出保护内容、保护措施和规划实施建议。

【第五届泉城规划论坛】 11月22日，第五届泉城规划论坛在济举办，台湾大学土木研究所教授、台大先进公共运输研究中心主任张学孔，进行题为“公共交通都市之挑战”的演讲。分享多元整合的交通政策，建设公交都市面临八大挑战以及如何塑造理性交通文化等内容，解说公交都市、TOD、BBMW、绿色智慧城市、交通文化等理念。

（彭　昊）

【概况】 截至年底，海绵城市建设试点区域5大系统、43个项目完成投资30.43亿元。全年完成5条道路新建、续建工程，新增路灯1762盏，路灯总数11.57万盏。全年处理污水3.9亿吨，城区污水集中处理率96%。全年完成供水总量26103.1万吨，水质综合合格率100%。通过国家节水型城市第三次复查验收，全年城市节水总量2500万立方米，万元国内生产总值取水量降至7.4立方米。新增管道燃气用户13万户，完成焦炉煤气全部置换，燃气气化率98.7%，管道燃气气化率80%。新增供热面积1052万平方米，城市集中供热面积1.12亿平方米，城区集中供热普及率73%。

【城市道路建设】 全年续建、新建市政道路15条，年内完成5条，投资43亿元的二环南路工程全线建成通车，其他为旅游路东段、舜世路南段、坝王路、克朗山东路，旅游路西段、宝华街除局部路段受客观因素影响外已完工通车。二环西路南延、凤凰路、纬十二路、东宇大街、二环东路南段、顺河高架南延、官扎营东街及前街等道路建设工程按计划推进。二环西路南延拆迁已进入收尾阶段，管线及道路建设同步推进，高架桥工程前期准备基本完成。

【城市路灯建设】 全年完成马鞍山路、舜井街、奥体西路等10余条道

凤凰路新貌　　（市政公用事业局　供稿）

路路灯建设。新增路灯1762盏，路灯总数11.57万盏。深入推进路灯单灯控制系统建设，完成全市25225盏路灯单灯控制器的安装、调试工作。完成东关大街等96条道路路灯设施安全整治工程、19处没有路灯的社区实施民生保障服务类路灯设施提升工程和全市322余处公用区电源点改造，安装配电柜并加装电表。

【市政设施维护管理】 对经四路、经一路东延长线、舜井街、白马山西路、凤凰山南路、铁厂北路等39条道路实施维修改造。开展设施维护专项行动，修补道路坑槽24.7万平方米，修复人行道约1万平方米、立沿石2548米，整治盲道砖1073平方米，更换及加固检查井5524座，清挖检查井及雨水篦子9.2万座，疏通管线21.6万米，清除“马路橛子”380余处。加强城市桥梁检测维护，完成燕山立交桥、纬六路斜拉桥南引桥和历下区、历城区中小型桥梁检测和八一立交桥匝道维修加固工程。严控挖掘（临时占用）道路审批，办理挖掘城市道路审批53项及临时占用道路审批25项。印发《济南市人民政府关于进一步加强城市基础设施建设的实施意见》，明确城市基础建设主要任务目标；印发《济南市市政设施管理条例》，明确市政设施管理职责。制定完善《济南市城市道路桥梁管理绩效考核暂行办法》《2015年度市政设施管理养护考核经费使用暂行办法》。

【海绵城市建设】 截至年底，试点区域5大系统、43个项目完成投资30.43亿元。济南以第二名成绩入选海绵城市首批国家试点城市，探索建立横向推进以项目部为主体，纵向突破以办公室职能组为重点的矩阵式组织管理架构，采取集中办公并实施从项目策划规划到运行管理九段控制的作战图。印发《济南市人民政府关于加快推进海绵城市建设工作的实施意见》《济南市海绵城市建设工作组织管理与推进实施方案》，编制《济南市建设项目雨水控制与利用管理办法》《济南市下凹桥区雨水调蓄排放技术导则》，拟定《济南市城市黑臭水体整体工作实施方案》，基本完成大明湖兴隆片区试点区海绵城市专项规划，建成市委原党校地块雨水调蓄示范工程，开工建设千佛山东路、千佛山西路等道路雨水径流控制与利用工程。探索道路工程海绵城市建设，二环南路道路工程基本完成全线透水人行道、下沉式绿化带、门洞式路缘石、蓄水池、植草沟和蓄水坝等海绵建设；凤凰路综合运用植草沟、下沉式绿地、生态水塘、雨水公园、PP蓄水模块、旱溪等措施，完成海绵主题道路试验段建设。

【城区水生态建设】 ①提升污水处理能力。全年处理污水3.9亿吨，出水水质全部达到GB18918一级A标准，城区污水集中处理率96%，各县（市）区94%以上，污泥处置3.32亿立方米，全部采取堆肥方式安全处置，达到污染物处置减量化、资源化、无害化标准。完成污水全收集一期三批、部分雨污分流及老城区排水设施建设，敷设管线40公里，新建2座污水处理站投入运行。加快水质净化一厂提标扩建及腊山污水处理厂前期准备工作。②推进“六治”战略。兴济河、西圩子壕、大辛河等河段，新建拦蓄水坝32座、亲水平台2座、沿河栈道1.8公里、原水管线5公里，龙脊河综合整治完成90%。推进治理黑臭水体及污水直排口，严格执行“河长制”，疏通养护排水管道116公里、清挖检查井1292座次。③建设地表水转换地下水工程。中线：大明湖弃水南调工程运行2年调水2500万立方米；普利门泉水先观后用工程建成投入运行，泉水雨水资源化及地表水转换地下水见成效。西线：玉清水厂向玉符河调水补源工程建成运行；鹊华水厂至复兴村补源管线工程铺设管线10.3公里。东线：鹊山水库、埝头湿地水源地沿凤凰路原水南调工程，新建管线17公里，3座泵站主体工程完工。

【城市防汛】 修订完善《济南市城市防汛应急预案操作手册》《济南市城市防汛指挥调度规范》。编印《济南市城市防汛安全知识宣传手册》，将城市防汛安全知识印刷在环保宣传袋、折叠扇上，提高全社会防范意识和避险逃生技能。加强防汛设备维护升级、队伍建设与物资储备，完成历山路、历黄路等26处LED大型显示屏维护和技术升级。组建各类专业抢险队伍218支，储备遇水膨胀袋2.22万条、编织袋9.8万条、排水泵31台、救生艇23艘、帐篷23顶，基本满足遇有险情就近取材、就近调配的要求。汛期（6~9月），城区降雨累计383.5毫米，降雨总量不大，但局部短时强降雨特点明显，出现大到暴雨3次，大暴雨1次，启动城市防汛应急预案黄色预警和Ⅲ级应急响应1次，实施应急抢险任务1次。

【城市供水】 全年完成供水总量26103.1万立方米，售水总量20453.75万立方米，水质综合合格率100%，管网压力合格率99.72%。完成埝头湿地水源地工程方案设计、鹊山水库能力提升工程可研编制，加快旅游路水厂、南康水厂建设前期工作。开工建设东区水厂，敷设配套管网7.6公里。推进建设路、七贤、金鸡岭、历南、王官庄、甸柳庄、老辛庄等加压站扩容改造，完成汉峪、刘智远、济西二期加压站建设，完成92.47公里老旧及漏损严重供水管网改造及闫千户等13个片区供水升压改造。完成水价改革工作，居民用水实行阶梯水价。

【城市节水】 全年城市节水总量约2500万立方米，城市工业用水重复利用率95%，城市万元国内生产总值取水量降至7.4立方米，全市有3318家非居民用户纳入计划用水管理，新增省级节水型企业3家、节水型社区2家。推进非常规水源利用，全年共受理新建、改建、扩建建设项目施工图审查236件，建筑面积2345万平方米，节水器具47万件套，再生水设施61处，已建成通过验收备案并投入使用的再生水设施33处，新增再生水处理能力13582立方米/日。全年受理雨水收集利用项目97个，10家雨水利用设施建成投入使用。加强二次供水设施监管，登记备案二次供水设施703处，全年安全运行零事故。

【城市燃气】 全市全年天然气供气量8.3亿立方米，同比增长10%，液化石油气7万吨；新发展管道燃气用户13万户，完成焦炉煤气全部置换，管道燃气用户超过130万户，燃气气化率98.7%，管道燃气气化率80%。新建车用加气站16座，全市天然气加气站80座。全市燃气管线4962公里，新建中压以上管网93公里，新建高压外环网管线30公里，改造危旧管网88.5公里，改造灰口铸铁管网406.3公里，整改城镇燃气管道占压、交叉等安全隐患616处。

【城市供热】 全年新增供热面积1052万平方米，总面积1.12亿平方米，城区集中供热普及率73%。完成西客站热源厂2×70兆瓦热水锅炉和莲花山热源厂2×70兆瓦锅炉及配套设施扩建工程；投资7.7亿元建成华电章丘余热利用项目常输管网28.2公里，新增供热能力600万平方米；全年新增供热管网103.2公里，汽改水及危旧管网改造78.8公里。加大环保技改设施升级改造力度，热电、热力两大市属企业筹资1.9亿元，对所属热电厂、热源厂及区域锅炉房实施烟气深度净化工程、脱硫系统升级改造、汽轮发电机冷却水回收利用等16项进行环保改造；清雅居小区污水源热泵及天然气发电余热供热项目、林景山庄高压电极锅炉项目、天方怡景园小区低谷电蓄热锅炉项目供热季投入运行；各供热企业实施供热设施技改维修300项，老式串联系统分户改造53项，危旧管线治理及二网平衡改造110项。

【市政公用改革】 ①企业与事业单位改革改制取得新进展。按照市委、市政府理顺制水供水体制要求，完成制水与供水两企业合并，完成黄河路桥工程公司改制，泓泉公司收购外方股权取得进展。市属国有困难企业帮扶解困工作取得成效，8家事业单位确定为公益一类、1家确定为公益二类，探索道路桥梁、路灯、排水等行业通过政府购买服务等，探索管养分离路径。②供热市场化多元化发展。围绕建立“市域统筹，一张热网、多个热源、工序协调、市场化运行”供热体系，与华电、国电公司签订热电联产项目战略合作框架协议，推动大型清洁燃煤热电联产项目规划建设，与中广核等签订“煤改电”战略协议，推动社会资本投资供热项目建设。③吸引社会资本投资建设基础设施。争取国家开发银行贷款资金2.69亿元，预算外资金44亿元。在全国率先出台《济南市市政公用行业PPP模式项目管理办法》，海绵城市及二环西路南延等多个PPP（政府和社会资本合作）项目磋商谈判取得进展。利用济南财金集团发行基金项目为海绵城市建设及市政工程筹资约43亿元。④搭建利用社会资本、推动PPP承载的主体单位。开发利用二环南路、西圩子豪、人行天桥、路灯杆等资产资源，建设信息通道980孔公里，11座中水站统管运行，海绵城市等

PPP项目运作发展正常。

【法治建设与科技创新】 完成国家水专项年度研究和建设任务。全国市政工程建设QC小组成果奖18项，认定国家及省级工法25项，获批专利32项。城市饮用水督查技术体系构建及应用示范、济南市城市道路沥青路面典型结构的研究、数字市政系统获住建部华夏科技奖，路灯单灯监控和地理信息系统获住建部中照照明奖，温拌沥青混合料施工技术规程等4个项目获全国市政行业市政工程科技奖，获山东省科学技术进步奖2项，获优秀勘察设计奖项目46个。举办第十届海峡两岸水质论坛和城市道路地下空间综合利用论坛。

【安全生产监督】 开展安全督查300余次、排查治理隐患2800余处，组织安全培训班100余次、1.5万人次，《城市桥梁隧道突发事件应急预案》升级为市级专项预案。开展质量安全标准化提升年活动，监督市政工程47项、造价95亿元。实施危险源监控，对水厂及加压站、天然气门站、储配站及液化石油气储配厂(站)、热源厂等市政公用设施要害部位，严格落实人防、物防、技防措施，覆盖率100%。加强应急队伍及装备建设，组织开展应对水、气、热供应中断、燃气泄漏、各种设施设备运行故障以及防火等演练100余场次，参加演练人员6000人次。

（丁雪峰）

2015年续建、新建15条市政道路统计表

道路	长度(公里)	起止点	内容	备注
二环南路建设工程（西段）	6.8	西起G104立交(待建)，东至舜耕路以东60米	主线长约6.8公里，规划红线60~80米，双向6车道；西起G104立交（待建），向东以高架结合地面道路+路堑+地道形式经过文庄片区，之后以隧道形式穿过石坊峪山，采用地道+路堑形式下穿中海国际社区，以隧道形式穿过老虎洞山，出隧道后以地道形式下穿铁路南苑小区，然后在十六里河与英雄山路相交处设立交。	已完工
二环南路建设工程（东段）	4.85	舜耕路以东60米至扳倒井立交（待建）	长约4.85公里，规划红线60米。全线采用高架快速路+地面主干道组合形式。同步完善市政配套管线，提升交通、绿化、照明设施，组织实施海绵城市建设。	已完工
旅游路东段道路改造与市政配套工程	6.6	西起转山隧道西口，东至港九路	包括交叉口渠化、增设公交港湾，新建非机动车道和人行道，新建给水、燃气（中压和次高压）、热力、污水、原水、弱电及中水管线，改造雨水系统。同时进行奥体西路南延及旅游路辅道建设，改造小汉峪支沟河道等。	已完工
舜世路二期(南段)道路建设工程	1	二环南路至兴济河桥	全长约1公里，道路工程（含挡土墙）、管涵工程、排水工程、管线综合工程、交通及照明工程。	已完工
坝王路道路整修工程	0.836	南起田园大道北幅，北至济泺高速连接线	包括道路整修，敷设DN2400原水管线、DN150燃气管线。配套实施道路绿化、路灯、交通设施等工程。	已完工
克朗山东路道路建设工程	0.44	刘长山路至工业园南路	道路红线宽度35米，为城市次干道。主要建设内容包括：道路工程，新建箱涵一处，排水工程、配套建设给水、燃气等土建工程，同步进行照明、道路绿化、交通设施等配套设施建设。	已完工
二环西路南延地面道路工程	10.2	腊山立交至绕城高速南环线	道路南北主线全长10.2公里，规划红线宽度60米。建设内容为地面道路、快速公交、地面桥梁、下穿铁路箱涵、地面排水、高架路及配套市政管线。	按计划推进

续表 1

道路	长度（公里）	起止点	内容	备注
凤凰路道路建设工程	13.5	南起二环南路东延，北至田园大道	包括道路、管线、桥梁、铁路箱涵和绿化工程等，结合道路建设同步完善雨水、污水、燃气、热力、给水、电力、原水、弱电等配套管线及交警、路灯设施。	经十路至中林路段已完工通车
纬十二路道路改造工程	4.5	经十路—北园大街	经十路以北 4.5 公里，其中张庄路至北园大街段 1.6 公里完工，经十路-张庄路段道路红线宽度为 60 米，主要建设内容包括：道路工程、雨污水工程、电力沟工程、交通工程、照明工程、水汽热管线工程。	按计划推进
东宇大街道路建设工程	2.98	北起二环北路，南至滨河北路	包括道路、桥涵新建，下穿京沪铁路三、四号线铁路箱涵、雨污水、给水、燃气、热力等专业管线及路灯交警配套设施的完善及新建。	在建
二环东路南端地面道路改造工程	1.7	经十路至旅游路口以南 200 米	长约 1.7 公里，红线宽 60~80 米。主要包括新建地面道路、人行天桥，完善雨污水、电力、给水、热力、燃气、通信等市政配套，提升沿线景观绿化、照明、交通设施。	按计划推进
旅游路西段市政工程	1.7	历阳大街至舜耕路	规划红线为 40 米，主要建设内容包括新建道路道路改造，完善雨水、污管线，配套实施燃气、热力、给水、弱电等配套市政管网建设，同步提升道路绿化，完善交通设施、路灯等道路附属工程。	舜风苑小区至舜耕路 300 米，因受征收拆迁影响未完成；其余路段已完工
官扎营东街及官扎营前街道路建设工程	1.02	东街：堤口路—官扎营前街。前街：官扎营东街—天成路	道路分两段，官扎营东街长 677.35 米，红线宽 42 米；官扎营前街长 347.38 米，红线宽度 25 米。主要建设内容为道路工程、排水工程、电力管沟建设，进行道路照明、交通安全管理设施建设，同步完善给水、燃气、热力等市政配套，进行道路绿化施工。	北段已经完工；南段待火车站北广场匝道施工完工后完善后续工程
宝华街道路改造工程	0.68	通普街至天成路	道路分两段，通普街至官扎营东街段为 32 米；官扎营东街至天成路段为 25 米。主要建设项内容为道路工程、排水工程、管线综合工程、照明工程、绿化工程。管线综合工程主要包括给水、燃气热力强弱电、路灯及交通设施等。	约 50 米路段，因受世贸天城连廊施工影响未能完工，其余路段已完工
英雄山路南段高架桥工程-顺河高架南延一期工程	2.2	北起玉函路—七里山路交叉口，南至英雄山立交	包括地面道路、高架桥、地面桥、雨水、污水、电力、电信、给水、热力、燃气、路灯、交通设施及道路绿化等。	按计划推进
顺河高架南延二期工程	3.25	北起玉函立交，南至七里山路	包括地下道路工程、管线迁改及复建工程、雨水工程、污水工程、路灯照明工程、桥梁工程、交通工程、绿化工程等。	按计划推进

（丁雪峰）

【概况】 1.住房保障工作。开工筹集保障性住房5131套、基本建成3713套，分别完成年度目标任务100%和102%。清雅居公租房项目获鲁班奖，公租房优化选址、室内配套、预先分配、后期管理等方面创新做法在全国公租房分配现场会上推广。争取保障性安居工程奖补资金93769万元（是2014年奖补资金的1.14倍）。按照“应保尽保”原则，发放资金补贴368.34万元，完成任务目标125%。做好房改售房审核审批工作，归集房改售房资金6689.70万元，处理卧龙花园市直统建房的房改发证，完成济南塑料公司的帮扶解困工作，通过国资委验收。

2.物业管理工作。深化老旧房屋安全排查工作，完成963幢房屋的安全鉴定，将鉴定结果和治理建议送达房屋产权单位。开展老旧小区整治试点工作，编制《1995年前老旧小区整治改造规划》《2016年老旧小区整治计划》。落实《济南市物业管理办法》，引导物业企业规范发展，推进物业服务标准化建设，在48家企业、69个项目中开展试点。在全市中推行物业管理恳谈会制度，严格落实物业服务企业信用信息档案管理办法，对行业实行动态化监管。做好安全生产和直管公房维修防汛工作。签订安全生产责任书，明确责任落实，严格公房维修制度，全年投入1002.97万元，完成大中修、翻建房屋330处。创新维修资金管理服务工作。实施网上资料审核、现场一次性办理，大幅精简住房维修资金申报、支用手续；调整维修资金缴存机制，解决同一幢楼上维修资金缴存不完整的问题。全年归集商品住宅维修资金9.67亿元、房改房维修资金8619万元、省直房改房维修资金5119万元、核准支用维修资金9593万元。

3.房屋权属登记和房产交易管理工作。开发中介服务管理平台、二手房交易网签及备案系统、二手房交易信息发布等系统，升级房产测绘成果管理地理信息系统，完成住房交易信息日报工作。推行《济南市房屋租赁合同》等示范文本，强化租赁市场管理。出台《济南市存量房买卖网上签约管理办法》，45家中介机构获网签资格。全年办理房屋登记49万套、房产交易27.75万套、交易金额1439亿元、房地产交易税27亿元、实现抵押融资903.38亿元。

4.房政管理工作。组织起草《济南市房屋使用安全管理办法》等文件。完成3项行政审批、15项行政确认和8项其他权力事项的梳理和编码工作。对5家单位开展2014年度直管公房受托经营管理情况考核；全面启动《直管公房租赁合同》换签工作，换签率90%；组织开展首次直管公房租赁权公开拍卖工作，年租金收益提高65.48%。将《房地产估价机构二三级资质核准》《物业服务企业三级资质审批》等5项行政审批事项纳入市政务服务中心窗口办理。完成全市26个棚户区改造、道路整治和重点建设工程项目。 （周春竹）

【住建部《建设工作简报》专刊报道】 住房与城乡建设部《建设工作简报》第十期以《济南市政府多项举措加快公共租赁住房分配入住》为题全篇报道市公共租赁住房分配入住工作经验，报送住建部部长、副部长、中纪委驻部纪检组组长呈阅，下发至各省、自治区、直辖市、计划单列市、新疆生产建设兵团住房与城乡建设部门。

（周春竹）

【经济日报社在济召开创新研讨会】 9月15~16日，经济日报社在济召开“为政以德、创新惠民——2015济南市新常态下住房保障服务创新研讨会”，探讨市房管局围绕“四个中心、转变思路、创新服务”的做法以及相关机制体制的构建，提炼出一套在全国住建系统推广的操作办法。 （周春竹）

【房屋档案馆创建成为示范单位】 11月27日，山东省档案局省级档案工作科学化管理测评组，对市房管局房屋档案馆创建“山东省档案工作科学化管理示范单位”进行测评。测评组听取济南市房屋档案馆创建示范单位的工作报告，查看档案数字化加工场所、档案库房、信息机房、查询大厅，了解自助查询机及流动服务开展情况，对照测评细则查看有关佐证材料，经考察、质询、讨论，房屋档案馆得分98分（95分以上达标）。 （周春竹）

【住房公积金管理】 1.推动公积金业务发展。①住房公积金归集扩面。全年实缴单位14204家，实缴职工123.86万人，缴存157.4亿元，同比增长14%。截至年底，新开户单位2782家，新开户职工13.77万人，净增单位2246家，净增职工6.11万人。②发放住房公积金贷款。全辖发放个人住房贷款2.28万笔、73.2亿元，同比增长54.5%、71.2%。公积金中心本部发放个人住房贷款21465笔、69.1亿元，电力分中心发放个人住房贷款186笔、0.7亿元，济钢分中心发放个人住房贷款390笔、1.3亿元，铁路分中心发放个人住房贷款720笔、2.1亿元。③提取住房公积金。全辖27.2万人提取住房公积金93.2亿元，同比增长26.5%。中心本部18万人提取64.4亿元，同比增长29.2%；电力分中心5.9万人提取12.9亿元，同比增长13.6%；济钢分中心9323人提取3.6亿元，同比增长22.1%；铁路分中心2.3万人提取12.2亿元，同比增长28.6%。④住房公积金增值收益。全辖实现增值收益13.12亿元，同比增长93.6%。中心本部8.62亿元，电力分中心1.62亿元，济钢分中心0.55亿元，铁路分中心2.32亿元。⑤调整公积金基数。按照财政部、国家税务总局文件规定，根据全市（含中央属、省属、市属、县属及以下）上年度法人单位在岗职工平均工资3倍计算，年度最高免税住房公积金月缴存基数为13126元。根据公积金属地化管理实际情况，参照其他城市公积金最高缴存基数的确定标准，以省直单位在岗职工平均工资3倍计算，最高月缴存基数为18484元。月缴存基数超过13216元的部分应按税务部门有关规定缴纳个人所得税。按照全市年度每月最低工资标准确定的最低住房公积金月缴存基数为1450元。

2.调整执行公积金政策。①利率调整。按照人民银行规定，住房公积金存贷款利率于3月1日、5月11日、6月28日、8月26日和10月24日进行5次下调，5年期（含）以下的公积金贷款利率由年初3.75%下调至2.75%，5年期以上的公积金贷款利率由年初4.25%下调至3.25%。全年归集的个人住房公积金存款利率不变，为0.35%，上年结转个人住房公积金存款利率由年初2.35%下调至1.1%。②其他政策调整。3月16日，经市住房公积金管理委员会三届三次会议审议通过，制定出台《济南市农民工住房公积金缴存使用暂行办法》，把农民工纳入到公积金制度保障范围。5月19日，印发《关于调整住房公积金贷款提取有关政策的通知》，自5月25日起增加公租房提取，截至年底，35人办理提取，金额12.73万元。7月16日，印发《关于印发济南住房公积金管理中心住房公积金冲还贷业务实施细则》，7月20日，开展冲还贷业务，截至年底，办理冲还贷业务7773笔，金额5.5亿元。8月27日，印发《关于落实〈关于完善公积金管理体制扩大住房消费的指导意见〉的实施办法》，10月15日施行，放宽购房、租赁商品房和支付物业费提取，提高贷款额度，开展全国异地住房公积金贷款业务，调整省内异地贷款政策，截至年底，5483人办理租房提取，金额3871万元，47808人办理物业费提取，金额4770万元，发放异地贷款514笔，金额2.08亿元。9月1日印发《关于转发〈住房城乡建设部、财政部、中国人民银行关于调整住房公积金个人住房公积金贷款购房最低首付款比例的通知〉的通知》，对拥有一套住房并已结清相应购房贷款的居民家庭，为改善居住条件再次申请住房公积金贷款购买住房的最低首付款比例由30%降低至20%。

3.提升服务水平。①压缩业务环节。开展“冲还贷业务”，支持

2015年8月27日，《关于完善公积金管理体制扩大住房消费的指导意见》实施办法的新闻发布会召开。

（市住房公积金管理中心　供稿）

职工直接划付公积金提前偿还公积金贷款，解决职工还住房公积金贷款需先期垫付偿还资金的问题。服务窗口与市房地产信息系统联网可直接查询验证房产相关信息，职工提取公积金支付房租免除房查证明。开通资金直连支付业务，银行审批提取完成的同时资金直接电子到账。开通物业费网上提取功能，职工网上申请，公积金中心通过与银行联网校验功能直接将资金划转至申请人本人银行账户内。②加强服务窗口建设。市公积金管理中心于上年11月进驻市政务中心办理公积金业务，在全市96个银行网点内增设公积金提取审批服务窗口。③初步建成移动终端服务平台。以"互联网+"为依托，门户网站、网上办事大厅、短信平台、手机客户端全线运行。近2000家单位签约开通网厅业务，个人注册用户10万余人。微信、微博关注人数15000余人，免费发送短信7万多条。④热线服务数量增加。11月将公积金服务热线12329并入12345市民服务热线，在保留12329查询功能的同时，依托12345市民服务热线，全年办理12345转办件8778个，回复率100%。

4.规范资金运作。①以数据集中强化中心业务管理主体地位。4月份完成建设银行贷款历史数据移植工作，实现全市5家公积金归集业务、14家贷款业务受托银行的系统统一和数据集中。搭建考核监督一体化平台，将"公积金中心、受委托银行主办行、业务经办银行"三级受理业务纳入考核监督一体化平台。②加强系统控制防风险，把制度规定固化为计算机程序，与房产信息系统联网，实时查询职工的购房、贷款等信息，遏制骗提骗贷公积金行为。加强财务核算防风险，逐一核对银行经办业务的纸质业务凭证和财务系统记录，确保业务流、数据流与资金流一致，审核业务凭证32万余张，纠正错误10笔。提高人工鉴别能力防风险，服务大厅采取对位复核制，加强对各种应急问题处理和虚假提取材料识别，拍照留存全部审批业务材料，便于档案查阅与稽核。加强内部稽核防风险，加强对重点业务、关键环节监督。③加强贷后管理，全年回收逾期贷款63042笔，逾期本息8853.23万元，加大逾期6期以上贷款催收力度，催收2280次，回收本息550.10万元。化解彩石山庄项目逾期历史遗留问题，107笔贷款计本息1735.83万元全部收回。对建行发放的10965笔20.75亿元贷款历史数据进行全面梳理核对，其中414笔非正常扣款业务涉及金额6000万元全部催回。

（郭云龙）

【概况】 全市新建绿地280公顷，栽植苗木680余万株，城市建成区绿化覆盖率、绿地率及人均公园绿地面积为40%、35%和10.5平方米，达到国家生态园林城市创建指标要求。济南市山体生态修复暨山体公园建设项目获2015年度中国人居环境范例奖。

1.建设公园风景区。①完成千佛山风景区保护建设年度任务。实施千佛山景区文化提升和环境综合整治工程，完成开元胜境游览区保护建设。千佛山申报国家级风景名胜区材料报国务院审批，推进国家5A级旅游景区创建工作。②济南野生动物世界建成开放。完成景区建设和动物引进、搬迁任务，建成集休闲、娱乐、科普、商业、度假等功能于一体的野生动物主题公园。③根据国家城市防震减灾建设要求，基本完成中心城区防灾避险公园建设，花圃公园改建为防灾避险公园于12月初全面完工，城市避险功能逐步完善。④完成英雄山风景区整治提升工程。重点实施环山绿道贯通、文化景点打造、出入口及六、七里山连接栈桥建设，风景区景观面貌提升。⑤推进济南植物园老区提升改造。结合野生动物世界建成开放，实施植物园综合整治提升工程，完成公园东门、游客服务中心等建设，建成竹子专类园。

2.提升城市基础绿化水平。①完成山体公园建设任务。全年新建、续建山体公园18处，完成市政府确定的为民办实事任务。市林场建设葫芦顶、平顶山、金鸡岭3座山体公园。②建设绿色生态屏障。完成北大沙河等生态隔离带建设任务，玉符河生态隔离带新建绿地125万平方米，公路两侧防护林带栽植、修剪苗木68余万株。林业生态建设完成平原绿化、退耕还林、荒山造林6600余公顷。27座破损山体治理工程全面竣工。③开展海绵城市园林绿地建设。出台《济南市海绵城市绿地设计导则》，启动千佛山、英雄山、泉城公园、旅游路、济大路等项目建设，建设下沉式绿地2.5万平方米、透水铺装3.2万平方米，雨水渗透、拦蓄、净化、利用等效果初显。④完成裸露土地绿化年度任务。在全市裸露土地第二轮普查的基础上，超额完成裸露土地绿化年度任务，绿化面积168万平方米，城区实现裸露土地绿化的动态化管理。⑤开展群众身边绿化工作。实施“绿荫工程”，全年栽植大规格乔木2万株，建设屋顶绿化1.6万平方米。完成20余条重点道路和10余处重要节点绿化建设，节日美化布置花卉1600余万盆，立体造型63组。

3.名泉保护管理。大区域多点补源成效明显。在玉符河、历阳湖等处放水补源6400万立方米，新增应急补源点2处，应急补源量1200万立方米。保泉基础研究成果显著，泉水直接补给区等4条保护红线划定工作初步完成，名泉保护总体规划取得初步成果。名泉整治和先观后用实现新突破，完成18处名泉景观整治提升，新建和改造泉水直饮点43处，世界维度泉水推介不断加强。《济南古城名泉文化景观申遗研究文本》通过专家验收，加快泉水申遗进程。组织泉水节相关活动，倡议组建国际泉水文化景观城市联盟，泉水品牌推介范围扩大。

4.园林综合管理服务。①强化公园风景区管理职能。加大联合执法力度，天下第一泉风景区派出所获批组建，护城河及泉池内游泳现象基本消除。坚持“公园姓公”，深入开展高档餐饮整治。风景名胜资源数字信息管理平台通过专家验收。②园林经营工作呈现新亮点。加强公园风景区整体推介，策划开展营销活动，盘活转型资产，经营收入保持持续稳定增长。③加大园林行业指导、服务力度。编制完成园林行政权力清单、部门责任清单，完善审批事项事中事后监管制度，实现“两集中、两到位”。④策划推出以“1234”为主线的系列园林文化活动，举办“一场群众演出（园林市民联席会群众文化演出），两大亲民主题（第四届园林市民文化月和舌尖上的园林），三大传统活动（趵突泉迎春灯会、大明湖春节庙会和千佛山祈福会），四类专题展览（菊花展、荷花展、盆景展和水仙展）”。

5.夯实行业发展基础。①园林规划不断完善。推进山体风貌的规划研究，严格实行“绿线”控制和保护制度，启动《济南市风景名胜资源保护体系规划》编制，《龙洞风景名胜区总体规划》已报省政府审批。②法规制度不断健全。完成《济南市风景名胜区管理办法》草案编制，明确市级风景区的申报设立、规划、保护、利用和管理等内容。

6.落实日常工作。完善应急指挥网络平台建设和应急处置体系，起草制定《安全生产和治安保卫工作达标考核办法》（试行），近郊风景山林连续16年无火灾发生。加强园林科研所、动物园两大科研平台建设，引进新优植物40余种，繁殖成活重点哺乳动物、珍禽近30种。天下第一泉风景区管理中心等5家单位获中国风景园林学会优秀管理奖。

趵突泉金秋菊展 （林伽宇　摄）

【组建国际泉水文化景观城市联盟】 9月2日，济南市倡议组建国际泉水文化景观城市联盟，获7个国家的8个友好城市（澳大利亚郡德勒普市、以色列卡法萨巴市、韩国安东市、芬兰万达市及赫尔辛基孔院、韩国水原市、瑞典蒙道尔市、印尼徐图利祖市及东爪哇省、美国萨克拉门托大区）的响应，在天下第一泉风景区举行交流活动。

【济南野生动物世界建成】 9月30日，济南野生动物世界开放，建成以野生动物观赏、展示和体验为核心产品，集休闲、娱乐、科普、商业、度假等功能于一体的野生动物主题公园。园区位于章丘埠村镇，占地约147公顷，自2014年2月10日开工建设，依托原有地形地貌、生态条件和路网框架，完成道路广场、动物笼舍、园林景观、配套设施等项目建设，新建步行区、车览区两大区域，形成“两环、六区、九点”的景观布局，引进动物2000头（只）。

【《济南市海绵城市绿地建设技术导则》】 市城市园林绿化局组织市园林规划设计研究院编写完成《济南市海绵城市绿地设计导则》（以下简称《导则》）。《导则》提出海绵城市绿地建设基本原则、控制目标分解以及适应济南地区的技术途径和方法，明确设计到实施阶段的基本工作要求，提供试点区的典型实践案例，为海绵绿地建设提供充分的理论依据。10月正式印发试行，成为济南海绵城市各类绿地建设项目的设计指导规范。

【舜井历史文化街区整治及古城片区泉水直饮水工程】 市政府组织实施舜井历史文化街区整治提升及古城片区泉水直饮水工程建设。工程由市园林集团设计院负责规划设计，市城市园林绿化局、历下区政府组织实施。5月13日公示舜井设计方案，6月初陆续开展迎祥宫碑平移修缮、舜井修缮、舜井广场改造提升、舜井街花箱安装及行道树种植等项目建设，9月底舜井街环境提升工作全部完成，10月1日正式对外开放。古城片区泉水直饮水建设同步开展，截至年底，建设并投入使用泉水直饮点43处。

【济南植物园竹园建设完成】 截至年底，济南植物园竹园建设全面完工。竹园占地4.6公顷，在借鉴北京紫竹院、扬州个园建筑风格的基础上，建成竹博馆、霜筠亭、长亭、茶室、品茗幽居、竹编长廊6组特色建筑，从省内外多地引进栽植景观竹、铺地竹20余种，18万余株（丛）。其中竹博馆布展竹工艺品、竹生活用品、竹标本130余种。

（释　冰）

【概况】 全市道路保洁经费增至5亿元、招标保洁道路增至6621万平方米，3.8万处公厕及楼房化粪池全部实行档案式管理，5座新建生活垃圾转运站提升转运能力500吨/日，9个县（市）区全部通过省城乡环卫一体化全覆盖认证，对1600余处渣土处置工地和1562辆渣土运输车辆实行数字化全时段监管，打造100余处示范烧烤业户。全市拆除违法建设730处、24.25万平方米，控制新增违法建设587处、20.98万平方米。3月，市城市管理局、城市管理行政执法局被中央精神文明建设指导委员会授予“全国文明单位”称号。8月，“城市厕所开放联盟”被国家旅游局评为7个“中国旅游业改革发展创新奖”之一。市城肥清运管理一处获“省级青年文明号”“全国五一巾帼标兵岗”“全国模范职工小家”等称号。代表济南市到山东省住建厅参加环卫工人技能比武的槐荫区城管局职工杨波获0.5吨机扫车竞赛第一名，市机扫大队职工周珂获8吨机扫车竞赛第二名。

1.城市环境保洁。道路保洁投入费用由1.2亿元提高至5亿元，招标保洁面积由1627万平方米升至6621万平方米（其中主次道路4744万平方米、支路1877万平方米），城管系统道路保洁管理实现全覆盖。在全市评选出420座星级公厕、100条示范道路。

2.城管数字化建设。将12345市民热线、16039城管热线、“双述双问”、新闻媒体监督等“七线”反映的问题，纳入数字化城管日调度，列专题、定专人，直至问题解决。在市数字化城管平台设立城管投诉、全民城管通、门户网站、政策法规库、微信平台、地图导航、统计考核信息发布等栏目，实现案件上报、服务查询、互联互通、二维码接口展示、社区终端5大功能，全年受理各类热线46880件，处置

46680件，处置率99.57%。

3.推进社会动员。新建社区城管工作站500余个、规范引导城管志愿队伍126支，动员沿街商铺、机关院校、部队官兵等社会力量参与城市管理工作；定期组织“媒体考评团”“市民督导团”对城管热点难点问题进行专项督导和考核；与新闻媒体联动，建立新闻通报制，推出5期“红黑榜”，督促基层加强监督、抓好落实；与市电视台生活频道联合推出“小赵说城管”栏目，全年播出38期。发挥城管慈善工作站作用，动员爱心单位加入城管爱心店、环卫工歇脚点、救助困难摊贩等公益活动。

4.整治建筑渣土。坚持以区为主、部门联动、重点整治，按照“三化”目标，严格落实“六个一”（一条硬化路、一组管理保洁人员、一个清洗站、一套工地管理档案、一套建筑渣土运输管理系统、一组文明施工公示栏）“五不开工、四不出门（五不开工：建设、施工、运输单位未落实建筑渣土倾倒场点不得开工，未使用核准运输单位及车辆不得开工，未签订建筑渣土规范处置承诺书不得开工，现场管理、保洁人员不到位不得开工，扬尘治理措施落实不到位的不得开工；四不出门：车辆超量装载的不能出门，车辆密闭不严的不能出门，车体不整洁、车轮带泥上路的不能出门，手续不齐全的不能出门）制度和“三个一律”（所有裸露渣土一律覆盖，所有片区、工地内道路一律硬化，扬尘防治措施落实不到位的工地一律停工）“四个从严管控”（从严管控工地源头，从严管控重点区域、重点工地，从严管控违规运输行为，从严管控扬尘污染）要求，对全市1600余处建筑渣土处置工地和1562辆建筑渣土运输车辆实行数字化全时段监管。全年对89家建设、施工和运输单位给予上门约谈、书面警告、停业整顿等处理，49辆渣土车摘牌停运，30处工地停工整改，7家公司被逐出济南市建筑渣土处置市场，规范建筑渣土处置管理。采取科技手段治理建筑工地扬尘，在高新区汉峪片区2个工地试用与山东大学共同研发的建筑工地扬尘智能监测喷淋系统。

5.建设标准化。按照“标准化配置、标准化作业、标准化管理、标准化检查、标准化考核”要求，对城管业务的65大类430项3200条标准，制定《济南市城市管理标准体系》，在城管系统全面实行。组织开展不同业务、不同层级的培训班45场，培训1.1万余人次，组织标准化交流座谈11次，打造管理、执法、作业服务等专业89个示范点，使“执行者有标准、考核者有内容、监督者有依据”。

【“城市厕所开放联盟”获“中国旅游业改革发展创新奖”】 8月，“城市厕所开放联盟”被国家旅游局评为7个“中国旅游业改革发展创新奖”之一。市城管局和城管执法局发起、联合市旅游局和新闻媒体开展的“城市厕所开放联盟”活动，有880余家沿街单位和个人加入，解决新建难题，实现社会问题社会参与解决的思路，为国家财政节省建设资金约1.76亿元。“城市厕所开放联盟”实施“一书两牌五件套”规范化管理制度，由市城市管理部门与加盟者统一签订“文明公约承诺书”、设置“导示牌”和“卫生管理制度牌”，并向联盟单位可选择配发五件保洁用品“一瓶清厕剂、一把厕所刷、一只垃圾桶、一块肥皂、一包垃圾袋”，易耗保洁用品每月补充一次。

【颁布新《济南市城市市容管理条例》】 9月24日，经山东省十二届人大常委会第十六次会议批准颁布新《济南市城市市容管理条例》。此次修订收集各方意见1896条，吸收归并为17类，体现为：调整充实管理范围，扩大城市市容的调整范围和内容；明确部门管理职责，对政府有关部门的职责作原则规定，同时对各部门加强城市市容监管、协调作明确规定；加大惩处力度，对危害严重、影响较大、屡禁不止的行为加大处罚力度，适度提高罚款额度。

【迎接国家卫生城市达标验收】 全市城管系统采取“包区挂办”的模式，对照城市管理部门职责和工作特点，将市、区、街三级城管工作人员“定点、定人、定责”分布到重点区域。按照分类、分级、分期的整治思路，在全市开展“治脏、治乱、治破、治违”系列行动，拆除楼顶广告15处、立柱广告10处、清理条幅布幅1700余条，拆除广告牌2.9万余处，规范商业牌匾3.5万余处，更换过期内容214处。按照“定点设置一批、提升规范一批、特色打造一批、整治取缔一批”思路，会同工商、商务等部门，规范临时便民市场、摊点1300余处，改造提升便民市场107处。联合公安、食药、环保、工商等部门规范提升露天烧烤点959处，取缔439处。按照准物业和社区引导+居民自治2种模式，重点在历下区燕山小区、市中区舜玉南区等18处开放式小区开展示范创建活动；以“十无双提升”（十无：无暴露垃圾、无残垣断壁、无污水漫溢、无乱搭乱建、无破损广告、无乱堆乱放、无建筑渣土、无裸露土地、无杂草丛生、无乱贴乱画；双提升：植树造林绿化提升、景观节点打造提升）为基本目标，通过“区县总责、部门包区、重点打造”等方式对铁路沿线进行提升整治；对市中区经六路、长清区峰山路等34处市容道路、槐荫区非遗园周边、天桥区洛口浮桥等6处城市出入口及窗口部位开展整治。

【环卫设施建设】 全市新增配置各类环卫作业车辆近5000辆，按照无臭味、无噪音、无污染的环保标准全市新建5座生活垃圾转运站，新建公厕21座、4处加水点、保洁员歇脚点12处、垃圾桶清洗站3处、环卫车清洗站2处。根据生活垃圾转运站设施建设水平、管理水平评出三个等级进行奖励，全市有68个转运站达到三级以上水平。第三生活垃圾无害化处理厂填埋场工程市政部分通过市政质检站验收投入试运行，餐厨废弃物处理厂经市环保局试生产批复、初步验收后商业试运行，垃圾处理二厂日焚烧处理垃圾近2400吨、日发电80万度，全市生活垃圾、粪便无害化处理率100%。全市建立新型生活垃圾收运模式，规范垃圾桶管理，在历下区、市中区、槐荫区开展垃圾桶定点设置试点工作，完成7200个垃圾桶定点任务。

【城乡环卫一体化】 开展“千村示范、千村提升、百镇清洁”行动，推进城乡环卫一体化长效管理机制。1000个村作为城乡环卫一体化示范点，提升917个落后村的环卫设施配置，开展创建全国、省卫生村、镇活动。推进城乡环卫一体化建设，探索农村垃圾减量化，9个县（市）区通过省城乡环卫一体化全覆盖认证。按照“管干分离”要求，济阳县9个乡镇、平阴县8个乡镇整体实施市场化运作，历城区7个乡镇纳入市场化运作，全市实施市场化运作的乡镇29个，占总数35%；加快推进绿色、环保、低碳经济发展，开展垃圾分类及垃圾桶定点工作，完成章丘1处，商河2处，长清6处的试点工作。开展南部山区城乡环卫一体化调研工作，推进提升南部山区城乡环卫一体化水平。聘请第三方对城乡环卫一体化提升工作进行跟踪管理及考核，以乡镇（街办）为单位，进行月度检查，委托市民调队对全市城乡环卫一体化运行情况进行电话调查。

（张　辉）

济南市餐厨废弃物处理厂全景　　（市城管局　供稿）

【概况】 全年市区环境空气中主要污染物可吸入颗粒物（PM10）、细颗粒物（PM2.5）、二氧化硫、二氧化氮平均浓度分别为157、87、50、48微克/立方米，同比分别改善8.7%、3.3%、30.6%、9.4%。良好以上天数141天，良好率38.6%，良好以上天数比上年同期增加45天。在水环境治理方面，全市省控4条河流出境断面主要污染物COD（化学需氧量）平均浓度19.7毫克/升，氨氮1.72毫克/升，较上年同期改善13.6%，氨、氮基本持平。截至年底，按照国家《地表水环境质量标准》五类标准，全市省控4条河流中漯河、章齐沟、徒骇河达标，小清河基本达标。全年获省环境空气质量生态补偿奖励662万元，奖励金额列全省第八位。

1.实现环保工作新突破。①构建大格局，建立长效机制。市委、市政府、人大、政协等8位市领导按照“一确定、两不确定”方式，每月2次分8路带队进行环保突击暗访检查。实施“啄木鸟行动”和24小时巡查制度，发挥舆论监督和市民举报作用，对举报和检查问题予以曝光，严格督查整改，发现并解决问题3200余个，推进各级各部门大气污染防治责任的落实。各区以对本辖区环境空气质量影响较大的点为中心，划定2公里半径范围作为重点控制区。②支持决策的专业能力。形成《关于济南市大气污染成因分析及防治对策的报告》，对全市大气污染物来源进行解析，提出对策建议。③建立省会城市群大气污染联防联控机制。11月22日，省会城市群大气污染联防联控工作会议在济召开，省会城市群7市市长签订《省会城市群大气污染联防联控协议书》，建立省会城市群大气污染联防联控机制，按照省会城市群大气污染联防联控办公室统一部署，先后组织开展跨区域环保互查、独立调查等行动。④理顺扬尘管理体制。提出工地管理“四个一律”（一律覆盖、一律硬化、一律停工、一律问责）。全市升级改造渣土车1541辆，渣土处置工地安装扬尘、噪音监测设备122台。⑤开展燃煤锅炉淘汰（改造）工作。10月底前完成134台（座）35吨/小时及以下燃煤锅炉和重点炉窑淘汰（改造）。截至年底，全市淘汰燃煤锅炉及洗浴炉、茶水炉82台。⑥开展东部老工业搬迁、改造提升工作。山东球墨铸铁管有限公司签订搬迁协议，将于2016年年底实现停产搬迁，盛源化肥、长城炼油停产，济南庚辰钢铁有限公司制定搬迁方案，济钢化解产能、转型升级有关意见获省委、省政府支持。⑦开展燃煤散烧整治行动。计划从2016年开始在全市城区全部推广优质型煤，非优质型煤禁止在城区销售和燃烧。同时，还将逐步在农村地区推广优质煤，减少非优质型煤的使用量直至退出散煤市场，并初步确定全市城乡居民购买洁净型煤财政补贴标准、购买新型炉具一次性财政补贴标准。⑧成立机动车污染防治监管机构。全面完成黄标车淘汰任务，市编办批复成立市机动车污染防治监控中心，新增事业编制10个，总编制调整为27个。⑨建立小清河水质保障机制。制定《小清河水质达标方案》，聘请专家开展小清河水质达标模型研究，会同水利部门制定生态补水保障措施，确保在特殊条件下通过补水实现达标。⑩化解危险废物处置危机。经市政府同意并授权，按程序与瀚洋公司依法终止特许经营协议，由山东腾跃公司代处置全市医疗废物。在市第三生活垃圾处理厂填埋场周边（长清马山镇），新建医疗废物处置项目。

2.大气、水、土壤污染防治工作。①工业污染源达标提升行动完成23个重点项目，先后5次启动重污染天气应急响应，督促各项应急减排措施落实到位。在国际历史科学大会和抗战胜利70周年纪念活动期间，全市实行日调度、日巡查制度，督促各企业按要求实施停产、限产要求，完成空气质量保障工作。②消除省控重点河流劣五类水体。推进第二次建成区污水直排口整治、城镇污水处理设施建设、生态补水等工作，国家《重点流域规划》、山东省《小清河流域生态环境综合治理规划方案》治污项目完成率分别为83.9%和85.8%，超额完成国家规定的目标要求，获上级流域治污奖励资金4010万元。强化废水污染源环境监管，组织开展小清河干流和重点支流沿线排污企业和作坊专项排查整治和入管网企业专项执法检查，检查排污单位444家，重点废水污染源达标率95%以上。③推进土壤污染防治与生态环境保护。出台《济南市土壤环境保护和综合治理工作方案》，启动场地土壤污染状况详查。所辖4个县（市）开展生态县（市）建设，章丘和商河建成省级生态县（市），通过国家级生态县（市）技术评估，济阳通过省级生态县验收，平阴通过省级生态县技术评估，建成59个省级及以上生态乡镇、53个省级生态村和3300个市级文明生态村。全市65个镇办驻地开展污水处理，占全部涉农镇办总数77%以上。推进农村环境综合整治，按时完成中央、省、市级农村环保资金项目。加强对规模化畜禽养殖场监管，将330家畜禽养殖污染防治纳入日常环境监管工作。

3.完成“十二五”污染减排任务。确定实施污染减排项目284个，组织各县（市）区、有关市直部门和重点企业等24家单位签订减排目标责任书，建立月调度、月通报、季分析、年考核制度，推进减排计划按进度落实。深化城市生活污水集中处理，新增污水处理能力6.5万吨/日。开展畜禽养殖减排工作，全年完成畜禽养殖减排项目109个。推动电力、钢铁、水泥、炭素等重点行业企业完成脱硫、脱硝设施改造，30万千瓦机组超低排放工程通过省环保厅验收。组织开展4次重点减排项目集中专项检查，检查项目89个。

4.推进审批制度改革。截至年底，全市审批建设项目1371个（其中报告书102个、报告表844个、登记表425个），拒批71个，验收建设项目613个。狠抓违规建设项目专项清理整顿，按照“淘汰一批、规范一批、完善一批”总体思路，督促80个违规建设项目完成整改工作，提前完成局属环评机构脱钩改制。

5.强化环境监管执法效能。严格落实新《环保法》，全年全市立案查处各类环境违法案件512件，罚款2234.94万元，对10家环境违法企业实施按日计罚。推动环境执法联勤联动执法机制，与公安机关联手侦破环境违法犯罪案件58件，抓获涉案人员72人，与市检察院建立环境行政执法检察监督机制，发挥环境监管执法作用。组织开展环境保护大检查，全市检查重点排污企业62家次，通报违法单位53家次。协调推进《济南市大气污染防治条例》立法工作，完成草案起草及修改工作。

6.解决群众关心的环境问题。畅通群众环境权益诉求渠道，12369环保举报热线全年接听举报与咨询电话27370个，受理群众举报4282件，案件处理率100%、回访率100%、群众满意率97.5%，12369微信举报平台受理149件，办理率100%。按期办理回复人大建议、政协提案39件。

7.环境安全应急保障。组织开展环境安全大检查活动，严控环境风险。截至年底，全市较大以上风险源单位环境应急预案编制率100%。参与全省应急演练暨监察监测技术大比武演练任务，获一等奖。强化危险废物和辐射环境管理，加强辐射安全监督管理，开展2次危险废物及辐射安全大检查，检查单位156家，对检查中发现的问题，均逐条明确整改要求及完成时限，对发现的违法行为进行处罚。

8.提升基础能力建设。中央、省、市各级财政对全市环保资金支持7.2亿元，加大各项污染防治专项资金补助力度。增强环境监测能力，全年获各类监测数据727万个，搭建起大气复合污染流动监测平台，开展济钢工业园区和平阴炭素产业园区大气复合污染监测。承担环保部大气污染源排放清单编制试点工作，初步测算10类源9类污染物的排放量及时空分布情况，其成果初步应用于空气质量预报预警和“十三五”环保规划编制中。全市重点企业自行监测工作加强，全年验收在线监测设备28台（套）。推进环境宣传、政务微博微信、信息公开等工作，全年在国家、省、市各级新闻媒体组织发表稿件3500余篇。

（纪发文）

责任编校　胡映雪　王　洋

【概况】 1.努力解决城市化进程加快带来的教育资源紧张问题。全年全市开工建设46所中小学，15所建成并招生；新建、改扩建90余处幼儿园，改造挖潜71处，教育资源紧张问题得到明显缓解。应对外来人口激增的压力，内部挖潜，规范操作流程，公平、科学、合理、有序安排外来务工人员随迁子女入学，主城区义务教育阶段学校中外来务工人员随迁子女占学生总数的40.25%，有效解决外来务工人员后顾之忧，优化城市发展环境。

2.彻底解决群众反映强烈的择校问题。全年投入4.32亿元，继续实施农村中小学校舍标准化建设、“全面改薄”和农村中小学“211工程”等专项工程，基本实现城乡义务教育阶段学校办学条件无差别配备。加大干部交流、名师交换和教师交流力度，仅直属学校中层以上干部就有32人跨校交流，全市符合条件的市级以上称号的优秀教师全部进行交换，参与教师交流的人数2405人，学校之间师资配置越来越均衡。全市10个县（市）区全部通过国家义务教育基本均衡县（市）区验收。

在招生过程中，各区严格执行小学“划片入学”、初中“整体对口入学”的要求，依据学校实际办学容量，科学动态调整学区范围，实现义务教育阶段学校服务范围无缝隙覆盖。同时，加大信息公开力度，将学区划定范围、学校学位信息、招生办法向社会公开，堵塞招生漏洞，100%实现公办小学划片免试就近入学，100%公办初中对口免试直升，实现“确保符合入学条件的适龄儿童应上尽上”和义务教育阶段招生“零择校”的承诺。

3.改革激发教育发展活力。①深化办学体制改革。完善集团化发展、联合办学、委托管理、政府购买服务等多元办学体制，不断优化教育资源配置，全年市内4区义务教育阶段集团化办学覆盖率达到41.5%。提升教育内涵，构建学生成长核心素养培养体系，实现学生知识、能力培育与价值观培养的有机统一。鼓励社会力量办学，建立健全奖励激励机制。②推进考试招生改革。中考招生在继续实施“阳光”招生的基础上，普通高中招生首次实行“平行志愿”，考生可一次选择3个志愿，缩短招生录取时间，将原来的4次志愿填报改为3次，最大程度降低考生落榜的风险，减轻学校、考生及家长的负担。③深化课程教学改革。全面落实国家课程标准和课程方案，鼓励学校开发校本课程和特色课程，与国家课程和地方课程有序衔接。进一步深化普通高中选课走班教学，实施特色高中建设计划、高等学校和普通高中联合育人计划，拓展学生学习空间，促进其自主个性化发展。创新教学方法，坚持以学定教、因材施教，优化教学过程，引导学生乐学、会学。强化综合实践，发展学生创造精神和实践能力。以全员性、普及性活动为主要形式，进一步加强学校体育、卫生和艺术教育，完善学生体质健康测试公示和评价机制。④出台《济南市关于推进基础教育综合改革的意见》及20个相关配套文件，将高中生均经费标准提高到1500元/生·年，探索中小学校长职级制改革和县管校聘试点工作，深化初中学业水平考试及综合素质评价改革，实现教师交流常态化、制度化。

4.完善从幼儿园到大学的学生资助体系。完成2015年市政府为民办实事项目——对农村义务教育贫困家庭非寄宿生提供生活费补助，资助比例按照农村义务教育阶段非寄宿学生人数的8%确定，资助标准为800元/生·年。全市共投入4.1亿元，实现免费义务教育、免费特殊教育、免费中职教育和家庭贫困学生资助，保障每一名学生不因家庭经济困难而失学。

5.立足于让学生“学好学会”。充分发挥学科育人、实践育人、管理育人功能，突出德育实效，开展德育课程体系建设，遵循学生思想品德形成发展规律，把学生成长核心素养与德育目标融入各学科课程，实现全科育人。通过实施“班主任工作室”“青蓝工程”，以优带弱、以老带新，促进德育队伍专业化建设。构建学校、家庭、社会“三位一体”的教育协作机制，坚持不懈抓好《中小学生守则》落实，把社会主义核心价值观落细落实，使学生明是非、辨美丑、知荣辱、做好人，并向家庭和社会延伸。出台《济南市义务教育阶段课业负担监测办法》，以义务教育阶段学生课业负担监测为主要内容，开展教育质量综合评价工作并2次对外公布监测结果，引导学校把工作重点集中到减轻学生课业负担、提高教学质量上来，全市学生在国家、省各级各类比赛中的获奖人数和升入高校的学生比例均居全省前列。以就业为导向发展职业教育，学生就业率达到95%以上。全民学习公共服务体系建设不断完善，不断丰富补充优质学习资源，验收达标的标准化、一站式、多功能、数字化学习指导中心——泉学e站近150处，营造处处可学、时时能学、人人乐学的全民学习氛围。

（彭其斌）

【全市全面实施义务教育阶段“零择校”】为贯彻落实《教育部关于进一步做好小学升入初中免试就近入学工作的实施意见》及《教育部办公厅关于做好2015年城市义务教育招生入学工作的通知》有关要求，济南市义务教育阶段招生工作严格按照市委、市政府提出的“阳光招生”政策，以“办人民满意的教育”为核心理念，在保持招生政策延续性的基础上，不断完善顶层设计，强化过程管理，小学实行“划片入学”，初中学校实行“整体对口入学”的免试招生办法，严禁违规跨区域、跨学区招生，全面实现义务教育阶段“零择校”，进一步促进教育公平，提高群众满意度。

【通过“全国义务教育发展基本均衡县（市）区”国家认定】11月28日，在济南召开的国家义务教育发展基本均衡县（市）区督导检查反馈会上，济阳县、商河县通过全国义务教育发展基本均衡县验收。至此，全市10个县（市）区均通过全国义务教育发展基本均衡县（市）区验收。自2013年以来，济南市根据国家义务教育均衡发展指标要求，以健全保障体系为基础，出台系列政策文件，明确目标任务，落实组织保障，建立考核机制，落实制度保障，全面开展义务教育均衡发展督导评估。全市10个县（市）区把推进义务教育均衡发展作为最大的民生工程，坚持问题导向，结合自身实际，大幅增加财政投入，不断改善办学条件，交流

2015年10月27日，市教育局参加“直面问题、践行承诺”电视问政节目。

（市教育局　供稿）

优化师资配置，加快提升内涵发展，全面提高教学质量，城乡之间、区域之间、学校之间办学条件、师资配置、管理水平、教育质量均达到基本均衡的发展要求。

【基础教育综合改革全面启动】 为全面提高基础教育质量，贯彻落实《省委办公厅、省政府办公厅关于推进基础教育综合改革的意见》及省教育厅相关配套文件精神，6月23日，济南市出台《关于推进基础教育综合改革的意见》，成立市基础教育综合改革领导小组，启动济南市基础教育综合改革。截至9月底，基础教育综合改革出台的20个相关配套文件已全部落实到位，对课程教学改革、考试招生制度改革、完善教育评价制度、分步推进中小学校长职级制改革、完善教师管理和培养培训制度等方面进行指导。

【启动解决城镇普通中小学大班额问题】 根据省政府文件和电视电话会议精神，9月，全市启动解决城镇普通中小学大班额问题，出台《济南市解决城镇普通中小学大班额问题工作方案》。为实现2017年底解决城镇普通中小学大班额问题的目标，全市成立专项工作组，制订工作方案、时间表、路线图，规划新建、改扩建学校140所，规划实施后，新增学位148630个，新增班级3166个，投入资金71.7亿元；市财政2年安排5亿元以上以奖代补资金，用于支持各县（市）区解决大班额问题，通过压缩常规支出、使用教育预备金等方式筹措的1.2亿元启动资金完成下拨，各县（市）区与国家开发银行初步达成融资贷款20亿元的意向；研究落实新建居住区优先保障配建教育设施，实施“交钥匙”工程，优先保障学校建设计划立项、规划审批、建设用地，设立“绿色通道”等政策；补充教师编制，加大中小学校长、教师流动力度，全市师资交流比例达到20%以上。

【2万余名农村义务教育家庭经济困难非寄宿学生获得资助】 为进一步完善国家学生资助政策体系，逐步解决农村义务教育家庭经济困难非寄宿学生就餐需求，改善和提升学生营养状况，济南市将“为农村义务教育贫困家庭非寄宿生提供生活费补助”列入为民办实事之一，由市教育局承办。市教育局联合市财政局详细调查论证全市农村义务教育非寄宿贫困学生情况，逐县（市）区开展实地调研，制定出台《关于建立农村义务教育阶段家庭经济困难非寄宿学生生活费补助政策的通知》，明确资助范围、资助比例和资助标准，规范贫困生认定程序，制定市、县保障资金分担机制，有效调动县区积极性，超额完成市政府对社会的承诺。年内全市共投入保障资金1600余万元，2万余名贫困学生得到资助。

【实施第二个学前教育3年行动计划】 为适应人口增加和计生政策带来的适龄幼儿数量增加的现状，济南市确定于2015~2017年实施第二个学前教育3年行动计划。行动计划着眼加大投入、扩充资源、提升质量的目标，以方便群众入园为目的，通过居住区配套、改扩建等方式，不断增加普惠性学前教育资源，确保学前教育资源满足群众多元化选择需求。全年全市新建、改扩建幼儿园及提升村办园95处，其中新建改扩建45处，增加学位0.63万个。提升村办园50处131个班，受惠幼儿2811名。

（彭其斌）

【职业教育工作概况】 1.优化全市职业教育资源布局。充分发挥以县为主，市级统筹的管理职能，坚持按照市场选择规律和需求，优化和调整中职教育资源，提升全市职业教育办学能力和办学质量。调整全市职业学校布局，整改1所中职学校，优化整合1所中职学校。落实省政府有关文件精神，逐步理顺驻济省属中职学校管理权限，将其全面纳入全市中职教育管理体系。优化专业结构布局，按照注重效益、引导发展的原则，开展全市中等职业学校专业负面清单和分级认定工作，一次性退出32个专业。按照对接市场、合理布局原则，开展新增专业论证评审工作，新增城市轨道交通供电等6个专业点，全市专业结构和布局得到优化。

2.加强职业教育基础能力建设。推进中职学校达标建设工作，不断提高办学能力。结合省委科学发展观考核工作，开展省级规范化学校建设工作，第一、二批省规立项学校通过中期验收，济南第九职业中专等3所学校获得省第三批规范化学校建设立项。对4所市直属中职学校的省规范化认定申报组织市级验收。开展省级示范性学校和优质特色学校申报工作，3所学校申报省级示范校，2所学校申报省优质特色校。加强实训基地建设，评选命名2个市级综合性实训基地，11个市级专业性实训基地。

3.打造专业品牌。支持中职学校优势特色专业建设，实施《关于开展济南市职业教育精品资源共享课建设的实施意见》，指导学校加强专业核心课程建设，提升专业内涵，形成发展优势。开展市级品牌专业和特色专业建设，评选12个市级品牌专业、8个市级特色专业。争创省级品牌专业，新增4个省级品牌建设专业立项、3个省级现代学徒制试点。推进中等职业学校公共基础课程改革，推进理实一体化教学，发挥技能大赛引导作用，加强技能教学成效督导，在18所中职学校697名学生中开展专业技能抽测工作。开展产业布局人才需求与中职专业匹配情况调研，指导学校专业建设。加强教育科研，开展省级中职学校教育教学课题立项评选，共征集课题81项，43项获省级立项。

4.优化新型人才培养模式。探索职业学校人才培养途径，就业升学多措并举，分类满足学生成长需求。继续做好学生实习就业工作，规范实习就业工作，指导各院校开展学生创新创业教育。深化校企合作，推动学校主动对接全市优势产业，开展工学结合与顶岗实习，加强与市域知名企业合作，提高中职毕业生服务全市经济社会发展水平。拓展中职学生升学途径，提高人才培养层次。扩大中高职贯通分段培养规模，新增15个“三二”连读专业点，1个“3+4”中职+本科贯通培养试点。召开全市贯通培养工作会议，不断提高贯通分段培养办学质量。做好春季高考与职业院校单独招生，全市1127人参加春季高考，本科录取419人，专科录取250人，录取率59.4%，另有144人被高职单招录取。

5.发挥宣传引导作用，提高招生就业质量。做好职业教育宣传工作，承办全国职业教育活动周山东省暨济南市启动仪式，42所职业院校参加活动周的宣传展示。开展“大国工匠”宣传工作，弘扬劳动光荣、技能宝贵、创造伟大的时代风尚，鼓励学生树立理想，练就精湛技艺，成就精彩人生。进一步规范职业学校招生办法，组织中职学校招生章程制定和审核工作，规范学校招生行为，将所有中职学校和技工学校统一纳入全市高中阶段招生平台，实现平台招生全覆盖。全年全市招生20926人，比上年增加15%。

【济南市职业院校技能大赛获佳绩】 10月22~30日，2015年济南市职业院校技能大赛举行。本次大赛主题为“德能立身、筑梦未来”。大赛共设财经商贸、加工制造、交通运输、旅游服务、土木水利、信息技术、文化艺术7个专业类别的28个比赛项目，全市25所中等职业学校的523名选手参加比赛，其中参赛教师84名、学生439名。经过层层选拔推荐，市中职学校选出32名选手，代表山东省参加全国职业院校技能大赛，进行13个赛项的角逐，获一等奖5个，二等奖5个，三等奖4个，其中获一等奖数量列全省第二。

（彭其斌）

【义务教育阶段课业负担监测】 10月20~30日，市教育教学研究院对全市义务教育阶段学生开展课业负担监测。监测抽取104所小学和59所初中学校，在四年级和八年级中完成有效调查问卷17715份，其中学生14337人次，教师2331人次，中层干部1047人次。查看相关材料1580余份，流动巡课1200余节。监测采取随机抽取样本学校的方式，通过问卷调查、现场观察、查看材料等方法采集数据和材料，进行数据和材料分析、挖掘，形成不同层级监测报告220余份。监测结果表明，学校和教师的减负措施落实有效，减负效果比较明显。通过监测了解全市学生课业负担现状，明确学生课业负担成因，探讨解决学生过重课业负担的途径，并将监测结果向社会进行公示。

【槐荫区向社区居民免费开放学校体育设施】 槐荫区12所中小学的体育运动场地以“政府提供保洁保安，不给学校增负添乱”的新模式，向社区居民免费开放。本次校园体育运动场地开放由槐荫区体育局、区教育局、区机关事务管理局以及相关街道办事处共同组织。根据开放要求，区教育局负责确定对外开放学校名单，涉及学校自行确定开放区域，完善安全保卫等相关制度，遇考试、学校重大活动等不能开放时，实行提前告知，有序推进中小学校体育设施向社会免费开放。居民须凭“槐荫区社区居民校园健身智能卡”进出校园，一人一卡。凡身体健康居住在本社区的居民凭身份证、户口本（或一年以上的居住证）均可办理，社区居民依次刷卡经由门禁系统进入学校运动场地进行健身。

【开展班级体育艺术活动】 推进以班级活动为主导、面向全体学生全员覆盖的体育艺术活动和比赛工作机制。举办全市第十三届中小学（班级）文化艺术节活动和2015年济南市学校阳光体育班级运动会（联赛），经过基层学校—县（市）区—市级的逐级参与和选拔，层层推进，全市814所中小学校1.6万个班级的71.3万名学生参与活动，279所学校418个班级21185名学生参与市级班级联赛，达到“班班参与、人人展示、特色呈现、全面发展”的活动效果，被评为2015年济南市教育十件大事。

【提升学生体质健康水平】 强化《国家学生体质健康标准》的实施水平和指导作用，对接全省学生体质健康监测平台和基础数据库，逐步构建起政府主导、第三方监测、社会监督、综合评价的学生体质健康测试机制和市—县（市）区—学校三级监测网络，为每位学生建立体质健康电子档案，组织开展对县（市）区和学校体质测试的抽检复测，提高数据准确度，测试结果向社会公示。健全学生体质健康监测、学校体育工作评估和年度报告制度。

（彭其斌）

责任编校　王　洋

科学

科技综述

【概况】 1.突出企业主体地位。①推进企业高水平研发机构建设。济南二机床获批建设“大型先进智能冲压设备国家重点实验室”。建成各类企业研发机构815家，其中国家级35家、省级260家。②狠抓创新型骨干企业培育。市级以上创新型（试点）企业328家，拥有产业技术创新战略示范联盟33家。市级应用技术研究与开发预算资金1.94亿元。宏济堂“人工麝香研制及其产业化”项目获2015年国家科技进步一等奖。③深化知识产权战略实施。在2012~2014年国家知识产权示范城市示范期考核中位居副省级城市第三名。九阳公司的发明专利“快速制浆的豆浆机”获第十七届中国发明专利金奖。

2.突出园区载体建设。①高新技术产业集聚发展。建成国家级科技园区6个，“863”成果转化基地2个，国际科技合作基地1个。全市高新技术产业产值2250亿元，同比增长9.22%，占规模以上工业产值比重42.63%，比年初增长1.05个百分点。高新区完成高新技术产业产值686亿元，在全国130余家国家级高新区中综合排名第十三位。②各县（市）区特色产业园区发展。依托全市12家国家火炬计划特色产业基地，初步形成“一县（市）区一园区，一园区一特色”的发展格局。③推进大众创业、万众创新。打造泉城众创空间，对19家众创空间给予1300余万元的资金支持。全市众创空间运营机构达40余家，孵化面积约14.3万平方米，服务创新创业团队720余个，获投资2亿元。

3.突出科技支撑作用。①建设科技创新中心。编制完成了《济南市区域性科技创新中心建设指标体系、三年行动纲要和2016年目标任务》。省科技厅与济南市政府签署《关于加快推进济南科技创新中心建设合作协议》。②加强引导创新政策。修订出台了《济南市实施创新驱动发展战略、加快创建国家创新型城市若干政策实施细则》和《济南市创新型城市建设专项资金管理办法》，拨付政策扶持资金3081万元。落实2014年度高新技术企业税收优惠减免9.97亿元。③推进科技金融创新。设立山东科融天使投资基金、济南园梦科技创业投资基金。截至年底，与合作银行为企业贷款266笔，贷款总额13.65亿元。④转化科技成果。省科技厅、市政府、山东大学三方共建的山东工业技术研究院揭牌成立；“山东复旦研究院济南成果转化中心”合作备忘录签署；第二期“齐鲁工业大学专家服务济南企业创新行动”启动，33家企业与28名青年学者签约。

【浪潮天梭K1高端容错计算机项目获国家科技进步奖一等奖】 1月9日，2014年度国家科学技术奖励大会举行，浪潮天梭K1高端容错计算机项目获国家科技进步奖一等奖。浪潮天梭K1是中国第一台高端容错计算机，使中国成为继美国、日本后第三个有能力研制32路高端容错计算机的国家。

【高新区成为首批科技服务业区域试点】 4月，科技部确定全国首批25家科技服务业区域试点，高新区位列其中。此次申报中，确定以高新区建设科技服务业试点园区为契机，围绕电子信息、生物医药、智能输配电等重点产业发展需求，加速创新型科技服务平台建设，推动“研发设计、技术转移、创业孵化、科技金融”服务业发展。

【山东工业技术研究院成立】 7月10日，山东工业技术研究院共建协议签署仪式在山东大学举行，成立济南市与山东大学、山东省科技厅三方共建的山东工研院。山东工研院的建设发展载体，采取“一院两基地多园区”模式，搭建全产业链的成果转化体系。

【省科技厅支持济南科创中心建设】 8月24日，济南市与省科技厅签署《关于加快推进济南科技创新中心建设的合作协议》，建设山东复旦研究院济南成果转化中心。协议包括支持济南高新区创建国家自主创新示范区和建设飞地园区，推动省内外高校在济南设立成果转化和产学研合作机构，加快推进军民科技融合创新，构建科技创新支撑服务体系等。

【济南二机床获批新建“国家重点实验室”】 9月，科技部下发《关于批准建设第三批企业国家重点实验室的通知》，批准建设75个企业国家重点实验室，济南二机床集团有限公司“大型先进智能冲压设备国家重点实验室”位列其中。

【济南市首获中国专利金奖】 12月15日，由中国国家知识产权局和世界知识产权组织共同主办的第十七届中国专利奖颁奖大会在北京举行。九阳股份有限公司的发明专利“快速制浆的豆浆机”获中国专利金奖，实现全市中国专利金奖“零突破”。此次获奖的“快速制浆的豆浆机”，率先在行业内实现家用全自动豆浆机的免清洗快速制浆，制浆时间从传统的25分钟缩短至8~10分钟。

（陈锐　刘全祥　李婷　李文浩）

【人工麝香研制及其产业化】 完成单位：山东宏济堂制药集团有限公司（第三位）。项目简介：项目采用现代分析技术，阐明天然麝香的主要化学成分，分离出六大类、100余种化合物并表征结构；建立反映神经内分泌、心脑血管、抗炎、免疫等16种动物模型和29种指标的现代药理学方法，首次表达天然麝香的功效；发现天然麝香中大分子多肽类主要药效物质及其代用品；项目研制出与天然麝香功效及安全性相近的人工麝香，获国家I类新药证书。该项目解决麝香长期供应不足的难题，确保含麝香中成药品种正常生产。截至年底，人工麝香市场占有率99%以上，累计销售超过90吨，年用药病患者超1亿人次，降低费用30~50%。

【海量存储系统关键技术】 完成单位：浪潮电子信息产业股份有限公司。项目简介：项目掌握PB级高性能海量存储系统体系结构、系统设计、系统软件的核心技术，研制出规模6000并发访问、带宽62.5GB/s、容量1.3PB的海量存储系统，系统包括八控磁盘阵列、324口IB网络存储交换设备及适配器、海量存储系统软件、相变存储器件等。项目获国家发明专利13项，发表论文3篇，拥有软件著作权3项。项目成果应用于金融、航天、超算等关键行业，使进口产品价格和服务费用下降，每年为国家节约信息化成本数十亿元。通过该系统的推广，还带动了相关软件和服务数百亿元产值。

【城市供水系统突发污染监测预警及应急处理技术研究与应用】 完成单位：济南市供排水监测中心。项目简介：项目针对饮用水源污染严重、突发事故频发、应急支持能力不足等行业难题，研究建立了城市供水系统水质监测预警及应急处理技术支撑体系、应急资源支持系统和科技示范工程。破解了基于水质健康风险评价的供水系统突发污染快速识别及监测预警技术难题，首创应对突发性水源污染的供水厂应急处理技术和应急设施标准化设计体系，研发应对供水系统突发污染的应急处理关键设备和资源支持系统。项目获得授权专利和软件著作权41项，其中授权发明专利16项，出版专著5部，发表论文138篇，编制国家行业标准规范5部。总供水规模达715万立方米/天，指导全国39个重点城市的供水应急处理能力建设。

（郑艺颖　侯文涛）

2015年度济南市科学技术奖获奖项目

奖励级别	奖励等次	项目名称	完成单位及人员
济南市技术发明奖（4项）	一等奖（1项）	云海云数据中心操作系统	浪潮电子信息产业股份有限公司 张　东、刘正伟、颜秉珩、亓开元、郭　峰、吕广杰
	二等奖（2项）	新一代重型商用车研发及产业化	中国重型汽车集团有限公司 王一平、徐伟刚、郭庆波、孙长春、金增兵、马圣龙
		生物安全加样装置	山东博科生物产业有限公司 甘宜梧、谢清华、郭宣城、张昔坤、陈延志
	三等奖（1项）	初冷器余热利用新技术	山东钢铁股份有限公司 甄玉科、王文涛、祝仰勇、宁述芹、梁荣华、梁丽萍
济南市科学技术进步奖（97项）	一等奖（8项）	大型高效粉磨系统关键技术研究与应用	济南重工股份有限公司 于普涟、曹永华、赵宪静、唐苑寿、陈巧云、刘延庆、任明江、黄　静
		PLS4-6000-5000-2700单臂同步快速送料线的开发研制	济南二机床集团有限公司 郑焕冲、刘东冬、李兴强、史　絮、温建民、罗　庆、郝黎明、祝光南、侯　彦、吴　敏
		车载全加固二单元服务器	山东超越数控电子有限公司 陈乃阔、潘　岩、朱书杉、吴之光、耿士华、张　磊、许　瑞、鹿　博、李义臣、牛玉峰
		头孢他啶原料药技术创新与产业化	齐鲁安替制药有限公司 王勇进、李凤侠、王晓艳、付景龙、单红宾、贺俊华、徐红梅、王　立
		纳他霉素高效制备关键技术及应用	山东福瑞达医药集团公司、山东省药学科学院、山东福瑞达生物科技有限公司 朱希强、刘　飞、凌沛学、王绍花、颜　震、陈　勉、宗工理、钊倩倩、李海军、苏移山
		火电厂温室气体排放控制与脱硫监督评估技术	国网山东省电力公司电力科学研究院 姜雨泽、李乐丰、李　勇、张　永、许乃媛、陈素红、周　灿、马新刚、谢连科、尹建光
		工厂化瓶栽金针菇优质高效标准化生产技术研究与应用	济南市农业技术推广站、山东省农业科学院农业资源与环境研究所 周学政、万鲁长、郭洪军、韩建东、张甲生、孟　岩、刘向东、孙宗华、霍秀娜
		高效降残抑菌微生物技术研究及新产品开发	济南澳利新型肥料有限公司、山东省科学院中日友好生物技术研究中心、山东省科学院生物研究所 李纪顺、李红梅、刘　伟、魏艳丽、张晓东、陈　凯、张广志、张新建
	二等奖（45项）	豪克能复合数控机床	山东华云机电科技有限公司 赵显华、王爱福、高　飞、刘秀娟、赵志明、傅世嘉
		MAL-700ATC型数控身管加工中心	济南第一机床有限公司 唐秀仙、曹桂霞、刘志龙、张　晶、张立本、高西军、张志强

续表 1

奖励级别	奖励等次	项目名称	完成单位及人员
济南市科学技术进步奖（97 项）	二等奖（45 项）	卷耳机耳孔成形限位调整机构	山东森德数控机械有限公司 石学友、魏　峰、刘　强、冯成敏、张福安、步砚杰、朱洪伟、胥幼林
		1.8TSI 发动机进排气门研发及产业化	济南沃德汽车零部件有限公司 李松岩、董　兵、张　杰、聂元龙、曲文强、吕文清、肖学林、韩德刚
		SCR 系统研发及产业化应用	中国重型汽车集团有限公司 郭庆波、刘海涛、王　柯、王　涛、姜鸿澎、陈金军、刘永春、高发廷
		XHV2525x50 五轴联动高架式镗铣加工中心	济南二机床集团有限公司 王春妮、刘洪亮、任　伟、刘军海、张　申、刘慧芳、夏润田、张文霞
		ODFPS-500000/750 自耦变压器	山东电力设备有限公司 张晓阳、王士君、仇　辉、刘东海、柴孟东、杨振元、于海宁、杨在葆
		济南市数字市政系统	济南市市政公用事业局、山东泰华电讯有限责任公司 王继东、李新年、马述杰、郑　超、史勇明、周永利、周建国、王俊胜
		自主品牌重型卡车数字化设计制造集成平台研发与实施	中国重型汽车集团有限公司、华中科技大学、山东山大华天软件有限公司、山东大学 赵钟菊、孙兆福、袁　磊、戴拥军、周红斌、赵明慧、王文卿、耿大烽
		高速列车中铝及其合金的自动焊设备	山东奥太电气有限公司 张光先、李　朋、晁福田、张召山、李爱文、张秀珊、李思海
		基于资源共享的高速公路集成监控与应急处置云服务平台	山东易构软件技术股份有限公司 朱　勇、樊纪庆、黄国林、崔龙波、汪庆明、张德亮、提汝波、李学岭
		数字粮库智能出入库系统	济南金钟电子衡器股份有限公司 高绍和、闫洪枚、祁　波、王龙潜、官　涛、邢发明、刘允波、刘治华
		输电塔动力特性检测技术研究及应用	国网山东省电力公司电力科学研究院、南京安正软件工程有限责任公司 菅明健、张广成、杨　波、郑万泔、辜　超、张都清、王长勇
		基于两种可选择蒸馏模式的定氮仪	济南海能仪器股份有限公司 马振怀、刘丰祥、刘　军、张建波
		多表位标准电能表检定装置的研制	国网山东省电力公司电力科学研究院 张　红、杨　静、王运全、代燕杰、李琮琮、徐　鼎
		煤矿用巡检仪和井下移动式安全预警信息系统	山东精诚电子科技有限公司 孙华晨、孙鲁东、王　忠、张玄德、毛　谛、李华青、杨　锐、汤先伟

续表 2

奖励级别	奖励等次	项目名称	完成单位及人员
济南市科学技术进步奖（97 项）	二等奖（45 项）	铂类抗肿瘤药物奈达铂及制剂(鲁贝) 的开发与产业化	齐鲁制药有限公司 张明会、徐先艳、武希科、周英兰、徐　锋、朱屹东、韩作宏、谭永利
		真空降水-低能强夯联合加固技术应用研究	济南市公路管理局、山东大学 郭宗杰、龙厚胜、韩作新、张宏博、宋修广、史明刚、夏红军、潘玉芳
		水污染源源解析技术研究	济南市环境保护科学研究院、南开大学 王在峰、张水燕、张怀成、张厚勇、赵　宏、战锡林、董　捷、李海滨
		YG-130/9.8-T3 型联合炉排锅炉	济南锅炉集团有限公司 于照清、刘　作、王海峰、王博录、胡安全、殷庆勇、王祥庆
		城镇道路沥青路面抗车辙技术研发与应用	济南城建集团有限公司、哈尔滨工业大学、淮海工学院、北京市市政工程研究院 孙　杰、冯立超、冯德成、文　龙、耿立涛、董泽蛟、孙文博、刘锋
		能量桩地源热泵技术集成系统的研究及推广应用	山东中瑞新能源科技有限公司、山东方亚地源热泵空调技术有限公司、山东建筑大学 方肇洪、邵　伟、赵　强、刁乃仁、崔　萍、满　意、朱　科、樊庆波
		高效 SNCR 烟气脱硝技术	山东山大华特环保工程有限公司 邓徐帧、张汝松、王　猛、郭慧芳、刘　畅、陈文文、张其龙、金家国
		城市供水水质检测方法体系构建及标准化研究	济南市供排水监测中心、杭州绿洁水务科技有限公司、深圳市清时捷科技有限公司 王明泉、贾瑞宝、孙韶华、赵清华、辛晓东、马中雨、崔海松、黄晓平
		RH 单联技术的开发与高效应用	山东钢铁股份有限公司 张润生、刁承民、丁　中、张海民、李彩霞、刘　飞、孙争取、吴克刚
		水泥 28 天增强专用助磨剂	山东众森科技股份有限公司 张大同、于吉涛、彭立刚、唐樱燕、于　彭
		高抗氧化性预焙阳极的研究与开发	济南华阳炭素有限公司 祝　存、王　军、周云芳、楚廷刚、丁卫鲁、陈　莉
		中水利用为景观水体的富营养化治理研究	济南泉城公园管理处 魏雪莲、刘淑芹、王　矗、周志文、刘　萍、巩向艳、陈　静、施怀荣
		山东省高价值经济作物土传病害综合治理技术体系的构建与创新	济南兆龙科技发展有限公司、山东省农业环境保护和农村能源总站、济南市植物保护站、山东农业工程学院 丁兆龙、曹坳程、徐兆春、岳凤荣、李永伟、陈　燕、夏永香、杨向黎

续表 3

奖励级别	奖励等次	项目名称	完成单位及人员
济南市科学技术进步奖(97 项)	二等奖(45 项)	园林绿化废弃物生态处理关键技术研究	济南市园林花卉苗木培育中心 张保全、刘　毓、韩　冰、刘红权、赵凤莲、王玉珏、成玉良、吕战国
		济南市道路绿地评估及数字信息管理系统研究	济南市园林绿化工程质量监督站 王秀珍、王维霞、杜　欣、段　伟、张　琳、董春晖、韩梅珍、刘忠利
		济南近郊风景区植物资源调查与保护研究	济南市林场 王　禄、杨　波、汪玉静、刘在哲、逄丽艳
		玉米联合收获机剥皮装置的设计与开发	济南市农业科学研究院、山东国丰机械有限公司 李敬菊、朱蒙生、乔庆勇、苏　甲、徐延熙、郑振华、孙礼文
		城市中老年干部保健人群胰岛素敏感性与维生素 D 状态的相关性研究	济南市中心医院 尹　晓、阎　玲、陆　勇、崔　莹、孙　超
		脂联素调控胶原代谢网络稳定易损斑块	济南市中心医院 李　莉、周元丽、苏国海、王华亭、才晓君、赵　卓、关玉庆
		心外膜脂肪厚度与冠心病相关危险因素的研究	济南市第四人民医院 王　涛、柳翠霞、殷　洁、薛建峰、孙　玲、刘　强、贾如意、刘　斌
		EV71 感染新生鼠脑与心肌、胸腺等组织病理及损伤机制的实验研究	济南市儿童医院、山东省医学科学院基础医学研究所 李　军、曾冬生、孟　红、姜　琴、于华凤、张　伟、宋楠楠、李　鹏
		喉罩全麻在小儿纤支镜手术中应用的研究	济南市儿童医院 胡卫东、王少超、杨振东、孟　晨、李洪英、赵献亮、张　彬、程显玲
		定量组织速度成像对阻塞性睡眠呼吸暂停低通气综合征儿童心脏功能的研究	济南市儿童医院 牟　鸿、刘庆华、张建基、赵　春、郭忠凤、张子和、孙晓卫、窦芬芬
		CD4+CD25+Treg 在牙周炎发生时的局部免疫调节中作用研究	济南市口腔医院 杜　毅、于西佼、李肇元、唐开亮
		功能性皮肤再生的研究与应用	济南磐升生物技术有限公司 吴训伟、王景昆、邢志青、顾法松、曹忠慧、张书杰、曹伟鹏
		自体干细胞募集作用促进口腔组织再生机制的研究	济南市口腔医院 崔　军、李铁军、张　强、李肇元、戎志诚、王　强、焦　阳、崔　婧
		基于数据挖掘技术的眩晕辨证思路探讨	济南市中医医院、山东省文登整骨医院 郭闫葵、冯树军、鞠翠玲、张晓燕、郭松霞、高　琛、李　娜、郭海峰

续表 4

奖励级别	奖励等次	项目名称	完成单位及人员
济南市科学技术进步奖（97 项）	二等奖（45 项）	冠心病稳定型心绞痛合并高脂血症中医证候分布规律及其方药干预	济南市槐荫人民医院 刘　婷、张士荣、赵　瑾、胥　军、肖振东、李培培
		舒乐冲剂对脑卒中后抑郁的干预作用及对单胺类神经递质（NE、5-HT）水平的影响	济南市中医医院、山东省千佛山医院 赵世珂、李春红、李衍滨、郭闫葵、孙法丽、郭海峰、郭松霞、张晓燕
	三等奖（44 项）	大型焊接离心鼓风机	山东省章丘鼓风机股份有限公司 方树鹏、张生涛、沈建峰、沈春丰、刘玲玲、刘　飞
		JZ-40/2600 深井凿井绞车	济南重工股份有限公司 唐苑寿、高云凤、边海涛、曹永华、张玉珍、杨　云
		QM250GY 系列两轮越野摩托车	济南轻骑摩托车有限公司 王　勇、王金垒、史新杰、孙小娜、张雪平、原　铮
		4 米全自动板料涂油机	济南奥图自动化工程有限公司 王振宇、苗金钟、张维健、张吉雷、张　建、陈　锦
		MCY13（Q）单级减速驱动桥的研发及产业化	中国重型汽车集团有限公司 崔慧萍、秦厚明、李传伟、许电波、庞贵奇、高照森
		皮带秤控制系统	济南伊斯达自控工程有限公司 孙韬淇、马　刚、杨继伟、赵京芳、芦连东、马　林
		客户证件和现场信息鉴别比对留存系统	山东神思电子技术股份有限公司 陈德展、孙祯祥、孙建伟、赵爱波、赵曰侠、刘　璐
		基于健康档规范的区域医疗信息管理科技创新平台	山东浪潮电子政务软件有限公司 王洪添、方亚东、张　智、赵绍祥、林　杰、薛　兵
		大型供热管网自动监控系统的开发与应用	济南热电有限公司 杨卫国、周辉仁、安利东、张广新、史　凯、叶　强
		12kW 静音系列柴油发电机组	济南吉美乐电源技术有限公司 唐建华、李　英、张　凤、陈　涛、白保健、徐凤辉
		CS 智能型风力发电专用连接器	济南无线电十厂有限责任公司 史凤敏、崔吉昌、张炎、赵奎五、甄怡铭、李连振
		济南市路灯供电网电压无功优化节能系统	山东迪生电气股份有限公司、济南市路灯管理处 张利国、刘　洲、石爱民、何洪涛、何国晶、刘　慧
		高压电能表计量特性检测技术	国网山东省电力公司电力科学研究院 徐　民、陈伟斌、代燕杰、杨　剑、刘延溪、刘　潇
		3kW 配套电源	济南吉美乐电源技术有限公司 于功山、张文昌、陈爱伟、张瑞英
		计算机集成生产制造训练系统	山东栋梁科技设备有限公司 蒋作栋、杜德昌、王兆晶、褚　婷、刁秀珍、王亮亮
		循环流化床锅炉优化燃烧 + SNCR 脱硝技术的研究与应用	济南热电有限公司 钟杰成、崔卫军、曹英华、潘富贵、侯志平、庞　战

续表 5

奖励级别	奖励等次	项目名称	完成单位及人员
济南市科学技术进步奖（97 项）	三等奖（44 项）	济南市小清河水污染防治及生态修复技术集成与工程示范	光大水务（济南）有限公司、山东省农业科学院生物技术研究中心 孙林波、岳寿松、田　顺、孙　凯、孙子惠、王　锐
		大跨度后张预应力薄腹工字梁的预制关键技术	济南黄河路桥工程公司 王光文、李　旻、薄　涛、王　鹏、张艳青、韩丕涛
		济南市城市交通模型关键参数研究技术创新体系	济南市市政工程设计研究院（集团）有限责任公司 姬　海、霍苗苗、邵玉振、聂爱华、平永青、王小华
		基于 GIS 系统的济南市餐厨垃圾产量预测定位及其收运管理模式研究	济南市环境卫生科学研究所 陈　娟、杨秀禄、王富生、高发车、张　玥、陈海锋
		高品质工程机械结构规模生产关键技术开发与应用	山东钢铁股份有限公司 冯　勇、周兰聚、侯登义、贾慧领、王南辉、韩启彪
		中间包节能型内衬材料的开发和应用技术	济南新峨嵋实业有限公司 任学华、翟明星、祝军辉、田齐啸、王光建
		矿粉和粉煤灰复配耐久性混凝土	山东电力建设第二工程公司 陈云飞、刘大宾、张永先、韩长利、张　杰、赵启明
		生态型预混料关键技术的研究与应用	山东华牧天元农牧股份有限公司、山东农业大学动物科技学院 刘玉民、林　海、孙秋燕、宿英德、孙春光、滕英娟
		保护地西葫芦种质资源创新及新品种选育技术	山东采育种子研究院 邵长勇、梁凤臣、邵汉良、唐　欣、张丽丽、赵立静
		济南特色鲜切蔬菜加工关键技术研究及应用	济南海之舟食品有限公司 邓　雷、苏亚东、冯晓慧、李焕莉
		抗黄化曲叶病毒优质高产番茄新品种选育	济南市农业科学研究院、济南护理职业学院 任国三、王文军、程加祥、皇传华、王新峰、袁瑞农
		济南市城市区域性绿地常见病虫害综合管理	济南市英雄山风景区管理处 方李明、李海燕、王泽刚、布凤琴、刘　昕、刘　媛
		头孢哌酮钠及其复方原料药新技术的研发与产业化	齐鲁安替制药有限公司 单红宾、汤　沸、高　阳、王勇进、杜海生、孙永保
		抗肿瘤药卡培他滨合成工艺研究及产业化开发	齐鲁天和惠世制药有限公司 张兆珍、吴　柯、董廷华、张小勇、杜云峰、秦春霞
		脂联素基因多态性与老年代谢综合征及其组分的相关性研究	济南医院 黄凤珍、刘　军、庞　栋、刘　霞、何青秀、李延敬
		多重呼吸道病原体液相芯片分子鉴别诊断试剂盒	山东艾克韦生物技术有限公司 李艳艳、张凯宁、靖相密
		小儿支气管镜下冷冻治疗的临床应用研究	济南市儿童医院 倪彩云、于华凤、韩晓蓉、孟　晨、牛铁环、马　静
		间充质干细胞在再生障碍性贫血患儿发病与干细胞移植中的作用	济南市儿童医院 李　府、张乐玲、吕　欣、杨晓梅、郭庆伟、任士锋

续表 6

奖励级别	奖励等次	项目名称	完成单位及人员
济南市科学技术进步奖（97 项）	三等奖（44 项）	稀土元素铈对骨髓基质干细胞成骨作用影响的实验研究	济南市口腔医院 胡　颖、刘晓花、路吉坤、李肇元、杜　毅、李　纾
		磷酸甘油酸变位酶 1 在胶质瘤中表达及意义的初步研究	章丘市人民医院 刘志国、李冬梅、张　泓、王　利、韩　凯、于家东
		VSD 联合显微外科技术修复踝足部肌腱骨裸露创面的技巧与临床研究	济南市第三人民医院 刘华水、布金鹏、贾逢爽、赵学春、朱礼明、李来峰
		地蒽酚水溶性棒剂的研制	济南市皮肤病防治院 闫　军、王晓东、乔桂芝、解恒珍、李　钢
		超薄型胫骨滋养动脉穿支皮瓣的血管构筑及临床应用	济南市第三人民医院 赵风林、李宗宝、赵太荣、谢良军、刘华水、王　鑫
		应用 64 排 128 层螺旋 CT 骨密度测量对骨质疏松与椎体骨折的研究分析	济南市第三人民医院 谢良军、侯宗来、杨兴峰、李晋历、赵世义、张云霈
		清脂颗粒干预酒精性脂肪肝形成的相关性研究	济南市中医医院 刘维明、王玉娟、刘相花、牛家凤、于丽丽、李秀丽
		高危因素评分截点值在妊娠期糖尿病筛查中的应用研究	济南市中心医院 孟利平、肖凌凤、李　华、王晓虹、王司娥、耿丽荣
		社区脑卒中患者综合干预管理流程的应用研究	济南市第四人民医院 杨　华、杜文建、刘　静、苗　红、韩　涛、崔海清
		自拟健肾祛瘀方治疗腰椎间盘突出症的临床观察	济南市长清区中医医院 郭继山、杨明利、张承莲、曲凤鸣、齐平坤、李　青

（郑艺颖　侯文涛）

【防震减灾】 1.编制防震减灾“十三五”规划。编制《济南市防震减灾“十三五”规划（征求意见稿）》，列入市专项规划目录，规划重点项目资金4000余万元。多次召开规划征求意见座谈会，征求县（市）区和市直有关部门的意见，经专家论证后报市政府审定印发。

2.完善科技监测水平。①推进地震监测手段多元化。建成全省第一个深井综合观测台——商河地震台。天桥、槐荫2处前兆观测站建设完工。与市水文局协作，共享水文监测数据。建设地震烈度速报平台，建成站点11处，烈度速报接收终端2处，共享全国4000余处节点的信息数据。②规范地震监测设施运行维护。定期开展监测设备巡查，对所有测震设备集中标定1次，校正方位角及有关参数。招标第三方公司提供地震台站物业管理、网络维保、应急指挥中心维保等服务。每月对地震监测设施与观测环境进行排查，台网运行率保持在99%以上。③提高地震监测、会商水平。升级地震信息速报系统，实现5分钟内完成震情速报。全年完成周（月）及临时震情会商80余次，年度会商报告获全省评比第一名。完善地震宏观异常信息采集系统，全市落实群测群防补助经费30余万元。制定实施《2015年度震情监视和短临跟踪工作方案》。改进24小时震情值班制度，实行主副班值班制度，向市委、市政府及时报告尼泊尔8.1级地震、乳山市4.6级地震等事件，提交震情应对防范报告。④加强地震科研交流。举办市地震系统地震分析预报培训班、市结构抗震技术与灾害性地震应对策略培训班。安排技术人员到中国地震局地球物理研究所、中科院海洋研究所、省地震局进修。申报获批省局合同制科研项目6项、科研基金项目1项。《济南市城镇老旧建筑物抗震性能现状调查研究报告》获市政府调研优秀成果二等奖。

3.增强震害防御能力。①拓展地震小区划工作。对26个片区控制性详规进行抗震设防专项审查，提出修改意见和建议。拓展长清区平安里片区地震小区划，统筹资金40万元。配合完成全省农村民居建筑物抽样调查，组织4个县区入户调查130余户，拍摄照片5000余张。②建设工程抗震设防要求严格监管。指导7个县（市）区开展审批工作，审批地震安评项目150余项，安评率100%，开展20余次针对重大建设工程的执法检查。完善“提前服务、来了就办”机制，审批全部按时或提前办结，获市审批中心季度优秀窗口、优秀服务标兵称号。③开展防震减灾示范工作。2处社区被评为国家级地震安全示范社区，2家企业、8处社区、1个科普宣教基地获批省级地震安全示范工程，3处民居通过省级农村民居地震安全示范工程验收。

4.夯实应急救援基础。①完善应急预案体系。推动市防震减灾工作领导小组成员单位、县（市）区政府和重点行业、单位修订地震应急预案，全市备案4500余部。修订市地震局地震应急预案，印发应急工作手册，开展地震应急桌面推演。②建设地震应急队伍。各县（市）区有救援队员1631人、志愿者1676人。地震现场工作队每季度组织培训演练，参加全省地震应急综合演练。组织社区、医院、企业等部门和单位开展地震应急疏散、自救互救演练200余次。③强化应急装备建设。投资230万元，完成移动通讯指挥车政府采购。投资10万元，强化市、县应急指挥中心维保工作，定期对应急指挥系统等软硬件进行运行维护。做好12322与12345市民热线“两线”联动，受理防震减灾咨询214次。④推进应急避难场所建设。投资95万元，编制中心城地震应急避难场所规划。投资10万元，完善现有地震应急避难场所功能，更换部分避难场所标志牌。

5.深化科普宣传教育。制定2015年度防震减灾宣传教育工作计划，召开专题会议。投资500万元建设市防震减灾科普馆，3D影院、震动平台等设备完成招标。投资180余万元，新建3处学校和社区科普馆。防震减灾内容加入市委党校主体班次课程、党员远程教育网、社区科普大学课程。投资30余万元，在有关报刊定期刊登防震减灾专栏文章。投入20万元制作防震减灾公益广告。在地震局门户网站、政务微博微信、市政府信息公开平台、大众网、舜网等平台发布创城进展和防震减灾科普知识。

【济南市被认定为国家防震减灾示范城市】 6月，全市有关部门组成5个联合查验组，针对123个查验点，对照1123项指标逐项检查。8月，中国地震局、山东省地震局、省政府有关部门组成联合专家组来济进行验收。市政府组织验收汇报会，市防震减灾工作领导小组办公室汇报创城工作情况，市有关部门负责人接受专家质询。验收组对14个创建工作检查点进行查验。12月，中国地震局召开国家防震减灾示范城市验收会。中国地震局印发

2015年12月18日，中国地震局召开国家防震减灾示范城市验收会，认定济南市为国家防震减灾示范城市。

（市地震局　供稿）

《关于认定济南市为国家防震减灾示范城市的通报》（中震防发〔2015〕67号）。（满　超）

【气象概况】 1.建设气象法治体系。由市人大颁布的《济南市气象灾害防御条例》1月1日起正式实施。协调市安监局，印发《关于做好防雷安全工作的通知》。对中石油、中石化济南分公司下发《关于防雷装置安全检查的函》，对全市637家加油、加气站进行防雷安全专项检查。针对市民投诉的10余起防雷安全隐患，进行检查和测量，并督促整改。11月，市政府下发《济南市气象灾害应急预案》等规范性文件。

2.建设气象现代化。编写《济南市"十三五"气象发展规划》及配套《济南市人工影响天气能力提升工程三年行动计划》《济南城市气象防灾减灾三年行动计划》。截至年底，人工影响天气、气象观测、农业气象灾害预警等工作被列入《济南市国民经济和社会发展"十三五"规划纲要》，城市气象防灾减灾及人工影响天气能力提升工程还被列入市"十三五"重点项目。完善与市直有关部门视频联网联防功能，及时掌握铁路、立交桥、重点低洼地区、主要河道等重点地段的气象监控信息。建设省—市20兆多生成树协议宽带，并进行业务分流，提升气象综合观测业务能力，依托气象卫星地面接收系统、风廓线雷达等立体化综合气象监测网，提升预报准确率。虚拟影视演播室8月投入使用，影视中心获"2015年全国气象科普讲解大赛"二等奖、全省气象影视服务业务竞赛最佳技术质量奖等奖项，联合市总工会等部门共同举办第一届气象行业职业技能竞赛。

3.开展气象服务工作。全年发布重要天气预报34期，发布春运、三夏、供暖、道路洒水、节假日、森林防火、中高考、"两会"等专项服务材料489期。保障第二十二届国际历史科学大会、第十届中国艺术节、济南泉水节等重大社会活动的开展。

4.提高气象综合监测预报能力。新建国家级新型自动站6套、区域气象观测站29个，形成由1个探空观测站、6个国家地面气象观测站、107个区域气象观测站、8个设施农业小气候观测站、6个自动土壤水分观测站等组成的气象探测网。加强暴雨、强对流、寒潮等灾害性天气监测预警能力，0~72小时晴雨预报、最高、最低气温预报准确率分别为89.7%、79.1%、78.4%，较"十一五"期间分别提高1.5%、9.9%、13.4%。

5.完善气象防灾减灾体系。初步建立"政府主导、部门联动、社会参与"气象防灾减灾体系。建成济南气象防灾减灾预警中心，印发《关于明确气象灾害预警信号发布有关问题的通知》等文件，规范气象灾害预警信号发布和传播程序，建立信息共享机制和气象灾害应急联动机制。济南气象科普馆获"全国科普教育基地""全国气象科普教育基地"称号，开展3·23气象日、防灾减灾日、科普周等专题活动。科普馆全年接待1.8万余人，被中国气象局、气象学会评为"2015年度优秀全国气象科普教育基地"。

6.人工影响天气效益显著。形成由30个固定火箭作业点、7个流动火箭作业点和21处"双37"高炮作业点组成的增雨保泉和防雹作业网，全年作业18次，发射增雨火箭弹1555枚、增雨高炮弹250发。

7.气象科研工作取成效。开展《城市热岛效应形成机制与人工调控技术研究》《雾霾天气成因分析及预报预警技术研究》《灾害性天气监测及气象灾害预警信号质量自动检验系统》等重点课题研究。年内，发表论文14篇，其中核心期刊3篇。参加全国气象科技交流，上交8篇论文参加第三十二届中国气象学会年会学术交流。举办2015年泉城气象科技创新研讨会暨济南市第七届学术年会气象分会，与市科协联合表彰优秀论文。

（殷　青　毛晓平）

【《济南市气象灾害防御条例》施行】 于2014年9月24日济南市第十五届人民代表大会常务委员会第十六次会议通过，2014年11月27日山东省第十二届人民代表大会常务委员会第十一次会议批准，1月1日正式施行。《济南市气象灾害防御条例》规定，气象灾害预报应做到预警和传播，其中广播、电视、报纸、电信等媒体应当按照有关规定向社会播发或者刊登当地气象主管机构所属气象台站提供的适时灾害性天气警报、气象灾害预警信号，并根据当地气象台站要求及时增播、插播或者刊登。机场、车站、广场、高速公路、大型商场、旅游景点、交通枢纽等管理单位应当利用电子显示屏、城市移动电视等信息接收与播发设施等。在气象灾害应急处置方面，《条例》规定，县(市)区人民政府以及有关部门应当根据灾害性天气警报、气象灾害预警信号启动应急预案。根据气象灾害发生情况，相关各级部门依法采取交通管制、停课、停工、停产、人员转移和疏散等应急处置措施等。　（毛晓平）

【商河县建立公路气象应急联动机制】 2月3日，商河县气象局和县公路管理局联合签署《公路气象应急联动协议》(以下简称《协议》)。《协议》规定，气象部门在预计出现大雾阴霾、降雨降雪、大风、冰雹等恶劣天气时，要在第一时间将预警信息提供给公路部门，公路部门立即启动应急预案，提前做好防范准备。《协议》要求公路部门提供县内S248线和S316线全部监控摄像点信息，气象部门随时了解道路情况。《协议》还规定，公路气象两部门每半年举办一次应急联动交流会，不断改进应急联动措施。

（毛晓平）

【济南气象局、气象学会获全国气象科普讲解大赛二等奖】 5月8日，中国气象局和气象学会联合举办了“2015年全国气象科普讲解大赛”。窦璐琳以《泉城科普的一道靓丽风景线》为参赛作品参加了全国气象科普讲解大赛，并获二等奖排名第五。　（殷　青）

【山东济南气象科普馆被命名为全国科普教育基地】 6月5日，济南气象科普馆被中国科协命名为2015~2019年度全国科普教育基地。自2014年3月23日开放以来，接待机关、企业、社会团体、学生、市民4万余人。先后被授予“山东省科普教育基地”“济南市科普教育基地”等称号。　（殷　青）

【济南市举办第一届气象行业职业技能竞赛】 8月4日，市气象局联合市总工会、妇联、人社局举办济南市第一届气象行业职业技能竞赛，市政府人影办、遥墙国际机场等9个代表队参加。决出团体奖2名、优秀组织奖2名、个人全能奖6名，12名选手分别获MICAPS V3.1平台操作、历史个例天气预报、实时天气预报和业务基础理论知识4个单项奖。获奖选手被市政府、总工会、妇联、人社局分别授予“济南市杰出技术能手”“济南市五一劳动奖章”“济南市巾帼建功标兵”“济南市技术能手”等称号。

（殷　青）

【济南市气象局完成重大气象灾害防御演练任务】 8月20日，全省进行重大气象灾害防御应急演练，市气象局完成演练任务。通过演练，检验和完善突发灾害性天气监测预报、风险预警、应急服务、重大活动保障工作，提高在重大灾害性天气情况下，制作发布预警信号、联防联动启动重大气象灾害预警防御应急预案等应急响应能力。

（毛晓平）

【济南市气象局全媒体演播室投入使用】 11月1日，市气象局全媒体演播室投入使用。演播室建筑面积256平方米，设置完整的包围式虚拟抠像区、站播实景区及访谈实景区3个区域。内部所有设备均采用国际知名品牌的广播级专业设备。购置的视音频设备，能够完成天气预报节目日常采编制作、图文包装，天气预报实景在线包装及高端访谈拍摄，实现演播室直播等功能，可重点对非线性编辑系统和多种类线缆铺设等进行专业化设计，达到电视台专业演播室级别的技术标准要求。　（毛晓平）

【济南市科学技术协会】 截至年底，市科协围绕中心任务，创新服务载体，打造服务品牌，推动科协事业实现创新发展。

1.为创新驱动发展服务。实施创新驱动助力工程，成立科技协同创新联盟4家、科技协同创新基地3家、企业协会协作工作站22家。提升学会服务创新能力，35家学会申报学会能力提升项目67项。举办济南市第七届学术年会。

2.为企业社会服务。围绕试点工作开展课题研究23项，征集科技工作者建议80篇，报送《科技思想库专报》15期。实施承接政府转移职能试点工作，14家学会承担了28项政府转移职能。开展海外智力服务济南基地建设，组织“海智专家泉城行”等系列活动，承办“中国科协2015年海智计划联席会议”。举办服务企业科技创新活动，建立院士专家工作站3家。举办“百名专家进百企”活动，78名专家走进企业开展技术咨询、项目对接102次。实施“创新工程师培训班”项目，培训科技工作者100余人。

3.为提高公民科学素质服务。打造“泉城科普”全媒体品牌，组织实施济南市“泉城科普”数字终端建设工程，在全市安装泉城科普全媒体阅览屏100台，开辟“泉城科普”视频专栏。利用《济南日报》《济南时报》开设专栏，发布各类文章50余篇。打造阳光100“智慧科普社区”，实现社区科普信息化功能。新建社区科普大学36所，95位老师任课，共授课2141节。新建网络社区科普大学，实现在线注册、在线学习。市科普体验中心免费对外开放，建设社区科普体验中心4处。建设社会化主题科普馆35个，培育命名各级科普教育基地114处，总面积5万平方米。实施科普惠农、科普益民计划，5个农技协、3个科普示范基地、2名先进个人，共获国家、省级科普惠农补贴139万元。举行提升全民科学素质集中宣传教育活动、山东省暨济南市全国科普日活动。组织第三十届济南市青少年科技创新大赛、第十二届济南市青少年机器人竞赛、第八届济南市青少年科技节等青少年科技创新活动，参与师生5万人次。

4.为科技工作者创新创业服务。全年在各级媒体刊发稿件200余条，宣传、表彰、举荐优秀科技人才。召开济南市第十届青年科技奖表彰大会，开展自然科学学术创新奖评选。实施飞翔计划，资助5位青年科技人员出国参加国际学术会议。开展《济南市青年科技奖获奖人员状况调查》，在《济南日报》报道做出突出贡献的10名优秀科技工作者。组织大学生创新创业竞赛，培育后备创新人才。

【创新驱动助力工程】 市科协起草印发《济南市科协关于实施创新驱动助力工程的意见》，成立创新驱动助力工程领导小组，开展引源借力行动，建立科技协同创新联盟、基地和工作站。7月17日，举行全省创新驱动助力工程济南创新谷示范区启动暨创新谷科技协同创新联盟成立仪式，中国电子学会、山东省科协、山东电子学会、济南创新谷四方签署创新助力协议。依托省、市学会，联系相关高校、企业，成立齐鲁纺织服装科技协同创新联盟、齐鲁餐饮营养科技协同创新联盟、齐鲁动漫科技协同创新联盟、创新谷科技协同创新暨产学研融合发展联盟4家联盟，建立科技协同创新基地3家，建立企业协会协作工作站22家。

【济南市第七届学术年会】 11月5日，济南市第七届学术年会开幕式暨主会场专家报告会举行。年会由市政府主办，市科协、科技局、经信委承办。年会以“创新驱动先行”为主题，包括开幕式暨主会场专家报告会、分会场学术活动。设立软实力与实施创新驱动发展战略论坛、全国纺织新材料新技术发展论坛等11个年会分会场。邀请姚穆、王超、张建云等18位院士专家来济作学术报告，2000余名科技工作者参与开展学术技术交流和研讨论证，交流论文300余篇。

【建设院士专家工作站】 市科协推进建设院士专家工作站，助力高端人才资源向企业集聚。调研总结济南市院士专家工作站工作，协调供排水监测中心院士工作站进站院士李圭白形成《进一步加强和规范济南市院士工作站建设的建议》。4月21日，市科协联合市发改委、经信委、科技局、国资委等部门举行院士专家工作站授牌仪式，促成中国科学院院士滕吉文与山东正元地球物理信息技术有限公司合作。在诺能生物技术有限公司、山东航空航天设计院新建2家专家工作站。截

2015年4月21日，济南市成立第三十一家“院士专家工作站”。 （市科协 供稿）

至年底，市科协在全市建立6个院士工作站，11个专家工作站。

【省会城市群经济圈科技创新联盟项目合作】 市科协汇集省会城市群经济圈企业需求，利用市科协专家资源优势，服务7地市企业科技创新。5月6日，组织济南16名专家赴莱芜17家企业进行科技咨询和项目对接。5月16日，在莱芜举办省会城市群经济圈科技创新联盟项目合作签字仪式暨创新驱动发展报告会，省科协和7地市科协代表、高校专家、企业代表等300人参加活动。促成山东大学、济南大学、齐鲁工大、山东交通学院、山东建筑大学的5位专家与6家企业合作。

【大学生创新创业行动】 市科协组织相关学会举办齐鲁大学生软件大赛、服装设计大赛、动漫大赛、工业设计大赛、创业计划竞赛、营养健康菜创意大赛、机器人大赛、服务外包外语大赛、制冷空调设计大赛9项大学生创新创业系列竞赛，全部列入省科协大学生科技节。承办大赛的各市级学会瞄准市场和企业需求，吸纳企业参与大赛，科学设置竞赛题目，推动大赛成果走向市场、走进企业，推动获奖选手的创业就业。大赛共有国内外100余所高校、2万余名学生参赛，收到作品6000余项，10余家企业支持参与大赛，3000余名学生获奖，并全部被企业优先录用。

【中国科协2015年海智计划联席会议】 9月9日，中国科协2015年海外智力为国服务行动计划联席会议在济召开。会议由中国科协与济南市政府联合主办，中国科协海智办、市人才办、科协联合承办。会议期间，中国科协海智办副主任方进报告年度工作情况，中国科协国际联络部部长、海智办主任张建生介绍离岸创新创业工作。深圳、上海、湖北科协分别介绍离岸基地建设试点工作情况。

【海智专家泉城行】 市科协全年开展“海智专家泉城行”系列活动14次，组织美国、荷兰、芬兰、瑞典等国家及台湾等地区59位海外专家参加活动。9月7~10日，由市人才办、科协主办的“海智专家泉城行”推介洽谈会举办，海外专家及有关园区、企业120余人参加活动。会上介绍济南市引才政策，10位专家推介技术项目，园区、企业代表与项目专家进行洽谈交流。24位专家与42家企业、科研院所等达成技术合作意向。

【阳光100智慧科普社区】 阳光100智慧科普社区是由市科协、槐荫区科协运用“互联网+科普”双引擎打造的“智慧科普社区”试点。截至年底，是山东省唯一的此类型科普社区。该项目安装14平方米大型科普宣传屏1块，10米长电子科普宣传栏4块，网络科普宣传屏240台，智能科普WiFi推送系统20个点位，科普展示架220套，室外科普宣传屏5台，户外LED文字科普宣传屏10个共16平方米，科普环保标示牌1000个，现代化的科普设施使社区内3万余名居民受益。

（施泉玉 徐 倩）

【济南市社会科学界联合会】 市社科联带领全市社科工作者开展理论研讨、社科普及、学会建设等工作，注重抓品牌培育、质量管理、制度建设，各项工作取得新成效。在第二十六次全国大中城市社科联会议中，济南市社科联被评为全国先进社科组织。

1.组织理论研究服务。上半年举办“弘扬中华优秀传统文化与意识形态建设”研讨会，下半年举办“建设现代泉城：济南发展新境界”研讨会。组织发动基层学会开展专题研讨与讲座20余场次，完成省、市社科规划课题工作，申报的《科学推进济南市海绵城市建设问题研究》《精益企业文化的创新研究》2项课题获省级人文社会科学课题立项。

2.开展社科知识普及工作。组织开展山东省暨济南市第十二届社会科学普及周活动。根据公众需求把社科知识融入到活动之中，分开幕式、主题讲座、专题活动、学会活动4大板块。推进社科普及阵地建设，依托济南“五三惨案”纪念园社科资源，成立“山东省社会科学普及教育基地”，推荐商河县龙桑寺镇等2个乡镇为省级社会科学普及示范乡镇，章丘市双山街道三涧溪村等15家村居为省级社会科学普及示范村居。

3.加强社科组织规范建设与管理。组织直属社团开展年检工作，从思想、组织、制度、业务等层面加强建设与管理，推动学会制度化、规范化建设。指导市传统文化研究会、舜文化研究会完成换届，筹备成立市校企合作研究会。指导学会开展一系列学术活动，市图书馆学会“书香泉城”、市传统文化研究会“济南大学生传统文化论坛”、槐荫区社科联“百姓宣讲团”等活动凸显学会创新能力和水平。在10月召开的第二十六次全国大中城市社科联工作会议上，市职业学院社科联、槐荫区社科联2家基层社科组织获“全国大中城市先进社科组织”称号，基层学会2名社科工作者获“全国先进社科工作者”称号。

4.编辑出版《社科论坛》。策划开设“高层论点”“改革热点”“文化教育”“济南市情”“历史星空”等栏目，刊发具有原创性、深度性和决策参考性理论文章，宣传济南地方经济、文化、社会发展。全年编辑出版《社科论坛》6期，约50万字，《社科论坛》被评为山东省优秀内部期刊。

（苑　红）

【举办主题学术年会】 组织开展以“四个全面与济南新发展”为总主题的学术年会，分两个专题进行。上半年举办“弘扬中华优秀传统文化与意识形态建设”研讨会，省、市社科界30余位专家学者，从当今中国为什么要弘扬中华优秀传统文化、弘扬优秀传统文化与树立文化自信、推动意识形态建设应把握的着力点等方面进行研讨，这既是济南市社科界主题学术年会专题活动，也是山东社科论坛一次专题研讨。下半年围绕全市“打造四个中心，建设现代泉城”工作总目标组织召开“建设现代泉城：济南发展新境界”研讨会，研讨会围绕全市“打造四个中心，建设现代泉城”工作总目标，从济南发展新坐标新境界、推进济南“北跨”战略实现融合发展、打造全国性大宗商品交易中心等方面进行探讨。“弘扬中华优秀传统文化与意识形态建设”研讨会被评为山东社科论坛优秀研讨会，并获奖励资助。（苑　红）

2015年5月17日，山东省暨济南市第十二届社会科学普及周开幕式在山东大厦举行。

（市社科联　供稿）

【社科专家基层行】 5月28日，社科专家基层行活动在天桥区北村街道办事处举行。山东青年政治学院教授张华受邀以“如何做好家庭教育”为主题，为北村街道干部和社区群众进行专题辅导。活动期间省、市社科联共同向基层群众赠送《图说法治山东》口袋书和社科普及读物200余册。（苑　红）

【济南社会科学院】 1.科研项目成果显著。立项并完成省、市、院社科研究课题33项。完成山东省社会科学规划研究项目《“中国梦”人民幸福内涵的理论渊源及实践价值研究——基于“中国梦”对于建设“幸福山东”的指导意义视角》；初步完成《济南打造区域性科技创新中心研究》《济南打造区域性物流中心研究》《现代泉城建设研究》3项济南市重大社科规划课题；5项市社科规划重点项目《文化中心的形成机制及济南建设区域文化中心的策略选择》《济南水生态文明建设支持体系研究》《“中国梦”的人民幸福内涵及实践途径研究》《改进和完善济南市营商环境研究》《济南市战略性新兴产业空间研究》和1项一般项目《济南新型城镇化进程中的农民工市民化问题研究》于3月完成结项；完成《济南实施创新驱动战略研究》《国内小城镇城镇化典型案例研究》《济南战略性新兴产业发展问题研究》《济南社会管理创新研究》4项院重大课题，9项所重点课题，10项一般课题。完成横向联合课题及其他课题10余项，全年编辑出版《济南社会科学》6期。

2.深化社会主义核心价值观研究。①组建研究和宣讲2支队伍。整合省会社科研究资源，从省直高校、研究机构和市直有关部门分别聘请刚刚退休的领导和专家为特聘专家和宣讲专家，在院内挑选专业方向相近8位科研人员担任特聘专家助手，于1月23日、2月5日召开特聘专家和宣讲专家座谈会。②推进社会主义核心价值观研究。以济南市如何培育和践行社会主义核心价值观为主题，组织专家研究论证，策划一批研究课题，中心研究人员撰写理论文章，在省级以上刊物发表文章6篇，其中《公共文化服务与社会主义核心价值观的培育践行》一文在《光明日报》发表；编辑出版专著《中华隽语箴言集萃》；与山东东方历史研究中心、济南大学合作，着手撰写《社会主义核心价值观生成史》（三卷本90万字）书稿。③组织开展学术交流研讨活动。为全面准确概括提炼好“济南人的价值观”关键词，邀请省市社科界知名专家学者、道德模范代表、知名作家、民间学者和市民代表等社会各界人士，于6月11日、19日分别召开“济南人的价值观”研讨座谈会，概括提炼4组关键词：崇正气、尚文化、存宽厚、求开拓、守规矩；若水、崇文，忠孝、敢当，求精、求新；崇文尚武、尊师重道、宽厚豁达、诚信担当；大德大气大智慧、大义大节大抱负。深化“济南人的价值观”研讨，着手《济南人的价值观》文集编撰工作。6月26日，与市委宣传部、光明日报社理论部邀请全国知名专家学者联合举办“2015济南社会主义核心价值观”高层论坛，围绕社会主义核心价值观重大理论和现实问题进行研讨，《光明日报》专版介绍论坛实况和专家发言。④开展社会主义核心价值观宣传宣讲活动。3月23日，与市委讲师团联合举办“天下泉城”大讲堂——社会主义核心价值观专题报告会，邀请中国孔子研究院院长杨朝明教授为市直机关党员干部作《成人之道与为政以德》报告。6月12日，在槐荫区青年公园街道办事处举办“社会主义核心价值观宣讲活动”启动仪式，邀请研究中心特聘专家扈书乘为全体党员干部作《人生正道与为政之德》主题报告。中心特聘宣讲专家为历下区建筑公司全体党员干部作辅导报告。

3.推进重大课题研究。①紧贴市委中心工作，做好市领导交办重大课题。市委十届八次全会确立“打造四个中心，建设现代泉城”奋斗目标。按照市领导要求，组织精干科研力量，整合省会研究资源，组建《济南打造区域性科技创新中心研究》《济南打造区域性物流中心研究》《现代泉城建设研究》3个重大课题组，由3位院长牵头，协同创新，联合攻关，召开调研座谈会十几次，反复论证写作提纲。《济南打造区域性科技创新中心研究》从分析济南科技创新的基础条件、资源禀赋及优势条件出发，运用分析比较的论证方法，从15个副省级城市的分析比较中，推演出济南打造区域性科技创新中心的指标体系，借鉴国内外先进经验，提出打造区域性科技创新中心的目标定位、建设路径和保障措施。《济南打造区域性物流中心研究》根据区域性物流中心运行机制原理，立足济南实际，通过借鉴发达城市物流中心建设经验，提出建设区域性物流中心政策建议。《现代泉城建设研究》立足泉水特色，系统梳理泉水文化研究成果，将古老与现代相结合，突出现代济南特征，为济南建设现代泉城提供方向性的建议和思路。②组织实施院重点课题研究。围绕新一届市委“打造四个中心，建设现代泉城”新思路新目标，以市委、市政府重点关注、社会普遍关心热点难点问题为主攻方向，将经济新常态下济南发展战略定位、培育新经济增长点、新型城镇化和新型社区建设、保障改善民生、社会治理、大众创业万众创新等全市重点工作列入重要研究选题，通过公开征集、专家论证等形式，确定9个院重点研究课题和10个一般课题。

4.推进济南历史文化研究。①做好七卷本《济南通史》修订工作。整合省会历史文化研究资源，聘请史学界权威教授安作璋先生为总主编、省会历史学界专家为分卷主编，于5月、8月、12月分别召开《济南通史》修订工作启动会和调度会，各位专家反复查找补充史料，打磨修改提纲，做好修订工作。②配合全市城市建设开发工作，以历史文化研究成果服务省会城市建设。受市政府委托，承担《华不注山历史与文化研究》重大课题，聘请专家学者和民间学者参与课题研究，先后召开两次调研座谈会、专家座谈会，对课题撰写大纲进行讨论，截至年底，完成大纲细目撰写。

5.学习借鉴先进社科院经验。①学习领会中央和省委关于新型智库建设文件精神。2014年11月，中办、国办下发《关于加强中国特色新型智库建设的意见》（中办发〔2014〕65号），对加强中国特色新型智库建设进行顶层设计。9月，省委办公厅、省政府办公厅印发《关于加强中国特色新型智库建设的实施意见》（鲁办发〔2015〕42号），对山东省新型智库建设作出全面部署。这两个重要文件下发后，院党组多次学习讨论，认识到建设中国特色新型智库是党中央作出的一项重大战略决策，是社科院建设发展的重大机遇，必须抓住这一千载难逢的历史机遇，建设与现代泉城相适应的新型智库。②学习先进城市社科院的经验做法。8月，院领导应邀参加全省智库联盟首届论坛，学习山东社科院实施创新工程的经验做法，加入山东省智库联盟。11月，市社科院应邀参加第二十五次全国城市社科院院长联席会议暨首届全国城市社科院智库联盟会议，向全国先进城市社科院学习实施创新工程、建设新型智库经验，并加入全国城市社科院智库联盟。③做好实施创新工程准备。实施创新工程是一项涉及人事、科研、管理、财务、收入分配、体制机制等方面的全方位改革，是体制机制的全面创新。院党组就实施创新工程的有关问题向市分管领导作专题汇报，争取市领导支持。责成相关职能处室着手研究制定实施方案，争取尽早启动实施。

6.加强机关党建和作风建设。开展“读好书、写好字、做好人”主题教育活动，发挥基层党组织凝聚人、团结人、帮助人的作用，培育形成具有院特色的职业精神。注重加强人才队伍建设，协调有关部门做好人才队伍建设，优化科研人才队伍结构，提升全院人才队伍素质。2人获市拔尖人才称号，1人获“泉城英才”称号，1人获“泉城文化之星”称号，3人晋升正科级职务。做好“第一书记”对口帮扶村工作，协调有关部门争取项目资金为帮扶村办实事，完成平阴县长尾崖村各项帮扶任务，长清区孙庙村帮扶工作获好评。

（梁永贤）

责任编校　胡映雪　王　炜

【概况】 年内，市文广新局以“文化创新年”活动为抓手，以文化惠民为重点，改进作风，提高服务效能，各项工作取得新进展。

1.完成重大阶段性任务。①中国非物质文化遗产博览会永久落户济南。经国家文化部、省政府批准，中国非物质文化遗产博览会永久落户济南，填补济南市没有国家级永久文化展会的空白。年内已形成初步承办方案，并按照专业比赛由专业机构承办的原则，与山东省工艺美术学院等单位对接，拟定手工艺大赛和民歌大赛承办工作方案，形成初步策划思路。②举办第二十二届国际历史科学大会济南章丘卫星会议。8月23~24日，第二十二届国际历史科学大会济南章丘龙山文化卫星会议在章丘市举行，来自国内外的60余名专家学者围绕“比较视野下的龙山文化与早期文明”进行研讨和交流。作为会议筹备工作单位之一，市文广新局与山东大学、章丘市政府等单位协调沟通，多次研究卫星会议具体内容、会议需求和筹备等，制定《第二十二届国际历史科学大会龙山文化卫星会议工作保障实施方案》。③举办第十一届中韩著作权研讨会。中韩著作权研讨会是由国家版权局与韩国文化体育观光部共同主办的国际版权会议，是中韩两国间开展版权领域合作与交流的平台。中韩专家以“新形势下的作品保护以及应用”为主题，针对中韩文化交流中的版权贸易、版权业务进行交流。

2.三项试点工作进展顺利。公共文化法人治理结构试点工作，完成全国试点单位市群众艺术馆、全省试点单位市美术馆、全市试点单位市图书馆公共文化法人治理结构试点工作，“三馆”分别成立理事会；公共文化服务标准化试点工作，召开全市公共文化服务体系建设工作会，组建由25个部门组成的济南市公共文化服务体系建设协调机构，建立职责明确、分工协作、目标清晰、统筹有力、运转有效的公共文化服务体系建设协调运转机制；互联网上网服务行业转型升级试点工作，鼓励上网服务企业探索由单一的上网服务转型为多业态经营模式，逐步把上网场所办成多功能文化消费场所，评出首批11家“济南市互联网上网服务行业转型升级示范单位”。

3.文化惠民活动创新发展。①探索开展全市文化惠民交流演出季活动。采取市里统筹、县（市）区组织、艺术院团配合、群众参与的方式，选拔县（市）区及市属院团优秀节目，于5月、9月，组织开展2次文化惠民交流演出季活动，共举办演出40场。②专业艺术院团公益演出活动实行“点单式”服务。创新公益演出模式，采取各县（市）区点单邀请和市属艺术院团自主演出相结合的方式，开展公益演出走基层活动，深入乡镇农村、街道社区、厂矿企业、学校军营等，举办公益演出349场，超额完成300场的目标任务。③推进为民办实事项目。新创建40个基层群众文化活动示范点，扶持推进100个特困村文化大院建设，与市财政局联合制定特困村文化大院建设“以奖代补”政策，补助标准提高到每村5万元。各县（市）区局成立专门机构，指派专人负责，与下派村第一书记对接，督促文化大院建设。此外，完成5个街道办事处、20个社区文化中心、150个农村文化大院、100个基层综合文化服务中心建设。全市农村放映电影54916场，观众1300余万人次，超

2015年5月13日，文化惠民交流演出季活动全面启动。（市文广新局 供稿）

额完成年度放映任务。④提高公共文化单位服务能力。年内，市图书馆被评为全国文明单位，接待读者152万人次，举办读者活动217场次、20余万人次参加，老馆改造项目如期完成并对外开放。艺术馆组织公益性文化展示展演活动170余场次，受众60余万人次；举办公益性艺术辅导培训145个班次，深入文化辅导点、示范点辅导2928次，5856课时，受众11余万人次。美术馆组织创作作品600余幅，先后举办“世纪新风度——21世纪中国画名家学术巡回展”“春风拂面——当代女画家联展”等大型展览60场，参加美术展览100余场，观众30余万人次。市博物馆举办临展、流动展60余个，观众20余万人次；蔡公时纪念馆、老舍纪念馆接待观众8万余人次；市博物馆被评为“山东省科普教育基地”“山东省十佳博物馆”，蔡公时纪念馆被评为“山东省爱国主义教育基地”。

4.艺术创作演出增效创收力度加大。制定艺术院团增效创收考核办法，重点扶持吕剧《皇上英明》、京剧《雏凤骊歌》、儿童剧《抗战中的孩子剧团》等10个项目，进一步加工提高新编京剧《孔圣之母》、话剧《茶壶就是喝茶的》、儿童剧《我的麦哲伦海峡》等剧目。成立济南艺术创作研究人才网络暨济南艺术创作交流平台，促进艺术创作发展。济南儿童艺术剧院“情系新疆万里行——优秀剧目巡演”、市京剧院新编现代小戏《账本》，以及济南艺术研究院孟璇、市歌舞剧院邵荣震入围国家艺术基金2015年度资助项目；儿童剧《我的麦哲伦海峡》入选山东省舞台艺术精品工程2014~2015年度“精品剧目”；话剧《茶壶就是喝茶的》、京剧小戏《账本》入选山东省舞台艺术精品工程2015~2016年度初选剧目；京剧《孔圣之母》、吕剧《家有贤妻》、山东梆子《仇亲》入围山东省地方戏振兴和京剧保护扶持工程2015~2016年度入选项目。6月5日，由济南市儿童艺术剧院创排的国内首部环保题材儿童剧《绿色的梦想》在杭州参加第八届全国儿童剧目展演。举办“济南市纪念中国人民抗日战争暨世界反法西斯战争胜利70周年”优秀剧目展演、第六届“泉荷奖”济南市新剧目评比展演、第二届“相约大剧院·欢乐满泉城”济南市文化艺术惠民展演、第四届新青年大学生戏剧节、首届“向阳花”大学生流行音乐节等系列活动。市属6家艺术院团完成国内外演出2671场，实现收入1997万元，同比分别增长58.42%和127.6%。省会大剧院完成经营性演出167场，营业收入632万元，平均上座率77.5%，观众近15万人次。

5.推进文化遗产保护传承工作。①全面完成百座博物馆建设工程。组织成立济南博物馆协会，各类博物馆、纪念馆达180座，基本形成公共博物馆引领、行业和民办博物馆特色鲜明的博物馆体系，获评2013~2014年影响济南文化事件、第二届山东省文化创新奖。②重点文物保护维修工程取得新进展。完成城子崖遗址西城垣保护展示等20余个重点文物保护项目的立项、申报等工作，其中9项获国家文物局批准，申请全国重点文物保护专项补助资金3358万元；完成齐长城源头保护与展示一期工程，启动平阴县学文庙、济阳卢氏旧居等一批文物保护修缮项目；提升改造章丘旧军孟洛川纪念馆、历城相公民俗博物馆陈列展览等。章丘三德范村、长清方峪、平阴南崖村等18处被公布为省第一批“乡村记忆”工程文化遗产。③全市勘探考古发掘及可移动文物普查工作取得成果。对琵琶山万人坑遗址、国道220平阴段等进行勘探调查，总面积达100.3万平方米，考古发掘约1600平方米，发掘墓葬19座；抢救性发掘凤凰路9座宋元墓，在其中发现济南首座舟型墓。“济南魏家庄遗址出土铁器保护修复”作为全国首个大型铁器修复项目顺利结项，通过中国社科院专家组验收。可移动文物普查工作进展顺利，采集上报文物信息31779件（套）、计110833件。④文物安全保护手段更加科学。完成省级文物保护单位山东红十字会诊所旧址、闵子骞墓、华阳宫保养维护工程，以及孝堂山郭氏墓石祠、四门塔、千佛崖造像、灵岩寺等全国重点文物保护单位的安全防范工程。分别在长清区和平阴县建立文物安全监控中心，与公安等部门联动，实现对野外文物保护单位的24小时巡查监管。开展县及县以下历史文化展示工程，市博物馆及县（市）区建设任务基本完成。非物质文化遗产传承保护有新起色。评选出本年度市级非物质文化遗产代表性传承人34名。

6.开展文化产业及对外文化交流活动。建立县（市）区文化产业联席会议制度，开展文化产业先进单位创先树优工作。配合完成现代泉城文化融合发展博览会招展、参展、论坛、拍卖会等组织协调工作，组织参展项目32个，文艺演出8场。组织全市14家重点企业参加“名人分享坊”、CEO论坛、跨界融合品牌授权等活动。全市出版物发行单位向网络发行转变速度加快，其中山东中教产业发展有限公司网络销售总额较大，网上营业额排名全国前十。创建省级文化产业示范园区取得新突破，济南西城集团成为全市首家省级文化产业示范园区；省级以上文化产业示范基地达14家，居全省前列。各县（市）区基本完成农村电影室外固定放映点建设任务，建成室外固定放映点72个；成立全省首家城市电影放映行业合作组织——济南市城市影院联盟；全市城市电影院线增至13条，有数字影院38家、银幕257块，票房3.29亿元，同比增长41%。市杂技团、市歌舞剧院、济南画院等18个团组240人次赴国外进行演出交流或展示活动。其中，市杂技团在美国布兰森市进行为期一年的驻场演出。6月2日，“济南杂技团粉墨剧院”在美国密苏里州布兰森市揭牌，这是济南市第一个在美国以专业剧团剧目命名的剧场，布兰森市将这一天定为“中国杂技日”。

7.提升行业管理及机关综合保障能力。梳理公布行政权力清单、责任清单，推进行业普法工作。依法履行文化广电新闻出版行业审批职责，受理审批事项3986件，同比增长166%，办件零超时、零差错、零投诉，办结率和群众满意率均为100%。完成卫星传送电视节目接收单位、广播电视节目制作单位、印刷企业、出版物经营企业等许可证年审换证和年度经营数据的汇总统计工作。落实上级有关广播电视宣传工作的要求和纪律，确保全年尤其是“春节”“两会”“中国人民抗日战争暨十届反法西斯战争胜利70周年纪念大会”“国庆”等重要保障期安全播出无事故。先后在章丘、长清、平阴开展中央广播电视节目无线数字化覆盖工程，举办济南市首届电子竞技联赛。先后开展职工技术创新竞赛、慈心一日捐等活动，协调推进“三馆”质量整改、物业管理以及艺术大厦后续工作。各项资金支持力度加大，年度文化文物资金近2000余万元，争取文化交流季、历史文化展示等资金3000余万元。推荐“建功立业”“富民兴鲁”“安康杯”“五一劳动奖状（章）”等先进集体5个、先进个人6人，多人获济南市道德模范、最美家庭等称号。年内，出版《泉城文化》6期、5000余册。在中央、省和市级媒体刊发宣传报道1500余篇（次），专版报道8个。局网站发布信息680条，在文化部、省厅局及市委、市政府刊发信息80余篇次，其中被国务院办公厅采用专稿1篇。（王勇慧）

【文化市场管理】 截至年底，全市具有合法经营资格的文化市场经营单位1310家，其中娱乐场所249家、艺术品经营单位156家、上网服务营业场所752家、各类演出团体153家。对上年度文化市场数据采集、统计以及审核工作进行安排部署，完成全市文艺表演团体、娱乐场所经营单位、互联网上网服务营业场所3类共计1040家文化市场经营主体的录入工作；开展互联网上网服务行业转型升级、文化市场行政审批检查、美术品经营备案管理工作现场会、艺术品市场法制宣传周、文化市场管理工作考评等重点工作。（秦　鐾）

【调整部分审批管理事项】 《文化部、工商总局、公安部、工业和信息化部关于加强执法监督、完善管理政策、促进互联网上网服务行业健康有序发展的通知》（文市发〔2014〕41号）规定：取消各级文化行政部门对上网服务场所的总量和布局要求；取消对上网服务场所计算机数量的限制，场所最低营业面积调整为不低于20平方米，计算机单机面积不低于2平方米；实行先照后证管理，从事互联网上网服务经营活动的上网服务场所，应当向县级以上地方人民政府文化行政部门提出申请，文化行政部门应当自收到申请之日起15个工作日内作出决定，经实地检查并审核合格，发给《网络文化经营许可证》；经审核不合格，应当向申请人书面说明理由。申请人依法取得《网络文化经营许可证》后，方可营业。

《文化部关于落实“先照后证”改进文化市场行政审批工作的通知》（文市函〔2015〕627号）规定：简化申报材料，在受理《营业性演出许可证》《娱乐经营许可证》《网络文化经营许可证》申请业务时，工商行政部门已登记核准的经营主体名称、住所、注册资本、经济类型、法定代表人或者主要负责人等事项，以营业执照载明内容为准，文化行政部门不再要求提供办理营业执照时已经提供的材料。落实注册资本登记制度改革工作，取消设立经营性互联网文化单位最低注册资本100万元、从事网络游戏经营活动最低注册资本1000万元的限制，文化行政部门在审批演出经纪机构、演出场所、娱乐场所、网络文化等经营单位设立时，不再要求申请人提供相关验资报告或者资金证明及设立章程、合同、企业管理制度等材料，国家对外商投资有明确规定的以外。简化经营场所登记手续，取消文化行政部门对含有电子游戏机的游艺娱乐场所、互联网上网服务营业场所总量和布局规划的要求，市文广新局不再参与演出经纪机构、经营性互联网文化单位发证前的验收审核工作。 （秦　鋆）

【互联网上网服务行业转型升级工作】 年内，在全市10个县（市）区和高新区开展试点工作，按照经营多元化、服务专业化、配置高端化、环境优雅化标准，评选出16家“济南市互联网上网服务行业转型升级示范单位”。举办全市首届电子竞技联赛，在全市16个指定赛点举办比赛200余场次。 （秦　鋆）

【文化市场综合行政执法概况】 全市文化执法工作围绕“打造四个中心，建设现代泉城”中心任务，以保障纪念抗日战争胜利70周年、第二十二届国际历史科学大会、创建国家卫生城市等重大活动、重点工作期间文化市场安全稳定为抓手，开展“文化创新年”活动，做好网吧娱乐演出、广电传媒、新闻出版市场监管和“扫黄打非”工作，整治网吧违规接纳未成年人、非法安装使用卫星电视接收设备、非法侵权等问题。截至年底，检查各类文化经营单位21157家次，查处各类案件366起，移交公安机关立案查处5起。市文化执法局被评为全国“扫黄打非”先进集体及全国查处侵权盗版案件有功单位。

1.加强网吧、电子游艺和娱乐演出市场监管。①创新网吧市场监管模式。实施网吧分级分类管理，研究制定《关于网吧市场分级分类管理的实施方案》，将上年度有违规接纳未成年人记录的网吧，视违规经营轻重程度，分成三个等级进行分类监管。推行网吧市场双随机抽查机制，建立市场主体和执法人员双名录库，实行随机抽取检查对象、随机选派执法检查人员“双随机”抽查工作模式。3次随机抽查行动中，抽查网吧132家次，查处

济南市文化市场综合行政执法局开展印刷企业集中整顿行动 （市文化执法局　供稿）

各类违规经营行为28起。加强网吧实名登记管理，与市文广新局、公安局联合出台《关于进一步加强互联网上网服务营业场所实名登记管理工作的通知》，全市网吧统一由公安部门安全管理系统进行实名登记。截至年底，检查网吧经营单位4200余家次，立案调查71起，调查终结并结案行政处罚67起。②开展农村文化市场集中整治行动。对农村地区营业性演出单位和演出活动进行摸底排查，建立健全农村文化市场管理台账，加强农村演出市场薄弱环节监管，检查农村营业性演出单位和各类演出活动400余家次，查处违规演出活动18起。③加强娱乐经营场所监管。重点打击娱乐场所违规接纳未成年人、超时经营等违法违规经营行为，严厉查处电子游艺场所擅自变更机型机种和机器数量等违规问题，全年检查娱乐经营场所1200余家次，取缔无证经营单位6家。

2.规范广电市场秩序。①开展查处卫星电视信号干扰专项行动。针对部分县（市）区出现的卫星电视节目干扰信号，分阶段开展专项排查、监测与查处行动，依法拆除非法设备15套。②开展查处非法广播电台专项行动。联合市无管办、公安局等部门，组织开展4次大规模集中检查行动，对全市非法广播信号展开全方位排查，查获无人值守非法广播电台50座，收缴大批无线电发射配套设备。③加强非法卫星地面接收设施（简称“小耳朵”）监管。开展打击非法销售、安装、使用“小耳朵”和违规接收传输境外卫星电视节目专项行动，加强对家电小商品批发市场、城乡村居小区、三星级以上宾馆酒店的执法检查，查缴“小耳朵”10849套，会同有线电视节目传输机构，完成卫星电视接收设施置换有线机顶盒7512套。④加强视听节目监管。开展信息网络非法传播视听节目专项整治行动，立案查处“爱看电影网”传播淫秽色情视频等一批案件，责令124家网站限期整改，关停非法网站86家，删除有害视频37000余部。

3.净化出版物市场环境。①组织开展全市出版物市场集中清查。开展“两节”“两会”“五一”“十一”期间和暑期出版物市场集中清查行动，重点加强对出版物集中经营场所、繁华街区、旅游景点、校园周边等区域的执法检查，严厉打击各类侵权盗版和非法出版行为。②组织开展印刷企业集中治理。联合文广新、公安、城管、工商等部门，加大对全市各类印刷企业执法监管和法律法规宣传，检查印刷企业350余家次，查处各类案件30余起。③推进“扫黄打非”工作。研究制定《济南市2015年“扫黄打非”行动方案》，组织召开全市“扫黄打非”工作电视电话会议和全市“扫黄打非”工作推进会议，协调全市各级文化执法机构和“扫黄打非”成员单位，开展“清源”“净网”“秋风”“固边”“护苗”五大专项行动，依法严查各类侵权盗版及非法出版物制售行为，查处刑事案件8起，依法查缴各类非法及盗版出版物80余万册（盘）。

4.加强执法队伍建设。①加强法治机关建设，完成权力清单50个大项、206个子项和责任清单事项。②抓好业务学习培训。组织举办说理式执法文书应用培训班和文化市场行政执法领导干部能力提升研修班。汇编印发《文化市场综合行政执法公共行政法律法规》，承担文化部《擅自从事广播影视节目视频点播案件查处要点》课题。参加全省执法案卷评查活动，全市推报5件执法案卷有4卷获奖，在全市依法行政知识竞赛中获第二名。③提高整体办案质量。推进新执法办公系统应用，执法案件实现通过执法办公平台和行政电子监察系统网上办理，案件办理实行三级审核制度，强化从立案到结案的审核监督。④组织开展全市文化市场交叉执法检查活动。制定交叉执法检查方案，在各县（市）区开展文化市场综合行政执法工作交叉检查。

5.提高文化执法社会影响力。①加强新闻宣传报道。加大对文化市场管理法律法规和文化执法工作动态的宣传力度，做好社会舆论引导，在山东电视台、济南电视台及《大众日报》《济南日报》等省、市新闻媒体播出和刊发新闻报道20余篇，编发《济南市文化市场管理和“扫黄打非”工作简报》26期，在全国、省、市政府网站刊发信息150余篇。②开展社会宣传活动。组织举办山东省暨济南市侵权盗版及非法出版物集中销毁活动和非法卫星电视地面接收设施集中销毁活动，销毁各类侵权盗版及非法出版物15万余件、“小耳朵”10360套，向群众发放《侵权盗版出版物和非法出版物基本辨别常识》宣传材料

1000余份。组织法律法规进校园活动，联合公安、教育等部门在历下区甸柳新村第一小学开展“尊重知识、保护版权、支持正版、抵制盗版”教育活动。③畅通案件举报和社会监督渠道。做好12345、12318等渠道举报受理工作，办理全市448件群众举报案件，举报查处率和回复率100%，12345市民服务热线办结满意率96.6%。 （陈海燕）

【概况】 全年推进公共文化服务体系建设。法人治理结构试点任务取得突破，公共文化服务标准化试点全面推开，公共文化服务体系建设协调机制建立；公共文化设施方面，推进100个特困村文化大院建设，打造40个规范化公共电子阅览室；人才队伍建设方面，举办基层公共文化业务培训班，开展第三批基层群众文化活动示范点创建活动，为第二批示范点配备服装、乐器等设备。

继续开展非遗保护工作。公布第五批市级非遗项目名录和2015年度市级非遗传承人，申报第四批省级非遗项目；文化部确定非物质文化遗产博览会落户济南；开展历史文化展示工程和庆祝国家第十个“文化遗产日”系列活动；申报国家级、省级非遗项目和非遗传承人资金，推进市级非遗专项资金申报工作。

（邢　杰）

【“三馆”理事会成立】 3月13日，市群众艺术馆、市美术馆、市图书馆理事会成立大会在市图书馆举行。根据理事会章程，首届“三馆”理事会设13或15名理事，通过委派、推选、公开招募等方式产生，由举办单位、有关政府部门、职工代表、服务对象和其他有关方面的代表组成，理事长由市文广新局分管领导担任。理事会召开了首届理事第一次会议，起草制定理事会决策失误追究制度、审计和绩效评估制度、年度报告制度等相关配套制度。 （邢　杰）

【公共文化服务体系建设协调机制建立】 4月16日，召开全市现代公共文化服务体系建设工作会议，建立全市公共文化服务体系建设协调机制。参照国家、省协调组模式，全市建立了由宣传部、文广新局带动，市编办、市文明办、市发改委、市教育局、市科技局、市民政局、市财政局等25个部门组成的公共文化服务体系建设协调机制；建立公共文化服务体系建设协调机制，推进各部门与系统的公共文化设施、队伍和资源整合，把公共文化服务体系建设的各环节协同起来，构建起系统完善、科学规范、运行有效的制度体系，提升政府的文化治理能力。 （邢　杰）

【举办第五届“书香泉城”全民阅读节活动】 4月，举行第五届“书香泉城”全民阅读节活动启动仪式，本次全民阅读节共组织“济南市读书朗诵大赛”、“书香泉城”济南市换书节、“‘国学状元堂’中华优秀传统文化知识大赛”等29项活动，其中部分活动贯穿全年。

（邢　杰）

【市政府公布第五批市级非遗项目名录】 5月6日，市政府公布第五批市级非物质文化遗产代表性项目名录和扩展项目名录，共批准市级非物质文化遗产代表性项目名录34项，批准市级非物质文化遗产代表性项目名录扩展项目名录13项。

（邢　杰）

2015年4月16日，全市现代公共文化服务体系建设工作会议召开。

（市文广新局　供稿）

第五批市级非物质文化遗产代表性项目名录

（共计 34 项）

民间文学

序号	项目编码	项目名称	申报单位
1	Ⅰ-48	危山圣井的传说	章丘市文化馆
2	Ⅰ-49	永济桥传说故事	平阴县文化馆
3	Ⅰ-50	玉皇庙的传说	商河县文化馆

传统音乐

序号	项目编码	项目名称	申报单位
1	Ⅱ-10	雷琴艺术	济南市群众艺术馆

传统舞蹈

序号	项目编码	项目名称	申报单位
1	Ⅲ-21	太平寸子	济阳县文化馆
2	Ⅲ-22	罐子灯舞	平阴县文化馆

传统体育、游艺与杂技

序号	项目编码	项目名称	申报单位
1	Ⅵ-7	济南“石担、石锁”	历下区文化馆
2	Ⅵ-8	济南八卦掌	山东东方八卦太极拳研究推广中心
3	Ⅵ-9	济南燕青拳	济南精武燕青习拳社
4	Ⅵ-10	济南弹腿门	市中区文化馆
5	Ⅵ-11	传统戏法《仙人摘豆》	山东省杂技家协会
6	Ⅵ-12	平阴独轮车	平阴县杏坛文化艺术中心
7	Ⅵ-13	武术（串膀锤）	商河县文化馆
8	Ⅵ-14	口技	济南市群众艺术馆

传统美术

序号	项目编码	项目名称	申报单位
1	Ⅶ-12	济南叶雕	市中区文化馆
2	Ⅶ-13	柳埠荆雕	历城区文化馆
3	Ⅶ-14	雕塑艺术	章丘市文祖登攀木质工艺品加工部
4	Ⅶ-15	济阳钩绣	济南腾达纺织品有限公司
5	Ⅶ-16	济南机绣	历下区文化馆
6	Ⅶ-17	济南结艺	槐荫区文化馆

传统技艺

序号	项目编码	项目名称	申报单位
1	Ⅷ-43	古陶瓷修复技艺	历下区文化馆
2	Ⅷ-44	刘派修脚技艺	济南刘式修脚堂
3	Ⅷ-45	扎龙技艺	市中区文化馆
4	Ⅷ-46	鲁菜烹饪技艺	山东颜氏厨艺联谊会
5	Ⅷ-47	超意兴把子肉及相关系列菜品制作技艺	济南超意兴餐饮有限公司
6	Ⅷ-48	传统锔补修复技艺	天桥区文化馆
7	Ⅷ-49	章丘香包刺绣技艺	章丘市文化馆
8	Ⅷ-50	柳编（崔寨德兰柳编技艺）	济南宏润农业科技有限公司
9	Ⅷ-51	小磨香油制作技艺	商河县鑫源小磨香油坊
10	Ⅷ-52	传统和香制作工艺	山东慧通香业有限公司
11	Ⅷ-53	书画装裱技艺	历下区文化馆
12	Ⅷ-54	鸟笼扎制技艺	历城区文化馆

传统医药

序号	项目编码	项目名称	申报单位
1	Ⅸ-6	张氏中医肛肠疗法	北京凤书中医肛肠研究院济南分院

民　俗

序号	项目编码	项目名称	申报单位
1	Ⅹ-7	碧筒饮	济南天下第一泉风景区管理中心

第五批市级非物质文化遗产代表性项目名录

扩展项目名录

（共计 13 项）

传统舞蹈

序号	项目编码	项目名称	申报单位
1	Ⅲ-1	秧歌（章丘秧歌）	章丘市文化馆
2	Ⅲ-7	高跷（东舍坊高跷）	历下区文化馆
3	Ⅲ-9	绣球灯（西张村绣球灯）	槐荫区吴家堡街道西张家村

传统体育、游艺与杂技

序号	项目编码	项目名称	申报单位
1	Ⅵ-1	济南形意拳（郭派形意拳、宋氏形意拳）	天桥区文化馆
2	Ⅵ-5	太极拳（济南杨班侯式太极拳）	济南杨班侯太极拳研究中心

传统美术

序号	项目编码	项目名称	申报单位
1	Ⅶ-6	葫芦雕刻（章丘传统葫芦雕刻技艺）	章丘友谊葫芦工艺品研制中心

传统技艺

序号	项目编码	项目名称	申报单位
1	Ⅷ-8	面食传统制作技艺（便宜坊锅贴制作技艺、秘制水煎包制作技艺、草包包子制作技艺、“马蹄烧饼”制作技艺）	便宜坊饭店、济南至尊源菜馆、济南草包包子铺、济南市长清区青杨郭家烧饼店
2	Ⅷ-16	家具制作技艺（仁风圈椅制作技艺、桥氏木作技艺）	济阳县文化馆、历城区文化馆
3	Ⅷ-23	石雕（“泰山玉石”雕刻制作技艺）	长清区张夏鲁中石刻工艺品厂
4	Ⅷ-29	民族乐器制作技艺（笙制作技艺、范氏铜响乐器手工制作技艺）	历下区文化馆、章丘市文化馆
5	Ⅷ-36	豆制品传统制作技艺（平阴豆制品制作技艺、商河豆腐皮制作技艺、老济南豆豉制作技艺、豆浆制作技艺）	平阴县洪范池镇张海村豆制品老店、商河县玉皇庙镇玉东豆腐皮协会、济南槐荫泉珍酱菜园、九阳股份有限公司

传统医药

序号	项目编码	项目名称	申报单位
1	Ⅸ-2	中医正骨疗法（王氏整脊术）	山东省中医针灸推拿整骨职业培训学校
2	Ⅸ-3	中医传统制剂方法（梁氏膏药、“铁骨紫龙”膏药、济南喜面鼻烟制作技艺）	济南梁氏骨科医院、历城区文化馆、济南鼻烟研究所

（邢　杰）

【开展第十个“文化遗产日”系列活动】 6月12日，全市组织国家第十个“文化遗产日”系列活动，济南市群众艺术馆、济南市非物质文化遗产保护中心共组织济南市代表性非遗项目展示、济南皮影戏展演、古琴音乐会、非遗摄影展等各类展演展示活动33项，参与群众4万余人。（邢　杰）

【推进100个特困村文化大院建设】 年内与市财政局协调，为每个建成文化大院的特困村发放以奖代补资金2万元，配备3万元设备。按照市、县、村扶贫配套要求各县区局及时跟进督促特困村文化大院建设，已建成文化大院数量逾80个。

（邢　杰）

【组建合唱队伍，举办合唱节】 市文广新局组建胜利大街小学合唱团作为少儿合唱队伍，组建济南泉之韵合唱团作为成人合唱队伍，市群众艺术馆为合唱队伍培训提供师资力量和设备，制定排练计划，提升队伍质量。8月，少儿合唱队伍参加文化部举办的第六届中国少年儿童合唱节比赛获“南湖杯大奖”，成人合唱队伍参加纪念抗战胜利70周年山东省群众合唱节比赛；与市文联等部门联合举办第二届合唱节，活动包括合唱指挥培训班、合唱比赛、音乐会等7项子活动。合唱比赛于4月份启动，共有100余支专业和业余合唱团逾2万人参与，覆盖济南社会各界，还辐射到北京、天津和整个省会城市群；46支合唱队伍参加决赛，评出9支优秀合唱队伍。（邢　杰）

【申报国家级、省级非遗项目和非遗传承人资金】 市文广新局完成国家级、省级非遗项目和非遗传承人资金申报工作。章丘芯子、商河鼓子秧歌、商河花鞭鼓舞三个项目分别获国家级非遗专项资金40万

元。11个省级非遗项目、20名省级非遗传承人和章丘龙山文化生态保护区获省级非遗专项经费87万元。（邢　杰）

【推进市级非遗专项资金申报工作】开展市级非遗专项资金申报工作，根据项目保护情况、保护规划和濒危程度，市财政共列支60万市级非遗项目专项经费扶持24个项目，与市财政局共同印发市级非遗项目专项资金管理办法。（邢　杰）

【组织2015年度市级非遗传承人评审】通过传承人自愿申报、初评和召开专家评审会等程序，11月24日，公布本年度市级非遗传承人34名。（邢　杰）

【济南市5部作品分别入选山东省舞台艺术精品工程初选剧目、山东省地方戏振兴和京剧保护扶持工程】12月，山东省舞台艺术精品工程2015~2016年度初选剧目、山东省地方戏振兴和京剧保护扶持工程2015~2016年度入选剧目评审结果揭晓。济南市曲艺团创作演出的话剧《茶壶就是喝茶的》入选大型戏曲话剧类山东省舞台艺术精品工程2015~2016年度初选剧目，济南市京剧院创作演出的京剧《账本》入选小型戏剧类初选剧目。在山东地方戏振兴与京剧保护扶持工程2015~2016年度入选剧目评审中，济南市京剧院创作演出的京剧《孔圣之母》、济南市吕剧院创作演出的吕剧《家有贤妻》分别入选大型原创剧目类以及整理改编、移植剧目类作品扶持，济南市山东梆子剧团申报的山东梆子剧本《仇亲》获新创剧本类项目扶持。（魏洪强）

济南市2015年度市级非物质文化遗产项目代表性传承人名单

（共34名）

传统舞蹈

序号	项目编码	项目名称	申报地区或单位	代表性传承人		
				姓名	性别	年龄
1	Ⅲ-1	商河鼓子秧歌	商河县文化馆	白清哲	男	65
2	Ⅲ-1	商河鼓子秧歌	商河县文化馆	许兆河	男	51
3	Ⅲ-3	章丘芯子	章丘市文化馆	李景兴	男	70
4	Ⅲ-3	章丘芯子	章丘市文化馆	张烈民	男	64
5	Ⅲ-5	花鞭鼓舞	商河县文化馆	张继全	男	62
6	Ⅲ-5	花鞭鼓舞	商河县文化馆	张继友	男	61
7	Ⅲ-8	猫蝶富贵	天桥区堤口庄居委会	马玉亭	男	68
8	Ⅲ-19	前街舞龙	济阳县文化馆	翟宪福	男	42

传统戏剧

序号	项目编码	项目名称	申报地区或单位	代表性传承人		
				姓名	性别	年龄
9	Ⅳ-7	章丘梆子	章丘市文化馆	李遵忠	男	83
10	Ⅳ-7	章丘梆子	章丘市文化馆	李斗芝	男	65

曲 艺

序号	项目编码	项目名称	申报地区或单位	代表性传承人		
				姓名	性别	年龄
11	Ⅴ-9	坠子	济南市曲艺团	郭文秋	女	80

传统体育、游艺与杂技

序号	项目编码	项目名称	申报地区或单位	代表性传承人		
				姓名	性别	年龄
12	Ⅵ-5	济南八卦太极拳	济南市历下区八卦太极拳协会	王明星	男	57
13	Ⅵ-7	济南石担石锁	历下区文化馆	赵存禄	男	64
14	Ⅵ-8	济南八卦掌	山东东方八卦太极拳研究推广中心	谭桂昌	男	59
15	Ⅵ-9	济南燕青拳	济南精武燕青教育咨询有限公司	李彬彬	男	36
16	Ⅵ-14	口技	济南市群众艺术馆	苗 龙	男	59

传统美术

序号	项目编码	项目名称	申报地区或单位	代表性传承人		
				姓名	性别	年龄
17	Ⅶ-3	济南泥塑	济南市群众艺术馆	薄自洋	男	73
18	Ⅶ-6	葫芦雕刻	历下区文化馆	张 冰	男	55
19	Ⅶ-7	泥塑兔子王	历下区文化馆	周秉生	男	50
20	Ⅶ-10	郝友友烙画	天桥区文化馆	郝友友	男	62

传统技艺

序号	项目编码	项目名称	申报地区或单位	代表性传承人		
				姓名	性别	年龄
21	Ⅷ-1	龙山黑陶制作技艺	济阳县文化馆	徐庆增	男	45
22	Ⅷ-26	百脉泉传统酿酒技艺	山东百脉泉酒业有限公司	杜祥宝	男	38
23	Ⅷ-28	古马车制作技艺	市中区文化馆	杨崇华	男	54
24	Ⅷ-29	范氏铜响乐器手工制作技艺	章丘市水寨镇金生源乐器厂	范广春	男	64
25	Ⅷ-36	老济南豆豉制作技艺	济南槐荫珍泉酱菜园	于秉刚	男	52
26	Ⅷ-43	古陶瓷修复技艺	历下区文化馆	王春发	男	56
27	Ⅷ-43	古陶瓷修复技艺	历下区文化馆	王传德	男	49
28	Ⅷ-47	超意兴把子肉及相关系列菜品制作技艺	济南超意兴餐饮有限公司	张 超	男	46

续表 1

序号	项目编码	项目名称	申报地区或单位	代表性传承人		
				姓名	性别	年龄
29	Ⅷ-48	传统锔补修复技艺	天桥区文化馆	陈荣新	男	52
30	Ⅷ-50	崔寨德兰柳编技艺	济阳太阳雨柳编工艺品加工专业合作社	张德兰	女	51

增　补

序号	项目编码	项目名称	申报地区或单位	代表性传承人		
				姓名	性别	年龄
31	Ⅵ-1	济南形意拳	济南形意拳研究会	杨遵利（省级第三批）	男	53
32	Ⅶ-1	鲁绣	济南市群众艺术馆	徐秀玲（省级第三批）	女	54
33	Ⅷ-8	济南油旋制作技艺	济南弘春美斋	卢利华（省级第三批）	女	48
34	Ⅴ-2	山东琴书	济南市曲艺团	杨　珀（省级第四批）	女	52

（邢　杰）

【概况】 1.开展主题文艺活动。突出“中国梦”时代主题，组织开展一系列主题文艺活动。举办第二届济南（国际）合唱节、第三届影响济南年度文化人物文化事件和群众文化活动评选、第四届新青年大学生戏剧节、第四届《当代小说》作家群泉城笔会、“向老艺术家致敬——山东已故著名画家作品展”、“2014齐鲁画坛年度艺术家”评选、“和乐仙居——梁长胜的艺术世界”作品展等制度性品牌文艺活动，以及济南市中青年作家培训班、大型曲艺展演活动“泉城书会”、济南·杭州·长春·南昌书画精品交流展等主题文艺活动；各团体会员单位举办年度青年书法20家和少儿书法100强评选、油画水彩画艺术联展、“魅力泉城·美丽非遗”摄影大赛、十艺济南系列文化评选展示、济南第七届亲子剧节、“幸福杯”济南市少年儿童舞蹈比赛、第二届民间艺术节、杂技剧《粉墨》系列展演、“左图右史——近现代山东名家中国画精品展”、历城·长清·平阴·商河书画联展等惠民文艺活动。

2.开展文艺志愿服务活动。秉持“奉献、友爱、互助、进步”的志愿者精神，坚持文化为民惠民乐民目的，开展文艺志愿服务活动。组织开展第三、第四期文艺支教活动，“图书进校园”、中国书法进万家送万福、书画大讲堂系列讲座、摄影知识系列讲座、楹联知识讲座、济阳文艺志愿者“送戏曲进敬老院”等送文化活动，“追梦同行，到人民中去”——泉城文艺志愿者助残服务活动、市曲协为市福利院捐赠钢琴和生活用品等捐助活动，十艺济南志愿服务文化惠民——中国当代书画名家作品展、“泉城流韵”第二届市中区民俗艺术交流展示会、“美哉历下”文化惠民综合文艺展演、“追梦同行·爱在泉城”残疾人文化艺术作品展、“引文明之风、唱和谐历下”演出、“盛世颂和平·共筑中国梦”纪念抗战胜利70周年文艺晚会等展演活动。

3.开展对外文化交流。第十三届中韩书法交流展，此次展览被纳入中韩两国共同发布的《2015年度中韩人文交流共同委员会交流合作项目名录》，成为中韩两国国家层面的文化交流项目；中韩油画水彩画作品交流展，共展出济南和韩国水原两地百余位油画家、水彩画家的精品130余幅，推动两地文化交流与合作。组织张春艳、李静等5位女画家参与中韩女画家美术作品交流展。“第五届中国儿童戏剧节分会场·济南第七届亲子剧节”，邀请罗马尼亚、瑞典、韩国等国内外多家艺术院团的11台儿童剧来济演出22场。杂技剧《粉墨》在美国、加拿大举行巡演，“济南杂技团粉墨剧场”在美国密苏里州布兰森市揭牌并将6月2日定为布兰森“中国杂技日”。

4.文艺创作成果显著。16部(件)文艺作品获第八届“泰山文艺奖”。其中，舞台杂技《台圈》获荣誉奖，书法楷书《千字文》、歌曲《和为贵》、电影录音剪辑《红色经典翻拍盛宴——智取威虎山》分获一等奖，山东琴书《给爹治病》、漫画《无题》、篆刻《孙立军印痕》、纪实摄影《抗战的老兵》分获二等奖。女子群舞《安检天使》获全国铁路公安系统文艺大赛金奖。短篇小说《大马士革剃刀》入选中国短篇小说排行榜并入围“花地·全国小说金榜”和第十六届百花文学奖。儿童剧《我的麦哲伦海峡》入围2015年国家艺术基金资助项目，长篇报告文学《陈罗东开》被确定为山东省作协本年度重点扶持作品。长篇小说《第五战区》、短篇小说《蓝头巾》、组诗《沂蒙纪事》、散文《泉畔的眺望》、《前方与后方，往事并不如烟》等分获“纪念中国人民抗日战争暨世界反法西斯战争胜利70周年文学征文”一、二、三等奖。《济南文学大系》、散文集《风雅济南》、“简墨书系列”（《唇语》《经典叹美》《止于至善》《爱的光芒》《无用之用》《百字铭》）出版发行。纪录片《小清河》《血铸河山》完成摄制并于抗战胜利日播出，儿童剧《绿色的梦想》参加第八届全国儿童剧优秀剧目展演，《2015社区大联欢》等52件作品分获第二十七届山东省电视艺术“牡丹奖”一、二、三等奖。 （高新海）

【“2014齐鲁画坛年度艺术家”评选】 评选由济南市文学艺术界联合会、济南报业集团主办，《济南时报》负责组织实施。郭志光、吴泽浩、沈光伟、李学明、岳海波、张志民、宋丰光、曾先国、梁文博、韦辛夷10位艺术家获得“年度艺术家”称号，李庆杰以作品《祈年》获“年度创作奖”，张春艳被评为“年度新人”。 （高新海）

【第二届济南（国际）合唱节】 由市委宣传部、文联等11家市直单位联合主办的群众性系列合唱赛演活动。活动历时5个月，以纪念中国人民抗日战争暨世界反法西斯战争胜利70周年为主题，举办合唱比赛、合唱指挥培训班、合唱辅导进基层、合唱艺术沙龙、大师班·工作坊、系列合唱音乐会等系列活动。期间，组织公益演出40余场，共有来自韩国、北京、天津、驻济高校、省会城市群等140余支合唱团队参加，2万余人参与，社区文艺骨干2000余人次参加了培训。

（高新海）

【中国文联文艺支教济南五峰项目点文艺支教】 组织开展文艺支教服务活动两期，历时1年，招募20位文艺志愿者赴长清五峰5所小学开展文艺支教志愿活动。为学生教授音乐、美术、书法等艺术类课程3000余课时；先后组织30余位艺术家深入支教点进行艺术辅导和书画创作活动。济南市文联长清区五峰

2015年6月2日，“济南杂技团粉墨剧院”在美国布兰森市挂牌。

（市文广新局 供稿）

2015年4月8日，中国文联文艺支教济南五峰项目点第三期启动仪式在济南五峰街道办事处朱庄小学举行。 （市文联　供稿）

文艺支教志愿服务项目获山东省志愿服务“四个100”最佳志愿服务项目和济南市最佳志愿服务项目，杨晨晨和石盼盼获“济南市最美志愿者”称号。 （高新海）

【第四届新青年大学生戏剧节】 戏剧节由市文联主办，市戏剧家协会、市话剧院、山东世博演艺经纪有限公司、山东广播电视台交通广播频道承办。活动历时3个月，吸引50余所高校、115个剧社参与，共130个剧目参加角逐。最终由山东大学、山东师范大学等8个院校选送的9个话剧类剧目分获一、二、三等奖和最佳人气奖。 （高新海）

【济南民乐首次唱响瑞典】 2月10日，受文化部派遣，由济南市歌舞剧院组成的9人演出团队赴瑞典斯德哥尔摩、乌普萨拉、马尔默执行文化部“欢乐春节”演出任务。市歌舞剧院演奏《喜洋洋》《步步高》《平湖秋月》《金蛇狂舞》《花好月圆》《包楞调》《赛马》等中国经典的民乐曲，还用中国乐器演奏《瑞典狂想曲》《在晨露中》《啊！迷人的维尔梅兰》《晴朗的夏天》等瑞典民族歌曲，让瑞典观众感受中国文化艺术的魅力的同时，也增强了瑞典人民对济南文化的了解和关注。 （侯　静）

【“和乐仙居——梁长胜的艺术世界”】 6月3日，“和乐仙居——梁长胜的艺术世界”在市美术馆开幕。展览是市文联策划主办的“对话·当代——山东籍当代艺术家推广计划”系列活动之一。梁长胜是在北京发展的山东籍当代艺术家，是国内少数以传统技巧及表现形式进行创作的当代艺术家。此次展览，展出梁长胜数十件艺术精品，包括线描、雕塑、剪纸与绘画等，充分展现了作者的艺术世界和艺术造诣。 （高新海）

【济南·杭州·长春·南昌书画精品交流展】 6月16日，由济南市文联、杭州市文联、长春市文联和南昌市文联联合主办的济南·杭州·长春·南昌书画精品交流展在济南市美术馆开幕。此次展览共展出150余幅书画精品。作品品类齐全，风格多样，法度严谨，气韵生动，展现艺术家们的笔墨技艺和意趣品格，彰显了四地书画艺术的个性魅力和文化内涵。 （高新海）

【第六届“泉荷奖”济南市新剧目评比展演】 6月16~30日，由中共济南市委宣传部、济南市文化广电新闻出版局、济南演艺集团有限责任公司联合主办的第六届“泉荷奖”济南市新剧目评比展演在济南举行。展演期间，市属6家艺术院团和豫剧团创作排演的7台大型剧目和2台小型剧目进行展演，展示第十届中国艺术节之后济南舞台艺术创作生产的最新成果。经评委会评审，话剧《茶壶就是喝茶的》、京剧《孔母》、杂技剧《中国梦·红色记忆》3台剧目获优秀剧目奖，吕剧《家有贤妻》、音乐剧《哆哆嗦嗦的奇遇》、儿童剧《卖火柴的小女孩》、山东梆子《好人刘成德》4台剧目获剧目奖，京剧小戏《账本》、吕剧《小戏》2台剧目获“小型剧目奖”，朱海棠等83人（组）分获表演、编剧、导演、舞台美术等单项一、二、三等奖。

（魏洪强）

【第四届《当代小说》作家群泉城笔会】 9月11~13日，由市文联、市作协主办，《当代小说》编辑部承办的“第四届《当代小说》作家群泉城笔会”在翰林大酒店举行。旨在探讨小说写作艺术规律，促进刊物和作家的深度交流，探索围绕“打造四个中心，建设现代泉城”主题进行文学创作的途径。《钟山》主编贾梦玮，《小说月报》副主编刘书棋，《小说选刊》编辑、作家李昌鹏，山东大学文学院副教授、著名文学批评家马兵进行授课，来自全国各地的50余位《当代小说》作家群代表作家参加。

（高新海）

【纪念抗战胜利70周年系列文艺演出活动】 8月15~31日，市文广新局在铁路文化宫、山东剧院、宝贝剧场等地举办“济南市纪念中国人民抗日战争暨世界反法西斯战争胜利70周年优秀剧目展演”。本次优秀剧目展演活动汇集济南市属艺术院团以及江苏演艺集团话剧院等艺术院团围绕纪念中国人民抗日战争暨世界反法西斯战争胜利70周年题材创作的作品。其中，既有对红色经典独特杂技表达的杂技剧《中国梦·红色记忆》，又有表现抗战时期一个特殊群体——孩子剧团的儿童剧《抗战中的孩子剧团》，还有展现抗日女英雄新锐为了革命主义理想与信念，投笔从戎、奋勇杀敌的现代京剧《雏凤骊歌》以及由江苏演艺集团话剧院排演的中国首部反映慰安妇题材的话剧《二月兰》。

（魏洪强）

【商河鼓子秧歌亮相日本“2015年东亚文化之都”】 本年度“东亚文化之都”活动选定日本新潟市，商河鼓子秧歌收到日本新潟的邀请，组织29人的演出团队于9月18~26日参加“2015年东亚文化之都”系列活动。鼓子秧歌被誉为“民族民间文化的奇葩，齐鲁文化的骄傲”，参加表演的秧歌团队的表现引起当地民众兴趣和关注，舞蹈既蕴藏厚重的历史文化感，又再现浓郁的时代气息和鲜明的地方特色，集中体现中华民族阳刚之美。（侯　静）

【“济南·明湖秋韵”2015年山东省精品曲艺邀请展演】 9月22~25日，由山东省文化厅主办，中共济南市委宣传部、济南市文化广电新闻出版局、济南演艺集团有限责任公司承办的“济南·明湖秋韵”2015年山东省精品曲艺邀请展演在明湖居举办。展演期间共举办4场曲艺展演，并邀请省内外曲艺名家召开“山东曲艺发展学术研讨会”，有33个节目、16种曲艺形式和10余名国家级曲艺名家、50余名优秀中青年曲艺演员参加展演。（魏洪强）

【中韩油画水彩画作品交流展】 10月16日，为庆祝济南、水原两市缔结友好城市22周年，由市文联、市政府外办、市博物馆主办的“中韩油画水彩作品交流展”在龙奥大厦开幕。共展出济南和韩国水原两地百余位油画家、水彩画家的130余幅作品。既展现两地美术艺术的风采、神韵和魅力，又为双方拓展合作领域、推动两地文化交流与合作发挥作用。（高新海）

【《三个和尚》赴墨西哥参加“中国船国际艺术节”演出】 根据文化部统一安排，应墨西哥阿卡普尔科市市政厅邀请，文化部面向拉美地区国家打造的文化交流品牌“华艺新颜”中国文化展示项目——济南儿艺幽默剧《三个和尚》赴墨西哥演出，于10月25日至11月5日期间代表中国参加阿卡普尔科第九届La Nao国际艺术节，艺术节在墨西哥阿卡普尔科历史博物馆、圣地亚哥女王公园、塔斯科等地演出5场。

（侯　静）

【首届“泉城书会”大型曲艺展

抗战题材儿童剧《抗战中的孩子剧团》剧照　（市文广新局　供稿）

演】 11月27~29日，首届“泉城书会”大型曲艺展演活动在济南举行。来自北京、天津、上海、重庆、四川、浙江、江苏、河北、山西、山东等10余个省、市的20余个曲种、100余个国家级和地方性曲艺类非物质文化遗产代表性传承人与刘兰芳、赵连甲、籍薇、常祥霖、高洪胜等曲艺界专家学者齐聚泉城，进行艺术切磋和学术观摩及曲艺展演。 （高新海）

【“向老艺术家致敬——山东已故著名画家作品展”】 12月1~8日，由市文联、市美术馆、济南文艺评论家协会、市美协主办的“向老艺术家致敬——山东已故著名画家作品展”在济南美术馆举办。此次展览是市文联主办的“向老艺术家致敬”系列活动之一，旨在向大家展示当时济南画坛的繁荣面貌，理清齐鲁绘画艺术的发展脉络，传承齐鲁画坛老艺术家的艺术品质。共展出李苦禅、于希宁、张彦青、魏启后、曹庚生、吴天墀、张茂材、金棻、俞剑华等29位山东省已故老艺术家的百余幅作品。 （高新海）

【新闻出版管理】 1.完善行业数据库。完成出版、印刷、发行3个行业上年度相关数据的统计和分析工作。上年度新闻出版各类企业2584家，其中，印刷企业657家，印刷行业资产总额216.67亿元，年工业总产值65.29亿元，同比增长4%；工业增加值13.19亿元，实现利润3.86亿元，纳税总额6743万元；年产值5000万元以上印刷企业28家，工业总产值为41.28亿元，年产值过亿企业15家。出版物发行单位819家，其中，出版物批发企业76家，出版物零售单位744家，出版物年销售总额27亿元。

2.开展专项治理行动。5月，开展清理整顿报刊乱摊派问题专项行动，在《济南日报》等媒体发布公告，设立公开举报电话，畅通社会监督渠道，防止出现乱摊派问题；11月，开展报刊发行秩序专项整治活动，对市属5报5刊报刊发行的情况进行调研，规范报刊发行行为。

3.建立行业项目库。根据国家、省新闻出版改革发展项目库申报要求，结合济南市行业发展实际，初步建立济南市新闻出版项目信息库，优先选择发展潜力大、产业带动能力强、具有一定投资规模和市场前景良好的项目入库，截至年底，信息库共收录各领域前沿项目14个。

4.加大行业推介交流。组织山东省（济南）数字出版创意基地及山东中旗数字出版创意研发园区参加海峡两岸图书交易会，组织全市出版物批发经营企业参加省局培训，组织市属新闻单位参加省局采编人员岗位培训，拓展行业发展空间，提高行业发展水平。

5.开展全民阅读和行业普法工作。根据省局要求和各县（市）区实际情况，选取部分贫困中小学、社区图书馆、社会福利机构、第一书记所在村党支部等单位245家，每单位配送256册图书，推进全民阅读工作开展。根据《印刷业管理条例》有关规定，对2015年新设、变更法人的60余家包装装潢和其他印刷品企业法人进行行业法规培训及考试，加强从业人员法律意识，促进行业健康有序发展。（黄宝兰）

【开展版权示范创建活动】 年内，济南市获国家和省版权示范单位、基地（园区）称号的企业数量居全省第一。其中，济南出版有限公司、章丘市龙山黑陶产业基地、济南红霖联合实业有限公司获国家版权局授予的国家版权示范园区（基地）称号。年内，推荐济南馨漫园有限责任公司、章丘广播电视台、山东世纪嘉和印务有限公司和济南汉方陶艺雕塑工作室等单位参加省版权示范基地（园区）评选。

（薛　白）

【开展正版化工作】 为落实省版权局、省国有资产监督管理委员会《关于做好推进全省国有企业使用正版软件工作的通知》（鲁版字〔2015〕4号）要求精神，联合市文化执法局，与市国资委协调、沟通，联合制定《关于推进全市国有企业使用正版软件工作实施方案》，按照“先大后小、依次推进”的原则，将规模较大、效益水平较好、管理能力较强、知识产权保护意识较高的市管国有企业作为推进国有企业软件正版化工作重点。督促各县（市）区国有企业由各县（市）区文化广电新闻出版局（文化局）与本县（市）区国资监管机构协调，确保2016年年底前全市完成国有企业软件正版化检查整改工作。

（薛　白）

【提升并发挥农家书屋作用】 ①组织开展“新年读新书、售书惠民生”活动。春节期间，市文广新局与市新华书店、山东读乐尔文化传媒有限公司以及济南品聚书吧等单位联合开展“新年读新书、售书惠民生”活动。各参与单位除通过报纸、电台等媒体宣传外，还利用宣传栏、滚动播出的电子屏播放优惠服务信息。对农家书屋团购、现役军人、残疾人和65岁以上老年人购书者给予优惠。市新华书店泉城路店举行“新年读新书、售书惠民生”活动，使图书销售额增加38.6万元，三家实体书店比上年春节期间销售额都有较大幅度增长。《中国新闻出版报》《济南日报》、中国新闻网等多家媒体报道活动情况。②按照省局要求完成好农家书屋出版物的补充更新任务。各县（市）区以每个行政村2000元的标准制定方案，在征求农民群众意见的基础上，按照公开、公平、透明的原则，组织实施农家书屋补充更新部分图书、报刊、音像制品和数字化升级设备工作。截至年底，全市10个县（市）区和高新区基本完成农家书屋出版物的采购和配送任务。③以活动促读书，发挥农家书屋作用。开展“齐鲁农家沁书香”活动、“百书百题”知识竞赛、“知识改变命运、读书创造未来”主题征文活动以及“我的书屋我的梦”中小学生主题征文活动。其中，“知识改变命运、读书创造未来”主题读书征文活动中，全市有10名读者获奖，名次及数量位居全省第一，吸引更多的农民走进书屋读书学习，也成为丰富少年儿童知识的“第二课堂”。（薛　白）

【举办首届中国龙山黑陶版权作品展】 在“4·26”世界知识产权日期间，市文广新局与市博物馆、章丘市文广新局、章丘市龙山街道办事处、章丘市龙山黑陶产业协会共同举办首届中国龙山黑陶版权作品展。刘德功、闵伟等8位黑陶工艺大师创作的百余件作品参展，所有作品在注重艺术性的同时，更加侧重于版权作品的开发与利用。展览期间，市陶瓷协会举办龙山黑陶创新与发展研讨会。展览活动后，工艺大师们创作的“陶魂”“黑妮”等11件黑陶版权艺术品被市博物馆收藏，为其举办收藏仪式并颁发收藏证书。（薛　白）

【济南出版有限责任公司】 年内，济南出版有限责任公司以“促进文化事业发展、发展壮大文化产业、做大做强济南出版企业”为宗旨，调整产业结构，加快出版主业发展，推进跨媒体、跨行业、跨地区“一主多元”产业体系建设，打造以品牌、效益和特色为支撑的全媒体出版和教育服务体系，将“传播文化、助力教育”责任理念融入企业运营环节，实现跨越式发展目标。全年共出版新书380种、光盘19种，网络传播量逾200万人次；图书发行总量约1500万册，发行码洋达2.6亿元，上缴税金1443万元，实现净利润3000余万元。济南出版社被国家版权局授予“全国版权示范单位”称号，被国家新闻出版广电总局评定为“MPR国家标准应用示范单位”，连续6年获“省级文明单位”称号，精品图书《抗日小英雄》儿童文学经典读本入选中宣部、国家新闻出版广电总局“纪念中国人民抗日战争暨世界反法西斯战争胜利70周年重点选题”，《中国传统记忆丛书》《会说话的按摩书：王道全教你给家人按摩》获国家新闻出版广电总局和全国老龄委“2015年向全国老年人推荐优秀出版物”奖，全新原创作品《诸子百家国风画传》（中英文版）被中央电视台《新闻联播》《人民日报》《光明日报》专题报道，《文化中国：永恒的话题（第四辑）》等23种图书分别获“第二十八届全国城市出版社优秀图书”和“第二十九届华东地区优秀哲学社会科学图书奖”，《中学时代》获第六届中国少儿报刊奖。围绕推动多媒体融合发展，出版社强化“互联网+”思维，确立以互联网和移动终端阅读为突破口的数字出版发展战略。先后建设开发书香泉韵全民阅读平台、智慧教育山东云平台、山东漂流图书电商及馆配平台、泉水叮咚富媒体发布平台等8大平台，通过技术融合实现线下到线上转换，出版社向着自主创新、营销模式成熟、产品影响广泛的出版创意文化传媒集团发展。

打造适应市场需求的图书及文化产品，根据市场需求调整产品结构和整合平台资源，加快向产业链前端和价值链高端战略转型，定位由图书制造商向产品渠道商和文化服务商发展。①图书制造商。依靠精品出版物打造品牌、树立形象，在少儿、教育、社科和大众出版方面逐步形成特色和品牌。围绕纪念中国人民抗日战争暨世界反法西斯战争胜利70周年，重点策划《抗战热点面对面》《抗日小英雄儿童文学经典读本》《济南市抗战全景实录》等选题，《抗战热点面对面》和《中共党史资政专题史书系（民主革命时期）》获2015年国家出版基金资助。弘扬国学、传承文化，邀请国家级团队，集中策划《中华优秀传统文化教育》《中国传统记忆》《中华优秀传统文化教育实践活动》《中华传统文化经典教师读本》等选题。申办《音像电子出版物许可证》《山东历史文化名街》《当代教育家·用课程改变学校》等11种音像电子产品入选山东省、河南省教育厅电教产品目录。版权引进和输出方面，从台湾引进《台湾好家教》《百家姓图腾》《魔力奇奇——发现动物之旅》《魔力奇奇——金金与小熊》《IR实景仿真交互系统》出版版权；向韩国悠悠出版社、台湾凌网科技公司、台湾果书文创公司、美国GOLDEN WEST公司分别就《文化中国：永恒的话题》《泉之缘——外国人@济南》《印象济南》《文化中国：永恒的话题》等图书完成版权输出工作。②产品销售商。借助线上线下销售渠道实现产品销量增长，针对出版社编辑人员相对较少，每年自产图书品种数量不足的现状，投资成立“山东漂流文化发展有限责任公司”，通过图书租型、项目改造、图书代理方式，运作其他出版社优秀出版物与内容资源，开展馆配及招投标业务，截至年底，漂流公司实现销售码洋约1667万元。4月，开设济南出版社天猫漂流图书专营店，年内排在天猫书店前100名，店内销售图书共有40余万个品种，畅销书逾8万种，日均销售近4万元，在“双11”当天销售达113.5万元。成立济南出版社潍坊分社，辐射山东中部人口较多、经济发达的大城市，年内实现销售200余万元，出版图书近20种。③文化服务商。出版社与济南、潍坊老龄委合作开办家庭电视老年大学，成为政府为老百姓办实事项目；与市科协联合创办“济南科普创作协会”，出版社任理事长单位，利用全市科普资源传播科普知识，推进科普惠民和科普进社区工程；与市图书馆合作成立“爱心图书漂流中心”，创新图书馆服务模式。在中国版协城市出版社工作委员会五届五次会议暨全国城市出版社第二十八次社长年会上，济南出版社当选为新一届中国版协城市出版社工作委员会会长单位。利用现代印刷技术将市图书馆内部分珍贵民国文献修复再版，对历史文化传承做贡献。响应国家“倡导全民阅读，建设书香社会”号召，开展“弘扬和践行社会主义核心价值观”主题宣传，开展阅读推广活动20余场次，群众参与人数达8000余人次。全年向社会各界捐赠图书共77840册，价值码洋约146万元，其中，向西藏自治区日喀则白朗县图书馆捐赠图书59371册，价值码洋约100万元。

（张元立）

【济南日报报业集团】 1.完成整体西迁。12月3日，济南日报报业集团完成整体西进迁址工作，位于西客站附近的济南报业大厦正式启用。总建筑面积近30万平方米的报业大厦和报业文苑，位于腊山河西路和日照路交叉口，东邻三馆和大剧院，西邻济南西站，成为西部新城标志性建筑。

2.举办第三届泉水节。8月28日，济南市第三届泉水节在章丘绣源河风景区泰王水世界举行启动仪式。报业集团共承办22个活动，《济南日报》《济南时报》《都市女报》等媒体刊发稿件1040篇，图片1103张。其中，泉水嘉年华是泉水节重要活动之一，由济南报业集团承办、济南好客国际展览有限公司组织实施，于8月14~16日在泉城广场启动。开展泉水字谜有奖竞猜、茶艺表演欣赏等一系列互动活动，百余家企业参展，开设品牌展示区、文化艺术区和健康环保区三大主题展区，展出商品达千余种，包括书籍、工艺品等等。7月7日至8月7日，第三届济南泉水节组委会开展原创“泉水之歌”征集评选活动，面向全国征集歌颂济南、展现大美泉城和泉水为主题的歌曲、歌词200余首。经过网络投票及评委评选等多个环节，最终评选出20首获奖作品，其中歌曲《美丽泉城》、歌词《泉涌天堂》获一等奖。9月5日，主题为“畅跑雪野湖，享受森呼吸”环雪野湖马拉松赛开赛。环雪野湖马拉松赛设置21.0975公里半程马拉松和5公里迷你马拉松，其中半程马拉松参赛者年龄在18~65周岁，5公里迷你马拉松是为10~17周岁青少年设置。赛事共吸引1000名马拉松爱好者报名参赛，其中参加半程马拉松的人数为700名，5公里迷你马拉松参赛人数为300

名。桑克浩以1小时12分37秒获男子组半程马拉松冠军，唐辉以1小时24分18秒获女子组半程马拉松冠军。另外还举办泉水节花车巡游、“民泉·湿地·飞鸟”泉水节采风等活动。

3.举办第三届艺博会。8月6~9日，济南报业集团举办第三届艺博会。参展艺术品丰富、品位高、艺术性强，特色主题展和专题展首次在艺博会上亮相，4天内吸引十几万市民参观，凸显济南艺博会的社会效应。

4.2014“影响济南”年度经济人物评选。1月18日，济南日报报业集团启动2014“影响济南”年度经济人物评选活动。本次评选活动共推荐61人参选。经过社会推荐、公众投票、专家评审等环节，确定34位获奖人员，包括齐鲁制药李燕等11名年度经济人物、圣泉集团唐地源等11名年度创新人物、山东三际电子公司徐桂琴等12名年度创业精英。（张　霞）

【济南日报】1.提升报纸权威性和公信力。在要闻版推出辉煌“十二五”专题报道，开设“辉煌‘十二五’”系列专栏，通过综述、图表、人物专访、记者观察等报道形式，从不同侧面总结回顾“十二五”全市经济社会发展成果，展示各行各业的非凡成就。开设“‘三严三实’求实效、‘解放思想’促发展”专栏，创新报道“三严三实”专题教育和“解放思想大讨论”活动。推进社会主义核心价值观宣传，依托“践行社会主义核心价值观”专栏刊发相关稿件和公益广告100余篇。在纪念抗战胜利70周年活动中，开展以“勿忘国耻、圆梦中华”为主题的群众性主题宣传教育活动，9月4日，推出13个版的《胜利日》主题特刊，弘扬抗战精神。

2.营造良好舆论环境。6~7月，济南“解放思想大讨论”务虚会和市委十届八次全会相继召开，确定“打造四个中心，建设现代泉城”发展战略。会议召开后，《济南日报》在要闻版开设“打造四个中心，建设现代泉城”专栏，分析“建设现代泉城”的路径、意义等，引导全市人民凝心聚力共同“打造四个中心”。适逢济南市创卫决战年，《济南日报》除开设专版专栏报道创卫措施、进展、成效外，为配合创卫验收工作，6月底特别推出“创卫报”，围绕“‘借’创卫东风与泉城面貌之‘变’”主题，重点突出民生改善和市民感受，展现济南三年来开展创卫工作。这是《济南日报》首次推出“主题报”。8月，第二十二届国际历史科学大会在济南召开，《济南日报》抽调相关部门骨干记者组成国际历史科学大会报道小组，从8月上旬开始直到大会结束，在重要版面开设“天下泉城喜迎世界历史大会”专栏，刊发相关稿件近百篇。在济南市“两会”、创建全国森林城市、第三届济南泉水节、济南范儿等重大会议和重要活动中，《济南日报》通过开设专栏、专版等形式，进行宣传引导，营造良好的舆论氛围。

3.推进新媒体平台建设和媒体融合。①调整组织架构，成立全媒体编辑中心。年内，《济南日报》对报纸、网站、微博、微信等新老媒体的采编架构进行重新调配，“夜编中心”与网站、微博、微信等“新媒体编辑部”合二为一，成立“全媒体编辑中心”，将文字编辑、美术编辑、技术人员整合到同一个平台，所有新闻信息实行统一接收、统一编辑、统一发布，搭建起更符合媒体融合趋势的新型组织架构。②创新运行模式，实现采编流程再造。打破以部门为单元的传统采编模式，对于重大新闻事件实行项目制，强化跨媒介团队合作。项目牵头人召集相关记者、编辑、美编及新媒体人员，共同组成了全媒体报道组，统一调度采编资源，满足融媒体报道快速、高效、专业要求。③规范新媒体平台建设和运营，拟定并试运行《〈济南日报〉新媒体采编工作管理暂行办法》《〈济南日报〉新媒体平台（项目）运营目标责任制》等规章制度，初步形成了多终端立体传播机制。

4.年底再次进行全新改版。改版在与新媒体的融合过程中，转变对待新闻的思维方式和处理手法。追求“精品化”，深度的挖掘制作新闻精品，让读者观察、思考和感悟；追求“专业化”，选择受众主体最关注、最关心的话题，为主流精英人群提供专业化信息和服务；追求“悦读化”，在报道手法方面，更运用灵活的写作方式，在版面安排方面，强化读者阅读体验。

（李宝玉）

【济南时报】1.采编重点工作情况。坚持政治家办报思路，按上级主管部门要求宣传好、报道好市委和市政府确定的年度重点工作任务，开设“思想大解放、共逐济南梦”专栏，刊登各类报道60余篇。宣传创卫，推出40个版面的创卫专报《我爱我城》，通过“济南时报”微信公众号推出以创卫为主题的动画微刊8期，总点击量9万余人次。围绕“创城”推出“讲文明、树新风”公益广告，每月不少于8个整版。做好抗战胜利70周年宣传报道，推出“我的抗战记忆”口述历史专栏，先后刊登稿件30余篇。做好第二十二届国际历史科学大会宣传报道，由文字、摄影、编辑等多岗位人员组成报道小组，在要闻版挂牌“大美泉城喜迎国际历史科学大会”，对会议进行全方位、多角度报道。关注中央商务区建设，推出山东首份CBD楼宇报《CBD WEEKLY》，专刊每周三出版，截至年底，共出版14期。开设“啄木鸟在行动”专栏，在全市抗击雾霾、保护环境行动中，“啄木鸟在行动——防霾治霾、共治共享”成为曝光环境违法行为、倡导正义之举的传播平台，专栏以每天不少于2个版的力度，通过报道生存环境问题引导发展环境建设，对提供重要线索的读者给予最高2万元线索奖励。

2.发挥新闻报道的舆论引导功能。推出“实干兴邦”栏目，及时准确传递党中央声音，“简政放权”系列报道反映全市启动新一轮改革的重要举动。在“走基层为民生”报道活动中，多路记者深入各区（县）、办（镇），重点报道为老百姓办的实事和好事，为辖区居民解难题、谋出路的方法和经验，展示各办镇为民办实事成绩。《文明在身边》《德耀泉城》《好人365》等专栏，尊重新闻自身规律，常态性地对精神文明中的新风尚、新现象进行报道。《济南时报》联合阿里公益天天正能量在济南共同评选“最美家乡人”，评选出10位“最美家乡人”，通过讲述他们的故事，向社会传递正能量。8月6日，推出《大家怎么都在朋友圈“跑步”，原来是去献AB型血救产妇》报道，中宣部新闻阅评小组给予肯定。9月14日，推出“慢生活、无车日”倡导，宣传号召市民参加无车日活动，并与交警部门合作，发放“我爱慢生活”徽章，组织市民参与体验活动。

3.践行文艺工作座谈会讲话精神。以“深入生活、扎根人民”主题实践活动为平台，抓好新闻报道，策划好各类主题活动，使时报接地气、聚人气。打造“小人物·大记忆”系列策划，采访全市45位百岁老人，他们平均年龄102岁，通过他们的生命历程展现济南乃至整个国家经济社会发展的历史进程。结合抗战胜利70周年，开设《我的抗战记忆》口述历史专栏，记录下亲身参加过抗战的老人的抗战记忆，先后刊登稿件30余篇。开展“纪念抗战胜利70周年”歌咏比赛，记录“全民抗战记忆”，开设“抗战艺文录”栏目，记录“文学界抗日风潮”，开设“山东抗战题材美术经典回顾”栏目，刊发10期，刊登画作及文章25幅（篇）。

4.加快新媒体发展速度。6月，“济南时报”在今日头条客户端开通新闻专号“济南时报”和“时报体育”。截至年底，“济南时报”和“时报体育”两个新闻号共发布内容917条，平均阅读量逾2万，总阅读量突破1900万，“济南时报”微信公众号粉丝数量达4.8万余人，全年增长2万余人，增幅达60%。12月，在北京召开的新浪年会上，《济南时报》新浪微博账号获山东地区最佳媒体大V称号，综合数据在微博排行榜上稳居全省媒体公号前五。年内，《济南时报》信息部共接收新闻线索21238条，其中监督类线索15763条，接听啄木鸟、泉水节等新闻热线活动32个。

5.泉城义工，倡导文明。年内，泉城义工开展残疾人电商培训项目，组织电商专家对残疾人进行电商培训，为残疾人开设新闻写作技能培训课程，增强残疾人文案写作能力，扫除网店推广经营发展障碍。2月，泉城义工策划开展“泉城义工众筹团圆年”活动，通过多种方式征集历下、市中、天桥、槐荫、历城100位空巢老人，联系电商平台提供100桌年饭，征集200余名泉城义工到空巢老人家里提前陪伴老人，让空巢老人过一个温暖团圆年。11月21日，泉城义工10周年公益嘉年华暨第五届泉城义工评优表彰大会在泉城广场举办。市委常委、宣传部部长谭延伟等领导出席并授予“十佳泉城义工集体”“十佳泉城义工”“十年功勋奖”称号。在公益嘉年华现场，泉城义工用150块展板和1000余张图片搭建一条“时光隧道”，展现泉城义工10年公益历程。（赵永航）

【都市女报】《都市女报》坚持“有趣、有味、有用、有情、有种”

办报原则，加强新闻纪律和业务知识学习，开设新栏目，通过开展各类活动、突出女报特色、加强与读者互动，保质保量地完成办报任务。

1.创新内容开辟栏目，改革版面重新包装。开设“时尚新闻”“听风就是雨”和“奇缘”等栏目。“时尚新闻”栏目将新闻和服务性融合在一起，语言轻松活泼，网络流行语言运用较多，形成独特风格；“听风就是雨”栏目将新奇特的生活方式和网络信息等进行求证论辩，将一些新闻点比较弱但故事性、服务性较强的信息，进行考证，给读者指导。版面设计突出新闻贴近性、可读性、时效性和服务性。加大对网友评论、各方声音的采用，在既有模式基础上，贴近互联网信息传播习惯，一些版面开辟“微信”栏目。

2.巩固强化文娱报道，突出女报文化色彩。女报文娱报道紧扣新闻热点，强调观点和资源整合，加强与各大门户网站、活跃卫视、制作公司合作，保持每周3篇话题稿、每周2名左右的当红明星、文化人物专访。

3.策划筹办多种活动，推出特刊扩大影响。3~4月，与泰山地下大裂谷、跑马岭野生动物世界、济南植物园等单位合作，推出植树节活动，先后组织万余人，到景区参与植树活动。第三届泉水节期间，举办千人美容创吉尼斯世界纪录活动，该活动受到境内外多家媒体的关注与报道；承办泉水节泉城形象大使评选、温泉经济论坛等重要活动。另外，举办“海峡整形杯”泉城首届闺密美拍大赛、泉城首届“宠爱公主节”、海峡周年庆撕名牌大战、富硒西瓜亲子采摘等活动，扩大女报影响力。

（杨慧仁）

【当代健康报】 举办“健康文化剪报展社区行”文化惠民活动。活动是由市委宣传部文艺处主办，《当代健康报》承办。活动期间共收到近百件剪报作品，其中，收藏《当代健康报》时间最长的达15年，收藏期数最多的达500余期。历时3个多月，“健康文化剪报展社区行”活动走进历下区、历城区、天桥区、市中区、高新区等10余家大型社区，展览参观人数约6000人。活动还推出健康文化展览与医院义诊组合的模式，来自省眼科医院、市口腔医院、市第四人民医院、省医科院附属糖尿病医院和鲁慈体检的专家和医护人员为市民免费体检，把健康文化知识普及到市民身边。

举办“万名网友评医院”活动。10月27日，由济南报业集团主办、《当代健康报》承办的“万名网友评医院”活动启动。活动从总体满意度、技术水平、服务态度、医患沟通、医德医风5个方面，通过网络征集民意，对驻济12家三级甲等医院进行综合评议。12月6日12点，“万名网友评医院”活动结束，网友投票总数达53074人次，共收到意见建议444条。

（王　哲　杨晓莹）

【人口健康报】 1月1日起，《人口导报》更名为《人口健康报》，并由原四开报纸，变更为对开报纸，刊期由原每周一出版，变更为每周一、周四出版。改版后的《人口健康报》，确立为全省卫生和计划生育工作服务，为全省广大卫生和计划生育工作者服务，为广大人民群众的健康和家庭幸福服务的宗旨，围绕卫生计生中心工作，加大卫生计生融合报道力度，体现卫生计生专业报特色。

1.完成卫生计生系统重要工作的新闻报道。针对十八届五中全会关于推进健康中国建设、全面实施两孩政策的相关精神，进行大篇幅重点解读报道、跟踪报道；针对全省卫生计生工作电视会议、出生人口性别比综合治理工作现场会等重要会议进行重点报道，并配发评论、经验典型展示等；报道省卫生计生委接对口支援地贫困藏族女孩来济治疗眼疾、全省“中医中药中国行——进乡村、进社区、进家庭”等重点活动。

2.做好新闻策划。推出春节特刊、“315”特刊、世界卫生日特刊、国际护士节特刊、国际环境日特刊、端午节特刊、世界人口日特刊等特刊；推出纪念抗日战争胜利70周年专栏；结合屠呦呦获诺贝尔奖，推出中医药发展系列报道；围绕全省卫生计生工作宣传工作要求，开辟“感动‘守护人’”“行进中国精彩故事”“国策故事”“群众满意的乡镇卫生院征文”等专栏。

3.做好重要典型报道。推出“医德典范”栏目，对全省5位“全国医德楷模”“全国医德标兵”进行报道；推出“道德模范卫计人”栏目，报道被全省卫生计生系统评为“山东省道德模范”的典型人物；报道“山东省卫生计生系统服务标兵”张默道、青州市谭坊镇原副镇长刘法武等卫生计生系统基层典型人物，并部分配发评论。

4.做好健康科普报道。开辟“真相鉴证”栏目，采访相关专家，对新媒体时代真假难辨的健康传闻进行正确解读；刊出《郎景和院士：宫颈癌可防可治可治愈》《十人九痔，揭开人体“出口”受阻的秘密》《脑动脉瘤并非肿瘤却更凶险》《甲状腺个小“事”多莫大意》等权威科普稿件。

5.加强新媒体建设。成立新媒体项目组，建立“人口健康报”和“山东健康”2个微信公众号，发布健康养生类科普知识。全面两孩政策实施，微信公众号对该政策进行全方位关注和报道；对突发事件——八岁患儿小宇航急需输血的微信采写制作，发挥报社集中力量集体作战的优势，锻炼队伍，提升能力。

6.举办活动强化报纸读者之间互动。在母亲节举办“今天我在母亲身边”秀与母亲合照活动，举办“鲁晶杯”防治碘缺乏病知识有奖竞赛，联合历下区体育局开展了全省三对三篮球比赛，在章丘市文祖镇黄露泉村设立“人口健康教育基地”等。（刘浩一）

2015年9月9日，“泉水情深沐新风”2015全国网络媒体济南行活动正式启动。
（高　昊　摄）

【舜网】 围绕培育和践行社会主义核心价值观、党的十八届五中全会、全国“两会”、抗战胜利70周年，以及“解放思想大讨论”务虚会、努力打造“四个中心”建设现代泉城、打造中央商务区、创建海绵城市、创建国家卫生城市、创建国家森林城市、啄木鸟在行动防霾治霾等重要主题、重大活动会议等，组织力量进行分阶段、有计划、有步骤地宣传。截至年底，舜网日均点击量220万次，济南社区注册网友逾200万人，济南手机报订阅用户16万户，“爱济南”客户端装机量逾25万台，舜网微信关注人数近10万人。

1.策划系列热点活动。策划“2015济南第五届网络植树节”“食药安杯漫画大赛”“安全生产知识竞赛”“员工牵手网友无偿献血”“济南档案网上展览”“济南印象创意手绘大赛”“互联互通、创业创新——第四届泉城论坛”“全国网络媒体济南行”“网拒暴力、网聚青春”等系列品牌活动，以网络记者视角，多渠道、全方位、立体化宣传报道省城济南的活力。6月，组织济南“培育和践行社会主义核心价值观”高层论坛，承建的“社会主义核心价值观”网站也成为全国第一家上线的权威理论研究平台。

2.完善发展新媒体平台。8月，“爱济南”客户端升级至V5.0版，达到新闻网站行业内客户端一流水平。截至年底，“爱济南”客户端装机量逾25万台，日活跃2万余人次，获城市网盟“移动创新精品奖”。经过6个月封闭开发、内部测试、功能调整磨合及迁移测试，于9月中旬推出“融媒体软件平台”，包括融媒体采编业务平台、舆情预警分析平台、手机客户端平台三项业务平台，该平台可以整合采编力量，通过“PC站+手机站+手机端+微博+微信”多终端一体化确保内容安全快速发布，还可以新媒体矩阵提供技术支撑，打造大数据平台实现数据增值，提供媒体融合解决方案。年内，融媒体软件在舜网使用，与临沂、泰安等多家媒体达成合作意向。

3.扩大经营范围。舜网调整章程中关于经营范围的规定，增加网上经营图书、期刊及食品、农产品、化妆品等项目，并申请食品流通许可证及出版物经营许可证，为开展网上销售食品、农产品类电商业务及项目合作提供保证。2月，舜网在挂牌满一年之际第二次解除股份限售，舜网1000万股股份已经解除限售660余万股，方便公司进行股权交易、融资发展。

（桑梁贵夫）

【概况】 1.舆论引导和媒体宣传。挂牌推出“创建国家卫生城市”“防霾治霾——啄木鸟在行动”等30余个专题报道，实行多屏联动、全媒体立体化报道，完成两会报道及市委市政府新闻发布会直播16次，完成创建国家卫生城市宣传片及专题片、道德模范专题片等8个重大专题制作任务，播发各类公益广告和公益宣传片20余万条次。创新改进政务监督类节目，《政务监督热线》实现包括全市4800余辆公交车在内的全市移动电视视频播出。电视纪录片《曲山艺海》《小清河》先后登陆中央电视台晚间黄金档连续播出。反映济南经济文化社会发展成就的1200余条广播报道、850余条电视报道，分别被中央台和省台采用播发，电台获中央台发稿全国城市台“十强”称号。

2.节目创新和精品生产。打造“京剧名家名段演唱会”“汽车音乐节”“电视观众节”“济南都市圈融媒体中秋晚会”等20余项品牌活动和大型晚会，开展“爱在泉城”“社区大联盟、电视基层行”社会公益行品牌活动，年内开展1000余场活动。打造推出广播歌曲《温暖》、广播剧《日本八路宫川英男》、系列纪录片《血铸河山》等重点精品项目。年内，有46件作品获省级政府奖一等奖以上奖项，系列报道《国际高端机床和压力机市场迎来“济二造”》获中国广播影视大奖，新闻专题《法治思维破解彩石山庄困局》获中国广播影视大奖提名奖，歌曲《当你老了》获中国广播影视大奖原创歌曲类唯一大奖，传统文化推广项目“墨竹简少儿国学公益阅读”获全国少儿节目最高奖——2014年度全国少儿节目精品优秀少儿广播栏目奖，《红色经典翻拍盛宴》获山东省泰山文艺奖一等奖，13件电视作品获全省电视文艺牡丹奖一等奖，电视片《曲山艺海》入选影响济南文化事件，被列入新闻出版广电总局优秀国产纪录片扶持项目。济南电台、电视台市场份额均位居全国省会城市台首位，电台获全国“最具实力市级电台”称号。

3.技术创新和媒体融合。年内，投资2500万元实施商河调频覆盖工程、电视新闻高清网AFD升级等20余项技术创新和技术改造项目，提升全台信号覆盖和节目制作水平，制定完成地面数字电视发展实施规划。通过申报，移动电视频道、电台橛子山调频发射台站分获广电总局颁发正式牌照和合法发射台站执照。在全省“广播和电视中心专业”技术能手竞赛中，有5位选手获奖。电台制作播出部李昌春以全省第一名成绩代表山东省参加广电总局举办的“全国广播电视技术能手”竞赛活动。制定出台《传统媒体与新媒体融合发展的指导意见》，推进各频率、频道APP终端开发和微博微信公众号打造，探索内容产品化、新媒体盈利模式和媒体融合。与济南政府网合作建设“视频济南”网络子站，打造济南影音资料库式的视频专业网站。

4.文化产业发展。全台全年经营收入比上年增长5.79%。拓展新文化产业发展空间，创刊《济南画报》，推动“山东文化交易中心”开展邮币卡交易、艺术品定制等业务，探索艺术品众筹市场。借助互联网手段，开展微购物、微拍卖、微杂志，注册成立“山东大舜拍卖公司”，开展以“精品艺术、群众收藏”为主题的拍卖活动。推出四季汽车服务、四季乐游新项目，探索媒体融合全新盈利模式，打造具有电视特色的大型展会，承办婚礼40场，举办相亲大会、相亲派对等活动10余场，参与者5万人次，举办儿童舞台剧、马戏嘉年华等演出活动30余场。（马　斌）

【广播电视行业管理】 1.行政审批工作。协助审批办完成全市卫星电视节目接收单位、企事业广播电视站、广播电视安装设计许可单位的年检工作；完成广播电视节目制作单位的年度业绩审核上报和30个新申报许可证单位的现场勘验及转报工作；完成关于广电的责任清单、办理流程等的起草拟定和梳理工作；完成全国文化市场技术监管与服务平台涉及广电的行政许可项目服务对象信息录入工作。

2.宣传管理工作。对上级有关广播电视宣传工作的宣传纪律、报道口径、注意事项等文件进行上传下达，组织参加2次“山东省广电系统阳光政务热线”直播活动，建立健全引进境外动画片节目管理制度，开展纪念抗战胜利70周年歌曲展播活动并进行排播计划备案，加强真人秀、法制类广播电视节目的管理。

3.科技管理工作。完成“春节”“两会”“9·3纪念日”等重要保障期安全播出和传输保障工作；完成全省广电技术能手竞赛济南市参赛选手的选拔、参赛工作；完成中央电视台节目卫星信号调整接收工作，广播电视700兆赫频段频率规范管理使用工作；完成济南市实施中央广播电视节目无线数字化覆盖工程及县级村村响建设的相关工作，开展广播电视县级二期工程建设；在章丘、长清、平阴开展中央广播电视节目无线数字化覆盖工程并根据上级招标结果进行相关设备的采购，制定印发《济南市2015年实施中央广播电视节目无线数字化覆盖工程工作方案》；贯彻落实《广播电视塔安全管理规定》，防止倒塔事故；开展全市广播电视行业网络安全检查和易燃易爆危险品场所整治专项行动。

4.传媒管理工作。开展为期半年的广播电视涉性低俗、严重虚假违法广告专项整治行动和非法广播电视台专项行动，完成对电视养生类节目进行备案和电视主频道电视剧播出计划备案；停止播出“名酒汇”“瘦身大赢家”等84条违规广告，对酒类和医药类专题广告进行清理；开展“图说我们的价值观”“梦娃”等公益广告展播活动，推荐济南市广播电视公益广告优秀机构和作品参加全国扶持项目评比；完成济莱协作区广电工作落实的情况调度，实现济南都市和莱芜科教频道的交叉落地；完成全市播出机构播音员、主持人资格注册的审核、汇总、上报工作；开展广播电视广告经营管理论文集征集活动。

5.信息网络视听节目管理工作。鼓励开展视听业务单位研发新产品，满足受众需求，布置移动互联网视听节目服务增项审核工作，对济南交通网违规情况进行核查，停止其备案资格；开展严厉打击非法境外电视网络接收设备专项整治行动；开展“弘扬社会主义核心价值观，共筑中国梦”主题原创网络视听节目征集活动暨第二届山东省原创微电影网络视频大赛活动。

6.广电行业培训工作。组织全市广电部门参加四川电视节、第七届国际影视动漫展览会；组织全市播出机构参加广电管理发展高级研修班、全媒体时代新闻采编综合业务高级研修班、全省企事业广播电视站管理工作座谈会和全省广播电视节目无线数字化覆盖工程技术培训班等。（韩　波）

【开展“文化迎新春、电影送进村”活动】 春节期间，市文广新局联合济南新农村电影院线共同举办“文化迎新春、电影送进村”电影下乡活动，全市170支放映队，携《我是中国人》《李祥和的婚事》《天植》等60余部优秀故事、喜剧、戏曲影片走进全市乡村，为农村群众免费放映电影千余场次，受益群众10余万人次。

（于万勇　赵　宁）

【举办“全市农村放映员业务技能大比武”活动】 2月2~3日，由市文广新局主办，济南新农村电影院线和济阳广播电视台承办的全市农村电影放映员业务技能大比武活动，在济阳县少儿体育训练中心举行。来自全市基层一线的16支代表队共32名选手，分别进行理论测试、机器架设、故障排除三项内容的角逐。比武结束后，举行总结表彰会暨新年度农村电影工作部署会，并对成绩优秀的选手授予“业务技术能手”称号。

（于万勇　赵　宁）

【海尔·滨河传媒集团签约成立】 2月10日，海尔地产集团、滨河集团和济南广播电视台签署三方合作框架协议，组建合资公司——海尔·滨河传媒集团，标志济南首家以北湖片区文化产业开发为核心业务的综合性大型文化传媒企业集团成立。根据框架协议，海尔·滨河传媒集团注册资本1000万元，资本组成为海尔地产集团占公司股份55%、滨河集团占39%、济南广播电视台占6%。（马　斌）

【济南电视台举办首届新春庙会】 市电视台在舜耕山庄举办首届新春庙会，2月18~25日，历时7天，客流量近20万人次。其中，相亲大会客流量近6万人次、儿童剧观演7000余人次、童乐汇游玩近万人次，包含30余个种类的台湾美食，吸引客流量近10万人次，14场戏曲曲艺展演，吸引客流8万余人次。

（马　斌）

【“娘家记者团”获“全国巾帼文明岗”称号】 3月6日，济南广播电视台电视都市频道女性记者团队——“娘家记者团”获“全国巾帼文明岗”称号。在济南媒体从业者中，记者团队首次获此称号。（马　斌）

【《济南画报》创刊】 3月7日，由大众报业集团、市委宣传部主办、市广播电视传媒有限公司承办的文化刊物《济南画报》创刊。其办刊宗旨是：讲泉城故事、展省会形象、扬济南精神。该刊物为月刊，着力于为广大摄影爱好者提供一个新的宣传济南、展示济南城市形象的平台。（马　斌）

【《小清河》电视图片展开展】 由济南市委宣传部、济南广播电视台、市委外宣办、滨河集团联合举办的《小清河》电视图片展于3月17日开展。3月18~20日每晚22：00，三集纪录片《小清河》登陆中央电视台，在央视10套（科教频道）连续播出。图片展开展以后，主办方还组织到龙奥大厦、天下第一泉风景区、泉城广场、洪楼广场、槐苑广场等地巡展。（马　斌）

【成立济南市城市影院联盟】 3月26日，全省首家城市电影放映行业合作组织——济南市城市影院联盟成立大会在山东新世纪影城举行。省新闻出版广电局、市委宣传部、文广新局的负责人出席大会，山东新世纪电影院线、山东鲁信电影院线、全国各大影片发行方与制片人代表、市各电影公司、各影院负责人以及省、市新闻媒体记者参加大会。此举标志着济南市城市电影放映行业迈入了规范有序健康发展的新阶段。（于万勇　赵　宁）

【组织实施农村电影放映工程】 1月下旬，市文广新局印发《关于下达2014年全市农村电影放映场次计划的通知》，4月1日，全市农村电影工作全面启动。按照一村一月放映一场电影的目标要求，全市农村共放映电影54916场次，观众1300余万人次，超额完成年度放映任务。（于万勇　赵　宁）

【2015法国新浪潮电影回顾展济南展映活动】 4月24~30日，由市文广新局和法国驻华大使馆联合举办，济南百丽宫影城承办的2015法国新浪潮电影回顾展济南展映活动，在百丽宫影城举行。此次活动共放映法国新浪潮时期最具代表性的作品《漂亮的塞尔日》《顽皮鬼》《男孩遇上女孩》《狂人彼埃罗》《穆谢特》《四百击》6部影片，共计放映9场次，观众1000余人次，票房收入3万余元。对加强中法两国电影文化交流与合作，促进济南市电影放映市场的发展，丰富省会人民群众的文化生活发挥了作用。（于万勇　赵　宁）

【国家新闻出版广电总局正式批准济南广播电视台开办移动电视频道】 5月6日和30日，国家新闻出版广电总局、山东省新闻出版广电总局分别正式发文，批准济南广播电视台开办一套移动数字电视频道，呼号为“济南移动电视”。（马　斌）

【举办纪念抗战胜利70周年暨第六届社区广场电影节】 5月27日，由市委宣传部、市文广新局、生活日报、济南广播电视台、济南新农村电影院线联合主办，天桥区文化局承办的济南市纪念抗战胜利70周年暨第六届社区广场电影节，在天桥区西苑社区广场举行首映活动。首映活动当晚，近千名社区群众观赏国产优秀战争大片《智取威虎山》。此次放映活动历时5个月，共放映

2015年7月11~12日，“十艺济南、泉声曲韵”戏曲名家名段演唱会在省会大剧院歌剧厅举行。（济南广播电视台　供稿）

抗战题材影片30余部，600余场次，观众10余万人次。

（于万勇　赵　宁）

【“十艺济南、泉声曲韵”戏曲名家名段演唱会上演】 7月11~12日，由济南广播电视台主办，济南人民广播电台承办的“十艺济南、泉声曲韵”戏曲名家名段演唱会在省会大剧院歌剧厅上演。现代京剧首演名家刘长瑜、杨春霞，京剧泰斗级艺术家李维康、耿其昌，麒派领军人物陈少云，谭派领军人物谭孝曾，袁派架子花脸杨赤，豫剧名家常小玉、金不换，吕剧泰斗级艺术家李岱江，吕剧表演艺术家高静，著名文武小生宋小川，梅派青衣郑潇等名家，表演了他们的经典唱段。两场演出门票的三层坐席全部售罄，刷新济南戏曲演出售票记录。（马　斌）

【山东省推出首档大型电视问政直播节目】 在2014年推出“直面问题，践行承诺”《政务面对面》特别节目基础上，7月26日，济南广播电视台策划推出民主评议党风政风行风电视问政直播节目《政务监督面对面》第一季，至8月23日播出5期，这是山东省推出的首档大型电视问政直播节目。央视索福瑞统计数据显示，该节目直播第4期收视率2.13%、市场份额12.12%，夺济南地区同时段第一名。人民日报、新华社、英国BBC等国内外媒体予以关注、报道，并作为市委市政府一项重点工作写入2016年《政府工作报告》。（马　斌）

【“声动泉城——2015名家名篇诗文咏诵会”上演】 8月8日，由济南广播电视台主办，济南人民广播电台承办的“声动泉城——2015名家名篇诗文咏诵会”在省会大剧院歌剧厅上演。张家声、乔榛、濮存昕、姚锡娟、焦晃等20余位艺术家先后诵读经典，“声动泉城——名家名篇诗文咏诵会”与其系列活动“声动泉城——泉城市民诗文咏诵会”成为泉城内外的文化品牌。

（马　斌）

【新版济南城市形象宣传片亮相】 8月22日，第二十二届国际历史科学大会期间，由济南市委宣传部、济南广播电视台联合拍摄的新版济南城市形象宣传片亮相。该片拍摄历时5个多月，采用航拍、地拍、水下摄影等手段，展示了济南自然风光、城市新貌和历史文化底蕴。宣传片片长5分钟，在济南电视台7大频道、市各大网站、公交移动电视、楼宇电视以及户外大屏同步推出、循环播放。该片推出后在移动客户端点击量第二天达15万，第三天突破20万，创造新媒体推送节目点击转发量新纪录。（马　斌）

【济南广播电视台（电台）获全国“最具实力市级电台”称号】 在8月27日举行的“时代之声”2015全国广播业综合实力大型调研成果发布会上，济南广播电视台（电台）获得了全国“最具实力市级电台”称号。（马　斌）

【济南广播电视台入围2015传媒中国年度十大城市广播电视台】 8月28日至9月1日，在延边朝鲜族自治州举行的“2015传媒中国年度盛典”上，济南广播电视台入围2015传媒中国年度十大城市广播电视台行列，台党委书记、台长张锋入围2015传媒中国年度贡献人物。

（马　斌）

【济南广电开拍国内首部以纪实手法反映中医主题的大型电视纪录片《中医》】 10月23日，济南广播电视台召开新闻发布会宣布，开机拍摄国内首部以纪实手法反映中医主题的大型电视纪录片《中医》。讲述中医故事，诠释中国传统文化对健康、生活、自然、生命的认识，启发现代人重新认识中医在社会生活中的价值，体会中国传统文化的博大精深。（马　斌）

【举办第八届欧盟电影节】 11月2~6日，由市文广新局主办、百丽宫影院承办的第八届欧盟电影节，在百丽宫影院举办。此次电影节的举办正值中欧建交40周年，共展映匈牙利《白色上帝》、爱尔兰《海洋之歌》、波兰《修女伊达》、爱沙尼亚和格鲁吉亚《金桔》、德国《最高通缉犯》等9部影片。

（于万勇　赵　宁）

【大篷车项目获全国志愿者行动优秀项目关爱农民工子女类银奖】 12月5日，济南广播电视台电视少儿频道大篷车项目获全国志愿者行动优秀项目关爱农民工子女类银奖、第二届中国青年志愿服务大赛银奖。项目举办6年，主要以济南市120万名少年儿童为实施对象，以帮扶留守儿童、农民工子女为活动宗旨，了解并满足少年儿童诉求，构建未成年人学习生活安全主阵地。活动覆盖市中、历下、天桥、槐荫、历城、长清6区以及平阴、济阳、商河3县，出动志愿者1万余人次，走进小学、幼儿园1200余所，走进社区800余家，帮扶农民工子女上千人。（马　斌）

【概况】 市各级档案部门以“高标定位、争创一流”为总目标，突出依法治档和改革创新两大主题，提升服务全市中心工作、服务保障改善民生、服务文化强市建设三个方面服务能力，强化档案资源建设、档案信息化建设、档案安全体系建设和机关档案工作四项业务基础，推动全市档案事业实现新常态下的新发展。

1.深化农业农村档案工作。2012~2015年，全市有1182个行政村达到示范村标准，超额完成千村示范计划目标，3712个行政村通过规范化建档验收，其余77个不具备档案自管条件的行政村实行“村档乡管”，行政村档案工作全部达到规范化要求。探索推进农村新型社区档案工作新路子，总结平阴县试点工作经验，召开全市新型农村社区档案工作现场会，推广平阴县、乡镇和社区三级农村新型社区档案管理经验。

2.企业档案规范化建设五年计划进展顺利。各级档案部门加强指导督促，500余名企事业档案工作人员接受业务培训，全市50%以上国有企业、20%以上民营企业完成规范化建档任务，73家企事业单位参加省档案管理科学化测评，评出示范单位6家、先进单位38家、合格单位29家。

3.推进食品安全信用档案工作。与食品药品监管部门协调配合，指导相关食品企业规范食品安全信用档案工作，扩大食品安全信用档案规范化管理试点企业数量，全市有60家食品生产企业实现食品安全信用档案规范化建档。与市食品药品监管局、市农业局在平阴县联合召开全市食品安全信用档案工作推进会议，总结工作经验，部署工作任务，推动全市食品安全信用档案体系建设。

4.规范重点建设项目和城市住建档案工作。加强对重点建设项目档案工作的监督指导，对全市220项重点建设项目进行登记，已归档各类文件材料9455卷（册）、图纸54140册（张）。对玉符河综合治理项目、轨道交通R1线、汉峪金融商务中心等8个项目下发《监督通知书》，将其列入全市重点建设项目档案管理重点监督项目范围。

5.提高档案服务水平。开展“争创档案利用服务示范窗口”活动，通过2年时间的创建，全市11个国家档案馆和2个专业档案馆全部达标，全市档案利用服务窗口全面实现制度、流程、行为、场所、标识“五统一”。市和各县（市）区及市城建、房屋档案馆接待各类档案利用者25万余人次，承接12345热线转办事项回复率、满意率100%。市档案局编辑完成《中共济南市委、市政府重要政务活动辑录》《山东档案精品集·济南卷》和《济南市志·档案志》。

6.强化机关档案工作。完成2014年度市直机关文件材料归档整理验收工作，验收文书档案5万余件、其他档案4万余件，合格率98.3%。落实山东省档案局档案工作科学化管理测评办法，全市有12个市直及县市区机关单位通过省级示范单位测评，83个单位通过省级先进单位测评。

7.档案信息化建设。各县（市）区历经3年，投入资金1200余万元，建设全文数字化档案3780万页，基本建成数字档案馆。市档案馆完成全文数字化处理400万页，累计完成全文数字化处理3000万页。启动集电子文件归档管理、移交接收、长期保管、利用等功能为一体的电子档案综合管理平台建设。

8.丰富档案资源。市档案局赴英国、德国开展海外征集济南历史档案资料工作，开展“档案里的硝烟——济南抗战记忆”档案资料有偿征集活动。开展重大活动档案收集工作，拍摄收集40个市级重大活动的照片1800多张、视频1500多分钟。采录中央和省、市电视台济南新闻1270条、6000余分钟，接收进馆档案53972卷（件），征集拍摄23个重点文物保护单位照片2000张、视频80多分钟。年内，各县（市）区及市城建、房屋档案馆收集进馆各类档案29万余卷件。

9.强化档案安全保障。市档案馆建设了数字档案馆在线备份系统，实现数字档案馆数据的在线备份，并于年底将较完整的馆藏档案电子副本异地备份到西安市档案馆，启用真空充氮消毒机，并完善技术保护手段。

【“济南档案精品图片展”展出】 6月9日国际档案日，市档案局举行“档案宣传月”系列活动，“济南档案精品图片展”汇聚全市12家综合档案馆和2家专业档案馆的馆藏精品，采取实体巡回展览、网络展览和微刊展览3种载体形式。实体展览在全市党政机关、繁华地段以及社区、高校、商场、军营、监狱等地进行巡展，持续时间逾2个月，观众累计逾30万人次。

【再次赴境外征集档案资料】 10月21~28日，市档案局工作小组赴英国、德国征集济南历史档案资料。工作组在英国国家档案馆、苏格兰国家图书馆、爱丁堡大学图书馆、牛津大学图书馆、大英国立图书馆以及德国外交部政治档案馆、海德堡档案馆复制真实反映20世纪初济南城市状况及老商埠商贸状况档案资料约3000页，还与海德堡档案馆就下一步深入查找声像档案资料进行协商。

【开展抗战档案史料社会征集活动】 自3月开始，市档案馆组织开展“档案里的硝烟——济南抗战记忆”档案资料有偿征集活动，面向社会征集反映抗战史实、揭露日军暴行的史料及实物等各种类型的档案资料。截至6月底，征集《新华日报》、《大阪朝日新闻》号外、画报、期刊、写真贴、地图、书籍等52件，照片200余幅，抗战回忆录13篇，录制《无名的抗战》等10个有关日寇侵略济南和济南军民英勇抗战的口述档案，编辑制作视频资料430余分钟。

（宋建青）

【概况】 年内，市文物局以重点文物保护项目为抓手，以让全市文化遗产全面“活”起来为主线，把文物工作融入全市经济社会发展大局中，组织开展各项重点工作，较好实施年度工作目标任务。

1.组织实施重点文物保护项目。推进齐长城源头遗址公园建设，完成齐长城源头保护与展示一期工程，并通过省文物局验收；推进国家考古遗址公园建设项目，完成《城子崖遗址北区城垣遗迹本体保护施工设计方案》《城子崖遗址南区城垣遗迹本体保护施工设计方案》编制工作并按报省文物局批准；完成东平陵故城西城墙遗址抢救性保护工程招标工作；完成明德王墓地陵园围墙保护工程一、二期施工图设计，并获省文物局批准。打造四门塔文物保护示范区，启动四门塔至迎翠桥沿线护坡加固及河道整治工程、四门塔千佛崖石窟地质勘探及保护工程，完成千佛崖造像——九顶塔勘察修缮工程，提升四门塔景区文物保护质量和游客参观环境。启动翠屏山多佛塔、平阴县学文庙、长清县学文庙、济阳卢氏旧居等一批文物保护修缮项目。

2.推进“乡村记忆”工程。章丘三德范村等18处被省委宣传部等9部门公布为山东省第一批“乡村记忆”工程文化遗产。市文物局争取省市级“乡村记忆”工程专项补助资金，先后完成历城相公社区博物馆、章丘旧军民俗博物馆展览提升及商河吕常民俗展览馆、章丘博平刘氏祠堂博物馆建设任务。

3.加强文物保护基础工作。完成第五批省级文物保护单位资料收集、文本整理、名单遴选、审核上报等工作，54处不可移动文物被省政府公布为第五批省级文物保护单位。完成115处省、市级文物保护单位文物保护标志设计、招标、制作、安装等工作。继续推进第一次全国可移动文物普查工作，完成全市文物信息采集及上报工作，共采集文物信息4万余件。

4.举办弘扬优秀传统文化主题活动。挖掘历史文化资源，发挥府学文庙作为弘扬和传播中华优秀传统文化阵地的优势，实现让文物“活”起来的目标；举办新年祈福会、成人礼、开笔礼、海峡两岸青少年论语书法比赛、和谐中华两岸征文比赛和国学经典背诵比赛、和谐中华·第六届海峡两岸经典文化推广会演系列活动、第四届孔子文化节等活动；打造“文庙讲堂”品牌文化活动，以府学文庙作为济南儒家文化传播中心，引导市民参与传统文化活动，先后举办文庙讲堂活动80余次，推动了传统文化“走出去”。

5.推进博物馆事业发展。继续推进百座博物馆工程建设，与《中国文化报》《齐鲁晚报》、济南电视台等多家媒体专版、专栏宣传百座博物馆建设成果，被评选为“第三届影响济南文化事件”，并入选

“第二届山东省文化创新奖”“山东省第十一届对外传播奖”。编印出版《省会济南百座博物馆分布图》，组织成立济南博物馆协会，加强博物馆管理，深化博物馆免费开放，支持章丘、历城开展新馆陈列展览和特色展览提升工作，鼓励和扶持行业、民办博物馆发展，在对可移动文物调查摸底的基础上，挖掘文物资源优势打造精品展览。济南市博物馆全年举办各类展览38个、流动展览21个，共接待观众20万余人次。开展“文物知识寻宝”“博物馆之梦”“探寻历史、走进博物馆”“有奖征文”“文博小使者”“博物馆活动走进妇女儿童活动中心”“考古讲座”“心理咨询讲座”等青少年活动。与市中区教育局联合开展“相约博物馆、润泽成长梦”系列活动；与上新街小学、龙奥小学、博雅作文培训学校建立共建关系，打造青少年“第二课堂”；与千佛山风景区、英雄山风景区合作，将博物的流动展览在景区展出；协同文物保护与收藏协会推出公益文物讲座——“国粹大讲堂”，向市民传播文物知识，提升文化惠民的质量。

6.开展考古调查勘探发掘工作。配合建设工程对琵琶山万人坑遗址、国道220平阴段等进行勘探调查，总面积100.3万平方米，并编写调查报告。考古发掘约1600平方米，发掘墓葬19座，出土各类文物40余件；抢救性发掘凤凰路9座宋元墓，发掘济阳前刘村2座唐墓；发掘按察司街400平方米，为研究唐宋时期济南古城范围提供重要资料；商河西甄村发现2座唐墓，是该地区首次发现唐代墓葬，出土执壶等珍贵文物；发掘孟家阿遗址300平方米、商周墓葬6座。

（杨　琨）

【全市新增54处省级文物保护单位】 6月，山东省人民政府核定公布了第五批省级文物保护单位，其中济南市共有54处。在公布的54处省级文物保护单位中，包括抗战类纪念设施6处、古遗址4处、古墓葬4处、石建筑15处、石窟寺及石刻1处、近现代重要史迹及代表性建筑24处，具有重要的历史、艺术和科学价值，体现济南不同时期的历史发展脉络。梨花公馆旧址、琵琶山万人坑遗址、侵华日军细菌部队旧址、新华院旧址、熊善隆烈士墓、中共平阴县委旧址等与抗日战争、共产党发展历史密切相关的不可移动文物纳入文物保护单位，丰富文物保护内容。另外，老城区和商埠区一批古建筑、近现代代表性建筑、名人旧居等是体现古城济南发展历史的重要人文资源，被公布为省级文物保护单位后，法律地位得到提高，并在城市建设中得到妥善保护。（蓝秋霞）

【2015（济南）国际文物保护装备博览会】 见“商贸·旅游”栏目“对外及港澳台经济贸易”分目【2015（济南）国际文物保护装备博览会】条

【济阳县垛石镇前刘村唐代纪年墓顺利发掘】 3~4月，市考古研究所对济阳县垛石镇前刘村发现的两座唐代墓葬进行抢救性考古发掘。前刘村唐墓是济南首次发现的有明确年号的唐代砖雕双室墓，墓葬的形制、结构、砖雕风格都极富特色，为了解唐代穹隆顶双室墓提供了详细的资料，墓志铭还记载了确切的年代和墓主人生平的详细情况，不仅为研究济南地区唐代墓葬发展变化提供了“标尺”，而且为了解唐代济南地区社会面貌提供了一个典型切面，还可以了解济阳地区水文及城址变迁，为廓清唐代济南地区历史面貌提供资料。

（刘　剑　郭俊峰）

【济南市博物馆入选山东省“十佳博物馆”】 山东省文物局于上年年底在全省开展“十佳博物馆”评选活动。2月，山东省“十佳博物馆”评选结果揭晓，济南市博物馆入选“十佳博物馆”。济南市博物馆是一座地方综合性博物馆，藏品丰富，其主要来源为考古发掘、国家调拨、社会团体和各界人士的捐赠以及市政府的拨款征购等。经国家鉴定确认的国宝级文物3件，一级文物56件，三级以上文物近2千件，藏品中不少文物是国内的稀世珍品，书法绘画在藏品中数量较大，精品较多，尤以明清书画为大宗。

（尚海波）

【济南博物馆协会成立】 5月18日，济南博物馆协会成立仪式在市博物馆举行。全市已建成各类博物馆、纪念馆、艺术馆、民俗馆等180余座，基本建立起国有博物馆与民办博物馆互为补充，各行业和各种所有制博物馆全面发展的博物馆体系，初步建成市、镇、村三级博物馆网络，百座博物馆对产业升级和经济社会转型贡献率不断提升。济南博物馆协会发挥协会优势，重点

围绕文物宣传和鉴赏、学术交流讲座、百座博物馆挂牌指导、加强对口帮扶、文化创意产品研发等方面开展工作。（尚海波）

【济南市博物馆被授予“山东省科普教育基地”称号】 1月，山东省科协公布185个科普教育基地，市博物馆被授予“山东省科普教育基地”称号。为贯彻落实《全民科学素质行动计划纲要》，山东省科协组织开展省级科普教育基地申报评选工作。经市文物局、市科协推荐和山东省科协评审，济南市博物馆获“全省科普教育基地（2015~2019）”称号。市博物馆充分发挥历史、民俗等优势资源，以“保护祖国历史文化遗产，弘扬优秀民族文化”为主旨，开展各项科普活动，打造青少年成长“第二课堂”，构建公共文化服务平台，为广大群众提供科普知识。（尚海波）

【蔡公时纪念馆被评为省级爱国主义教育基地】 12月，山东省委宣传部公布第五批省级爱国主义教育基地名单，由济南市博物馆申报、济南市文物局推荐的蔡公时纪念馆入选。蔡公时纪念馆位于槐荫区经四路370号，此处原为“五·三惨案”蔡公时殉难地，馆内展览以“五·三惨案”和蔡公时先生事迹为主题。自2012年5月3日免费向社会开放以来，蔡公时纪念馆已接待各界观众15余万人次，其中青少年10万人次以上，爱国主义教育基地的功能得到发挥。截至年底，蔡公时纪念馆已拥有“山东省爱国主义教育基地”“山东省社会科学普及教育基地”“省级文物保护单位”“济南市爱国主义教育基地”“济南市党员教育基地”称号，入选中国文明网网上抗战纪念馆专题。（尚海波）

【构筑文物安全科技监控体系】 为提升文物安全防范能力，构建监管到位的文物安全防范体系，文物系统全年推动有条件的县区利用现代化科技手段，通过文物安全监控中心全天候保障不可移动文物安全。完善长清区文物安全监控中心工作制度和工作流程，完成5处重点文物保护单位监控设施安装，年内，长清共19处文物保护单位纳入安防监控体系中。完成平阴县文物安全监控中心建设工作，先后分两期将8处重点文物保护单位纳入到监控体系中，并采取措施完善监控网络防火墙。（王　莹）

责任编校　胡映雪　王　炜

【概况】 全市辖区内共有医疗机构5947所，其中二级以上医院84所（均含省、部、部队属医院27所），妇幼健康服务机构13所（含省属1所），计划生育服务机构4所，疾病预防控制机构14所（含省属1所、部队属1所），卫生监督机构12所（含省属1所），采供血机构3所（含省属1所），专科疾病防治院（所、站）12所（含省属3所），社区卫生服务机构258所（其中社区卫生服务中心79所，社区卫生服务站179所），乡镇卫生院53所，村卫生室2728所。共有医疗床位4.93万张，卫生技术人员7.2万人，执业（助理）医师3.26万人，每千人口拥有床位6.91张、卫生技术人员10.1人、执业（助理）医师4.57人，全市医疗机构完成总诊疗人次5408.93万人次（含省、部属医疗机构床位、人员数、诊疗人次，人口按常住人口713.2万计算）。全市人均期望寿命为79.71岁，婴儿死亡率为3.81‰，孕产妇死亡率为5.93/10万，人口出生率9‰，合法生育率92.2%，出生人口性别比110.78：100。创建为国家卫生城市、全国基层中医药工作先进单位。

【疾病预防控制】 启动艾滋病综合防治城市示范区“一地一策”（一个地方要提出一个适合当地、可推广复制的艾滋病防治策略）工作，完善“三位一体”（疾控机构、医疗机构、社会组织共同参与）抗病毒治疗“济南模式”。章丘市疾控中心成为首家加入国家致病菌识别网的县级疾控机构。全省现症、重症麻风病救治中心在市皮防院挂牌。完成“脑卒中防治”和“癌症早诊早治”项目任务。深化减盐控压工作，槐荫区、长清区开展餐饮单位减盐控油模式评价项目。开展中小学校健康减盐宣传教育，与教育局、食药监局和机关事务管理局联合开展健康示范食堂创建活动。举办全市慢病预防控制工作岗位技能竞赛，获省级决赛团体一等奖。出台《适龄儿童免费牙齿窝沟封闭防龋项目考核细则》，全市牙齿窝沟封闭率98.9%，提前超额完成全国目标。

【卫生应急】 完善预案、加强培训、充实储备、强化联动，开展应对中东呼吸综合征桌面推演，完成韩博会保障任务。配合做好国家防

卫生监督员检查麻精药品登记情况　　　　（市卫计委　供稿）

震减灾示范城市创建工作，组织疏散救援演练。组建11支158人的防汛急救小分队，加强抗旱防汛工作。完成第二十二届世界历史科学大会、全国田径大奖赛等重大活动的保障任务。市中区被评为省卫生应急示范区，济南市代表队获国家卫生应急技能大赛团体三等奖。

【综合监督】 卫生和计划生育服务监督年活动取得阶段成果。检查各类医疗机构41441家，立案430起，移交公安机关7起，取缔非法医疗机构83家，医疗服务和计生服务秩序改善。开展《献血法》《精神卫生法》和《公共场所卫生管理条例》等重要法律法规落实情况的监督检查。摸底调研职业卫生监督工作情况，开展放射卫生技术服务机构专项整治。济南市获全国卫生计生监督技能竞赛山东赛区选拔赛团体一等奖。参与国家食品安全城市创建，加强食品安全风险监测，采集完成国家监测计划食品中化学污染物和有害因素监测样品590份，网络直报监测数据5529条。6家哨点医院获批开展食源性疾病病例监测，食源性疾病哨点医院实现全市全覆盖，监测病例2215例。办理食品安全企业标准备案374件。开展市居民总膳食研究及健康状况调查和中国居民食物消费量调查，在市中区开展3岁以下婴幼儿食品消费状况调查，完成土豆、花生、虾及贝类专项监测任务。开展“守护舌尖安全”整治行动。检查各类集中式供水单位、二次供水单位、农村公共供水和涉水产品经营单位2610户次。市卫生监督所执法案例获国家优秀执法案例称号。

【医政药管】 医院标准化建设提速。章丘市人民医院获评三级乙等综合医院，明水眼科医院通过三级甲等眼科医院省级现场评审。启动全市民营医院评价标准制定工作。加强行业监管。新建市消毒供应专业质控中心，批准设立鲁济消毒供应中心、济南市消毒供应中心。依托市中心医院建立市内镜诊疗技术培训基地。市中心医院神经内科、肾内科、胸外科获评省级临床重点专科，市四院等4家医院的4个科室获评省级临床重点专科建设单位。启动第三周期医师定期考核，1.9万名医师参加。开展南丁格尔志愿服务“进社区助失能”活动。举办护理高层次论坛和全市护理岗位女职工技能大赛，并获省级决赛一等奖。评选表彰全市“十佳医师”“十佳护士”。加强平安医院建设，联合市公安局开展维护“医圈”正常工作秩序、打击涉医违法犯罪活动。加强人民调解工作，市医调委受理调解事项178起，结案159起，调解成功率89.3%。章丘市成立医疗纠纷人民调解委员会。启动疾病应急救助、道路交通应急救助和弃婴儿救助等社会救助工作。创新无偿献血宣传招募方式，协调将无偿献血纳入落户济南积分考核。严格采供血管理，开展血液核酸检测。接收12家省级医院的供血任务。新增急救分中心2个，开通济南急救APP，引进急救医疗分级优先调度系统，提高急救效率。中共山东省委书记姜异康视察市急救中心给予肯定。强化药政管理。落实公立医院药品和高值医用耗材网上采购政策。县以上公立医院药品实际交易额21.59亿，同比增长24.87%。高值医用耗材实际交易额4077万。在全省率先制定《短缺药品保障供应实施方案》，设立30个监测点，建立库存预警机制，建立6个储备调剂点。集中销毁89家医疗机构过期和退回的麻醉精神药品1.73万支（片、盒）。强化医疗机构药品配备使用监管，发挥“反统方”软件作用。

【科技教育】 31项科研成果获市科技进步奖，占全市获奖总数的30%。获国家自然基金项目2项、省科技厅计划项目5项、市临床医学科技创新计划项目18项。市儿童医院“济南市遗传代谢病科技创新团队”被确定为市优秀创新团队。开展病原微生物实验室生物安全管理专项监督检查。获国家外国专家局出国培训项目立项10项。市四院赵成军获“最美援外医生”提名奖。完成7259名乡村医生的基本医疗卫生服务强化培训，完成206名住院医师规范化培训全省理论统考。获批国家级继续医学教育项目5个、省级项目73个，评审确定市级项目53个。济南护理职业学院招生就业工作稳步提升，录取分数居全省同类高职院校第八名，就业率95%以上。强化交流合作。德国帕达博恩约瑟夫基金会兄弟医院与市中心医院建立合作关系，市儿童医院、市急救中心挂牌美国心脏协会心血管急救培训中心。济南医院挂牌滨州医学院实践教学医院，市二院挂牌泰山医学院实践教学医院。

【妇幼健康服务】 实施妇幼健康优质服务示范工程。章丘市通过省级复核，代表山东省通过国家卫生计生委检查。举办全市新生儿窒息复苏竞赛，获全省决赛团体二等奖。为5.6万名育龄妇女开展免费孕前优生健康检查，将艾滋病初筛纳入免费孕检。天桥区建立婚、孕、育、幼集中查体的健康查体中心。孕产妇艾滋病检测率100%，新生儿遗传代谢性疾病筛查率99%以上，0~6个月婴儿纯母乳喂养率94.08%。市妇幼保健院产前诊断中心成为国家高通量二代基因测序工作首批试点单位。加强爱婴医院管理。济南市通过省级复核，29家医疗保健机构获评全省首批爱婴医院。市妇幼保健院创建为全省唯一一家国家级儿童早期发展示范基地。

【中医药工作】 健全中医药工作网络。市中医药管理局由副局级升格为正局级，完成改革的县（区）卫生计生局均设置中医药管理部门。完善中医药发展政策环境，草拟《济南市基层中医药事业发展规划（2015~2020年）》及实施方案，联合市物价局、人社局出台《济南市中医优势病种收费方式改革方案》，制订《济南市推进社会办中医工作方案》。基层中医药服务能力提升工程取得阶段成果，100%的社区卫生服务中心、乡镇卫生院，91.8%的社区卫生服务站，80%的村卫生室能够提供中医药服务。建设省中心卫生院国医堂建设项目6个。开展中医医院持续改进活动，7家中医医院通过省中医药管理局检查评估。市中医医院实现二级中医医院帮扶全覆盖。济南市成功创建为全国基层中医药工作先进单位。中医传统传承弘扬。章丘市中医医院王锋工作室成功申报全国名老中医传承工作室，市中医医院、章丘市中医医院成为中医住院医师规范化培训基地。3人次参加全国中药特色技术传承人才培训，138人次参加省五级中医药师承教育项目继承人培训，219人次参加传统医学师承和确有专长人员考试。举办全市医疗机构中药传统技能竞赛，并在省级决赛中获团体二等奖。开展中医养生保健机构业务知识能力培训，市民族医院开设藏医药浴治疗项目。开展“中医中药中国行——进乡村、进社区、进家庭”系列活动，建立济南中医公众微信平台。推动民族医药品牌建设。

【行风建设】 行风突出问题切实整改。牵头承担医疗领域损害群众利益突出问题专项整治。开展药品回扣、手术红包、公务用车清查治理，严格“三公”经费管理。践行社会承诺。办理12345市民服务热线交办件5787件，服务满意率99.87%，结果满意率99.58%。办结信访事项7193件次。办理代表建议、政协提案65件，满意率100%。参加12345热线问政、“政务热线”电话问政、“政务面对面”电视问政、“开诚相见这一年”网络问政回应民声，举行“卫生计生开放日”活动开门纳谏。履行社会责任。举办“贴心卫计，感恩泉城”大型义诊活动，投入100余万元帮扶济阳县仁风镇平家村“五化”提升。系统获得市级及以上工会表彰21项、妇联荣誉29项、团委荣誉34项。商河县人民医院获全国安康杯竞赛优秀组织单位，市爱卫办获市五一劳动奖状。市妇幼保健院团委获省五四红旗团委，市皮防院麻风住院部、济阳县人民医院120急救中心获省级青年文明称号，市急救中心获省青年志愿服务大赛金奖，市五院、中医医院、妇幼保健院获银奖。举办系统首届职工田径运动会，组建“天使之声”合唱团并获济南国际合唱节合唱比赛金奖。举办“最美健康守护者”评选，获山东卫计新闻宣传优秀工作奖。创刊《济南卫计》双月刊，丰富文化载体。市口腔医院成功创建国家文明单位。

【创建国家卫生城市】 坚持“为民、惠民、靠民、不扰民”的原则，济南市历经申报、评审、初审、暗访、技术评估、综合评审、社会公示七大程序，成功创建为国家卫生城市。各级爱卫组织配合市创卫办协调有关单位整改突出问题，指导7区30多家单位规范创卫档案120余卷。开展爱国卫生月和十大整治行动，环境卫生综合整治取得阶段性成果。健全创卫长效机制，开展分区创建，组织专家暗访和模拟评估22次。启动健康城市建设，开展以健康山东行动为主要内容的全民健康促进行动，实施健康生活方式推广等八项行动，创建省级健康示范单位472个、评选出健康大使121个、健康家庭55个。健全爱国卫生组织管理，各县（市）

区均成立健康教育专业机构。开展健康教育“六进”活动，制作健康教育展板13.96万块，举办讲座5295场。实施中国居民健康素养监测，6家医院被命名为“山东省健康促进医院”。加强医疗机构感染性疾病科建设，稳妥处置医疗废物积存突发事件，全市传染病疫情平稳，无重大传染病暴发流行。开展公共场所卫生专项监督检查，检查24174户次、立案查处82起。完成1000个村的农户改厕情况摸底调查，农村无害化卫生厕所普及率66.55%。开展重点场所消杀，“四害”密度控制在国家规定范围之内。1月23日，全国爱卫办下发暗访反馈意见。3月23日，章丘市获国家卫生城市称号。7月9日，国家卫生城市技术评估组形成技术报告，济南市通过国家卫生城市技术评估。12月7日，全国爱卫办在国家卫计委网站对本市创建国家卫生城市和96个复审城市进行公示。2016年1月26日，全国爱国卫生运动委员会下发《全国爱卫会关于命名山东省济南市为国家卫生城市的决定》，济南市成功创建为国家卫生城市。

【深化医药卫生体制改革】 1.公立医院改革稳妥推进。4个县（市）全部纳入国家县级公立医院综合改革试点。长清区人民医院和区中医医院于8月1日启动改革试点，确定市五院、市口腔医院作为省公立医院法人治理结构改革试点。调整市医改工作领导小组成员，成立市城市公立医院改革领导小组，做好城市公立医院改革全面推开的基础调查。

2.基本药物制度和基层运行新机制持续巩固。做好网上采购工作，省网平台基本药物实际交易2.66亿元。基层医疗卫生服务机构全部配备使用第一批国家定点生产的4个品种，确定79个品种150个规格的补充药品，满足基层用药需求。乡镇卫生院标准化建设完成，60%的机构达到优秀标准。开展“建设群众满意的乡镇卫生院”活动，3家单位被国家卫计委评选为“群众满意的乡镇卫生院”。完善基层医疗卫生机构签约服务，262所社区卫生服务机构与119.41万居民，6126名乡医与67.44万户、240.32万农民签订服务协议。建立部门联席机制，积极筹措资金，落实老年乡村医生生活补助。

3.基本公共卫生服务渐趋均等化。成立项目考核管理办公室和7个项目实施组，健全管理机制，开展基本公共卫生服务项目宣传年活动，济南市获全省基本公共卫生技能竞赛团体第一名。累计建立居民电子健康档案597.65万份，建档率94.05%；规范管理高血压、糖尿病患者28.33万人、10.97万人，管理率70.47%、69.64%。完成37.27万名65岁以上老年人的查体工作，规范管理率78.39%。建成数字化预防接种门诊113家，推广“互联网+”预防接种模式，适龄儿童一类疫苗全程接种率93.47%。为9.9万名0~36个月儿童提供中医调养服务，为28.63万名65岁及以上老年人提供中医体质辨识服务。完成为民办实事——注册托幼机构在园儿童免费查体任务，查体19.01万人次，查体率92.12%。推进重大公共卫生服务项目。将农村妇女“两癌”检查项目扩展到城市，完成宫颈癌筛查5.6万人、乳腺癌筛查3.8万人。完成梅毒检测孕妇8.2万人、乙肝表面抗原检测孕妇8万人，接受HIV抗体检测孕妇8.3万人。为3.7万农村孕产妇发放住院分娩补助1837万元。为3.4万农村适龄妇女免费发放叶酸20万瓶。

4.其他领域改革统筹推进。编制完成《济南市卫生计生事业十三五发展规划》（讨论稿），《济南市医疗卫生服务体系规划（2016~2020）》（讨论稿）。扶持社会办医。草拟《关于进一步促进社会办医的实施意见》。2家医院转型为中外合资、合作医疗机构。深化对口支援。启动对口支援武警部队医疗机构，推进济莱协作卫生计生一体化，建立济莱疾病预防控制联动机制，协助莱芜市进行120调度指挥系统升级改造和应急急救车辆采购。基础建设提速。市一院、四院、五院、儿童医院基础建设推进顺利。市传染病医院迁建已立项，市中医医院东院区PPP模式（公私合作模式）合作意向初步达成。推进“智慧健康”工程。编制完成信息化建设专项规划，开展市级信息化平台和全员人口基础信息库建设。7家医疗机构一体化信息系统完成。市妇幼保健院微信关注人数突破10万，实现全预约模式、费用在线支付等功能。

【创建全国基层中医药工作先进单位】 在章丘市、平阴县、历下区、市中区、槐荫区、天桥区、历城区、长清区创建为全国基层中医药工作先进单位的基础上，济南市申报创建全国基层中医药工作先进单位。2015年11月9~11日，国家中医药管理局专家组一行6人对济南市创建全国基层中医药工作先进单位进行评审验收。经过自评、省中医药管理局初评推荐和国家中医药管理局专家组现场评审、社会公示等程序，2016年1月14日，国家中医药管理局正式命名济南市为全国基层中医药工作先进单位。

【8·5献血救治事件】 8月5日，一名在市妇幼保健院分娩的产妇突发羊水栓塞。市妇幼保健院医护人员第一时间确诊病情，果断科学处置。市血保中心及时启动应急预案，向社会征求AB型献血人员，加班加点接受市民献血。152名符合条件的市民无偿献血5.49万毫升，为救治工作提供充足血源。历时5个多小时，挽救产妇和胎儿的性命。省委常委、市委书记王文涛为此事“点赞”，《中国青年报》《中国人口报》《健康报》在头版予以报道，中宣部新闻局主办的《新闻阅评》给予高度评价。8月19日，济南市文明委召开“生命拯救爱涌泉城”——济南市8·5献血救治群体表彰大会，表彰参与献血和抢救的152名市民、医护工作者及血保中心工作人员，授予他们“济南好人”称号。9月23日，市总工会、团市委、市妇联、市卫生计生委联合召开“生命无价、大爱无疆——济南市8·5救治献血群体表彰大会”，授予参与抢救的济南市妇幼保健院和市血保中心4个“工人先锋号”“三八红旗集体”优秀团支部先进集体称号，7个先进个人获“五一劳动奖章”“市三八红旗手”“泉城青春榜样”称号。（参见“政党·政协·人民团体”栏目“中共济南市委员会”分目【生命拯救·爱涌泉城——济南市8·5献血救治群体】条）

【市卫生计生系统在5项省级以上大赛中获一等奖】 9月15~16日，省卫生计生委举行全国卫生计生监督技能竞赛山东赛区选拔赛。由市卫生监督所杨刚、郭辉与历城区卫生监督所刘延东、章丘市卫生计生局王涛4位参赛选手组成的济南市代表队，获得本次竞赛的团体一等奖和优秀组织奖，并摘得1项个人一等奖、2项个人二等奖和1项个人三等奖。在10月27~28日举行的全省慢病预防控制工作岗位技能决赛中，由市疾控中心、历城区疾控中心、市妇幼保健院、长清区平安社区卫生服务中心4名选手组成的济南市代表队参赛，获团体一等奖。11月5~7日，全省卫生计生系统护理岗位女职工技能大赛举办。由市中心医院张振猛、许如意，市第四人民医院孙箐妮组成的参赛团队代表济南市参赛，获团体一等奖。11月12~13日，省卫生计生委举办全省基层卫生技能竞赛，济南市代表队获得团体总分第一名，槐荫区南辛庄社区卫生服务中心于树华获个人二等奖，郭鹏获得个人三等奖。在11月14~15日举行的全省医学工程技能竞赛中，市中心医院苗坡获个人一等奖，济南市代表队获优秀组织奖。

（苏道远）

【概况】 市体育系统以创建“体育强市”为主线，深化各项体育事业改革，适应经济社会发展新常态，全市体育工作实现新跨越。

1.提高市民健康水平。抓住全民健身上升为国家战略的历史机遇，以提高市民健康素质为目标，推进群众体育发展，政府主导、部门协同、全社会参与的大群体格局初步形成。

完善健身环境。山体公园体育设施配建工作完成。腊山体育公园和匡山体育公园2个工程总计投入160万元，建设面积5000多平方米。门牙景区健身步道建设扎实推进，总计投入400余万元，步道总长35公里，护栏、护网等安全设施全部配套到位。各县区体育设施建设成效显著。投资5000万元、占地0.33公顷的平阴县全民健身中心建成投入使用。济阳县文体活动中心在建，体育场馆总计投入5600万元，总建筑面积8300平方米，县域群众的健身条件进一步改善；章丘市投资220万元为20个村、90个贫困村配备体育健身器材；槐荫区投入330万元，新建和提升体育场地35处；天桥区投资近100万元为31个社区、村居和单位配建健身器材；市中区更新、安装健身路径460余件，建设小型健身广场7个；历下区建成1处小型综合性全民健身中心、5处社区健身中心、1处多功能塑胶场地、1处儿童体育乐园和39条健身路径；历城区为100个村、2个社区和2个街道配建健身工程。全市农村地区健身设施覆盖率进一步提高，城区“十分钟健身圈”更加完善。室外健身器材管理维护实现常态化。

普及全民健身活动。按照“以人为本、立足基层、面向大众、注重实效”的原则，组织济南市第五届全民健身运动会、济南市元旦全民健身系列活动、第三届冬泳畅游泉水国际邀请赛、全民健身月（日）活动、全民健身纪录挑战赛、泉水运动会、大明湖端午节龙舟大赛、市直机关游泳比赛等较大规模全民健身活动。其中，济南市第五届全民健身运动会共设立15个大项，项目设置上突出传统性、趣味性，办赛方式上采取分站赛、挑战赛、趣味赛等多种模式。时间跨度达8个月，实现“周周有活动、月月有高潮”。据统计，全市全年共组织各类赛事（活动）200多次，直接参与人数超过20万人次。

健全社会体育组织。加强社会体育组织建设，推进体育社会组织向基层覆盖延伸，全市累计成立体育社会组织112家，其中单项体育协会46家，民办非企业体育组织66家，全市体育民间组织会员达到80余万人。筹建市跆拳道协会、板球运动协会、武术协会等5家协会。全市95%以上的行政村（居委会）建立老年体协组织，各县（市）区全部成立体育总会，市、区（县）、街道（乡镇）、社区（居委会）四级群众体育组织网络进一步完善。

2.竞技体育实现新突破。坚持世界眼光、国际标准，以国际、国内大赛为舞台，提升国际竞争力。济南市运动员在世界比赛中获5枚金牌、3枚银牌，在亚洲比赛中获5枚金牌、1枚银牌、2枚铜牌，在全国比赛中获48枚金牌、20枚银牌、29枚铜牌，实现精神文明和运动成绩双丰收。

第一届全国青年运动会。第一届全国青年运动会于10月18~27日在福州举行。济南代表团共有165名运动员参加16个大项的决赛，夺得4枚金牌、6枚银牌和4枚铜牌，并获体育道德风尚奖。

省级赛事参赛工作。以省运会备战工作为核心，提高运动队伍竞技水平。按照省运会竞赛规程总则草案和资审办法，全市1449名运动员通过省运会资审。共有1348名运动员在省锦标赛参加31个大项的比赛，获215枚金牌、119枚银牌、135枚铜牌。602名中小学生参加了足球、篮球、排球、田径、乒乓球、羽毛球、游泳全部7个项目比赛，共获19项冠军、21项亚军和9项季军。

竞赛组织工作。通过举办和承办青少年体育比赛，推动青少年体育人才的培养，树立了良好的城市形象。组织市级青少年体育联赛，开展足球、篮球、排球、田径、乒乓球、羽毛球、网球7个项目的比赛，全市有210个校次223支队伍2832人次学生参加比赛，比赛累计40天，完成各项比赛任务，促进学校体育工作的繁荣发展。开展市级年度青少年体育比赛，举办射击、射箭、自行车、跆拳道等16个项目的年度比赛，有264支队伍4389人次参加比赛，比赛累计57天，带动各县（市）区的青少年体育人才培养工作。承办好省级以上比赛。成功承办全国青年男女沙排锦标赛、全国少儿游泳冠军赛、全国田径大奖赛、全国东西南北中羽毛球大赛4项全国比赛和射箭、女子甲组排球、散打、男子沙排、橄榄球5个项目的省锦标赛。平阴全民健身中心体育场协办“2015年山东省中小学生体育联赛田径比赛”，来自全省17个地市的1093名学生运动员参加比赛。组织2015~2016年度济南耐克高中篮球联赛，全市有12支球队参赛，比赛历时15天，推动了学校篮球运动的开展。

体育人才培养。继续推进体教结合工作，健全业余训练网络体系。拓宽业余训练网点覆盖面。全市业训网点学校372所，业训人数2768人，年累计投入扶持资金170万元。推动县（市）区业余训练和少儿体校建设，在考核基础上拨付150万元专项资金对全市6个县（市）区进行重点扶持。加强体育人才输送。完善青少年体育后备才人输送奖励管理办法，多批次向上级训练单位及军区输送（试训、代训）运动员126人，高考录取58人。

青少年体育服务。稳步推动中小学生游泳运动普及试点工作。投入48万元，培训中小学生约5000人，多数学生能够基本掌握游泳技术，并能独立完成一定距离的游泳考核项目。开展中小学超体重学生健康夏令营活动。投入30万元组织300名中小学生开展为期10天的健康夏令营活动，社会反响较好。支持青少年体育俱乐部发展。通过推荐审报，历下区的清泉游泳俱乐部和泉游俱乐部被评为国家级青少年体育俱乐部，拓展了青少年课余体育活动空间。

体育科研工作。加大科技对竞技体育的支撑力度，整合体育科研和医疗资源，争取省体育局支持，获得100万元扶持资金，建设体育科研服务机构，以训练为主体、教练为主导、科研为先导、医务为督导的科学化训练保障系统初步建成。推荐体育科研人员参加省以上的培训活动，体育科研队伍整体素质进一步提高。

3.体育产业工作迈上新台阶。产业调研规划。邀请20余家体育产业企事业单位和组织负责人，召开全市体育产业座谈会，了解相关企业发展情况，征集意见建议，为制订全市产业发展规划开门纳谏。开展全市体育产业调查工作。以调查问卷形式进行入户调查，共收到有效问卷317份，核实体育产业兼营单位4817家、体育特色旅游景区37家，摸清全市体育产业底数。协调市发改委、济南大学等对制定济南市体育产业发展规划进行专题研究。完成公共体育设施片区规划审查。从人均面积、场馆数量、地理位置等方面，对全市41个片区规划中的体育公共设施建设进行审查，提出合理化建议，优化重点片区的公共体育设施规划。

产业扶持引导。经市政府批准，联合市财政局制定下发《济南市体育产业发展引导资金使用管理暂行办法》，设立体育产业发展引导资金500万元，用于支持体育产业创新发展。申报省级体育产业基地6个、省级体育产业引导资金项目4个，获得扶持资金200万元，济南奥体中心顺利获评省级体育产业示范基地。

体育彩票事业。体育彩票销量继续保持较快增长，全年实现彩票销量21.09亿元，市场占有率超过62.4%，全市网点数量达到1050家，网点布局更加合理。

场馆运营管理。济南奥体中心、全民健身中心等市属场馆进一步拓展运营思路，不断提升为民服务水平，社会效益和经济效益得到普遍提升。全年实现运营收入7500万元，上缴利税579万元，服务群众健身172.3万人次，举办体育赛事和文娱活动213场次。

体育市场监管。消除安全隐患。6月和8月，采取县（市）区全面初查、重点复查与市局督查相结合的方式，对全市经营高危险性体育项目场所进行了专项监督检查。12月对部分滑雪场所进行重点检查，杜绝安全隐患。加强行政许可审批。梳理行政许可事项，制定行政审批事项服务手册，规范工作流程。提高执法人员水平。采取以会代训、推荐外训等方式，对县（市）区行政执法人员进行培训，提高执法人的综合素质。

（逄淑友）

【“体彩杯”2015年济南市元旦全民健身系列活动启动仪式】 1月1日在大明湖超然楼广场举行。全市各界1000余人以健身跑的形式迎接新年的到来。济南市冬季畅游泉水国际邀请赛在大明湖举行，来自美国、俄罗斯、英国、法国、德国、意大利、冰岛、比利时、摩尔多瓦、墨西哥10个国家及香港地区的运动员参赛。

【特跑族2015济南特跑汇活动】 4月6日在千佛山景区举行，吸引了省内外600余位健身爱好者参加。活动以千佛山景区南门广场作为主会场，沿环山路跑行2圈，全程约10公里。

【山东省体彩杯业余网球邀请赛】 4月19~20日在济南市全民健身中心举行。本次比赛由山东省小球运动管理中心、济南市体育总会主办。吸引济南、济宁、潍坊、滨州、聊城、德州、日照等7个地市200多名网球健身爱好者参加。获得比赛前三名的团队是南郊队、康石一队、济南全民健身二队。

【济南市“运动达人”全民趣味铁人三项挑战赛】 5月10日在槐荫区体育活动中心拉开序幕，本次比赛由济南市体育局主办。本次系列挑战赛分为预选赛与总决赛。5月和9月分别进行3场预选赛，9月底举行总决赛。比赛内容除游泳、跑步等传统健身项目外还加入大型充气趣味障碍穿越，提高了观赏性与趣味性，百人参加首场挑战赛。

【首届全民健身微健大赛启动仪式】 5月10日在泉城广场启动。由济南市体育局、济南出版社、山东迅华体育产业有限公司联合主办。本次大赛借助互联网比赛系统为市民提供新颖健身平台。设立无助力跑步机一分钟速度赛、智能手环竞走赛、1分钟足球颠球赛、10米×3家庭接力赛、情侣趣味健身赛、女子1分钟仰卧起坐赛、体育运动常识网络海选及现场抢答等多项趣味性强、参与性高的健身项目，倡导微健身理念。

【2015年全国游泳锻炼等级标准达标赛】 5月30~31日在济南市全民健身中心游泳馆举行，本次比赛由国家体育总局群众体育司提供支持，济南市泉游游泳俱乐部承办。比赛分个人项目和接力项目，个人项目包括50、100米自由泳，50、100米仰泳，50、100米蛙泳，50、100米蝶泳，接力项目包括4×50米自由泳接力、4×50米混合接力。比赛达标者获得国家游泳运动管理中心颁发的游泳等级认证。来自全省各地33支队伍近400名游泳爱好者参加。

【济南市第五届全民健身运动会】
6月18日在济南市长清区体育馆开幕。开幕式上，长清区全民健身队伍进行水鼓、排舞、幼儿花样体操、广场舞、武术等全民健身项目的展示。本届全民健身运动会共设立了15个大项，10个县（市）区举办各自的全民健身运动会，自4月份首个项目开始，到11月份七个多月的时间里，周周有活动、月月有高潮。全市全年共组织各类赛事（活动）200多次，直接参与人数超过20万人次。

【体质达人比赛】 6月20~25日在全民健身中心举行。本次比赛由济南市全民健身中心主办。吸引了1000余名市民报名参加。总决赛青年女子组前三名由李玮峰、隋海蓉、师敬怡获得，青年男子组前三名分别由李和同、李泽波、魏庆平夺得，中年女子组前三名分别由戴晓红、孟淑媛、卢莉琴获得，中年男子组前三名分别由王学辉、于昭亭、张恩乔夺得，老年女子组前三名分别由王树萍、张秀云、刘桂兰获得，老年男子组前三名分别由宋法廉、毕玉顺、巩延章获得。

2015年1月1日，2015年济南市冬季畅游泉水国际邀请赛在大明湖举行。（赵 阳 摄）

【2015年全国羽毛球业余俱乐部赛首站比赛】 8月8日在济南市全民健身中心揭幕。作为国内水平最高、影响力最广的业余羽毛球品牌赛事，全国羽毛球业余俱乐部赛首站比赛已经连续2年落户济南，来自全国各地的近30支队伍200余人参加比赛。浙江银江羽毛球俱乐部、济南农商银行、淄博智德杰羽羽毛球俱乐部分获甲组前三名；江苏华晟羽毛球俱乐部、康惠传媒羽毛球俱乐部、鸿飞羽杨俱乐部分获乙组前三名。

【“体彩杯”第七届济南市全民运动纪录挑战赛总决赛】 10月17日在西苑社区举行。预选赛13个分站的冠军选手参加了7个项目的对决，向年度总冠军发起挑战。产生各个单项的总冠军：贾春生赢得一分钟踢毽子冠军（129次），王广际获立定跳远冠军（3.00米），王猛获一分钟跳绳的冠军（240次），王学辉获5米折返跑冠军（28秒24），曹峰摘得一分钟仰卧起坐桂冠（50次），赵支援获得自行车慢骑冠军（2分39秒74），黄超获得一分钟投篮冠军（65个）。

【2015济南12小时超级马拉松赛】

10月31日在济南森林公园开赛。比赛由济南市体育局、济南市体育总会、山东商报社、鲁网联合主办，该项赛事已是第二年举行，共有近500名来自全国各地的运动员参赛。25岁的梁晶以145.725公里的成绩卫冕男子组冠军，江云和王光辉分别以137.26公里和135.835公里的成绩分获第二、第三名。首次参加该项赛事的湖南籍选手毛润卿以124.275公里摘得女子桂冠，李青以116.36公里的成绩获得亚军，王晶以115.6公里的成绩获得第三名。

【济南市“体彩杯”欢庆元旦业余乒乓球大赛】 12月26~27日在济南市全民健身中心举行。由济南市体育局主办、济南市全民健身中心承办，吸引了200多名业余乒乓球健身爱好者参加。本次比赛为单打比赛，根据年龄划分三个组别进行比赛，年龄跨度为8~70岁。经过激烈角逐，韩普彦、张鑫洲、刘垚德获得甲组前三名，孙中绅、路易、徐有越获得乙组前三名，赵谦、梅京、王勤华获得丙组前三名。

(逄淑友)

【国际赛事】 2015年乒乓球世界杯比赛1月8~11日在阿联酋迪拜举行，李晓霞获女子团体冠军。

2015年乒乓球科威特公开赛2月11~15日在科威特举行，李晓霞获女子单打冠军。

射击2015年世界杯韩国分站赛4月在韩国举行，张梦雪获得女子气手枪个人项目亚军。

2015年U23亚洲女排锦标赛5月1日在菲律宾举行，程珑、王梦洁获冠军。

2015年世界少年运动会游泳赛6月24~29日在荷兰阿尔克马尔市举办，济南市共有5名运动员参赛，获5枚金牌、1枚银牌和2枚铜牌。其中：马茹欣获女子400米自由泳冠军、200米自由泳亚军；刘欣获女子200米自由泳冠军、200米混合泳冠军、100米仰泳第三名；苏洁获女子400米自由泳第三名；程龙获男子400米自由泳冠军、200米自由泳冠军。

2015年亚洲青年篮球锦标赛8月2日在印度尼西亚举行，罗雨、李珊、宋永娜在比赛中获冠军。

2015年女排世界杯8月22日在日本举行，王梦洁获冠军。

2015年亚洲青年篮球锦标赛10月29日在印尼举行，朱荣震获季军。

第十三届世界武术散打锦标赛11月在印尼举行，付高峰夺得80公斤级亚军。

亚洲射击锦标赛11月在科威特举行，李越宏在25米手枪速射个人、团体项目中分别获冠军、唐帅在飞碟双向团体项目中获冠军、双向个人项目中获季军。

【全国比赛】 全国U20女子排球锦标赛1月26日在福建漳州举行，梅笑寒、宋立琪、孙杰、宋欣瑜获亚军。

全国排球青年锦标赛1月27日在秦皇岛举行，李学林、张新奕获亚军。

2014~2015年度全国排球联赛2月13日在上海举行，耿鑫、刘濛、王焕晓、崔箫、刘冰获亚军。

全国U17女子篮球比赛3月26日在安徽凤阳举行，济南市代表队获季军。

全国射箭冠军赛暨第三十一届奥运会选拔赛（资格赛）3月在福建莆田举办，孟凡旭获得女子团体淘汰赛冠军、混双亚军，赵雪寅获得个人淘汰赛冠军，并与队友郭恩臣联手获团体淘汰赛冠军。

全国射击冠军赛4月在山东济宁举行，宋昕妍获女子步枪三种姿势个人项目冠军，高慧获亚军。

全国男子自由式摔跤锦标赛4月8日在山东淄博市举行，田真光获61公斤级别的冠军。

全国男子古典式摔跤锦标赛4月15日在河北保定市举行，欧阳东东获71公斤级别的季军。

全国赛艇冠军赛4月18~25日在浙江千岛湖举行，张敏分别获2000米女子双人单桨、2000米女子八人单桨冠军、吕明斐获2000米女子八人单桨冠军、岳文雪获2000米女子八人单桨冠军、赵景滨获2000米男子轻量级双人单桨冠军。

“易晓杯”全国男子举重锦标赛4月24日在浙江开化市举行，杨哲以抓举成绩180公斤、挺举成绩220公斤、总成绩400公斤包揽105公斤级别的3枚金牌。

全国男子武术散打锦标赛4月在四川重庆举行，付高峰夺得80公斤级冠军。

全国女子拳击锦标赛4月在河北迁安举行，李肖亚夺得48公斤级季军。

全国男子散打锦标赛4月在四川重庆举行，韩祥达夺得90公斤级季军。

全国马拉松游泳冠军赛6月12日在天津举行，辛鑫以2小时18分42秒92的成绩获冠军。

全国射击团体、个人锦标赛（飞碟项目）6月在上海举行，唐帅分获飞碟男子双向个人、团体冠军。

全国男排冠军赛6月15日在江苏南通举行，王焕晓、刘濛、崔箫、刘冰获冠军。

全国青年女子拳击锦标赛6月在秦皇岛举行，刘冉夺得64公斤级亚军。

第一届全国青年运动会10月在福建举行，杨睿琳获女子三米板双人跳水赛亚军，为济南代表团摘得首枚奖牌。李沫、毛益民获女子10米气手枪团体冠军，李沫获10米气手枪季军，张博文获男子50米手枪慢射季军；孟凡旭、刘洁、李明惠获射箭团体奥林匹克淘汰赛冠军。李学林在U17组排球决赛比赛中获冠军。济南代表团夺得女子4×200米自由泳接力亚军。齐霞以总成绩241公斤获女子举重69公斤级季军。孟令哲获男子古典式摔跤96公斤级冠军。

全国射击锦标赛7月在郑州举行，刘青、宋昕妍在50米步枪三种姿势团体项目中获得冠军。

361°全国男排锦标赛9月8日在河南漯河举行，耿鑫、刘濛、王焕晓、崔箫、刘冰获冠军。

全国赛艇锦标赛9月16~20日在北京举行，张敏获女子公开级2000米八人单桨冠军、赵景滨获男子轻量级2000米四人单桨冠军、于伯箫获男子公开级2000米八人单桨冠军。

全国男子武术散打冠军赛9月在山西太原举行，杨元飞夺得85公斤级冠军、付高峰夺得80公斤级亚军，冯杰夺得70公斤级亚军。

全国女子跆拳道冠军赛10月在内蒙古呼和浩特举行，尹元红夺得62公斤级亚军。

全国室外射箭锦标赛11月在浙江德清举行，孟凡旭获女子团体冠军、混合团体亚军、个人淘汰赛季军。

全国女子拳击冠军赛11月在浙江奉化举行，李肖亚夺得48公斤级季军。

全国男子自由式摔跤冠军赛12月10日在海南陵水县举行，田真光获61公斤级冠军。

【省级赛事】 山东省柔道锦标赛（甲组、乙组）7月1~6日分别在滨州市（甲组）、威海市（乙组）举行，济南市代表队共获得8枚金牌、3枚银牌和4枚铜牌。其中，张旭升、刘福凯、李吉坤、闫志豪、孙常媛（女）、彭玉晓（女）获得金牌，常健涛、怀宝潇（女）、杜鸿梅（女）获得银牌，胡春霖、王森焱（女）、焦晨扬（女）、白艺明（女）获得铜牌。

山东省举重锦标赛（甲组、乙组）7月5~10日在淄博举行。济南市举重队获4枚金牌、3枚银牌和4枚铜牌。其中，宋术华、杨成成、张萍萍（女）、张本鑫（女）获金牌，张岩、陈梦娇（女）、张越（女）获银牌，张鸿基、郭殿君、赵新、刘慧（女）获铜牌。

山东省羽毛球锦标赛7月5~11日在德州市举行，全省14支队伍398名运动员参赛。济南代表队取得6枚金牌、4枚银牌、7枚铜牌。

山东省射箭锦标赛7月10~13日在济南市体育运动学校举行，济南市代表队共获得6枚金牌、4枚银牌、4枚铜牌，并获“道德风尚奖”。赵常彬获得男子乙组个人双轮全能、个人单轮全能、远距离双轮单项、近距离双轮单项和团体双轮全能和团体单轮全能金牌。

山东省游泳锦标赛7月18~22日在淄博市举行，比赛分男女10岁组、11岁组、12岁组、14~13岁组、17~15岁组五个组别，设置了94个竞赛项目。济南市共有131名运动员参赛，获金牌9枚、银牌19枚、铜牌20枚，团体总分第一名。

山东省射击（飞碟）锦标赛8月4~11日在烟台射击射箭运动中心举行，济南市代表队共获5枚金牌（李烨炜女子甲组飞碟多向75靶、韩旭男子甲组飞碟双向125靶、女子甲组飞碟多向75靶团体、男子甲组飞碟双向125靶团体、女子甲组飞碟双向75靶团体）、2枚银牌、4枚铜牌的成绩。

山东省射击（步、手枪）锦标赛8月17~25日在济宁体育中心射击馆举行，李腾灏、王茂康等运动员夺得步手枪项目21枚金牌、9枚银牌、11枚铜牌，并获“道德风尚奖”。

山东省射箭冠军赛9月12~15日在烟台举行，济南市代表队获6枚金牌、7枚银牌和4枚铜牌。其中，赵常彬获得男子乙组个人双轮全能、个人单轮全能、远距离双轮单项、近距离双轮单项，团体双轮全能、团体单轮全能冠军。

山东省柔道冠军赛10月21日在泰安市举行，济南市柔道队获8枚金牌、5枚银牌和3枚铜牌。其中，孙常媛（女）、怀宝潇（女）、彭玉晓（女）、察兴龙、闫志豪、刘福凯、常健涛获得金牌；王森焱（女）、焦晨扬（女）、崔光宇（女）、杜鸿梅（女）、张旭升获银牌；丁珍珍（女）、于晓蓉（女）、李吉坤获铜牌。

山东省古典式摔跤冠军赛10月28日在莱芜市体育馆举行，济南市古典式摔跤队获4枚金牌、2枚银牌和5枚铜牌。周岳、亓建泽、石中玉、刘新昊获金牌；姜晗日、张洪基获银牌；夏雨、李杰、段明超、王利衡、卢泽阳获铜牌。

山东省自由式摔跤冠军赛11月2日在滨州市博兴县举行，济南市获6枚金牌、9枚银牌和15枚铜牌。马代林、杨志浩、何明泉、李烁、张心悦（女）、赵祺祺（女）获得金牌；高世龙、张恩泽、金洋、吴志强、段德浩、李泉颖（女）、路雪凤（女）、吉鸿凤（女）、周璐（女）获得银牌；徐长为、黄龄童、周方泽、侯成棚、诸政、尚智勇、曲献尧、陈念信、汤致明渊、韩帅、沈雪（女）、刘颜（女）、刘慧（女）、胡春燕（女）、刘星雨（女）获得铜牌。

2015年4月29日至5月1日，2015年全国田径大奖赛在济南奥体中心体育场举行。

（市体育局　供稿）

山东省举重冠军赛11月5日在淄博市人民警察训练基地举行，济南市举重队获得5枚金牌、3枚银牌和4枚铜牌。其中，宋术华、杨成成、张岩、杜浩然、张萍萍（女）、张本鑫（女）获得金牌；李鑫、韩文浩、张越（女）获得银牌；金锐、朱海涛、张丙坤、聂雨晴（女）获得铜牌。

山东省跆拳道冠军赛11月在淄博举行，济南市代表队获7枚金牌、4枚银牌、2枚铜牌。其中，张洪涛、韩寿羿、张鹏、宋朋笑、孙辰雨、黄友鹤等获金牌；张霖、曲家乐、张龙雪、史思琦获得银牌；王世龙、牛钰超获铜牌。

山东省乒乓球冠军赛11月11日在济宁市落下帷幕，比赛共设30枚金牌，济南市夺得24枚金牌，创历史最好成绩。

山东省羽毛球冠军赛12月1日在长清区山东省素质教育中心落下帷幕，济南市代表队在本次比赛中共夺8枚金牌、3枚银牌、3枚铜牌。

【承办比赛】 全国田径大奖赛（济南站）4月29日至5月1日在济南奥体中心体育场举行。本次大赛由国家体育总局田径运动管理中心主办，山东省体育局、济南市体育局承办，赛事期间共有37支代表队，2220名运动员、领队和教练员参赛，规模创历届全国田径赛事之最。著名短跑运动员张培萌、跳远运动员高兴龙、伦敦奥运会季军女子铅球运动员巩立姣在赛事中亮相。

全国青年男女沙排锦标赛8月20~23日在济南市体育运动学校沙排场地拉开帷幕，全国16个省区和香港特别行政区的40支运动队参加了本次比赛。福建队、海口队、南通队分获女子组前三名，福建队、八一队、海口队分获男子组前三名。

（逄淑友）

2015年济南选手国际国内大赛成绩表

项目	姓名	性别	比赛级别	比赛名称	小项（级别）	成绩	时间	地点
乒乓球	李晓霞	女	国际	2015年乒乓球世界杯	女子团体	1	2015.1	阿联酋迪拜
乒乓球	李晓霞	女	国际	2015年乒乓球科威特公开赛	女子单打	1	2015.2	科威特
赛艇	赵景滨	男	国际	世界杯第一站	男子轻量级2000米四人单桨	2	2015.5	斯洛维尼亚
赛艇	张　敏	女	国际	世界杯第一站	女子2000米双人单桨	2	2015.5	斯洛维尼亚
赛艇	赵景滨	男	国际	世界杯第二站	男子轻量级2000米四人单桨	5	2015.6	意大利
排球	王梦洁	女	国际	2015年女排世界杯		1	2015.9	日本
射击	张梦雪	女	国际	韩国世界杯分站赛	女子气手枪个人	2	2015.4	韩国
篮球	罗　雨　李　珊 宋永娜	女	亚洲	2015年亚洲青年篮球锦标赛篮球		1	2015.8	印度尼西亚
射击	唐　帅	男	亚洲	2015年亚洲射击锦标赛	飞碟双向团体	1	2015.11	科威特
射击	唐　帅	男	亚洲	2015年亚洲射击锦标赛	飞碟双向个人	3	2015.11	科威特
射击	李越宏	男	亚洲	2015年亚洲射击锦标赛	25米速射个人	1	2015.11	科威特
射击	李越宏	男	亚洲	2015年亚洲射击锦标赛	25米速射团体	1	2015.11	科威特
自由跤	田真光	男	全国	2015年全国男子自由式摔跤锦标赛	61公斤	1	2015.4	淄博
古典跤	欧阳东东	男	全国	2015年全国男子古典跤锦标赛	71公斤	3	2015.4	河北保定
古典跤	孟令哲	男	全国	2015年第一届全国青年运动会古典跤资格赛	96公斤	1	2015.6	安徽淮北
古典跤	孟令哲	男	全国	2015年第一届青年运动会	96公斤	1	2015.10	福建
举重	齐　霞	女	全国	2015年第一届青年运动会	69公斤	3	2015.10	福建

续表 1

项目	姓名	性别	比赛级别	比赛名称	小项（级别）	成绩	时间	地点
篮球	马飞冉 朱文娟 王舒 栾滦 张鸿媛 许高阳	女	全国	2015 年全国后备人才基地 U15 决赛	U15	2	2015.9	山东青岛
篮球	李缘 刘艺闲 宋勇娜 杨艺 李珊 于嘉芮	女	全国	2015 年全国第一届青少年运动会资格赛	U16	1	2015.3	江西抚州广昌
篮球	徐翊峰 刘冠晨 文雁行	男	全国	2015 年全国第一届青少年运动会资格赛	U18	2	2015.3	河南漯河
篮球	吴浩田 王俊麒 于荣浩 邱子钊 袁润泽 张一辰	男	全国	2015 全国后备人才基地 U15 篮球预赛	U15	3	2015.5	吉林延边
篮球	李佳琪 于鑫鑫 温金燕 王娅楠 任梓源 杨艺	女	全国	2015 年全国 U17 女子篮球比赛	U17	3	2015.3	安徽凤阳
篮球	林琳 赵乔钰 王舒 张鸿媛 栾滦 朱文娟	女	全国	2015 全国后备人才基地 U15 篮球预赛	U15	3	2015.5	辽宁阜新
篮球	张扬 张鑫宇 王舒 许高阳 张纬琳 王思文	女	全国	2015 年全国高水平后备人才基地 U13 女子篮球预赛（北区）	U13	1	2015.7	承德市
篮球	张扬 赵宜宁 张鑫宇 王舒 许高阳 张纬琳	女	全国	2015 年全国高水平后备人才基地 U13 女子篮球决赛	U13	3	2015.8	山东淄博
篮球	李缘 刘艺娴 宋永娜 杨艺 李珊 于嘉芮	女	全国	2015 年第一届青年运动会	U16	2	2015.10	福州南安
拳击	李肖亚	女	全国	2015 年全国女子拳击锦标赛	48 公斤	3	2015.4	河北迁安
散打	付高峰	男	全国	2015 年全国散打锦标赛	80 公斤	1	2015.4	重庆
散打	韩祥达	男	全国	2015 年全国散打锦标赛	90 公斤	3	2015.4	重庆
拳击	刘冉	女	全国	2015 年全国青年女子拳击锦标赛	64 公斤	2	2015.6	秦皇岛
散打	冯杰	男	全国	2015 中国大学生武术散打锦标赛暨 2017 年夏季世界大运会选拔赛	70 公斤	1	2015.7	上海
散打	李世漭	男	全国	2015 年全国拳击少年锦标赛	54 公斤	3	2015.7	河北迁安

续表 2

项目	姓名	性别	比赛级别	比赛名称	小项（级别）	成绩	时间	地点
拳击	吴宇峰	男	全国	2015 年全国 19~23 岁男子拳击锦标赛	60 公斤	3	2015.7	淄博
拳击	伊久清	男	全国	2015 年全国 19~23 岁男子拳击锦标赛	52 公斤	3	2015.7	淄博
散打	杨元飞	男	全国	2015 年全国武术散打冠军赛	85 公斤	1	2015.9	山西
散打	付高峰	男	全国	2015 年全国武术散打冠军赛	80 公斤	2	2015.9	山西
散打	冯　杰	男	全国	2015 年全国武术散打冠军赛	70 公斤	2	2015.9	山西
跆拳道	尹元红	女	全国	2015 年全国跆拳道冠军赛	62 公斤	2	2015.10	内蒙古呼和浩特
散打	付高峰	男	全国	2015 年第十三届世界武术散打锦标赛	80 公斤	2	2015.11	印尼
拳击	李肖亚	女	全国	2015 年全国女子拳击冠军赛	48 公斤	3	2015.11	浙江奉化
射击	宋昕妍	女	全国	全国射击冠军赛	步枪三种姿势个人	1	2015.4	济宁
射击	李　沫　毛益民　韩岩琳	女	全国	一青会射击预赛	女子 10 米气手枪团体	1	2015.6	南昌
射击	张博文	男	全国	一青会射击预赛	男子 50 米慢射个人	1	2015.6	南昌
射击	李　沫　毛益民　韩岩琳	女	全国	2015 年第一届青年运动会	10 米气手枪团体	1	2015.10	福建
射击	刘　青　宋昕妍	女	全国	全国射击锦标赛	50 米步枪三种姿势团体	1	2015.7	郑州
射击	唐　帅	男	全国	2015 年全国射击团体、个人锦标赛（飞碟项目）	飞碟男子双向个人	1	2015.6	上海
射击	唐　帅	男	全国	2015 年全国射击团体、个人锦标赛（飞碟项目）	飞碟男子双向团体	1	2015.6	上海
射击	高　慧	女	全国	全国射击冠军赛	步枪三种姿势个人	2	2015.4	济宁
射击	杜中军	男	全国	一青会射击预赛	男子多向	2	2015.6	南昌
射击	李　沫	女	全国	2015 年第一届青年运动会	10 米气手枪个人	3	2015.10	福建

续表 3

项目	姓名	性别	比赛级别	比赛名称	小项（级别）	成绩	时间	地点
射击	张博文	男	全国	2015 年第一届青年运动会	男子 50 米手枪慢射	3	2015.10	福建
射箭	赵雪寅	男	全国	2015 年全国射箭冠军赛暨第 31 届奥运会选拔赛（资格赛）	个人淘汰赛	1	2015.3	福建莆田
射箭	赵雪寅　郭恩臣	男	全国	2015 年全国射箭冠军赛暨第 31 届奥运会选拔赛（资格赛）	团体淘汰赛	1	2015.3	福建莆田
射箭	孟凡旭	女	全国	2015 年全国射箭冠军赛暨第 31 届奥运会选拔赛（资格赛）	团体淘汰赛	1	2015.3	福建莆田
射箭	赵雪寅	男	全国	一青会射箭资格赛	个人淘汰赛	1	2015.4	福建莆田
射箭	孟凡旭	女	全国	一青会射箭资格赛	70 米轮赛	1	2015.4	福建莆田
射箭	孟凡旭　刘　洁　李明惠	女	全国	2015 年第一届青年运动会	团体奥林匹克淘汰赛	1	2015.10	福建
射箭	孟凡旭	女	全国	2015 年全国射箭冠军赛暨第 31 届奥运会选拔赛（资格赛）	混双	2	2015.3	福建莆田
射箭	孟凡旭	女	全国	2015 年全国室外射箭锦标赛	女子团体	1	2015.11	浙江德清
射箭	孟凡旭	女	全国	2015 年全国室外射箭锦标赛	混合团体	2	2015.11	浙江德清
射箭	孟凡旭	女	全国	2015 年全国室外射箭锦标赛	个人淘汰赛	3	2015.11	浙江德清
自行车	于晓晓	女	全国	2015 年场地自行车冠军赛第一站	4 公里团体追逐赛	3	2015.4	浙江长兴
排球	梅笑寒　宋立琪　孙　杰　宋欣瑜　王晨秋	女	全国	2015 年全国第一届青少年运动会预赛	U19	1	2015.4	福建漳州
排球	梅笑寒　宋立琪　孙　杰　宋欣瑜	女	全国	2015 年全国 U20 女子排球锦标赛	U20	2	2015.1	漳州
排球	耿　鑫　刘　濛　王焕晓　崔　箫　刘　冰	男	全国	2015 年全国男排锦标赛		1	2015.9	河南漯河
沙排	周　浩	男	全国	2015 年全国沙滩排球大满贯赛	沙滩排球	1	2015.9	厦门

续表 4

项目	姓名	性别	比赛级别	比赛名称	小项（级别）	成绩	时间	地点
沙排	王焕晓 刘 濛 崔 箫 刘 冰	男	全国	2015年全国男排冠军赛		1	2015.6	江苏南通
排球	李学林 张新奕	男	全国	2015年排球青年锦标赛		2	2015.1	秦皇岛
柔道	商 义	男	全国	2015年全国柔道锦标赛	团体	1	2015.4	滨州
赛艇	张 敏	女	全国	2015年全国赛艇冠军赛	2000米女子测功仪	3	2015.4	浙江千岛湖
赛艇	张 敏	女	全国	2015年全国赛艇冠军赛	8000米女子双人单桨	2	2015.4	浙江千岛湖
赛艇	张 敏	女	全国	2015年全国赛艇冠军赛	2000米女子双人单桨	1	2015.4	浙江千岛湖
赛艇	张 敏	女	全国	2015年全国赛艇冠军赛	2000米女子八人单桨	1	2015.4	浙江千岛湖
赛艇	吕明斐	女	全国	2015年全国赛艇冠军赛	2000米女子八人单桨	1	2015.4	浙江千岛湖
赛艇	岳文雪	女	全国	2015年全国赛艇冠军赛	2000米女子八人单桨	1	2015.4	浙江千岛湖
赛艇	赵景滨	男	全国	2015年全国赛艇冠军赛	8000米男子轻量级双人单桨	3	2015.4	浙江千岛湖
赛艇	赵景滨	男	全国	2015年全国赛艇冠军赛	2000米男子轻量级双人单桨	1	2015.4	浙江千岛湖
赛艇	郝娇阳	女	全国	2015年全国赛艇锦标赛	女子轻量级2000米四人双桨	3	2015.9	北京
赛艇	张 敏	女	全国	2015年全国赛艇锦标赛	女子公开级2000米八人单桨	1	2015.9	北京
赛艇	吕明斐	女	全国	2015年全国赛艇锦标赛	女子公开级2000米八人单桨	3	2015.9	北京
赛艇	岳文雪	女	全国	2015年全国赛艇锦标赛	女子公开级2000米八人单桨	3	2015.9	北京
赛艇	刘欣彤	女	全国	2015年全国赛艇锦标赛	女子公开级2000米八人单桨	3	2015.9	北京
赛艇	赵景滨	男	全国	2015年全国赛艇锦标赛	男子轻量级2000米四人单桨	1	2015.9	北京
赛艇	于伯箫	男	全国	2015年全国赛艇锦标赛	男子公开级2000米八人单桨	1	2015.9	北京
游泳	辛 鑫	女	全国	2015年全国马拉松游泳冠军赛	女子10公里马拉松个人赛	1	2015.6	天津

续表 5

项目	姓名	性别	比赛级别	比赛名称	小项（级别）	成绩	时间	地点
游泳	王若愚	男	全国	2015年全国马拉松游泳锦标赛	男子10公里	1	2015.10	浙江千岛湖
游泳	仲娇阳　杨彩萍 毕雯馨　杨俊瑄	女	全国	全国第一届青年运动会	女子4×200米自由泳接力	2	2015.10	福建福州
体操	刘欣伊	女	全国	2015年全国少年体操比赛（总决赛）	跳马、高低杠	1	2015.8	河南郑州
体操	刘欣伊	女	全国	2015年全国少年体操比赛（总决赛）	团体	2	2015.8	河南郑州
蹦床	翟羽佳	女	全国	2015年全国蹦床青少年锦标赛	甲组网上个人	2	2015.8	北京体育大学
跳水	杨睿琳	女	全国	2015年全国第一届青运会	女子三米板双人	2	2015.10	福建福州
跳水	杨睿琳	女	全国	2015年青年跳水锦标赛	女子三米板双人	2	2015.7	山东济宁
手球	路　畅	女	全国	2015年第一届青年运动会	女子手球	1	2015.10	漳州

责任编校　宣　涛

社会生活

人口与计划生育

【概况】 全市计划生育工作稳妥推进，实施“两孩”新政，加强基层计划生育工作基础，优化计划生育服务管理，落实计划生育奖励扶助政策和流动人口计划生育服务均等化。全市出生人口5.6万人，人口出生率9‰，合法生育率92.2%，出生人口性别比110.78。

1.计生服务管理和分析预测工作。改进办证制度，简化流程，方便群众。发放生育证3.1万件，其中单独二孩生育证1.7万件。按照国家“全面两孩”政策要求，做好政策落地前的人口出生预测和研判工作，针对全市实际，进行科学预测研判，为各方面决策提供依据。加强计生药具管理，济南市被确定为计生药具自动发放试点城市，国家卫生计生委药具管理中心加强和改进计划生育药具发放服务工作指导意见讨论会在济召开。

2.计划生育奖励扶助工作。为21.78万名年龄在0~14周岁的独生子女父母发放独生子女费2614万元；为全市符合农村奖励扶助政策条件的9.1万人发放资金8762万元。提高特别扶助标准，均等扶助待遇，独生子女死亡扶助金提高到每人每月500元；伤残扶助金不分城乡，每人每月提高到400元。全市共6195人享受特别扶助政策，获市以上资金2016万元。为55~60岁的农村双女绝育户7929人发放扶助金约776万元；为城市低保独生子女家庭300人发放资金28.8万元；为企业退休职工独生子女父母6908人发放资金8088.43万元。

3.综合治理性别比工作。按照“强化管理、打防并举、综合施治、齐抓共管”原则，在全市开展“出生人口性别比重点治理活动”，加强全市医疗保健机构和计划生育服务机构“两非”行为专项治理，举办全国出生性别统计监测培训会议，实行住院分娩实名登记直报管理工作运行机制，市妇幼保健院整合出生医学证明信息采集与住院分娩信息登记工作流程，工作经验在《中国人口报》头条报道。查处“两非”案件34起，处理涉案人员25人，其中吊销执照1例，收回生育计划1例，收缴B超机4台，6人受到党纪政纪处理。

4.流动人口计生服务管理工作。开展常规性流动人口清理核

为群众办理生育服务手册 （市卫计委 供稿）

查，提升服务信息管理系统应用水平，做好技术服务。全市纳入管理的全员流动人口42.3万人，其中育龄妇女18.3万人。做好流动人口动态监测工作，在全市8个市（区）的38个街道、94个村（居）填写调查问卷2094份。开展计划生育基本公共服务均等化和关怀关爱专项行动，落实市民化待遇。（苏道远）

【实施单独两孩政策】 截至年底，市卫计委与市委宣传部、人社局、公安局、民政局等部门协作，开展生育政策宣传、出生人口预测、办证制度调整、公共服务扩容、服务管理改革等工作，保障单独两孩政策顺利实施。自2014年6月实施单独两孩政策以来，截至年底，全市有4.1万对单独夫妻办理《生育证》，占符合政策人群的40%，出生单独两孩1.1万人，工作情况符合预期。

（苏道远）

【发放企业退休职工独生子女父母一次性养老补助】 做好企业退休职工独生子女父母一次性养老补助工作。全年第一季度完成对上年度符合条件的退休职工独生子女父母2349人，发放一次性养老补助资金3274.53万元。第二季度完成第三批305人、305万元的资金协调和发放工作。下半年完成对第四批及前几批因自身原因未及时申领人员共4254人、4508.9万元的资金协调和发放工作。指导各县（市）区对省属企业退休职工独生子女父母进行统计、汇总上报。（苏道远）

【流动人口卫生计生动态监测】 流动人口卫生计生动态监测工作面广，全市被调查的流动人口人数占全省总数的三分之一，涉及章丘市、历下区等8个市（区）的38个街道、94个村（居），进行2000份个人调查问卷和94份村（居）调查问卷，并且在机构改革调整后增加了基层医疗卫生方面的内容，工作量大。市卫计委举办2期培训班，对近300名调查员进行业务培训。全部调查工作结束后，组织人员到参与调查的8个市（区），对所有街办和村（居）的调查问卷进行审核把关，经组织实施，全市动态监测现场调查工作完成，并录入国家人口宏观管理与决策信息系统平台。经国家卫计委审核，全市2094份调查问卷全部符合国家要求。

（苏道远）

【计生协会工作】 市计划生育协会，围绕协会职能任务，完成年度各项工作。年内，市计生协获全国计生协会先进单位称号。

加强组织网络。市计生协出台《济南市基层计划生育协会工作规范》，指导和规范基层换届选举等各项基础工作。截至年底，全市共建6015个协会组织（其中：市级1个、县级11个、乡级协会146个、村居协会5096个、企业协会635个、流动人口协会112个、中高等院校计生协14个），发展会员63.35万人，发展志愿者3.52万人，评选表彰优秀单位280个、先进个人1180人。

生育关怀行动成效显著。市财政投入计划生育公益金和生育关怀专项资金250万元，全市依托省人口关爱基金会平台募集资金176.6万元。以“吉祥安康”“圆梦助学”“春风送暖”“志愿帮扶”为主体的“生育关怀、阳光惠民工程”帮扶体系日趋完善。年内，全市投入207万元，为28.8余万人免费办理“生育关怀系列保险”；投入164万元资助1765名困难计生家庭子女进入大学和高中校园；投入87万元开展“计生助福·助千家访万户送温暖”活动，走访慰问各类计生困难家庭2285户；投入6.4万余元，开展关爱留守儿童活动。全市累计投入170万元，建立15个市级精准扶贫致富发展种养殖示范基地，帮助1000余户计生困难家庭脱贫致富；累计补贴41万元，建立57个“幸福泉”爱心驿站，开展爱心活动2000余次，受益计生家庭5万余户。

推进基层群众自治。建立健全“两委负总责、协会当骨干、家庭为中心、群众做主人”的机制，打造11个示范乡（镇、街办）。全市开展计划生育基层群众自治示范村（居）三级联创活动，培养示范村（居）430个，其中国家级41个、省级178个、市级211个，示范村（居）占全市村（居）总数的8.5%。

推进青春健康教育。制定出台《济南市计划生育协会青春健康工作五年规划（2015~2019)》，促进青春健康教育工作常态化发展。在中国计生协暨中国青年网络青春健康高校项目招标中，济南市推荐的山东大学、山东科技大学、山东女子学院、山东政法学院、山东英才学院、山东省医学科学院研究生教育中心6所院校中标，成为全国中标高校数量最多的城市之一。市中区舜耕街道青春健康俱乐部，被命名为全国21个青春健康教育示范基地之一。9月26日“世界避孕日”前一周，组织驻济10所高校，开展“青春健康——青春与责任”主题宣传活动。截至年底，济南市在120所大中院校和社区开展青春健康教育，建立规范化青春健康俱乐部6个，青春健康教育基地66个，培养师资206人，累计10余万青少年接受参与式培训教育。

创新创优工作取得突破。济南市围绕突破工作重点和难点问题，先后探索实践的生育关怀系列保险、工作规范化、青春健康教育、关注留守儿童等经验作法，得到中国计生协和省计生协的肯定。在9月份全省青春健康教育研讨会上，济南市作《加强领导、打牢基础、推进青春健康工作常态化发展》典型发言。11月19日，市计生协承办中国计生协“生育关怀携手行·济南关爱留守儿童行动”；在11月份全省人口关爱基金会工作规范化管理业务会议上，作《抓机制促规范、全面推进生育关怀行动》典型发言。（赵荣桥　张军波）

【婚姻登记】 全年全市共依法办理内地居民结婚登记50212对，离婚登记17992对，补发婚姻登记证件15748对；办理涉外国人、华侨、港澳台居民结婚登记88对，离婚登记12对。

【收养登记】 2015年共办理收养登记75件。

【退休干部还济落户】 2015年1~4月，出具来济退休干部落户证明25件。

【殡葬管理】 倡导绿色殡葬，提高生态安葬补助标准（生态树葬、花坛葬由300元提高到400元，海葬由500元提高到600元），组织公益生态葬安葬暨公祭仪式和公益节地花坛葬、海葬活动。投入福彩公益金130万元，资助公益性骨灰堂（公墓）建设项目12个。开展全市殡葬系统优质服务月和“文明祭扫、生态安葬”主题宣传月活动，清明节祭扫工作文明、有序。免除2518名城乡低保家庭成员和无丧葬补助优抚对象基本殡葬服务费用260万元。全市共火化遗体41358具。

（樊　煜）

【就业再就业工作】 抓好重点群体就业，就业局势保持总体稳定。新增农业富余劳动力转移就业5.6万人；援助就业困难人员2.49万人，实现零就业家庭的动态消零。全年城镇新增就业20.7万人，超额完成全年目标任务，城镇登记失业率2.04%，控制在4%的目标以内。①促进重点群体就业。组织开展“公共就业和人才服务进校园”专题巡讲活动，建立“济南大学生就业”微信服务平台；实施“就业见习”计划，市级大学生就业见习基地达220余家，提供就业见习岗位3500余个；举办助力中小企业就业双选会暨就业见习基地招聘会、“济南都市圈”招聘会、济南外商投资企业大型专场招聘会等专场招聘会，为大学生提供就业岗位5万余个；招募“三支一扶”大学生139名。建立就业困难人员跟踪服务制度，就业困难人员灵活就业社会保险补贴标准由每人每月418元提高到471元，企业（单位）吸纳就业困难人员补贴标准由每人每月851元上调至2188元；将农村劳动力纳入就业失业登记管理范围。组织招聘会42场，“春风行动”专场招聘会60场，提供就业岗位13.95万个。②加大创业带动就业力度。创新完善创业扶持政策，简化优化创业贷款、创业补贴、房租补贴等审批流程，扩大扶持范围。小微企业一次性创业补贴由1万元提高到1.2万元，个体工商户创业补贴由1000元提高到3000元，入驻市级创业孵化基地个体工商户房租补贴由1000元提高到2000元。新增省级创业孵化示范基地（园区）3家，全市建成省、市、区三级创业孵化基地108家，带动就业人数11.98万人。组织开展创业助推“1+3”行动、青年创业之星评选、创业论坛等活动。③提升培训质量。重点完善创业培训政策，推进创业大学（学院）建设，市、县（市）区全部建立创业培训大学（学院），全年就业培训8.94万人，其中技能培训7.78万人，创业培训1.16万人。

【劳动关系】 ①完善劳动关系协调机制。召开全市会议进行部署，明确由人力资源社会保障部门会同工会和企业联合会、工商业联合会等企业代表组织组成的三方机制。完善劳动合同备案制度，实现劳动用工备案系统与社会保险系统的数据共享和业务联动。强化企业收入分配宏观调控，公布2014年度全市法人单位在岗职工平均工资，制定企业工资指导线实施意见。截至年底，全市最低工资标准市内五区为1600元，其他县（市）区为1450元。②加强劳务派遣和劳动合同管理。依法规范劳务派遣行为，实现对劳务派遣企业劳动合同、用工派遣、工资发放和社保缴纳的动态监管。全市有3.8万家用人单位进行劳动用工备案。实施农民工权益保障3年行动计划，在用工季节性强、职工流动性大的行业，推广劳动合同简易示范文本。③加大劳动保障监察执法和调解仲裁工作力度。畅通投诉举报渠道，强化日常执法和专项检查，完善行政司法联动机制，落实“一体执法检查计划”，全年检查用人单位1.46万家，补签劳动合同1.5万余份，清欠社保费537万元，受理投诉举报8573件，到期结案率100%。加强专业性劳动争议预防调解工作，重点推进争议多发的制造、物流、批发、零售等行业商会（协会）建立劳动争议调解组织，全市各级仲裁机构受理案件5908件，当期结案率95.34%，全市一裁终局案件占全部裁决案件26.01%，为劳动者挽回经济损失1.27亿元。

【农民工工作】 创新完善农民工工作。探索“互联网+农民工服务”的新模式，开发济南农民工网、“济南农民工”微信公众号和“济南市农民工”官方微博，形成农民工网上服务（维权）在线网络平台，农民工服务全部上线，实现24小时全天候服务。完善市农民工综合服务中心服务功能，依托市农民工综合服务中心成立了济南慈善总会农民工慈善分会、农民工科普大学以及农民工艺术团等服务组织，开展慈善救助活动，丰富了农民工娱乐生活。探索农民工党建工作，组织农民工党员参加集中培训、专题学习、事迹报告、庆“七一”等党员活动。在环卫、建筑等行业建立基层党组织，加强农民工党的组织建设。市农民工综合服务中心被评为全国农民工工作先进集体。

（毛可超）

【社会保险】 ①扩大社会保障覆盖面。推进建筑行业农民工参加工伤保险工作，征缴社会保险费660.5万元。全市城镇职工基本养老、基本医疗、失业、工伤、生育保险参保人数分别达219.3万、208.1万、130.1万、144.5万和136.4万，居民基本养老保险和基本医疗保险参保人数分别达222.4万和419.3万，基金总收入达310亿元，总支出246亿元，比上年同期分别增长27.6%和15.1%。②提高社保待遇水平。连续第十一年调整提高企业退休人员养老待遇，月人均基本养老金达2633.5元。截至年底，居民养老保险基础养老金提高到85元，居民基本医疗保险财政补贴标准上调至每人每年380元，各县（市）区失业保险金标准统一提高至每人每月950元，工伤职工一次性工亡补助金标准达59万余元，生育保险人均费用支出过万元，居全省最高。③推进社保制度改革。基本完成市本级公费医疗改革，开始启动县（市）区改革；完善居民基本医疗保险制度，企业职工和居民医疗保险转换接续、重复参保等历史遗留问题得到解决；居民医保取消基本医保药品目录中甲类药品的有关限制，降低原新农合目录范围内乙类药品自负比例，提高慢性肾衰竭透析治疗报销比例。乡镇卫生院住院起付标准由400元降至200元，取消普通门诊统筹起付标准。推进大病保险制度改革，将所有病种纳入大病保险范围，最高支付限额由20万元提高至30万元，实现大病保险待遇“一站式”结报。改革医保支付方式，探索实行以总额预算管理为主，以大病定额弹性结算、单病种结算、按项目结算等为辅的多元化、复合式支付方式。出台被征地农民参加居民基本养老保险办法。④提升经办服务水平。统一灵活就业人员征缴模式，开发自助缴费平台。将生育津贴由一次性支付改为逐月支付，缓解生育保险基金支付压力，遏制产假期间解除劳动合同、领取失业保险金等违规行为。4家试点医院实现社保卡“一卡通用”，方便医保病人就医。对人力资源公司生育保险待遇拨付情况进行专项稽核，查处违规单位26家。

（毛可超）

【防灾减灾】 增强减灾救灾能力，开展“防灾减灾日”宣传，多渠道加强救灾物资储备，市救灾物资储备管理中心基本建成；强化灾情信息管理，健全县、乡（镇）两级灾害灾情管理队伍，形成市、县、乡（镇）三级灾害信息管理体系。新创建全国综合减灾示范社区7个。

（樊　煜）

【城乡最低生活保障和农村五保供养】 城乡低保和农村五保供养保障标准继续提高，4月1日，市内五区及高新区城市低保标准提高到550元/月；农村低保标准提高到不低于3600元/年；农村五保集中供养标准提高到5900元/年，分散供养标准提高到3700元/年。截至年底，全市共保障城市低保对象1.4万户、2.2万人，农村低保对象5.4万户、8.1万人；农村五保供养对象5514人，其中集中供养3723人、分散供养1791人。全年发放城乡低保金和各类补贴2亿元，发放五保供养资金3393万元。（樊　煜）

【专项社会救助】 贯彻《山东省社会救助办法》，市委办公厅下发《关于进一步做好社会救助工作的通知》，推进社会救助"一门受理、协同办理"机制建设，依托市政府12345热线服务平台，搭建起"一门受理、协同办理"信息平台，畅通市、县（市）区、乡镇（街道）三级受理、分办、转办绿色通道。适度扩大医疗救助范围，将年度内合规住院费用救助比例由60%提高到70%，全年共发放城乡医疗救助金4535.8万元，救助城乡困难群众12440人。加大"救急难"工作力度，开展临时生活救助，对难以维持基本生活的家庭，按照家庭人口数量及低保标准给予救助，全年共发放临时救助资金1573万元，救助困难群众6948人。（樊　煜）

【阳光低保】 联合17部门出台了《济南市社会救助家庭经济状况核对办法》，完善申请救助家庭经济状况核对机制，全年核对信息48.2万人次。（樊　煜）

【流浪乞讨人员救助】 做好流浪乞讨人员救助工作，开展"情暖济南"寒冬送温暖专项救助行动，全市共救助流浪乞讨人员5944人次，其中救助流浪未成年人193人次、流浪危重病人和精神病人460人次。在堤口路街道所辖社区设立未成年人社会保护试点，探索建立"政府、社会、家庭"三位一体的未成年人社会保护工作体系。

（樊　煜）

【优抚工作】 落实各项优抚政策，将义务兵家庭优待金提高到14730元，全市共发放家庭优待金、临时救助金、一次性抚恤金1.45亿元。统筹城乡优抚对象医疗待遇，全面推行"一站式"即时结算服务，帮助优抚对象缴纳参保、参合费，发放门诊补助1137万元、住院补助635万元，给予大病救助417万元。市、县、乡（镇）三级休养总床位670张，组织优抚对象轮流疗养3100人次。加强烈士纪念工作，组织开展烈士公祭活动，组织抗战胜利70周年纪念活动。（樊　煜）

【福利彩票发行】 全年全市福利彩票销售额达12.3亿元，比上年同期增长3%。（樊　煜）

【慈善事业】 全年市慈善总会共募集善款2746.8万元，支出善款2737.69万元，惠及困难群众6.2万人次。（樊　煜）

【养老服务】 全市新建城市社区日间照料中心118处，农村幸福院217处，新增社会养老床位5661张，全市社会养老床位总数达3.63万余张，每千名老年人拥有床位数达30.25张。全年共投入社会福利资金8965.2万元（其中预算安排3165.2万元，福彩公益金安排5800万元）。对分散供养的城镇"三无"人员，按照不低于当地城市低保标准的150%实行供养，截至年底，共保障465人。为7850名80周岁以上低保老年人发放高龄补贴，建立生活长期不能自理经济困难老年人护理补贴制度，截至年底，享受该补贴人数为3360人。采取分级培训、政府补贴方式，全年共培训初、中级养老服务护理员和管理人员724人。全市养老服务电子地图正式上线，方便市民查询全市养老服务机构和设施，全市养老服务设施专项规划编制工作启动。（樊　煜）

【孤儿保障】 全市共保障孤儿及事实无人抚养儿童1150名。会同市财政局下发《关于建立困境儿童基本生活保障制度的通知》，将243名困境儿童纳入保障范围。全年共支出孤儿和困境儿童市级保障资金1399.2万元。（樊　煜）

【"贴心一键通"项目】 推进"贴心一键通"助老服务项目，免费为4000户80岁以上空巢、低保等困难

老年人安装呼叫器。截至年底，平台用户达23万余人，实施紧急救助826人次，累计提供各类生活服务80余万次。（樊 煜）

【概况】 全年全系统募集款物761.19万元，发放各类款物869.67万元，受益群众46129人。全年培训救护员3334名，开展公益性普及培训283场次，受众人数56705人。全年全市采集造血干细胞血样2140份，实现捐献6例，其中1例为涉外捐献。遗体捐献登记156人，实现捐献35例；角膜捐献登记126人，实现捐献23例；人体器官捐献实现10例，其中肝脏9个、肾脏20个，帮助29位等待器官移植的患者。3月19日，召开济南市红十字会八届三次理事会，96名理事参加会议。审议通过《济南市红十字会八届二次理事会工作报告》《2014年接受捐赠资金物资来源及使用情况报告》，印发《2014年造血干细胞、遗体（角膜）、器官捐献登记及实现情况报告》。

【备灾与灾害救援】 参与“国家防震减灾示范城市”创建活动，各项任务指标全部通过国家验收。加强备灾仓库标准化、信息化建设，对储备物资进行细化分类和清点整理，提高物资应急保障能力。参加“博爱齐鲁、善行雅安”捐赠回访活动，2013年爱心单位及市民为“4·20”雅安地震捐赠的694.6万元援建善款，全部用于建设聚居点94户重建户。参与尼泊尔和西藏地震、天津“8·12”火灾募捐活动，接收捐款7.12万元，全部汇缴至省红会统一开展抗震救灾工作。对济南市遭受洪涝灾害的部分区县，调拨价值37.5万元棉被、夹克衫、家庭包、帐篷等救灾物资。发挥红十字应急救援队“一专多能、一队多用、反应灵敏、快速高效”特色，完善应急救援预案、统一配备救援装备、统一购买人身意外保险、组建训练实战基地、定期培训救援技能，为“市直机关游泳比赛”“济南市首届登山比赛”“大学生百里毅行”等活动提供安全保障服务，应急救援时长累计800小时，通过4000017995救援电话，先后在龙洞、浆水泉等景区营救迷路驴友18人，提高救援水平和快速反应能力。9月11日，为纪念第十六个“世界急救日”，市红十字会在金象山游乐园拓展训练场开展应急救援演练，市红十字应急救援队、应急救护培训中心等参加演练，济南日报市民记者团、金象山游乐园红十字志愿者、景区游客等200余人观摩。

【人道救助】 按照“群众所需、红会所能”原则，加强救助项目管理，提升“博爱泉城”品牌执行力。“博爱泉城送温暖”活动，重点救助城乡困难群众、因灾因病致贫及参与三项捐献的困难家庭，发放救助款物29.36万元。“春天行动”、“圆梦大学”助学项目，为218名品学兼优贫困学子资助33.38万元。“大病救助”助医项目，为贫困尿毒症患者、白血病儿童等发放救助金150.69万元。申请中央彩票公益金60万元，为顺康、耀阳、南山庄园等老年公寓购买失能养老物资和器材设备。建立“石古博爱基金”，开展高雅艺术进乡村公益活动，向天桥区桑梓店中心小学捐赠钢琴一架。向环卫、交警、媒体等一线劳动者发放125.49万元药品和瓶装饮用水。6月5日，市红十字会联合市建委、市政公用局，在二

2015年3月24日，商河县女教师扈秀花（右二）成为全省对意大利白血病患者捐献造血干细胞的第一人。（路苗苗 摄）

环西路南延建设工程工地举行捐赠仪式，将价值28.8万元矿泉水送到建筑工地一线工人手中。完成对商河县沙河乡刘辛村结对帮扶任务，3年累计协调帮扶资金75万元。试点推进“博爱幸福院”养老项目，通过当地政府主导、市县红会辅助方式，从社会爱心捐款中拨付140万元，参与建设长清区双泉镇贾庄村、章丘市垛庄镇东车厢村和平阴县孝直镇孝直村3处“红十字博爱幸福院”。

【应急救护培训】 加强师资队伍建设，与市应急办、卫计委、关工委、建委、旅游、教育、公安、交通等部门建立协作关系，全面推进应急救护培训进学校、进社区、进农村、进机关、进企业“五进”活动。开展红十字生命健康安全教育项目，12月7日，全市首家红十字生命健康安全体验教室在章丘实验小学揭牌成立，体验教室集教学、体验、互动于一体，以互动体验方式向青少年普及安全防范意识和自救互救技能。参与编写出版《济南市中小学生安全教育读本》，开展“博爱杯”小小救护员技能大赛，为师生普及生命健康安全知识，构建起与政府应急体系联动的群众性自救互救安全网络体系，提升群众应急避险、自救互救能力。

【捐献造血干细胞、遗体（角膜）、器官工作】 注重开发造血干细胞固定志愿捐献者群体，优化登记人群。通过对登记者实行电话回访、上门咨询登记、组织捐献协调员培训、加强日常沟通交流等形式，将优质服务理念贯穿捐献全部环节，提高捐献登记率。举办“爱在路上”清明追思缅怀、“留下我的爱”角膜暨器官公益宣传等活动。涌现全省首例对意大利白血病患者捐献造血干细胞、92岁医学教授捐献遗体、患骨肉瘤的“花季女孩”登记角膜捐献等感人事例。

【红十字志愿服务和青少年工作】 发挥红十字志愿服务队伍和志愿服务工作基地的辐射带动作用，采取“分级管理、骨干先行”的管理方式，设计志愿服务活动和服务时间记录办法，初步形成较为完善的志愿者组织管理、激励机制和规范化运作体系。“按专业、分领域”扩大志愿服务队伍规模，强化志愿者骨干培训力度，吸纳更多社会爱心人士加入红十字志愿者行列。全年新发展红十字志愿者2185人，开展志愿服务活动40余次，对志愿服务时间达360小时的14名三星级志愿者进行表彰。3月4~5日，市红十字会开展“学雷锋——红十字志愿者进社区”活动，在历下区甸柳新村街道办事处文化广场和槐荫区玉清湖街道办事处古城村，开展培训应急救护知识及技能、免费健康咨询和义诊查体、采集造血干细胞血样及宣传无偿献血、三项捐献等红十字志愿服务活动。在全市高校和中小学开展“红十字宣传月”、无偿献血宣传、应急救护培训等活动，组织7400名红十字青少年参加“全国红十字青少年自救互救知识竞赛”，燕山中学、长清石麟小学、章丘东山小学、济阳职业中专获最佳组织奖。

【红十字精神传播】 通过5·8世界红十字日、世界急救日等重要纪念日，集中宣传展示应急救援、应急救护、人道救助、志愿捐献等核心业务，普及红十字运动基本知识和红十字人道理念。5月11日，市红十字会在洪楼广场举行博爱周广场宣传活动，为市红十字水上应急救援队、红十字会宣传传播志愿者服务队等志愿服务队进行授旗。开发新媒体宣传平台，推出《急救与老龄化》红十字电子微刊，建立“红十字新闻传播”微信群，在《济南日报》开设红十字专栏，全年在国家、省、市级各类报刊及电视台刊登新闻1400余篇。组织新闻传播业务培训，提高信息通讯员新闻素养。利用社区灯箱、户外宣传屏和公交车载电视等平台，循环播放红十字公益宣传片。为12345市民服务热线接线员定制红十字业务知识培训课程，提高其为民办事服务效率。在维护巩固好官方网站、简报等宣传阵地基础上，制作红十字宣传手册、海报，出版《新闻作品选集》，每季度更新社区固定宣传展板和红十字博爱之家沿街宣传栏内容，及时向社会各界反馈工作进展、捐赠接收和使用情况等信息。

【红十字交流与合作】 8月13~16日，为纪念世界反法西斯战争胜利70周年，英国麦克·贝茨勋爵“为和平徒步”活动途经济南，市红十字会配合参与服务保障工作，实施规划路线、组织协调、全程陪护等环节，为徒步活动完成做出贡献。参加总会组织的赴俄罗斯交流访问活动，与上海、重庆、哈尔滨、郑州、南京等市红十字会开展交流，吸收、借鉴先进理念和经验。

【博爱家园项目建设】 发挥章丘吴家村、商河刘辛村2个国家级“博爱家园”项目点示范带动作用，新建果蔬大棚、中草药大棚、苗木基地等生计项目。对新建6家市级博爱家园项目点，明确项目实施方案和计划，定期召开经验交流会，研究解决项目实施过程中存在问题。8月16日，中国红十字会副会长兼秘书长王汝鹏调研历城区博爱家园项目，重点视察红十字博爱村——历城区柳埠镇苇沟村，查看苇沟村“博爱幸福院”、红十字宣传长廊、博爱书屋等项目，检查博爱村建设相关资料和救助物资发放登记表，听取博爱家园项目建设情况和今后发展汇报。

【获“全省100个最佳志愿服务组织”称号】 在由省委宣传部、省委组织部、省文明办等9部门联合开展的“全省100个最佳志愿服务组织”评选中，济南市有9家志愿服务组织获最佳称号，市红十字应急救援队和市红十字造血干细胞志愿者服务队位列其中。

（苏 毅）

【居民收入】 全市城乡居民收入特点：1.居民收入平稳较快增长，农村增速快于城镇。截至年底，城市居民人均可支配收入为31270元，增长8.5%。城镇居民人均可支配收入为39889元，增长8.0%，农村居民人均可支配收入14232元，增长8.5%，比城镇居民收入增速快0.5个百分点。

2.财产净收入比重增加。从收入构成来看，工资性收入占可支配收入的比重最大，为58.7%，但较上年下降0.2个百分点。随着近年来房租、理财等收入的增加和农村居民转让承包土地经营权租金净收入的快速增加，居民财产净收入所占比重逐年上升。年内，城市居民财产净收入占可支配收入的比重为13.9%，较上年增加0.6个百分点，转移净收入、经营净收入占可支配收入的比重为16.3%和11.1%，较上年同期下降0.2个百分点。

3.促进居民收入增长因素。①增资政策落实到位。截至年底，城市居民人均工资性收入为18360元（从2015年起，全市发布城乡住户调查一体化改革新口径。城乡居民收支调查指标数据与2015年前城乡居民调查的范围、方法、指标、口径有所不同），增长8.1%，对可支配收入的贡献率56.5%，拉动可支配收入增长4.8个百分点。城镇居民人均工资性收入为23575元，增长7.7%，农村居民人均工资性收入为8050元，增长8.2%。②促就业、推创业。全市扶持创新创业，抓好大学毕业生、就业困难人员、产业转型和化解过剩产能产生的再就业人员、城郊被征地农民等群体就业，制定“创业培训+创业预孵化+初创孵化+创业园区”模式。截至年底，城市居民人均经营净收入为3468元，增长6.5%，对可支配收入的贡献率8.7%，拉动可支配收入增长0.7个百分点。第二、三产业经营净收入增长16.3%和9.7%，城镇居民人均经营净收入为2542元，增长6.6%，农村居民人均经营净收入为5299元，增长7.1%。③投资、理财意识增强。截至年底，城市居民人均财产净收入为4339元，增长13.3%，对可支配收入的贡献率20.9%，拉动可支配收入增长1.8个百分点。随着收入的增加，居民理财意识增强，理财渠道、理财方式便捷化、多样化，城镇居民财产性收入增长，人均财产净收入为6393元，增长12.0%。随着全市农村土地流转进程的加快，农村居民人均转让承包土地经营权租金净收入增长，农村居民人均财产净收入为280元，增长53.3%。④社会保障完善。受企业离退休人员养老金或离退休金“十一连增”和农村基本养老金、城乡最低保障金增加的影响，城市居民转移净收入保持稳定增长。截至年底，城市居民人均转移净收入为5103元，增长7.1%，对可支配收入的贡献率13.9%，拉动可支配收入增长1.2个百分点。城镇居民人均转移净收入7379元，增长6.3%，农村居民人均转移净收入为603元，增长12.0%。

【居民消费】 截至年底，城市居民人均消费支出为20336元，比上年增加1867元，同比增长10.1%，高出全省平均增速0.7个百分点，八大类消费支出增长。分城乡看，城镇居民人均消费支出为26319元，增长9.3%，农村居民人均消费支出8597元，增长11.8%，高出城镇居

2015年济南市城镇、农村居民生活消费比重

单位：%

项　目	城　镇		农　村	
	2015 年	比上年±%	2015 年	比上年±%
消费支出	100.0	—	100.0	—
食品烟酒	24.4	0.2	32.3	0.9
衣着	8.3	–0.6	5.5	0.3
居住	27.5	–1.0	18.3	–0.2
生活用品及服务	8.3	0.3	6.6	0.3
交通通信	12.4	0.1	17.4	–1.1
教育文化娱乐	10.8	0.6	10.2	0.2
医疗保健	5.6	0.2	8.4	–1.0
其他用品和服务	2.6	0.3	1.5	0.6

民2.5个百分点。

全市居民消费支出特点：①食品、居住支出主导城乡居民消费。城市居民人均食品烟酒支出5192元，增长11.2%，人均居住支出为5339元，增长6.4%，占居民消费支出的比重为25.5%和26.2%，主导城乡居民生活消费。城镇居民人均食品烟酒支出6415元，增长10.0%，人均居住支出7246元，增长5.4%，农村居民人均食品烟酒支出为2776元，增长15.0%，人均居住支出为1569元，增长10.8%。②教育文化娱乐成为城乡居民消费热点。随着城乡居民收入水平的不断提高，教育文化娱乐消费快速增长。城市居民人均教育文化娱乐支出为2188元，增长16.4%，占全部消费支出的10.7%。城镇居民人均教育文化娱乐支出为2852元，增长16.2%，农村居民人均教育文化娱乐支出876元，增长14.3%。从消费结构看，教育投入为居民家庭消费重点，居民人均教育支出996元，增长16.4%。③交通通信消费持续增长。城市居民人均交通通信支出为2673元，增长9.5%，交通支出增长16.8%。城镇居民人均交通通信支出3270元，增长10.2%，农村居民人均交通通信支出1492元，增长5.0%。④生活用品及服务增长。居民人均生活用品及服务支出为1649元，增长14.4%。家用器具、家庭日用杂品、个人用品和家庭服务支出分别增长39.5%、33.6%、30.0%和67.9%。城镇居民人均生活用品及服务支出为2198元，增长13.6%，农村居民人均生活用品及服务支出为565元，增长16.8%。⑤衣着类消费支出增速放缓。城市居民人均衣着支出1607元，同比增长3.4%。城镇居民人均支出2179元，增长1.5%，农村居民人均支出475元，增长18.1%。⑥医疗保健支出增长。城市医疗保健人均支出1227元，增长11.0%。城镇居民医疗保健人均支出1485元，增长13.7%，农村居民人均医疗保健支出718元，与上年同期基本持平。从消费结构看，医疗器具及药品人均支出增长4.7%，医疗服务支出增长17.1%。

（薛立娣　徐　宁）

【概况】 老年文化活动丰富多彩。老年人文化艺术广场活动4月启动，周周有演出，月月有活动。举办“纪念抗日战争胜利70周年泉城老年人文艺演出”庆祝活动，包括音乐、舞蹈、戏剧、书画、民俗艺术等。全年演出500余场。组织参加全省银龄风采艺术节济南赛区选拔赛、第三届山东省老龄主题摄影大赛，获省银龄风采艺术节优秀组织奖。各县（市）区整合资源，健全组织。开展老年文化队伍摸底工作，截至年底，全市有老年文化队伍465个1.9万余人，全年开展各种演出活动4600余次。调查并掌握济

南市老年队伍建设情况，作为制定开展老年文化活动的相关政策和活动方案等的依据。

惠老举措持续加力。“银龄安康”惠老工程继续推进，建立财政出资为辖区内符合条件的老年人赠送意外保险的机制。截至年底，意外伤害险投保人数55.5万人，投保率47%，投保费1211万元。组织济南市涉老企业和有关单位参加第七届中国（山东）国际老龄产业博览会。开展阳光民生救助工作，落实救助资金和实物，为100名生活困难老人筹集到3万余元的慰问品，走访慰问20位空巢老年人和10名百岁老年人。组织开展“骨健康阳光助老工程”，组织260余场免费体检活动，体检约1万人次，赠送骨健康手册1100余本，为老人节省近500万元的骨健康体检费用。完善高龄津贴发放制度。历下、槐荫、市中、高新4个区实施80~89周岁高龄补贴制度。做好省、市养老机构奖励扶持工作。举办第九届“泉映晚霞”老年鹊桥会，1000余名老年人参与活动。

依法维护老年人合法权益工作实现突破。通过新闻媒体向社会公示，公开接受社会各界监督，承诺为全市老年人办80件好事实事。截至年底，80件实事全部完成，做到事事有回音，件件都落实。1月1日起，实施65周岁（含）以上老年人免费乘车优待政策。10月1日起，实施60~64周岁老人半价乘车优待政策。开展老年维权公益活动。举办山东省暨济南市庆祝新修订的《山东省老年人权益保障条例》实施活动，10家律师事务所开展法律咨询服务，老年普法维权大篷车进社区公益行动在泉城路芙蓉街南口及中山公园设立两个固定咨询点，为老年人提供免费的法律咨询服务。在“敬老月”启动仪式上山东博翰源律师事务所等10家律师事务所与市中区、槐荫区10家养老机构签订免费法律服务协议。市律师协会于10月12日成立“老年人法律服务团”。不定期组织公益律师走进养老服务机构或就近为老年人提供法律服务。“老年维权热线”和老年维权工作站畅通老年人诉求渠道，接听老年维权热线3000余次，接听12345转接承办的事项共计300余次，接待来访来信老年人10余次。历下、历城、天桥、长清成立老年维权工作站，开展老年维权服务活动。

为老志愿服务活动日趋活跃。扩大“泉映晚霞”志愿服务团队伍，开展老年人精神关爱活动，推动为老志愿服务制度化、常态化。结合老龄工作实际和老年人的特点，在全市开展敬老志愿服务活动。春节、端午、重阳等节日期间老龄办到老年公寓，给老人送温暖、献爱心，做帮扶活动。组织泉映晚霞志愿者到空巢、高龄和生活困难老年人家中，帮助他们解决生活中的困难。组织有文艺专长的老年志愿者到养老机构开展文化义演30余场。参加创建全国文明城市和卫生城市志愿服务活动，为美丽泉城建设贡献力量。

老龄宣传工作得到加强。巩固“一台、两报、两网”的立体宣传态势，做到电视天天有老年节目，报纸周周有老龄工作专版。全年共出版专版52期；在全国老龄网上发表济南市老龄工作新闻稿件106篇，在省老龄网发表148篇。《当我老了》《晚霞伴夕阳，爱心万古长》等7件新闻作品入选“山东省老龄新闻宣传好作品”。举办全市老龄宣传干部培训班，对县（市）区和乡镇（街道）老龄宣传骨干120余人进行专业培训，提高老龄干部的业务能力和综合素质。利用重大节日和节

2015年10月13日，市老龄办走访慰问百岁老人。 （市老龄办 供稿）

点集中开展宣传教育活动和创先树优活动，挖掘敬老典型，发挥示范带动作用，动员更多社会力量关注参与老龄事业，房泽秋被表彰为“全国道德模范”。敬老月期间通过发送敬老公益短信、播放敬老口号等多种形式营造尊老敬老社会氛围。

【创办家庭电视老年大学】 家庭电视老年大学列入2015年市政府为民办实事项目，4月1日正式开播。家庭电视老年大学教材入选全国新闻出版总署和全国老龄办向全国老年人推荐书目，全市近6万名老年人（55周岁以上）报名参加学习。创建了济南家庭电视老年大学微信公众号。

【开展“敬老月”活动】 10月，市老龄委在全市组织开展以“倡树敬老家风，建设和睦家庭”为主题“敬老月”活动。9月29日，山东省暨济南市2015年“敬老月”活动启动仪式在槐荫广场举行。10月20日，在舜耕会堂举行庆祝老年节专场文艺演出。“敬老月”期间，各县（市）区老龄委和市老龄委成员单位开展走访慰问活动。全市城镇、农村主要街道、社区和企事业单位悬挂敬老宣传条幅1800余条；市老龄办联合济南移动、联通、电信3家公司在老年节期间向全市发送敬老公益短信；在龙奥大厦电子显示屏连续播放20条敬老公益广告。召开各类庆祝会、座谈会50余次，老年文体表演560余场。社会各界组织各种形式的关爱老人活动，走进社区、养老机构和老年人家庭，向孤寡老人、困难老人、失能老人献爱心。全市各级走访慰问老年人4万余人，慰问资金及慰问品达上百万元。

【第九届“泉映晚霞”鹊桥会】 9月10~11日，由济南市老龄办联合市文明办、妇联、民政局、园林局和《生活日报》共同主办，市老年事业发展中心、中山公园和日月坛爱情俱乐部承办的第九届“泉映晚霞”鹊桥会在中山公园开幕。有700余位单身老人悬挂相亲信息，参与活动的老年人1000余人，鹊桥会是“老年文化教育提升年”80项活动中的一项重要内容，旨在为单身老年人寻找意中人牵线搭桥，在全社会营造尊老、敬老、爱老、助老的浓厚社会氛围。

【举行庆祝老年节专场文艺演出】 10月20日，在舜耕会堂举行。市人大常委会副主任许强，副市长、市老龄委主任齐建中等领导及各县（市）区各界老年群众代表1000余人观看演出。各县（市）区及市老年大学艺术团、青山艺术团等演出单位300余名老年文艺爱好者表演了舞蹈、合唱、表演唱等13个节目。

【百岁老人】 截至年底，全市有百岁老人249人，比2014年增加5人。其中男性45名，女性204名；年龄最大者为章丘市彭道芝，1903年出生，112岁。

（崔炜　张靖）

2015年济南市百岁老人统计表

姓　名	性别	出生年月	年龄	家庭住址
高清仪	女	1912.4	103	历下区解放路41号
张永贵	女	1906.11	109	历下区东仓小区13号
刘树德	男	1915.11	100	历下区解放路41号
孙晋忱	男	1915.1	100	历下区经十路15078号
叶　还	女	1914.10	101	历下区文化东路113号
杨忠成	女	1914.10	101	历下区解放路122号
牟桂香	女	1915.7	100	历下区长盛南二区7号
王可卿	女	1911.1	104	历下区山大路239号
王曙东	男	1915.11	100	历下区文化东路113号

续表 1

姓　名	性别	出生年月	年龄	家庭住址
陈玉兰	女	1914.9	101	历下区趵突泉小区三区 13 号
杨绪英	女	1915.4	100	历下区绿景嘉园 A 区 6 号
步和生	女	1915.5	100	历下区卫巷 1 号
尹成珠	女	1915.12	100	历下区趵突泉南路 177 号
李盛莲	女	1915.1	100	历下区正觉寺二区 26 号
孙延海	男	1913.6	102	历下区华阳新区 1 号
张华仙	女	1913.3	102	历下区文化东路 76 号
李兴林	女	1915.12	100	历下区舜耕路 14 号
朱　方	女	1915.3	100	历下区十亩园东街 13 号
吕传铭	男	1915.8	100	友谊苑小区南区 20 号
赵淑芹	女	1913.11	102	历下区健康路 1 号
邓发起	男	1913.11	102	槐荫区泉城花园 1 号
刘桂英	女	1913.12	102	历下区泺河小区 9-4-202
岳刘氏	女	1913.5	102	历下区姚家小区东区 1-2-104
唐信臣	男	1914.11	101	历下区解放东路 26-1 号 6-1-102
曹跃东	女	1914.11	101	市中区阳光舜城中五区
高玉臣	女	1915.11	100	市中区民生庄 152 号
高张氏	女	1915.6	100	市中区英雄山路 134 号
郭光兰	女	1914.12	101	市中区七里山北村
郭有忠	男	1915.6	100	市中区玉函南区
黄　需	女	1914.3	101	市中区英雄山路 113 号
黄周氏	女	1914.10	101	市中区党家街道办事处党东村
姜应凤	女	1910.9	105	市中区小纬四路 9 号
焦桂荣	女	1915.2	100	市中区郎茂山小区一区
靖秀芳	女	1914.11	101	市中区玉函南区 2#2-203
李文华	女	1912.7	103	市中区纬一路 317 号
毛玉清	女	1914.10	101	市中区舜耕路 38 号
孟范英	女	1914.5	101	市中区党家街道办事处枣林村
孟宪陶	男	1907.8	108	市中区伟东新都二区
苏传兰	女	1913.7	102	市中区兴隆搬倒井村
王高氏	女	1913.1	102	市中区十六里河街道西河村
王静君	女	1915.3	100	市中区胜利大街 11 号

续表 2

姓　名	性别	出生年月	年龄	家庭住址
王允升	男	1913.10	102	省卫校宿舍
武美芝	女	1907.1	108	市中区王官庄小区四区 26 号
徐汝泉	男	1915.10	100	市中区舜玉南区
颜世贞	女	1915.5	100	市中区七里山南村四区
杨德云	女	1913.4	102	市中区泺源石棚街 57 号
叶淑贞	女	1915.12	100	市中区魏家庄盛景苑
尹文卿	女	1914.2	101	市中区盛景苑
张利华	女	1912.2	103	市中区梁庄四街 46 号
张汝云	女	1915.8	100	无影山中路 58 号
张秀芳	女	1911.11	104	市中区七里山郎茂山路 4 号
张秀英	女	1914.2	101	市中区福祥街
郑桂芳	女	1912.9	103	市中区玉函路 54 号
周莉萍	女	1912.8	103	市中区经六路 27 号
邹本兰	女	1915.10	100	市中区七里山二七新村南路 12 号
孔昭成	男	1915.8	100	天桥区明园小区
王茂兰	女	1915.11	100	天桥区水晶小区
李桂珍	女	1915.8	100	滨河南苑 12 号
兰素芳	女	1915.1	100	天桥区堤口路 44 号
马高氏	女	1915.2	100	天桥区大桥镇马家店村 253 号
张连云	女	1915.8	100	天桥区国棉一厂一宿舍
艾庆英	女	1915.8	100	天桥区大桥镇前吴村
张秀美	女	1915.12	100	天桥三孔桥街 9 号
黄河清	男	1915.12	100	天桥区堤口路 153 号
张文福	男	1915.12	100	官后东巷 9 号
李光琴	女	1915.10	100	天桥东大杨庄 51 号
朱秀兰	女	1915.11	100	天桥区药山太平居 98 号
马翠华	女	1915.6	100	天桥区师范路 46 号
刘德英	女	1915.2	100	天桥区桑梓店镇前房村
张加英	女	1915.6	100	天桥区大桥镇双庙村
王淑美	女	1914.12	101	天桥区黄岗东路 5 号
王李氏	女	1914.11	101	天桥区泺口太平洋小区中区
汪秀如	女	1914.1	101	天桥区天茂街 40 号

续表 3

姓　名	性别	出生年月	年龄	家庭住址
王朝英	女	1914.3	101	天桥区官中街 42 号
王沛云	女	1914.4	101	天桥区锦屏街 2 号
魏树莲	女	1913.10	102	魏家庄经四路 147 号
解淑芳	女	1913.12	102	天桥区堤口路 136 号
刘丰成	男	1913.10	102	天桥区桑梓店镇桑梓店村 2–89 号
孟照其	男	1913.6	102	天桥区毕家洼 76 号
曲文英	女	1911.10	104	天桥区桑梓店镇邓营村
孙贵岭	女	1911.12	104	泺口街道林桥社区 19 号
范秀兰	女	1911.10	104	清河 6 号楼 3–202
杨凤珍	女	1910.7	105	天桥区大桥镇政府宿舍 58 号
苏衍钧	男	1909.4	106	天桥区交校路 10 号
宋景芳	女	1907.1	108	天桥区周公祠街 7 号
陈秀荣	女	1913.2	102	槐荫区北大槐树街 225 号
郑月卿	女	1914.5	101	槐荫区纬十路 103 号
黄秀珍	女	1915.11	100	槐荫区北大槐树街 354 号
马学正	男	1910.4	105	槐荫区段兴东路 3 号三区
王玉凤	女	1915.4	100	槐荫区段店南路 123 号
张明春	女	1908.3	107	济南市社会福利院
田玉寒	女	1915.9	100	槐荫区经十路 22892 号
朱吉英	女	1913.6	102	槐荫区经三路 316 号
于　梅	女	1915.11	100	槐荫区王官庄小区西区
毕秀兰	女	1915.2	100	槐荫区发祥巷小区 2 区
杨秀珍	女	1914.5	101	槐荫区昆仑街 23 号
刘金兰	女	1915.7	100	槐荫区经三纬十便民市场
孟淑荣	女	1915.11	100	槐荫区前卫街 28 号
夏继勋	男	1914.12	101	槐荫区南辛北街 66 号
田淑芬	女	1915.3	100	槐荫区道德北街 194 号 2–202
纪淑桂	女	1915.1	100	槐荫区机车新村 4 号
赵学芹	女	1908.5	107	历城区港沟镇田庄村 115 号
李克华	女	1909.11	106	历城区遥墙镇王家庄 188 号
朱淑源	女	1913.11	102	历城区洪楼花园小区三区
李爱贞	女	1913.6	102	历城区郭店西村 21 号

续表 4

姓　名	性别	出生年月	年龄	家庭住址
韩玉美	女	1913.10	102	历城区港沟镇车脚山 1 号
邵兰芬	女	1913.7	102	历城区遥墙镇幸福庄 38 号
陈文波	女	1908.4	107	历城区东风街道上海花园 46-2-201
张继功	男	1914.9	101	历城区彩石镇潘河崖村 91 号
陈若英	女	1914.9	101	历城区彩石镇西彩石二村 127 号
刘玉英	女	1914.10	101	历城区西营镇东岭角村 120 号
王玉美	女	1914.10	101	历城区郭店镇十里堡村 189 号
赵树家	女	1914.11	101	历城区洪楼花园路 117 号 3 号楼 2-401
穆泳娟	女	1914.6	101	历城区山大南路 20 号 41 号楼 2-101
李德武	男	1914.9	101	历城区彩石镇讲书院村
李秀清	女	1915.11	100	山大闵子骞路 62-4 号 3-401
高传桢	男	1915.2	100	历城区仲宫镇刘家村
张秋云	女	1915.8	100	历城区遥墙镇大辛村
马德兰	女	1915.11	100	历城区港沟镇石庙村
田延珍	女	1915.10	100	历城区工业北路 38 号 19-1-203
王兆烈	男	1915.2	100	历城区华山镇高家庄
王俊田	女	1915.1	100	历城区柳埠镇柳西村
马志德	男	1915.12	100	历城区唐王镇崔家庄村一区 127 号
路付氏	女	1915.8	100	历城区王舍人镇沙三村
王好连	女	1915.6	100	历城区锦绣川道沟村
张周氏	女	1915.3	100	历城区遥墙镇南河套村
惠风山	男	1915.2	100	历城区鲍山新村东 20-3-101
李玉芬	女	1914.3	101	长清区万德镇义灵关村
张吉英	女	1914.8	101	长清区文昌街道郭庄村
潘维让	男	1913.2	102	长清区张夏镇张夏村
查文杰	男	1913.4	102	长清区孝里镇岚峪村
郑西兰	女	1913.10	102	长清区马山镇百石崖村
兰培英	女	1913.11	102	长清区万德镇界首村
郝光凤	女	1913.11	102	长清区马山镇小岭村
王同英	女	1912.2	103	长清区张夏镇石店村
王风珍	女	1911.7	104	长清区平安街道高庄村
史明兰	女	1909.1	106	长清区张夏镇井字村

续表 5

姓　名	性别	出生年月	年龄	家庭住址
朱兴英	女	1915.10	100	长清区张夏孔庄村
马兆祥	男	1915.11	100	长清区崮云湖炒米店村
董文玉	女	1915.2	100	长清区五峰东菜园村
韩文珍	女	1915.6	100	长清区万德坡里庄
张兆俭	男	1915.7	100	长清区双泉大张
王兴凤	女	1915.9	100	长清区双泉陈沟
赵兴吾	女	1910.2	105	高新区巨野河办事处东港沟村
杲延美	女	1914.2	101	高新区巨野河办事处西卢村
王承英	女	1914.12	101	高新区孙村办事处高二村
贾秀英	女	1915.10	101	高新区李家窝村
牛桂兰	女	1914.6	101	章丘市明水街道办事处张家村南北大街 29 号
董凤秀	女	1914.8	101	章丘市明水街道办事处查旧村东崖头 9 号
孙笃庆	男	1913.12	102	章丘市普集镇北孙家庄东西大街 127 号
郭道成	男	1912.11	103	章丘市相公庄镇曹孟村北一街 6 号
于怀秀	女	1913.2	102	章丘市普集镇龙王寨村前街 60 号
彭道芝	女	1903.6	112	章丘市枣园街道办事处曹庄村文化路 39 号
赵振菊	女	1914.2	101	章丘市绣惠镇王金村大街 58 号
高宪忠	男	1913.2	102	章丘市普集镇池子头村大北街 21 号
李朝銮	男	1914.11	101	章丘市曹范镇黄石梁村大街 7 号
王宗会	女	1913.11	102	章丘市双山街道办事处东张官庄致富街 17 号
满尚氏	女	1914.2	101	章丘市官庄镇水峪村西新路 130 号
赵富英	女	1913.10	102	章丘市黄河乡马徐寨幸福街 108 号
车兰英	女	1913.12	102	章丘市黄河乡新街口王家兴王街 63 号
魏秀甲	女	1913.1	102	章丘市黄河乡赵家村向阳北街 68 号
齐如云	女	1910.7	105	章丘市相公庄镇十九郎村桥北头东二巷
杜振英	女	1914.3	101	章丘市相公庄镇十九郎村学校东街 10 号
马其英	女	1913.2	102	章丘市双山街道办事处山周家庄
韩桂芳	女	1914.12	101	章丘市刁镇田福村新翟街 81 号
彭现英	女	1913.2	102	章丘市刁镇刘官村陈家圈街 6 号
张玉荣	女	1912.6	103	章丘市宁家埠镇向高村广场小区 8 号
黄兰英	女	1913.9	102	章丘市枣园街道办事处北毕村供销街 8 号
王继英	女	1914.5	101	章丘市黄河乡黄徐寨朝阳前街 179 号

续表 6

姓　名	性别	出生年月	年龄	家庭住址
滕树迎	男	1915.8	100	章丘市高官寨镇付家村
张秀华	女	1915.12	100	章丘市黄河镇东野郭寨
郭希凤	女	1915.11	100	章丘市曹范镇孟张村
赵周氏	女	1915.10	100	章丘市曹范镇小驼沟村
张孙氏	女	1915.3	100	章丘市官庄镇赵八洞村
李美英	女	1915.11	100	章丘市刁镇王三村
董树文	女	1915.10	100	章丘市相公庄镇时家村
周顺英	女	1915.11	100	章丘市双山街道办东沟头村
巩凤娥	女	1915.7	100	章丘市明水街道办事处绣水居
高向和	女	1915.1	100	章丘市明水街道办事处三义村
高玉香	女	1915.5	100	章丘市明水汇泉路 64 号
阎秀英	女	1913.10	102	章丘市龙山街道苏官村
刘万玉	女	1913.4	102	平阴县榆山街道东南沟社区
郭宗英	女	1913.6	102	平阴县榆山街道翟庄村
李　媛	女	1915.1	100	平阴县榆山街道翠屏社区
孔宪兰	女	1913.4	102	平阴县锦水子顺南村
王廷英	女	1913.5	102	平阴县锦水北土村
丛养正	男	1915.2	100	平阴县锦水毕海洋村
姬默苓	女	1906.1	109	平阴县安城镇双井村
翟化英	女	1913.10	102	平阴县安城镇东土村
马乐兰	女	1914.8	101	平阴县安城镇东平洛村
李建堂	男	1915.1	100	平阴县安城镇让庄铺村
高士荣	男	1912.5	103	平阴县玫瑰镇吉庄村
陈兴英	女	1910.8	105	平阴县玫瑰镇庞口村
冯太香	女	1912.11	103	平阴县玫瑰镇彭庄村
郭京香	女	1914.10	101	平阴县玫瑰镇李塘村
王在兰	女	1915.5	100	平阴县玫瑰镇江庄村
葛庆贤	女	1914.2	101	平阴县东阿镇杨山村
张　氏	女	1915.5	100	平阴县孝直镇孝直村
展刘氏	女	1915.4	100	平阴县孝直镇后洼村
刘文英	女	1914.8	101	平阴县孔村镇半边井村
田永路	男	1914.7	101	平阴县孔村镇大荆山村

续表 7

姓　名	性别	出生年月	年龄	家庭住址
王金英	女	1913.5	102	平阴县孔村镇孔村村
张殿珍	女	1907.11	108	平阴县孔村镇北毛峪村 267 号
辛谢氏	女	1915.6	100	平阴县孝直镇罗圈崖村
牛文芳	男	1915.9	100	济阳县崔寨镇牛家村
陈树芳	女	1914.4	101	济阳县崔寨镇史坞村 20 号
高培芝	女	1915.11	100	济阳县垛石镇五里村
刘秀兰	女	1913.2	102	济阳县垛石镇西索村 86 号
高培英	女	1911.2	104	济阳县垛石镇范屯村 265 号
柏宗庭	女	1914.11	101	济阳县回河镇小任岸村 27 号
吴法云	女	1914.9	101	济阳县回河镇田家村
单桂英	女	1912.12	103	济阳县回河镇店子村 133 号
董传美	女	1914.6	101	济阳县济阳街道北田家村 81 号
杨富珍	女	1913.3	102	济阳县济阳街道韩家村 184 号
李凤云	女	1911.7	104	济阳县济阳街道孟家村 2 号
肖李氏	女	1907.10	108	济阳县济阳街道萧家村 104 号
李增花	女	1914.2	101	济阳县曲堤镇郭纸村 88 号
张付氏	女	1913.12	102	济阳县曲堤镇老鸦张村 50 号
刘维要	男	1913.1	102	济阳县曲堤镇刘偕村 177 号
陈桂兰	女	1913.1	102	济阳县曲堤镇索家村 117 号
谭红玉	女	1910.9	105	济阳县曲堤镇毕集村 134 号
尹秀花	女	1910.4	105	济阳县曲堤镇郑骆村 87 号
王豆氏	女	1915.8	100	济阳县仁风镇史家村
马希连	女	1915.2	100	济阳县孙耿镇北街村
魏登英	女	1910.8	105	济阳县孙耿镇前张村 206 号
谢法友	男	1915.10	100	济阳县太平镇南郭村
崔金花	女	1912.12	103	济阳县新市镇李惠野村
高德荣	女	1914.2	101	商河县孙集乡柴孟村
卞如荣	女	1914.2	101	商河县孙集镇袁窦村
王李氏	女	1915.8	100	商河县孙集乡张庙村
乔保英	女	1912.9	103	商河县郑路镇小张家
白许氏	女	1912.5	103	商河县殷巷镇白家村
车尹氏	女	1914.5	101	商河县殷巷镇车家村

续表 8

姓　名	性别	出生年月	年龄	家庭住址
王桂兰	女	1915.2	100	商河县殷巷镇郭八社村
刘金亭	女	1913.10	102	商河县沙河乡棘城东街
苗秀云	女	1915.9	100	商河县沙河乡周家村 11 号
吕马氏	女	1911.9	104	商河县贾庄镇胡集村
魏习纯	女	1913.3	102	商河县贾庄镇魏家村
曹丕荣	女	1910.8	105	商河县玉皇庙镇安子东村
李　氏	女	1911.7	104	商河县白桥镇西尚村
张纯敏	女	1908.7	107	商河县白桥镇西杏村
房刘氏	女	1915.1	100	商河县龙桑寺镇房家村 211 号
王忠堂	女	1915.9	100	商河县龙桑寺镇前翟村
陈登岭	男	1913.9	102	商河县张坊乡大姜村
袁召论	男	1915.4	100	商河县韩庙乡东小庄
李王氏	女	1913.10	102	商河县韩庙乡李集村
刘李氏	女	1913.5	102	商河县文景花苑 4-4-401
林玉坤	男	1914.7	101	商河县许商办事处蒋家村
李富荣	女	1915.5	100	商河县药材公司

（崔炜　张靖）

【概况】 市残联弘扬“追梦同行，爱在泉城”的济南残联精神，以全市残疾人“整体赶平均、共同奔小康”行动为引领，以“十百千万”工程创建为重点，抓好15项特色工作，健全完善残疾人基础服务设施，实现为残疾人服务“零距离”。

1.加大康复救助力度，实现残疾人康复服务“零距离”。开展残疾人社区康复训练，投入300万元购买康复成果5000项。为245名成人验配助听器，为400名低视力患者验配助视器1383件。投入789.66万元为4387名贫困精神残疾人给予服药补贴，投入120万元为300名贫困精神残疾人实施住院治疗救助。为全市2.6万余名贫困和重度残疾人免费加入城乡居民基本医疗保险。投入166.46万元，资助33292名农村持证非贫困和非重度残疾人加入城乡居民基本医疗保险。为84名贫困残疾人实施大病救助。

2.加大贫困残疾人帮扶与社会保障工作力度。根据《济南市“基层党组织结对助残扶贫工程”实施方案》，明确帮扶措施，截至年底，有1873个基层党组织与贫困残疾人结成帮扶对子。全市全年投入1492.37万元，为1.2万余名残疾人发放低保重残生活补贴；投入1235.74万元，为1.4万余名残疾人发放护理补贴；投入373.37万元，救助残疾学生和贫困残疾人家庭子女1511名。

3.探索残疾人培训就业新模式。依托高校、企业等社会力量建立市级职业技能培训基地及10个县（市）区级残疾人综合培训基地。全年举办各类职业技能、农村实用技术等培训班300余期，培训10287人次，完成任务指标的129%。市残联、组织部、编办、财政局等部门联合制定实施《关于促进残疾人按比例就业的实施意见》。创建孵化基地，为入驻企业和有创业意向的创业者提供创业培训、创业指导，有20家创业团队入驻孵化基地实现创业。全年举办招聘会52期，新增就业2317人，完成省残联任务指标的193%。

4.加强残疾人事业宣传。通过电视专栏、电台专题广播、《大众日报》等媒体，加大残疾人事业宣传力度。开展残疾人群众文化活动，强化省、市文体基地建设，带动群众性体育活动开展。在全国特奥会上，济南市残疾人运动员夺3枚金牌。

5.保障残疾人合法权益。编辑印发《济南市残疾人工作实用手册》4000册、《济南市保障残疾人合法权益的若干规定》宣传海报，做好残疾人政策法规宣传。全年受理信访事项706件，均按规定予以处结。推进残疾人专门协会实现“三个活跃”，推进志愿助残工作，超额完成志愿助残1万人次任务。为625户残疾人家庭进行无障碍设施配套和改造，为900余户残疾人家庭配发电子闪光门铃、电子盲杖、无障碍多功能康复床等辅助器材。

【创建“十百千万”工程】 市残联以残疾人基层组织建设和基础设施建设为重点，以零距离服务残疾人为目标，开展“十百千万”工程，即：在10个县（市）区建成1处残疾人康复中心、1处残疾人托养服务机构、1处残疾人综合培训中心，规范提升残疾人就业服务中心；在100个乡镇（街道）建成1处残疾人康复指导站或残疾人庇护所、1处残疾人扶贫助残基地；在1000个农村中心村（居）、城市大型社区建成1处残疾人康复站；培训安置10000名残疾人，为10000名残疾人评估适配辅助器具。

截至年底，市、县两级投入2亿余元，在10个县（市）区分别建成残疾人康复中心、残疾人托养机构和残疾人综合培训基地各1处。建成100个乡镇（街道）残疾人康复指导站或残疾人庇护所，建成105处残疾人扶贫助残基地，建成1001个村（社区）残疾人康复站。培训安置残疾人12604名，为11522名残疾人评估适配辅助器具20970件。

【开展15项特色工作】 1.重点帮扶100个特困村残疾人奔小康。全市残联系统百名党员干部帮包100个特困村，走进1445名残疾人家中，共谋“小康”路。

2.简化办证程序，成立济南市残疾鉴定委员会。

3.实现残疾人社区康复服务“零距离”工作。建成1001个村（社区）残疾人康复站，并配齐康复设施，提升服务能力。

4.提高残疾儿童康复救助整体水平。将救助年龄扩大为0~15岁，康复训练补贴救助标准统一提高到1.2万元（0~9岁的脑瘫儿童增加辅助器具、矫形器适配费每人1200元），送训补贴每人每月500元，康复救助各类残疾儿童851名。

5.完善残疾人辅助器具货币化补贴制度。满足残疾人群众多层次、多样化的辅具需求，投入200万元为1000户残疾人补贴适配辅具1046件。

6.实现了市级残疾人康复中心升级改造。成立济南市泉韵听力语言康复中心，假肢矫形中心投入运行。

7.培训安置1万名残疾人工作，累计培训安置残疾人12604名。

8.建设残疾人培训基地和扶贫助残基地工作。建立10处残疾人综合培训基地和105处残疾人扶贫助残基地，带动和辐射农村残疾人脱贫致富。

9.做实做强市残疾人创业孵化基地。成立残疾人创业合作社，完善“好愿济南”残疾人创业电商网络服务平台等，有20家残疾人创业团队入驻基地，实现创业。

10.做大做强盲人按摩行业。出台《济南市盲人按摩行业扶持暂行办法》，评选出“盲人按摩星级示范店”66家，全市盲人按摩行业吸纳445名盲人就业。

11.探讨老年残疾人托养问题。形成调研报告并报送相关部门协调解决。

12.做大做强残疾人文化产业。探索完善残疾人文化产业链，表彰6家残疾人文化产业基地，成立市残疾人文联，促进残疾人文化创业就业。

13.志愿助残1万人次。完成志愿助残圆梦、恒星天使计划、“用我的声音做你的眼睛”等志愿助残项目，超额完成志愿助残1万人次任务。

14.建立残疾人慈善爱心同盟。聚合爱心书画家、企业家、媒体及志愿者结成爱心同盟，整合扶残助残力量。市残疾人福利基金会募集资金（物品）逾1000万元。

15.建立残疾人工作信息化平台。设计开发7大业务系统信息化管理平台，对全市残疾人基本信息的动态管理和对基层残疾人工作的进行绩效考评，实现持证残疾人数据与相关职能部门共建共享，完成全市残疾人小康进程监测工作。

【济南市残疾人联合会第六次代表大会】 4月29日，济南市残疾人联合会第六次代表大会在舜耕会堂召开。会议选举产生新一届市残联领导机构。市委常委、市总工会主席王以才当选为市残联第六届主席团主席，朱守华、孙君涛、冯雷当选为副主席。孙君涛被推举为市残联第六届执行理事会理事长，张恒臣、刘曰泉、程立杰、沈永强为副理事长；召开市聋人协会、盲人协会、肢残人协会、智力残疾人及亲友协会、精神残疾人及亲友协会会议，选举产生各专门协会主席、副主席。

【全国助残日】 5月17日是第二十五个全国助残日，主题是“关注孤独症儿童，走向美好未来”。15日，市残疾人联合会、残疾人福利基金会、济南电视台在济南电视台演播厅联合举办“‘追梦同行、爱在泉城’庆祝第二十五个全国助残日”活动。并向上海讯展会议展览有限公司等爱心单位和个人颁发“爱心助残捐助突出贡献奖”“爱心助残捐助先进单位”“爱心助残捐助优秀单位”奖状或奖牌。

第二十五个“全国助残日”前夕，市残疾人联合会、残疾人福利基金会发动社会各界开展助残募捐活动，有280余家单位参与募捐，募集资金370余万元。所募集资金用于残疾人的康复、教育、生活等救助及各类助残公益活动。

（李凯　孔倩）

【民族工作概况】 济南市有回、满、蒙古、哈尼、朝鲜、苗、壮等少数民族52个，人口约12.6万人，占全市总人口的1.86%。其中，回族人口约10.7万人，占少数民族人口的85%。全市少数民族人口逾1万人的县（市）区7个，少数民族人口逾1千人的乡（镇、街办）29个，民族村（社区）45个。

举办省暨济南市民族宗教界人士迎春茶话会，召开市民协委全体委员会议、少数民族联谊会会长会。面向基层开展宣传活动，充分发挥民族村（社区）图书室、宣传栏作用，向民族村（社区）、民族学校送发中央民族工作会议学习辅导读本，组织民族社区干部参加国家民委举办的专题培训班。9月份组织开展全市第十五次民族团结进步宣传月活动，开展文化法律卫生“三服务”、举办泉乐飘香民族音乐会走进西藏中学演出、清真食品执法检查和政策法规宣传、颁发少数民族贫困生助学金等主题活动。向全市民族中小学赠阅《民族画报》，开展“我与民族画报”主题征文活动。命名市级创建活动示范乡镇（街道）9个、示范村（社区）6个、示范学校4个、示范企业1个、示范单位6个，有8个单位被命名为省级民族团结进步创建活动示范单位。

加快推进少数民族经济社会事业发展。全面完成民族村（社区）发展3年行动计划。全年共落实中央、省、市扶持资金项目49个，扶持资金710万元，惠及8个县（市）区，22个民族村（社区），6个杂居村（社区），1个民族学校。“三年行动计划”期间，投入各级扶持资金2030万元，带动社会投资约1.046亿元，推动实施重点项目140个。研究编制少数民族事业发展“十三五”规划，征求意见并修改完善。加大民族村基础设施建设，加快推动凤凰村少数民族特色村寨建设。落实民品企业贷款贴息100余万元，齐鲁宏业纺织集团有限公司被列入全国民族贸易和民族特需商品定点生产企业“千家培育百家壮大”工程目录。严格执行《济南市少数民族扶持资金管理办法》及《绩效考评办法》。对2013年、2014年的省级民族宗教事业发展专项资金扶持项目开展绩效评价工作。发展民族教育，争取省级扶持资金100万元，帮助7所民族学校改善办学条件。与市教育局联合办公，完成对全市近20个少数民族100余所中学的1161名少数民族中考学生的资格审查工作。少数民族联谊会奖励少数民族优秀学生235名，发放奖学金89600元。常金月慈善教育基金资助少数民族困难学生50名。党家中学被授予全省少数民族传统体育训练基地称号。组织毽球代表队代表山东省参加第十届全国少数民族运动会。联合市卫计委帮助商河县站南村配置标准化卫生室，市民族医院赴济阳县申庄民族村开展义诊活动。完成2015年春节期间穆斯林农户和城市穆斯林低保户牛羊肉价格补贴发放工作，下发资金533.16万元，受益穆斯林群众17772户。

【市委民族工作会议暨市政府第七次全市民族团结进步表彰大会】于11月11日召开。会议认真学习贯彻党的十八届五中全会精神，深入贯彻落实中央和省委民族工作会议精神，表彰全市各行各业涌现出的49个民族团结进步模范集体和80名模范个人，制定出台《关于加强和改进新形势下民族工作的实施意见》，对做好当前和今后一个时期全市民族工作作出全面部署。会议要求各级各部门要把思想和行动统一到中央和省委、市委对民族工作的原则要求、具体部署上来，抓好贯彻落实。要紧密联系地区和部门工作实际，加快少数民族经济社会发展，做好外来少数民族群众服务工作，促进各民族交往交流交融。

【宗教工作概况】 济南市有佛教、道教、伊斯兰教、天主教和基督教，信教群众20余万人。有认定备案的宗教教职人员687人，合法登记的宗教活动场所449个，其中寺观教堂135个，其他固定处所314个。全市共有宗教团体18个，其中市级爱国宗教团体6个，县（市）区爱国宗教团体12个。

提高宗教事务依法管理水平。以“国法与教规的关系”为主题，开展宗教政策法规学习月活动。邀请专家讲座、制作宣传展板、成立法律法规宣传小组、举办普法联络员培训、开展“国法与教规的关系”主题征文等活动。各宗教团体开展多项宣传活动，市基督教两会邀请市委党校教授以《积极建设法治社会》为题进行授课，市道教协会举办宗教政策法规学习培训班，市伊斯兰教协会举办全市第八届卧尔兹演讲比赛。加强宗教活动场所规范化管理及安全监管。做好宗教活动场所主要教职任职备案专项工作，指导各县（市）区细化工作方案，严格程序标准，对符合条件的107名主要教职人员进行备案；对宗教活动场所开展查设施、查方案、查宣传等“三查”活动，落实安全责任，消除安全隐患。建立完善行政权力清单和责任清单，梳理主要职责6项、具体责任事项20项，对应建立11项事中事后监管制度。年底局行政审批事项入驻市政务服务中心。加强与统战、公安、城管、旅游、园林、文物等部门协调，组织开展违规设立功德箱等借教敛财问题专项治理工作。年内，指导县（市）区开展宗教执法活动20余起。

指导宗教团体加强自身建设。定期召开宗教界双月联席会和半年总结会。指导宗教团体开展教职人员和信教群众培训活动，举办纪念反法西斯战争胜利70周年系列活动；市伊斯兰教协会组织教职人员赴井冈山开展爱国主义教育，举办纪念清真南大寺建寺720周年系列活动；市佛教协会举办大灵岩寺弘恩法师晋院盛典法会；市道协举办经忏专修班；市天主教、基督教两会神学思想建设宣讲团赴基层开展宣讲活动。强化宗教团体年度考核，对6个市级宗教团体及47名副秘书长以上人员进行考核，听取宗教界人士对宗教团体工作的意见建议。落实社会事业领域改革工作，成立市民族宗教局社会改革工作暨宗教公益慈善活动工作领导小组。制定下发调查问卷，对各宗教团体年度慈善活动项目、特色活动内容等进行问卷调查。召开宗教公益慈善工作座谈会，围绕推动宗教公益慈善活动、创新方法形式进行研讨交流。印发《济南市民族宗教局关于鼓励和规范宗教界从事公益慈善活动的实施意见》，鼓励和支持宗教团体发挥自身优势，开展敬老爱老、扶贫济困、送医下乡、植树造林、助残助学等公益活动。年内，全市宗教界捐资捐物价值200余万元，市天主教、基督教两会组织开展送医下乡活动。天主教爱国会成立教区德兰仁爱基基会，建设胡庄圣母山养老院。兴国禅寺、崇明寺僧众发起“温暖泉城”和“慈心点亮小橘灯”爱心图书传递活动。清真北大寺、南大寺成立“服务外来穆斯林工作站”等。协调帮助宗教团体和教职人员解决生活困难，为172名低收入教职人员发放生活补助61.92万元。开展寺观教堂用电情况摸底调查，帮助宗教活动场所减轻用电费用负担。协调有关部门，使二仙回民公墓墓地规划、绿化、整修、墓穴规格、费用收取等问题得到解决，公墓的生态环境改善。

解决民族宗教领域热点、难点问题。开展民族宗教领域矛盾纠纷排查调处工作。健全各级、各层面的民族宗教工作维稳信息网络，发现、妥善处理涉及民族因素的矛盾纠纷20余件。推进基层普法机制建设，组织少数民族律师团成员进入社区开展法律咨询专题活动；引导市伊斯兰教协会及市管各清真寺聘请法律顾问，举办法律知识讲座，为各清真寺及穆斯林信教群众提供法律服务。制定《关于进一步做好新形势下少数民族流动人口服务工作的意见》，明确民宗工作系统六项具体工作，规范协调处理涉及少数民族流动人口矛盾纠纷的工作流程。加强督导落实，推进清真寺、民族医院、殡葬服务站及少数民族律师团服务平台建设，帮助外来少数民族群众解决生产经营、看病就医、殡葬服务等方面的问题。推进解决涉及宗教房产有关问题。重视经四路教堂周边危旧房屋问题。推进北大槐树清真寺迁建工作，北大槐树新清真寺完成封顶。完成经四路教堂加固维修工程，妥善处理天主教与山东大学植树节期间的矛盾纠纷问题。

【杜青林来济调研宗教工作】 3月19日，中共中央书记处书记、全国政协副主席杜青林来济调研宗教工作。省委书记姜异康和省政协主席刘伟陪同调研。杜青林一行参观考察市基督教两会、槐荫区裕忠里教堂，听取有关情况汇报。

济南市市级爱国宗教团体负责人

济南市天主教爱国会第十届委员会
主　任　张宪旺
济南市基督教三自爱国运动委员会第九届委员会
主　任　赵克玉（女）
济南市基督教协会第六届委员会
会　长　李赋真
济南市伊斯兰教协会第六届委员会
会　长　崔然贵（回族）
济南市佛教协会第四届理事会
会　长　陶书童
济南市道教协会第一届理事会
会　长　李宗清

（王玉来）

责任编校　胡映雪　宣　涛

【概况】 春秋战国时属齐国，因在历山之下而得名。1955年9月始称历下区。历下区位于济南市区东南部，面积100.89平方公里。下设13个街道办事处，辖85个社区居委会、21个行政村。全区共18万余户，总人口近56万人。男女性别比为108.8：100，人口出生率7.57‰，死亡率5.04‰，人口自然增长率2.53‰，合法生育率98%。有回、满、蒙古、朝鲜、土家、壮族等43个少数民族，少数民族人口10423人。全年完成地区生产总值（按在地统计口径）1070.7亿元，按可比价格计算，比上年增长8.1%。其中，第二产业增加值149.7亿元，增长4.8%；第三产业增加值921亿元，增长8.8%。二、三产业比例为14：86。完成一般公共预算收入130.6亿元，列全省区县级发展主体第二位。

中共区委

书　记　田庆盈*　马玉星

副书记　宋永祥　赵东升*

常　委　田庆盈*　马玉星　宋永祥　赵东升*　韩宏伟（女）　王　诚　曹　辛　尹红梅（女）　高　卫*　李　克　纪　亮　何继文

区人大常委会

主　任　田庆盈*

副主任　王继贵　邓向东　栾　杰（女）　王晓军　郭向平（女）

区人民政府

区　长　宋永祥

副区长　曹　辛　尹红梅（女）　刘　科　张瑾国　刘　佳（女）　肖　辉

政协区委员会

主　席　宋胜玉

副主席　杨曙明　房玉萍（女）　何济庆　刘　岩（女）　赵利邦　刘　军

中共区纪委

书　记　王　诚

区人民法院

院　长　张江涛

区人民检察院

检察长　吴　强

区人民武装部

部　长　李守刚

政　委　高　卫*　李　克

工业　规模以上工业企业完成增加值同比增长0.82%，增幅居全市第八位（市内四区第二位）。完成主营业务收入307.5亿元，同比降低18.8%，完成利税97.88亿元，同比增长50.83%，完成利润8.5亿元，同比增长69.35%。规模以上工业主营业务收入过亿元企业16家，实现工业总产值占规模以上工业总产值的98.3%。实现高新技术产业产值69.36亿元，占规模以上工业比重23%，比年初比重提高1.33个百分点。

注：①组织机构名单由各相关单位提供，统计时间截至2015年末。*示2015年内离职。

②2015年7月9日，赵东升因涉嫌受贿罪被立案侦查。

贸易财政金融　全区社会消费品零售总额累计完成829.35亿元，同比增长10.55%；限额以上社会消费品零售额528.73亿元，同比增长3.2%。固定资产投资额217.78亿元，其中房地产投资150.52亿元。新批外资项目8个，实际利用外资2.7亿美元，同比增长8%；外贸出口完成12亿美元。全区服务外包离岸执行额完成6.33亿美元，同比增长40%。发放外贸专项资金1686.946万美元；新备案外贸进出口154家；新增32家有进出口实绩的企业，其中出口22家。制定优惠政策，招商引资56亿元，促进税收健康发展，区域总税收257.38万元，同比增长17.7%。完成金融业增加值268亿元。

建设环保　实施重点项目164个，总投资约1640亿元，建成各类载体1142万平方米。洪山壹号、恒隆广场等106个项目投入使用，香格里拉、华润万象城等58个项目加快建设，历山宾馆、建筑大学地块等21个策划项目加紧推介。济南中央商务区3.2平方公里核心区规划确定，200余万平方米载体投入使用，入驻重点企业近450家。完善配套基础设施，改造提升经一路东延等53条主次干道，铺设雨污水管线38公里；新建燕山学校等4处公共停车场，新建转山、解放路等4座变电站，新建洪山、龙洞等3座中水站。新建提升44处便民市场、86家社区肉菜店和86家放心早餐示范店。全面完成总量减排任务，对减排责任书中8家水减排项目，完成了7家单位8台66蒸吨锅炉的拆除工作。投入1.3亿元，购置洒水车、清扫车、压缩车、降尘车等专业作业设备789辆，全区主次干道机扫率、冲刷作业率均100%，投资2.7亿元建成全国最先进的生活废弃物转运中心，实现垃圾巡回收集、随产随清，保证密闭运输率100%。环卫保洁工作连续70个月全市排名第一。全年栽植大规格乔木1683棵，补植绿篱1.5万余株，道路布花285万盆，城区绿化水平和城市品位得到提高。完成明湖小区、鲁艺小区等8座开放式小区建设，共栽植各类乔木738棵，灌木、绿篱1.2万余株，提升绿化面积3.4万余平方米。舜井街和广场共栽植旱柳、国槐等苗木54棵，补植一串红、万寿菊等花卉植物10.9万余株，安置移动花箱128组。和平路、盛福花园等7处裸露土地共栽植乔灌木3000余株，铺种绿篱和地被植物7000余平方米。累计修补道路坑槽6.1万平方米，修补人行道花砖及石板铺装1.1万平方米，清挖检查井3.5万座，化粪池检查井9600余座，疏浚排水排污管线26余万米。

教科文卫体　各级专业技术职务人员3675人。有各级各类学校43所，其中，中学16所，小学27所，教职工3827人，专任教师3169人。义务教育适龄儿童入学率100%，小学毕业生升学率100%。全区45处普通中小学标准化建设达标学校比例91%，基本达标9%。投入8000余万元，减免辖区1.9万余名适龄幼儿学前教育保教费；拨付540万元，为4315名职业学校学生免除学费；投入200余万元，为义务教育学生免费提供校外综合实践培训。

整合区域创新资源，科技进步取得长足发展。全区高新技术产业产值69.36亿元，发明专利申请量和授权量分别为5910件和1367件。企业申报市级以上科技计划57项，有24项获得市级立项，获支持资金621万元。获得济南市科技创业企业计划3项，获得人才引进跟踪支持计划1项，共获资金支持70万元。文化市场健康、有序、规范发展。区属单位有文化馆1处，文化站13处，区级图书馆1处，新购8.8万元图书，馆藏图书37万册。共接待读者12万人次，借阅图书15万余册（次），新办借阅卡1万余张，新增读者8500人。开展“书香历下全民阅读”行动。举办第三届“唱响历下春之声”广场演出、第三十二届消夏晚会、第十三届元宵灯会等系列文化活动，全年大型公益演出近100场次。

全区有卫生机构544所，其中医院、社区卫生服务机构49所，卫生疾病预防控制中心2个，卫生监督所2所，妇幼保健机构2所。各类卫生机构共有床位13991张，卫生技术人员17278人，其中医师6637人，护士7999人。共有社区卫生服务机构51所。

举办历下区全民健身月启动仪式、“体彩杯”第二届《我是头科》历下区电视够级大赛、“体彩杯”2015年历下区第五届全民健身运动会等活动赛事，完成“百、千、万”（百县篮球、千乡乒乓球、万人象棋）群众体育活动。完成25条全民户外健身路径，把每条路径的数量由6件提高到10件以上；重点建设历下区失地农民服务中心室内健身场所，红尚坊商业区开放式健身路径，济柴社区、济炼社区室内健身场所。销售体育彩票3.62亿元，列全省县市区级单位销售排名第一名。

人民生活　实现城镇新增就业39744人，登记失业率1.8%，就业局势稳中向好。援助失地农民680人，发放社保补贴156万余元。居民医保稳步推进。参保134963人，参保率102%，比上年参保增加3252人。参保率全市排名第一。灵活就业人员新增参保3122人，累计参保27775人，参保率90%。居民基本养老保险。全年新增缴费人员706人，参保人数达到16167人，保险待遇提高至每人每月85元，共发放9811人。917名低保及残疾人员享受财政代缴500元保费。军转安置（含行政团职）15人，随军家属安置7人，复退士兵安置2人。强服务惠民生，投入750万元，用于救助困难群众看病就医，救助8000余人，救助金额750万元。投入184万元，为1.5万名农村妇女、城市低保妇女和单身母亲免费进行“两癌”筛查。投入26万元，为辖区26所幼儿园5226名3~6岁儿童免费健康查体。为16460户次，27602人次，发放低保金1050.4万元；分类施保4970人次，发放保障金24.9万元；水价补贴31.4万元；电量补贴13.5万元；80周岁以上低保老龄津贴9.1万元。做好慈善捐助工作。募集善款641万元，发放救助款521.06万元，救助2210人。多渠道建设社区养老场所，全区13家日间照料中心投入使用，完成建设和整合准备运营的有1家，在建设或整合的12家。严格落实优抚政策，确保各项优抚资金足额及时发放。全年共发放残疾抚恤金约1300万元；为优抚对象缴纳医疗保险金107.7万元；为三属、在乡复员军人、参战涉核人员发放生活补助金170万余元。

【营造“大招商”氛围】　5月26日，区委区政府召开全区招商引资工作大会，将招商引资工作作为全区经济工作的生命线，下发《关于进一步完善招商引资工作机制的意见》，成立由区委书记、区长挂帅的区招商引资促进委员会，区长挂帅的区招商引资核心领导小组，区招商中心主任任办公室主任的区招商促进委员会办公室；确定招商引资工作的决策、管理及办事机构，明确工作目标、流程及相关措施。下发《关于推进招商引资责任体系的意见》，明确招商引资工作的主攻方向、任务目标及责任分工。7月7日，区招商促进委员会下发《历下区招商引资工作考核实施意见（试行）》，明确考核范围、考核内容和计分方法以及加减分内容和考核认定，对全区83个被考核单位下达考核任务。截至年底，完成招商信息2020条，落地企业512家。中心对接洽谈项目39个，齐鲁交通发展集团有限公司、山东高速地产集团公司、山东土地储备开发有限公司、华能山东发电有限公司、莱商银行济南分行、东营银行济南分行、山东远东保险公估有限公司、利宝财险山东分公司等25家企业已落地，注册资本金近400亿元。

【中央商务区征地拆迁工作顺利进行】　5月15日，省委常委、市委书记王文涛主持召开济南中央商务区规划专题会议，会议决定聚焦历下文博片区，举全市之力高标准建设济南中央商务区，建设集金融、商务、总部等新兴业态在内的生态圈，成为展现山东经济大省形象的标志性区域。按照市委、市政府部署要求，7月27日，历下区召开中央商务区征地拆迁动员大会，举全区之力做好拆迁工作，提出拆迁的“四个原则”，即坚持规范拆迁、和谐拆迁、阳光拆迁、效率拆迁，成立济南中央商务区征地拆迁指挥部，分为指挥层、实施层和督导层三个层次。成立3个指挥部，将拆迁区域划分为12个片区，分别由区级干部负责，13个街道、57个区直部门全部编入拆迁工作组，近2000名机关干部参与到拆迁工作中。截至年底，中央商务区的征地拆迁工作已完成入户4147户，占目标任务的83.9%，其中最快的片区入户率95%；完成拆迁面积近60万平方米，腾空土地202.6公顷。

【生态城区建设成效明显】　开展大气污染防治八大行动，全区在建工地实施挂牌管理，淘汰黄标车8878辆、燃煤锅炉44台。完成大辛河、全福河等9条河道截污治理，洪山溪成为济南东部水系景观走廊。开展“为泉城增一抹绿色”绿化专项行动，完成燕翅山、牧牛山等5座山体绿化提升，栽植各类苗木7万株，铺种绿地13万平方米，绿化裸露土地33万平方米，全区绿化覆盖率44.83%。治理破损山体5座，消除地质灾害隐患10处。全区化学需氧量、氨氮、二氧化硫和氮氧化物排放总量分别比“十一五”末减少12.7%、15.9%、4%和3.7%。

【房泽秋当选“第五届全国道德模范”】 第五届全国道德模范座谈会于10月13日在北京召开，中共中央总书记、国家主席、中央军委主席习近平作出重要批示，中共中央政治局常委、中央文明委主任刘云山会见全国道德模范和提名奖获得者。全国62人被授予第五届全国道德模范称号，全省仅两人获奖，历下区居民房泽秋作为全市唯一获奖者参加会议。房泽秋36年如一日照顾孤寡老人李玉柱，并以自身行动影响自己的家人、亲朋以及身边的人，弘扬中华民族传统美德和社会正能量，此前，房泽秋家庭已获“全国孝老爱亲最美家庭”“全国最美家庭”和“山东省最美家庭”等称号。

（王海燕　刘　佳）

【概况】 市中区因地处济南市主城区中南部而得名。全区总面积281.5平方公里。辖17个街道办事处、102个居委会、77个行政村。全区总人口约61万人。除汉族外，有回、满、藏等36个少数民族。全区生产总值完成751.3亿元，比上年增长8.2%。其中第一、二、三次产业分别完成3.78亿元、126.50亿元、621.07亿元，同比分别增长0.4%、4.1%、9.4%。一、二、三产业比例为0.5：16.8：82.7。

中共区委

书　记　朱红方

副书记　王勤光　邵登功

常　委　朱红方　王勤光　邵登功　王其广　于　红（女）　任晓策　谢兆村　蒋济东　刘伟华　王国顺　郅　颂（女）　田俊林

区人大常委会

主　任　苏维泉

副主任　姜守明　钱　城　王盛元　李　莹（女）　徐广玉

区人民政府

区　长　王勤光

副区长　于　红（女）　谢兆村　闫培胜　赵延生　李咸良　王书信

政协区委员会

主　席　梁英为

副主席　张桂春（女）　潘　华　徐长远　孙振华　刘秀才

中共区纪委

书　记　王其广

区人民法院

院　长　冯　媛（女）

区人民检察院

检察长　曲立春

区人民武装部

部　长　潘绍庚

政　委　刘伟华

工业　全区规模以上工业企业40家，实现主营业务收入382亿元，比上年下降10.8%；实现利税19.8亿元，下降8.3%。实现利润9.7亿元，下降9.5%。高新技术产值254.3亿元，占规模以上工业总产值的84.5%。新发展个体工商户7096户，累计达29363万户；新发展私营企业4480家，累计达19902家。

农业及农村经济　农业增加值3.78亿元，农作物播种面积5336.8公顷，粮食总产量2.2万吨；油料总产0.0068万吨，下降2.9%；蔬菜总产1.02万吨，增长2.0%；水果总产0.249万吨；肉类总产0.7031万吨；奶总产1.1153万吨；禽蛋总产0.8571万吨。畜牧业占一产增加值的比重为62.4%。现代农业实现较快发展，扶持提升石崮都市农业园等特色农业园区8个，推广农业新技术12项，全区有市级以上农业龙头企业21家，示范合作社6家，家庭农场3家。水利基础设施不断完善，卧虎山灌区高标准农田建设项目全部竣工，建设高标准农田320公顷。实施“五小”水利和塘坝维修整治工程，建成小水池80个、小水窖28个、塘坝3座，维修改造干渠8.63公里，铺设管道28公里，实现年节水能力2万立方米。推动美丽乡村建设，在宅科、土屋等5个村实施连片治理，硬化道路9.4万平方米，栽植绿化苗木5.7万株，墙体美化2.9万平方米，安装路灯101盏，铺设排水管道9.5公里，修建文化广场5处。以玉符河综合治理工程为依托，结合“一河多园”的总体布局，打造了省道103线—红符路—玉符河沿线生态观光示范线路，展现市中区南部生态休闲旅游观光农业的发展成果。

贸易财政金融　社会消费品零售总额439.9亿元，同比增长10.7%。三产增加值占生产总值的比重为82.7%。服务业增加值621.07亿元，增长9.4%。招商引进项目390个，其中投资过亿元的项目33个。实现出口创汇3.33亿美元，增长9.6%；合同利用外资65515.1万美元，增长924%，实际利用外资22000万美元，增长18%。实现地方财政收入92.3亿元，增长12.5%。金融业完成增加值215亿元，同比增长18.4%，共有金融机构310家，其中，银行业132家，保险业60家，证券业19家，期货经营机构9家，地方金融机构、典当公司、股权投资公司等其他金融机构90家，金融业态得到丰富和发展。

建设环保　社会固定资产投资193.3亿元，增长18.5%。房地产开发完成投资123.9亿元。开展治污减排工作，建设英雄山边沟污水处理站等26个污染减排项目。严把建设项目准入门槛，审批科技含量高、经济效益好、资源消耗低、污染排放少的建设项目120余个。对大气污染防治实施24小时巡查，对14家重点污染源单位实行加密检查监测，督促济南圣都食品有限公司等2家企业实施煤改气项目。查处“十五土小”“新六小”企业违法排污设施72台（套），清理整治非法石料加工作坊60家，淘汰全部黄标车。治理杨家庄矿山和蝎子山等破损山体，实现耕地复垦10.67公顷。整改扬尘工地33处，查处违规建筑垃圾运输车辆5400余台次。加强饮用水水源地和28家重点排污单位污水处理设施的环境监管，确保辖区水环境安全，对重点污染源实行24小时在线监控，确保各类污染防治设施达标排放。新建、改建绿地面积17万平方米，栽植、补植各类乔灌木、绿篱49.58万株，铺设草坪1.53万平方米，树穴篷盖2000余个，安装、粉刷、修缮护栏6400米，安装路沿石9000米。城市绿化覆盖率44.1%，人均占有公共绿地面积16.3平方米，居全市第一。完成梁庄片区、东河小学屋顶绿化1800平方米，对阳光舜城、玉函小区南区、白马山片区、舜玉小区等进行垂直绿化，栽植蔷薇、爬墙虎2.4万株。实施白马山西路等11条道路整修提升工程，启动玉兴路南延道路改造综合管廊建设，开展道路车辙、非标井盖等专项整治行动。实施铁路沿线综合整治，清理垃圾16万立方米，拆除乱搭乱建1万平方米，补栽苗木4100株，主次干道保洁率达100%。探索河道保洁市场化管理，完成兴济河、历阳湖景观提升工程，改造积水点和雨污混接点30余处。11个开放式小区实行物业化管理试点，改造提升居民小区6个，新增亮化楼体3处。开展违章户外经营整治，规范露天烧烤280余处次，督促整改餐饮油烟单位128家。

教科文卫体　有各级各类学校71处，其中，中等职业学校1所，在校生914人。普通中学16所，在校生15808人。小学53所（包含特殊教育学校1所），在校生45573人。素质教育基地1处，幼儿园122所，在园幼儿23827人。全区在职教职工4451人。全区适龄儿童少年入学率100%，小学在校生巩固率、按时毕业率均为100%；初中在校生巩固率99.9%。投入1.61亿元，加固改造校舍42处，美化校园19处，完成31所学校的设备软件和功能室升级，全区71所学校全部达到省级基本办学标准。免除1.7万名城郊学校及低保特困家庭学生的校服费、书本费及素质教育基地实践活动费，赠送平安保险。优化外来务工人员随迁子女入学服务，保障全区2287名符合条件的随迁子女顺利入学。关注残障儿童教育，向无法入学的特殊需要儿童提供“送教上门”服务。开展“阳光资助”行动，共资助学生311人，救助资金20.63万元，救助困难教师411人，救助金额40.8万元。新认定高新技术企业4家，山东瑞华同辉光电科技有限公司获批组建国家地方联合工程实验室，山推建友机械股份有限公司获批组建省级示范工程技术研究中心。全区发明专利申请2071件，发明专利授权492件。有文化馆1处，文化站16处。图书馆1处，藏书10余万册，接待读者1.5万余人次。新建图书馆分馆5处，打造社区文化阵地10处，提升农家书屋、文化大院10处，达到市级验收标准的社区文化中心30个、农村文化大院28个，农村放映公益电影924场。各级专业技术职务人员5134人，其中高级专业技术职务457人，中级专业技术职务2412人，初级专业技术职务2265人。市中区各类卫生机构572处，其中医院47处；卫生技术人员12091人，其中执业医师4426人，注册护士5139人；床位6397张。初步建立“省立医院——区医院——领秀城社区卫生服务中心——十六里河卫生院——大涧沟第二村卫生室”的微型“321”医疗联合卫生服务体系网络，有效提升医院的医疗服务水平。开展全民记录挑战赛、市中区“体彩杯”第五届全民健身运动会、“三人制”篮球赛、“五人制”足球赛、全国空竹邀请赛、庆老人节群众文体展演、区直机关乒乓球、羽毛球比赛等群体性活动30次。更新、安装健身路径100条，新建（更新）小型健身广场10个，建设健身步道5条。

人民生活　农民人均可支配收入16188.2元，比上年增长8.4%。社会保障体系进一步健全，新增社会养老保险21315人。城镇居民医疗保险参保21.28万人。机关事业单位参加社会养老保险9335人，共收缴养老保险金16554万元，收缴率100%。安置就业19058人（次），城镇登记失业率控制在3%以内。农村低保标准每人每年4000元，发放低保救助金593万元。城市低保标准由每月510元提高到550元，发放低保金716万元。为困难群众提供医疗救助、教育救助、慈善救助，共救助2.8万人，救助金500万元。投入400余万元，对六里山街道玉函北社区等5处办公服务用房进行改造提升，改造面积1800平方米。集中供养“五保”对象57人，分散供养80人。加强慈善超市、爱心家园等慈善网点建设，广泛开展义拍、义卖、义诊等活动，营造全民参与慈善的氛围，共募集捐款370余万元，支出救助资金437余万元，救助困难群体2万人次。

【城市发展空间不断拓展】　2015年是“十二五”的收官之年，坚持“拉开框架、拓展空间，构筑网络、强化支撑，统筹城乡、全域发展”的基本路径，立足全区北部发展基础好、中部发展潜力大、南部发展相对滞后的实际，精心谋划北部核心区、中部拓展区、南部生态区的区域功能布局，形成全域发展的新框架。全区累计完成拆迁1200万平方米，供应土地390.5公顷，开工建设1195万平方米。破解拆迁难题，完成魏家庄、经八纬一、梁庄等棚户区改造工程，棚户区居民的住房条件得到显著改善；绿地普利中心、祥泰广场、山东书城、润华国际财富中心等一批高端楼宇项目竣工投入使用，中心城区的承载力、辐射力和带动力不断增强。鲁能领秀城商业综合体、中海广场等高端商务商业设施投入使用。重点道路建设强力推进，二环南路高架、二环西路南延、二环东路南延、二环南路东延等一批重大基础设施全面开工建设，二环南路高架全线通车，全区现代化综合交通网络加快构筑。新建改造城区道路16条16.1公里、农村公路55条98.8公里，七里山路西段、土屋路东段等瓶颈陆续打通，渴马路、大党路、红符路等农村公路相继建成通车，城乡道路更为通畅便捷。

【山东新金融中心投入使用】　继济南金融商务中心区之后，市中区金融业发展再现亮点。6月17日，12家新金融企业在市中区祥泰广场山东新金融中心举行集体签约仪式，标志着山东新金融中心投入使用。这12家金融企业涵盖了股权投资、银行、保险、证券、期货等金融业态，集体落户新金融中心为市中区新金融产业发展注入新活力。山东新金融中心建筑面积20万平方米，共有10栋高标准商务楼宇。其中，3~5号楼是山东新金融中心打造的面向中小企业及创新创业主体的发展载体，为创业者提供创业场地，实现创业主体的集聚发展，6~9号楼配套引进股权投资、民间资本管理、众筹等金融机构，对接创业投资基金、产业投资基金等，实现金融资本与创新创业主体在园区内高效结合，为中小企业及创新创业主体孵化提供有力资金支持。园区引进济南东灏圣金民间管理资本公司、大学生创业融资平台等服务机构，为创业企业搭建融资平台。中心注重配套服务设施建设，设立路演大厅，提供免费会议室、洽谈室，设立创业咖啡，提供工商注册、开放式办公空间、信息交流平台、天使投资等一系列创业服务，定期举办创业培训、沙龙、论坛等活动，按企业需求提供相应服务。落户新金融中心的企业享受到落实股权投资机构权益保障、优先享受推进企业上市等政策，还可享受使用区级股权投资引导基金，推荐金融领军人才、专业技术人才等政府津贴，协助解决落户、子女入学等一系列优惠政策。

【团区委青少年服务项目获评“全国首批青少年事务社会工作示范项目”】 市中区注重开展共青团服务品牌建设，持续打造“花young年华”青少年事务社会工作服务品牌，提出“促进青少年全人成长，建立青少年友善社区，搭建家庭、学校、社区共同助力青少年发展平台”的项目发展思路，围绕社区青少年安全保护工作和困境家庭青少年群体协助与扶持工作，发展“家庭——学校——社区”三方联动的社会工作专业服务项目。“花young年华”系列青少年事务社会工作服务项目共开设“家校护航”舜玉站、“青春之桥”杆石桥站和“青春启航”二七站3家。共开展常规性、策略性、历奇拓展等服务1040场次，服务社区青少年及家长30036人次，服务时间3425个小时，有效促进了社区青少年的健康成长和全面发展。12月，“花young年华·家校护航”社区困境家庭青少年社工服务项目被共青团中央、民政部授予“全国首批青少年事务社会工作示范项目”称号，为济南市唯一一个获此荣誉的示范项目。

【全市首家女性创业帮扶基地落户齐鲁七贤文化城】 3月，济南创业促进会创业孵化基地、“才女更无敌”创业孵化基地揭牌仪式在齐鲁七贤文化城举行，成为全市首家女性创业帮扶基地。齐鲁七贤文化城占地10.7公顷，总建筑面积10万平方米，是济南市重点打造的“园林休闲式”江北第一文化综合体，共签约创业团队40余支，涵盖艺术培训、网络超市、传媒公司等多个业态。齐鲁七贤文化城以帮扶女性就业为重点，完善创业孵化服务功能，加强创业指导，指定创业导师为创业女性提供“跟踪辅导服务”，为有创业愿望的创业女性提供全过程创业服务。

【区政务服务中心获评全国“巾帼文明岗”】 市中区政务服务中心成立于2006年，窗口工作人员中女性占70%，以“展巾帼英姿，树公仆形象”为宗旨，积极响应“巾帼建新功、共筑中国梦”的号召，塑温情细心之美，开展岗位服务、爱心服务、便民服务，充分展示职业妇女吃苦耐劳、甘于奉献、勇于创新的巾帼风采。2月，被全国妇联授予全国“巾帼文明岗”称号。

（刘 静）

槐荫区

【概况】 槐荫区位于济南市区西部，1955年，将以槐树命名的街巷较多的第六区改称为槐荫区。土地面积151.61平方公里，辖16个街道办事处、78个居委会、93个行政村。人口39.8万人，男女性别比为107.9:100，人口出生率11.3‰，死亡率6.5‰，人口自然增长率4.8‰。有回、满等28个少数民族，少数民族人口1.7万人。完成地区生产总值387亿元，按可比价格计算，比上年增长8.1%；其中，第一、二、三产业增加值分别为4亿元、105亿元、278亿元，分别比上年增长0.6%、5.4%和9.3%。三次产业比例为1：27.2：71.8。完成固定资产投资256亿元，增长0.1%。

中共区委

书　记　李继民

副书记　国承彦（女）　徐　宾

常　委　李继民　国承彦（女）　徐　宾　陈贯鹏　周　敬（女）　吴　力　武善欣　刘海峰　王传良*　胡民安　董传师　李广科

区人大常委会

主　任　李继民

副主任　孟宪伟　刘光亮　刘福荣（女）　展庆林　章建东

区人民政府

区　长　国承彦（女）

副区长　吴　力　董传师　印　东（女）　熊高翔　赵晨光　刘惠恩

政协区委员会

主　席　（缺）

副主席　张　平　姜　甦　马厚强　吕红艳（女）　李庆甲

中共区纪委

书　记　刘海峰

区人民法院

院　长　张新华

区人民检察院

检察长　张笑剑

区人民武装部

部　长　李广科*　朱华建

政　委　王传良*　李广科

工业　全年实现工业增加值69.2亿元，比上年增长3.1%。规模以上工业企业达到59家，其中过亿元企业15家。规模以上工业增加值同比增长3.3%；实现销售收入162.3亿元，比上年减少3.9%；实现利税17.1亿元，利润10.8亿元，分别比上年下降10.6%、18.2%。全区拥有高新技术企业25家，实现高新技术产业产值97.3亿元，占规模以上工业总产值比重达到58.1%。天岳碳化硅晶体材料为代表的新材料产业、九阳智能家电业、二机床高端装备制造业等骨干企业健康发展。济南槐荫工业园实现规模以上工业企业增加值11.7亿元，销售收入43.2亿元。

农业及农村经济　完成农业总产值5.7亿元。农、林、牧、渔、服务业增加值分别为20558万元、3425万元、11406万元、4980万元、262万元。农作物播种面积3291.6公顷，其中，粮食作物播种面积3013公顷，经济作物播种面积278.6公顷。粮食总产量17000吨，蔬菜7157吨，肉类1814吨，禽蛋1110吨，奶类7682吨，水产品3050吨。猪、牛、羊年出栏总数为28024头。

全区市级以上龙头企业、园区30家（其中国家级1家，省级1家），农业合作社60家。黄河湾生态园等“八大农业园区”渐成规模，大米、莲藕等特色农产品品牌效应不断扩展，基本形成以龙头企业带动、都市农业园为支撑的现代农业体系。投入5882万元，完成北八里、龙王庙、七里铺等12个村的连片治理项目及22个村的普惠制项目。完成铁三沟生态治理工程，高标准农田建设、杨庄灌区引黄闸泵站、南太平河和小清河源头综合治理工程进展顺利。发放小麦直补和农资综合补贴358.76万元，小麦良种1534万余公斤。全区森林覆盖面积3171公顷，农作物秸秆利用率达到95%。

贸易财政　社会消费品零售总额434.1亿元，比上年增长10.6%。限额以上企业完成社会消费品零售总额279.9亿元，占全区社会消费品零售总额的64.5%。其中，批发零售贸易业172家，完成零售额276.4亿元，比上年增长3.4%；住宿餐饮业31家，完成零售额3.6亿元，比上年增长5.3%。辖区金融保险单位97家，其中银行76家，保险单位4家，证券6家，地方金融机构9家，省级总部2家。全年完成招商引资69亿元，引进过亿元项目27个。宜家、麦德龙、迪卡侬等世界500强企业落户槐荫；连城广场、海宁皮革城、GBF全球商品直采中心等建成开业，山东高速广场商业项目投入运营，印象济南、西部会展中心、润华车联网信息服务平台、海那总部公园、奥特莱斯小镇等项目进展顺利，西进时代中心、恒大财富中心等16个高端载体加快推进，齐鲁之门、新泉城大厦等大型商业项目全面建设。合同利用外资32120.9万美元，实际利用外资3550万美元；实现进出口总额44447万美元；实现出口创汇31706万美元，有出口实绩企业102家。全区公共财政预算收入45.05亿元，比上年增长15.44%；地方公共财政预算支出31.86亿元。全区各类市场主体4.7万户、企业1.7万家。

建设环保　资质内建筑企业16家。投入9500万元，提升市政、绿化、环卫基础设施管护水平。全区城市基础设施建设完成投资16554万元，比上年增长3%；投入道路整治资金15618万元，西客站、非遗园片区新建道路10条，纬十二路快车道建成通车，城市道路面积达到517万平方米（包含西客站片区部分建成道路），市政设施完好率达95%以上。全区新增绿地31万平方米，新栽植各类乔灌木30.1万株，城市绿化覆盖率42%，绿地率35.5%，人均公共绿地10.8平方米。环卫设施总投入2900万元，生活垃圾密闭化运输率100%，无害化垃圾处理率100%，建成区主次道路机械化清扫率97%。开展“重点项目提升规范年”活动，完成济南西部会展中心、纬十二路道路拓宽改造、二环西路南延等10个重点项目、重点工程的房屋征收任务，棚改片区安置房全部开工；轨道交通R1线、石济客专、济齐黄河大桥进展顺利；6.35平方公里的知识产业园起步区建设有序展开。投入336万元，对昆仑居委会广场、西沙小区、大高家庄、七里铺等村居、广场进行无障碍设施改造。小清河水源地、玉符河等水系综合治理加快推进，水畅景美的生态景观初步显现。实施大气污染防治“十大行动”，污染物总量减排投资8000万元，完成减排项目24个，主要污染物排放得到有效控制；完成了黄标车淘汰任务。全年申请市级以上环保专项资金1601万元，区级总投资105万元。

教科文卫体　有中小学学校63所（省级规范化学校19所，市级规范化学校8所），在校生50628人，毕业生8724人，教职工2851人，专任教师2638人（特级教师4人，济南市名教师10人）。其中普通中学11所，在校生11995人，毕业生3812人，专任教师941人；小学47所，在校生36715人，毕业生4912人，专任教师1578人；特殊教育学校1所，专任教师30人。职业教育学校1所，在校生1918人，毕业生522人，专任教师89人。全区小学、初中在校生巩固率分别为100%、99%。幼儿园111所（省级示范幼儿园18所），在园幼儿20568人，其中公办和公办性质的幼儿园44所，在园幼儿9522人。投入1900万元，新建、改建中小学和幼儿园12所。全区有院士工作站2家，国家重点实验室1家，省级重点实验室1家，省级国际合作平台3家，省级示范工程技术研究中心1家，省级工程技术研究中心4家，市级工程技术研究中心8家。全年申请发明专利757件，授权148件。九阳股份有限公司的“快速制浆的豆浆机”获第十七届中国专利奖金奖，二机床大型先进智能冲压设备实验室被评为国家重点实验室，槐荫区被评为国家知识产权强县工程试点区。全国首个便民法律服务基地——济南法律服务创新产业园落地槐荫区“地平梦世界”，西街工坊众创平台成为济南市首批众创空间。全区有各种艺术表演团体110个，文化馆1处，公共图书馆1处，农家书屋92个；综合文化站16个，规范化社区文化中心57个，规范化农村文化大院86个。投入97.1万元，槐荫区图书馆（省实验中学西校区图书馆）正式对社会开放；济南日报大厦、方特·东方神画等文化旅游项目建成投入使用。全年新增群众体育健身活动场地6.8万平方米，全区有体育场1座，各类健身场馆36处，健身路径467条，遍及全区387处，健身器材5495件；国民体质监测点6处；国家级青少年体育培训基地1处。总投资90万元、总面积5000平方米的腊山体育公园建成并投入使用。深化医药卫生体制改革，社区卫生服务实现全覆盖。全区有各类卫生机构429处，其中医院、卫生院25处，区卫生服务中心10个，社区卫生服务站26个，疾病预防控制机构2所，妇幼保健院2处。床位8541张，卫生技术人员15450人，其中执业医师、执业助理医师8742人，注册护士6255人。槐荫人民医院西院正式投入使用。

人民生活　城镇居民人均可支配收入39347.8元。城乡居民社会养老保险参保人数5.13万人。全年安置城镇就业16290人（其中下岗失业人员9220人，就业困难人员1759人），城镇登记失业率控制在2.8%以内；高校毕业生就业率95%。全区共有劳动保障服务中心16家、社区劳动保障服务站72家。民生投入占财政支出比重达75%，居民养老保险金实现“五连涨”，城市、农村低保标准分别提高到每人每月550元、300元。全年最低生活保障救助4.67万人次，其中，城镇低保3.7万人次，农村低保0.97万人次，累计发放低保救助金1794.9万元。全区农村“五保”供养对象63人，其中集中供养46人。有敬老院1处，入住46人，床位104张；老年公寓16处，入住666人，床位1074张；养老日托站2处；老年人活动中心76处。投入272万元，对营市街等6个办事处辖区内的社区办公服务用房进行综合改造；投入96万元，新建社区日间照料中心3处、农村幸福院1处，全区社区日间照料中心和农村幸福院均达11处。投入345万元，建设完成84处消防设施改造点。全区实现全光纤网络覆盖，涉及16个街道办事处下辖居委会及30多个村庄，共5万户、14.5万名居民。

【济南非物质文化遗产博览园开园】　4月29日，济南非物质文化遗产博览园暨济南“方特·东方神画”举行开园仪式。园区位于吴家堡办事处，2012年12月28日，该博览园项目开工奠基，规划用地面积约67公顷，总投资28亿元。方特·东方神画由九州神韵、伏羲与女娲、女娲传奇、孟姜女等29个大型主题项目区组成，蕴含民间手工艺、民间传说、民间戏曲、民间风俗、经典爱情传奇、神秘文化、杂技与竞技、综合项目八大主题元素。该园是以非物质文化遗产为核心，结合现代高科技表现手段，展现中华各民族特色的第四代高科技主题公园。

【第十九届少儿戏曲小梅花荟萃活动开幕】 7月21日，第十九届“中国少儿戏曲小梅花荟萃”活动在省会大剧院开幕，为期五天。活动项目有京剧、昆曲、地方戏曲、戏歌演唱、戏曲艺术技能表演、小型剧目等。山东省多名“梅花奖”艺术家、获奖演员登台献艺；济南市京剧院派出强大阵容为本次活动专门创编现代京剧；来自全国29个省市的148名小选手，参与各个奖次的角逐。2005年，槐荫区启动“优秀传统艺术进校园”工程，其中纬十路小学将传承京剧艺术作为学校特色工作之一，培养少年儿童对中国传统艺术的兴趣与爱好，刘明皓等4名同学在连续三届“中国少儿戏曲小梅花荟萃”活动中获金奖。该校被国家教育部、文化部命名为“京剧传承基地”，被市文化局命名为“济南市非物质文化遗产教育示范基地”。

【德迈国际科技信息产业园项目落户槐荫】 11月18日，德迈国际科技信息产业园项目签约落户槐荫。该项目总占地约22.6公顷，一期建设投资20亿元，全部工程建成设备入驻可实现投资150亿元。项目建设周期为3~5年，园内开发建设标准厂房、研发中心、运营总部、“侨商酒店”及配套商业和公寓等建筑群，通过招商引资，向符合入园条件的企业进行销售。开工第一年可实现税收5亿元，建成后可带动就业岗位3000余个，形成以工业数码及3D打印为核心的总部经济集聚，高科技、新材料等产业高端发展的现代产业体系，对促进全区工业经济发展、改善产业结构具有重要作用。

【槐荫人民医院西院揭牌成立】 9月16日，位于美里湖办事处美里花园小区内的槐荫人民医院西院揭牌成立，正式投入使用。西院占地约2300平方米，总建筑面积7566平方米；设有内科、外科、中医科、肛肠科、康复医学科、医学影像科、检验科、药械科等科室，病房内配有无障碍卫生间、数字电视、热水器、远程移动式紧急呼叫系统等，拥有床位120张，可为周边14个村、5个社区的近4万余人提供医疗服务，是济南市唯一一家位于社区内的二级甲等医院，弥补济南市西北部没有大型医院的空白。

【区财政局被评为全国财政系统先进集体】 12月28日，槐荫区财政局被国家人社部、财政部授予“全国财政系统先进集体”称号。2013年起，区财政局在全省率先探索推行“参与式预算”管理改革，将原来由各职能部门自上而下分散实施的各类民生事项转变为“群众点菜、街办联动、部门协作、政府买单”的新型运作模式，将民生投入方式由过去“政府配菜”转变为“群众点菜”，让老百姓直接参与预算资金的分配，打造全省“参与式预算”管理的新典范。截至年底，全区有近2亿元民生资金，通过“参与式预算”用在农村群众“村内户外”、城区居民“身边眼前”的件件和居民生活息息相关亟待解决的“小事”上。率先将全区2万多户企业按照属地原则分配至各街办直接管理，建立科学合理的区街财政体制；发挥财政管理监督职能，实现资金、资产、信息、监督的全覆盖，在全区113个村（居）开展村级财务委托代理服务，扎紧村级财务的“笼子”；在预算单位资金分配上，率先取消非税收入收支挂钩安排模式。

（彭丁山）

【概况】 天桥区以横跨胶济、津浦两铁路的立交桥——天桥而得名。位于济南市区北部，跨黄河两岸，面积258.97平方公里，辖13个街道办事处、127个居民委员会。辖大桥、桑梓店2个镇，120个行政村。年末全区总人口51.45万人，人口出生率7.696‰，死亡率7.302‰，自然增长率0.394‰。有少数民族28个，18617人。全年实现生产总值384.89亿元，按可比价格计算，比上年增长7.5%。其中，第一产业增加值4.02亿元，同比增长3.4%；第二产业增加值95.98亿元，同比增长8.2%；第三产业增加值284.89亿元，同比增长7.3%。全社会固定资产投资196亿元，增长18%。实现财政总收入51.76亿元，增长5.75%；地方财政一般预算收入39.05亿元，增长12.3%。

中共区委

书　记　毕筱奇

副书记　李洪海　朱玉明

常　委　毕筱奇　李洪海　朱玉明　亓　伟　樊　瑞（回族）　滕志超　韩　伟　王　芳（女）　王联华　叶　辉(女)　张　庆

区人大常委会

主　任　张培友

副主任　张光格　李大春　李　建（回族）　宋光强　陈乐敏（女）

区人民政府

区　长　李洪海

副区长　亓　伟　王　芳（女）　韩利师　程　松　王　睿　李正友

政协区委员会

主　席　刘建忠

副主席　马敬民　郑　刚　仲　涛　贾云国　王洪新（女）

中共区纪委

书　记　樊　瑞（回族）

区人民法院

院　长　沈　迎

区人民检察院

检察长　马建华

区人民武装部

部　长　张跃国*　董　凯

政　委　张　庆

工业　全年实现工业增加值40.41亿元，比上年增加8.9%。规模以上工业企业62家，增加值同比上年增加9.84%，规模以上工业实现主营业务收入57.65亿元，下降19.02%；实现利润-3.7亿元。

农业及农村经济　全年农林牧渔业实现总产值4.02亿元，同比增长3.4%。粮食总产8.08万吨，增长2.3%；棉花总产0.03万吨，下降25.4%；水果总产0.18万吨，增长97.5%；蔬菜总产2.23万吨，增长7.4%；水产品总产0.23万吨，增长4%。肉类总产0.5万吨，下降9.73%；禽蛋总产0.36万吨，下降10.4%。奶类总产0.045万吨，下降12.9%；新增造林面积91.6公顷。

贸易财政金融旅游　全年实现社会消费品零售总额369.85亿元，比上年增长10%。其中，实现进出口总额3.8亿美元，下降6.9%。新签利用外资项目6项，合同外资额577.8万美元，同比下降42.2%；实际利用外资3100万美元，增长5.1%。全区有星级酒店6家，其中四星级3家，三星级3家；旅行社12家，3A景区1家（济南百里黄河风景区），省级农业旅游示范点3个（鹊山都市农业产业园、达仁农场、鹊华烟雨农业观光示范园）并入选济南市乡村旅游地图。山东省金牌购物商店三家（泺口服装城、齐鲁鞋城精品港和百优馆）。北园莲藕、宏济堂阿胶成为济南市旅游购物的指定商品。

建设环保　银座好望角项目已竣工投入使用，鲁鼎国际、名泉春晓办公项目、和信大厦、明湖广场已基本竣工。火车站北场站一体化综合项目地下部分主体结构验收备案工作已完成，进行地下部分装饰施工。世茂天城项目部分已封顶。官扎营片区和河套庄片区回迁工作已接近尾声；万盛片区安置房建设已完工，进行回迁工作。开展北湖片区征迁工作。截至12月31日，已签订货币安置补偿协议810户；12月10日，开始城市居民集中选房工作，截至12月31日，共选房3691户。进行房屋安置补偿协议签订工作。国有土地收储工作有序推进，收回购面积约3.07公顷。10月5日，柳云社区启动村民安置补偿协议的签订工作，截至年底，已签订安置补偿协议547户。开展北湖公园建设工作，已完成北湖公园、A-1地块及B-X3地块（教育地块）等地块内约3.78万平方米建筑的拆除工作。推进建筑节能工作。已完成仁丰后街1、2号楼1.1万平方米和济南外国语学校约2.78万平方米改造任务。对61个单体工程共计96.44万平方米建筑面积进行阶段查验。严格工程质量与安全生产监管，对73个单位工程，建筑面积约73.91万平方米，进行16项专项检查工作，下达各类建筑工程质量安全隐患整改（停工）通知25份，排查各类安全隐患158条。人均绿地面积11.9平方米，建成区绿化覆盖率42.4%。强力推进大气污染治理工作，推动全区工业污染源达标升级，推进高污染燃煤锅炉的淘汰和升级改造；加大机动车排气污染防治工作力度，做好柴油黄标车“黄改绿”相关工作，配合公安部门做好黄标车淘汰工作；空气环境质量持续改善。济南化工厂监测点良好以上天数130天，蓝翔技校监测点良好以上天数97天，分别比上年同期增加18天、25天。强化废水污染源环境巡查监管，推进重点污染源污染防治设施建设，申请专项资金用于济南新材料产业园污水处理项目，土建工程已全部完成。安排实施减排项目10个，5个工业源减排项目已全部完成，3家规模化畜禽养殖企业产生的粪便全部综合利用。全年共接处12345、12369等各类环境问题投诉案件1205件，受理率、处理率、结案率均达到100%。

教科文卫体　全区共有学校73所，其中中等职业学校1所，在校生659人。初中12所（含九年一贯制、不含市直），小学44所（含九年一贯制、不含市直），义务教育阶段在校生46491人。特殊教育学校1所，在校生70人。投资约为4200万元，进行8所学校的新建扩建校舍项目，其中二十九中综合楼已经完工并投入使用；大桥二中教学综合楼基本完工；黄台小学、制锦市小学等4所学校新扩建工程已开工建设。新增注册幼儿园5处，新增25个教学班，820个学位。投资800余万元，为十三职专新建1800平方米的综合实训楼；探索多元制办学，与烟台汽车工程职业学院签约3+2合作。社区教育继续保持强劲发展势头，4月，再次获全国“全民终身学习活动周”优秀组织奖。纬北路街道获“全国社区老年教育案例评选”三等奖。建设高素质人才队伍，为教育发展提供保障。全区教师60%参与培训。5月、9月、11月，派出骨干校长、园长赴北师大、南京、福州和泉州培训挂职。11月，组织名班主任、名教研员、名师人选赴华师大培训。被国家教育部确定为参与“中小学教师国家级培训计划”的4个项目区县之一，同时被山东省确定为“远程研修与一师一优课”4个试点区之一。共取得市（地）级以上各类重要科技成果12项，其中，获得市级科技奖励7项，专利申请量2032件，授权专利1052件。档案馆1处，公共图书馆1处，文化馆（站）16处，市级规范化农村文化大院72个，社区文化中心57个。有卫生机构607所，其中，医院、卫生院58所，社区卫生服务中心46所，妇幼保健院（站）1所，疾病预防控制中心1所。各类卫生机构共有床位6081张，卫生技术人员8652人，其中，执业医师及执业助理医师3470人，注册护士3960人。有体育馆1座，新增群众体育健身活动场地0.19万平方米。全年参加市级以上体育比赛共获奖牌88枚，其中金牌29枚。

人民生活　城镇居民人均可支配收入36459元，比上年增长7.8%；人均消费性支出22849.5元，增长23.5%。城镇在岗职工年平均工资39115元，增长7.7%。农村居民人均纯收入13186元，增长8.2%；人均生活消费支出10078.8元，增长64.4%。全区城镇基本养老、医疗、失业、工伤和生育保险参保人数分别达到27.9万人、31.8万人、9.7万人、9.7万人和9.7万人，本年度参保情况与上年基本持平。原新型农村养老保险与城乡居民基本养老保险逐步并轨，原新型农村合作医疗与城镇居民医保合并为居民基本医疗保险，城乡参保指标和待遇水平统一标准。全区共安置城镇就业13491人，其中安置

官扎营回迁房　（天桥区史志办　供稿）

"4050"公益性岗位人员132人、大学生公岗人员241人。新接收失业职工2523人，全年发放失业保险待遇4616.6万元。为5619名灵活就业人员发放社保补贴763.5万元，为120名公益性岗位人员发放两项补贴78.8万元。"零就业家庭"保持动态消零。全区城乡最低生活保障救助10.8万人，其中，城镇低保8.1万人，农村低保2.7万人，农村特困救济395人。帮扶特困大学生70人，医疗救助1223人。

【第二届"感动天桥人物"评选表彰活动】 于10月19日启动，2016年2月3日举行颁奖典礼。通过组织推荐、资格审查、投票评选和综合评审，最终评选出第二届"感动天桥人物"10名，提名奖10名、入围奖52名。本次评选出的第二届"感动天桥人物"，在平凡中体现非凡，在细微处体现伟大，在点滴中体现崇高，在他们身上，体现着社会主义核心价值的导向。

【回迁工作顺利开展】 年内，天桥区共有官扎营、河套庄、万盛3个片区回迁。官扎营片区是济南市最大的棚改片区，东至天成路，西至通普巷，南至铁路，北至堤口路。可规划建设用地约34.5公顷，其中安置房地块可规划用地13公顷。动迁居民5189户，收储国有土地117宗。官扎营回迁安置片区规划总建筑面积约57万平方米，可安置居民5284户，5月15日开始集中回迁。截至年底，共为3982户居民办理回迁手续，占官扎营片区居民应回迁总户数4299户的92.63%；河套庄片区占地面积4.15公顷，建设2栋回迁安置楼，188套回迁安置房，总建筑面积1.64万平方米。5月29日开始集中回迁，截至年底，已回迁141户，占应回迁总数146户的96.57%；万盛片区占地约6.72公顷，涉及拆迁居民总户数1010户。建设4栋安置楼，1108套回迁安置房，总建筑面积10.8万平方米。11月27日开始集中回迁，截至年底，已回迁674户，占应回迁户数827户的81.5%。

【"五位一体"推进基层协商民主】 纬北路街道地处天桥区南部，辖区面积3.86平方公里，人口近10万，下设10个社区居委会和2个企业家委会。社区构成有开放式住宅小区、高档封闭小区、廉租房小区、棚改回迁小区、企业自管小区等五种类型，群众诉求多元。该街道完善社区党总支、社区居委会、业主委员会、社区服务站和物业公司"五位一体"工作法，以社区党总支为核心，整合各方面力量，形成"事情共商、资源共享、群众自治"的治理格局，及时化解各方争议，解决群众诉求，实现社区管理一盘棋。"五位一体"经验，搭建基层协商自治平台，有效提升基层社会治理水平，初步实现"小事不出小区、大事不出社区、矛盾不上交"的目标。"五位一体"社区管理服务模式获中央政法委评选的"2013年全国社会管理创新最佳案例奖"；参加在成都、重庆举办的全国创新社会治理理论论坛，并做经验介绍；济南市委把"五位一体"社区治理机制列入《关于改进群众工作的意见》和《关于践行社会主义核心价值观实施意见》，在全市予以推广，并在全市政协双月座谈会、社会组织工作经验交流会上做典型发言。

（夏丰远）

【概况】 西汉景帝四年（公元前153年）设历城县，因处历山（千佛山）下而得名，1987年撤县建历城区。位于济南市东、南部，面积1298.57平方公里。年末辖15个街道办事处、6个镇、61个社区居民委员会，655个行政村。全区户籍人口95.73万人，男女性别比例98.5：100，人口出生率10.54‰，自然增长率3.85‰。有回、满、蒙古、朝鲜等48个少数民族。地区生产总值807.98亿元，其中第一、二、三产业增加值分别为48.26亿元、330.1亿元、429.62亿元。

中共区委

书　记　李胜利

副书记　吴承丙　孙德顺

常　委　李胜利　吴承丙　孙德顺　路建玲（女）
　　　　李国祥　黄晓广　满　斌　寇少杰
　　　　边祥为　张庆国　禚红武

区人大常委会

主　任　李胜利
第一副主任　阴　波
副主任　王富莲（女）　王连平　王长元　张书才
区人民政府
区　长　吴承丙
副区长　李国祥　寇少杰　周培成　李金国
付修琍（女）　李庆东
政协区委员会
主　席　刘传勇
副主席　李庆奎　贺光幸　宫玉玲（女）　王钢城
张培明*　张福胜
中共区纪委
书　记　满　斌
区人民法院
院　长　刘长立
区人民检察院
检察长　刘　建
区人民武装部
部　长　卢国华
政　委　禚红武

工业　工业总产值568.07亿元，规模以上工业企业200个，实现增加值127.81亿元，主营业务收入585.51亿元，实现利税58.81亿元，利润38.29亿元，资产保值增值率76.75%，总资产贡献率14.85%，产品销售率97.02%，成本费用利润率6.66%，流动资产周转率1.04次/年。

农业　农林牧渔业增加值49.57亿元。常用耕地面积3.4万公顷。耕地灌溉面积24.50千公顷。农作物播种面积4.0万公顷，其中粮食作物播种面积2.6万公顷，经济作物播种面积1.4万公顷，粮食总产量14万吨，油料产量0.23万吨，棉花产量214.3吨，蔬菜产量84.92万吨。猪、牛、羊年存栏量分别为24.91万头、3.41万头、12.06万只。肉、蛋、奶、水产品产量分别为4.45万吨、5.04万吨、7.95万吨、0.51万吨。农业机械总动力629347千瓦特。

贸易财政金融旅游　社会消费品零售总额476.16亿元，限额以上批发零售住宿餐饮业商品销售额475.05亿元。进出口总额26.51亿美元，其中出口总值11.19亿美元。实际利用外资1.43亿美元。公共财政收入70.10亿元，公共财政支出52.69亿元。A级及以上旅游景区8家，旅游业年内接待游客1520万人次，实现旅游综合收入49亿元。

交通邮电建设环保　公路总通车里程2024公里。国道140公里，其中，高速公路119公里；省道86公里，县、乡、村农村地方公路1798公里。有载货汽车20214辆，货运量117584吨。邮政业务总量3635.45万元。完成固定资产投资510.25亿元。房地产开发投资额125.99亿元，房屋施工面积744.15万平方米，房屋竣工面积48.82万平方米。有环卫职工4733人，全年清运垃圾总量25.5万吨，马路保洁面积999.01万平方米，有垃圾转运站15座。新建绿地26.26万平方米，新植草坪3.8万平方米，城市绿化覆盖率40.1%，人均占有公共绿地面积10.5平方米。

教科文卫体　有各级各类学校129所，在校生101284人，教职工6256人，专任教师6013人。其中，中等专业学校1所，在校生3679人，专任教师176人；中学（高中、初中）28所，在校生35710人，专任教师2724人；小学100所，在校生61895人，专任教师3113人；特殊学校1所，在校生97人，专任教师20人；幼儿园190所，在园幼儿29696人。适龄儿童入学率100%；小学毕业生升学率100%。各级科研项目126个，其中国家级2个、省级12个，获区级及以上奖励的科研成果22项，发明件数3577件，授权1205个。文化馆（站）1处，影剧院2处，图书馆1处、藏书量12万册。有卫生机构707个，其中医院25个；卫生技术人员5491人，床位3922个。体育场馆2处；新安装健身器材104套，培训三级社会体育指导员30人。全年参加市级及以上体育比赛共获金牌13枚、银牌9枚、铜牌5枚。

人民生活　农村居民人均可支配收入15718元，城镇居民人均可支配收入36823元。城镇职工基本养老、医疗、失业保险参保人数分别达到22.59万人、15.13万人、12.6万人。城乡居民医疗保险参保人数

注：2015年9月，张培明因严重违纪、涉嫌违法被开除党籍、开除公职。

53.48万人。城镇最低生活保障人数11476人，农村最低生活保障人数86656人。

【被表彰为国家级出口食品农产品安全示范区】 自2012年以来，历城区按照市政府《关于加快出口农产品质量安全示范区建设的意见》和全区都市现代农业发展总体布局和要求，围绕“国际、国内两个市场、一个标准，由出口保障转为全民共享”的原则和“投入无违禁、源头无隐患、管理无盲区、出口无障碍”的目标，以化学投入品监管控制为重点，以标准化生产为核心，推进组织保障体系、质量安全标准化体系、农业投入品控制体系、疫情疫病监测控制体系、质量安全可追溯体系建设、预警通报及应急管理体系、宣传培训诚信管理体系、应用与成效体系八大体系建设，建立区级农产品追溯监管平台和农业化学投入品信息管理平台，设立28个农产品追溯基点和23家农药追溯点，对各基点单位进行远程监控、调度，提高全区农产品质量安全生产能力和管理水平，实现“投入无违禁、源头无隐患、管理无盲区、出口无障碍”的任务目标。10月，被国家质检总局表彰为国家级出口食品农产品质量安全示范区。

【被表彰为全国“平安农机”示范区】 历城区农机局强化农机安全生产宣传教育，利用广播、电视、网络等媒体，加大对《中华人民共和国农机安全监督管理条例》《山东省农业机械管理条例》和农业部关于拖拉机及驾驶员管理的“两个规定”的宣传力度，共发放《农业机械操作流程及注意事项》和《致全区驾驶员一封信》等资料2000多份；坚持“谁签字、谁负责”的原则，强化农机安全技术检验、农机培训和驾驶员考试管理，规范农机监理业务操作程序，使农业机械的“三率”水平均在90%以上；组织农机监理人员，深入田间、场院等农机作业区域开展农机安全执法检查，查处无牌行车、无证驾驶、违法载人、机械带病作业等违法、违章行为；抽调技术人员到农机大户、农机合作社开展送检送审服务；多次组织机手在丰农农机专业合作社学习农业机械操作、维修、保养知识，通过现场提供“一站式”“零距离”服务。年内，完成农机购置补贴资金1100万元，申请购机农户和农业生产经营组织达346户，购置各类补贴机具446台套，拉动农民投资农机化2100万元。12月，被农业部、国家安监总局表彰为全国“平安农机”示范区。

【被评为国家义务教育发展基本均衡区】 2014年10月13日，国家教育督导室委员会检查组对历城区义务教育均衡发展推进工作进行验证检查。检查组查看区政府资料，并分四组同时召开人大代表和政协委员座谈会，校长座谈会，教师座谈会，家长座谈会，发放调查问卷642份（其中人大代表和政协委员30份、校长代表30份、教师代表120份、学生家长代表330份、学生代表132份），并实地察看了6所学校（洪家楼第二小学、王舍人第二实验小学、济钢鲍山学校、遥墙中学、锦绣川中心小学、柳埠一中）和1处教学点（西营秦口峪小学）。2014年10月16日，国家教育督导室委员会督导检查组认为历城区已经达到国家规定的评估认定标准。2015年3月10日，国务院教育督导委员会下发《国务院教育督导委员会关于公布2014年全国义务教育发展基本均衡县（市）、区名单的决定》，历城区为“全国义务教育发展基本均衡县（市）、区”。

（蒋　慧　张吉强）

【概况】 长清因境内齐长城和清水而得名。隋开皇十四年（594年）始置长清县。2001年6月26日，经国务院批准，山东省撤销长清县设立济南市长清区。长清区位于济南市西南部，面积1178平方公里，辖4个街道办事处、6个镇，625个行政村（居委会）。全区共16.5万户，总人口55.87万人，人口出生率10.5‰，人口死亡率7.74‰，自然增长率2.82‰。完成生产总值265.2亿元，比上年增长8%，其中一、二、三产业增加值分别达33.2亿元、108.2亿元、123.8亿元，分别增长4.4%、7.6%、9.7%。人均地区生产总值44666元，比上年增长8.0%。

中共区委

书　记　王京文

副书记　张洪武　孙常建

常　委　王京文　张洪武　孙常建　袁长奎
　　　　张　彦　刘明霞（女）　赵金民*
　　　　韩　军　曹　军　孙　静（女）
　　　　陈尔彪*　张　峰

区人大常委会

主　任　王京文

副主任　刘延文　韩明清　时华勤（女）
　　　　杨方明　卢云成

区人民政府

区　长　张洪武

副区长　袁长奎　刘明霞（女）　陈尔彪*
　　　　李本文　董庆哲　赵建民　李廷正

政协区委员会

主　席　周宝华

副主席　张昭森　王圣才　张　勇　郭卫东
　　　　赵　洁（女）　孟令敏

中共区纪委

书　记　张　彦

区人民法院

院　长　杨　雷

区人民检察院

检察长　王　文

区人民武装部

部　长　王满庭

政　委　张　峰

工业　全区工业增加值71.5亿元，比上年增长6.6%。全年新增规模以上企业15家，总数达227家，完成增加值43.6亿元，比上年增长6.9%，主营业务收入190.9亿元，比上年增长1.4%，实现利税7.5亿元，比上年增长-11.8%，利润1.9亿元，比上年增长-26.2%。新型工业化步伐加快，济柴、重汽、铸锻所、沃德等装备制造企业向产业链高端延伸，国舜、宏达、北辰等传统压力容器企业加快向节能环保产业转型，平安、长兴、汇富、通发等企业向建筑产业化领域发展，以西能天然气、昆仑燃气、大唐风电等企业为代表的新能源产业形成规模，被确定为国家第一批创建新能源示范城市、全省节能环保产业示范区。积极推进企业技术创新，“十二五”期间新增市级以上技术研发中心37家，专利申请量5542件，创中国驰名商标5个，山东省著名商标和名牌产品47个，高新技术产值比重提高到35.5%。成立大项目推进办公室，构筑十大专业招商平台，“十二五”期间举行项目集中签约活动9次，累计引进项目466个，其中过10亿元28个，竣工投产133个，完成招商引资517亿元，年均增长20.7%。制定支持企业上市发展的优惠政策，奥图、北辰2家企业在新三板成功挂牌，5家企业筹备挂牌上市。建立工业投资项目库，申报省技术改造导向计划项目8个，列入省技术创新计划项目10个，办理技改项目备案手续11个，有6个项目获批市级扶持资金320万元，5家企业通过省、市级“一企一技术”研发中心和创新企业认定，4家中小企业被认定为山东省专精特新中小企业。建筑业规范审批手续，优化办事流程，全年共办理行政审批73件，收取城市建设配套费等各项规费1.6亿元；招标房屋建筑及市政基础设施工程37个，造价9.2亿元。全区共完成建筑业总产值121亿元，累计施工面积1300万平方米，缴纳建筑业总税款2.6亿元。依法加强对房地产市场的监督管理，严格审批程序，强化行业管理，规范企业行为，房地产行业实现又好又快发展。全年共完成房地产投资36亿元，施工面积293万平方米，销售面积42万平方米，销售额23亿元。

农业及农村经济　农业总产值52.46亿元，比上年下降1%。农作物播种面积6.21万公顷，其中粮食作物播种面积4.65万公顷，粮食总产量28.65万吨，油料总产1.59万吨，水果总产4.83万吨。肉、蛋、奶、菜产量分别达到3.29万吨、2.53万吨、3.78万吨、67万吨，全区猪、大牲畜、羊、家禽年存栏量分别为23.64万头、5.31万头、25.5万只、294.97万只，其中奶牛存栏1.3万头。现代农业加速规模化、品牌化、产业化、科技化进程。蔬菜、林果、良种、花卉苗木面积3.6万公顷，建成市级以上都市农业园区、特色品牌基地45个，标准化规模养殖场47处，节水灌溉和高标准农田7467公顷。长清茶、中药材等特色产业品牌效应不断放大，160个“三品一标”农产品获得认证。农业龙头企业、农民专业合作社、家庭农场分别发展168家、851家、142家。实施土地治理项目13个，新增耕地面积494公顷。实施石店水库除险加固工程，维修整治塘坝150座，治理北大沙河河道6.8公里，整修黄河防洪工程32公里。改造提升规模化供水工程6处。农村土地承包经营权确权登记颁证工作完成，规范流转土地6320公顷。秸秆禁烧与综合利用经验在全市推广。

贸易财政金融　社会消费品零售总额124.4亿元，增长10%。服务业优化提升，新发展限额以上企业21家，总数达91家。现代服务业加快培育。创新谷引进电子信息、物联网企业90多家，全力打造信息产业基地。引进济南海吉星国际农产品物流园、贰仟家汽车配件、豪诺医药等物流项目，现代物流企业发展到20多家。推广“互联网+农产品”营销模式，建立智慧菜篮子平台，万德镇成立全省第一家乡镇电商服务中心。新增服务外包企业35家，“十二五”期间累计完成离岸外包执行额1.66亿美元。区农信社成功改制为济南农商行，沪农商村镇银行入选全国百强村镇银行。“十二五”期间累计实际到账外资5.4亿美元，进出口总额4.8亿美元，年均分别增长15.4%和18%。全区市场主体达到2.48万户，5年净增1.1万户。新引进组建银行机构、地方金融组织10家，总数达到20家，各项存贷款余额分别达到240亿元和145亿元，年均分别增长11.8%和8.3%。完成大地域财政收入27.6亿元，地方公共财政预算收入17.9亿元，分别是2010年的1.8倍和2.1倍，年均分别增长12%和16%，税收比重达到85.1%。

旅游　主要旅游景点有“海内名刹”灵岩寺、第七届中国（济南）国际园林花卉博览会的会址园博园、“齐鲁仙境”五峰山、“世外桃源”莲台山、“世界壁垒之最”齐长城、“第一古迹”汉石祠、“度假胜地”崮云湖、自然生态旅游卧龙峪、济北王陵双乳山、马山晨韵、义净佛光、峰山烟云、馍山倒影、凤凰飞瀑等。改造提升园博园、灵岩寺、五峰山等景区，小清河湿地公园一期建成，四大旅游规划全面展开，齐鲁8号风情路开创长清乡村旅游发展新模式，乡村旅游处于全市前列，打造省级旅游强镇4个，有农家乐400多家。万德镇被评为省级休闲农业与乡村旅游示范点，万德镇拔山村、双泉镇西坦村被评为中国乡村旅游模范村。

交通邮电　全区通车总里程1732.72公里，其中高速公路81.51公里，国省道114公里，县道156.31公里，乡道308.74公里，村道1072.16公里。城市轨道交通R1线全面开工建设，大范、小范村拆迁基本完成，长清黄河大桥进入桥梁施工阶段。完成万归路宋村至张官村段改造等建设项目38个，建设里程38.5公里。为9个特困村硬化道路6.95公里，全区613个行政村全部实现“村村通”。投资409万元，对农村公路和桥梁进行养护维修，全区农村公路养护优良率保持在80%以上。区交通运输局被交通部授予“全国农村公路养护与管理先进集体”称号。开通济南非遗园至长清峰山路K141路公交车。创新客运服务方式，开通“校园定制公交”，开展“出租车进校园”活动。

建设环保　完成全社会固定资产投资268.7亿元，其中第一产业27.4亿元，第二产业106.9亿元，第三产业134.4亿元。修编完成城区控制性详规和城镇化发展规划及供水、供热等专项规划。城市建设加快推进，

济南幼儿师范高等专科学校　　（长清区史志办　供稿）

新建长兴美郡、银丰公馆、汇侨城等一批居民小区。旧城改造、城中村改造、园中村改造稳步推进。城市功能不断完善，污水处理厂二期建成运营，市第三生活垃圾无害化处理厂填埋工程完工，新建改造城区道路28公里，整治背街小巷52条。第三安置区建设已完工单体49栋，其中公建12栋、住宅37栋，开工面积27.01万平方米；中学、小学、幼儿园10栋公建已竣工交付使用。新安装58兆瓦供暖锅炉1台，增加供热面积40万平方米，城区供热面积达到180万平方米。新增天然气用户6700户，新增供水面积50万平方米。实施城区出入口和主要节点绿化提升，推进文昌山公园、北大山山体公园建设，开展国家森林城市创建活动，累计新增城市绿地43.3万平方米，造林1.33万公顷，森林覆盖率达到44.6%。全面推行城市精细化、网格化管理，城乡环卫一体化实现全覆盖，助力全市成功创建国家卫生城市。万德镇被命名为省级“宜居小镇”，万德镇店台村被命名为省级“宜居村庄”。开展城乡环境综合整治，累计拆除违法违章建设10.2万平方米。实施大气污染防治“十大行动”，大气环境质量位居全市前列。完成120个美丽乡村示范村建设。污水集中处理率95%，工业废水排放达标率100%，城市空气质量良好率42%，水环境功能区达标率为100%，饮用水源水质达标率保持100%，道路交通声环境质量达到功能区要求。

教科文卫体　大学科技园有高等院校11所，在校师生近20万人。全区各级专业技术职务人员9863人，其中高级专业技术职务1183人，中级专业技术职务3726人。有各级各类学校105所，在校生65829人，教职工4742人，专任教师4656人。其中普通中学17所，在校生23695人，专任教师2354人；职业学校1所，在校生2456人，专任教师156人；小学86所，在校生29485人，专任教师1948人。幼儿园150所，在园幼儿13425人，专任教师878人（含公办教师122人）。学前3年幼儿入园率85.8%，适龄儿童入学率100%，小学生在校生巩固率100%，初中在校生巩固率99.2%，初中毕业生升学率85.5%（升入高中）。推进各类教育协调均衡发展，累计投入近6亿元，实施中小学校舍安全、现代远程教育、标准化建设、全面改薄（全面改善贫困地区义务教育薄弱学校基本办学条件）4大工程，办学条件进一步改善。实施医药卫生体制改革，基本药物制度不断巩固完善，实行药品零差率销售，省网集中采购。共使用基本药物579种，药价平均下降30%。人均基本公共卫生服务经费提高到40元，服务人口增加至52.19万人。中医药事业深入推进，中医院病房及康复保健保中心建成。城乡文体设施实现全覆盖，区图书馆被评定为国家一级馆。各类文物得到有效保护。《长清区志（1986~2008)》出版发行，获山东省优秀志书称号。有各类卫生机构471个，其中医院14所，床位1180张，卫生技术人员2111人。在省级体育比赛中获金牌1块、银牌6块。

人民生活　全区新增就业人数3957人，转移富余劳动力就业8342人。开展技能培训6281人，创业培训981人，支付就业培训补贴150万元。为253名创业者发放小额担保款2009万元，发放各类创业补贴15万元。企业保险参保单位1774户，参保人数44221人，征缴企业基本养老保险费2.96亿元。机关事业保险参保单位268个，收缴养老保险费2.44亿元，发放养老金2.39亿元。工伤保险参保单位1655家，参保人员37617人，征缴总额756万元。城乡居民养老保险参保30.8万人，收缴保费6462.99万元。居民医疗保险参保42万人，缴费金额2.02亿元；职工医疗保险参保4.1万人，缴费金额1.22亿元。全区城乡最低生活保障救助11972人，其中，城镇低保1008人，农村低保10964人，共发放最低生活保障金3318.6万元。城镇居民人均可支配收入30560元，农村居民人均可支配收入13990元。

【创新谷移动互联产业联盟成立】　7月31日，创新谷移动互联产业联盟成立大会召开。领导及机构和企业代表70余人参加会议。选举产生首届联盟理事会、联盟理事长、副理事长，公布首届理事会决议及工作计划。

移动互联产业是长清区培育的重点产业之一。崮云湖街道作为大学科技园和济南创新谷的承载地，是全区创新创意产业发展的前沿，具有发展互联网产业的独特优势。移动互联产业基地规划面积2.36万平方米，已签约入驻17家。

【《长清区志（1986~2008)》获评山东省优秀市县级志书】　4月14日，山东省人民政府办公厅下发《关于山东省优秀史志成果奖的通报》，《长清区志（1986~2008）》被评为山东省优秀史志成果奖。《长清区志（1986~2008）》上限1986年，下限2008年，2009年4月始修，2014年12月终审定稿，由方志出版社出版，大16开精装，分上下卷，220万字。该志卷首设序、凡例、概述、大事记，正文共27编，卷末设人物、附录、索引、编后记，卷首彩页49个页码，正文1375个页码，表格79个，图17幅，共收录照片1123幅。

【山东鼎泰牧业有限公司成为国家生猪核心育种场】9月，山东鼎泰牧业有限公司被农业部公布为2015年国家生猪核心育种场22家企业之一，是济南市唯一一家入选国家生猪核心育种场的生猪育种企业。

山东鼎泰牧业有限公司位于长清区归德镇，成立于2011年2月，占地107公顷，总投资2.2亿元，年猪存栏量5万头，年出栏10万头猪，年销售额3.6亿元。该企业是一家集生产、销售、科研、技术咨询服务为一体的农业综合型集团公司，是济南地区规模最大、品种最全、质量最优的现代化原种猪场。生产设备采用国内先进的自动供料饲喂系统、自动饮水系统、自动消毒系统、自动温控系统，种猪测定全部采用世界上最先进的美国奥斯本FIBE种猪测定系统和B超测定仪。该项目以发展生态、循环、高效、观光农业为主线；以饲料生产—养殖繁育—屠宰加工—销售配送为产业链；建设美国祖代原种猪养殖生产繁育基地、有机黑猪商品猪繁育基地、绿色有机蔬菜示范种植基地。基地成为以畜牧、蔬菜、林果三大产业为主，集生态农业、循环农业、高效农业、观光农业为一体的高标准现代农业示范区，成为全省最大的现代化畜牧养殖生产基地。

【万德镇齐鲁8号风情路运营】国庆节期间，“齐鲁8号风情旅游路”正式运营，标志着长清区万德镇乡村旅游业已初具规模，是省内首条贯穿“一线六村”美丽乡村的精品线路。“齐鲁8号风情路”全长12.5公里，北起拔山村，经马场、玉皇庙、房庄、张庄至马套，一路串起6个古老的村落，也串起6种乡村风情。沿线六村（拔山、马套、马场、玉皇庙、房庄、张庄）地处泰山山脉，自然环境优美，森林覆盖率达80%。原生态环境如天然氧吧，古老的村落、古井、古街、石房茅屋、齐长城遗址、摩天岭、凤凰岭，古传说中的八仙石、吴道人庵、七神堂，古时祭祖遗址、整顿军马行驻地，都融入其中。根据“一线六村”自然格局的特点，将六村功能分为：茶马风情区（马套）、园艺风景区（张庄）、山居风情区（房庄）、集贸风情区（马场）、八仙风情区(拔山)、灵秀风情区（玉皇庙）六大区域。

【中国首家村镇O2O电商平台入驻长清】乐村淘是中国第一家村镇O2O电商服务平台，线上构建“乐村淘”商城，在线下把镇和村现有的小卖部、便利店进行改造升级，成为“村镇O2O服务平台”的线下体验店。10月，乐村淘项目落户长清区，已开通300家线下体验店。乐村淘独创全新的“网上赶大集”模式，即“乐6集”，每个月的6日、16日、26日，农民在这3个时间节点集中下单消费，然后由乐村淘线下配送体系集中配送，有效集中物流，节约物流成本，破解农村“最后一公里”的问题。

【万德镇成立全市乡镇首家电商服务中心】5月7日，万德镇电商服务中心成立暨“水长清杯”依安网樱桃、西红柿“互联网+”活动在石都庄、裴家园等四个分会场启动，是全市各镇第一家由政府成立的为民服务电商服务平台。

（边绍林）

【概况】章丘因章丘山（女郎山）而得名。位于济南东部，是山东省会济南的副中心城市，面积1855平方公里。辖14个镇和6个街道办事处，908个行政村。年末户籍总人口102.6万人，比上年增长0.17%。全年出生人口9331人，死亡人口8393人。人口出生率9.11‰，下降2.54个千分点；人口死亡率8.19‰，上升0.47个千分点；人口自然增长率0.92‰，下降3.01个千分点。

全市男女性别比为97.87：100。

经济实现平稳增长。初步核算，2015年全市生产总值870.8亿元，比上年增长9.0%，其中：第一产业增加值82.7亿元，增长3.8%；第二产业增加值521.7亿元，增长9.7%；第三产业增加值266.5亿元，增长9.3%，三次产业结构比为9.5：59.9：30.6。全市地域财政总收入66.79亿元，上升7.0%。其中地方公共财政预算收入46.99亿元，增长8.3%。全年国、地税收入58.5亿元，增长6.0%。其中国税27.7亿元，增长0.5%；地税30.8亿元，增长11.4%。

中共市委

书　记　江　林

副书记　刘天东　李文秀（女）

常　委　江　林　刘天东　李文秀（女）　王继民　孟学峰　齐怀栋　亓　峰　赵立元　杨高峰　王　斌　王士强　李会军

市人大常委会

主　任　李玉新

副主任　王福先　徐家红（女）　于崇民　程秋霞（女）　王永学

市人民政府

市　长　刘天东

副市长　孟学峰　王　斌　白秋生　杨传军　李宝燕（女）　袁乃杰

政协市委员会

主　席　岳庆林

副主席　赵元生　赵　敏　韩　军　林　虎　刘乃娟（女）　牛凤学（女）

中共市纪委

书　记　齐怀栋

市人民法院

院　长　刘玉庆

市人民检察院

检察长　韩秉林

市人民武装部

部　长　王保华

政　委　李会军

工业　全市规模以上工业企业达到588家，主营业务收入过亿元的企业292家，利税过千万元的企业335家。全年规模以上工业增加值比上年增长12.1%。实现主营业务收入1655.8亿元，增长7.7%；利税196.5亿元，增长13.1%；利润109.2亿元，增长10.9%。全市高新技术产业企业182家，实现产值693.6亿元，比上年增长13.0%。占规模以上工业总产值的比重为43.61%，比上年提高0.20个百分点。明水经济技术开发区共有规模以上工业企业315家，实现主营业务收入1229.3亿元、工业增加值280.2亿元、利税137.3亿元，比上年分别增长7.8%、12.3%、13.2%。

农业　全年粮食种植面积12.0万公顷，比上年增长0.04%。粮食总产量74.3万吨，比上年增长1.1%。其中夏粮35万吨，增长1.5%；秋粮39.3万吨，增长0.8%。棉花产量5135吨，比上年增长3.0%。油料产量8081吨，增长0.1%。蔬菜及食用菌总产量189.7万吨，下降0.2%。肉、蛋、奶产量分别达到12.2万吨、15.0万吨、7.7万吨，分别增长-0.2%、1.8%、-1.4%；猪、牛、家禽存栏量分别达到54.0万头、26.7万头、1544万只，分别增长-9.9%、0.8%、1.6%。水产品产量1.2万吨，增长1.5%。全市共完成造林约0.29万公顷，其中，荒山绿化（防护林）0.12万公顷，退耕还果（经济林）0.1万公顷，平原水系沙化土地造林（用材林）0.07万公顷。农业机械化作业水平提高。农机总动力126万千瓦。小麦生产综合机械化水平稳定在96%以上，玉米生产综合机械化水平达到85%。完成秸秆综合利用面积约11万公顷，利用率达到98%以上。其中秸秆机械还田面积约9.27万公顷，占综合利用面积的85%。

建设环保　完成济青高铁章丘北站、济青高速北线扩建、城市南北外环、济南野生动物世界搬迁、新四中等重大规划编制研究，完成相公庄驻地控制性详细规划编制，对宁家埠、辛寨、垛庄、曹范、黄河5个镇总体规划进行修编。重点片区开发建设加快。中心商贸区唐人中心项目35栋单体建筑主体全面建成，商业部分竣工开业；城北片区“北四厂”和一期工程范围内的旧房拆除工作全部完成，绣江河生态修复一期工程及安置房项目进展顺利；绣源河片区喜来乐旅游综合体泰王水世界一期项目建成营业，二期项目和婚庆板块项目加快推进；双山大街沿线片区闽台中天综合体东西板块全面开工；总面积近30万平方米的体育公园东侧、马安村旧城（村）改造征收基本完成，安置房建设有序推进。文博中心作为第二十二届国际历史科学大会卫星会议会场开门纳客。采用PPP模式(政府和社会资本合作)，启动林荫公园、龙盘山公园项目建设。全年新建道路21公里，改造迁移管网15公里。启动新型城镇化重点项目89项。完成危房改造700户，文祖镇朱公泉、官庄镇中白秋等10个村集中建设美丽家园。普集镇杨官村、官庄镇东矾硫村被评为山东省第二批传统村落，组织开展相公庄梭庄村、文祖三德范村、普集博平村、杨官村、官庄东矾硫村5个传统村落保护性规划编制。高标准完成《章丘市建筑产业化园区总体规划及详细规划》。成功创建为“国家新型城镇化综合试点市”“全国智慧城市建设试点城市”“省级新型城镇化综合试点城市”“全省建筑产业现代化试点城市”，绣源河片区列入“省级绿色生态城区”。全年完成绿化工程投资1033万元，累计种植各类乔灌木4.04万株。绿化覆盖率、绿地率和人均公共绿地面积分别达到42.77%、38.80%和17.26平方米。环境保护取得积极进展。投资4.14亿元组织实施32个减排工程。新增省级文明生态村4个、济南市级文明生态村94个。启动铸锻行业污染治理，分阶段对724家铸锻企业、1500余台窑炉进行关停改造。启动重污染天气应急响应11次，其中三级应急响应7次、二级应急响应3次，一级应急响应1次。淘汰黄标车4870辆。投资534万元建设了白云湖国家湿地公园生态修复一期工程，投资910万元建设了漯河上游（普集段）人工湿地建设工程。

交通邮电　国道309维修、省道321章丘段大修工程顺利完工，新改建县乡道路40条61.6公里、村级公路290公里。城乡公交一体化实现全覆盖，新客运总站竣工启用，更新公交车163辆，3000辆公共自行车系统投入使用，实行65岁以上老年人免费乘坐城市公交政策。新增出租车50辆，全市出租车达到318辆。民用汽车拥有量达19.3万辆，比上年增长12.3%。全年邮政业务总量7557万元，比上年增长37.8%。年末固定电话用户14.6万户，下降20.9%。移动电话用户86.7万户，下降16.0%。互联网拨号注册及宽带网用户18.9万户，增长19.6%。

贸易财税金融　电子商务发展加快。规划建设电子商务产业园区。打造章丘市农业信息化暨农产品电子商务公共服务平台，27家农产品品牌企业入驻。全年社会消费品零售总额达351.4亿元，比上年增长11.8%。按经营地统计，城镇零售额162.4亿元，增长12.5%；乡村零售额189.0亿元，增长11.1%。限额以上批发零售、住宿餐饮业单位188家，实现零售总额62.2亿元，增长14.5%。对外贸易下降。全年进出口总额91243万美元，比上年下降9.0%。其中，出口60279万美元，下降24.8%；进口30964万美元，增长53.6%。全年实际利用外资21750万美元，增长1.2%。合同利用外资4080万美元，下降66.3%。全市地域财政总收入66.79亿元，比上年增长7.0%。其中地方公共财政预算收入46.99亿元，增长8.3%，税收比重72.34%，同比下降0.85个百分点。全年国、地税收入58.5亿元，增长6.0%。其中：国税27.7亿元，增长0.5%；地税30.8亿元，增长11.4%。全市一般预算支出63.06亿元，比上年增加6.7亿元，增长11.9%。其中教育支出14.2亿元，增长21.8%；社会保障和就业支出5.98亿元，增长

2015年8月24日，第二十二届国际历史科学大会龙山文化卫星会议在章丘召开。
（章丘市史志办　供稿）

35.2%；医疗卫生支出8.9亿元，增长27.1%；农林水事务支出6.95亿元，增长27.9%。金融运行平稳。年末，全市金融机构人民币各项存款余额522.5亿元，比年初增加44.9亿元。其中，住户存款余额368.8亿元，比年初增加38.8亿元。金融机构人民币各项贷款余额309.2亿元，比年初增加11.3亿元。全年保险业务收入5.5亿元，比上年增长11.8%；保险业务支出3.3亿元，下降8.1%。

教育文化卫生　实施优质教育均衡发展工程，青少年科技艺术中心、职成教中心一期、一中新校区正式启用，新城实验学校、五中二期等工程稳步推进，年末全市学校（小学、普通中学、中等职业学校、特殊教育学校）189所，在校学生11.4万人，专任教师8868人。文化事业健康发展。龙山文化遗址公园一期工程竣工、文博中心“三馆”（图书馆、文化馆、博物馆）顺利开馆。成功承办第二十二届国际历史科学大会龙山文化卫星会议。完成省级公共文化服务体系示范区创建和明水、圣井、枣园3个镇街公共文化服务标准化试点建设。全年开展文化惠民活动200余场，放映公益电影10896场。城子崖遗址西城墙保护房内城墙保护方案、城子崖遗址西城墙保护房改造立项报告等方案通过国家及省文物局批复立项。《百脉泉酒的酿造技艺》《章丘梆子》等5个项目申报山东省级非遗项目，成功举办世界文化遗产日暨民俗手工艺展演活动。电台、电视自办栏目日播出时长分别达10个小时和6个小时。卫生事业取得新进展。市医院急诊保健综合楼建设进展顺利，中医院门诊病房综合楼投入使用。市医院创建为三级乙等综合性医院；眼科医院完成股份制改造，创建为三级甲等医院。市中医院与省千佛山医院、北京第二炮兵总医院建立全面合作关系。累计建立农村居民电子健康档案85万份。全市有国家级重点专科1个，省级重点专科5个，济南市重点专科10个，章丘市重点专科40个。国医堂建设率达100%。

人民生活　全市居民人均可支配收入23248元，增长8.4%。城镇居民人均可支配收入30477元，增长8.3%；人均消费性支出19298元，增长9.9%。城镇恩格尔系数为29.15%，下降0.3个百分点。农村居民人均可支配收入16665元，增长8.5%。人均生活消费支出10994元，增长10.7%。农村恩格尔系数为30.02%，下降0.7个百分点。城镇居民人均住宅使用面积41.3平方米，比上年增加0.5平方米；农村居民人均生活用房面积48.3平方米，增加1平方米。城镇低保标准由每人每月450元提高到500元，农村标准由每人每年3000元提高到3600元。五保集中供养标准提高到6600元，集中供养率为71.1%，分散供养标准提高到每人每年3800元。全市养老机构达到179处，床位6240张。新建55家农村幸福院和12家城市社区日间照料中心。全面实施职工社会保险“五险一票”征缴，城镇职工基本养老、基本医疗、失业、工伤、生育保险参保人数分别达13.53万人、8.97万人、7.89万人、8.04万人和6.24万人。全市居民基本养老、基本医疗保险参保人数分别达到54.1万人、72.7万人。

【获评“国家卫生城市”】　3月24日，章丘市在安徽省马鞍山市当涂县召开的全国爱国卫生工作会议暨全国城乡环境卫生整洁行动现场会上，被评为“国家卫生城市”。2004年，章丘市明确提出创建国家卫生城市的目标，有关工作相继展开。2012年6月以后，全市创卫工作进入攻坚阶段，2013年9月，章丘市通过全国爱卫会专家组暗访，同年12月通过全国爱卫会专家组技术评估，通过综合评审、社会公示等各个环节，成功创建为国家卫生城市。

【绣源河风景区获评“全球低碳生态景区”】　美国东部时间2015年10月30日，第十届全球人居环境论坛暨十周年庆典（GFHS–X）在纽约联合国总部落下帷幕，章丘市绣源河风景区被授予“全球低碳生态景区”称号。绣源河原名西巴漏河，原是一条天然的排洪河道，生态环境脆弱，水利动能不足。经过治理，五座风格独特的塔索桥横跨其上，十余公里的健身步道贯穿两岸，300余辆公共自行车免费骑行，还有亚洲最大音乐喷泉和最大水幕电影，形成万亩水面和万亩绿化景观。年均接待游客300万人次以上。自2011年1月开始，章丘市计划投资30亿元，实施绣源河风景区建设，规划郊野度假区、中央游憩区、休闲娱乐区、生态涵养区四大功能区，总长度15公里。2012年1月完成投资14亿元的一期工程，南北长8.2公里，东西宽1

公里，配套建成服务设施、安全保护设施、科普设施和污水处理排放系统，绣源河风景区先后获评国家级水利风景区、省级湿地公园。

【第二十二届国际历史科学大会龙山文化卫星会议在章丘召开】 8月24日，第二十二届国际历史科学大会龙山文化卫星会议在章丘召开。来自国内外的史学专家学者、省市各级领导、媒体记者、志愿者等200余人齐聚章丘市文博中心群众艺术馆内，共同参加龙山文化卫星会议的开幕式。本次龙山文化卫星会议的主题为“比较视野下的龙山文化与早期文明”，从世界早起文明比较研究的角度，探讨龙山文化及中华文明崛起的相关课题。在本次大会过程中，与会的专家学者分别展示各自关于龙山文化的史学观点和研究成果，并从不同的角度分析、解读龙山文化在人类早期文明发展中的地位和意义。

【城区公共自行车正式启用】 7月2日，章丘市城区公共自行车项目正式启用。市委、市政府实施公共交通提升工程，把建设城区公共自行车服务系统，并列入全市十大民生重点工程。全市城区公共自行车服务系统覆盖：东起世纪东路、西至绣源河风景区、北起济青路、南至G309（包括大学城区），共设置站点100处，投放自行车3000辆，设置了市政务大厅等四处办卡点，还设有两个流动办卡小组，为市民增添绿色健康出行的新方式。

【济南野生动物世界建成开园】 10月1日，新建成的济南野生动物世界正式开园纳客。该园拥有国内最大的双角白犀牛群、观赏效果最好的长颈鹿群、国内最大的南非动物种群、江北最大的白虎群、亚洲最大的雪虎群，世界上罕见的仅存30多只的金虎，在这里就有十多只，金虎自然加冕了“镇园之宝”的桂冠。园区以散养和圈养相结合，饲养着各类珍稀保护动物160种，近3000余头（只）。新引进的狞猫、白袋鼠、印度黑羚是首次亮相，动物规模比原有跑马岭景区增加一倍。

济南野生动物世界通过大量珍稀野生动物的异地保护和栖息繁衍，形成了中国最大的野生动物科研和展览中心，位于章丘市埠村街道济南植物园片区南侧，占地约149公顷，景区内森林覆盖面积92%。整个景区依托原有地形地貌、生态条件和路网框架，新建步行区和车览区两大区域。北部步行区以“主题式”展示分区，鸟鸣花谷、吉象领地、林梢王国、花豹小径、雨林探幽、虎啸山谷、青龙印象7个区域，有天鹅、鹈鹕、鹦鹉、火烈鸟、各种鹤类——移步换景，各有千秋。

（王　波　杜晓媛）

【概况】 平阴因地处古东原之阴而得名。位于济南市西南部，面积827平方公里，辖2个街道办事处6个镇、24个社区居委会、336个行政村。人口37.37万人。男女性别比为100.5：100，人口出生率9.68‰，死亡率7.45‰，人口自然增长率2.23‰。有少数民族24个，人口411人。完成生产总值227亿元，按可比价格计算，增长8.4%。其中第一、二、三产业增加值分别为31.56亿元、126.53亿元、68.91亿元，分别比上年增长3.9%、7.7%、12.9%。三次产业比例为13.9：55.7：30.4。

中共县委

书　记　毛华铭

副书记　朱云生　刘业朝　翟　军（援藏）

常　委　毛华铭　朱云生　刘业朝　翟　军（援藏）　陈　红（女）　焦卫星　宋广炎　翟立波　魏志胜　牛世亮　齐广山

县人大常委会

主　任　毛华铭

第一副主任　胡茂法

副主任　田吉华　付　丽（女）　尹　杰　刘广申

县人民政府

县　长　朱云生

副县长　焦卫星　宋广炎　陈淑平（女）　赵敬成　李子元　于瑞民　依天骄（女，挂职）*

张志国（挂职）

政协县委员会

主　席　吴英文

副主席　赵淑忠　孟庆华　刘玉霞（女）　宫建泉
　　　　崔召龙　李希义

中共县纪委

书　记　魏志胜

县人民法院

院　长　李忠林

县人民检察院

检察长　段　刚

县人民武装部

部　长　杨春田

政　委　齐广山

工业　完成工业投资118.97亿元，增长10.1%。技改项目投资84.88亿元，增长5.9%。全县205家规模以上工业企业（年主营业务收入2000万元以上）实现主营业务收入335.39亿元，增长8.6%；实现利税49.95亿元，减少0.02%；实现利润35.60亿元，增长2.5%。实现规模以上工业增加值97.81亿元，增长8.6%。市以上著名商标39个、名牌产品33个。济南玫德铸造有限公司、平阴山水水泥有限公司、山东福胶集团有限公司、济南伊利乳业有限责任公司等32家龙头企业全年实现主营业务收入201.52亿元、利润25.94亿元、利税36.59亿元，分别占全县规模以上工业企业的60.1%、72.9%和73.3%，分别比上年增长7.0%、-2.8%和1.5%。规模以上高新技术产业企业48家，实现产值139.91亿元，增长27.1%，占规模以上工业产值比重的40.5%，同比上升3.5个百分点。

农业及农村经济　农林牧渔业实现总产值60.75亿元，增长3.8%；农林牧渔业增加值32.93亿元，增长5.7%。粮食播种面积3.27万公顷，减少6.2%；总产18.1万吨，减少7.0%。棉花3283公顷，减少2.4%；总产3895吨，减少1.8%。油料2969公顷，减少1.0%；总产1.17万吨，增长0.3%。蔬菜8617公顷，增长0.9%；总产65.8万吨，增长2.8%。水果8813公顷，减少4.4%；总产13.95万吨，减少1.5%。玫瑰花面积1700.8公顷，增长11.0%；总产1755吨，增长8.1%。肉类产量4.02万吨，禽蛋产量3.43万吨，奶牛存栏1.59万头，减少12.2%。农业机械总动力52.92万千瓦，增长4.48%。规模以上农业龙头企业85家，农业合作社438家，家庭农场213家，新增无公害农产品品牌17个，绿色食品6个，完成绿色食品年检10个，有效期内“三品一标”（无公害农产品、绿色食品、有机产品、农产品地理标志）数量达到103个，12个过期产品退出农产品品牌。争取上级资金1亿多元，重点实施小农水重点县、饮水安全、水库塘坝维修整治等民生水利工程，扩大改善灌溉面积0.33万公顷；解决3.77万人的饮水安全问题；维修整治水库4座、塘坝8座。千亿斤粮食、农业综合开发、土地整理等重点项目顺利推进，建设高标准农田0.7万公顷。

商贸旅游　社会消费品零售总额86.63亿元，增长12.9%。实现出口创汇6.28亿美元，增长5.9%。引进内资53.53亿元，下降24.8%；实际利用外资1700万美元，增长6.2%。全社会完成固定资产投资230.81亿元，增长14.3%。其中第一产业投资19.05亿元，增长6.7%；第二产业投资120.19亿元，增长9.9%；第三产业投资91.57亿元，增长22.5%。茂昌西部商业体竣工，玫瑰广场主体基本完工，万商城装饰建材市场投入运营，四中商贸市场高效利用。主要旅游景点有：玫瑰园、翠屏山、云翠山（国家2A级景区）、大寨山、洪范泉群、圣母山农业观光园（国家3A级景区）、玫瑰湖湿地公园、中共平阴县委旧址纪念馆等。圣母山农业观光园成功创建3A级旅游景区，榆山街道胡庄村、孔村镇北毛峪村、洪范池镇书院泉村三个村被评为省级旅游特色村。各景区（点）接待游客65万人次，实现旅游总收入1.86亿元。

财政金融保险　实现地域财政收入27.21亿元，下降7.7%，其中地方公共财政预算收入15.34亿元，增长12.8%。地方财政支出30.70亿元，增长3.0%，其中地方财政一般预算支出25.80亿元，增长27.1%。完成税收总额23.28亿元，增收3569万元，增长1.6%。日照银行平阴支行挂牌营业，平阴县农村商业银行获准筹建。年末，金融机构各项存款余额144.64亿元，比年初增加3.05亿元，增长2.2%。其中城乡居民年末储蓄存款余额103.76亿元，比年初增加10.73亿元，同比增长11.5%。金融机构各项贷款余额69.30亿元，比年初增加0.97亿元，同比增长1.4%。各保险机构实现保费收入4.42亿元，增长4.4%；赔付金额8050万元，增长67.7%。卓雅轩酒庄、因纽特生物科技分别在上海股权托管交易中心、齐鲁股权交易中心挂牌。证券机构实现交易额66.81亿元。

交通邮电　公路通车里程1216公里，其中村级公路556.9公里，均与上年持平。行政村通沥青（水泥）路率100%。公路网格化示范县建设通过省级验收。年末机动车保有量5.23万辆，其中小型汽车4.08万辆；营运载货汽车2057辆，总吨位16012吨；营运载客汽车116辆，总客位为3281座；市内公交车124辆，总客位2712座。完成邮政业务总量1976万元，同比增长38.0%；报刊流转额696万元，同比增长6.7%。

建设环保　完成建筑业增加值12.8亿元，下降0.7%。资质以上建筑企业30家，完成总产值14.48亿元，下降12.6%，利税0.77亿元，下降18.8%，其中在省外完成的建筑业产值0.38亿元。房屋施工面积139.22万平方米，减少0.2%；房屋竣工面积31.71万平方米，减少22.9%。资质以上房地产开发企业28家，完成房地产开发投资16.58亿元，增长2.7%。商品房施工面积156.60万平方米，增长1.1%，竣工面积31.61万平方米，下降4.8%；销售面积30.07万平方米，增长3.0%；销售额12.56亿元，增长3.4%。县城建成区面积17平方公里，城市道路长度和面积分别达到84.2公里和217万平方米。实施青龙路南段、翠屏街西延、北山南街、通达街大修改造。建成1400米道路、5万平方米的集贸市场，县城二七大集成功迁建。城区消防站投入使用。中医院迁建基本完工，云翠大街中段、黄河路南延顺利推进。完成玛钢玫瑰文化主题公园建设，改造东三里桥、锦水河木栈道，实施中桥水库综合治理。新建公厕15座、垃圾中转站5座，新增绿化面积20万平方米，城市建成区绿地率达到38.8%。棚户区和城中村改造稳步推进，回迁1094户，175套公租房通过验收。林木覆盖率达34.8%。县城累计建成烟尘控制区面积17.0平方公里，烟控区覆盖率100%。环境噪声达标面积10.1平方公里，城市环境空气主要污染物可吸入颗粒物、二氧化硫、氮氧化物年均值分别为0.160毫克/立方米、0.070毫克/立方米、0.048毫克/立方米。

教科文卫体　有教职员工3685人，其中专职教师3397人。各类学校在校学生3.78万人，下降4.7%，其中普通高中在校学生6545人，初中在校学生1.02万人，小学在校学生1.90万人，适龄儿童入学率100%。完成投资6500万元，新建校舍面积3.4万平方米，加固重建校舍10.6万平方米，累计发放各类助学金455.6万元。4200余名农村小学生坐上安全专用校车，1.5万余名农村学生中午吃上营养配餐。组织实施各类科技计划48项，新增国家高新技术企业2家，2项成果分获2015年济南市科技进步二等奖和专利发明三等奖，1项成果通过中国电力企业联合会鉴定。国家火炬平阴清洁能源特色产业基地获得济南市创新型城市建设科技奖励。专利申请总量382件，其中发明专利申请量211件，授权量39件。年末拥有文化馆、文化宫、博物馆、图书馆各1处，图书馆图书总藏量3万余册。广播人口覆盖率和电视人口覆盖率均为99%，电视节目每周播出343小时，无线广播平均每日播音19小时。有卫生机构95处，其中医院9处，卫生机构拥有病床1595张；各类卫生技术人员1999人。全年卫生机构诊疗89.6万人次，住院4.4万人次，健康检查6万人次。全民健身指导中心（玛钢体育馆）投入使用。平阴县第二届全民健身运动会举办，37个代表团、3000余名运动员，参加10个大项、156个小项的比赛。8月7~12日，“中国体彩杯”2015年全省中小学生田径比赛在平阴举行，17个代表队，1093名运动员，参加74个项目的比赛。全年举办各类运动会39项次，向上输送体育后备人才56人。平阴县运动员在市级以上体育比赛中获奖牌111枚，其中洲际以上级金牌7枚，国家级金牌2枚，省级金牌26枚，市级金牌7枚。

人民生活　全县转移农村劳动力6526人，安置城镇就业3664人。开展创业培训1069人，技能培训6656人。城镇登记失业率控制在3%以内。企业养老保险参保人数4.83万人，征缴企业基本养老保险费3.10亿元；支付1.08万名离退休人员养老金及1065名遗属补助金3.13亿元。收缴工伤保险金1048万元，支付1533万元。参加机关事业单位养老保险人数1.07万人，收缴养老保险费2.24亿元，支付离退休人员养老金2.12亿元。参加城乡居民养老保险人数18.38万人，征缴养老保险费3894万元，支出养老保险费6187万元。城镇职工医疗保险基金收缴1.90亿元，支出1.86亿元。收缴失业保险金1922万元，支付9371名失业职工失业保险金830万元。居民基本医疗保险参保人数25.3万人，收缴保费1.22亿元，支付医疗费用1.11亿元。全县有集中供养床位1226张，入住五保对象517人，集中供养率73.5%，供养标准每人每年5900元。分散供养标准每人每年3700元。实施大病医疗救助，为4356位大病五保对象、城乡低保对象等困难群众发放救助资金592万元。城镇低保标准每人每月500元，农村低保标准每人每年3600元。城乡最低生活保障救助7294人，其中城镇450人、农村6844人，全年发放低保金2091万元。城镇居民人均可支配收入22456元，增长8.6%；人均消费性支出14888元，恩格尔系数26.3%。农民人均可支配收入11793元，增长8.0%；人均生活消费支出7135元，恩格尔系数30.9%。

【开展“146”村级治理体系建设】 从加强村干部管理、规范农村“小微权力”运行入手，提出并构建起以“一单四议六平台”为核心内容的“146”村级治理体系。即：一张村级事务权力清单，村级重大事项实行党支部提议、‘两委’商议、党员审议、村民决议的“四议”决策程序，各镇（街道）建立“三资”（农村集体资金、资产、资源）委托代理中心、产权交易服务中心、项目竞标中心、合同监管中心、矛盾调解中心、为民服务中心6个办事平台，简称“一单四议六平台”。全县8个镇（街道）实现村级事务运行平台建设全覆盖，359个村居（社区）实现合同监管、项目竞标全覆盖。12月3日，大众日报、济南日报、济南电视台等7家新闻媒体集中采访平阴“146”村级治理体系构建的经验做法。

【举办首届平阴玫瑰电商节】 4月30日，平阴县首届平阴玫瑰电商节开幕。此次电商节分3个板块：平阴电商生态战略签约暨首届平阴玫瑰电商节发布会，山东深泉同道网络科技公司、京东、拍拍与平阴县8家玫瑰加工企业陆续签约，在互联网上玫瑰电商节+预售+限量版销售同步进行；2015中国·平阴玫瑰产业高峰论坛暨玫瑰产业招商活动，请中国工程院院士孙宝国等香料专家为平阴玫瑰产业指点迷津；揭牌成立由平阴玫瑰研究所与上海香料香精研究所合作建立的平阴玫瑰产业技术研究院。6月24日，中央电视台《走遍中国》播出《养生玫瑰吸金有术》平阴玫瑰专题片。

【山东万商城项目一期开业】 10月28日，山东万商城一期建材装饰市场开业。万商城项目地处新老220国道和105国道交汇处，占地53.3公顷，总投资12亿元，总建筑面积60万平方米，是平阴现代服务业发展的一号工程，曾连续两年列入全市重点建设项目。其中，一期五金建材装饰市场13万平方米，200多家商户、270余个品牌入驻，年交易额3亿元，利税600万元。

【开展清脏治乱百日行动】 年内开展清脏治乱百日行动，全民参与，使全县重点区域环境卫生面貌在较短时间内发生较大改观。建立健全长效机制，推广环卫托管保洁模式。至年底，全县8个镇（街道）均实行环卫保洁托管，做到清理一个、托管一个，无缝衔接巩固清脏治乱成果，初步建立城乡环卫一体化工作的长效机制。在全省城乡环卫一体化电话调查、全市城管系统社情民意调查、全市城乡环境综合整治考核和全市城乡环卫一体化满意度调查中，平阴县连获四个“全市第一”。

【光绪《平阴县志》（点校本）出版发行】 平阴县史志办委托专业公司，邀请山东大学、山东师范大学古籍整理专家对光绪《平阴县志》进行点校。同时，改繁体字为简体字出版，方便阅读利用。该志成书于清光绪二十一年（1895年），共8卷，23万字，是平阴现存旧志中内容最全面、资料最丰富的一部。年底，光绪《平阴县志》（点校本）由中国文史出版社出版，获“山东省优秀旧志整理成果奖”。

【县全民健身指导中心投入使用】 5月17日，平阴县全民健身指导中心投入使用。该项目占地8.3公顷，投资5000余万元，由体育馆、3000座席看台、400米标准塑胶运动场、篮球场、排球场、网球场及全民健身广场组成。

（李秀芝　于瑞东　付媛媛）

【概况】 金太宗天会七年（1129年）置县，因其处于古济水之北而得名。位于济南市东北部，面积1098.81平方公里，辖8个镇、2个街道、812个行政村、45个居。年末有居民17.0万户，人口57.6万人，男女性别比为101.8：100。有回、蒙古、藏、朝鲜、维吾尔等23个少数民族。全年完成地区生产总值276.3亿元，同比增长7.9%（按可比价格，下同）。其中，第一、二、三产业增加值分别为51.9亿元、145.3亿元和79.1亿元，同比增长分别为3.6%、8.1%、和10.1%。三次产业比例为18.8：52.6：28.6。人均地区生产总值51861元。

中共县委

书　记　祖爱民（女）

副书记　王　壮　庞金良

常　委　祖爱民（女）　王　壮　庞金良　孙战宇　孙良才　刘建章　王长军　王秀成　李　莉（女）　甄广新

县人大常委会

主　任　祖爱民（女）

副主任　叶维平　王向军　杨玉美（女，回族）　董树村　马庆军

县人民政府

县　长　王　壮

副县长　孙良才　任道胜　高继锋　呼廷贵　郭冬梅（女）

政协县委员会

主　席　杜爱君（女）

副主席　杨秀章　郭协勇　张学兰（女）　卢士平　张乃杰　赵建凯

中共县纪委

书　记　刘建章

县人民法院

院　长　温　磊

县人民检察院

检察长　赵性雨

县人民武装部

部　长　范厚友

政　委　甄广新

工业　实现规模以上工业总产值469.3亿元，增长6.2%；增加值121.2亿元，同比增长10.1%；高新技术产业产值117.5亿元，增长28.5%，占规模以上工业的25.37%，比上年提高2.06个百分点。在规模以上工业中，汽车制造业增长19.6%，化学原料及制品业增长15.8%，非金属矿物制品业增长10.9%，医药制造业增长20.2%，黑色金属冶炼和压延加工业增长14.6%。全年规模以上工业企业主营业务收入455.8亿元，增长8.2%；实现利税71.5亿元，增长3.1%；利润49.0亿元，增长1.3%。全年主营业务收入超过亿元的法人企业152家，增加11家，过10亿元的3家。投资设立海峡两岸青年企业家创业基地，熊猫乳业、界鸿科技等15个过亿元项目签约落户，加多宝、旺旺PET等项目投产达效。

农业及农村经济　农林牧渔增加值52.5亿元，增长3.8%。其中农林牧渔业分别实现增加值37.3亿元、1.0亿元、12.8亿元、0.8亿元。粮食面积9.16万公顷，总产57.1万吨，同比增长2.0%。棉花面积约0.11万公顷，总产0.1万吨，减产43.6%。油料面积约0.11万公顷，总产0.6万吨，同比下降42.6%。水果总产4.9万吨，增长0.2%。肉类产量6.1万吨，禽蛋产量4.8万吨，奶类产量3.8万吨。

贸易财政金融　社会消费品零售总额113.7亿元，同比增长11.1%。其中，餐饮收入9.8亿元，增长10.8%；商品零售103.9亿元，增长11.1%。合同利用外资额1000万美元，同比下降81.1%；实际利用外资8000万美元，同比增长4.7%。进出口总额2.8亿美元，增长2.6%。全年实现一般公共预算收入17.1亿元，增长1.3%。一般公共预算支出29.1亿元，增长15.3%。年末全县金融机构人民币各项存款余额156.4亿元，增长9.7%。金融机构人民币各项贷款余额89.1亿元，增长15.4%。年末全县9家寿险公司累计实现保费收入3.0亿元，增长82.0%；累计给付金额

3016.8万元，下降17.2%；累计赔付1679.4万元，增长16.9%；累计缴纳税款293.0万元，增长68.7%。全县13家财险公司累计保费收入1.9亿元，增长63.7%；累计赔付5622.2万元，增长45.5%；累计缴纳税款2859.1万元，增长159.0%。

交通邮电　济乐高速至县城连接线建成通车。年末全县拥有民用汽车9.58万辆，民用轿车5万余辆，出租汽车152辆。当年新注册民用轿车1.02万辆。年末公交线路40条，减少4条，公交营运车辆127辆，减少7辆，全年公路客运量635万人次，下降5.7%。全年邮政业务总量1916万元，增长15.2%。年末固定电话用户4.1万户，互联网宽带用户5.3万户。

建设环保　建筑业增加值完成18.7亿元，下降4.1%。30家具有资质等级的建筑业企业实现产值21.0亿元，下降32.1%。全年新建、改造市政道路20余条、县级框架路20.1公里，完成农村公路网化工程465公里。美丽乡村建设完成44个市县两级示范村建设任务，建成首条长达5公里的美丽乡村精品示范线路。城镇污水处理和垃圾收集设施不断完善，城乡环卫一体化实现全覆盖。创建国家级生态镇6个、省级生态镇3个，通过“省级生态县”验收。稍门平原水库启动实施，新城区文体中心、安大广场等城市“新地标”工程顺利实施，一百货片区安置楼主体完工。完善农村环境基础设施，建成7个镇驻地污水处理站，并全部投入运营，城镇污水处理率达到80%以上。在全县范围内建立起“集中收集、统一清运、无害处理”的农村垃圾处理体系，全县所有行政村（居）全部纳入城乡环卫一体化管理。

教科文卫体　全县共有中小学学校38所，其中普通高中2所，初中12所，小学24所。学前幼儿园125所，中等职业学校1所，特殊教育学校1所。普通高中在校生9943人，毕业生3275人；普通初中在校生18187人，毕业生5883人；小学在校生32621人，毕业生5532人。全年实施国家和省市科技立项108项，升降装备基地获批国家火炬特色产业基地。促成科技成果转化25项，获得市级科技进步奖2项。受理专利申请385件，专利授权303件。新认定高新技术企业5家，认定省级农业科技园1家。全县拥有文化馆（站）及群众艺术馆1处、博物馆1处、档案馆1处、公共图书馆1处。新建改造村级活动场所500余处、文体广场301个。有线电视线路3840公里，有线电视用户6.1万户。全县拥有各类卫生机构17个，其中医院、卫生院10个。卫生机构床位1615张，比上年末增加32张。卫生技术人员1669人，比上年末增加166人。全县拥有体育场地550个，等级裁判员182个，等级运动员97人。全年组织运动会48次，参加运动会运动员2.2万人，破县记录6次，获得市以上金牌87枚、银牌76枚、铜牌90枚。

人民生活　全年居民人均可支配收入16077元，增长8.1%。城镇居民人均可支配收入24896元，增长7.8%；农村居民人均可支配收入13226元，增长8.3%。年末居民基本养老保险参保人数26.1万人，基本医疗参保人数46.4万人。城镇职工基本养老保险参保人数3.6万人，基本医疗保险参保人数4.4万人。城乡居民生活用电2.2亿千瓦时，下降4.7%。

【稍门平原水库建设启动】　稍门水库位于济阳街道辖区西北部，主库区占地109公顷，沉沙池及水厂占地67公顷，总投资3.1亿元，主要建设引水工程、水库围坝、入库泵站、泄水、供水建筑物等。工程工期2年，建成后水库最大库容898万立方米，年供水量3176万立方米，可实现城乡居民生活及工业日供水10~15万吨。

【印尼迈大食品（山东）有限公司奠基】　迈大食品（山东）有限公司是印尼迈大集团在中国大陆投资建设的第一家工厂，也是该集团在全球投资的第二十二家工厂。迈大集团（MAYORA集团）是整个东南亚乃至全世界最大的快速消费食品制造商之一，有饼干、糖果、威化食品、巧克力、咖啡、方便食品、饮料等系列产品。济阳印尼迈大食品项目计划首期总投资9000万美元，注册资本3000万美元，占地20公顷，主要开发、生产、销售饼干、曲奇、威化、糖果、巧克力、咖啡饮料（瓶装和听装）、茶饮料（瓶装和听装）等产品。

【44个村（社区）获评“全市民主法治示范村（社区）”】　济阳县以“规范村（社区）管理制度、突出

民主法治建设”为标准，全面开展民主法治村（社区）创建活动，推动基层民主法治建设。田家等44个村（社区）获“全市民主法治示范村（社区）”称号，为全面推进依法治县、建设“幸福美好新济阳”起到推动作用。

（孙长根 许学海）

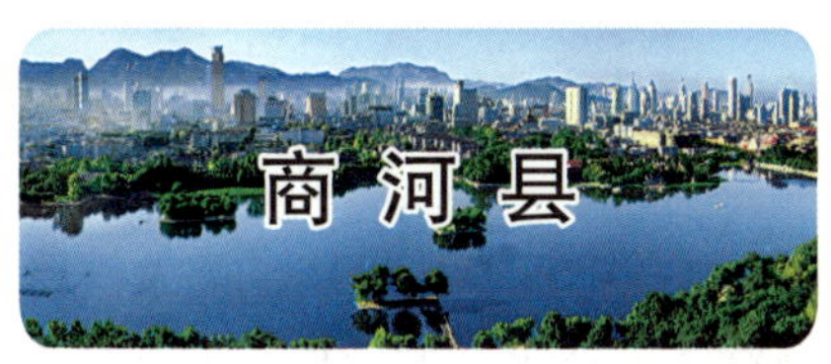

【概况】 因有滳河水流经取名滳河县，1086年改为商河县。位于济南市东北部，面积1162平方公里，辖6镇、5乡、1个办事处，948个行政村，15个居委会。全县20.09万户，63.69万人，男女性别比102.95：100，人口出生率13.62‰，人口自然增长率7.15‰。国内生产总值165.7亿元，比上年增长8.8%，其中第一、二、三产业增加值分别为46.0亿元、63.4亿元、56.3亿元，分别比上年增长4.5%、13.9%、5.3%。三次产业比重27.7：38.3：34.0。人均国内生产总值28777元，比上年增长8.3%。

中共县委

书　记　姜　涛* 孙　斌

副书记　孙　斌* 张　军* 陈　勇

常　委　姜　涛* 孙　斌　张　军* 陈　勇　路来良　牛力强　韩　英（女）　李冬利　宋玉金* 王玉忠　陈晓东　田兆江

县人大常委会

主　任　姜　涛*

副主任　徐金忠　刘学军　吕丙翠（女）　庞增胜

县人民政府

县　长　孙　斌* 陈　勇（代）

副县长　宋玉金* 王玉忠　陈晓东　马学凯（回）　张云雷　崔泽花（女）　霍仁禄

政协县委员会

主　席　李方金

副主席　贾生高　张立森　任道庆　康建华（女）　倪少祥　孙德祥

中共县纪委

书　记　牛力强

县人民法院

院　长　刘文明

县人民检察院

检察长　高成华

县人民武装部

部　长　刘　雷

政　委　田兆江

工业　全年工业增加值完成53.23亿元，同比增长15.4%。规模以上工业企业166家，其中过亿元企业37家。规模以上工业企业实现产品销售收入186.91亿元，增长12.88%；实现利税13.21亿元，增长5.2%；实现利润8.07亿元。累计实现高新技术产值25.77亿元，增长33.9%，占规模以上工业总产值的比重为13.5%，比年初提高2.0个百分点。

农业及农村经济　全年农牧渔业实现总产值95.15亿元，比上年增长4.6%，农业增加值48.4亿元，增长4.5%，其中农、林、牧、渔业增加值分别为33.5亿元、1.1亿元、10.5亿元、0.7亿元。农作物播种面积12.7万公顷，其中粮食作物播种面积10.6万公顷。粮食总产量72.6万吨，棉花总产0.3万吨，蔬菜总产97.9万吨，肉类总产8.0万吨，禽蛋总产3.3万吨，奶类总产0.7万吨。水产品总产1.1万吨。农业机械总动力110.1万千瓦。现代农业科技示范园成功创建国家农业科技园区，1.33万公顷（20万亩）粮食高产创建深入推进，市级以上农业园区达到18个、农业龙头企业47家、农民专业合作社128家，“三品一标”农产品146个，被认定为“国家农产品质量安全县”创建试点单位。

贸易财政金融　社会消费品零售总额79.9亿元，

注：①张军因贪污受贿，2016年1月21日被济南市纪委给予开除党籍、开除公职处分。

②宋玉金因贪污受贿，2015年11月30日被济南市纪委给予开除党籍处分，2015年12月10日被济南市监察局给予开除公职处分。

比上年增长11.7%。限额以上单位累计实现社零额27.68亿元，增长13.9%。其中：限上法人企业14.44亿元，增长13.9%；限上个体户13.23亿元。限额以下累计实现社零额52.18亿元，增长8.0%。全年实现外贸进出口总额10300万美元，增长-2.7%，合同外资额4821万美元，增长-23.1%，实际利用外资4500万美元，增长28.1%。地方财政收入实现9.0亿元，比上年增长12.7%。地方公共财政预算支出28.30亿元，增长20.4%。其中，教育支出5.99亿元，增长25.5%；医疗卫生与计划生育支出3.87亿元，增长10.2%；城乡社区支出3.20亿元，增长28.1%；社会保障和就业支出2.72亿元，增长23.5%。年末全社会金融机构各项存款余额138.5亿元，年末各项贷款余额77.6亿元，分别比上年增长14.1%和12.2%。

交通邮电　新京沪高速公路、德大铁路及引线工程通车运营，省道316线升级为国道340线。拥有机动车109585辆，其中，大型车2315辆，小型车69587辆。邮政业务收入2608万元，电信业务收入7901万元。固定电话达到4.54万部，移动电话用户41.56万户，互联网用户6.10万户。

建设环保　全县257个项目累计完成固定资产投资114.49亿元，增长22.1%。从产业结构看，一产完成投资14.58亿元，增长70.1%；二产完成投资51.95亿元，增长24.4%；三产完成投资47.96亿元，增长10.5%，其中房地产完成投资15.76亿元，下降18.7%。城市污水处理达标排放率和垃圾无害化处理率100%，全县林木绿化率36%，12个乡镇（街道）全部建成国家级生态乡镇，市级以上文明生态村817个，

教科文卫体　全县有小学65所，中学21所，教师进修学校、职业中专、特殊教育学校各1所。共有在校生67451人，其中小学39112人，初中19000人，高中9339人。教职工5141人，其中专任教师4583人。全年共实施各类科技计划47项，专利申请量385件。有专业表演艺术团体1个，公共图书馆、文化馆、档案馆、影剧院各1处。有各类卫生机构22所，卫生技术人员1673人，乡村卫生室338个，乡村医生900人。

人民生活　全年投入社会和民生领域资金16.2亿元，占财政总支出的68.9%。城镇居民人均可支配收入21870元，农民人均可支配收入11735元。城镇职工医疗保险参保人数30518人。有敬老院12处，集中供养五保对象503人。

【德大铁路运营通车】　9月28日，德大铁路正式运营通车，商河结束不通火车的历史。首列列车路线是从东营南站发往北京，于9点48分经过商河，停靠3分钟。火车开通后，每天有4趟列车途经商河。

德大铁路西起京沪铁路黄河涯站，经德州市、济南市、滨州市、东营市，止于潍坊市境内的大家洼站，沿线共经5个地市、13个县（区），正线255.6公里，沿线共设23个车站，其中有7个客运站。德大铁路是山东省“四纵四横”铁路网中的“一横”，与大莱龙铁路、龙烟铁路组成德龙烟铁路。使用电力机车牵引160公里/小时准高速旅客列车。商河火车站分为客运站和货运站，客运站设计最高聚集人数400人（候车厅设计800人规模），货运站年发送量50万吨。

【通过国家级生态县建设技术评估】　11月，国家级生态县创建技术评估专家组对商河县国家级生态县建设

2015年9月28日，德大铁路商河站运营。　（商河县史志办　供稿）

工作进行全面技术评估，认为商河县的5项基本条件和22项考核指标都达到国家级生态县建设标准，同意通过技术评估。这标志着商河县国家级生态县创建工作取得重要阶段性成果，朝着创建国家级生态县的目标迈进一大步。

从2005年编制《商河生态县建设规划》开始，到2012年通过省级生态县验收，再到顺利通过国家级生态县技术评估，商河县坚持把创建国家级生态县作为推动全县生态文明建设和经济社会可持续发展的重要抓手，通过推进城乡绿化美化，全县林木覆盖率35.16%，并建立健全绿化苗木养护管理长效机制；城乡环卫一体化建设通过济南市城乡环卫一体化工作达标验收，率先在全市建立起“户集、村收、镇运、县处理”的城乡一体化垃圾处理体系；通过开展生态示范创建活动，全县12个乡镇（街道）全部被评为国家级生态镇，817个行政村被命名为市级生态文明村。商河还被评为全省水资源规范化管理示范县。

【被认定为“国家农产品质量安全县”创建试点单位】 8月，根据《国家农产品质量安全县创建活动方案》和《国家农产品质量安全县考核办法》的要求，在严格考评、征询意见和公开公示的基础上，经农业部第6次常务会议审议，商河县被认定为“国家农产品质量安全县”创建试点单位。

商河县委、县政府围绕“源头无隐患、投入无违禁、监管无盲区、生产有标准、检测全覆盖、产品可追溯、质量有保证、群众有安全”的工作思路，全面落实属地乡镇（街道）管理责任、部门监管责任及生产经营主体责任，健全县、乡镇、村、生产经营主体四级农产品质量安全监管体系，全面推行农业标准化生产，实现农产品质量监测全覆盖，初步建立了农产品质量安全追溯体系，严厉打击假冒伪劣农资产品，规范化管理农业投入品生产经营行为，农产品质量安全水平持续提高、安全监管措施持续加强。

【花卉苗木大世界投入运营】 12月，商河县花卉苗木大世界投入运营。项目计划总投资2亿元，占地面积33.3公顷，主要建设13万平方米地热智能温室。

年内，该项目完成3万平方米地热温室及水路电绿化等基础设施建设，重点进行温室内给排水、地热供暖、温室保温、主要结点绿化、广告策划及招商运作等工作，累计完成投资6000万元。分为花卉生产区、花木交易区、休闲旅游区和农耕文化区四大板块。花卉生产区面积13000多平方米，养殖红掌30多个品种、20多万株。花木交易区面积16000多平方米，业态布局分为花卉绿植区、苗木盆景区、观赏鱼虫区、工艺字画区、园艺资材区和农特产品区等6个功能区，进驻涉林龙头企业和经营业户60多家。

（陈丽梅　于进东）

责任编校　宣　涛

新任领导人

王文涛　1964年5月生，男，汉族，江苏南通人，大学学历，副教授，1985年7月参加工作，1994年12月加入中国共产党。现任十八届中央候补委员、省委常委、济南市委书记兼市委党校校长。

1981年9月至1985年7月在复旦大学哲学系哲学专业学习；1985年7月至1991年9月任上海航天职工大学教师、团委书记；1991年9月至1992年6月任上海航天职工大学学生科副科长；1992年6月至1994年9月任上海航天职工大学学历教育科科长；1994年9月至1997年5月任上海航天职工大学复印机销售部副总经理；1997年5月至1998年3月任上海航天职工大学校长助理、复印机销售部总经理；1998年3月至2001年12月任上海航天职工大学副校长、复印机销售部总经理（其间：1998年10月至2001年12月挂职任上海市松江区五库镇镇长、党委书记，泖港镇党委书记）；2001年12月至2002年1月任上海市松江区发展计划委员会主任；2002年1月至2005年1月任上海市松江区副区长（其间：2002年5月至2003年5月兼任松江区科技园区管委会主任、松江工业园区管委会主任、出口加工区管委会主任、松江区经济开发建设总公司总经理）；2004年3月至2005年1月挂职任云南省昆明市委副书记、常务副市长，2005年1月为正厅级；2005年1月至2005年2月任云南省昆明市委副书记、代市长；2005年2月至2007年6月任云南省昆明市委副书记、市长；2007年6月至2007年7月任上海市黄浦区委副书记、代区长；2007年7月至2008年2月任上海市黄浦区委副书记、区长；2008年2月至2008年6月任上海市黄浦区委书记、区长；2008年6月至2011年4月任上海市黄浦区委书记；2011年4月至2015年3月任江西省委常委、南昌市委书记；2015年3月至2015年4月任山东省委常委、济南市委书记；2015年4月任山东省委常委、济南市委书记兼市委党校校长。

云南省八届省委委员，江西省十三届省委委员，山东省十届省委委员。

李　刚　1960年10月生，男，汉族，山东诸城人，中央党校研究生学历，1978年4月参加工作，1983年1月加入中国共产党。现任济南市委常委、组织部部长。

1978年4月至1978年12月任陵县抬头寺公社下乡知青；1978年12月至1984年9月任烟威警备15团战士、排长、参谋；1984年9月至1985年12月在济南陆军学校参谋专业学习；1985年12月至1988年9月任山东省军区教导大队训练处参谋；1988年9月至1989年9月任山东省乡镇企业局调研处科员；1989年9月至1991年1月在山东省委组织部下派办帮助工作（1986年12月至1990年6月参加高等教育自学考试党政干部科学习）；1991年1月至1992年11月任山东省委组织部干部调配处干部；1992年11月至1996年11月任山东省委组织部干部调配处正

科级巡视员；1996 年 11 月至 1999 年 12 月任山东省委组织部干部综合处助理调研员（1995 年 10 月至 1997 年 5 月挂职任平原县县长助理、平原镇党委副书记）；1999 年 12 月至 2000 年 10 月任山东省委组织部干部综合处副处长（1997 年 9 月至 2000 年 1 月在山东省委党校业余本科班经济管理专业学习）；2000 年 10 月至 2003 年 7 月任山东省委组织部干部一处副处长（2000 年 9 月至 2003 年 7 月在中央党校函授学院党员领导干部在职研究生班经济管理专业学习）；2003 年 7 月至 2007 年 1 月任山东省委组织部干部一处调研员（其间：2006 年 2 月至 2006 年 12 月在山东省委党校第十六期中青年干部培训班学习）；2007 年 1 月至 2010 年 9 月任山东省委组织部干部一处处长；2010 年 9 月至 2015 年 9 月任临沂市委常委、组织部部长；2015 年 9 月任济南市委常委、组织部部长。

临沂市十一届、十二届市委委员，济南市十届市委委员。

时文进 1957 年 5 月生，男，汉族，山东章丘人，省委党校研究生学历，1975 年 7 月参加工作，1981 年 10 月加入中国共产党。现任济南市人大常委会副主任、党组副书记。

1975 年 7 月至 1978 年 3 月任章丘县刁镇时东联中民办教师；1978 年 3 月至 1982 年 1 月在山东农学院农学系农学专业学习；1982 年 1 月至 1983 年 9 月任济南市农牧渔业局种子站技术干部；1983 年 9 月至 1984 年 8 月任济南市农牧渔业局政工科负责人；1984 年 8 月至 1986 年 9 月任济南市农牧渔业局政工科副科长（主持工作）；1986 年 9 月至 1987 年 4 月任济南市农牧渔业局政工科科长；1987 年 4 月至 1998 年 4 月任济南市农业局组织人事处处长（1986 年 10 月至 1988 年 10 月挂职任平阴县东阿镇党委副书记；1993 年 9 月至 1994 年 1 月在市委党校第四期中青班学习；1994 年 9 月至 1997 年 1 月在省委党校在职研究生班政治学专业学习）；1998 年 4 月至 1998 年 5 月任济南市农业局副局长、党组成员；1998 年 5 月至 2001 年 1 月任济南市农业局副局长、党组成员，援藏任白朗县委书记；2001 年 1 月至 2001 年 2 月任商河县委书记，援藏任白朗县委书记；2001 年 2 月至 2001 年 6 月任商河县委书记兼县委党校校长，援藏任白朗县委书记；2001 年 6 月至 2006 年 12 月任商河县委书记兼县委党校校长（其间：2003 年 3 月至 2003 年 6 月在中央党校进修部进修三班学习）；2006 年 12 月至 2007 年 3 月任济南市副市级干部；2007 年 3 月至 2014 年 8 月任济南市副市级干部，市委农村工作办公室主任；2014 年 8 月至 2015 年 4 月任济南市人大常委会党组副书记、市委农村工作办公室主任（副市级）；2015 年 4 月至 2015 年 12 月任济南市人大常委会副主任、党组副书记，市人大城乡建设环境保护委员会主任委员，市委农村工作办公室主任；2015 年 12 月至 2016 年 1 月任济南市人大常委会副主任、党组副书记，市人大城乡建设环境保护委员会主任委员；2016 年 1 月任济南市人大常委会副主任、党组副书记，市人大城建环保委员会主任委员、农村经济委员会主任委员。

济南市八届、九届、十届市委委员。

张振忠 1963 年 2 月生，男，汉族，山东招远人，大学学历，1984 年 7 月参加工作，1988 年 9 月加入中国共产党。现任济南市人民检察院检察长、党组书记。

1980 年 9 月至 1984 年 7 月在兰州大学中文系汉语言文学专业学习；1984 年 7 月至 1991 年 10 月任山东省人民检察院书记员（科员级）（其间：1984 年 9 月至 1985 年 9 月在济南市人民检察院经济检察处实习；1988 年 9 月至 1990 年 4 月在山东广播电视大学法律专业证书班学习）；1991 年 10 月至 1994 年 12 月任山东省人民检察院助理检察员（副科级）（其间：1993 年 3 月至 1994 年 9 月在山东省政法管理干部学院法律大专班学习）；1994 年 12 月至 1997 年 3 月任山东省人民检察院助理检察员（正科级）；1997 年 3 月至 1998 年 4 月任山东省人民检察院办公室检察长办公室副主任、助理检察员；1998 年 4 月至 1998 年 11 月任山东省人民检察院反贪污贿赂局综合指导处副

处长、助理检察员；1998年11月至2000年1月任山东省人民检察院反贪污贿赂局综合指导处副处长、检察员；2000年1月至2000年7月任山东省人民检察院办公室副主任、检察员；2000年7月至2001年9月任山东省人民检察院教育训练处处长、检察员；2001年9月至2003年4月任山东省人民检察院干部教育培训处处长、检察员；2003年4月至2006年4月任山东省人民检察院政治部副主任、检察员（2002年9月至2004年7月在山东大学网络教育学院法学专业学习；2004年2月至2004年12月在山东省委党校第十四期中青年干部培训班学习）；2006年4月至2006年12月任山东省人民检察院控告申诉检察处处长、检察员；2006年12月至2010年12月任山东省检察官培训学院常务副院长（副厅级）；2010年12月至2011年3月任临沂市人民检察院党组书记、代检察长；2011年3月至2013年3月任临沂市人民检察院检察长、党组书记；2013年3月至2015年2月任山东省人民检察院副检察长、党组成员；2015年2月至2015年4月任济南市人民检察院党组书记、副检察长；2015年4月任济南市人民检察院检察长、党组书记。

临沂市十二届市委委员。

（市委组织部）

李　燕　女，汉族，41岁，中共党员，齐鲁制药有限公司总经理。2015年4月被评为全国劳模。2014年齐鲁制药有限公司实现销售收入111.5亿元，出口创汇3.1亿美元，上缴税金10.72亿元，成为济南市第一家销售过百亿民营企业。她积极推进产品创新和新技术应用，巨和粒、申捷、赛珍等产品获得国家科技进步二等奖和山东省科技进步奖；大力开拓国内、国外两个市场，产品远销美国、欧盟、澳大利亚等60多个国家和地区，“齐鲁”商标被认定为“中国驰名商标”。

高兆丽　女，汉族，39岁，中共党员，国网济南供电公司变电检修室副主管，国网公司检修专业领军人才、山东省首席技师。2015年4月被评为全国劳模。她17年扎根生产一线，担负着济南市76座变电站二次设备的检修维护任务，用行动践行着“电网卫士”的责任与使命。作为山东省“高兆丽劳模创新工作室”带头人，她积极带领工作室成员开展创新活动，有10余项成果获国优、部优优秀成果奖，获国家专利授权124项，其中发明专利3项、转化为应用的科技成果30多项。

杜　明　男，汉族，54岁，中共党员，中国石化济南分公司二催化车间运行操作岗位高级技师，享受国务院特殊津贴。2015年4月被评为全国劳模。40年来他始终扎根一线，逐步成长为催化裂化锅炉工艺技术能手和具有丰富经验组织能力的开工专家。他提出并实施的余热回收技术改造，获中国石化科技进步三等奖，该技术在石化系统40余套同类装置中得到推广应用，每年可节约10多亿元。他进行多项技术攻关，为企业年均增效1000多万元，同时使企业二氧化硫排放降低90%以上，为济南市的碧水蓝天做出了贡献。

江秀花　女，汉族，52岁，中共党员，济南二机床集团有限公司副总工程师，享受国务院特殊津贴，是新世纪百千万人才工程国家级人选。2015年4月被评为全国劳模。她参与了60多种压力机开发设计，主持了26条大型冲压生产线上百种压力机的开发设计与实施，创造产值30多亿元，15种产品填补了国内空白。她主管研发的LS4-2000型压力机，是国内首次研发的吨位最大的四点单动多杆压力机；主管研发了出口美国S4-2000型多工位压力机，开创了中国具有自主知识产权的重型锻压设备出口先河；主管研发的LS4-2000A多连杆压力机，获山东省科技进步一等奖，主管研发的LS4B-2500多工位压力机，获国家科技进步二等奖；主管研发了国家重大专项25000KN大型伺服压力机，是压力机技术一次革命性的创新，达到国际先进水平。

李慧敏　女，汉族，40岁，中共党员，济南市公共交通总公司43路线驾驶员。2015年4月被评为全国劳模。22年来她尽职尽责，坚持用真情服务乘客、把乘客视为亲人，用热心、恒心、爱心、耐心温暖着每一位乘客。2006年12月22日，李慧敏在执行营运任务时遇到持刀歹徒，她沉着冷静，机智勇敢，保护乘客和国家财产安全的事迹引起社会广泛关注，成为公交行业的楷模。她创建“李慧敏劳模创新工作室”，充分发挥劳模示范引领和骨干带头作用，组织工作室成员开展“服务提升、节能减排”等活动，取得良好的效果。

王　新　男，汉族，48岁，中共党员，中国联通济南市分公司财务部经理。2015年4月被评为全国劳模。他大胆创新，以互联网思维打破财务封闭模式，实现财务对业务前后端全过程透视管理。他开发了互联网平台联通商城，实现无障碍内部电子交易，年节约采购成本数以亿计，成为行业管理创新含金量最高的项目。他创建了基于社会渠道代理商营收资金即时管理的P2P新型模式，代理商足不出户自动即时划款、对账，真正实现业务受理和现金流的网上无缝衔接。他设计构建了支付宝模式的APP“即时激励宝”，发展业务当日，奖励即时发放，激发了员工的发展热情。

刘克胜　男，汉族，62岁，中共党员，济南华鲁食品有限公司高级工程师。2015年4月被评为全国劳模。他一直坚守在济南南部山区，从事农林种植、产品精深加工和技术创新，研发成功的核桃系列食品和药品包括四大类30多个品种，辐射带动了周边7个县区的核桃产业发展，有效增加了农民收入，为公司创建省级农业产业化龙头企业立下汗马功劳。他在全国首先提出并参与制定了“山楂核烟熏香味料I号、II号国家行业标准”，填补全国食品添加剂行业标准的空白，在全国第一个提出并参与制定了“核桃油产品国家标准”，再一次填补该领域的空白。

海　沫　女，汉族，34岁，济南广播电视台主持人。2015年4月被评为全国劳模。她主持的早间新闻节目《泉城1时间》，突破传统新闻播报模式，被评为“山东省十佳栏目”；主持的特色新闻节目《有么说么》，夺得第二届全国《城市之星》“电视主持人单项奖”；主持的新闻访谈节目《今晚不关机》，让新闻当事人走进演播室；主持的电视问政节目《直面问题　践行承诺》，以其犀利睿智的主持风格，广受好评。

王庆柱　男，汉族，51岁，中共党员，济南市长清区军威中草药种植专业合作社理事长。2015年4月被评为全国劳模。作为合作社理事长、村党支部书记兼村主任，为改变出生地的落后面貌，带领乡亲们脱贫致富，他带头成立军威中草药种植专业合作社，种植200多种中药材。在他的辐射带动下，中药材种植面积达3000余公顷，发展社员5000余户，实现社员年人均纯收入3万余元。他所领办的军威合作社被评为省级合作示范社。依托高校科技，他亲自打造了集药材加工、仓储、物流、中医药研发为一体的山东军威中药材科技产业园。在他的不懈努力下，中药材产业被列入全省新兴产业规划。他致富不忘众乡亲，主动联系上级部门，为村里通路、通电、通气、改水、改厕、改圈，绿化了250余公顷荒山，彻底改变了村内脏、乱、差的现象。

夏季亭　男，汉族，55岁，中共党员，山东英才学院党委书记、院长。2015年4月被评为全国先进工作者。他白手起家、艰苦奋斗，为国家、社会累积了13亿元教育资产，走出一条中国民办高校健康发展之路。始终坚持职业教育的发展方向，为经济社会发展培养了10万多名应用型人才。注重内涵建设，学校的内涵建设水平处于全国民办高校及新建本科院校前列，培育了全国民办高校唯一的国家教学名师、国家万人计划教学名师和国家本科教学团队。他热心社会公益事业，为汶川地震、玉树地震捐款捐物；自筹3000万元设立“中国十大杰出母亲杨文奖助学金”，先后有19000余名学生获得奖助学金。

陈叶翠　女，汉族，60岁，中共党员，历下区甸柳新村街道办事处第一社区居委会党委书记兼居委会主任。2015年4月被评为全国先进工作者。作为全省第一个直选的“小巷总理”，从事居委会工作27年以来，她创新社区自治形式，发动社区党员群众自己的事情自己办，实现信访不出社区的目标，成立社区就业促进会，实现社区零失业的目标。她真心实意地为社区群众解难题、办实事，努力活跃社区文化生活，建立了十几个社区文体活动队伍，社区常年活动不间断。甸柳新村街道办事处第一社区获全国社区服务先进社区、全国学习型家庭创建示范社区、全省和谐社区建设示范社区等称号，并被民政部确定为全国和谐社区建设联系点。

田绍奎　男，汉族，40岁，中共党员，济南市莲花山殡仪馆火化工。2015年4月被评为全国先进工作者。他干火化工，一干就是18年。18年来，他在“天堂之门”谱写出灿烂的人生。火化车间烟气重，温度高，火化工时常会接触到腐烂发臭的遗体，无论寒暑，都得在高温下大汗淋漓地工作，他总是抢在别人前面，拣别人不愿干的最苦、最脏、最重的活干，从不抱怨，任劳任怨。工作之余，他始终没有放松过学习，并将自己的所学应用于实际工作中。他提出对火化机燃油系统进行技术改造，使合成燃料燃烧更加充分、更加环保。

韩　凯　男，汉族，51岁，中共党员，章丘市人民医院党委书记、院长。2015年4月被评为全国先进工作者。他勇于改革，善于创新，精于管理，率先在全国实施公立医院改革试点，并代表全国县（市）级医院在公立医院改革表彰大会上作经验介绍。建成全省领先的数字化医院信息平台、可供1500张床位的静配中心和全自动摆药发药系统、现代化开放式诊疗服务门诊。成立省内一流的医学影像、心电、检验中心，与北京301等国内知名医院开通远程会诊，与美国贝勒医学院等建成友好合作关系，使医院功能向医、教、研等方面全面发展。推行PDCA质量循环管理模式，设立安全质量奖励基金，持续改进医院质量与安全。被评为全国卫生行业100位最具影响力人物、全国医院卓越管理百佳优秀院长、山东省“十一五”卫生系统十大杰出人物。

（董　雪）

王炳琴（1927.03~2015.11.17）　男，济南市政协原副主席、党组副书记。河北省吴桥县人，1946年1月参加革命工作，中共党员。历任吴桥县道王庄小学教员，吴桥县委党校轮训班学员，吴桥县于集中心校校长，吴桥县梁集区青救会干事，支前民兵担架团军需，治黄远征营副营长，青州教育研究会学员；济南市军管会文教部组长，济南市县学街小学校长，济南市文教局人事科办事员、科员、副科长，济南花纱布公司党支部书记兼人事科长、副经理，济南市财经党委宣传科副科长，济南市商业党委副书记，济南市市中区委副书记，济南市委办公室副主任，济南市槐荫区委、区政府副书记兼区长；中共山东省委组织部一处副处长；中共济宁市委书记，济宁市革委会核心组副组长、副主任，济宁地革委委员，济宁市委、市革委副书记、副主任、书记、主任，济宁地委常委、秘书长；中共山东省委调研室副主任；中共济南市委常委，济南市人民政府副市长，中共济南市第四届委员会委员，济南市人民政府党组副书记，政协济南市第七届委员会副主席、党组副书记等职。1993年12月离休。2015年11月17日因病在济南逝世。

（王大伟）

宋其臣（1933.01~2015.2.17）　男，济南市公安局原党委书记、局长。山东省商河县人，1946年6月参加革命工作，中共党员。历任山东省商河县魏家集公安分局战士，商河县公安局战士，渤海临邑二专局通信员、提审员、警卫员，山东省公安厅警卫员，济南市公安局一处三科侦察员，市公安局直属队侦察员、科员，济南运输公司第四站肃反办公室副主任，山东冶金安装公

司二处肃反办公室主任，济南市公安局清特办公室科员，市中公安分局岔路街派出所副指导员、经二路派出所指导员，太阳升公社革委副主任，市公安局三处户籍组组长、户籍科科长，市公安局治安处副处长、处长，市公安局副局长、副局长兼党组副书记、局长兼党组副书记、局长兼党委书记、局长兼党委书记（副厅级）、局长兼党委书记（副市级）等职。曾当选中共山东省第六次代表大会代表，中共济南市第六次代表大会代表，政协济南市第九届委员会委员。先后在全国首届城运会保卫工作中记功一次，立个人三等功两次。2005年6月离休。2015年2月17日因病在济南逝世。

（高玉虎　徐　刚）

宁　超（1916.12.26~2015.10.21）女，济南市妇幼保健院原党支部书记、顾问。山东省蓬莱市人，1937年4月参加革命工作，中共党员。先后在中华民族解放先锋队、八路军胶东三军二路工作队、八路军胶东军区司令部卫生处、八路军山东胶东军区医院、华东野战军野战医院、华东野战军九纵留守处、华东野战军九兵团后方留守处担任卫生员、护士长、手术室长、军医、医保股副股长等职务。建国后，历任济南市工人医院人事秘书、济南市卫生局预防科副科长、济南市泺口文化干校学员、济南市妇幼保健院党支部书记、济南市结核病防治所党支书兼所长、济南市妇幼保健院党支部副书记、党支部书记、顾问等职。1982年12月离休。2015年10月21日因病在济南逝世。

（赵　伟）

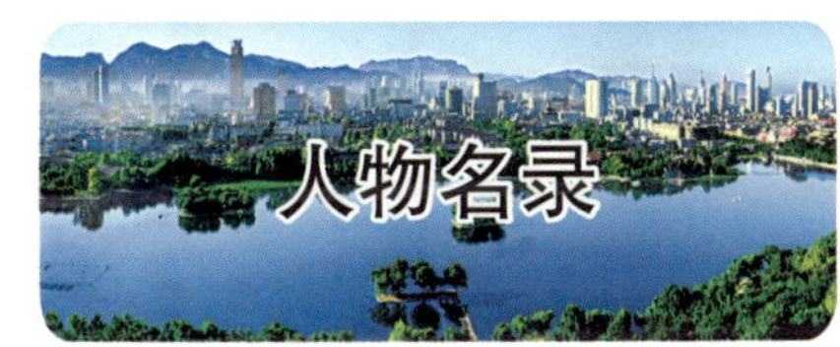

济南市2015年全国劳动模范和先进工作者

（13名）

李　燕（女）齐鲁制药有限公司总经理

高兆丽（女）国网济南供电公司变电检修室副主管

杜　明　中国石化济南分公司二催化车间运行操作岗位高级技师

江秀花（女）济南二机床集团有限公司副总工程师

李慧敏（女）济南市公共交通总公司43路线驾驶员

王　新　中国联通济南市分公司财务部经理

刘克胜　济南华鲁食品有限公司高级工程师

夏季亭　山东英才学院党委书记、院长

陈叶翠（女）历下区甸柳新村街道办事处第一社区党委书记、居委会主任

海　沫（女）济南广播电视台主持人

田绍奎　济南市莲花山殡仪馆火化工

韩　凯　章丘市人民医院党委书记、院长

王庆柱　长清区军威中草药种植专业合作社理事长

济南市2015年山东省富民兴鲁劳动奖章获得者

（29名）

万福永　济南重卡至尊润滑油有限公司总经理

王　凤（女）济南元首针织股份有限公司挡车工

王玉胜　济南市市中区园林局科长

王国军　济南黄河路桥工程公司副经理

王泉宁（女）济南市质量技术监督局信息中心科长

王海静（女）济南轨道交通装备有限责任公司研究院车体设计师

王富生　济南市环境卫生科学研究所研究一室主任

石成柱　济南市长清区供电公司运维检修部电网建设班班长

卢士平　济阳县人民医院院长

李　宁　NEC软件（济南）有限公司开发部长

李　勃　济南市历城区农业机械管理局推广站站长

李云霞（女）济南联通分公司运维部部门经理

李永明　中建八局第一建设有限公司董事长

李绍斌　济南市公安局市中区分局四里村派出所所长

张　伟　济南西城投资开发集团有限公司董事长、党委书记

张　斌　商河县地方税务局局长

张　鹏　山东中烟工业有限责任公司济南卷烟厂党委书记

张怀胜　中国重汽集团济南特种车有限公司直属分

部铆接工段工段长

张忠良　山东钢铁股份有限公司济南分公司宽厚板厂车间主任

张昭华　山东省平阴县总工会主任科员

周丽萍（女）山东省济南第三中学教研组长

单瑞芹（女）济南市妇幼保健院病理产科主任

逄鲁宁　山东省济南市卫生局卫生监督所所长

洪兆东　济南市槐荫区总工会困难职工帮扶中心主任

贾　军　山东省邮政公司济南市分公司邮资票品局局长

常家勇　华能济南黄台发电有限公司副总工程师

盖金祥　中国石化济南分公司技术处处长

靖相青　济南市体育运动学校射箭教练员

翟春蕾（女）济南市工商行政管理局企业注册局主任科员

2015年济南市五一劳动奖章获得者

（102名）

荣继凤（女）	雷广妮（女）	卞孝明
王海强	孙洪海	窦　超
于　涛	刘　晓	孔祥泉
李得军	亓　琪（女）	孙连勇
焦守平（女）	徐庆三	薛立华
艾强华	扈秀华（女）	杨春东
组树军	丁绍武	齐滨昌
滕　飞	孔庆秋	王　坤
李　晶（女）	杨京鹏	徐建纲
田洪鹤（女）	时海娟（女）	郭　兵
齐　飞（女）	张善芳	吴洪光
李　建（女）	王　蓓（女）	郝　茜（女）
郑立新（女）	胥　婕（女）	东　阳
潘　杰	路西强	宋爱芹（女）
刘　豹	方　强	李绪泉
吴国洪	杜　杰（女）	路云霄
陈　涛	吕和武	张建玲（女）
严志刚	侯登民	张义智
李保勇	于继青（女）	纪　森
张　颖（女）	聂　娇（女）	怀智勇
程殿军	林宝磊	张维浩
姚　坤（女）	张凤仙（女）	梁为建
路建忠	李华光	李令东
李恩成	吴金宪	辛　正
陈　静（女）	李　海	郭　健
杨立军	牛　雨	乔洪发
王　琳（女）	方李明	李　忠
丁晓燕（女）	张金波	李庆剧
陈艳敏（女）	吴爱军	白　羽（女）
尹晓敏	孙　建	张玉宗
毕粗帅	刘金强	杨洪彬
代西恩	姬　楠	丁麟深
江　兵	杨景伟	李　影（女）
杨爱强	王　琪	黄家生

（市总工会）

责任编校　张　阳

济南市道路交通安全条例

（2014年11月28日济南市第十五届人民代表大会常务委员会第十七次会议通过　2015年4月1日山东省第十二届人民代表大会常务委员会第十三次会议批准）

第一章　总　则

第一条　为了维护道路交通秩序，保障道路交通安全，根据《中华人民共和国道路交通安全法》等法律、法规，结合本市实际，制定本条例。

第二条　本市行政区域内的车辆驾驶人、行人、乘车人以及与道路交通活动有关的单位和个人，应当遵守本条例。

第三条　道路交通安全工作应当遵循以人为本、安全第一、依法管理、社会参与的原则，实现与城乡建设相协调、与经济社会发展相适应。

第四条　市、县（市、区）人民政府应当将道路交通安全工作纳入国民经济和社会发展规划，制定道路交通安全规划，建立工作协调机制。

第五条　市、县（市、区）公安机关交通管理部门负责本行政区域内的道路交通安全管理工作。

交通运输、市政公用等有关部门应当按照职责做好相应的道路交通安全工作。

第六条　实施城市公共交通优先发展战略，统筹规划建设机动车、非机动车和人行道交通系统，合理配置道路交通资源。

第七条　市、县（市、区）、乡（镇）人民政府应当经常进行道路交通安全教育，提高公民的道路交通安全意识。

第八条　任何单位和个人都应当依法履行道路交通安全义务；对违反道路交通安全法律、法规的行为，有权劝阻或者举报。

第二章　车辆和驾驶人

第九条　机动车所有人应当依法办理机动车登记手续后方可上道路行驶。未办理登记手续临时上道路行驶的，应当按照规定申领临时行驶车号牌，并在规定期限内办理登记手续。

第十条　公路营运载客汽车、危险货物运输车、重型载货汽车、半挂牵引车、工程渣土运输车和校车，应当安装、使用符合国家标准的行驶记录仪，并保证其正常运行。

第十一条　禁止生产、销售未列入国家机动车产品主管部门许可目录的机动车型。未列入国家机动车产品主管部门许可目录的机动车型不得上道路行驶。

第十二条　禁止生产、销售不符合国家标准的电动自行车。不符合国家标准的电动自行车不得上道路行驶。

第十三条　机动车所有人、驾驶人的住址和联系方式等信息变更的，应当自变更之日起三十日内告知机动车注册登记地或者驾驶证核发地的公安机关交通管理部门。

第三章　道路通行条件

第十四条　新建、改建、扩建会展中心、旅客集散中心、物流中心、体育场馆和其他大型公共建筑以及居住小区等对交通影响较大的建设项目，市、县（市）人民政府应当组织有关部门进行交通影响评价。对道路交通有重大不利影响又无法消除的，规划部门不予批准。具体办法由市人民政府制定。

第十五条　新建、改建、扩建城市道路，应当科学规划公共交通设施，条件具备的应当规划建设换乘枢纽、公共交通专用车道、合乘车道、公交港湾式停靠站台、出租车临时停靠站点。

第十六条　城市道路应当保障自行车交通、步行交通的通行空间，合理设置非机动车道、人行道和自行车停放区。

第十七条　在城市干道以外的居住区道路、小街、窄巷等容易引起交通拥堵的区域，县（市、区）人民政府应当组织公安机关交通管理、建设（市政）、城管等部门完善微循环道路交通系统，提高道路通行能力。

第十八条　市交通运输、市市政公用部门应当会同市公安机关交通管理部门依据国家标准及行业标准，结合实际，制定道路交通安全设施建设标准并报市人民政府批准。

第十九条　新建、改建、扩建道路时，道路交通安全设施应当与道路主体工程同时设计、同时施工、同时投入使用；对道路交通安全设施达不到规定标准的，不得通过竣工验收。

新建、改建、扩建城市道路，应当同步建设道路交通安全设施所需的专用供电设施。电力供应企业应当为交通信号灯和交通技术监控设备正常运行提供用电保障，所需电费由维护管理部门承担。建筑物所有人或者管理人，应当为在其建筑物上设置道路交通安全设施提供便利。

乡村、集镇、居住区道路应当按照相关标准、规范设置道路交通安全设施。

第二十条　交通运输主管部门应当在公路穿村路段及陡坡、急弯、连续弯道、视线不良及其他危险路段，合理设置交通护栏、交通标志等道路交通安全设施。

第二十一条　道路限速标志的设置应当综合考虑道路设计速度、交通流量、沿线交通安全设施、交通事故情况等因素。

第二十二条　交通运输管理部门负责公路交通安全设施的维护管理；公安机关交通管理部门负责城市道路交通安全设施的维护管理。

道路交通安全设施在移交维护管理部门前由道路建设单位负责维护管理。

道路交通安全设施损毁或者存在安全隐患的，设施维护管理部门应当及时修复，排除隐患。

第二十三条　道路主管部门应当根据道路交通安全需要或者公安机关交通管理部门、安全生产监督管理部门的意见，及时增加、调整道路交通安全设施。

第二十四条　临时占用道路、停车场从事大型文化、体育、商贸等活动影响道路交通的，应当报公安机关交通管理部门审批。需要采取限制交通措施或者作出与公众的道路交通活动直接有关的决定的，公安机关交通管理部门应当提前向社会公告。

第二十五条　任何单位和个人不得有下列损毁道路交通安全设施或者影响其功能的行为：

（一）遮挡交通安全设施；

（二）在交通安全设施上设置或者张贴广告牌、指路牌、宣传标语等物品；

（三）设置与交通信号灯、交通标志、交通标线相混淆的招牌、符号、图案；

（四）设置干扰驾驶人视觉的红、黄、绿三色灯源或者其他容易产生眩光、反光效果的物品；

（五）其他损毁或者影响其功能的行为。

第四章　道路通行规定

第二十六条　车辆、行人应当按照交通信号通行。遇有交通警察及依法协助指挥交通的人员现场指挥时，应当按照指挥通行。

第二十七条　驾驶机动车时，不得有下列妨碍安全驾驶的行为：

（一）非紧急情况下急转、急停、骑线行驶；

（二）吸烟、饮食、向道路上抛撒物品或者以手持方式使用移动电话；

（三）赤脚、穿拖鞋。

微型、小型载客汽车后备箱载物应当固定箱盖，不得遮挡车窗。

第二十八条　机动车上道路行驶，不得超过限速标志、标线标明的速度。

第二十九条　机动车变更车道不得妨碍其他车辆、行人正常通行；不得在导向车道内变更车道。

第三十条　机动车行经学校、医院、车站等公共场所出入口时，应当减速慢行、避让行人。

第三十一条　机动车行经人行横道时，应当减速行驶；遇行人正在通过人行横道，应当停车让行。

机动车行经没有交通信号的道路时，遇行人横过道路，应当减速避让；遇老年人、儿童、孕妇、携婴者、盲人以及其他行走不便的残疾人横过道路，应当停车让行。

第三十二条　遇有消防车、救护车、警车、工程救险车执行紧急任务时，其他车辆和行人应当按照下列规定让行：

（一）其他车辆向右侧变更车道或者靠道路右侧通行；

（二）通过交叉路口时，等待执行紧急任务的车辆通过后再通行。

第三十三条　机动车上道路行驶，有下列情形之一的，应当开启前照灯、示廓灯和后位灯：

（一）傍晚至清晨前；

（二）遇有雨、雪、雾、霾、沙尘等能见度低时；

（三）行经隧道、涵洞时。

第三十四条　机动车上道路行驶，有下列情形之一的，不得使用远光灯：

（一）照明状况良好时；

（二）可能影响同向机动车行驶时；

（三）与对向行驶的车辆会车时；

（四）车辆停止行驶时。

第三十五条　机动车应当在停车场或者交通标志、标线规定的道路停车泊位内停放。禁止在人行道上停放机动车，但是依法施划的停车泊位除外。

第三十六条　机动车在城市道路允许临时停车的路段停车的，不得妨碍行人和其他车辆通行，驾驶人不得离开车辆，上下人员或者卸载货物后立即驶离。

第三十七条　在道路上作业的市政公用、城管、城市园林绿化等单位的车辆及人员，应当遵守下列规定：

（一）每日七时至九时、十七时至十九时交通高峰时段不得作业，但应急、抢修等情形除外；

（二）在车行道作业时，应当开启危险报警闪光灯；停车作业时，白天在来车方向不少于五十米、夜间不少于一百米的地点设置反光的安全警示标志；

（三）作业人员按照规定穿戴反光服饰。

第三十八条　驾驶自行车、电动自行车、三轮车行经人行横道时，应当减速行驶；遇行人正在通过人行横道，应当停车让行。

电动自行车上道路行驶时不得超过法律、法规规定的最高时速，不得违反规定载人、载物，不得加装棚架装置。

第三十九条　行人通过路口或者横过道路时，有人行横道或者行人过街设施的，应当走人行横道或者过街设施；没有人行横道、行人过街设施或者不便使用行人过街设施的，应当观察来往车辆的情况，确认安全后通过。

第四十条　乘坐家庭乘用车时，未满十周岁未成年人应当坐后排座椅，未满四周岁儿童应当使用儿童安全座椅。

第五章　交通事故防范救援和快速处置

第四十一条　市、县（市、区）人民政府应当建立完善道路交通安全隐患排查、治理制度，定期组织开展道路交通安全隐患排查。

对发现的道路交通安全隐患，道路主管部门应当设置警示标志，采取必要的安全防护措施，并及时消除隐患。

第四十二条　市、县（市、区）人民政府应当加强道路交通事故应急救援体系建设，建立道路交通事故应急救援专业队伍和专家队伍，健全应急、公安、安监、卫生计生、交通运输、环保等部门联动的交通事故应急救援机制。

第四十三条　机动车在道路上发生仅造成车辆轻微财产损失的交通事故且车辆可以移动的，当事人应当在确保安全的原则下对现场拍照或者标划事故现场位置后，将车辆移至不妨碍交通的地点，恢复交通。

前款事故地点在高架路、隧道的，应当将车辆撤离高架路、隧道；在高速公路上的，应当撤离至服务区或者高速公路以外。

第四十四条　机动车在道路上发生仅造成车辆轻微财产损失交通事故的，当事人应当在撤离现场后按照相关规定处理。撤离现场后，双方就事故处理无法达成一致意见的，当事人可以请求公安机关交通管理部门调解，公安机关交通管理部门应当受理并依法调查处理。

第六章　交通安全社会治理

第四十五条　市、县（市、区）人民政府应当落实道路交通安全责任制，推进交通安全诚信体系建设。

第四十六条　市、县（市、区）人民政府应当定期向社会公开重大道路交通事故、道路交通安全隐患整治、运输企业安全生产状况、违规生产机动车车辆的企业及产品、驾驶人培训机构培训质量等重要交通安全信息。

第四十七条　公安、交通运输、市政公用、安监、质监等有关部门应当依法履行对道路交通安全工作的监管责任，加强工作协调和沟通，建立信息共享制度。

第四十八条　公安机关交通管理部门应当对机动车驾驶人的道路交通安全违法行为、累积记分、处罚的执行和发生交通事故的情况等信息予以记录，并方便查询。机动车所有人、驾驶人要求提供本人交通安全记录的，公安机关交通管理部门应当免费提供。

用人单位雇用人员、保险机构办理保险业务需要参考机动车驾驶人交通安全记录的，可以要求被雇用人、投保人提供。

第四十九条　经市、县（市、区）人民政府批准，可以聘用交通协管员。交通协管员应当在交通警察的指导下协助做好维护道路交通秩序等工作。

第五十条　乡（镇）人民政府、街道办事处应当明确道路交通安全管理机构，落实道路交通安全责任制，做好本辖区内道路交通安全工作。

第五十一条　机关、企事业单位、村（居）、社会团体和其他组织，应当督促所属人员自觉遵守交通安全法律法规，做好所属车辆的管理工作。

第五十二条　从事道路运输经营及相关业务的单位应当建立道路交通安全管理机构或者确定专（兼）职管理人员，加强对所属车辆和驾驶人的日常监督。

以承包、租赁或者委托等方式经营管理机动车辆的，应当约定各方的道路交通安全责任。

第五十三条　容易引发交通拥堵的车站、旅游景点、商场、医院、学校等场所，其经营或者管理单位应当在公安机关交通管理部门的指导下协助维护场所门口及周边的交通秩序。

第五十四条　与道路交通安全有关的协会组织应当在道路交通安全管理中发挥自管自律作用。

第五十五条　鼓励单位和个人开展道路交通安全志愿服务活动，或者为志愿服务活动提供人员、资金、技术等支持。

第五十六条　市、县（市、区）人民政府应当将交通安全宣传教育纳入普法规划，通过多种形式开展道路交通安全教育。

公安机关交通管理部门及其交通警察执行职务时，应当加强道路交通安全法律、法规的宣传。

教育行政主管部门应当将道路交通安全教育纳入学校法制教育的内容，加强对学生的安全教育。

第五十七条　报刊、广播、电视、网络等新闻媒体，应当开展交通安全公益宣传。

机场、车站、交通枢纽、广场、大型商场、公交车辆等管理单位应当利用电子显示屏、移动电视等开展交通安全公益宣传。

第七章　法律责任

第五十八条　违反本条例第十条规定的，由公安机关交通管理部门责令改正，处二百元罚款。

第五十九条　有违反本条例第二十五条规定行为之一的，由公安机关交通管理部门责令行为人排除妨碍，拒不执行的，处二千元罚款，并强制排除妨碍，所需费用由行为人负担。

第六十条　有违反本条例第二十七条规定行为之

一的，由公安机关交通管理部门责令改正，处五十元罚款。

第六十一条　有违反本条例第二十九条规定行为之一的，由公安机关交通管理部门处一百元罚款。

第六十二条　依照本条例第三十二条规定，因让行产生的压线、闯红灯等道路交通违法行为，公安机关交通管理部门不予处罚。

第六十三条　违反本条例规定的行为，法律、法规规定行政处罚的，依照其规定进行处罚；造成财产损失或者其他损害的，依法承担民事责任；构成犯罪的，依法追究刑事责任。

第八章　附　则

第六十四条　与高速公路有关的道路交通安全活动，法律、法规另有规定的，从其规定。

第六十五条　本条例自2015年5月1日起施行。

济南市城市市容管理条例

（2015年8月28日济南市第十五届人民代表大会常务委员会第二十三次会议修订　2015年9月24日山东省第十二届人民代表大会常务委员会第十六次会议批准）

第一章　总　则

第一条　为了加强城市市容管理，创造整洁、有序、优美的城市环境，根据有关法律、法规，结合本市实际，制定本条例。

第二条　本条例适用于本市市区的城市容貌管理及相关活动。

本条例所称城市容貌是指城市外观的综合反映，是与城市环境密切相关的城市建（构）筑物、道路、桥涵、公共设施、公共场所、照明、居住区、园林绿化、水域、广告标识等构成的城市局部或者整体景观。

第三条　本市城市市容管理工作实行统一领导、分级负责、公众参与、社会监督的原则。

第四条　市人民政府应当加强对城市市容管理工作的领导，完善城市市容管理体制，提高城市市容管理水平。

区人民政府负责本辖区城市市容管理工作；高新区管委会按照市人民政府授权，负责本辖区城市市容管理工作。

街道办事处按照区人民政府安排，负责本辖区城市市容管理工作；镇人民政府负责本辖区城市市容管理工作。

第五条　市城市管理主管部门负责本市城市市容管理工作。

区、高新区城市管理部门具体负责本辖区城市市容管理工作。

市和区人民政府有关部门按照职责做好城市市容管理相关工作。

第六条　市城市管理主管部门应当组织编制城市市容和环境卫生专项规划，经市城乡规划主管部门审查同意，报市人民政府审批后纳入城市总体规划。

第七条　任何单位和个人都有享受良好城市市容的权利，同时负有维护城市市容的义务；对违反城市市容管理规定的行为有权进行劝阻和举报。

第八条　各级人民政府应当加强城市市容法律法规和相关知识的宣传，提高市民维护城市市容的意识。

第九条　对在城市市容工作中成绩显著的单位和个人，由人民政府给予表彰和奖励。

第二章　城市市容维护管理责任制

第十条　本市实行城市市容维护管理责任制度。

第十一条　城市市容维护管理责任人按照下列规定确定：

（一）建（构）筑物或者其他设施、场所由所有权人负责，所有权人、管理人、使用人之间对维护责任另有约定的，从其约定；

（二）城市道路、公共设施、公共场所、园林绿化、城市水域由管理单位负责；

（三）城市照明设施、广告设施与标识由设置单位负责；

（四）机关、团体、部队、企业事业单位规划红线内由本单位负责；

（五）各类建设工地由建设单位负责；

（六）实行物业委托管理的居住区，由受委托的物业服务企业负责；未实行物业委托管理的居住区、街巷，由街道办事处、镇人民政府负责。

第十二条　城市市容维护责任人应当按照本条例规定和城市容貌标准做好城市市容维护工作，对在责任范围内发生的损害城市市容的行为，应当予以劝阻、制止，并可以要求城市管理部门依法处理。

第十三条　城市管理部门应当加强对市容维护责任制工作的监督指导，建立定期考核制度，落实市容维护责任，推进城市市容维护责任诚信体系建设。

第三章　建（构）筑物容貌管理

第十四条　新建、改建、扩建的建（构）筑物应当体现泉城特色风貌，其造型、装饰等应当与所在区域环境相协调。

第十五条　新建、改建、扩建的建（构）筑物外部结构和外立面，应当按照规划许可要求和城市容貌标准进行建设、施工。

位于城市重要地块的建（构）筑物和城乡规划主管部门在审批时对建（构）筑物的外立面造型、色彩有明确规划要求的，确需变更的，应当依法办理规划变更手续。

第十六条　临街建筑物进行外部改造装修或者临街门窗进行变更的，建筑物所有人或者使用人应当持位置图、平面设计图、效果图、营业执照以及产权证明材料向所在地的区城市管理部门提出申请，区城市管理部门应当自接到申请之日起二十个工作日内作出是否予以批准的书面决定。

第十七条　建（构）筑物应当保持外形完好整洁，出现结构损坏、墙面剥离或者外立面污染的应当及时修缮、维护和清洗。

第十八条　任何单位和个人不得利用建（构）筑物违法搭建附属设施。

在建筑物外立面或者顶部安装的太阳能板、空调外机、防盗网等设施设备，应当统一规范设置；电力、电信、有线电视等空中架设的缆线应当规范有序。

建筑物的顶部不得乱搭、乱放。

第十九条　禁止在建（构）筑物及其附属设施、公共设施以及树木上涂写、刻画；禁止利用建筑物阳台、门窗发布信息。

任何单位和个人不得擅自在建（构）筑物、公共设施的外立面张贴、吊挂宣传品。经批准张贴、吊挂的宣传品应当无破损、无污迹，设置期满后应当及时清除。

第二十条　封闭临街建筑物阳台、平台、外走廊的，不得超出原建筑设计外沿，外形、规格、色彩等应当符合城市容貌标准。

第二十一条　在临街建筑物的阳台外、门窗外不得堆放、吊挂杂物和晾晒衣物、被褥等有碍市容的物品。

禁止借用临街建（构）筑物或者树木在道路两侧拉绳晾晒物品、拉挂条幅。

第二十二条　道路两侧的建筑物前，应当根据需要与可能选用透景围墙、绿篱、栅栏、花坛、草坪等作为分界；建筑物的用地分界采用实体墙的，出现墙体损毁、剥落、污染的，应当及时修缮、维护或者清洁。

第二十三条　城市雕塑、街景小品和其他景观设施应当保持整洁美观，出现残缺污损、色彩剥蚀等情形的，应当及时更新、修复或者清理。

第四章　城市道路容貌管理

第二十四条　城市道路应当保持平坦完好、便于通行。路面出现破损应当及时修复。

第二十五条　养护和挖掘城市道路的，应当在施工场地设置隔离栏，施工机具及材料应当摆放整齐有序；因施工损坏城市道路及其他公共设施的，应当及时修复。

第二十六条　任何单位和个人不得擅自在城市道路两侧和公共场地堆放物料，搭建建（构）筑物或者其他设施。因建设等特殊需要，在城市道路两侧和公共场地临时堆放物料，搭建非永久性建（构）筑物或者其他设施的，应当征得城市管理主管部门同意后，依法办理审批手续。

第二十七条 城市道路两侧不符合城市容貌标准的供电、通信线杆等设施，供电、通信等单位应当及时改造或者迁移，废弃的应当及时拆除。

第二十八条 在城市道路上设置的读报栏、宣传栏、邮政箱（筒）、垃圾箱（台）、路标、站牌、标志牌、标志线、候车亭（廊）、安全护栏、隔离桩（墩）等公共设施，应当保持完好整洁。对陈旧、破损的设施，应当及时清洗、维修或者更换。

第二十九条 不得擅自利用城市道路附属设施、桥梁等张贴宣传品、悬挂条幅等。

第三十条 各类建设工地应当有施工围挡，围挡的外观应当保持整洁美观，与环境相协调；围挡外侧不得堆放材料、机具、垃圾等；靠近围挡的临时工棚屋顶及堆放物品高度不得超过围挡顶部。

停工场地应当及时整理并作必要的覆盖；竣工后，应当及时清理和平整场地。

禁止利用工地围挡设置户外商业广告。

第三十一条 任何单位和个人不得擅自占用城市道路摆摊设点以及从事生产、销售、修理、加工等经营活动。

在城市主要道路上不得设置集贸市场、摊点群；在其他道路上经批准设置的，应当整洁有序。

在指定区域和规定时间段内从事经营的临时摊点或者举办的文化商贸活动，经营者或者举办单位应当及时清理产生的垃圾，不得污染、损坏路面。

第三十二条 临街经营业户不得超出门窗、墙体外立面摆放物品或者从事经营活动。

第三十三条 临街机动车辆清洗站（点）清洗机动车辆所产生的污水、污泥、油污等污物应当按照相关规定处理，不得随意排放。

第三十四条 街道办事处、镇人民政府或者城市管理部门应当在街巷、居住区选择适当地点组织设置公共信息栏，供有关组织和居民发布便民信息，并负责管理维护。

招聘信息、房屋租赁、失物招领等信息广告应当张贴在指定位置，不得随意张贴。

第五章 城市照明设施容貌管理

第三十五条 城市照明应当与建筑、道路、广场、园林绿化、水域、广告标识等被照明对象及周边环境相协调，景观照明与功能照明应当统筹兼顾，保持景观效果良好。

第三十六条 新建、改建、扩建工程的城市照明设施应当与主体工程同步设计、同步施工、同步验收、同步投入使用。

第三十七条 位于城市重要地块、主次干道交叉口和城市广场周边的新建建（构）筑物，建设单位应当按照规划审批要求设置景观照明设施。

已建成的建（构）筑物需要增设景观照明设施的，应当依据城市景观照明规划进行设计和施工。

利用居民住宅设置景观照明设施的，应当征得住宅所有权人的同意。

第三十八条 设置景观照明设施应当符合国家有关规定和标准，保证文字规范、图案清晰、造型美观；灯光不得直射居民户内；控制外溢光、杂散光，避免形成障害光。

第三十九条 景观照明设施出现图案或者灯具残缺损坏的，应当及时修复。

第四十条 景观照明用电免交用电增容费，其运行电费按照居民生活用电价格计收。

第六章 居住区容貌管理

第四十一条 居住区内道路路面应当完好畅通，整洁卫生，不得违章搭建、占路设摊、乱堆乱放。

第四十二条 居住区内电力、通信、燃气、供水、供热等各类管线应当规范设置，不得乱拉乱设；出现损坏的，应当及时维修或者更换。

第四十三条 居住区内书报箱、牛奶箱、报栏、座椅（具）、电线杆、变电箱等公共设施应当合理布局、整洁完好。

第四十四条 居住区内公共娱乐、健身休闲、绿化等场所不得积存垃圾、积留污水、堆放物品和违章搭建。

第四十五条　居住区内的各种导向牌、标志牌和示意地图应当完好、整洁、美观。

第四十六条　禁止居住区内饲养家禽家畜；居民饲养宠物不得污染环境，对宠物在道路和其他公共场地排泄的粪便，饲养人应当及时清除。

第七章　其他方面容貌管理

第四十七条　城市绿地环境应当整洁美观、无垃圾杂物，严禁露天焚烧枯枝落叶。

第四十八条　城市行道树应当定期修剪，及时补种，保持树形整齐、树冠美观。

第四十九条　泉池、湖泊、湿地、河道（渠）等城市水域的水面、岸坡应当保持清洁，及时清除水生植物、垃圾、油污等废弃物。

第五十条　户外广告设施与标识、牌匾的设置应当符合城市容貌标准，其使用的文字、商标、图案应当准确规范。

陈旧、损坏的户外广告设施与标识应当及时修复、更新，过期的户外广告设施应当及时拆除。

第八章　监督管理

第五十一条　市城市管理主管部门应当加强城市市容的监督管理，并与市城乡规划、城乡建设、市政公用、城市园林、住房保障和房产管理、工商行政管理、公安、环境保护、经济和信息化、食品和药品监督管理、城市管理行政执法等部门加强工作协调，建立工作联动机制，实现城市市容管理信息共享。

第五十二条　城市管理、城乡规划、城乡建设、市政公用、城市园林、住房保障和房产管理等部门应当加强城市市容方面许可、管理事项的监督检查，发现违法行为时应当责令限期改正；对应当给予行政处罚的，应当在七日内书面告知城市管理行政执法部门，并提供有关技术支持。城市管理行政执法部门应当自结案之日起七日内告知相关部门。

城市管理行政执法部门应当加强城市市容的监督检查，发现违反城市市容规定的行为，应当责令限期改正并依法查处。

第五十三条　街道办事处、镇人民政府应当加强对本辖区城市市容维护工作的协调、检查，督促有关责任人履行维护城市市容责任。

提倡社区居民委员会（业主委员会）组织社区居民（业主）制定维护城市市容公约，动员社区居民（业主）参加城市市容维护工作。

第五十四条　经市、区人民政府批准，可以聘用城市市容管理协管员。城市市容管理协管员应当在城市管理执法人员指导下协助做好城市市容管理工作。

第五十五条　鼓励单位和个人开展城市市容维护志愿服务活动，或者为志愿服务活动提供人员、技术、资金支持。

第五十六条　任何单位和个人发现违反城市市容管理规定行为的，或者城市市容管理工作人员在执行公务时有违法行为或者行为不当的，有权向有关部门投诉、举报；有关部门接到投诉、举报后应当及时调查处理。

第九章　法律责任

第五十七条　违反本条例规定的行为，法律、法规已作出处罚规定的，按照其规定执行；法律、法规未作出处罚规定的，按照本条例的规定执行。

第五十八条　违反本条例规定，城市市容维护责任人未履行维护管理责任的，由城市管理部门或者街道办事处、镇人民政府责令改正，并可以予以通报。

第五十九条　违反本条例规定，有下列行为之一的，责令限期改正；逾期不改正的，由城市管理行政执法部门处以五十元以上二百元以下罚款：

（一）在临街建筑物的阳台外、门窗外堆放、吊挂杂物或者晾晒衣物、被褥等有碍市容的物品的；

（二）借用临街建（构）筑物或者树木在道路两侧拉绳晾晒物品、拉挂条幅的。

第六十条　违反本条例规定，有下列行为之一的，责令限期改正；逾期不改正的，由城市管理行政执法部门处以一百元以上一千元以下罚款：

（一）在建（构）筑物及其附属设施、公共设施以及树木上涂写、刻画的；

（二）违反城市容貌标准，在建筑物外立面或者顶部安装太阳能板、空调外机、防盗网等设施设备的；

（三）在建筑物顶部乱搭、乱放的；

（四）利用建筑物的阳台、门窗发布信息的；

（五）封闭临街建筑物阳台、平台、外走廊超出原建筑设计外沿的；

（六）景观照明设施图案或者灯具残缺损坏未及时修复的；

（七）未按照规定时间启闭景观照明的。

第六十一条 违反本条例规定，有下列行为之一的，责令限期改正；逾期不改正的，由城市管理行政执法部门处以五百元以上五千元以下罚款：

（一）擅自在城市道路两侧或者公共场地堆放物料，搭建建（构）筑物或者其他设施的；

（二）在指定区域和规定时间段内从事经营的临时摊点或者举办的文化商贸活动，经营者或者举办单位没有及时清理产生的垃圾或者污染、损坏路面的；

（三）临街经营业户超出门窗、墙体外立面摆放物品或者从事经营活动的；

（四）牌匾标识的设置不符合城市容貌标准的；

（五）擅自在建（构）筑物、公共设施的外立面张贴、吊挂宣传品的；

（六）擅自利用城市道路附属设施、桥梁等张贴宣传品、悬挂条幅的。

第六十二条 违反本条例规定，有下列行为之一的，责令限期改正；逾期不改正的，由城市管理行政执法部门处以一千元以上一万元以下罚款：

（一）进行道路养护或者挖掘城市道路，施工场地未设置隔离栏，施工机具及材料摆放杂乱无序的；

（二）因施工损坏城市道路及其他公共设施，未按照规定及时修复的。

第六十三条 违反本条例规定，有下列行为之一的，责令限期改正，由城市管理行政执法部门按照下列规定处以罚款：

（一）未经批准，擅自对临街建筑物进行外部装修、变更临街门窗的，处以一万元以上十万元以下罚款；

（二）临街建设工地不设置围挡的，停工场地未及时整理并未作必要的覆盖的，竣工后未及时清理和平整场地的，处以二千元以上二万元以下罚款。

第六十四条 凡不符合城市容貌标准的建（构）筑物或者设施，由市城市管理主管部门会同市城乡规划主管部门责令有关单位和个人限期改造或者拆除；逾期未改造或者拆除的依法予以处理。

第六十五条 当事人对行政处罚不服的，可以依法申请行政复议或者提起行政诉讼。当事人逾期不申请行政复议也不提起行政诉讼，又不履行行政处罚决定的，由作出行政处罚决定的机关依法申请人民法院强制执行。

第六十六条 城市管理部门、相关行政机关及其工作人员，拒不履行法定职责或者玩忽职守、滥用职权、徇私舞弊的，由有权机关按照有关规定，对直接负责的主管人员和负有直接责任的人员，依法给予处分；构成犯罪的，依法追究刑事责任；给当事人造成损失的，依法承担赔偿责任。

第六十七条 妨碍城市管理及相关行政机关工作人员依法履行城市管理职责的，由公安机关按照《中华人民共和国治安管理处罚法》的相关规定处理；构成犯罪的，依法追究刑事责任。

第十章 附 则

第六十八条 县（市）参照本条例执行。

第六十九条 本条例自2016年1月1日起施行。

2015年济南市人大常委会公布的地方性法规目录

法　规　名　称	公布时间
济南市道路交通安全条例	2015年4月1日
济南市城市市容管理条例	2015年9月24日
济南市市政设施管理条例	2015年12月3日

2015年中共济南市委文件选目

文　件　名　称	发布文号
中共济南市委、济南市人民政府关于加大改革创新力度加快农业现代化建设的实施意见	济发〔2015〕1号
中共济南市委、济南市人民政府关于贯彻鲁发〔2014〕22号文件落实完善生育政策进一步加强计划生育工作的实施意见	济发〔2015〕3号
中共济南市委关于坚持“实在实干实绩”导向从严从实做好干部选拔任用工作的意见	济发〔2015〕14号
中共济南市委关于制定济南市国民经济和社会发展第十三个五年规划的建议	济发〔2015〕16号

2015年中共济南市委办公厅文件选目

文　件　名　称	发布文号
中共济南市委办公厅、济南市人民政府办公厅关于印发分类推进事业单位改革配套文件的通知	济办发〔2015〕3号
中共济南市委办公厅、济南市人民政府办公厅印发《关于合理确定并严格规范市属企业负责人履职待遇、业务支出的意见》的通知	济办发〔2015〕7号
中共济南市委办公厅印发《关于在全市县处级以上领导干部中开展“三严三实”专题教育实施方案》的通知	济办发〔2015〕8号
中共济南市委办公厅印发《关于市委常委会开展“三严三实”专题教育工作安排及分工方案》的通知	济办发〔2015〕9号
中共济南市委办公厅、济南市人民政府办公厅关于推进基础教育综合改革的意见	济办发〔2015〕14号
中共济南市委办公厅、济南市人民政府办公厅印发《关于深入推进农村合同监管项目竞标工作的指导意见》的通知	济办发〔2015〕16号
中共济南市委办公厅、济南市人民政府办公厅关于深化市属国有企业改革几项重点工作的通知	济办发〔2015〕17号
中共济南市委办公厅、济南市人民政府办公厅关于深入推进农村精准扶贫开发工作的实施意见	济办发〔2015〕20号
中共济南市委办公厅、济南市人民政府办公厅关于从事生产经营活动事业单位转制为企业的意见	济办发〔2015〕22号
中共济南市委办公厅、济南市人民政府办公厅关于贯彻鲁办发〔2015〕29号文件做好县以下机关建立公务员职务与职级并行制度实施工作的通知	济办发〔2015〕23号
中共济南市委办公厅印发《关于加强人民政协协商民主建设的实施意见》的通知	济办发〔2015〕25号
中共济南市委办公厅关于印发《县（市）区纪委书记、副书记提名考察办法（试行）》《市纪委派驻纪检组组长、副组长提名考察办法（试行）》《市管企业纪委书记、副书记提名考察办法（试行）》的通知	济办发〔2015〕28号

续表 1

文　件　名　称	发布文号
中共济南市委办公厅印发《关于深入推进基层服务型党组织建设的实施意见》的通知	济办发〔2015〕29 号
中共济南市委办公厅、济南市人民政府办公厅关于印发《济南市党政机关国内公务接待管理办法》的通知	济厅字〔2015〕1 号
中共济南市委办公厅、济南市人民政府办公厅关于印发《政协年度协商工作计划制定办法(试行)》的通知	济厅字〔2015〕18 号
中共济南市委办公厅、济南市人民政府办公厅印发《关于规范市级考核事项的意见》的通知	济厅字〔2015〕26 号
中共济南市委办公厅、济南市人民政府办公厅印发《关于深入开展“法治六进”活动的实施意见》的通知	济厅字〔2015〕28 号
中共济南市委办公厅、济南市人民政府办公厅关于加快推进公共法律服务体系建设的意见	济厅字〔2015〕29 号
中共济南市委办公厅、济南市人民政府办公厅关于印发《济南市军队转业干部安置工作实施意见》的通知	济厅字〔2015〕36 号
中共济南市委办公厅、济南市人民政府办公厅关于印发《济南市社会信用体系建设工作方案》的通知	济厅字〔2015〕37 号

2015 年济南市人民政府文件选目

文　件　名　称	发布文号
济南市人民政府关于进一步加强农产品质量安全工作的意见	济政发〔2015〕1 号
济南市人民政府关于推进农村产权流转交易市场体系建设工作的实施意见	济政发〔2015〕2 号
济南市人民政府关于加快推进海绵城市建设工作的实施意见	济政发〔2015〕4 号
济南市人民政府关于进一步加强国有土地上棚户区改造工作的意见	济政发〔2015〕6 号
济南市人民政府关于进一步加快文化产业发展的实施意见	济政发〔2015〕7 号
济南市人民政府关于印发济南市 2015 年国民经济和社会发展计划的通知	济政发〔2015〕8 号
济南市人民政府关于 2014 年度济南市科学技术奖励的决定	济政发〔2015〕9 号
济南市人民政府关于发布济南市第一批政府和社会资本合作（PPP 模式）项目的通告	济政发〔2015〕10 号
济南市人民政府关于做好 2014 年冬季退役士兵接收安置工作的通知	济政发〔2015〕11 号
济南市人民政府关于印发济南市稳定增长促进发展的若干政策措施的通知	济政发〔2015〕12 号
济南市人民政府关于进一步加强城市基础设施建设的实施意见	济政发〔2015〕13 号
济南市人民政府关于促进旅游业改革发展的实施意见	济政发〔2015〕14 号
济南市人民政府关于加大财政政策支持力度促进全市经济转方式调结构稳增长的意见	济政发〔2015〕15 号
济南市人民政府关于促进服务业加快发展的意见	济政发〔2015〕16 号
济南市人民政府关于调整市政府领导成员工作分工的通知	济政发〔2015〕17 号
济南市人民政府关于禁止销售燃用高硫分高灰分商品煤的通告	济政发〔2015〕18 号

2015 年济南市人民政府办公厅文件选目

文 件 名 称	发布文号
济南市人民政府办公厅关于转发鲁政办发〔2015〕1 号文件深入推进机关事业单位“吃空饷”问题集中治理工作的通知	济政办发〔2015〕1 号
济南市人民政府办公厅关于印发济南市 2015 年节能减排低碳发展行动实施方案的通知	济政办发〔2015〕2 号
济南市人民政府办公厅关于进一步加强行政调解工作的意见	济政办发〔2015〕3 号
济南市人民政府办公厅关于印发济南市支持小微企业成长发展若干政策的通知	济政办发〔2015〕4 号
济南市人民政府办公厅关于加快推进绿色交通运输发展的意见	济政办发〔2015〕6 号
济南市人民政府办公厅关于转发市教育局等部门济南市特殊教育提升计划（2015~2016 年）的通知	济政办发〔2015〕7 号
济南市人民政府办公厅关于进一步调整完善市级国有土地出让收支管理的通知	济政办发〔2015〕8 号
济南市人民政府办公厅关于加强政府网站信息内容建设工作的通知	济政办发〔2015〕9 号
济南市人民政府办公厅关于印发“泉城和谐使者”选拔管理办法的通知	济政办发〔2015〕10 号
济南市人民政府办公厅关于印发继续支持平阴巩固提升计划等 4 项扶持计划的通知	济政办发〔2015〕11 号
济南市人民政府办公厅关于认真落实计量发展规划进一步提升计量服务水平的实施意见	济政办发〔2015〕14 号
济南市人民政府办公厅关于调整征地地上附着物和青苗补偿标准的通知	济政办发〔2015〕16 号
济南市人民政府办公厅关于印发当前全市政务公开工作要点的通知	济政办发〔2015〕17 号
济南市人民政府办公厅关于贯彻鲁政办发〔2015〕19 号文件实施公路安全生命防护工程的意见	济政办发〔2015〕18 号
济南市人民政府办公厅关于贯彻落实鲁政办发〔2015〕15 号文件加强环境监管执法工作的通知	济政办发〔2015〕19 号
济南市人民政府办公厅关于加快电子商务发展的实施意见	济政办发〔2015〕20 号
济南市人民政府办公厅关于转发市城乡建设委促进房地产业和建筑业稳定增长健康发展重点改革实施方案的通知	济政办发〔2015〕23 号

责任校对　姚娟　王炜

2015年济南市国民经济和社会发展统计公报[1]

济南市统计局

国家统计局济南调查队

2015年，面对错综复杂的国内外经济形势，在市委、市政府的坚强领导下，全市深入贯彻落实党的十八大、十八届历次全会精神和习近平总书记系列重要讲话精神，积极适应引领新常态，紧紧围绕“打造四个中心，建设现代泉城”总体要求，全面深化改革、扩大开放，扎实推进稳增长、促改革、调结构、惠民生、防风险各项工作，超前谋划、积极作为、迎难而上、敢于担当，全市经济社会发展保持总体平稳、稳中有进、稳中向好的良好态势。

一、综合

国民经济稳定增长。初步核算，2015年全市地区生产总值6100.23亿元，比上年增长8.1%[2]。分产业看，第一产业增加值305.39亿元，增长4.1%；第二产业增加值2307.00亿元，增长7.4%；第三产业增加值3487.84亿元，增长8.9%。产业结构进一步调整优化，三次产业比例由上年的5.0：39.2：55.8调整为5.0：37.8：57.2。人均生产总值85919元，增长7.0%[3]，按年平均汇率折算为13795美元，增长5.6%。

就业形势保持稳定。全年新增城镇就业20.7万人，新增农村劳动力转移就业5.6万人。年末城镇登记失业率2.04%，低于控制目标1.96个百分点。

居民消费价格温和上涨，工业生产者价格低位运行。全年居民消费价格比上年上涨1.9%，其中食品价格上涨1.4%。工业生产者出厂价格下降5.0%，其中生产资料出厂价格下降6.4%，生活资料出厂价格上涨1.2%。工业生产者购进价格下降7.3%。

财税收入增势良好。地域税收收入929.0亿元，比上年增长9.7%。一般公共预算收入614.3亿元，增长13.1%。一般公共预算支出658.6亿元，增长15.2%，其中各项民生和社会重点事业支出494.8亿元，增长16.5%，占一般公共预算支出比重为75.1%。

民营经济规模继续扩大。全市民营经济增加值2260.16亿元，比上年增长9.5%。民营经济增加值占全市地区生产总值比重为37.1%，提高0.5个百分点。

现代服务业[4]快速增长。全年现代服务业实现增加值1838.1亿元，增长12.4%；占全市服务业

2011~2015年济南市地区生产总值

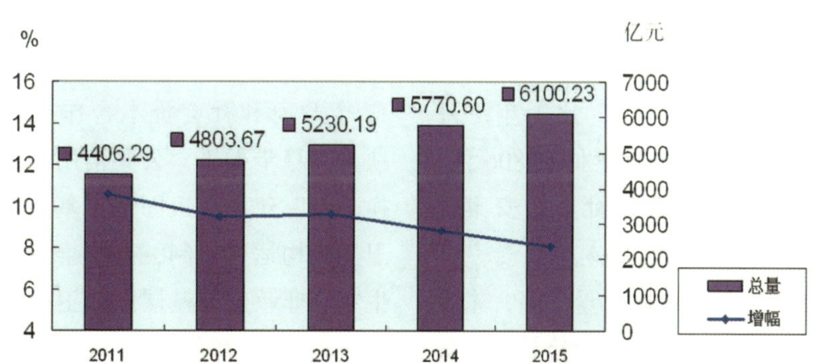

2015 年居民消费价格指数

项目名称	(以上年同期为 100)
居民消费价格总指数	101.9
一、食品	101.4
二、烟酒	100.9
三、衣着	103.3
四、家庭设备用品及维修服务	101.5
五、医疗保健和个人用品	102.4
六、交通和通信	97.6
七、娱乐教育文化用品及服务	102.9
八、居住	103.4

的比重为 52.7%。

各县（市）区、高新区经济实力进一步提升。地区生产总值达到 500 亿元~1000 亿元的县（市）区 4 个；1000 亿元以上的 1 个。一般公共预算收入达到 30 亿元~50 亿元的县（市）区 3 个；50 亿元~100 亿元的 3 个；100 亿元以上的 1 个。固定资产投资达到 500 亿元以上的县（市）区 3 个。

节能降耗工作取得新进展。全市新能源发电装机总容量 33.69 万千瓦，占全市发电总装机容量的 9.3%。其中生物质发电装机 11.17 万千瓦，太阳能发电装机 2.72 万千瓦，风力发电装机 19.8 万千瓦。全年单位 GDP 能耗下降率超额完成当年节能降耗目标任务。

社会治安秩序良好。全年刑事案件立案 35047 件，比上年下降 22.32%。破获刑事案件 20806 件，下降 22.77%；受理社会治安案件 86217 件，下降 6.16%。

全市各类事故总量下降，未发生重大及以上事故。全年共发生各类安全生产事故 523 起，比上年减少 35 起；死亡 99 人，减少 23 人；重伤 623 人。

大众创业、万众创新步伐加快。全市众创空间达 39 家，总孵化面积达 2 万余平方米，服务创新创业团队超过 200 个。新登记注册各类市场主体 10.24 万户，比上年增长 1.29%；新登记注册资本（金）2268.23 亿元，增长 78.88%。

重点改革持续深化。公布市和县（市）区行政权力清单、市级政府部门责任清单，52 个市直部门（单位）公布行政权力事项 3780 项，42 个市直部门公布市级行政许可事项 327 项、非行政许可审批事项 56 项。全面实施“三证合一”登记制度，核发“一照一码”营业执照 6 万份。发布济南市第一批 17 个政府和社会资本合作（PPP）项目。稳步推进“公共信用信息交换平台”建设。巩固完善基层医疗卫生机构运行机制，有序推进村卫生室、非政府办基层医疗卫生机构实施基本药物制度。率先在全省开展艾滋病定点医院抗病毒治疗工作，并将艾滋病防治纳入我市基本公共卫生服务项目。

二、“四个中心”建设

区域性经济中心建设。2015 年，我市地区生产总值在全省十七个城市排名第 3 位，在全国十五个副省级城市排名第 11 位，在全国省会城市排名第 9 位；占全省比重 9.7%。人均地区生产总值在全省十七城市排名第 6 位。第三产业占 GDP 比重为 57.2%，在全省十七城市排名第 1 位。

区域性金融中心建设。金融业增加值为 641.9 亿元，比上年增长 19.2%。金融机构单位数 430 家，其中银行 44 家，保险公司 82 家，证券营业部 78 家。

金融存贷款较快增长。年末金融机构本外币各项存款余额 14174.7 亿元，比上年增长 10.5%，占全省比重为 18.5%，其中人民币各项存款余额 13553.0 亿元，增长 11.3%。金融机构本外币各项贷款余额 11356.8 亿元，增长 13.5%，占全省比重为 19.2%，其中人民币各项贷款余额 9674.2 亿元，增长 13.7%。

证券业交易活跃。济南地区证券营业部完成证券交易额 5.5 万亿元，比上年增长 239.1%。2015 年，济南地区期货营业部代理交易额 6.3 万亿元，增长 84.0%。截至 2015 年末，全市区域内上市公司 31 家，上市公司总市值 3730.1 亿元。

保险业快速发展。保费收入 222.8 亿元，比上年增长 36.8%。

其中财产险公司保费收入58.9亿元，增长13.4%；人身险公司保费收入163.9亿元，增长47.7%。支付各项赔款与给付65.7亿元，增长23.9%。

区域性物流中心建设。社会物流总额19001.7亿元，占全省比重为10%。

交通运输业平稳发展。年末公路通车里程13103.9公里，比上年增长2%，其中境内高速公路418.9公里。年末拥有民用机动车167.5万辆，增长7.0%，其中民用汽车154.1万辆，增长11.4%。年末公交线路277条，增加10条，线路总长度5389.6公里，增加481.3公里；公交营运车辆5537辆，增加438辆，全年旅客运输量7.7亿人次，下降5.7%。全年济南机场累计保障起降架次86158架次，增长3.1%；完成旅客吞吐量952.1万人次，增长9.3%；累计完成货邮吞吐量[5] 8.63万吨，增长7.2%。

邮政通讯有新进展。全市邮政企业和快递服务企业业务收入（不包括邮政储蓄银行直接营业收入）累计完成30.0亿元，比上年增长50.1%；业务总量完成38.4亿元，增长37.8%。全市快递服务企业业务收入完成23.3亿元，增长62.5%，业务量完成18781.5万件，增长66.9%。全年电信业务总量122.1亿元，增长8.5%。年末移动电话用户1090.4万户，下降7.4%，其中4G电话用户数306.6万户，增长312.7%。宽带网用户213.6万户，增长5.4%。

区域性科技创新中心建设。规模以上工业[6]高新技术产业产值占规模以上工业总产值的比重为42.63%，比年初提高1.05个百分点。

科技创新中心建设顺利推进。国家级企业技术中心总数达到24家，新增省级工程实验室（工程研究中心）3家，总数达到18家。新增国家级企业重点实验室1家。共建成各类企业研发机构818家（包括企业技术中心288家、工程研究中心458家、工程实验室（工程研究中心）60家、企业重点实验室12家），其中国家级36家、省级256家。

科技发明成果再获新突破。宏济堂“人工麝香研制及其产业化”项目获2015年国家科技进步一等奖；全市获省科技进步一等奖1项、二等奖7项，省技术发明二等奖1项。全年专利申请量28944件，比上年增长23.11%，其中发明专利申请量15096件，增长20.54%。专利授权量15537件，增长32.78%，其中发明专利授权量3913件，增长49.98%。

高新技术产业开发区科技创新工作有新的进展。全年共实现地区生产总值596.3亿元，比上年增长8.8%。实际到账外资3.9亿美元，增长16.4%。全年新认定高新技术企业63家，总数达到275家，获得上级科技立项185项。新增孵化企业5家，毕业企业46家，在孵企业总数达到348家。

2015年主要运输工具运输量

	指标	单位	运输量	比上年±%
铁路	旅客发送量	万人	10681.1	14.0
	旅客周转量	百万人公里	66252.5	10.6
	货物发送量	万吨	15793.8	-5.9
	货物周转量	百万吨公里	108795.8	-12.1
公路	公路客运量	万人	3663	-1.8
	公路旅客周转量	亿人公里	54.2	4.9
	公路货运量	万吨	20419	5.5
	公路货物周转量	亿吨公里	393.8	0.5
民航	民航客运量	万人	533.1	9.2
	民航客运周转量	亿人公里	227.7	16.6
	民航货运量	万吨	4.15	5.2
	民航货运周转量	亿吨公里	2.20	2.5

三、农业

农林牧渔业增势平稳。农业增加值210.1亿元，比上年增长4.2%；林业增加值10亿元，增长11.7%；畜牧业增加值80.8亿元，增长3.2%；渔业增加值4.5亿元，增长4%。

种植业生产基本稳定。全年粮食产量264.6万吨，比上年减产2.4%。蔬菜产量649.7万吨，减产2.4%。水果产量53万吨，基本持平。

林业发展势头良好。全年完成造林18.02万亩，新育苗3.68万亩；年末森林覆盖率达到35.24%。

畜牧业生产稳定发展。肉类总产量为39.4万吨，禽蛋产量35.5万吨，奶类产量29.2万吨。新创建国家级畜牧标准化养殖示范场1处，省级示范场18处。

农业生产条件持续改善。农业机械总动力584.98万千瓦。农作物机耕率、机播率和机收率分别达到83.2%、97.2%和93.5%。全年新增有效灌溉面积1.67万亩，新增节水灌溉面积12.99万亩。

农业产业化水平继续提高。市级农业龙头企业总量达437家，新认定40家；农民专业合作社达5647家，新增256家。

四、工业、建筑业

工业企业规模不断壮大。全年主营业务收入超过亿元的法人企业766家，增加31家；过10亿元的63家，增加1家；过100亿元的企业7家，增加1家。

工业整体运行平稳。规模以上工业增加值增长7.5%。按经济类型看，公有制经济增加值增长4.2%，非公有制经济增加值增长10.2%。按轻重工业看，轻工业增加值增长9.0%，重工业增加值增长6.9%。

重点行业继续呈现良好增势。40个工业行业大类中，有27个行业增加值比上年增长。其中金属制品业增长6.1%，化学原料及制品业增长15.5%，计算机、通信电子业增长13.5%，非金属矿物制品业增长14.6%，医药制造业增长13.8%。

工业产品产销衔接良好。规模以上工业产品产销率为98.2%，比上年提高0.3个百分点。实现出口交货值266.9亿元，增长7.7%。

在150种工业大类产品中有78种产品产量增长，占52%，增幅在30%以上的产品有13种，占8.7%。

工业经济效益不断提高。全年规模以上工业主营业务收入5363.7亿元，比上年增长0.3%；实现利税715.6亿元，增长14.9%；实现利润345.1亿元，增长12.4%。其中食品制造业利润15.0亿元，增长11.1%；医药制造业利润44.1亿元，增长21.8%；金属制品业利润38.7亿元，增长4.6%；电气机械和器材制造业利润15.7亿元，下降25.2%。

高新技术产业发展迅速。全年净增高新技术产业企业34家，年末规模以上高新技术产业企业达572家，规模以上工业高新技术产业产值比上年增长9.2%。年末全市九家省级及以上经济（技术）开发区、保税区规模以上工业企业916家；全年实现规模以上工业主营业务收入增长6.8%；实现利税增长5.3%。

高耗能行业比重持续降低。六大高耗能行业实现工业增加值占全部规模以上工业增加值的比重为27.1%，比上年下降2.1个百分点。

建筑业平稳发展。全年建筑业增加值466.1亿元，比上年增长8.9%。资质内建筑业实现总产值1663.8亿元，增长7.9%，其中在省外完成的建筑业产值540.5亿

2015年规模以上工业重点行业增加值增长情况

行业名称	增加值增长率（%）
通用设备制造业	-1.14
金属制品业	6.05
化学原料和化学制品制造业	15.52
计算机、通信和其他电子设备制造业	13.51
汽车制造业	-16.55
烟草制品业	0.37
非金属矿物制品业	14.57
医药制造业	13.81
石油加工、炼焦和核燃料加工业	-1.64
电力、热力生产和供应业	2.89

2015年规模以上工业企业主要产品产量

产品名称	单位	产量	比上年±%
发电量	亿千瓦时	175.9	-1.6
原油加工量	万吨	510.0	-3.8
化肥	万吨	23.5	-17.8
初级形态塑料	万吨	48.8	-6
耐火材料	万吨	56.1	14.6
石墨及炭素制品	万吨	198.2	15.1
钢	万吨	699.8	-6.2
钢材	万吨	724.6	-6.6
水泥	万吨	781.5	-7.4
变压器	万千伏安	9493.3	8.6
工业锅炉	蒸发量吨	2237	-26.4
电子元件	亿只	33.5	-8.4
载货汽车	万辆	9.2	-20.8
摩托车整车	万辆	39.1	-6.2
发电设备	万千瓦	733	-10.2
电子计算机整机	万台	64.9	26.3
饲料	万吨	50.6	-9.3
鲜、冷藏肉	万吨	8.5	5.9
乳制品	万吨	39.1	6.2
啤酒	万千升	24.8	-19.3
纱	万吨	17	12.7
布	亿米	1.6	8.6
服装	万件	8502.2	4.1
塑料制品	万吨	13.9	4.6

元，增长7.4%。签订合同额3877.0亿元，增长17.8%，其中本年新签合同额1919.4亿元，增长8.2%。

五、国内贸易、对外经济

消费品市场稳定增长。全年社会消费品零售总额3410.3亿元，比上年增长10.5%，其中商品零售额2876.4亿元，增长10.6%；餐饮收入额533.9亿元，增长9.8%。分城乡看，城镇社会消费品零售额3095.4亿元，增长10.5%；乡村社会消费品零售额314.9亿元，增长10.0%。

全年限额以上法人企业[7]实现零售额1336.4亿元，比上年增长2.9%。分行业看，批发和零售业实现零售额1302.4亿元，增长3.0%；住宿和餐饮业实现零售额34.0亿元，下降1.1%。

利用外资继续增加。全年新签外商投资项目104个，实现合同外资额30.3亿美元，比上年增长61.2%。实际到账外资15.8亿美元，增长10.0%，其中制造业到账外资1.5亿美元，服务业到账外资13.6亿美元。总投资过亿美元的项目7个，合同外资4.1亿美元。引进世界500强企业投资项目2个，实际到账外资3.7亿美元。

对外贸易略有下降。全年货物进出口总额91.1亿美元[8]，比上年下降13.1%，其中进口31.2亿美元，下降29.6%；出口60.0亿美元，下降1.0%。在出口产品中，机电产品出口39.9亿美元，增长4.0%。

对外经济合作扩大。备案核准设立境外企业（机构）50家；备案核准中方投资7亿美元，比上年增长11%。派出各类劳务人员6886人，增长0.8%。

六、旅游、会展、房地产业

旅游业增势稳定。全年接待国内外游客6094.4万人次，比上年增长9.1%，其中接待国内游客6061.1万人次，增长9.1%；接待入境游客33.29万人次，增长5.9%。实现旅游消费总额744.9亿元，增长14.1%，其中国内游客消费额670.5亿元，增长14.0%；入

2015年限额以上批发和零售业法人企业商品分类零售额

商品类别	零售额（亿元）	增幅（%）
粮油、食品类	126.8	14.2
饮料类	11.0	-4.3
烟酒类	22.0	8.1
服装、鞋帽、针纺织品类	107.2	5.9
化妆品类	14.6	2.1
金银珠宝类	48.1	27.1
日用品类	51.6	8.3
体育、娱乐用品类	4.9	-0.9
书报杂志类	21.5	13.8
家用电器和音像器材类	73.4	-2.2
中西药品类	118	5.9
文化办公用品类	42.7	15.8
家具类	32.4	3.6
通讯器材类	44.0	18.5
石油及制品类	209.8	-11.2
汽车类	340.4	2.0

境游客消费额18419.4万美元，增长8.0%。共有A级旅游景区39家。其中5A级景区1家，4A级景区12家。省级旅游强乡镇23个，省级旅游特色村60个，省级以上旅游度假区1家。

会展业稳步发展。全年举办会展165场，比上年增加4场；直接营业收入5.9亿元，增长31%；参观人数980万人次，增长7.2%；展会交易额1496亿元，增长6.1%。

房地产业平稳健康发展。房地产业增加值415.0亿元，比上年增长15.3%。商品房销售面积1191.2万平方米，增长37.7%，其中住宅销售面积923.5万平方米，增长27.6%。商品房销售额915.9亿元，增长43.7%，其中住宅销售额695.5亿元，增长34.3%。年末商品房待售面积169.5万平方米，增长44.4%，其中住宅待售面积86.5万平方米，增长42.4%。

七、教育、文化、卫生和体育事业

教育事业持续发展。普通高等学校43所，普通本专科在校生53.62万人。其中民办普通高校11所，普通本专科在校生9.97万人。普通中学在校生30.16万人。普通小学在校生41.44万人。学龄儿童入学率和小学毕业生升学率均为100%。

文化事业持续健康发展。中国非物质文化遗产博览会永久落户济南，填补了济南市缺少国家级永久文化展会的空白。全市基层群众文化活动示范点达到120个。市属院团举办公益惠民演出349场，观众达35万人次。年末各种艺术表演团体12个，文化馆（站）及群众艺术馆152个，档案馆15个，公共图书馆12个，市级以上文物保护单位375处，其中国家级21处。城市电影院38家，全年放映41.59万场，观众992.99万人次，票房收入3.29亿元，增长40.60%。年末广播人口混合覆盖率和电视人口混合覆盖率均为100%。

医疗卫生水平稳步提升。年末拥有卫生机构5947个，比上年增长2.8%，其中医院、卫生院268个，增长1.1%。卫生机构床位4.93万张，增长2.1%。各类卫生技术人员7.17万人，增长3.9%；执业（助理）医师3.26万人，增长5.2%。按常住人口计算，每千人拥有病床6.9张，增长1.2%；每千人拥有医生4.6人，增长4.5%。

全民健身活动深入普及。全市累计成立体育社会组织139家，会员80余万人，95%以上的行政村建立了老年体育组织，全年共组织第五届全民健身运动会、冬泳畅游泉水国际邀请赛等各类全民健身活动（赛事）200余次，参与人数超过200万人次。竞技体育实力提升。我市运动员获省级及以上金牌277枚，银牌149枚，铜牌170枚，其中在第一届全国青年运动会上获4枚金牌、6枚银牌和4枚铜牌。

2015 年教育事业基本情况

	单位	2014 年	2015 年
学校所数	所	958	946
# 普通高校	所	42	43
中等职业学校	所	51	41
技工学校	所	27	25
普通中学	所	209	214
小学	所	588	582
特殊教育	所	12	12
在校生	万人	153.75	153.71
# 研究生	万人	3.10	3.27
普通高校普通本专科	万人	52.47	53.62
中等职业学校	万人	7.57	5.93
技工学校	万人	4.7	4.68
普通中学	万人	30.8	30.16
小学	万人	40.51	41.44
特殊教育	人	1117	1074
专任教师	人	87926	88487
# 普通高校	人	29943	30873
中等职业学校	人	4430	4068
技工学校	人	2995	2878
普通中学	人	23443	23643
小学	人	25870	25795
特殊教育	人	410	410

八、固定资产投资

固定资产投资平稳增长。年末全市固定资产投资项目 3663 个，比上年增长 9%，其中亿元及以上投资项目 902 个，减少 28 个。全年固定资产投资 3498.4 亿元，增长 14.2%。分产业看，第一产业投资 102.5 亿元，增长 8.2%；第二产业投资 1217.4 亿元，增长 14.9%；第三产业投资 2178.5 亿元，增长 14.1%。分项目规模看，五十亿元以上项目 19 个，增加 5 个，全年完成投资 184.9 亿元，增长 77.6%，占全市投资的 5.3%；十亿元以上至五十亿元项目 198 个，增加 31 个，全年完成投资 857.4 亿元，增长 13.7%，占全市投资的 24.5%；亿元以上至十亿元投资项目 685 个，减少 64 个，全年完成投资 1023.4 亿元，减少 7.8%，占全市投资的 29.3%。全市民间投资 2268.3 亿元，增长 12.2%。

基础设施投资持续快速增长。全年基础设施投资 515.0 亿元，比上年增长 31.5%。其中电力、热力生产和供应业投资 81.9 亿元，增长 30.6%；燃气生产和供应业投资 17.1 亿元，增长 139.4%；铁路运输业投资 14.4 亿元，增长 94.6%；道路运输业投资 89.9 亿元，下降 14.7%。

工业投资稳步增长。全年工业投资 1147.9 亿元，比上年增长 13.8%，其中高新技术产业投资 422.8 亿元，增长 25.2%。

房地产投资平稳增长。全年房地产开发投资 1014.1 亿元，比上年增长 10.5%，其中住宅投资 725.4 亿元，增长 18.2%。房屋施工面积 8725.9 万平方米，增长 15.5%，其中住宅施工 4580.4 万平方米，增长 25.3%。房屋新开工面积 1690.3 万平方米，增长 30.5%，其中住宅新开工面积 1193.7 万平方米，增长 30.0%。

九、城市建设[9]、环境保护

城市建设有新的进展。年末城市建成区面积 496.71 平方公里，比上年增加 11.39 平方公里。年末绿地覆盖率 39.94%，人均公园绿地面积 11.55 平方米。全年天然气供气量 7.55 亿立方米，增长 16.3%；液化石油气供气量 4.68 万吨，增长 0.3%。集中供热面积 14499 万平方米，增长 23.0%。自来水供水量 3.2 亿吨，增长 2.1%。

垃圾无害化处理率100%。

环境治理力度进一步加大。2015年，城区环境空气中可吸入颗粒物（PM10）、细颗粒物(PM2.5)、二氧化硫、二氧化氮年均浓度分别为157微克/立方米、87微克/立方米、50微克/立方米、48微克/立方米，分别下降8.7%、3.3%、30.6%和9.4%。省控4条河流（小清河、徒骇河、漯河、章齐沟）出境断面化学需氧量年均浓度为19.7毫克/升，下降13.6%；氨氮年均浓度为1.72毫克/升，与上年度基本持平。区域环境噪声昼间平均等效声级为53.7分贝，下降0.9%；市区道路交通噪声平均等效声级为70.0分贝，与上年度基本持平。

十、社会保障、社会福利事业

社会保障水平继续提高。年末城镇职工基本养老保险参保人数266.14万，比上年增加15.5万；职工医疗保险参保人数208.09万，增加11.6万；失业保险参保人数130.08万，增加5.04万；工伤保险参保人数144.46万，增加5.04万；生育保险参保人数136.43万，增加7万；居民养老保险和医疗保险参保人数分别达到222.9万和419.3万。

困难群众生活保障标准进一步提高。城市最低生活保障标准由上年人均每月510元提高到550元；享受城镇最低生活保障的城镇居民1.4万户、2.2万人，发放最低生活保障金及各类补贴1.8亿元。农村最低生活保障标准由年人均不低于3000元提高到3600元，享受农村最低生活保障的农村居民5.4万户、8.1万人，发放最低生活保障金及各类补贴1.03亿元。农村五保集中供养标准由每人每年不低于5300元提高到5900元，分散供养标准由每人每年3400元提高到3700元。

社会救助事业稳固发展。城乡医疗救助资金支出4494.3万元，救助居民1.2万人次。共有救助管理站2处，流浪未成年人保护中心1处，床位共100张。社会福利企业52个。安置残疾人员就业2317人，全年培训残疾人10237人次，

2015年住户收支与生活状况调查数据

指标名称	城镇居民		农村居民	
	本年(元)	增幅(%)	本年(元)	增幅(%)
可支配收入	39889	8.0	14232	8.5
一、工资性收入	23575	7.7	8050	8.2
二、经营净收入	2542	6.6	5299	7.1
三、财产净收入	6393	12.0	280	53.3
四、转移净收入	7379	6.3	603	12.0

2015年末每百户居民家庭主要耐用消费品拥有量[11]

指标	单位	拥有量	比上年±%
城镇居民家庭			
彩电	台	110.5	2.6
电冰箱	台	101.8	2.4
洗衣机	台	98.5	3.1
空调器	台	146.3	4.1
家用电脑	台	90.8	4.4
移动电话	部	213.5	8.3
家用汽车	辆	47.6	6.3
农村居民家庭			
电冰箱	台	90.7	5.3
空调器	台	55.9	78.3
洗衣机	台	86	10.2
彩电	台	114	1.6
摩托车	台	79.1	3.5
家用电脑	台	40.1	31.9
移动电话	部	213.9	4.2

帮扶救助残疾人投入资金 12000 万元。

十一、人口、人民生活

人口保持均衡增长。年末全市常住人口 713.2 万人，比上年末增长 9.07‰。城市化率达到 67.96%，提高 1.55 个百分点。

城乡居民生活水平稳步提高。全年城镇居民人均可支配收入 39889 元，比上年增长 8.0%；城镇居民人均生活消费支出 26319 元，增长 9.3%。农村居民人均可支配收入 14232 元，增长 8.5%；农村居民人均生活消费支出 8597 元，增长 11.8%。城乡居民收入比由 2014 年的 2.82∶1 下降到 2.80∶1，城乡居民收入差距进一步缩小。城镇居民恩格尔系数 24.4%，农村居民恩格尔系数 [10] 32.3%。

注释：

[1] 2015 年统计数据为统计快报数或初步核算数，正式数据以出版的《济南统计年鉴-2016》为准。

[2] 全市地区生产总值、各产业增加值绝对数按现价计算，增长速度按不变价格计算。

[3] 人均地区生产总值按常住人口计算。

[4] 现代服务业包括：信息传输、计算机服务业和软件业，金融业，房地产业，商务服务业，研究与试验发展，专业技术服务，科技交流与技术推广服务业，教育，卫生，体育，娱乐业。

[5] 货邮吞吐量是指一国或一地区港口进口和出口货物的总流量，包括了进口、出口、转口的所有数据。

[6] 规模以上工业企业指年主营业务收入 2000 万元及以上的工业法人企业。

[7] 限额以上法人企业是指年主营业务收入 2000 万元及以上的批发业企业、500 万元及以上的零售业企业、200 万元及以上的住宿和餐饮业企业。

[8] 按照海关总署新的统计口径，2015 年济南进口数据进行了修正，扣除了山东航空公司进口额的 7.5 亿美元。

[9] 城市建设指标口径为包含三县一市的整个济南地区。

[10] 恩格尔系数是指食品支出在消费支出中的比重。

[11] 数据来自于住户收支与生活状况调查。

资料来源：本公报中民用机动车、社会治安数据来自公安部门；财政数据来自财政部门；城镇新增就业、新增农村劳动力转移就业、登记失业率、城镇职工各类保险参保数据、人才数据来自人力资源和社会保障部门；安全生产数据来自安全生产监督管理部门；淘汰落后产能相关数据来自经信部门；水产品产量、农业数据来自农业部门；林业数据来自林业部门；灌溉面积数据来自水利部门；外资数据来自投资促进局；对外承包工程、新设境外企业、外派劳务人员、会展数据来自商务部门；进出口数据来自济南海关；公路里程、公交数据、公路运输数据来自交通部门；邮政、快递数据来自邮政管理部门；铁路运输数据为省统计局反馈；本外币存贷款数据来自人民银行济南分行营业管理部；民航客运量与民航货运量数据来自济南国际机场股份有限公司；民航客运周转量与民航货运周转量数据来自山东航空股份有限公司；保险、证券数据来自金融部门；旅游数据来自旅游部门；教育数据来自教育部门；科技数据来自科技部门；新认定国家级企业技术中心数据、新增省级工程实验室（工程研究中心）数据来自发改部门；高新技术产业开发区数据来自高新技术开发区；文化数据来自文化部门；卫生数据、新型农村合作医疗相关数据来自卫生部门；体育数据来自体育部门；城市建设相关数据来自城乡建设部门；环境保护相关数据来自环保部门；城乡最低生活保障、农村五保相关数据来自民政部门；全面深化改革数据、新登记各类市场主体数据来自市委全面深化改革领导小组办公室；居民收入与支出数据、恩格尔系数、价格指数、粮食播种面积、产量来自国家统计局济南调查队；其他数据均来自市统计局。

责任校对　姚娟　王炜

2015年为民办18件实事完成情况

承诺事项	完成情况
为农村义务教育贫困家庭非寄宿生提供生活费补助	为2.2万名农村义务教育贫困家庭非寄宿生发放生活费补助1600余万元。
为注册托幼机构在园儿童免费查体	全市共完成查体儿童19.01万人，查体率达92.12%，超额完成任务。
新增社会养老床位3000张以上	全市新增社会养老床位6494张。
开办“家庭电视老年大学”	于2015年4月1日正式开播，全市6万名老年人报名参加家庭电视老年大学的学习。
残疾人万人培训就业	共培训残疾人10209名，完成全年培训任务目标的127.6%；2264名残疾人实现就业再就业，完成全年就业任务目标的113.2%。
提高居民医疗保险政府补助标准	自2015年1月1日起将全市居民基本医疗保险政府补助标准由320元提高至380元，市财政安排预算4.1亿元。
新开工公共租赁住房4400套	已开工建设4737套公共租赁住房。
改造农村危房2000户	已改造竣工2582户，超额完成任务。
解决20万农村居民饮水安全问题	总投资1.34亿元于2015年10月完工，解决了22.62万农村居民和7.55万农村学校师生饮水安全问题。
开辟公交线路20条，更新绿色公交车400辆	全市新开通常规公交线路10条、定制公交10条、临时线路4条，共计24条，调整优化公交线路45条次；400辆公交车已全部更新到位。
打造智能化交通管理平台	济南交警“泉城行+”公共服务平台于6月25日正式上线发布，“济南交警”微信服务号(jnjjfw)已推出。
实施新增千万平方米供热能力工程	华电章丘余热利用项目长输管网一期工程28.2公里建设完成，2015年采暖季实现新增供热能力600万平方米，全市共新增供热面积1052万平方米。

续表 1

承诺事项	完 成 情 况
柴油黄标车“黄改绿”	已完成设备安装 1131 辆，已兑付补贴 832 辆，核发补贴资金 942.1 万元。
完成市区 26 座山体绿化	绿化提升山体 10 座，完成上山道路建设 1.6 万米，栽植各种苗木 30 余万株。建设山体公园 16 处，建成游步道约 1 万米，栽植各类苗木 80 余万株，健身路径建设完成年度任务。
构建市县乡村四级公共法律服务网络	建成市司法局公共法律服务大厅，进驻市政务服务中心，10 个县（市）区全部建立综合法律服务中心和法治文化教育基地，120 多个乡镇（街道）、1800 多个村居建立公共法律服务站、服务室，在基层法院、看守所设立法律援助工作站 18 个，办理法律援助案件 7166 件。
建立农民工服务（维权）在线网络平台	济南市农民工网上服务（维权）平台已正式上线启用。该平台由网站、微博、微信“三位一体”构成，与全市农民工五级服务平台实行联动。
大型商场超市食品安全查询机覆盖率达 100%	58 家大型商场超市设置 168 台食品安全查询机，实现了查询机在全市大型商超 100%全覆盖的目标。
新建 40 个基层群众文化活动示范点	确定了 40 个基层群众文化活动示范点，建立工作档案，每个示范点拨付 5000 元活动补助经费，配备了所需设备和演出服装，开展辅导培训和汇演活动。

2016 年承诺为民办 15 件实事

承诺事项	承 诺 目 标
优化教育资源，开工新建、改扩建 49 所中小学校。	全市计划开工新建、改扩建 49 所中小学校，逐步统筹解决城镇普通中小学大班额问题。
强化养老服务，新建打造 100 处标准化城市社区老年人日间照料中心和农村幸福院。	新建打造标准化城市社区老年人日间照料中心 30 处、农村幸福院 70 处。
促进巾帼就业，实施妇女就业创业工程。	依托阳光大姐培训 2 万名妇女，安置妇女就业 16 万人次。
化解企业困难，推动 44 户困难企业帮扶解困和改革发展。	按照“安置职工解决一批、依法破产退出一批，调整改造搞活一批、战略重组发展一批”思路，基本完成 44 户困难企业帮扶解困任务，推动企业改革发展。
加快脱贫解困，实施光伏扶贫工程。	选择 100 个自然条件恶劣、不适宜种养或发展其他产业的贫困村建设分布式光伏发电项目，总建设规模 5000 千瓦，年增加贫困户收入约 500 万元。
服务三农发展，建设 500 处“五小水利”工程。	建设“小水池、小水窖、小塘坝、小泵站、小水渠”五小水利工程 500 处。
凸显青山绿水，实施城区山体绿化工程。	完成 26 座山体绿化任务，新建续建 15 处山体公园。
控制燃煤污染，实施生活燃煤清洁化治理。	严格洁净型煤质量标准，推行洁净型煤和新型炉具替代，依法查处生产、销售、燃用不符合质量标准的煤炭及制品的行为，控制生活燃煤污染。
减少大气污染，推进燃煤锅炉、工业炉窑淘汰(改造)。	完成 134 台（座）燃煤锅炉和重点工业炉窑淘汰（改造）。

续表 1

承诺事项	承 诺 目 标
推进携河发展，解决济南牌照车辆过黄河收费问题。	解决济南牌照车辆过黄河收费问题。
倡导绿色出行，建设公共自行车租赁系统。	建设全市建成区范围内公共自行车租赁系统。
保障用水安全，启动 200 处居民二次供水设施改造工程。	启动 200 处居民二次供水设施改造工程，通过设施改造提升、供水企业统一接收管理，保障市民用水安全。（市市政公用局负责）
打造便捷生活，实施“互联网+”信息惠民工程。	1.建设网上公共法律服务大厅。开发掌上公共法律服务手机应用，制作电子地图，方便群众通过网络获取律师、公证、法律援助、人民调解、司法鉴定等法律服务。2.建设智能停车服务诱导系统。建立中心城区道路停车泊位管理和信息服务平台。3.建设“掌上公积金”手机客户端平台。实现业务在线办理、业务预约、排队实时查询、账户变动通知、贷款还款提醒、智能问答等功能。4.微信办理户籍业务。通过微信实现 4 大类、19 小类、26 项户籍业务办理，群众足不出户，通过“济南阳光户政”微信平台就能办理户籍业务。
加强群团服务，建成 200 家基层群团阵地共同体。	由市总工会牵头，以工、青、妇、科协、残联、红十字会为责任单位，从 2016 年起 3 年内建立覆盖县（市）区、乡镇（街道）、社区（企业）三级基层群团组织服务阵地共同体 600 家，健全群团组织“信息、惠民、活动、维权”四位一体工作体系。2016 年建成 200 家。
繁荣文化生活，300 场公益演出进基层。	组织市属艺术院团深入乡镇街道、社区农村、学校军营等地进行公益演出，全年计划安排演出 300 场。

2015 年济南市农副产品价格监测表

主要蔬菜价格

（2015 年 12 月 24 日）

品种	规格	计价单位	农贸市场	超市	匡山批发	本地产地价
芹菜	新鲜	元/500 克	1.27	1.88	0.70	0.80
大白菜	新鲜	元/500 克	0.41	0.46	0.25	0.20
油菜	新鲜	元/500 克	2.50	2.89	2.20	1.30
黄瓜	新鲜	元/500 克	2.88	2.95	2.40	2.90
萝卜	新鲜	元/500 克	0.81	1.12	0.60	0.28
胡萝卜	新鲜	元/500 克	1.23	1.41	0.60	0.70

续表 1

品种	规格	计价单位	农贸市场	超市	匡山批发	本地产地价
茄子	新鲜	元/500 克	3.09	3.60	2.00	2.55
西红柿	新鲜	元/500 克	2.78	2.83	2.80	2.23
土豆	新鲜	元/500 克	1.68	1.68	1.20	1.05
尖椒	新鲜	元/500 克	2.31	2.81	1.80	1.57
卷心菜	新鲜	元/500 克	1.34	1.30	1.10	0.70
芸豆	新鲜	元/500 克	4.40	4.60	3.20	3.75
蒜薹	新鲜	元/500 克	3.58	4.32	2.50	2.60
韭菜	新鲜	元/500 克	4.45	5.18	4.40	3.20
豆角	新鲜	元/500 克	4.65	5.55	3.80	3.70
柿椒	新鲜	元/500 克	2.85	3.53	2.40	2.17
大葱	新鲜	元/500 克	2.16	2.88	1.40	
生姜	中等	元/500 克	3.03	3.67	2.50	
大蒜	中等	元/500 克	4.40	5.02	3.50	

主要农副产品价格

（2015 年 12 月 24 日）

品种	规格	计价单位	农贸市场	上期价格	涨幅	超市	上期价格	涨幅
小麦		元/500 克	1.19	1.21	-1.65%			
玉米	中等	元/500 克	0.85	0.84	1.19%			
特一粉		元/500 克	1.93	1.93	0.00%	2.33	2.34	-0.43%
标准粉		元/500 克	1.77	1.78	-0.56%	2.10	2.10	0.00%
挂面	特一粉纸包装	元/500 克	2.05	2.05	0.00%	3.41	3.41	0.00%
玉米粉	精制	元/500 克	2.04	2.04	0.00%	2.78	2.78	0.00%
粳米	标一	元/500 克	2.73	2.73	0.00%	2.88	2.88	0.00%
小米	中等	元/500 克	4.74	4.72	0.42%	4.93	4.96	-0.60%
绿豆	中等	元/500 克	6.00	6.10	-1.64%	7.20	7.20	0.00%
大豆	中等	元/500 克	3.12	3.10	0.65%	3.77	3.77	0.00%
花生仁	一级	元/500 克	6.26	6.26	0.00%	8.20	8.20	0.00%
花生油	鲁花一级 5 升装	元/桶	133.10	133.10	0.00%	139.75	139.75	0.00%
花生油	胡姬花一级 5 升装	元/桶	118.18	118.18	0.00%	130.61	130.03	0.45%
豆油	当地主销 5 升装	元/桶	44.09	44.09	0.00%	47.00	47.00	0.00%

续表 1

品种	规格	计价单位	农贸市场	上期价格	涨幅	超市	上期价格	涨幅
调和油	鲁花 5 升装	元/桶	70.78	70.78	0.00%	76.80	76.80	0.00%
酱油	一级瓶装	元/500 克	5.27	5.27	0.00%	6.83	6.84	-0.15%
食醋	一级瓶装	元/500 克	4.67	4.67	0.00%	6.36	6.36	0.00%
食用盐	精制含碘	元/500 克	1.95	1.95	0.00%	2.05	2.05	0.00%
白糖	绵白糖袋装	元/500 克	4.79	4.79	0.00%	6.48	6.48	0.00%
白糖	白砂糖袋装	元/500 克	4.76	4.76	0.00%	6.43	6.43	0.00%
红糖	袋装	元/500 克	4.80	4.80	0.00%	6.83	6.83	0.00%
味精	袋装	元/500 克	7.80	7.80	0.00%	9.84	9.84	0.00%
牛奶	蒙牛袋装 250ml	元/袋	2.36	2.36	0.00%	2.58	2.58	0.00%
牛奶	佳宝袋装 250ml	元/袋	2.40	2.40	0.00%	2.38	2.38	0.00%
牛奶	伊利利乐枕袋装 240ml	元/袋	2.44	2.44	0.00%	2.54	2.54	0.00%
牛奶	伊利盒装 250ml	元/盒	2.81	2.81	0.00%	2.83	2.83	0.00%
豆腐	中等	元/500 克	2.13	2.13	0.00%	3.16	3.12	1.28%
鲜猪肉	五花肉	元/500 克	15.25	15.30	-0.33%	17.30	16.98	1.88%
鲜猪肉	精瘦肉	元/500 克	16.50	16.45	0.30%	18.77	18.57	1.08%
鲜猪肉	去骨后腿肉	元/500 克	15.50	15.45	0.32%	16.69	16.54	0.91%
排骨	肋排	元/500 克	20.75	20.55	0.97%	29.33	29.23	0.34%
鲜牛肉	去骨统货	元/500 克	27.80	27.80	0.00%	37.56	39.96	-6.01%
鲜牛肉	腱子肉	元/500 克	28.40	28.20	0.71%	38.70	41.09	-5.82%
鲜羊肉	去骨统货	元/500 克	28.90	28.90	0.00%	37.51	40.18	-6.65%
鲜羊肉	新鲜带骨	元/500 克	25.90	25.90	0.00%	34.09	36.05	-5.44%
鸡肉	白条鸡	元/500 克	6.33	6.51	-2.76%	9.61	9.61	0.00%
鸡蛋	新鲜完整	元/500 克	3.66	3.66	0.00%	3.57	3.60	-0.83%
生猪	中等	元/500 克	10.77	10.83	-0.55%			
仔猪	15 公斤左右	元/500 克	22.42	22.75	-1.45%			
带鱼	冻 250 克左右	元/500 克	11.90	11.79	0.93%	15.18	15.51	-2.13%
鲫鱼	鲜活 250 克左右	元/500 克	12.25	10.85	12.90%	13.71	11.85	15.70%
鲤鱼	鲜活 500 克以上	元/500 克	6.83	6.72	1.64%	8.60	8.15	5.52%
草鱼	冻 1000 克左右	元/500 克	6.98	6.91	1.01%	9.70	9.01	7.66%
鲢鱼	鲜活 500 克左右	元/500 克	4.56	5.06	-9.88%	7.58	8.32	-8.89%

续表 2

品种	规格	计价单位	农贸市场	上期价格	涨幅	超市	上期价格	涨幅
海虾	冻体长 10 厘米左右	元/500 克	29.70	29.50	0.68%	34.80	35.76	-2.68%
苹果	一级	元/500 克	3.18	2.86	11.19%	3.95	3.57	10.64%
香蕉	整枝	元/500 克	2.84	2.61	8.81%	3.01	2.99	0.67%
西瓜	整个	元/500 克	1.05	1.18	-11.02%	1.45	1.55	-6.45%
桔子		元/500 克	2.47	3.67	-32.70%	5.92	5.11	15.85%
梨	一级	元/500 克	2.42	2.35	2.98%	3.13	3.06	2.29%
橙子	国产一级	元/500 克	4.50	4.50	0.00%	4.74	4.74	0.00%
红枣	中等干红枣	元/500 克	15.20	15.20	0.00%			
核桃	中等干核桃	元/500 克	16.30	16.30	0.00%			
馒头	特一粉	元/500 克	2.03	2.03	0.00%			
油条		元/500 克	5.00	5.00	0.00%			

责任编校　王　炜

说明：

本索引为综合性主题索引，标示正文部分25个栏目的内容。索引标目按汉语拼音字母顺序，同音字按声调顺序，同音同声调者按笔画顺序排列。标目后数字为页码，字母a为左栏，b为中栏（两栏者为右栏），c为右栏。

A

B

C

D

E

F

G

H

J

K

R

S

T

W

Z

泉城夜色　　（孙　广　摄）

2015年10月15日，历下区委书记马玉星（右三）会见全国道德模范房泽秋（左三）。

历 下 区

2015年，历下区完成地区生产总值1070.7亿元，比上年增长8.1%；完成一般公共预算收入130.6亿元，列全省区县级发展主体第二位；累计完成社会消费品零售总额829.35亿元，同比增长10.55%，经济社会保持平稳较快发展。编制了“一横三纵五区七街”产业空间布局规划，中央商务区建设和明府城保护改造上升为全市战略，民生工作走在全省乃至全国的前列，获全国和谐社区建设示范城区、全国社区治理和服务创新实验区、文化强省先进区等称号，连续7年获全市科学发展综合考核一等奖。

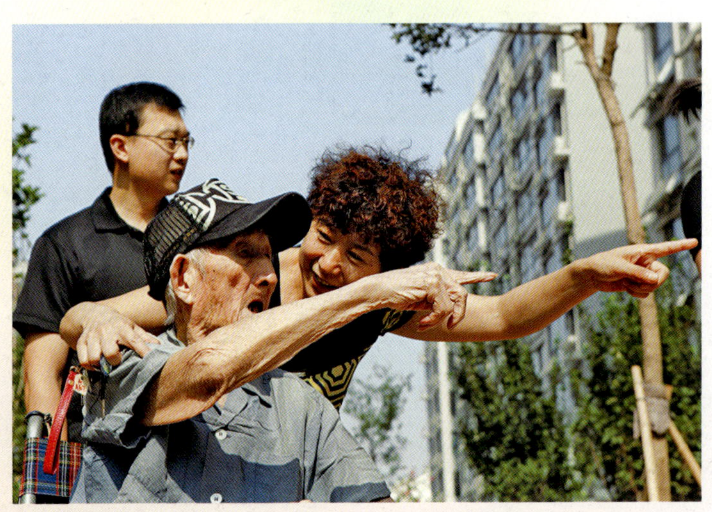

全国道德模范房泽秋照顾病患老人

历下风貌

龙洞风光

东关街道泺河社区长者日间照料中心建筑面积752平方米，设有多功能活动室、棋牌室、图书阅览室、保健康复室、餐厅、医疗护理室、聊天吧和休息室，可同时容纳50余人健身娱乐、读书阅报、上网、就餐和休息，就近服务泺河、菜市新村、长北等周边社区有需求的老年人。

东关街道泺河社区长者日间照料中心

2015 年历下区全民健身月启动仪式

祖孙同乐

市 中 区

2015年，市中区完成生产总值751.3亿元，比上年增长8.2%。第一、二、三产业分别完成3.78亿元、126.50亿元、621.07亿元，同比分别增长0.4%、4.1%、9.4%。全区规模以上工业企业40家，实现主营业务收入382亿元。金融业完成增加值215亿元，共有金融机构310家，全市4家外资银行均落户市中区。银行、保险业总部机构分别占全市的61%和42%，连续4年获山东省金融生态环境建设模范奖。普利中心、祥泰广场、润华国际财富中心等高端商务楼宇建成使用，全区建筑面积5000平方米以上在用商务楼宇73座。新增绿地面积77.2万平方米，山体绿化770余公顷，全区森林覆盖率、绿化覆盖率、绿地率分别达49.9%、44.1%、42.8%，人均公共绿地面积16.3平方米。

2015年10月14日，市中区委书记朱红方（左二）陪同白朗县考察团调研市中区政务服务中心。

2015年5月21日，市中区委副书记、区长王勤光（前排右一）到祥泰广场新金融产业园调研。

春沐舜城

济南第一高楼——高 300 米的绿地中心

军民共创卫生城

社区邻里节

山水人家 历阳湖畔

槐荫区

2015年，槐荫区实现生产总值387亿元，公共财政收入45.05亿元，完成固定资产投资256亿元，社会消费品零售总额434.1亿元，实现进出口总额4.44亿美元。全区规模以上工业企业59家，槐荫工业园区实现产值53亿元。连城广场、海宁皮革城、GBF全球商品直采中心等建成开业，方特·东方神画开园迎客。完成济南西部会展中心、纬十二路道路拓宽改造、二环西路南延等10个重点项目、重点工程的房屋征收任务，棚改片区安置房全部开工，6.35平方公里的知识产业园起步区建设展开。民生投入占财政支出比重达75%，10类30件民生实事全面落实。城镇居民人均可支配收入39347.8元，居民养老保险金实现“五连涨”。槐荫区被评为国家知识产权强县工程试点区。

2015年6月24日，槐荫区委书记李继民（左三）到振兴街道办事处调研创卫工作。

2015年2月9日，槐荫区委副书记、区长国承彦（中）到济西生活区社区困难群众家中走访慰问。

黄河畔万树金黄

市人大代表调研槐荫区养老服务工作

方特·东方神画开园

第十九届少儿戏曲小梅花荟萃活动在省会大剧院开幕

第三届“神州杯”大学生创业大赛

腊山体育公园

2015 年 7 月 13 日，省委副书记、省长郭树清（中），省委常委、市委书记王文涛（右一）察看中弘新奇世界项目建设情况，天桥区委书记毕筱奇（左一）陪同视察。

2015 年 12 月 3 日，省委常委、市委书记王文涛（左二）到天桥区制锦市社区慰问低保户。

天桥区

2015 年，天桥区确定重点项目 105 个，市级重点项目数量和总投资额均位列市内四区第一，年度投资 75.6 亿元。新材料产业园区出让土地 73 公顷，完成投资 26 亿元，实现销售收入 21 亿元；全市现代物流领航项目传化泉胜公路港开工建设，投资 12.5 亿元的鑫茂科技光纤预制棒项目落户园区，中德（济南）新材料科技园签约，海峡两岸青年创业园挂牌。年内，全区累计完成生产总值 384.89 亿元，同比增长 7.5%；固定资产投资总量首次突破 200 亿元，同比增长 18.2%，增幅超全市平均水平 4 个百分点，列市内四区第二；公共财政预算收入 39.05 亿元，增长 11%；招商引资 57 亿元，增长 27%。全年各项民生和社会事业支出 21 亿元，占财政总支出的 75%。实现义务教育阶段“零择校”，接收 2056 名外来务工人员子女入学。扶持就业创业，累计提供就业岗位 2.56 万个，安置就业人员 1.26 万人。

官扎营回迁房

① 天桥区“一村一年一场戏”文化惠民展演

② 天桥区第六届读书节朗读会

③ 鹊山龙湖秋色

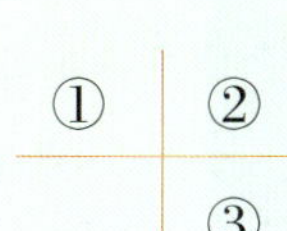

碧水蓝天五龙潭

历 城 区

2015年7月1日，省委常委、市委书记王文涛（中）到历城区七里堡农贸市场调研创卫工作。

卧虎山水库全景

2015年，历城区实现生产总值807.98亿元，公共财政收入70.10亿元，完成固定资产投资510.25亿元，社会消费品零售总额476.16亿元。重点实施125个市区级重大项目，完成投资300余亿元；新引进内资项目369个，其中亿元以上重大项目90个。规模以上都市农业园区、市级以上农业龙头企业、农民合作社分别达90、92和99家；累计发展4A级以上大型物流企业9家；累计发展银行、保险公司等各类独立纳税金融机构62家，被确定为全省民间资本支持创新创业试验区。推进洪家楼、唐冶、华山等重点片区开发，中新济南智慧城等40多个重点城市建设项目有序实施。济乐高速连接线工程主体完工并通车，新东站建设项目启动。历城区获国家级出口食品农产品安全示范区、全国平安农机示范区、国家义务教育发展基本均衡区等称号。

建设中的华山珑城

传统文化进社区

长 清 区

2015年，长清区以提高经济发展质量和效益为中心，以转方式调结构为主线，推进新型工业化、新型城镇化和农业现代化，新兴产业和服务业支撑作用增强，经济持续健康发展，社会和谐稳定。全年完成生产总值265.2亿元，比上年增长8%，其中一、二、三产业增加值分别达33.2亿元、108.2亿元、123.8亿元。人均地区生产总值44666元，比上年增长8.0%。全年新增规模以上企业15家，总数达227家；完成增加值43.6亿元，主营业务收入190.9亿元，实现利税7.5亿元，利润1.9亿元。全社会固定资产投资268.7亿元，全区大地域财政预算内收入27.6亿元，其中地方公共财政预算收入17.9亿元。长清区创建国家卫生城市，被评为国家第一批创建新能源示范城市、山东省节能环保产业示范区。

2015年4月7日，省委常委、市委书记王文涛（左二）在长清区政务服务大厅了解为民服务办理情况，长清区委书记王京文（左一）陪同调研。

2015年12月1日，山东省移动互联产业基地企业入驻签约仪式在长清区举行。

建设中的长清黄河公路大桥

玉杏采摘

樱桃采摘

长清一中（大学科技园校区）

2015 年 10 月 17 日，济南市金秋柿子文化旅游节开幕。

建设中的轻轨 R1 线

章丘市

2015年，章丘市实现生产总值870.8亿元，三次产业结构比为9.5∶59.9∶30.6。全市地域财政总收入66.79亿元，地方公共财政预算收入46.99亿元。全年固定资产投资563.5亿元，比上年增长26.8%。完成济青高铁章丘北站、济青高速北线扩建、城市南北外环、济南野生动物世界搬迁、新四中等重大规划编制研究。泰王水世界、济南野生动物世界建成开园。香草园确定为3A景区，百脉泉酒厂创建2A景区。章丘市旅游集散中心正式启用。全年旅游消费总额101.91亿元，接待游客795.63万人次。完成《章丘市建筑产业化园区总体规划及详细规划》。创建为国家新型城镇化综合试点城市、全国智慧城市建设试点城市、省级新型城镇化综合试点城市、全省建筑产业现代化试点城市，绣源河片区列入省级绿色生态城区。

2015年6月6日，章丘市委书记江林（右一）调研三夏生产、秸秆禁烧及综合利用工作。

章丘市获国家卫生城市称号，2015年3月24日，章丘市委副书记、市长刘天东（中）参加授牌仪式。

2015年7月19日，全国最大浮桥——胡杨浮桥正式通车。

绣源河风景区获评“全球低碳生态景区”

章丘城区公共自行车启用

章丘市文博中心夜景

济南野生动物世界开园纳客

平 阴 县

2015年，平阴县围绕市委“打造四个中心，建设现代泉城”的中心定位，千方百计保增长、惠民生、促稳定，集中精力打基础、强支撑、增活力，经济社会保持良好发展态势。全县完成国内生产总值227亿元，同比增长8.4%；地方公共财政预算收入15.34亿元，增长12.8%；实现社会消费品零售总额86.63亿元，增长12.9%；全体居民人均可支配收入16937元，增长8.4%。完成固定资产投资230.81亿元，增长14.3%，其中完成工业投资118.97亿元，增长10.1%；全年出口创汇6.28亿美元，全县引进内资53.53亿元，实际利用外资1700万美元。连续3年获济南市科学发展综合考核二等奖。

2015年12月11日，省委副书记、省长郭树清（前排右二）到平阴县视察工作。

2015年4月20日，省委常委、市委书记王文涛（后排左二）到平阴县调研。

济南玫德玛钢科技园全景

2015 年 8 月 12 日，县委书记、县人大常委会主任毛华铭（右三）到锦水街道调研村级治理体系建设情况。

2015 年 5 月 17 日，平阴县第二届全民健身运动会开幕。

2015 年 9 月 8 日，县委副书记、县长朱云生（左三）调研全县民政工作。

2016 年 3 月 30 日，联合国青年技能（济南）培训基地创业大厦项目奠基。

2015 年 10 月 28 日，山东万商城一期项目开业。

济阳县

2015年11月2日，省委常委、市委书记王文涛（右二）调研济阳县重点项目建设情况。

2015年，济阳县完成生产总值276.3亿元，全社会固定资产投资263.0亿元，地方公共财政预算收入17.1亿元，农民人均纯收入13226元。全年实现规模以上工业总产值469.3亿元，增加值121.2亿元。高新技术产业产值117.5亿元，占规模以上工业的25.37%。全年规模以上工业企业主营业务收入455.8亿元；实现利税71.5亿元。粮食总产达57.1万吨，实现“十四连丰”。新城区文体中心、安大广场等城市“新地标”工程顺利实施。完善农村环境基础设施，建成7个镇驻地污水处理站，并全部投入运营，城镇污水处理率80%以上。在全县范围内建立起农村垃圾处理体系，全县所有行政村（居）全部纳入城乡环卫一体化管理。

济阳县领导参加全县重点项目调度会

政务服务大厅一角

安大城市广场

“文化惠民”走进敬老院

沿黄生态采摘

徒骇河风光

海棠湾度假村

商河县

2015年12月3日，省委常委、市委书记王文涛到商河县调研扶贫工作。

2015年，商河县实现生产总值165.7亿元，比上年增长8.8%。固定资产投资114.5亿元，公共财政预算收入9.0亿元，公共财政预算支出28.3亿元，社会消费品零售总额79.9亿元，进出口总额1.03亿美元。新京沪高速公路、德大铁路及引线工程建成运营，省道316线升级为国道340线。城市污水处理达标排放率和垃圾无害化处理率达100%，全县林木绿化率36%，12个乡镇(街道)全部建成国家级生态乡镇，市级以上文明生态村达817个，被评为全国绿化模范县、省级生态县和全省水资源规范化管理示范县，通过国家级生态县技术评估，被认定为“国家农产品质量安全县”创建试点单位。

2015年10月10日，商河县委书记孙斌（中）到济南海润纺织有限公司调研。

2015年11月23日，商河县委副书记、代县长陈勇（右一）陪同国家农业科技园区考察组在商河县考察。

2015 年 9 月 28 日，德龙烟铁路商河站运营。

新京沪高速商河出入口

商河汽车站

商河县花卉苗木大世界

商中河鸟瞰

明湖春色　　　（韩少鹏　摄）